그리스도교
신학의 역사

그리스도교 신학의 역사

2022년 11월 25일 교회 인가
2022년 12월 26일 초판 1쇄 펴냄
2023년 12월 20일 초판 4쇄 펴냄

지은이 · 윤주현
펴낸이 · 정순택
펴낸곳 · 가톨릭출판사
편집 겸 인쇄인 · 김대영
편집 · 이아람, 김소정, 강병권, 정주화
디자인 · 이경숙
마케팅 · 안효진, 임찬양

본사 · 서울특별시 중구 중림로 27
등록 · 1958. 1. 16. 제2-314호
전자우편 · edit@catholicbook.kr
전화 · 1544-1886(대표 번호)
지로번호 · 3000997

ISBN 978-89-321-1844-4 03230

ⓒ 윤주현, 2022

값 38,000원

이 책은 저작권법에 의해 보호를 받는 저작물이므로 무단 전재와 무단 복제를 금합니다.

가톨릭의 모든 도서와 성물을 '가톨릭출판사 인터넷쇼핑몰'에서 만나 보실 수 있습니다.
http://www.catholicbook.kr | (02)6365-1888(구입 문의)

그리스도교 신학의 역사

Storia della Teologia,
un panorama
dalla sua origine fino
al presente

윤주현 지음

가톨릭출판사

목 차

《그리스도교 신학의 역사》를 출간하며 22

제1부 교부 시대의 신학

도입 31

제1장 박해 시대의 신학 48

1. 사도 교부들의 신학 48
   1) 일반적 특징 48
   2) 로마의 클레멘스 50
   3) 안티오키아의 이냐시오 51
   4) 폴리카르포스 53
   5) 헤르마스 54
   6) 『디다케』, 열두 사도의 가르침 56
2. 호교 교부들의 신학 57
   1) 역사, 문화적 맥락 57
   2) 호교 신학의 특징 58

3) 신학적 입장　59
   4) 유스티누스　60
   5) 안티오키아의 테오필루스　62

3. 영지주의 이단들과 정경의 확정　63
   1) 영지주의적 이단들　64
   2) 정경의 규정　67
   3) 신경의 정식화　68

4. 리옹의 이레네우스　69
   1) 생애와 작품　70
   2) 영지주의 비판　70
   3) 전승의 기준과 성경의 사용　71
   4) 하느님의 유일성과 인간　71
   5) 그리스도론　73

5. 히폴리투스　74

6. 3세기의 그리스도론과 삼위일체론 논쟁　75

7. 라틴 신학의 시조가 되는 교부들　77
   1) 라틴 신학의 아버지, 테르툴리아누스　78
   2) 키프리아누스　84

8. 알렉산드리아 학파　89
   1) 알렉산드리아 학파의 기원　89
   2) 그리스도교 철학의 창시자, 클레멘스　91
   3) 오리게네스　96
   4) 오리게네스 이후　102
   5) 오리게네스의 제자들　103

제2장 제국 교회 시대의 신학 (4-5세기)   106

1. 제국 교회 시대 신학의 일반적 특징   106
   1) 콘스탄티누스의 전환   106
   2) 종교적, 문화적 배경   109
   3) 이단들의 도전   110
   4) 신학의 원천과 도구들   111

2. 4-5세기의 이단들   115
   1) 아리우스주의   116
   2) 아폴리나리우스주의   119
   3) 네스토리우스주의   119
   4) 단성론   121

3. 네오알렉산드리아 학파 교부들   122
   1) 아타나시우스   122
   2) 카이사리아의 에우세비우스   124
   3) 소경 디디무스   126
   4) 알렉산드리아의 키릴루스   127

4. 카파도키아의 교부들   129
   1) 대(大) 바실리우스   130
   2) 니사의 그레고리우스   133
   3) 나지안조의 그레고리우스   135

5. 안티오키아 학파 교부들   138
   1) 안티오키아 학파의 기원과 특징   138
   2) 안티오키아의 에우스타티우스   139
   3) 타르수스의 디오도루스   139
   4) 요한 크리소스토무스   140

6. 예루살렘의 키릴루스와 시리아의 교부들　143
　　1) 예루살렘의 키릴루스　144
　　2) 에프렘　145

7. 라틴 교부 신학의 황금기　147
　　1) 4-5세기의 이단과 라틴 신학의 부흥　147
　　2) 밀레비의 옵타투스　147
　　3) 푸아티에의 힐라리우스　149
　　4) 밀라노의 암브로시우스　151
　　5) 아퀼레이아의 루피누스　154
　　6) 히에로니무스　155
　　7) 대(大) 레오　157
　　8) 히포의 아우구스티누스　161

8. 처음 네 보편 공의회의 신학　174
　　1) 니케아 공의회　175
　　2) 제1차 콘스탄티노폴리스 공의회　176
　　3) 에페소 공의회　177
　　4) 칼케돈 공의회　181
　　5) 정통 교리의 기준이자 신학의 원천인 공의회들　183

제3장 제국 교회 시대의 신학 (6-7세기)　185

1. 비잔틴 신학　187
　　1) 비잔틴 신학의 특징들　187
　　2) 위 디오니시우스　188
　　3) 신칼케돈 신학자들　191
　　4) 고백자 막시무스　194
　　5) 다마스쿠스의 요한　196

2. 로마 제국 멸망 후의 라틴 교부 신학 199
   1) 아우구스티누스의 유산 199
   2) 레랭의 빈첸시우스 200
   3) 루스페의 풀겐티우스 202
   4) 세베리누스의 보에티우스 203
   5) 플라비우스 마뉴스 카시오도루스 205
   6) 대(大) 그레고리우스 207
   7) 세비야의 이시도루스 209

3. 수도승 신학 210
   1) 수도승의 이상 210
   2) 서방과 동방에서의 수도승 신학 211
   3) 존자 베다 212
   4) 요한 클리마쿠스 214

제2부 스콜라학 시대의 신학

도입 219

제1장 초기 스콜라학 223

1. 카롤루스 대제 시대의 신학 223
   1) 카롤루스 대제의 문화적, 종교적 목표 223
   2) 카롤루스 시대의 신학의 부흥 225
   3) 신학적 방법 225
   4) 9세기의 교리 논쟁들 226
   5) 알쿠이누스 230
   6) 요한 스코투스 에리우게나 231

2. 10세기의 신학   233
   1) 카롤루스 제국의 해체와 봉건 제도의 탄생   233
   2) 신학 작업   234

3. 11세기의 수도원 개혁과 신학의 각성   235
   1) 시대적 상황과 수도원 개혁 운동   235
   2) 페트루스 다미아누스   236
   3) 그레고리오 7세   237
   4) 베렌가리우스 드 투르   242
   5) 캔터베리의 안셀무스   243

4. 비잔틴 스콜라학   247
   1) 서방 교회와의 신학적 논쟁   248
   2) 포시우스   249
   3) 신학자 시메온   250
   4) 그레고리우스 팔라마스   251

5. 12세기 신학의 개화   253
   1) 12세기 신학의 위대함   253
   2) 12세기 신학적 각성의 배경   253
   3) 신학의 위대한 중심지들   255
   4) 신학 작업의 도구들   256
   5) 문학 유형   257
   6) 전통주의자와 진보주의자 간의 충돌   259
   7) 12세기 신학의 구분   261

6. 전통의 신학과 그 학파들   262
   1) 베르나르두스와 시토회 학파   262
   2) 기욤 드 생티에리와 성 빅토르 학파   264
   3) 이사악 드 에투알   266
   4) 아일레드 드 리보   267

7. 성 빅토르 학파　269
   1) 기욤 드 샹포　270
   2) 성 빅토르의 후고　271
   3) 성 빅토르의 리카르두스　273

8. 쇄신의 신학: 샤르트르 학파　275
   1) 베르나르두스 드 샤르트르　276
   2) 기욤 드 콩쉐　276
   3) 요한 살리스베리　278
   4) 질베르투스 포레타누스　280

9. 신학 쇄신의 주역들　282
   1) 아벨라르두스　283
   2) 페트루스 롬바르두스　285
   3) 피오레의 요아킴　287

제2장 전성기 스콜라학　290

1. 스콜라학 전성기의 정치적·종교적·문화적 배경　291
   1) 정치적 배경　291
   2) 종교적 배경　292
   3) 문화적 배경　294

2. 신학적 학문의 구성과 신학적 인식론　302
   1) 아리스토텔레스의 학문, 지혜, 기술 개념　304
   2) 신학의 원인들에 대한 분석　305
   3) 신학을 아리스토텔레스적 학문 개념에 편입시키는 데 따르는 어려움　307
   4) 신학적 학문의 다름　307
   5) 신학에서 학문의 외부적 사용　308
   6) 신학의 아리스토텔레스적 전환　308
   7) 신학에서 학문의 내밀한 사용　310

3. 보나벤투라와 프란치스코 학파   313
   1) 스콜라학의 정점   313
   2) 파리와 옥스퍼드의 프란치스코 학파   313
   3) 로베르투스 그로세테스테   314
   4) 로저 베이컨   315
   5) 보나벤투라 다 바뇨레지오   316

4. 알베르투스 마뉴스   326
   1) 생애와 작품   326
   2) 인품   328
   3) 학문적 구상   329
   4) 하느님의 실존과 본질   332
   5) 교회론과 마리아론   333
   6) 영성 신학   334
   7) 알베르투스 학파   335

5. 토마스 아퀴나스   335
   1) 생애와 작품   337
   2) 인식 이론   342
   3) 존재 형이상학   344
   4) 성경 주해   348
   5) 삼위일체 하느님   351
   6) 철학적 및 신학적 인간학   354
   7) 그리스도론   357
   8) 토마스의 아리스토텔레스주의   358

6. 아베로이즘과의 논쟁 및 1277년의 단죄   360
   1) 시제 브라방   361
   2) 1277년의 단죄   363
   3) 1277년 이후의 신학 운동   364

7. 1277년 이후의 신학 운동   365
   1) 요한 둔스 스코투스   365
   2) 피에르 장 올리비   376

3) 라이문두스 룰루스 378

제3장 후기 스콜라학 382

1. 14세기: 중세 문명의 위기와 새로운 신학 382
    1) 스콜라학이 쇠퇴한 원인들 383
    2) 두란두스 드 생-푸르생 384
    3) 피에르 아우레올로 386

2. 윌리엄 오캄과 새로운 길 388
    1) 생애와 작품 389
    2) 오캄의 면도날 390
    3) 논리학과 형이상학 391
    4) 자유와 도덕성 392
    5) 하느님의 실존과 본성 393
    6) 절대적 권능과 질서 지워진 권능 394
    7) 교회론 395
    8) 정치 신학 397
    9) 오캄의 영향 397

3. 새로운 길의 확산: 오캄의 추종자들 398
    1) 니콜라스 드 오트르쿠르 399
    2) 피에르 대이이 400
    3) 존 위클리프 402

4. 신비 신학: 마이스터 에크하르트와 그 제자들 404
    1) 마이스터 에크하르트 405
    2) 요한네스 타울러 410
    3) 요한네스 뤼스브뢰크 411
    4) 장 드 제르송 414

제3부 근대 신학

도입 419

제1장 인문주의 시대: 15세기 신학 422

1. 인문주의와 신학 422
   1) 역사적, 문화적 맥락 422
   2) 인문주의와 르네상스 개념 424
   3) 인문주의에 대한 해석들 424
   4) 인문주의의 특징들 425
   5) 인문주의 신학 427

2. 플라톤적 노선의 신학자들 429
   1) 니콜라우스 쿠사누스 429
   2) 마르실리오 피치노 434
   3) 피코 델라 미란돌라 437

3. 15세기의 신학 학파들과 주요 대변자들 439
   1) 오캄 학파 440
   2) 토마스 학파 444
   3) 스코투스 학파 446
   4) 알베르투스 마뉴스 학파 446
   5) 아우구스티누스의 부흥 447

4. 인문주의 신학의 마지막 대변자들 448
   1) 존 콜렛 449
   2) 로테르담의 에라스무스 450
   3) 토마스 모어 452

5. 근대 신심과 신학 453
   1) 근대 신심의 시조인 게르트 그로테 454
   2) 근대 신심의 표현인 『준주성범』 455
   3) 근대 신심과 신학 456

제2장 종교 개혁과 반동 종교 개혁 시대: 16세기 신학　458

1. 종교 개혁의 여명에 선 교회와 신학　458
    1) 종교 개혁의 원인들　459
    2) 루터 이전의 독일의 정치적-종교적 상황들　461
    3) 종교 개혁과 반동 종교 개혁이 지속된 기간　463

2. 마르틴 루터　464
    1) 생애　464
    2) 사상　466

3. 그 밖의 종교 개혁자들　472
    1) 멜란히톤　472
    2) 츠빙글리　476
    3) 장 칼뱅　478

4. 종교 개혁자들에 대한 가톨릭의 응답　482
    1) 신학자들의 응답　483
    2) 교도권의 응답: 트리엔트 공의회　488

5. 트리엔트 시대의 가톨릭 신학: 스콜라 신학의 쇄신　495
    1) 신학적 부흥의 중심지: 살라망카와 로마　495
    2) 토미즘의 승리　496
    3) 트리엔트 신학의 주요 특징들　497
    4) 실증 신학과 영성 신학의 발전　498

6. 살라망카 학파　500
    1) 살라망카 대학의 기원과 중요성　500
    2) 프란치스코 데 빅토리아: 살라망카 학파의 창시자　501
    3) 도밍고 데 소토　503
    4) 후안 데 산 토마스　505

7. 예수회원들의 신학　506
    1) 바로크적 스콜라 신학　506
    2) 바로크적 스콜라 신학의 아버지인 프란치스코 수아레스　507
    3) 로베르토 벨라르미노　512

    4) 페트루스 카니시우스　515
8. 은총 신학　517
    1) 미셸 바이우스　518
    2) 도밍고 바녜스　520
    3) 루이스 데 몰리나　522
    4) 은총 논쟁에 대한 교황청의 개입　523
9. 스페인의 신비 신학　524
    1) 스페인 신비 신학의 중요성과 특징들　524
    2) 스페인 신비 신학의 대표적 인물들: 이냐시오, 예수의 데레사, 십자가의 요한　525
10. 프랑스 영성　532
    1) 기원과 중요성 그리고 특징들　532
    2) 프랑수아 드 살　533
    3) 피에르 드 베륄　535
11. 바로크 시대의 개신교 스콜라 신학과 신비 신학　537
    1) 개신교 스콜라 신학　538
    2) 개신교 신비주의　539
12. 16-17세기의 선교 신학　542
    1) 아메리카에서의 선교 신학　543
    2) 아시아에서의 선교 신학　549

제3장 합리주의와 세속화 시대　554

1. 신학의 고립과 위기　554
    1) 역사적, 정치적, 종교적, 문화적 환경　554
    2) 근대성　556
    3) 신학의 위기　556
    4) 연구의 중심지들: 대학, 학술원, 신학교　558
    5) 신학적 암흑기의 신학자들과 운동들　558

2. 얀세니우스와 얀세니우스주의 559
   1) 얀세니우스의 생애와 작품들 559
   2) 얀세니우스의 사상 560
   3) 『아우구스티누스』에 대한 단죄 561
   4) 끊이지 않는 얀세니우스 논쟁 562

3. 위대한 호교론자들 565
   1) 블레즈 파스칼 566
   2) 니콜라 말브랑슈 569

4. 정적주의 573
   1) 미겔 데 몰리노스 573
   2) 마담 귀용 574
   3) 프랑수아 드 페넬롱 576
   4) 자크 베니뉴 보쉬에 577

5. 제3기 스콜라 신학의 사변 신학과 역사 신학 581
   1) 사변 신학 581
   2) 역사 신학 583

6. 윤리 신학의 발전 586
   1) 알폰소 데 리구오리 이전의 윤리 신학 586
   2) 알폰소 데 리구오리 589
   3) 베네딕토 14세 592

7. 개신교 신학의 경건주의와 계몽주의 594
   1) 경건주의 595
   2) 신학적 계몽주의 599
   3) 영국의 계몽주의 601
   4) 프랑스 계몽주의 605
   5) 독일의 계몽주의 609

8. 철학자들의 자연 신학 614
   1) 신학의 세속화 615
   2) 17-18세기의 위대한 철학자들과 주요 철학적 경향들 617

9. 칸트와 신학   626
　　1)「감각적 세계와 지성적 세계의 형태와 원리들에 관하여」   628
　　2)『윤리학 강요』   628
　　3)『순수 이성 비판』   629
　　4)『실천 이성 비판』   630

제4부 현대 신학

도입   635

제1장 프랑스 혁명으로부터 제1차 세계 대전까지   637

1. 낭만주의 시대의 신학   638
　　1) 낭만주의   639
　　2) 요한 헤르더   639
　　3) 슐라이어마허   641

2. 개신교 자유주의 신학   644
　　1) 주요 갈래   645
　　2) 슈트라우스   646
　　3) 폰 하르낙   649
　　4) 캘러   651

3. 유럽 가톨릭 신학: 프랑스 혁명부터 제1차 바티칸 공의회까지   652
　　1) 힘겨운 재각성   652
　　2) 호교론자들: 샤토브리앙, 드 매스트르   652
　　3) 전통주의와 맹신주의: 라므네, 보탱   655
　　4) 독일 합리주의자들: 헤르메스, 프로샴머   658
　　5) 튀빙겐 가톨릭 학파: 드라이, 묄러   661
　　6) 영국 가톨릭 신학의 부흥: 뉴먼   664

4. 19세기 이탈리아 신학의 쇄신 노력   667
　　1) 로스미니   667

2) 로마 학파와 신스콜라학의 발단 670
   3) 토마스 부흥 운동의 단초 672

5. 제1차 바티칸 공의회부터 비오 10세까지 교회 교도권의 가르침 673
   1) 비오 9세 673
   2) 제1차 바티칸 공의회의 교회론 677
   3) 레오 13세와 「영원하신 아버지」 678
   4) 비오 10세와 근대주의의 위기 681

6. 제1차 바티칸 공의회와 제1차 세계 대전 사이의 가톨릭 신학 682
   1) 교회 학문들의 발전 683
   2) 신스콜라 학자들: 쉐벤과 비요 685
   3) 근대주의자들: 루아지, 르 루아 687
   4) 근대주의에 대한 가톨릭 신학의 반응 690

제2장 제1차 세계 대전에서 제2차 바티칸 공의회까지 692

1. 근대성의 위기와 신학자들의 대답 692
   1) 문화적 지평: 근대 문화의 시대적 위기 693
   2) 철학적 지평: 현상학, 실존주의, 언어 분석학 694
   3) 종교적 지평: 세속화, 무신론, 대화 702
   4) 1915-1965년: 신학적 흐름의 구체화와 계층화 705

2. 1915-1965년의 개신교 신학 706
   1) 칼 바르트: 신정통주의 707
   2) 헬무트 틸리케 710
   3) 루돌프 불트만: 신약 성경의 비신화화 711
   4) 본회퍼: 세속화 신학 715
   5) 해석학적 신학: 푹스와 에벨링 718
   6) 폴 틸리히: 신학의 존재론화 722
   7) 오스카 쿨만: 구원 역사 신학 724
   8) 아메리카적인 사회-정치 신학 728

3. 1915-1965년의 가톨릭 신학　731
　　1) 아우구스티누스적 경향: 로마노 과르디니, 드 뤼박　732
　　2) 토마스의 흔적 안에서의 신학: 가리구-라그랑주, 셰뉘, 콩가르　738
　　3) 샤를 주르네　747
　　4) 에리히 프르치바라　749
　　5) 초월적 토미즘: 카를 라너, 버나드 로너간　751
　　6) 문학가, 예술가, 과학자를 위한 신학: 샤르댕, 발타사르　756
　　7) 장 다니엘루: 역사 신학, 문화 신학, 종교 신학　764
4. 제2차 바티칸 공의회와 신학　769
　　1) 요한 23세와 공의회 소집　769
　　2) 바오로 6세, 공의회의 인도자　771
　　3) 공의회의 가르침　772
　　4) 제2차 바티칸 공의회에서 신학자들의 역할　775

제3장 제2천 년기 말의 신학: 쇄신과 토착화　777

1. 비오 11세부터 요한 바오로 2세까지 교황 교도권의 가르침　777
　　1) 비오 11세　777
　　2) 비오 12세　779
　　3) 요한 23세　782
　　4) 바오로 6세　784
　　5) 요한 바오로 2세　786
2. 급진주의 신학 또는 사신 신학　790
　　1) 20세기 말의 신학　790
　　2) 급진주의 신학　793
3. 희망의 신학　803
　　1) 에른스트 블로흐　804
　　2) 위르겐 몰트만　805
4. 정치 신학　809
　　1) 신학의 정치적 관심의 기원　810

2) 요하네스 밥티스트 메츠: 정치 신학의 창시자　811

 5. 해방 신학　815

  1) 해방 신학의 기원　815

  2) 해방 신학의 세 단계　816

  3) 해방 신학의 주된 방향　817

  4) 해방 신학의 근본 논지　817

  5) 해방 신학의 특징　818

  6) 해방 신학의 주역들　819

  7) 해방 신학에 대한 교회 교도권의 개입　824

 6. 가톨릭의 신학적 쇄신　825

  1) 요제프 라칭거: 교도권의 신학　825

  2) 한스 큉: 보편적인 교회 일치 신학　829

  3) 에두아르트 스힐레벡스: 그리스도교적 실천의 신학　832

 7. 신학의 새로운 토착화　835

  1) 흑인 신학　836

  2) 여성 신학　838

  3) 아프리카 신학　839

  4) 아시아 신학　842

《그리스도교 신학의 역사》를 출간하며

　　로마에서 유학하는 한국 신부님들이 신학을 공부하다 보면 자연스럽게 알게 되는 이탈리아 교회의 대표적인 석학이 계십니다. 바로 바티스타 몬딘(Battista Mondin) 신부님입니다. 신부님은 신학의 분야마다 반드시 알아야 할 주제들을 일목요연하게 담은 기본 교과서들을 비롯해, 신학도로서 반드시 갖춰야 할 두툼한 필수 서적들을 수없이 집필하셨습니다. 이분이 집필한 책들은 분야마다 맥(脈)을 꿰뚫고 있으며, 해당 분야의 주요 주제들을 비롯해 인물들과 개념들을 너무도 명쾌하게 잘 소개해 줍니다. 낯설기 그지없는 이탈리아어로 공부해야 했던 힘겨운 유학 시기에 신부님의 책은 여러 방면에서 제게 탁월한 안내자가 되어 주었습니다. 신부님의 작품 중에서도 백미는 『신학사』 제1권-제4권이 아닐까 싶습니다. 이 작품은 '신학'이라는 망망대해에서 어떻게 항해해야 할지를 가르쳐 준 보물과 같은 책입니다. 제가 이 작품을 알게 된 것은 박사 과정을 거의 끝내 가던 2000년의 어느 날이었습니다. 당시 바티칸 광장 앞의 비아 델라 콘칠리아치오네에 있는 서점에서 우연히 이 작품을 발견하게 되었습니다. 그리고 2천 년 동안 발전해 온 그리스도교 신학의 역사 전체를 한눈에 바라보며 전율했습니다. 그 순간을 지금도 결코 잊을 수 없습니다. 이 작품은 당시까지 지엽적으로만 알고 있던 신학의 조각들을 하나로 엮어서 거대한 비전을 보게 해 주었습니다. 당시 저는 이 작품을 보며 언젠가는 반드시 한국 교회에 소개해야겠다고 결심하고, 실제로 귀국 후 2003년부터 조금씩 번역을 하기 시작했습니다.

『신학사』 제1권-제4권이 공식적으로 한국어로 번역되기 시작한 것은 지난 2000년대 초반부터 시작된 가톨릭출판사의 '가톨릭 문화총서' 시리즈의 주요 역서로 선정이 되면서부터였습니다. 당시 이 작업을 주도한 분은 저의 서울 신학교 은사(恩師)이자 현 원주교구장이신 조규만 주교님이셨습니다. 2003년 소임을 받아 스페인으로 출국하기 전에 신학교에 계시던 조 주교님을 뵙고 인사를 드렸던 적이 있습니다. 당시 저는 이 작품의 번역 작업이 주교님의 주도로 막 시작됐음을 알게 되었습니다. 그래서 부족하나마 허락하신다면 이 작품의 번역 작업에 함께하고 싶다는 원의를 조심스레 말씀드렸습니다. 열정만 앞서고 아직은 어설펐음에도, 주교님은 흔쾌히 함께하자고 격려해 주시며 자리를 마련해 주셨습니다. 이렇게 해서 교부 시대의 신학을 다룬 1권은 조규만 주교님께서, 중세 신학을 다룬 2권은 이재룡 신부님께서, 근대 신학을 다룬 3권은 제가 맡아 번역을 시작하게 되었습니다. 그로부터 번역을 맡은 각자에게 많은 일들이 있었고, 번역 작업은 계속 지체될 수밖에 없었습니다. 결국 우여곡절 끝에 1권은 2012년에 출간되었으며, 2권은 2017년에, 3권은 2018년에 출간되었습니다. 마지막으로 19-20세기 현대 신학의 흐름 전체를 다룬, 가장 방대한 분량인 4권은 이재룡 신부님과 저 그리고 안소근 수녀님의 공동 작업으로 준비되어 지난 2020년 가을에 출간되었습니다. 마침내 이 시리즈는 제25회 한국가톨릭학술상 본상에 선정되어 7명의 번역진(조규만, 이재룡, 윤주현, 박규흠, 유승록, 안소근, 이건) 모두가 지난 2021년 11월 4일 본상 수상의 영예를 얻게 되었습니다. 삼위일체 하느님과 성모님 그리고 본 시리즈의 원저자이신 몬딘 신부님께 진심으로 감사드립니다.

이제 이 항해 지도를 바탕으로 한국의 모든 신학도들은 시대마다 교회에 학문적, 영적 수액(髓液)을 전해 주는 가운데 교회를 쇄신한 모든 위대한 석학들의 생애와 사상의 주요 골자, 그리고 그분들의 주요 작품에 대한 정확한 정보를 갖게 되었습니다. 우리는 이를 통해서 신앙의 진리가 어느 한 시대와 장소에 갇혀 있지 않고, 시대마다 깨어 있는 많은 선각자들의 부단한 노력을 통해 오늘에 이르기까지 새롭게 전해지고 있음을 확인할 수 있습니다. 부디 새로 자라나는 한국의 젊은 신학도들은 '온고이지신'(溫故而知新)의 정신을 바탕으로 저희 7명이 마련한 이 '신학의 항해 지도'를 벗 삼아 현재와 미래의 한국 교회를 위해 실질적으로 학문적, 영적 자산을 축적해 나가길 진심으로 기원합니다. 그리하여 언젠가는 우리 한국 교회도 신학의 역사의 한 자락에서 우리만의 고유한 한국적 신학을 찬란히 기록할 그 날을 꿈꿔 봅니다.

『신학사』 1-4권 시리즈는 분량 면에서 각 권당 평균 1,100페이지로 전체 4,400페이지에 이르는 대작(大作)입니다. 뿐만 아니라 내용 면에서 2천 년 그리스도교 신학 전체의 거대한 흐름을 보여 주는, 한마디로 타의 추종을 불허하는 보화입니다.

그리스도께서 강생하신 이후 오늘날까지의 역사는 크게 네 시기, 즉 고대, 중세, 근대, 현대로 구분할 수 있습니다. 이러한 구분은 신학의 역사를 구분하는 네 시기이기도 합니다. 각각의 시기는 다른 시기와는 현저하게 구분되는 다음과 같은 특징을 갖습니다.

1) 고대: 교부들의 시대이며, 교부들은 성경에 집중하였고 플라톤 철학을 방편으로 신학을 전개했습니다.
2) 중세: 스콜라 시대이며, 당시 스콜라 학자들은 신학의 체계를 세우는 데 집중했습니다. 그들은 이를 위해 아리스토텔레스의 철학을 도구로 사용했습니다.
3) 근대: 종교 개혁과 반동 종교 개혁의 시대이며, 논쟁적인 특징을 띠고 있습니다.
4) 현대: 대화의 시대이며, 그 특징은 신앙 고백과 종교의 경계를 넘어 그 위에 신학을 세우려는 시도라고 할 수 있습니다.

『신학사』 1-4권은 이러한 네 시기를 어느 부분도 소홀함 없이 다루고 있습니다. 그러다 보니 분량이 방대해지고 말았습니다. 덕분에 한눈에 신학사 전체를 내려다보는 데 어려움이 있으며 읽기도 벅찬 느낌이 있습니다. 일반 독자는 물론 신학생들마저 쉽게 접근하기 어렵습니다. 그래서 『신학사』 4권이 출간되자마자 이를 간략하게 볼 수 있는 책을 만들자는 계획을 세웠습니다. 신학사 시리즈의 핵심적인 내용을 일목요연하게 보여 줄 수 있는 그런 책을 말입니다. 어느새 2년이 흘러 이제야 교부 시대부터 현대까지 신학사 전체를 아우르는 이 작품을 내놓게 되었습니다. 이제 여러분은 신학사 전체를 집약한 이 한 권의 책으로 그리스도교 사상 전체를 시대별, 학파별, 인물별, 교도권의 결정에 따라 일목요연하게 파악할 수 있으며, 이를 바탕으로 자신이 심화하고자 하는 신학 분야의 배경, 그와 연관된 다양한 요소들을 섭렵할 수 있습니다.

저는 『그리스도교 신학의 역사』를 읽으며 좀 더 깊이 공부하고자 하는 독자들에게 서슴지 말고 『신학사』 1-4권을 펼쳐 보도록 권합니다. 『그리스도교 신학의 역사』는 여러분에게 개괄적인 신학의 역사를 간략하게 소개합니다만, 네 권의 신학사 시리즈는 여러분에게 예수 그리스도 이후 오늘날까지 발전된 그리스도교 신학의 통사(痛史)에 대한 전체적인 비전을 제시함으로써 신학의 모든 분야에 대한 흐름을 꿰뚫어 볼 수 있는 길을 열어 줄 것입니다. 신학사에 비해 분량이 6분의 1 정도로 적기 때문에 거기에 실린 내용을 담지 못한 것이 있습니다. 따라서, 보다 광범위하고 정확한 내용을 살펴보기 위해서는 『신학사』 1-4권 시리즈를 펼쳐 보아야 합니다.

이제 여러분을 2천 년 그리스도교 신학의 역사 전체를 샅샅이 살펴볼 수 있는 흥미진진한 여행으로 초대합니다. 주님께서 이 여행을 통해 여러분에게 진리이신 그분과 그분께서 인류를 위해 이룩하신 장대한 구원 역사를 더욱 깊이 알고, 그분을 사랑하고자 하는 원의를 일으켜 주시길 기원합니다.

이 작품을 삼위일체 하느님과 성모님께 봉헌하며, 한국 가톨릭 교회의 모든 사제들과 신학도들에게 그리고 신자들에게 드립니다. 주님을 향한 여정의 도반인 모든 가르멜 수사님, 수녀님, 재속 회원, 전교 가르멜 수녀님, 신심 회원, 후원 회원, 그리고 가족과 지인들을 기억하며……. 또한 이 책이 잘 출간될 수 있도록 적극적으로 도와주신 가톨릭출판사 가족에게 진심으로 감사드립니다.

2022년 6월 5일 성령 강림 대축일에

인천 가르멜 수도원에서

윤주현 베네딕토 신부, O.C.D.

제1부
교부 시대의 신학

도입

1. 그리스도교 신학의 4가지 모체

그리스도교 신학은 로마 제국의 건설과 확장이라는 중요한 사회-정치적 배경 아래서 시작되었다. 또한, 4가지 문화적 바탕으로부터 지대한 영향을 받아 성장했다. 우리는 이를 4가지 모체(母體)라고 부르며, 여기에는 히브리적 모체, 그리스적 모체, 로마적 모체, 그리스도교적 모체가 있다.

1) 히브리적 모체: 그리스도교 신학에 영향을 미친 첫째 모체로 히브리적 모체를 들 수 있다. 무엇보다도 그리스도교의 핵심인 예수 그리스도는 히브리인이었으며, 그분의 첫 제자 그룹 또한 히브리인이었고, 신생(新生) 교회도 히브리, 즉 이스라엘 내에 세워졌다. 인간적인 혈통으로

볼 때, 예수님은 유다인들의 선조인 아브라함과 야곱에게서 유래한다. 이스라엘 민족은 하느님께서 선조들과 맺은 계약과 이집트에서의 탈출을 통해 '하느님 백성'으로서의 자신의 정체성을 갖게 되었다. '새로운 하느님 백성'으로 자신을 인식했던 초대 교회 신자들의 정체성에는 하느님의 주도권을 통해 이스라엘 민족과 맺어진 계약 그리고 그들을 향한 선택이 자리하고 있다. 그들은 이스라엘 민족을 향한 이런 하느님의 사랑에서 자신들의 기원을 보았다. 그리스도교 신학은 히브리적 사상이 지닌 위대한 문화적 유산을 거의 모두 받아들여 자신의 것으로 특화했다. 그중에서도 특히 '성경'이 그렇다.

그리스도교 신학, 특히 교부 시대의 신학은 기원전 1세기경 유다 랍비들에 의해 그리스어로 번역된 『70인역 성경』을 바탕으로 발전해 갔다. 이 과정에서 성경 연구의 선각자인 알렉산드리아의 필론은 플라톤 철학을 바탕으로 소위 '유비적 성경 해석 방법'을 적용했다. 이때 제시한 성경 텍스트의 4가지 의미, 즉 우주론적 의미, 영적 의미, 인간학적 의미, 윤리적 의미는 알렉산드리아 학파 교부들에게 지대한 영향을 미치게 된다. 필론은 성경과 플라톤 철학을 바탕으로 모든 종교 철학의 기본 개념(하느님, 실존, 하느님의 본성과 속성, 세상의 기원, 로고스, 인간 등)과 신학의 기본 개념(창조, 계시, 신앙, 구원, 부활, 영혼의 불멸 등)을 체계화하여 초세기 교부들에게 전해 주었다. 그래서 후대 역사가들은 그를 일컬어 그리스도교 신학자들의 위대한 안내자라고 불렀다.

결론적으로, 이스라엘 민족을 통해 전수된 히브리적 모체는 그리스도교 신학의 근간이자, 요체(要諦)라고 할 수 있다. 그리스도교는 결코 이스라엘 민족으로부터 받은 유산 없이 존재할 수 없다. 그리스도교는 자신의 고유한 정체성을 이스라엘 민족을 향한 하느님의 구원 역사에 뿌리내리고 있다.

2) 그리스적 모체: 그리스도교 신학에 영향을 미친 두 번째 요소로 그리스적인 모체를 들 수 있다. 이 요소는 초대 교회 당시 그리스도교가 이방 세계 내에서 복음을 선포하며 복음의 진리를 전하는 데 아주 중요한 역할을 했다. 예수께서 태어나 공생활을 하셨던 시대는 로마 제국이 지중해 일대를 지배하던 시대였지만, 문화적으로는 그리스 문화가 지배하던 시기였다. 그리스 문화는 문학, 예술, 건축, 사상 분야에서 로마 제국의 문화를 압도했다. 특히, 로마인들은 그리스 철학으로부터 많은 영향을 받았다. 따라서 이런 문화적 맥락 속에 있던 초기 그리스도교 신학자들은 그리스 철학을 배워, 그들의 용어로 복음의 진리를 설명하고 전하려 노력했다. 당시 사람들의 눈높이에 맞춰 복음을 전하려면 그들의 사고의 틀을 지배하던 그리스 철학과 교감해야 했던 것이다. 이는 오늘날의 표현을 빌리면, 역사상 처음으로 이루어진 '토착화'(土着化) 작업이라고 할 수 있다.

그리스도교 신학에 지대한 영향을 미친 그리스 철학으로는 우선 플라톤 철학과 신플라톤 철학을 들 수 있다. 이 두 철학의 전망은 그리스도교가 지향하는 세계관과 여러 면에서 상당히 맞아떨어지기 때문에 많은 교부들이 이 두 철학을 바탕으로 자신들의 신학을 발전시켰다. 또한, 스토아 학파 같은 경우는 그리스도교 윤리에 상당한 영향을 미쳤다. 이러한 토착화 과정에서 교부들은 그리스도교의 가르침에 부합하지 않는 것들을 배제하고 거기에 부합하는 것만을 취사 선택해서 받아들였다.

3) 로마적 모체: 세 번째로 들 수 있는 그리스도교 신학의 모체로 '로마적 모체'를 들 수 있다. 로마적 모체는 사상적인 면보다 외적인 틀에서 교회에 영향을 미쳤다. 교회는 로마 제국의 행정 체계를 받아들여 자신의 구조적인 틀을 만들었다. 특히 로마법은 교회법에 상당한 영향을 미쳤다. 반면, 철학적인 면에서는 그리스에 비해 상대적으로 영향이 적었다. 예컨대, 루크레티우스는 에피쿠로스적인 정신을, 키케로는 절충주의를, 세네카는 스토아 정신을 전해 주었다. 로마 제국이 교회에 미친 가장 중요한 영향으로 '라틴어'를 꼽을 수 있다. 라틴어는 서서히 교회에 스며들었으며, 특히 성 히에로니무스에 의해 라틴어로 번역된 불가타 성경이 교회 전역에 널리 쓰이게 됨으로써, 그 후 제2차 바티칸 공의회 전까지 라틴어는 명실공히 약 1,500년간 교회의 공식적인 언어로 자리 잡게 되었다. 교회의 모든 공식적인 문서를 비롯해 신학자들의 거의 모든 작품은 라틴어로 쓰였다. 1800년대 말까지 한국의 모든 지적 유산은 한문으로 작성되어, 한문을 모르면 우리 민족의 정신 세계에 접근할 수 없듯이, 라틴어를 모르면 1,500년간 만들어진 교회 유산의 정수(精髓)에 접근할 수 없다. 그러므로 서방 교회와 동방 교회 간의 언어와 문화의 차이는 라틴 신학을 그리스 신학과 분명히 구별하는 데 크게 공헌했다.

4) 그리스도교적 모체: 그리스도교 신학에서 가장 근본적인 모체는 그리스도교 사상이다. 이는 교회가 자신의 존재와 고유한 문화를 형성하게 해 준 근본적인 원천으로서, 그 설립자이신 예수 그리스도를 통해 완성된 하느님의 계시를 통해 이루어졌다. 교회는 고유한 문화적 구조

에 힘입어 다른 모든 종교 공동체와 시민 공동체로부터 자신을 구별 짓는다. 그리스도교는 3가지 측면에서 유다교와 구별된다. 첫째, 유다교에서 말하는 메시아의 시대는 그리스도를 통해 이루어졌다. 둘째, 그리스도교는 유다인들만이 아닌 모든 인간의 구원에 대해 말한다. 셋째, 그리스도교는 유다인들만이 아닌 모든 사람이 '하느님의 백성'을 구성한다고 말한다. 그리스도교는 역사적인 종교이다. 그것은 그리스도교가 기존의 유다교에서 시작했고 역사적 인물인 그리스도가 창립자이자 그 내용을 구성하기 때문이다. 특히 그리스도교가 역사적인 종교인 것은, 그것이 서방 문화에 근본적인 영향을 미침으로써 문화의 결정적인 요소로 자리하고 그리스도교의 출현 자체가 인간 역사의 중심적인 계기가 되기 때문이다. 인류는 예수 그리스도와의 관계를 통해 새로운 시대로 들어가게 되었다. 그리고 그분의 재림(再臨)을 최종적인 역사의 완성으로 지향한다. 성경과 전승은 그리스도교 신학의 첫째이자 최고의 권위를 갖는 원천이다.

2. 신약 성경과 신학

신학의 원천을 구성하는 신약 성경은 인류를 향한 구원 역사의 핵심적 내용인 구세주 예수 그리스도의 말씀과 행적을 담고 있다. 그러므로 신약 성경은 그리스도교 신학의 근본 바탕이라고 할 수 있다. 오늘날 신약 성경 신학이 회자되지만, 엄밀한 의미에서 '신약 성경 신학'에 대해 말하기는 어렵다. 성경 저자 가운데 그 누구도 하느님의 계시를 체계적인 학문적 방법론을 바탕으로 표현하진 않았기 때문이다. 그들의 의도는 신학을 하려는 것이 아니라 그리스도 안에서 실현된 하느님의 계시를 그 시대의 언어로 적절하게 전하려 한 데 있다. 그러나 성경은 신학의 역사에 근본적인 영향을 미쳤다. 왜냐하면, 성경은 인류를 향한 하느님의 계시에 있어 원천적인 자료로써 모든 신학적 성찰의 출발점이자 신학적 물음들에 대한 최종적인 해답을 발견할 수 있는 결정적인 단서를 제공하기 때문이다. 그러므로 신학자가 공부해야 할 책은 성경, 그중에서도 신약 성경이다. 그렇다면, 신약 성경에는 구체적으로 무엇이 담겨 있을까?

1) 신약 성경에 담긴 계시의 핵심인 사랑

우선, 신약 성경은 하느님의 모습을 구약 성경으로부터 받아들여 완벽하게 묘사하고 있다. 신약 성경은 하느님의 절대적 유일성을 보존하면서도 성부, 성자, 성령이라는 그분의 삼중적인 모습을 제시하고 있다. 특히 인류를 향한 하느님의 자비로운 사랑, 그리고 이를 바탕으로 진행되는 구원 역사의 틀 안에서 이 세 분이 점진적으로 드러나고 있다.

예수께서 공생활 동안 선포하시고 특히 당신의 제자들에게 가르치신 메시지의 핵심에는 '새로운 계명', 즉 사랑이 있다. 그분의 생애와 말씀 그리고 모든 행적의 중심에는 '사랑'이 그 첫째 자리를 차지한다. 그러므로 우리는 신약 성경의 핵심이자 모든 신학의 최종 근거로 인류를 향한 하느님의 조건 없는 사랑, 즉 '아가페'(agape)를 들 수 있다. 하느님께서 구약과 신약을 통해 인류에게 계시하신 모든 신비를 하나로 묶는 끈은 아가페라는 사랑의 끈이다. 이는 그리스도교 신학에서 염두에 둬야 할 근본 요소이다.

2) 신약 성경의 신학적 형태

신약 성경은 후대에 다양한 신학을 가능케 하는 다양한 신학적 형태를 암묵적으로 간직하고 있다. 이는 다음과 같이 크게 5가지로 구분할 수 있다. 언어, 신학적 논증, 정통 교리, 사도신경의 초기 단계, 토착화가 그러하다.

① 언어: 신약 성경은 우리에게 그리스도와 그분의 제자들이 살았던 삶과 활동을 담은 이야기들을 전한다. 즉, 신약 성경의 표현은 '이야기', 즉 설화(說話)의 특징을 담고 있다. 그 이야기의 핵심은 하느님께서 그리스도를 통해 이루신 놀라운 일에 대한 증언과 구원 체험에 대한 증언이다. 그리고 그 설화의 중심에는 예수께서 인류의 구원을 위해 돌아가시고 묻히셨으며 부활하셨다는 이야기가 자리한다. 이 중심축을 중심으로 그 이전에 예수님의 유년기, 공생활과 관련된 말씀과 이야기들이 배열되어 있다. 이는 '역사적 사건들'을 바탕으로 하고 있다. 성경 저자들이 발전시킨 '복음서'라는 문학 장르는 복음 선포가 지닌 설화적 요소를 확대한 것이다. 교회는 이러한 설화를 기록으로 남겨야 했다. 그런데, 사도 바오로와 요한은 그리스도에 대한 신앙을 심화하는 과정에서 일련의 신학적 문제들을 직면하게 된다. 그래서 그에 대응하기 위해 정확한 언어를 선택하고, 교회 공동체를 위해 정통 교리의 기준을 정식화함으로써, 신앙의 핵심을 구성하는 주요 요소들을 바탕으로 집약된 이론을 정리하게 된다. 이는 역사상 처음으로 시도된 '그리스도교 신학'이다. 그러나 그들이 의도적으로 신학을 하려던 것은 아니다. 사도 바오로와 요한은 설화적 언어에서 사변적 언어로 넘어가, 복음적인 사건들과 관련된

신학적 개념과 이를 뒷받침하는 논거들을 정교하게 마련했다. 이 두 사도 덕분에 그리스도교 신학에는 로고스, 진리, 율법, 의로움, 본질, 형상 같은 중요한 신학적 가치를 지닌 용어들이 들어오게 되었다.

② 신학적 논증: 사도 바오로와 요한은 그리스도에 대한 신앙을 전하는 언어 표현만이 아니라 이에 대한 근거를 제시하는 논증 전개 방식에서도 신학적인 형태를 띠고 있다. 즉, 사건에 대한 단순한 서술이 아니라 논증과 증명을 바탕으로 사건을 소개하고 있다. 두 사도는 그리스도를 통해 우리의 구원이 실현될 수 있다는 분명히 근거를 제시했다. 그리고 그 근거의 중심에는 예수께서 단순한 인간이 아닌 '하느님의 아드님'이라는 사실이 자리하고 있다. 특히 사도 바오로는 이를 바탕으로 다양한 그리스도 찬가를 전해 준다. 이러한 두 사도의 신학적 논증은 교부들을 통해 심화, 발전되었다.

두 사도를 비롯해 신약 성경 작가들에게는 '전승'(傳承)이 중요한 신학적 논증의 바탕으로 깔려 있다. 그것은 예수님을 직접 체험한 사도들로부터 그분에 대한 증언을 직접 전수받았다는 것을 의미하며, 이는 신학적 논의에서 권위 있는 해결책을 제시할 수 있는 중요한 근거가 되었다. 전승을 자기 메시지의 핵심적 논거로 제시한 인물은 사도 바오로였다. 그는 예수님을 직접 목격한 증인이 아니므로, 자신의 설교가 갖는 권위의 근거로 전승을 제시했다. 이러한 전승은 '교리'와 '가르침'의 형식을 띠며, 이는 후대에 '신앙의 유산'이 되었다.

③ 정통 교리: 신학의 근본 목적 중에 하나는 이단의 공격으로부터

교회를 수호하기 위해 정통 교리를 가르치는 데 있다. 정통 교리에 대한 관심과 배려는 특히 초대 교회에서 잘 드러나고 있다. 당시 이교도적인 환경에서 자신을 지켜 내고 복음을 전하기 위해 초기 그리스도교 신자들은 정통적인 신앙의 기준을 마련할 필요가 있었기 때문이다. 여기서도 사도 바오로와 요한은 중요한 지침을 제공해 주었다. 특히 사도 바오로는 성경(구약)에 자신의 권위를 두었으며 '오류로의 환원법'(의화[義化]가 율법으로부터 온다면, 그리스도의 죽음은 헛되다는 논증)을 통해 강력한 논증을 제시했다. 그는 자신의 사목 서간(티모테오서와 티토서를 말함)에서 정통 교리의 근본 기준으로 '전승'을 들었으며, '기도의 법'(lex orandi)과 '올바른 행위'도 근거로 제시했다. 사도 요한의 경우도 정통 교리의 근본 기준을 '전승'에 두었다. 요약하면, 정통 교리란 케리그마, 신앙의 유산, 성경의 증언, 기도의 법, 신자들의 신앙 감각, 이성, 역사 안에서 성령의 표징, 사도적 권위와 공의회의 권위를 통해 우리에게 전해진 신앙의 메시지를 말한다.

④ 사도신경의 초기 단계: 사도신경은 그리스도교 신앙을 집약적으로 요약한 것으로, 정통 교리와 그리스도인으로서의 올바른 정체성을 드러내는 일종의 신분증이자 그가 정통 교회에 속해 있음을 드러내는 표징이다. 사도신경은 모든 사람에게 신앙의 진리를 쉽게 전하고 신자 중에 그 누구도 무지로 인해 신앙의 진리로부터 멀어지지 않게 하려는 필요에 의해 생겨났다. 신경(信經)의 초기 형태는 다양한 신앙 고백에서 찾아볼 수 있다. 신앙 고백들은 복음에서 제시된 구원 역사의 이야기들을 신학적으로 다시 요약했으며, 이것이 발전해서 사도신경이 탄생하

게 되었다. 초대 교회의 첫 신앙 고백들에는 그리스도가 중심적인 위치를 차지하고 있다. 이 신앙 고백들은 신앙인들이 겪은 그리스도 사건에 대한 충만한 체험을 집약한 결정체이다. 신앙 고백들은 인류를 향한 하느님의 계시를 정식화하여 소개하며, 이는 모든 신학적 성찰의 근본적인 원천을 형성한다.

⑤ 신약 성경에서 그리스도교 사상의 토착화: 그리스도교는 로마 제국 시대에 탄생하고 퍼져 나갔다. 따라서 당시 지배적이던 헬레니즘, 즉 그리스 사상과 교류하는 가운데 자신의 메시지를 전해 주어야 할 필요에 직면했다. 이는 그리스도교의 퇴보가 아니라 당시 가장 진보한 철학 사상과의 교류를 통해 한층 더 심화된 신학적 성찰을 가능하게 한 발전이라고 할 수 있다. 사실, 첫 번째 토착화는 예수 그리스도께서 인간의 상태로 내려와 인간의 육신과 언어를 통해 하느님의 사랑을 전하신 '강생' 사건이다. 그리고 33년간 있었던 그분의 지상 생애 역시 연장된 토착화라고 할 수 있다. 그러므로 그리스도교는 그 시작부터 토착화를 근본 특성으로 간직하고 있다. 사랑하고 통교하기 위해서는 상대방의 사고방식, 언어에 맞춰야 하기 때문이다. 그리스도를 통해 시작된 인간의 실존과 언어를 통한 토착화 작업은 그분의 제자 공동체, 즉 교회에 위임되었다. 유다인들만이 아니라 많은 이방인을 그 구성원으로 맞아들인 그리스도교 공동체는 '보편적' 공동체로 거듭났으며, 당시 로마 제국을 사상적으로 지배하던 그리스 철학과 교류하는 가운데 새로운 토착화의 길을 모색했다. 그리고 이를 통해 그들의 언어로 로마 제국 전체에 복음의 메시지를 보다 효과적으로 전할 수 있는 발판을 마련했다. 사도 바오

로와 요한은 처음으로 이 작업을 시도했으며, 그들이 집필한 성경에는 다음과 같은 철학적 개념들이 담겼다. 이는 말씀(logos), 본질(ousia), 모습(morphé), 진리(aletheia), 평정(apatheia), 종파(airesis), 파악(enkrateia), 경건한 삶(eusebeia)이다.

3. 교부들의 신학이 지닌 특징들

마지막 사도인 요한의 죽음과 신약 성경의 완성으로 계시의 시대가 끝나고 신학의 시대로 접어들게 된다. 2천 년간 발전된 신학의 역사에서 이 첫 번째 시기는 교부들의 신학으로 특징지어지며, 역사상 가장 중요하고 원천적인 내용을 담고 있다. 그래서 중세, 근대, 현대마다 신학적 쇄신이 화두가 될 때 늘 약방의 감초처럼 회자된 중요한 주제는 '성경'과 더불어 '교부들의 가르침'으로의 회귀였다.

1) 교부에 대한 정의

그렇다면, '교부'는 과연 어떤 누구를 가리키는 것일까? 초기에 이 말은 위대한 성경의 인물, 신앙과 덕행에 있어 모범적인 인물 등을 가리켰다. 그러나 동시에 이 말은 그리스도교 공동체를 통치하는 사람들, 좀 더 정확히 말해 주교들을 가리키는 용어였다. 3세기부터 이 말은 더 폭넓게 적용되어 주교뿐만 아니라 교리에 있어서 특별한 권위를 지닌 모든 사람들, 그리고 보편 공의회에 참석하는 주교들을 가리키는 용어로 정착되었다.

5세기경, 레랭의 빈첸시우스는 자신의 작품 『비망록』에서 교부들에 대한 다음과 같은 정확한 정의를 제시했으며, 이는 오늘날까지도 교부들을 규정하는 권위 있는 고전적인 정의로 평가된다. "교부들에 관한 한, 신앙과 가톨릭 친교 안에 거룩하고 현명하고 항구하게 살며 가르치고 굳건히 머물며, 그리스도께 충실한 가운데 죽거나 그분을 위해 목숨을 내어놓는 기쁨을 누린 이들의 생각만을 고려해야 한다." 교부들은 신앙에 대한 권위 있는 증언자로서, 신앙의 원천에 아주 가까운 사람들이다. 그들 중에 일부는 사도 전승의 증언자들이며, 전승의 원천을 이루기도 한다.

'교부'라는 개념은 4가지 공통 요인을 갖고 있다. 고대성(8세기 이전까지), 교리의 탁월성, 정통성, 삶의 거룩함. 여기서 뒤의 두 요소는 논란의 소지가 있다. 당시는 아직 모든 교리가 정확히 규정되지 않았고 정통과 이단을 가르는 논의가 진행 중이었기 때문이다. 또한, 삶의 거룩함을 어떤 기준으로 평가할 것인가도 문제가 된다. 그래서, 교부학에서는 앞의 2가지 요소에 방점이 찍힌다면, 보다 폭넓은 전망을 다루는 신학사에서는 4가지 요소가 모두 고려된다. 교부학은 20세기에 와서 큰 발전을 이룩했다. 특히 1930년대부터 원천으로의 회귀라는 기치를 내걸고 발전했으며, 이는 현대 신학에 중요한 원동력이 되었다. '교부학'은 교부들의 생애와 작품을 연구 대상으로 하며, 어찌 보면, 신학이라기보다 문학적인 특징을 지닌 학문에 속한다. 그래서 교부학에서는 고대 그리스도교 작가들의 문학 유형과 문체 등을 연구한다. 반면, '교부 신학'은 가톨릭 교회의 정통 교리를 유지하고 옹호하며, 심화하기 위한 관점에서 교부들의 사상, 특히 그들의 신학을 연구 대상으로 갖는다. 특히, 교부 신학은 고유한 이론적 특성을 지니며, 교의 신학과도 깊이 연관되어 있다.

2) 교부들의 신학이 지닌 특징

교부들의 신학은 하느님의 말씀을 바탕에 두고 그리스도교 신앙에 대해 성찰한다. 그리고 초대 교회 당시의 환경에서 그리스도교 신앙을 정당화하고 신앙에 대한 모든 왜곡으로부터 정통 신앙을 수호하며, 이를 윤리적, 영성적인 삶의 차원에서 도출해낸 결론들을 규명한다. 교부들의 신학은 기본적으로 성경적 특징, 그리스도 중심적 특징, 주석적 특징, 플라톤적 특징을 지닌다.

① 성경적 특징: 초대 교회 당시 교부들이 의존할 수 있던 유일한 권위는 성경이었다. 그러므로 교부들은 자신의 신학을 구축함에 있어 반드시 성경에 바탕을 두어야 했다. 그러므로 교부들은 본질적으로 성경을 깊이 해석한 주석가들이었다. 교부들의 신학이 성경적 특징을 지닌 또 다른 이유는, 그리스도인들과 유다인들, 정통 가톨릭 작가들과 이단자들 사이에 벌어진 신학 논쟁은 성경에 대한 해석과 인용의 차이에 있었기 때문이다.

② 그리스도 중심적 특징: 교부들의 신학은 구세주이자 교회의 설립자인 그리스도를 이해하고 그분을 수호하는 데 초점이 맞춰져 있다. 교부들은 이단자들에 맞서 그리스도의 정체성을 밝히고 수호해야 했기 때문이다. 그들은 그리스도를 중심으로 다양한 신앙의 진리들을 종합해 냈다. 이 과정에서 그들이 신경을 썼던 것은 하느님의 유일성과 단일함을 보존하는 것이다. 교부들은 다양한 이단의 자극을 받아 그리스도를 중심으로 한 신학적 성찰을 이뤄냈고 이는 니케아, 콘스탄티노폴리스,

에페소, 칼케돈 공의회를 통해 확립된 그리스도론의 이정표를 세우는 데 결정적으로 기여했다.

③ 주석적 특징: 교부들의 신학은 구체적으로는 성경에 대한 주석을 통해 이루어졌다. 구원 역사에 대한 학문적 성찰인 신학은 근본적으로 성경에 뿌리를 두고 있기 때문이다. 교부들의 성경 주석은 비평적 주해(commento), 의역적 주해(parafrasi), 대논문(trattato), 강론(omelia)과 같은 형태로 이루어졌으며, 이를 통해 하느님의 말씀이 간직한 심오하고도 풍요로운 의미를 파악했다. 그들은 '문자적 해석', '우의적 해석'이라는 2가지 성경 해석 방법을 사용했다. 그들은 다음과 같은 다양한 분야에서 이런 주석 방법과 형태를 활용했는데, 이는 반(反)유다 논쟁과 반(反)영지주의 논쟁, 그리스도교 윤리에 대한 성찰과 신앙 규범의 확립, 성경 본문에 대한 전문적 해석, 교의 신학적 주석이다. 성경과 성경 주석서들은 처음에는 수도원 학교에서, 나중에는 주교좌 학교에서 교육의 중추적인 역할을 했다.

④ 플라톤적 특징: 교부들의 성경 주석 방법에는 '플라톤적 색채'가 짙게 배어 있다. 그들은 성경을 해석하는 해석학적 도구로 플라톤 철학을 활용했기 때문이다. 이는 당시 가장 권위 있는 주류 철학이 플라톤 철학이기도 했으며 그 철학적 전망이 그리스도교적 세계관과 상당히 맞아떨어졌기 때문이다. 초기 그리스도교 신학의 발전에서 플라톤 철학은 지대한 영향을 미쳤다. 대부분의 교부들은 플라톤 철학의 영향 아래 신앙의 토착화 작업을 시도했다. 물론, 플라톤 철학에는 그리스도교와 맞

지 않는 여러 요소들도 있었다. 따라서 교부들은 신앙의 진리에 부합하지 않는 요소들을 걸러서 그에 맞는 요소들만 받아들여 이를 바탕으로 그리스도의 계시 진리들을 설명하려 했으며, 구체적으로는 성경 주석에 이를 적용했다.

3) 교부들의 신학이 지닌 또 다른 특징들

방금 소개한 4가지 주요 특징 이외에도 교부들의 신학에는 다음과 같은 또 다른 특징들이 있다. 관상적 특징, 호교론적 특징, 교회적 특징, 적절한 토착화가 그것이다.

① 관상적 경향을 띠고 있다. 교부들은 참된 진리, 즉 하느님에 대한 관상을 추구했다. 그들은 하느님을 관상하는 가운데 자신들이 보고 맛들인 것을 나누었던 영성 생활의 전문가들이었다.

② 호교론적 특징을 띠고 있다. 교부들의 신학은 유다인들과 이교도들 그리고 교회 내의 이단자들의 공격에 맞서 그리스도교 진리를 수호하고 변호하는 가운데 자신들의 신학을 발전시켰다.

③ 현저히 교회적인 의미를 지닌다. 교부들의 신학은 그 본성상 교회적인 기능을 수행했다. 그들은 신학적 성찰을 통해 하느님 백성 전체의 이름으로 모든 신자들의 영적 유익을 위해 봉사했던 사람들이다. 그들은 그리스도와 교회에 대한 사랑과 열정 그리고 충실함으로 신학을 연구했다.

④ 적절하게 토착화되었다. 교부들은 자신들의 신학을 통해 다양한 차원에서 그리스도교의 계시 진리를 토착화했다. 이를 통해 모든 시대의 교회를 위해 다양한 문화에 사는 사람들에게 복음을 선포하고 복음의 진리를 살아가도록 촉진했다.

4) 교부들의 신학이 지닌 중요성

교부들의 신학은 위대하고 중요한 가치를 갖는다. 왜냐하면, 그것은 교회 역사상 최초의 신학이며 교회의 전승과 정통 이론의 발전에 결정적으로 기여했기 때문이다. 또한, 그들이 남긴 방대한 작품은 그리스도교 진리에 대한 심오한 성찰을 담고 있는 교회의 중요한 영적 유산이다. 그 작품에 배어 있는 문체와 전개 방식 그리고 언어 표현의 다양성은 탁월하며 후대의 신학자들에게 지대한 영향을 미쳤다.

교부들이 남긴 신학적 유산은 근본적인 기초로, 이후의 모든 신학이 참고해야 하고 필요한 경우 다시 그리로 되돌아가야 하는 기준이다. 그것은 어떤 개별 교회에 독점되지 않은 모든 시대의 그리스도인들에게 속한 최고로 중요한 유산이다. 교부들은 후대의 신학자들에게 탁월한 신앙의 스승이자 모범이다. 그들이 남긴 영적, 학문적 유산은 모든 시대의 신앙인들을 위해 성경 다음으로 진정한 그리스도인으로 살고 완성하도록 인도하는 근본적인 규범의 역할을 해 왔다. 그러므로 교회의 지속적인 쇄신과 성장을 위해서는 반드시 교부들의 가르침과 작품을 깊이 있게 알고 연구해야 한다. 그 가르침과 작품들은 사목적인 동시에 신학적이고, 교리교육적인 동시에 문화적이고 영성적이며, 다른 어느 시대의 신학 작품들과도 비교할 수 없는 유일무이한 가치를 갖는다.

5) 교부 시대의 확장과 구분

그렇다면, 교부 시대는 어디서부터 어디까지일까? 이에 대해서는 다양한 견해가 있지만, 대체로 학자들은 다음과 같은 시대적 구분에 동의한다. 동방 교회에서는 사도 이후 시대부터 다마스쿠스의 요한(+750년)까지, 서방 교회에서는 사도 이후 시대부터 세비야의 이시도루스(+636년)까지로 교부 시대를 잡고 있다. 대략 7세기에 걸친 이 시기의 신학은 박해 시대(1세기말-4세기)의 신학과 제국 교회 시대(4-8세기)의 신학으로 세분화된다. 박해 시대의 신학은 다시 초기 시대, 이단들과의 논쟁 시대, 첫 체계화 시대로 구분되며, 제국 교회 시대의 신학은 다시 황금시대(4-5세기)와 쇠퇴기(6-9세기)로 구분된다.

또한, 교부 시대는 '라틴어', '그리스어'라는 언어권을 중심으로 구분되기도 한다. 그래서 한편에는 라틴 신학(암브로시우스, 아우구스티누스, 히에로니무스 등)이, 다른 한편에는 그리스 신학(바실리우스, 니사의 그레고리우스, 요한 크리소스토무스 등)이 있다. 마지막으로, 이 시대는 영향을 준 지역과 학파에 따라 알렉산드리아 학파, 안티오키아 학파, 카이사리아 학파, 로마 학파, 아프리카 학파로 나뉘기도 한다.

제1장

박해 시대의 신학

1. 사도 교부들의 신학

1) 일반적 특징

　사도 교부들은 교부 시대를 풍미한 많은 교부들 중에서도 아주 중요한 위치를 점하고 있다. 왜냐하면, 이들은 그리스도의 삶과 활동을 직접 목격한 증인이자 그분의 가르침을 처음으로 상속받은 사도들이 사라진 뒤, 그들의 뒤를 이어 후대 교부들에게 복음의 핵심을 전해 준 핵심적인 연결 고리가 되기 때문이다. 그러나 이들은 사도들처럼 계시의 구성 요소에 포함되지 않고 후대를 위한 '전승'의 첫 번째 고리가 된다. 이들의 주요 임무는 사도들로부터 전해 받은 진리를 충실하게 전하는 데 있었다. 이들의 신학적 특징은 크게 반(反)유다적 논쟁, 그리스도께 대한 신앙 고백, 교리 신학으로 압축된다.

① 반(反)유다적 논쟁: 이 시대의 획을 긋는 첫 번째 특징으로 유다인들에 대항한 논쟁을 들 수 있다. 초기 그리스도인들과 유다인들은 로마 제국 곳곳에서 있었다. 하느님의 유일한 선민(選民)으로 자처한 유다인들에 대해, 그리스도인들은 자신들이야말로 메시아를 거부한 옛 백성 대신 새로운 하느님의 백성이자 구원의 수취인으로 여겼다. 그 때문에 두 그룹 사이의 갈등은 필연적일 수밖에 없었다. 그리스도교 공동체는 스스로를 주님께서 이스라엘과 맺은 계약의 진정한 상속자로 자처했다. 그리고 『70인역 성경』을 자신의 것으로 여겼으며 이를 바탕으로 새로운 성경 해석을 제시했다.

② 그리스도에 대한 신앙 고백: 사도 교부들은 그리스도께 대한 신앙 고백을 바탕으로 유다이즘과는 차별화된 자신들만의 고유한 정체성을 선언했다. 유다인들은 예수님을 이단자로 본 데 반해, 그리스도인들은 그분이야말로 오랫동안 고대하던 메시아이자 성자 그리스도라고 보았다. 교회는 그분이 바로 그리스도이며, 사람이 되신 하느님의 아드님임을 고백하는 이들의 공동체이다. 사도 교부들은 그리스도에게서 구원적인 역할을 강조했다. 그들이 보기에 우리가 그분에게 속해 있음을 보여 주는 중요한 표징은 '세례성사'와 '성체성사'이다. 그리스도인들은 세례성사를 통해 하느님의 자녀라는 인호(印號)를 받음으로써 그리스도의 제자가 되고 교회 공동체 안으로 들어가게 된다. 반면, 사도 교부들은 성체성사를 교회 일치의 상징이자 영원한 생명의 빵으로 보았다.

③ 교리 신학: 사도 교부들의 작품은 기본적으로 신자들을 위한 교

리교육적인 특징을 띠고 있다. 그들이 지향했던 것은 기본적으로 신자들에게 그리스도교의 핵심 교리를 교육하는 것이다. 첫째, 그들은 참된 생명의 길로 인도하는 진리들을 소개하면서 신학자들로 하여금 그에 관해 성찰하고 논증하도록 자극했다. 둘째, 그들은 더 이상 단순히 구설적이고 훈계적인 언어가 아니라 그리스 철학의 영향을 받은 다양한 어휘를 바탕으로 복음의 진리를 설명하기 시작했다. 셋째, 그들은 정통 교리의 근본 기준으로 '사도 전승'(traditio apostolica)을 내세웠다. 즉, 사도들이 예수님으로부터 직접 받은 신앙의 진리를 자신들이 받아서 전해 주고 있음을 주장했다. 사도 교부들에 따르면, 전승의 확실한 수호자들은 사도들의 후계자인 주교들이다.

2) 로마의 클레멘스

이레네우스와 에우세비우스가 전하는 명단에 따르면, 로마의 클레멘스는 사도 베드로의 세 번째 후계자, 즉 4대 교황이다. 그는 로마의 첼리오 언덕에서 태어나 유다-그리스적인 환경에서 자라났다. 그리고 사도들의 제자 그룹에 속했다. 증언에 따르면, 클레멘스는 헬레니즘 문화에 개방적이었고 구약 성경에 대해 잘 알고 있었다. 4세기 말에 전해 오는 전승은 그를 순교자 목록에 언급하고 있다. 그는 트라야누스 황제 치세 3년에 순교했다.

클레멘스를 기억할 때 가장 중요한 것으로 3가지를 꼽는다. 하나는 그가 코린토 교회에 보낸 편지이며, 다른 하나는 이 편지에서 드러난 2가지 성품(주교, 부제)에 관한 증언이고, 마지막으로 로마 주교의 '수위권'에 대한 증언이다. 그가 코린토 교회에 보낸 편지는 당시 공동체 내의 다양한 문제로 홍역을 앓고 있던 코린토 교회의 문제를 해결하기 위한 로마 주교의 사목적 염려와 개입을 담고 있다. 당시 코린토 교회는 규율 문제를 비롯해 교리 문제로 인한 내부 분열로 인해 고통을 받았다. 이에 클레멘스는 그곳 신자들에게 편지를 보내 평화와 형제적 사랑을 호소하고 참회와 겸손을 권고했다. 그리고 평화를 되찾기 위해 분열을 선동한 이들을 유배 보내도록 권고했다. 이 과정에서 클레멘스는 교회의 기원과 교계 제도, 특히 주교와 부제들에 대해 언급했다. 그의 증언에 따르면, 주교와 부제들은 사도들이 직접 뽑아 세운 사람들로서 중죄가 아니면 결코 그들을 직무에서 떠나보낼 수 없었다. 그의 편지에서 드러나는 또 다른 중요한 점은 이 편지가 역사적으로 보편 교회에 대한 로마 주교의 수위권을 언급한 첫 번째 문헌이라는 데 있다. 클레멘스는 로마 주교의 수위권은 전체 교회에 대한 사랑에 기초하며, 이는 로마 주교만이 갖는 책임에서 온다고 보았다.

3) 안티오키아의 이냐시오

안티오키아의 이냐시오는 사도 교부들 중에서 아주 중요한 인물로 평가받는 인물이다. 이는 안티오키아의 주교로서의 위상뿐만 아니라 그가 보여 준 삶의 모범과 영웅적인 순교, 그리고 그 과정에서 남긴 주옥같은 7통의 편지 때문이다. 특히 순교를 통해 표현된 교회와 그리스도를 향한 그의 깊은 사랑은 여전히 오늘날에도 뛰어난 귀감이다. 그가 남긴 『일곱 편지』에는 사도 시대 이후 본격적으로 정착되기 시작한 초대 교회의 교계 제도가 비교적 선명하게 드러난다. 이는 주교를 중심으로 한 지역 교회의 일치된 모습을 보여 주는데, 특히 혼란스러웠던 이전의 상황에 비해 "주교-사제-부제"라고 하는 가톨릭 교회의 기본적인 교계 제도를 중심으로 일치와 조화를 누리기 시작한 통일된 교회의 모습을 잘 보여 준다. 또한, 그의 작품에서는 향후 본격적으로 문제가 될 이단 가운데 하나인 그리스도 가현설(假現說)에 대한 초기 증언과 그에 대한 교회의 태도를 엿볼 수 있다. 더 나아가, 그는 이 편지들을 통해 성체성사를 유효하게 하는 주교에 대한 순명, 이단적 경향에 대한 신자들의 경계, 로마 공동체에 대한 찬사, 그리고 무엇보다도 모든 교회에 대한 로마 교회의 수위권을 가르쳤다. 이 작품을 통해 우리는 이미 2세기 초에 로마 교회의 수위권이 보편 교회의 공동 유산이었음을 추정할 수 있다.

그뿐만 아니라 영성적인 측면에서 보면, 모든 영성에 젖줄이 되어 준 순교 영성의 백미를 그의 작품에서 찾아볼 수 있다. 초대 교회 이후로 교회 역사상 '순교'는 영성 가운데 최고의 영성으로 평가되어 왔으며, 교부 시대에는 로마 제국의 박해로 인해 순교한 수많은 순교자의 행적과 죽음을 묘사한 「순교록」이 일종의 문학 장르를 형성할 정도로 유행이었다. 안티오키아의 이냐시오의 『일곱 편지』는 이러한 순교 문학 장르에서도 백미(白眉)로 손꼽히는 작품이다. 대부분의 순교록이 당사자의 순교 이후 제3의 저자에 의해 서술된 데 반해, 이 작품은 순교자 자신이 순교하러 가는 과정에서 느낀 애절한 심정을 아주 자세히 묘사하고 있기 때문이다. 그뿐만 아니라 순교를 단순히 신앙을 증거하기 위해 목숨을 바치는 행위를 넘어서 그리스도와 함께 '신비적인 합일'을 이루기 위한 결정적인 순간으로 제시하기 때문이다. 이런 전망에서 이냐시오는 순교야말로 그리스도를 따르는 제자의 여정을 완결짓는 종착점이자 그리스도인이 최종적인 완덕에 이르는 정점이라고 보았다. 이냐시오는

107년 로마에 도착해서 맹수형을 선고받아 그해 12월 20일 순교했다.

4) 폴리카르포스

또 다른 귀감이 되는 사도 교부로 현 튀르키예 서부 해안에 위치한 스미르나의 주교 폴리카르포스를 들 수 있다. 그는 기원후 69년에 태어났다. 이레네우스에 따르면, 성 폴리카르포스는 사도들로부터 직접 교육을 받았고, 주님을 목격한 많은 사람을 잘 알고 있었을 뿐만 아니라 바로 그 사도들에 의해 아시아를 위해 스미르나의 주교로 세워졌다. 좀 더 정확히 말해, 그는 사도 요한의 제자이자 이레네우스의 스승이다.

폴리카르포스는 154년 말경 파스카 축일에 관해 아니체토 교황과 논의하기 위해 로마를 방문한 적이 있었다. 당시 동방에서는 니산달 14일(히브리인들의 음력)에 부활절을 지낸 데 반해, 로마에서는 그 날 다음에 오는 주일에 부활절을 거행했다. 당시 폴리카르포스는 아니체토 교황과 이 사안을 논의하면서 사소한 차이가 있었지만, 즉시 평화를 이루었고, 부활절 날짜에 관해 서로가 견해를 달리하는 것을 원하지 않았다고 한다. 로마에 체류하는 동안 폴리카르포스는 발렌티누스와 마르키온을 추종하는 많은 이단자들을 설득하며, 그들에게 올바른 신앙을 가르쳤다.

그 후, 그는 스미르나로 돌아와 얼마 후에 그리스도교 신자라는 이유로 로마 병사들에 의해 체포되고 기소되었다. 당시 배교를 요구하는 행정관 앞에서 그는 그리스도께 대한 자신의 충실함을 고백했다. 그는 살아생전에 "아시아의 스승이자 그리스도인들의 아버지, 우리 신들의 파괴자"라는 별칭으로 불렸다. 그리고 순교로써 훌륭하게 생을 마감했다. 그가 집필한 사목 서간 가운데 오늘날까지 우리에게 전해 오는 것은 2통의 편지뿐이다.

5) 헤르마스

사도 교부 시대를 대표하는 작품 중에는 '헤르마스'라는 그리스도교 작가가 쓴 『목자』라는 작품이 있다. 『무라토리 단편』에 따르면, 이 작품은 기원후 150년 전후로 쓰였으며, 여기에 헤르마스 자신에 대한 간단한 소개도 담겨 있다. 그에 따르면, 헤르마스는 '로데'라는 그리스도인에게 노예로 팔려 갔으며, 훗날 그 여주인이 자신을 해방해 주었다고 한다. 자유인이 된 헤르마스는 열심히 일해서 부자가 되었고, 성미가 까다로우며, 싸우기 좋아하는 부인과의 사이에 여러 자녀들을 두었다. 하지만 그는 일에 파묻혀 자녀들을 제대로 교육하지 못했다. 그런데 그리스도인들에 대한 박해가 일어나자 자녀들은 배교했을 뿐만 아니라 부모들까지 고발하고 말았다. 이로 인해 헤르마스는 재산을 몰수당하고 가난하게 되었다. 이런 일련의 불행은 그를 열심한 그리스도인이 되게 해 주었다. 그리고 이 과정에서 그는 회개를 설교하라는 성령의 부르심을 느끼게 된다.

『목자』는 헬레니즘적인 요소와 유다-그리스도교적인 문화가 혼합된 작품이다. '목자'라는 제목은 헤르마스가 직접 붙인 것으로, 책의 2부에서 계명과 비유들을 통해 그리스도인들에게 회개를 권하는 스승인 주인공의 모습에서 착안한 것이다. 이 작품은 다음과 같이 크게 3부로 구성되어 있다. 1부에서는 환시, 2부에서는 계명, 3부에서는 비유에 대해 자세히 전하고 있다. 자전적 성격이 강한 1부에서 헤르마스는 환시를 통해 여인의 모습(처음에는 노파, 나중에는 젊은 여인, 마지막에는 동정녀)으로 나타난 교회를 보게 된다. 세 번째 환시에서 헤르마스는 어떤 것은 아름답고, 또 어떤 것은 잘게 부서진 온갖 종류의 돌들로 세워진 탑을 보게 되는데, 여주인 노파는 그 탑이 거룩한 사람들과 뉘우치는 죄인들을 모두 품고 있는 교회의 모습이라고 설명해 준다. 따라서 회개가 시급하다는 것이다. 왜냐하면 탑이 다 지어지고 나면 너무 늦기 때문이다. 네 번째 환시에서 목자가 등장한다. 그는 헤르마스에게 자신의 계명들과 그의 비유들을 옮겨 적게 한다. 이 계명들(신앙, 애덕, 사랑, 정결, 인내 등)은 구체적으로 2부 전체를 통해 소개되고 있다. 마지막으로 3부에서는 다양한 비유들이 소개된다. 여기서 어떤 비유들은 교회를 상징하며, 또 다른 비유들은 의로운 이들의 길과 죄인들의 길을 묘사하고 있다.

신학적 관점에서 볼 때, 『목자』의 내용 중에서 두드러진 교리는 참회, 교회, 예수 그리스도와 관련된 것들이다. 헤르마스 시대에 많은 신자들이 박해로 인해 배교했다가 다시 교회로 들어오고자 했다. 그래서 교회는 배교자들을 어떻게 처리할지 고민이 많았다. 이 상황에서 헤르마스는 '두 번째 참회'에 대한 자신의 견해를 피력했다. 그는 첫 번째 회개인 세례 이외에 두 번째 참회를 허락하자는 관대한 해결 방안에 대해 호의적이었다. 그 참회는 보편적 성격을 띤다. 또한, 헤르마스는 교회를 그리스도의 몸이자 구원의 성사로 보았다. 예비자들은 세례를 통해 입교하게 된다. 세례는 그들에게 구원의 인호를 새겨 준다. 헤르마스는 세례를 구원의 방편만이 아니라 교회를 하나로 일치하게 하는 원리로 보았다. 그리고 이 교회에는 죄인들도 함께 있으며, 그리스도께서 다시 오실 때 깨끗이 정화될 것이라고 한다. 초대 교회 당시 헤르마스의 『목자』

는 거의 한 세기 동안 하느님의 계시로 인해 쓰인 거룩한 책으로 여겨졌다. 그래서 상당한 평판을 누렸고 전례 모임에서 읽히곤 했다. 그러나 성경의 정경화(正經化) 과정에서 외경으로 분류되면서 서서히 신자들로부터 잊혀 갔다.

6) 『디다케』, 열두 사도의 가르침

사도 교부 시대에 매우 중요한 작품 중에 하나로 열두 사도의 가르침으로 불리는 『디다케』가 있다. 이는 익명의 저자가 교회 공동체의 생생한 전승에서 유래하는 다양한 원천을 바탕으로 편집한 것이다. 저술 연대는 불확실하며 대략 1세기 말 정도로 추정된다. 이 작품은 유다-그리스도교를 배경으로 하며, 주로 이교 출신의 그리스도인들을 대상으로 사도들의 가르침을 탁월하게 종합하고 있다. 저자는 작품의 초입부터 두 가지 길(생명의 길, 죽음의 길)을 소개했다. 이어서 세례, 단식, 기도, 성체성사 등 전례에 관해 다뤘다. 그리고 복음의 카리스마적 직무를 맡은 이들, 사도들, 예언자들, 순례자들을 대하는 태도, 형제적 충고 등의 규범을 다뤘다. 마지막으로, 주님이 두 번째로 오실 때 깨어 기다리도록 권고하면서 끝맺었다. 세례성사, 성체성사의 거행과 관련해서 『디다케』가 전하는 정보들은 초대 교회에서부터 이미 행해지던 전례 생활을 이해하는 데 매우 중요하다. 『디다케』는 세례성사가 제대로 집전되도록 규정하고 있다. 또한, 성체성사를 희생 제사로 소개했다. 그 성사의 순수함은 죄로 인해 위태로워질 수 있다. 그래서 성체성사를 거행하기 전에 죄를 고백하고 이웃과 화해하도록 가르쳤다. 이 책은 성체와 성혈을 그리스도인들에게 선사된 음식이자 음료로서 지상의 그 어떤 음식보다 뛰어나다고 말한다.

2. 호교 교부들의 신학

2세기 중엽으로 넘어오면서 그리스도교 신학은 새로운 도전과 과제들에 직면하게 된다. 무엇보다도 2가지 큰 위험으로부터 그리스도교를 방어해야 했기 때문이다. 우선, 외부적으로는 히브리인들, 이교인들로부터 오는 위험을, 내부적으로는 이단자들로부터 오는 위험을 막아야 했다. 이 과정에서 교회 내 학자들과 저술가들은 이런 위험에 맞서 하느님의 말씀을 더욱 심화하고 토착화했다. 이들이 외부의 적들에 대항해서 사용한 무기가 '호교론'(護敎論)이고, 내부의 이단들에 대항해서 사용한 무기가 '논쟁'(論爭)이다. 이교인들과 이단들의 도전은 그리스도교 신학을 서술적 진술 단계에서 사변적 진술 단계로 발전시키는 데 결정적인 자극제가 되었다.

1) 역사, 문화적 맥락

2세기의 신학을 살펴보려면 무엇보다 그 시대가 자리한 역사적, 문화적 맥락을 고려해야 한다. 그것은 구체적으로 내적인 차원에서 교회적인 맥락을, 외적으로는 사회 · 정치적인 맥락을 말한다. 2세기에 활동했던 그리스도교 저술가들에게 영향을 준 외적 요소는 이교도들과 유다인들의 공격이었다. 그리고 정치적 차원에서는 종종 일어난 박해가 있었으며, 문화적 차원에서는 교묘하게 그리스도교를 비윤리적 집단으로 평가 절하하는 이교도 지식인들의 공격이 있었다. 로마의 역사가 스베토니우스는 그리스도교 신자들을 새로운 악행이 수반된 미신을 추종하는 무리로 규정한 바 있다. 당시의 대표적인 철학자들을 비롯해 웅변가들은 이를 바탕으로 더욱 나쁜 소문들을 재생산하여 퍼트렸다. 예컨대, 그들은 그리스도인들이 모임에서 인육(人肉)을 먹기도 하고, 심지어 근친상간에 이르기까지 온갖 악행을 저지른다는 얼토당토않은 소문을 퍼트려 신자들을 사회적으로 매장하려 했다. 그리스도인들을 향한 유다인들의 공격 역시 만만치 않았다. 오히려 그들은 그리스도인들을 이단자로 여기며 하느님을 모욕하는 집단이라 하여 매섭게 공격했다.

2) 호교 신학의 특징

2세기경 그리스도교 신학은 급격히 발전하기 시작했는데, 이는 질적으로나 양적으로 크게 성장한 교회 내부의 조건에서 기인했다. 교회는 선교와 더불어 로마 제국의 경계까지 이르렀으며 그 구조 역시 예루살렘, 안티오키아, 에페소, 로마 등의 사도좌를 중심으로 견고해져 갔다. 또한, 이교 출신의 많은 지식인들이 교회에 들어옴으로써 문화적 수준이 높아졌다. 이는 그리스도교 신학을 발전시킨 결정적인 계기가 되었다. 주로 외부의 공격으로부터 교회를 지켜 내기 위해 발전된 이 시기의 신학을 '호교 신학'이라 부르며, 이는 다음과 같은 3가지 특징을 갖고 있다.

① 성경적이다. 호교 교부 신학은 거의 전적으로 구약 성경에 의지하고 있다. 그리스도교 저술가들이 구약 성경을 해석하기 위해 활용한 2가지 원리는 '우의'(寓意)와 '예형론'(例形論)이다.

② 호교론적이다. 호교 교부들은 이방인들의 비난에 대항했을 뿐만 아니라 그들이 객관적인 판단을 내릴 수 있도록 그리스도교 사상의 새롭고 건전한 모습을 제시했다. 특히, 그들은 그리스도교의 핵심적 진리뿐만 아니라 일상의 그리스도교적 관습과 그 관습의 바탕인 윤리를 더욱 완벽하고 깊이 있게 성찰했다.

③ 그리스 철학 안에 토착화되었다. 호교 교부들은 대부분 이교 문화 속에서 상당한 교육을 받았다. 특히 그들은 교육을 통해 플라톤 철학과 스토아 철학을 근간으로 하는 풍부한 철학적 지식을 갖추고 있었다. 또한, 호교 교부들은 그런 그리스 철학의 용어와 방법을 바탕으로 그리스도교의 신앙 조항들을 진술하거나 옹호했다. 그럼으로써 신학과 전체 그리스도교 사상의 헬레니즘화에 기여하는 가운데 그리스-로마 세계 내에서 그리스도교 토착화에 이바지했다.

3) 신학적 입장

이처럼 호교 교부들은 그리스도교 신앙을 헬레니즘화하려는 노력과 더불어 교양 있는 이방인들에게 더욱 지적인 표현을 빌려 그리스도교의 신앙을 제시했다. 사도 교부들에 비해 호교 교부들은 하느님, 그리스도, 로고스, 인간학, 성경 연구 등의 분야에서 괄목할 만한 발전을 이룩했다. 다만, 그들의 신학에서 아직 애매모호한 상태로 남아 있던 분야는 삼위일체의 신비였다. 그들은 아직 그 신비를 보다 정확하고 적절한 형태로 진술할 수 있는 언어를 발견하지 못했다. 또한, 대부분의 호교 교부들에게서 세 위격 간의 일정한 종속론적 경향이 드러나고 있음을 보게 된다.

4) 유스티누스

① 생애와 작품: 그리스 철학에 정통한 이방인 출신인 유스티누스는 2세기 그리스 호교 교부들을 대표하는 최고의 인물로 평가받는다. 그는 2세기 초 팔레스타인 지방의 플라비아 네아폴리스에서 이방인 부모에게서 태어났다. 젊은 시절 스토아 철학, 소요학파 철학, 플라톤 철학을 섭렵한 그는 마침내 그리스도교를 접함으로써 사상적인 방황에 종지부를 찍게 된다. 그리스도교를 통해 진리를 발견한 그는 고독과 침묵 속에서 진정한 행복과 지혜를 찾고자 외딴곳에서 은둔 생활을 했다. 그러나 산책 중에 우연히 만난 어느 신비로운 노인은 그에게 진정한 지혜란 철학서가 아니라 예언서에 있으며, 무엇보다 육화하신 그리스도께서 참된 구원과 행복을 주신다는 점을 확신시켜 주었다. 이때부터 유스티누스는 성경을 깊이 묵상하며 그 안에서 구원의 열망에 대한 결정적인 해답을 발견하고, 130년경 에페소에서 세례를 받았다. 그 후, 자신의 철학적 지식과 신앙을 접목해서 설명하는 가운데 이방인 지식층에게 그리스도를 널리 알리는 데 헌신했다. 특히, 그는 로마 제국 내에서 사람들이 그리스도교에 대해 아는 것은 그리스도교의 적대자들이 유포한 유언비어가 전부라는 것을 알고, 그리스도교에 대한 가르침과 저술을 통해 유다인들과 이방인들의 비판을 반박함과 동시에, 신앙의 근본 핵심을 전하는 일에 매진했다. 이를 위해 유스티누스는 로마에 학교를 개설하여 큰 성공을 거두었다. 그러나 이로 인해 많은 적수가 생겨났고, 그들은 유스티누스를 그리스도인이라고 황제에게 고발하고 말았다. 결국, 유스티

누스는 사형 선고를 받아 165년 제자들과 함께 신앙을 증거하며 순교했다. 생전에 그는 주옥같은 많은 호교 작품을 집필했지만, 『호교론 I』, 『호교론 II』, 『트리폰과의 대화』만 전해 온다.

② 사상: 유스티누스의 주된 관심은 적대자들로부터 그리스도교를 옹호하고, 신앙의 진리를 그리스 철학의 용어를 바탕으로 제시하는 데 있었다. 그는 유능한 철학자로서 철학을 높이 평가했을 뿐만 아니라 그것을 그리스도교의 합법적 소유로 삼았다. 그의 사상에서 가장 중요한 주제 가운데 하나는 로고스 그리스도론으로, 이는 그리스 철학과 그리스도교를 이어줄 뿐만 아니라 그리스도교의 우월성을 입증해 준다. 그는 요한 복음서 1장 1절에 언급된 성자이자 하느님의 말씀인 신적 로고스께서 그리스도 안에서 완전히 드러나며, 모든 사람 안에는 소위 '로고스의 씨앗'이 산재되어 있다고 보았다. 그는 '하느님을 계시하는 로고스'와 '계시를 받는 인간'을 구별하기 위해, '로고스'를 '계시의 씨앗을 주는 로고스'로, 인간이 받은 계시를 '로고스의 씨앗'으로 불렀다. 그럼으로써 그는 범신론적인 요소를 제거하면서도, 그리스 철학의 용어로 그리스도교의 핵심인 하느님의 말씀(로고스)이신 그리스도와 인간 사이의 관계, 그리고 모든 사람 안에 잠재적으로 존재하는 진리를 향한 개방적 경향성을 명쾌히 설명했다. 그래서 그는 자신 안에 내재한 이런 로고스의 씨앗의 지침에 따라 살았던 그리스 사상가들도 넓은 의미에서 그리스도인이라고 보았다. 이는 20세기의 대표적 신학자인 카를 라너가 언급한 '익명의 그리스도인'을 연상하게 하는 중요한 단초가 아닐 수 없다.

또한, 유스티누스는 아담과 그리스도라는 사도 바오로의 병행구를 하와와 성모님에게 적용해서 자신의 독특한 마리아론을 제시했다. 그는 이 대조를 통해 성모님의 특권과 뛰어난 덕행을 강조했다. 세례성사와 성체성사에 관한 유스티누스의 증언은 전례와 성사 예식의 역사에서 상당히 중요하다. 그는 세례성사를 하느님에 의한 비추임, 재탄생으로 소개했으며, 성체성사를 인간이 하느님께 드리는 가장 순수한 형태의 예배로 보았다. 또한, 유스티누스는 천사들에 대한 성찰도 전해 주고 있다. 그의 신학에서 천사들은 상당히 존경받는 위치에 있다. 이는 그들이 이 세상에서 인간을 위해 펼치는 중요한 활동 때문이다. 그는 플라톤 철학을 접목해서 천사들에 대한 신학을 전개했다. 그에 따르면, 천사들은 순수한 영들로서, 하느님은 착한 천사들에게 인간과 세상을 돌보게 하셨다. 반면, 천사의 타락은 그들이 여인과 맺은 관계에서 유래했으며, 그 자녀들은 악마이다. 악마들은 사람들로 하여금 자신이 추구해야 할 진정한 목표를 단념하게 하고, 종살이를 하도록 인도하며, 착한 이들을 방해하고 박해한다. 그러나 그리스도인들은 구원자이신 예수 그리스도의 이름으로 악마들로부터 자신을 보호할 수 있는 능력을 받는다. 마지막으로, 유스티누스는 그리스도교적인 윤리 생활에 대해 성찰하며 특수한 덕행, 특히 사랑과 희생 정신을 강조했다. 또한, 회개는 그리스도인에게 지적, 종교적 변화를 가져오며, 깊은 영적, 윤리적 변화도 가져온다고 가르쳤다. 유스티누스는 그리스도인들의 수준 높은 윤리 의식이야말로 그들이 진리를 지니고 있음을 보여 주는 확실한 증거라고 보았다.

5) 안티오키아의 테오필루스

테오필루스는 120년경 티그리스강과 유프라테스강 유역의 동쪽 지역에서 태어났다. 그는 어린 시절에 전형적인 헬레니즘 교육을 받았으며, 성경을 읽고 묵상한 다음, 그리스도교로 개종했다. 169년에는 안티오키아의 주교로 선출되어 죽을 때까지 안티오키아 교회의 지도자로 헌신했다. 그는 무엇보다도 탁월한 작품을 통해 신앙의 진리를 전함으로써 많은 명성을 얻었다. 그러나 그의 작품 대부분은 유실됐고 『아우톨리코스를 위한 세 권의 책』만 전해 온다. 이는 그리스도교를 비방하던 이방인 친구, 아우톨리코스를 위한 작품으로, 여기서 그는 역사, 철학, 성경을 바탕으로 그에게 그리스도교의 참된 가르침을 설명했다.

그의 사상에서 주목할 점은, 그가 역사상 처음으로 삼위일체를 가리키는 'Trias'(三者)라는 용어를 사용했다는 것이다. 또한, 그는 창세기에서 삼위일체에 관한 암시를 발견한 첫 번째 인물로 평가받는다. 이는 창조에 관한 구절로, 그는 이를 자신의 로고스 이론을 발전시키기 위한 바탕으로 삼았다. 그의 삼위일체론에서 드러나는 또 다른 특징은 성령을 지혜와 동일시한 데 있다. 인간 영혼의 불멸성과 관련해서, 그는 알렉산드리아의 필론의 사상에 의존해 있었다. 그에 따라 필론은 영혼의 불멸성이 영혼이 그 자체로 지니는 것이 아니라 하느님께서 선한 사람들에게 선사하는 상급으로 보았다. 그러나 인간은 이를 얻기 위해 그분에 대한 신앙의 태도를 비롯해 이 세상의 사물들로부터 초연함, 마음의 순수함을 가져야 한다고 그는 가르쳤다.

3. 영지주의 이단들과 정경의 확정

2세기 말에 발생한 다음과 같은 세 가지 요인은 신학적 성찰과 발전에 새로운 자극을 주었다. 영지주의, 정경의 규정, 신앙 규범(신경)의 형성이 그것이다. 이 세 가지 요인은 그리스도교 공동체 내부에서 발생한 것들이다. 우선, 2세기 말부터 높은 철학적 교양과 종교적 소양을 지닌 이교 출신의 개종자들 가운데 처음으로 커다란 이단인 영지주의(靈智主義)가 발생했다. 규모나 내용 면에서 상당히 위협적인 이단에 대해 그리스도교 공동체는 다음과 같은 두 가지 답변을 내놓았다. 바로 구약과 신약을 포함한 정경(正經)의 규정, 신경(信經)의 정식화이다. 그러나 이런 신앙의 답변들만으로는 영지주의를 물리치는 데 충분하지 못했다. 이 작업은 그리스도교 신학의 진정한 창시자로 불리는 이레네우스와 테르툴리아누스에 의해 탁월한 방식으로 전개되었다.

1) 영지주의적 이단들

'영지주의'를 간단히 규정하기는 어렵다. 이는 다양한 종교적, 철학적 요소들이 어우러진 복합적인 종교 현상이기 때문이다. 통상, 영지주의는 다음과 같이 설명될 수 있다. 즉, 그것은 동방의 이원론적 바탕에 후기 유다이즘의 종교 개념과 그리스도교 계시의 일부 요소를 왜곡해서 혼합한 고대 후기의 혼합 종교이다. 그것은 구원을 앎(gnosis, 靈智)의 문제로 보았다. 즉, 하느님에 대한 앎, 만물의 기원에 대한 앎, 악에 대한 앎, 하느님과 인간 사이에 자리하는 일련의 피조물인 '에온'들에 대한 앎, 그중에 마지막 에온으로서 인류를 구원할 구세주 그리스도에 대한 앎, 더 나아가 하느님과 대적하는 본질적으로 악한 실재인 물질 속에 갇혀 있는 인간 조건에 대한 앎 등이 그것이다. 구원은 이러한 앎을 통해서만 획득될 수 있다고 보았다.

그렇다면 영지주의는 언제 시작되었을까? 이를 정확히 알 수 있는 사료는 없다. 1945-1946년 사이에 북부 이집트의 나그함마디에서 있었던 영지주의 공동체 도서관이 발굴되기는 했지만, 이마저도 영지주의의 기원을 밝힐 수는 없었다. 그러나 대체적으로 학자들이 동의하는 바는, 영지주의자들은 그리스도인들이고, '영지'라는 것도 그리스도교의 특별한 현상 가운데 하나라는 점이다. 영지주의와 관련된 작품들이 거의 남아 있지 않기 때문에, 그들의 기원뿐만 아니라 가르침도 확실히 알기는 어렵다. 우리가 영지주의에 대해 알 수 있는 것은 그들을 상대하던 초세기의 여러 교부들, 특히 이레네우스의 작품을 통해서이다. 그에 따르면, 영지주의를 구성하는 주요 골자는 다음과 같이 네 가지이다. 첫째, 영지주의는 구원에 대한 이론이다. 둘째, 그 구원은 본질적으로 '앎'(영지)에 바탕을 두고 있으며, 이 앎은 특별한 계시의 산물이다. 셋째, 영지주의자들은 이 세상과 현재의 삶에 대해 전적으로 부정적인 시각을 갖는다. 넷째, 이들은 구약 성경과 신약 성경을 구별하며, 구약 성경을 거부하고 신약 성경만 받아들인다.

영지주의를 구성하는 더욱 중요한 요소는 다음과 같다. 즉, 그들의 사상에는 무엇보다 이란의 점성술과 조로아스터교적인 이원론이 담겨 있다. 빛과 어두움, 선과 악의 절대적인 대치를 주장하는 이원론은 조로아스터교가 추구하던 것이다. 또한, 영지주의에는 극적인 환시를 중요시하는 유다-그리스도교적인 묵시 문학이 담겨 있다. 거기에는 하늘과 땅에 가득한 천사들과 악마들 같은 중간 존재자들의 이야기들이 담겨 있다. 더 나아가, 이들의 사상에는 철학의 구원론적, 종교적 개념들도 있다. 이런 의미에서 영지주의자들은 자신을 모두 철학자들로 자처했다. 그래서 이레네우스와 테르툴리아누스는 모든 이단이 철학으로부터 비롯된다고 지적했는데, 이는 영지주의를 가리키는 것이다. 영지주의의 또 다른 특징으로 앞서 잠시 언급한 종교적 혼합주의를 들 수 있다. 거대한 세계를 통합한 로마 제국 내에서 많은 인구와 여러 민족의 혼합은 자연스러운 현상이었으며, 이에 따라 다양한 기원을 가진 혼합 종교의 탄생이 일어나게 된 것이다. 이러한 종교적 혼합에 화룡정점이 된 것이 다름 아닌 그리스도교의 탄생이다. 그리스도교는 앞서 언급한 모든 사조들을 하나로 묶는 결정적인 촉매제가 되었다. 영지주의자들에게 있어서 그리스도는 구원을 가능케 하는 영지를 제공하는 계시자이자 구세주였다.

    이러한 영지주의가 초대 교회에 제기한 도전은 상당히 위협적이다. 영지주의자들은 자신들의 종교적 이념을 구현하기 위해 교회와 교회의 이론, 전례, 선교 조직들을 벤치마킹해서 자신들의 것으로 만들어, 조직을 거대하게 키워 나갔다. 이와 동시에, 모든 사람들을 향해 개방된 교회 공동체를 지식층 위주의 엘리트 집단으로 변질시키는 가운데 교회의 본질 자체를 바꾸려 했다. 이런 영지주의자들에 맞서 교회는 모든 방법을 동원해서 대처했는데, 그 가운데 가장 권위 있는 대응으로, 성경의 정경과 신앙 규범을 확립한 것이다. 또한, 신학적으로는 영지주의를 이론적으로 비판하고 교회의 참된 신앙을 방어할 수 있는 지적인 사상가들을 준비했다. 영지주의를 널리 확산시킨 주요 인물로는 바실리데스, 발렌티누스, 마르키온 등을 들 수 있다.

2) 정경의 규정

교회의 역사를 위해, 미래의 신학 발전을 위해 성경의 정경 목록을 규정하는 일은 대단히 중요한 사건이었다. 1세기 말부터 2세기 초, 교회 내에는 수많은 외경 작품들이 만들어졌다. 그리고 4복음서 이외에도 많은 외경 복음서들이 유포되었다. 더 나아가, 마르키온처럼 구약 성경 전체와 신약 성경의 많은 부분들을 계시에서 제외하려는 사람들도 등장했다. 이로 인해 계시를 전해 주는 전승의 경로는 상당히 혼란스러운 상태에 있었다. 이로 인해 정경을 확정하려는 움직임이 있었고, 이는 이후의 전승 발전에 있어서 절대적으로 엄수해야 할 근본 기준이 되었으며, 동시에 교리와 신학을 위해 확실한 기준점이 되었다. 그런데, 정경이 확정된 것은 보편 공의회나 지역 공의회를 통해서 이루어진 게 아니다. 그것은 교회 공동체의 전례 모임에서 이루어진 거룩한 문헌의 사용에 대한 점진적인 동의와 더불어 확정되었다. 즉, '기도의 법'(lex orandi)이 점진적으로 '믿음의 법'(lex credendi)이 된 것이다.

우선, 구약 성경이 그리스도교 공동체의 거룩한 책의 목록에 수용된 것은 호교 교부들이 유다인들과 논쟁하는 과정에서 이루어진 결과이다. 반면, 신약 성경의 정경화 작업은 쉽지 않았다. 마르키온 이전에 엄밀한 의미에서 신약 성경으로 규정할 수 있는 것은 아무것도 없었다. 4복음서가 진정한 정경으로 제안되고 옹호된 것은 이레네우스가 마르키온에 맞서 싸우는 과정에서 일어났다. 이레네우스는 신약 성경에 4복음서와 사도행전, 주님의 말씀, 사도 바오로의 서간들이 포함되어야 한다고 보았다. 그로부터 얼마 후, 알렉산드리아의 클레멘스는 복음서, 사도행전, 사도 바오로의 서간들 이외에 요한 묵시록을 포함시켰고 헤르마스의

『목자』도 고려했다. 기원후 200년경 무라토리 단편은 성경의 목록을 확정하면서 헤르마스의 『목자』를 제외시켰다. 그리고 최종적으로 이 목록이 신약 성경이 되었다. 최초의 완전한 신약 성경 정경 목록이 공식적으로 나타난 것은 아타나시우스의 『파스카에 대한 편지』(367년)에서이다. 이 편지에는 오늘날 신약 성경을 이루는 27권의 책들이 열거되어 있다.

3) 신경의 정식화

전체적으로 합의된 교회의 '신경'은 성경과 일치한다. 성경에 담긴 모든 하느님의 말씀은 교회의 신경에 속한다. 그러나 교리교육에 대한 요구와 이단의 자극으로 인해 교회는 신앙의 규범을 짧은 형태로 요약할 필요를 느꼈다. 처음으로 신앙의 근본 진리들이 총체적으로 '신경'(信經)이라는 형식으로 제시되고, 신앙의 규범의 수준으로 격상된 것은 니케아 공의회(325년)를 통해서였다. 그러나 사실상 니케아 신경은 신경 발전 과정의 종착점이라고 하는 것이 더 맞다. 엄밀한 의미에서 신경이 시작된 것은 그리스도와 관련된 사도 바오로의 신앙 고백부터였다. 이 고백이 확장되면서 앞부분에 창조주 하느님에 대한 조항이, 뒷부분에는 성령, 교회와 관련된 조항이 첨가되었다.

『신앙의 규범』 초판은 로마 교회의 편집본이다. 여기에는 하느님, 삼위일체, 그리스도, 성령, 교회에 대한 근본적인 신앙 고백이 담겨 있다. 이 정식은 세례 때 신앙 고백을 위해 사용되었다. 이를 소위 『로마 신경』이라고 하며, 이와 유사한 신앙 정식들이 알렉산드리아, 안티오키아, 예루살렘, 카르타고, 리옹 등 여러 지역에서 사용되었다. 한 마디로, 초세기 당시 이런 다양한 신경들은 각 공동체가 다양하게 신앙을 드러내는 교회 생활에서 생겨난 자연스러운 결실이며, 상이한 삶의 영역에서 느끼게 된 필요성에 대한 응답, 특히 영지주의자들이 순수한 그리스도교 신앙을 왜곡한 데 대한 응답이라고 할 수 있다. '사도신경'은 하느님, 그리스도, 교회에 진실하고 깊이 일치하려는 신앙 고백이다. 여기서 드러나는 숭고한 실재들은 우리가 전적으로 신뢰할 만한 가치를 지닌 다양한 호칭으로 표현되었다. 신경은 친교를 나누는 대화적 언어의 장르에 속하는 것이지, 결코 서술적인 신학적 언어의 장르에 속하는 것이 아니다. 신경은 신앙의 순수함에 머물러 있으며, 따라서 신학의 지평을 준비하지만, 아직 신학이라고 할 수는 없다. 신경은 신학을 향한 첫걸음인 것이다.

4. 리옹의 이레네우스

초기 그리스도교 공동체는 정통 교리를 수호하기 위한 조직적인 구조를 아직 갖추지 못한 상태였다. 그래서 신앙의 진리를 수호하는 임무는 전적으로 주교들과 그들의 가까운 협조자들인 신학자들에게 맡겨져 있었다. 교부 시대에 이러한 분야의 최고 지식인은 주교들이었으며, 따라서 정통 교리의 수호는 주교이자 신학자라는 두 가지 칭호를 갖는 이들에게 위임되어 있었다. 리옹의 이레네우스는 이런 인물들 가운데 가장 대표적인 교부라고 할 수 있다. 그는 열정적인 사목자이자 동시에 정통 교리의 탁월한 수호자였다. 그는 영지주의의 위험을 직시하며, 이를 깊이 연구하고 사도적 전통에 입각해서 단호히 맞서 싸웠다. 신학적인 면에서 이레네우스가 기여한 가장 큰 공적은 '전승의 기준'을 확립한 데 있다. 신학자는 정통 교리 안에 머물기 위해 반드시 자신의 사상을 정확히 전승에 일치시켜야 한다는 것이다.

1) 생애와 작품: 이레네우스는 대략 135-140년에 스미르나에서 태어났다. 그는 폴리카르포스의 문하에서 최상의 종교적, 철학적, 신학적 교육을 받았다. 그리고 리옹에서 사제품을 받았고 그로부터 얼마 후 리옹의 주교로 임명되었다. 그는 탁월한 설교를 통해 단시간 내에 리옹 전역을 그리스도교화했다. 또한, 설교와 저술을 통해 다양한 형태의 영지주의, 특히 갈리아 남부 지방에 맹위를 떨치던 발렌티누스파 영지주의에 맞서 싸웠다. 결국, 이레네우스는 202-203년경 순교로 생을 마감했다. 전승에 따르면, 이레네우스는 많은 작품을 저술했지만, 현재 우리에게 전해지는 것은 3편의 서간, 그리고 『사도적 선포의 논증』, 『이단 논박』뿐이다.

2) 영지주의 비판: 이레네우스는 영지주의가 최고조로 확산된 시기에 살았다. 이레네우스는 영지주의에 의한 그리스도교 사상의 토착화 작업에서 그리스도교 신앙이 맞게 될 극단적인 위험성을 경고했다. 그것은 그리스도교가 철학으로 변질되는 것을 말한다. 이레네우스는 영지주의가 내포한 중대한 오류들을 고발하고 폭로하기 위해 『이단 논박』을 집필하게 되었다. 그가 영지주의에 대항해서 취한 기본적 논거는 두 가지이다. 첫 번째는 구원과 영지 간의 관계이며, 두 번째는 진리의 규범이다.

3) 전승의 기준과 성경의 사용: 이레네우스는 영지주의자들에 대항해서 진리의 규범 안에서 교회가 확고히 한 전승을 진리의 최고 기준으로 제시했다. 그는 사도들과 사도 교부들의 사상에서 이미 암시된 이 전승의 기준을 정식화하고 명확히 드러냈다. 이처럼 그는 전승의 기준을 확립함으로써 성경에 대한 모든 사적 해석에 종지부를 찍었다. 또한, 이레네우스는 참된 앎에 이르는 길은 교회가 믿는 모든 것을 무조건 받아들이는 데서부터 시작되며, 성경에 관한 깊이 있는 모든 해석은 그것이 이 믿음과 일치하는 한에서만 유효한 것임을 보여 주었다. 이레네우스가 제안한 전승의 기준은 추상적인 원리나 공허한 정식이 아니라, 성령께서 교회에 맡기신 귀한 보물 모두를 가득 채운 견고한 상자에 비유된다. 가장 귀한 보물은 하느님의 말씀이며, 그 말씀은 성령의 감도로 구약 성경과 신약 성경에 기록되어 있다. 이레네우스는 『사도적 선포의 논증』에서 구약 성경을, 그리고 『이단 논박』에서 신약 성경을 근거로 전승의 기준을 제시하며 영지주의자들을 논박했다.

4) 하느님의 유일성과 인간: 이레네우스는 영지주의자들과의 논쟁에서 그들이 범한 두 가지 오류에 주목했다. 하나는 하느님의 유일성과 관련된 것이며, 다른 하나는 질료의 선성(善性), 인간과 관련해서 육체의 선성(善性)과 관련된 것이다.

그들은 신약 성경에 나오는 사랑의 하느님과 구약 성경에 나오는 정의와 형벌의 하느님을 대립시키며, 구약 성경의 하느님을 거부했다. 이에 대해 이레네우스는 두 성경이 제시하는 하느님의 모습이 차이를 보임에도 불구하고, 하느님은 유일하시며 우주의 주인이심을 지적했다.

또한, 그는 두 성경 사이에 윤리적인 면에서 큰 차이를 보인다고 언급하면서, 구약 성경에서 말하는 모든 것을 논의의 여지가 없는 행동 규범으로 받아들여서는 안 된다고 보았다. 구약 성경에 일부 위대한 인물들의 약점이나 죄들이 거론되는 것은 우리에게 겸손을 가르치기 위함이라고 성인은 지적했다. 우리가 구약 성경을 대할 때 느끼는 곤혹스러움은 그리스도 안에 있는 하느님의 충만한 계시를 받아들일 수 있게 해 주는 점진적인 교육과 그 준비를 고려하고 또 그리스도와 교회의 신비에 비추어 성경을 읽을 때 극복된다고 성인은 가르쳤다.

이레네우스가 지적하는 영지주의자들의 두 번째 오류는 그들의 인간 이해이다. 그들은 하느님만이 아니라 인간에 대해서도 이원론적인 개념을 갖고 있었다. 그에 따르면, 인간의 육신은 그리스도의 구원을 받아들일 능력이 없으며 파멸될 운명에 처해 있다. 이에 대해 이레네우스는 3가지 이유를 들어서 육체가 긍정적인 가치를 갖는다고 대답했다. 첫째, 성부 하느님께서 당신의 두 손(성자, 성령)으로 육체를 포함한 총체적인 인간을 만드셨으며, 동시에 육체는 종말에 이르러 부활을 통해 영광스럽게 될 것이라고 이레네우스는 말한다. 둘째, 영적인 차원만이 인간에게 가치가 있다는 영지주의자들을 거슬러, 이레네우스는 육체 역시 인간의 본질적인 부분에 속하며, 육체와 더불어 온전한 인간이 된다고 가르쳤다. 셋째, 이레네우스는 영(spiritus), 영혼(anima), 육체(corpus)라는 삼중적 차원으로 구성된 단일한 인간이 하느님의 모상과 유사함에 따라 창조되었다고 보았다. 특히 그는 여기서 '모상'(imago)과 '유사함'(similitudo)을 구별해서, 모상을 인간이 하느님을 닮은 선물의 차원으로, 유사함을 인간이 하느님을 더욱더 완전하게 닮아 가야 한다는 과제의 차원으로 해석했다. 그리고 인간을 향한 하느님의 계획은 인간이 선사받은 이 모상성을 완성시켜 나가는, 다시 말해, 모상에서 유사함으로 나아가는 과정이라고 보았다.

5) 그리스도론: 이레네우스는 성자의 강생이 갖는 두 가지 기능을 강조했다. 즉, 그리스도께서는 인류의 구원을 위해 강생하셨으며, 우리 모두가 하느님을 완전히 닮을 수 있도록 본받아야 할 모델이 되신다는 것이다. 이레네우스는 그리스도에 관한 당시의 두 가지 오류(에비온파, 영지주의)에 대해서도 반박하며 자신의 견해를 펼쳤다. 에비온파는 그리스도를 마리아와 요셉 사이에 태어난 단순한 인간으로 보았다. 이에 대해 이레네우스는, 그리스도께서 성모님으로부터 태어나면서 새로운 방식으로 우리의 육(肉)을 취한 새로운 인간임을 주장했다. 반면, 그리스도가 단지 겉모습으로만 육을 통해 세상에 나타난 하나의 에온(aion, 영원) 또는 플레로마(pleroma, 눈에 보이지 않는 정신세계)의 일치라고 보는 영지주의자들에 맞서, 그는 그리스도가 우리와 똑같은 육을 지닌 참된 인간이라고 주장했다. 그리스도에 대한 이레네우스의 주된 관심사는 그분의 육신이 실재적이라는 것과 동정 성모님으로부터 태어나셨다는 것을 확고히 하는 데 있었다. 그에 따르면, 아담과 아브라함의 후손인 마리아에게서 태어난 그리스도 역시 똑같은 혈통이다. 하지만, 그리스도는 여자에게서 태어나셨다는 점에서 인류의 구성원이 되었다. 그리고 바로 이 점으로 인해 그분은 모든 인류에게 새로운 생명을 가져다주신다.

5. 히폴리투스

3세기의 신학자이자 저술가인 히폴리투스는 이레네우스의 뛰어난 제자였다. 그는 그리스 태생으로 그리스어를 사용했고, 로마에서 갈리스토 교황을 반대하는 중심인물로서 교황에 대항하는 추종자에 의해 주교로 선출되었다. 그는 말년인 234년 막시미누스 황제에 의해 폰시아노 교황과 함께 이탈리아의 사르데냐로 유배되었고 거기서 교황과 화해하고 순교했다. 그의 작품들은 19세기 중엽까지만 해도 극소수만 알려져 있었으며, 그나마도 단편에 불과했다. 그러나 그 이후 그리스어와 동방 언어들로 필사된 상당수의 작품들이 발견되었다. 그의 작품들은 크게 성경 주석과 이단 논박에 관련된 작품으로 나뉜다. 성경 주석학 분야에서나 신학 분야에서 기여한 히폴리투스의 공헌은 주목할 만하다. 그는 무엇보다도 자신의 스승인 이레네우스로부터 상당한 영향을 받았다.

성경 주석학 분야와 관련해서, 그는 특히 성경 해석 문제를 위해 할애한 작품들을 통해 독자적인 문학 장르를 창시했다. 그는 문제가 되는 부분을 하나하나 다루면서 아주 철저한 규범에 따라 각각에 대한 설명을 달았다. 그리고 거기에 반이단적 단서로서 교의적인 암시를 비롯해 때로는 도덕적이고 교훈적인 내용도 제시함으로써 해당 구절에 대한 풍요로운 해석을 제시했다. 히폴리투스에 대한 이레네우스의 영향은 『노에투스 반박론』, 『모든 이단에 대한 논박』처럼 논쟁과 관련된 작품에서 잘 드러난다. 여기서 그는 다음과 같이 자기 스승의 사상을 거의 그대로 받아들였다. 철학에 대한 비난, 전승의 가치, 로고스에 대한 설명, 양태론과 양자입양설에 반대하는 삼위일체론 등이 그렇다.

히폴리투스는 이레네우스와 마찬가지로 진리는 철학에서 얻어지는 것이 아니라 하느님에 대한 지식에서 얻는다고 가르쳤다. 더 나아가, 그는 성경이야말로 그리스도인과 신학자가 도달해야 할 진리의 원천으로 보았다. 그리스도인은 성경과 전승을 제외한 채, 혼자 진리에 도달할 수 없다고 가르쳤다. 히폴리투스는 성경과 더불어 사도 계승을 중요시했는데, 그에 따르면, 사도 계승은 사도들이 받은 성령의 은총이 현재의 계승자에게까지 이어지게 해 주는 장치이자, 사도들과 동일한 은총, 동일한 사제직, 동일한 스승을 공유하게 하면서 우리를 교회의 수문장이 되게 해 준다.

　삼위일체의 신비와 관련해서 히폴리투스는 삼위의 존재나 그 구분에 관해 모두 명확한 정식들을 사용했다. 특히, 성자와 관련해서 다양한 견해를 제시했는데, 우선 그는 성자의 기원을 성부로부터의 '출산'(generatio)으로 표현했다. 그리고 성자에게 우주의 창조주로서의 기능을 넘어서는 주재자(主宰者)로서의 기능을 부여했다. 또한, 성자께서 신성과 인성을 갖춘 분임을 분명히 했으며, 그에 대해 적절한 표현을 사용했다. 히폴리투스에게 있어서 예수 그리스도는 참인간일 뿐만 아니라 성부와 동일한 본질을 가진 참된 하느님이심이 분명하게 드러나고 있다.

6. 3세기의 그리스도론과 삼위일체론 논쟁

　3세기에 교회에 큰 위협이 된 이단은 영지주의였다. 그러나 이 시기에는 영지주의 외에도 다양한 이단들이 생겨났으며, 이들은 그리스도교의 기본적인 신비들, 특히 삼위일체와 그리스도의 신비를 왜곡하는 주장을 펼쳤다. 대표적으로 유주론, 양태론, 양자 입양설 등이 그렇다. 양태론과 양자 입양설은 유주론을 드러내는 두 가지 모습이다. 양태론은 성부의 '유일 주권'만을 강조하면서 성자와 성령이 단지 성부를 드러내는 양태이자 표현일 뿐이라고 격하했다. 양자 입양설의 경우, 성자와 성령의 위격을 존재론적으로 성부의 위격에 종속시키며 심지어 피조물로 간주했다. 사실, 유주론(唯主論)은 유일신론이라는 유다교의 유산을 지키려는 요구에 대한 응답으로 생겨났다. 따라서 2세기 중반에 그리스 철학을 바탕으로 한 로고스 신학이 생겨났을 때, 유주론의 틀 안에 있던 그리스도교 신자들은 두 분의 하느님을 고백해야 한다는 이신론(二神論)의 위험을 감지하고 이를 반대했다. 그리고 이를 해결하기 위해 양태론과 양자 입양설을 주장하게 된 것이다. 유주론을 주장한 인물로는 노에투스, 프락세아스, 사벨리우스가 있다. 그 가운데 대표적 인물인 사벨리우스에 대해 살펴보기로 하자.

사벨리우스는 양태론적 유주론을 주장한 가장 탁월한 인물이다. 그래서 통상 유주론 이단은 그의 이름을 따서 '사벨리우스주의'라고 부른다. 그는 3세기 중반부터 이 이론을 퍼트리며 동방에서 이 이단의 시조로 알려지기 시작했다. 그는 그리스도의 신성(神性)을 부인한 아리우스주의를 강하게 반대한 인물로도 잘 알려져 있다. 그러나 정작 그의 인물됨에 대해서 알려진 바는 거의 없다. 히폴리투스가 자신의 『모든 이단에 대한 논박』에서 전하는 바에 따르면, 사벨리우스는 220년경 로마의 급진적 유주론자들 가운데 가장 대표적인 인물이었으며, 그래서 자신을 파문한 갈리스토 교황과 논쟁을 벌였다. 바실리우스의 설명에 따르면, 사벨리우스는 하느님을 위격들 간에 구분이 없는 유일한 위격이며, 상황에 따라서 때로는 성부로, 때로는 성자로, 때로는 성령으로 나타나서 말씀하시는 유일한 신적 실체라고 말했다. 그는 한 인간 안에 영, 영혼, 육체가 있듯이, 성부는 육체이며 성자는 영혼이고 성령은 영과 같다고 보았다. 그는 세 신적 위격은 고유하게 구별되는 실재를 갖는 것이 아니라, 유일하게 실제적인 신적 위격 안에서의 존재 양식이자 행동 양식만 있을 뿐이라고 가르쳤다. 하느님의 유일성을 보존하려 했던 사벨리우스의 관심은 그리스도교 신앙의 근본 핵심인 삼위일체 교리의 해체를 유도했으며, 이 교리를 기이하게 발전된 유다이즘의 한 형태로 변질시키고 말았다.

7. 라틴 신학의 시조가 되는 교부들

3세기로 접어들면서 라틴 신학은 본격적으로 발전하기 시작했다. 이는 특히 테르툴리아누스, 키프리아누스, 노바티우스, 락탄티우스, 아르노비우스 같은 교부들에 힘입어 이루어졌으며, 특히 테르툴리아누스의 공로가 컸다. 그래서 그에게는 '라틴 신학의 아버지'라는 칭호가 붙었다. 라틴어와 그리스어에 대한 그의 탁월한 지식과 그리스 철학 작품들에 관한 깊은 조예는 그전에 존재하지 않던 라틴 신학이 그리스 신학과 어깨를 나란히 하게 해 주었고, 라틴 신학만의 고유한 특징들을 갖추게 해 주었다. 두 신학의 차이점은 언어를 넘어서 철학과의 관계에서 드러난다. 그리스 신학에서는 철학 분야에서 플라톤 철학이 주류를 이룬 데 반해, 라틴 신학에서는 제논과 스토아주의의 경향이 주류를 이루게 된다. 라틴 신학이 주로 관심을 보였던 것은 윤리적, 제도적, 실천적인 문제들이었다.

더 나아가, 라틴 신학은 아프리카 지역에서, 정확히는 로마보다 카르타고에서 시작되어 발전했다. 이는 테르툴리아누스의 천재성 이외에도 다음과 같은 두 가지 상황에 기인한다. 우선 2세기 말경에 이미 그리스도교 사상이 로마 제국의 북아프리카 지역, 특히 카르타고에 굳건히 뿌리를 내렸으며, 그곳에 대규모의 그리스도교 공동체가 존재했다. 또한 로마에서는 모든 지식층이 그리스어와 라틴어를 완벽하게 알면서 공식적으로는 그리스어를 사용했지만, 북아프리카 지역에서는 공식 언어가 라틴어였다. 그리스도교 공동체에서는 전례와 교리교육 그리고 신학에서도 라틴어를 사용했다.

1) 라틴 신학의 아버지, 테르툴리아누스

① 생애와 작품: 테르툴리아누스는 160년경 북아프리카의 카르타고에 있는 어느 이교도 가정에서 태어났다. 이교도 분위기 속에서 살던 그는 처음에는 그리스도교를 반대하고 비웃었다고 한다. 당시 그는 나쁜 이교 풍습에 젖어 있었다. 그러나 동시에 철저한 고전 교육을 받아 그리스어에 능통했다. 그는 법학 연구에 전념해서 변호사가 되어 로마에서 크게 활약했다. 그러나 193년경 그리스도교로 개종했으며, 그 후 카르타고에 머물며, 자신의 지적 능력을 통해 혼신을 다해 그리스도교를 방어하고 전했다. 그는 자신에게 매우 엄격했다. 그래서 이런 엄격함이 그를 몬타누스주의라는 이단으로 빠지게 했고, 213년에는 공개적으로 몬타누스주의자가 되었다. 그는 특히 몬타누스주의를 특징짓는 자유와 성령의 새로운 도래라는 은사들에 깊이 매료되었다. 결국, 그는 이 그룹에

속하면서 기존의 제도권 교회와 공식적으로 단절하고 사목자들과 공개적인 논쟁을 벌였다. 그러나 말년에는 몬타누스주의와도 결별하고 자기 나름의 공개적인 논쟁을 했다. 테르툴리아누스는 장수했다고 알려져 있으며 240년경에 임종한 것으로 추정한다. 그가 쓴 작품은 상당히 많으며, 그 분야도 광범위하다. 학계에서는 대체로 그의 작품들을 가톨릭에서 활동하던 시기, 전향하던 시기, 몬타누스주의자로 활동하던 시기에 따라 분류하며, 여기서 다뤄진 내용으로는 호교론적인 주제, 반(反)이단 논쟁, 신학적 문제 등이 있다.

테르툴리아누스는 아우구스티누스 이전의 라틴 교부들 가운데 가장 뛰어난 인물이다. 그는 라틴 교회 신학 용어의 형성과 하느님, 그리스도, 삼위일체, 교회에 관한 모든 주요 교리들을 처음으로 심화하고 정립하는 데 크게 공헌했다. 그는 강직하고 타협할 줄 모르며 자부심이 강했다. 그리고 사변적 진리 탐구와 실생활에 있어서 언제나 철저한 언행일치를 이루기 위해 노력했다. 그는 그리스 문화와 셈족 문화 그리고 라틴 문화의 교류가 활발하던 카르타고에서 살았기에, 그 영향을 깊이 받았으며, 라틴어를 선호하면서도 이런 다양한 문화들을 하나로 통합해서 받아들일 줄 알았다. 또한, 초자연적인 주제들에 관한 논쟁에서부터 인간에 관한 논제에 이르기까지 교회 밖의 모든 이단에 대해 매섭고 집요하게 맞서 싸웠다. 이런 철저한 성격으로 인해 그는 교회를 떠나는 데도 주저함이 없었으며, 결국 몬타누스주의를 추종하는 작은 광신도 집단의 수장으로서 삶을 참담하게 마쳤다. 그러나 그가 남긴 작품들은 서구 사상과 문학의 발전에 한 획을 그었다. 그의 존재 이전의 라틴 그리스도교 사상이 신학과 문학 분야에서 유아 단계였다면, 그의 존재 이후에는 어느새 성인이 되어 있었다. 윤리적이고 규율적인 주제들을 선호하는 그의 성향은 서방 교회에 그들에게 잘 맞는 신학적 방법을 제시했으며, 그럼으로써 그리스 사상과 달리 독자적이고 개별적인 특징을 갖게 해 주었다. 또한, 그는 독창적인 철학적, 신학적 사변뿐만 아니라 문학적 차원 그리고 심지어 대중적인 차원에서도 그리스도교 메시지의 풍요로움과 신선함을 적절하게 표현할 수 있는 새로운 언어의 틀을 만들어 냄으로써 향후 라틴 신학이 발전할 수 있는 중요한 기틀을 마련해 주었다.

② 호교론: 대표적인 호교론자였던 테르툴리아누스는 호교론과 관련해서, 『이교인들에게』(대중들을 위한 작품), 『호교론』(로마 행정관들을 위한 작품)이라는 두 편의 걸작을 남겼다. 그는 이 두 작품을 통해 먼저 이교인들의 비난을 배척하며 그들의 종교적, 철학적 교의들을 비판하고, 이어서 이교인들의 오류에 맞서 그리스도교 진리를 제시했다. 그의 호교론 관련 작품들이 다루는 주요 논제들은, 그리스도인들에 대한 이교인들의 비난이 지닌 일관성의 결여, 비난하는 이들의 무고, 재판 절차들의 비합법성, 항고 등이다. 그는 널리 존경받던 철학자들에게까지 신랄한 공격을 퍼부었고, 적절한 풍자를 사용해서 가차 없이 이교의 모순을 밝혔다. 또한, 다양한 측면에서 그리스도인들에게 적대적인 사람들의 모순을 치밀한 논리로 파헤쳤으며, 신자들이 적대자들로부터 받는 비난의 부당함과 그들에 비해 지닌 우월성에 대해서도 정확히 지적했다. 탁월한 법률가였던 테르툴리아누스는 그리스도교를 변호하는 과정에서 재판 절차 및 선고의 불법성(不法性)과 항고(抗告)를 적절하게 활용했다. 그는 로마 재판관들이 단지 그 이름 때문에 어떤 사람에게 유죄를 선고하

는 것은 불법이며, 재판 과정에서 고려해야 할 것은 이름이 아니라 사실임을 상기했다. 그래서 그는 재판 절차와 판결의 불법성 문제에 대해 행정관들과 로마 당국에 이의를 제기했다. 여론을 조작하며 그리스도인들에게 악랄하고 심한 비난을 퍼부은 철학자들에 맞서 테르툴리아누스는 항고라는 논거를 갖고 반론을 폈다. 그는 이단자들에게 맞서 계시 진리의 충만함을 주장하기 위해 사도성(使徒性)에서 그 가치를 끌어냈다. 따라서 그것은 복음 진리에 관한 권위 있는 전승에 근거한다. 반면, 철학자들에 맞서서 그는 철학이 담고 있는 진리를 성경 문헌, 특히 모세의 문헌들에 근거해서 설명했다. 그는 철학자들이 구약 성경을 받아들여서 자신들에게 적용한 데 반해, 이단자들은 신약 성경을 받아들이긴 했으되, 거기에 담긴 진리를 빈약하게 만들고 문헌을 변질시켰음을 정확히 지적했다. 이단자들에 대항해 쓴 그의 작품에서는 항고의 논거가 결정적인 역할을 했다.

③ 이단 비판: 테르툴리아누스가 쓴 많은 작품들은 당시의 여러 이단, 특히 마르키온(마니교), 발렌티누스(영지주의), 프락세아스(유주론)에 맞서 집필된 것이다. 그는 장황한 논리를 제시하는 것보다 간결하고 정확한 논거를 제시해서 문제를 해결하길 선호했으며, 특히 앞서 언급한 항고의 원리를 통해 문제의 근본적인 면을 짚었다. 이는 로마 법정에서 흔히 사용되던 법적 장치로서, 소송 자체에 대해 반대자들의 고발과 그들의 주장에 대한 권리 요구에 제재를 가하는 방법이자 소송을 받은 당사자가 우선적으로 항변할 수 있게 해 준다. 그러나 이단자들의 경우, 애초부터 그들이 성경을 통해 보장받을 수 있다는 그 어떤 주장도 무가

치하다고 테르툴리아누스는 지적했다. 왜냐하면, 그들은 성경에 관한 어떤 합법적인 자격도 갖지 못하기 때문이다. 성경에 호소할 수 있는 권리는 오직 전승의 수로 안에서 움직이는 사람에게만 있음이 기본 원칙이다. 그러므로 계시의 완전한 위탁은 전승 안에만 있다. 이 위탁을 받은 사람만이 오직 성경을 올바르게 해석할 수 있다. 이 위탁은 사도들과 그 후계자들에게 맡겨졌으며 이단자들에게는 맡겨지지 않았다.

또한 『이단자들에 대한 항고』에서 테르툴리아누스는 교회 안에서의 진리 증명과 정통성 확증에 관한 기준으로 '사도 계승'을 제시했다. 그는 전승이 사도성과 밀접하게 연관된다고 보았다. 오직 사도들의 교회만이 성경, 즉 계시 진리를 합법적이고도 확실하게 향유하기 때문이다. 그리고 법률 전문가였던 그는 전승이라는 주제를 보완하기 위해 당사자에게 항고권을 주장할 수 있게 해 주는 로마 시민권에 호소했다.

한편, 마르키온을 반박하기 위해 집필한 『마르키온 논박』에서 테르툴리아누스는 성경에 대한 자신의 견해를 피력했다. 여기서 그는 신약 성경의 선하신 하느님과 구약 성경의 엄하고 복수하는 하느님을 대립시킨 마르키온의 신학적 이원론을 강하게 비판했다. 그리고 두 성경이 본질적으로 연계되고 일치해 있음을 보여 주기 위해 주석학적 논거를 제시했다. 이러한 선상에서 그는 『반대 명제』에서 그리스도와 선하신 하느님의 대립을, 또 다른 한편으로는 구약 성경의 엄격한 재판관인 창조주 하느님과의 대립을 제시하고자 하는 생각에서 근거가 되는 성경 내용들을 모아놓았다. 여기서 그는 마르키온이 주장하는 반대 명제들은 논박할 필요조차 없는 것이라고 평했다. 왜냐하면, 하느님은 어느 것 하나도 배제하지 않고 모두 껴안으신다는 점에서 유일한 분이며, 유일한 하느님의 다양한 면모들은 그분의 초월적 전능함의 표징이기 때문이다.

④ 삼위일체론: 테르툴리아누스는 삼위일체론의 발전사에 있어서 중요한 기여를 했다. 그는 삼위일체의 신비를 해명하기 위해 실체(substantia), 본성(natura), 위격(persona) 같은 표현들을 도입해서 결정적인 삼위일체론적 정식을 도출해냈다. 그리고 이는 후대에 아우구스티누스에게 영향을 미쳤다. 더 나아가, 그는 삼위일체에 대한 심리학적 고찰에 상응하는 말씀과 성령의 파견에 관한 이론을 바탕으로 삼위일체에 관한 탁월한 우주론적 고찰을 제시했다. 특히 그는 『프락세아스 논박』에서 대표적 양태론자인 프락세아스를 거슬러 보다 깊이 있는 삼위일체의 신비를 소개했다. 여기서 그는 삼위일체의 신비를 우주론적 유비들(뿌리/관목/열매, 샘/시내/수로, 태양/빛/발산)을 통해 설명하기도 했다. 후대의 대다수 교부들과 스콜라 학자들은 이런 그의 유비를 자주 사용했다. 또한, 그는 같은 작품에서 본질의 일치 가운데 세 위격이 구분되는 사실을 더욱 정확하고 완벽한 언명으로 제시했다.

⑤ 교회론: 테르툴리아누스는 우리에게 교회에 관한 중요한 주제들, 예컨대 단일함, 거룩함, 보편성, 사도성, 로마성 등 근본적인 개념들을 전해 주었다. 그는 교회의 단일함의 근거가 그리스도에게 속해 있을 뿐만 아니라 무엇보다 같은 믿음에 바탕을 두고 있다고 지적했다. 또한, 우리가 교회에 속한다는 표지는 '신앙 규범'에 있다고 보았다. 그에 따르면, '신앙 규범'을 함께 나누지 않는 자는 교회 밖에 있거나 이단자이다. 테르툴리아누스는 '사도성'과 '정통성'을 통해 신앙 규범이 교회의 단일

함을 바탕 짓는 유체가 된다는 사실을 입증했다. 그에 따르면, 이 '사도성'과 '정통성'은 이단자들의 주장을 거슬러 '항고의 원리'를 통해 확증된다. 실제로 신앙 규범은 교회에 맡겨진 그리스도와 사도들의 가르침에 직접 근거한다. 그는 이를 바탕으로, 사도들의 시대로 돌아가야 한다고 주장한 이단자들에게, 교의를 사도 계승과 참된 교회의 특권인 사도성 그리고 정통성에 근거해서 비교하도록 요청했다. 이러한 그의 교회론에서 두드러진 점 가운데 하나는, 많은 교회에 '사도성'이 주어지긴 했지만, 무엇보다 이 특권은 로마 교회에 특별한 형태로 주어졌다는 것이다. 그는 이러한 교회에 입문하는 것은 세례를 통해 이루어지며, 특히 성찬례를 통해 교회의 생명에 참여하게 된다고 보았다. 그는 세례를 "그리스도를 모시는 것"이라 표현했다. 실제로, 세례받은 사람이 입는 새로운 옷은 바로 그리스도이다. 그리고 이 새로운 옷 안에 은총과 구원이 있다고 그는 가르쳤다. 그러므로 교회에 속한다는 것은 근본적으로 그리스도와 합체됨으로써 이루어지게 된다. 마지막으로, 그는 『참회론』에서 죄인들의 철저한 반성과 고백을 요구하면서, 그들을 용서하시는 하느님 자비의 위대함을 제시했다. 그는 하느님이 이 은사를 일생에 두 번(세례를 준비할 때, 세례 이후 저지른 죄들에 대해) 베푸신다고 주장했다. 이는 그의 이론이라기보다 초대 교회에 널리 통용되던 일반적인 견해였다.

2) 키프리아누스

① 생애: 키프리아누스는 200-210년경 카르타고의 유복한 이교 집안에서 태어났다. 그는 수준 높은 수사학과 웅변술 그리고 법학을 배웠다. 이미 젊은 시절에 변호사로 성공한 것으로 추정되며, 귀족적인 분위

기에 휩싸여 한동안 방탕한 생활을 했다. 그러다가 25세 되던 해에 강력한 영적 위기를 체험했고, 마침내 체칠리아누스 신부의 인도 아래 이 위기를 넘기고 246년 입교하게 된다. 입교한 지 얼마 안 되어 248년에 사제품을 받았으며, 그로부터 1년 후인 249년 카르타고의 주교가 임종하자 신자들의 열망에 따라 주교직을 승계했다. 그러나 250년에 시작된 데치우스 황제의 박해로 인해 사목 활동을 중단할 수밖에 없었으며, 박해가 끝난 뒤에는 배교자들에 대한 처리 문제로 어려움을 겪어야 했다.

일부 사제들은 배교자들을 쉽게 교회 공동체에 받아들여야 한다고 주장했으며, 감옥에 갇혀 있다가 석방된 증거자들로부터 소위 '화해 선언'을 받아내는 폐단까지 생기게 된다. 여기에 더해 주교 선출 당시 키프리아누스의 경쟁자였던 노바투스가 이들 편에 가담하면서 상황은 복잡해지고 말았다. 사실 키프리아누스는 세 가지 중대한 죄(살인, 간음, 배교)를 범한 자에게 용서를 베풀어서는 안 된다는 테르툴리아누스의 완고한 견해와 달리, 배교자들에게 일정한 참회 예식을 거친 후 용서해 줄 수 있다고 주장했다. 여기에 더해, 로마 교회 역시 이와 비슷한 문제로 고르넬리오 교황이 경쟁자였던 노바티아누스와 갈등을 빚고 있었다. 그는 교회가 배교자들을 결코 용서해 줄 수 없다고 본 데 반해, 고르넬리오 교황은 그 반대 입장에 있었다. 두 교회의 주교 선출에서 패배한 노바투스와 노바티아누스는 손을 잡고 주교들을 몰아내기 위한 명분으로 배교자 처리 문제를 전면에 내세웠다. 문제는 배교자 처리가 아니라 주교 선출에 불만을 품은 경쟁자들의 선동과 이로 인한 교회 분열에 있었다. 결국, 키프리아누스는 70여 명의 주교들로 구성된 공의회를 개최하여 죄의 심도에 맞게 치러야 할 참회를 시기와 형태에 따라 등급을 나누고, 배교자들을 다시 받아들이는 적절한 방식을 정했다.

그러나 255년에는 그보다 더 중대한, 이단자들에 의해 집전된 세례의 유효성 문제가 터지고 말았다. 문제가 됐던 사안은, 이단 교회에서 세례를 받은 사람이 가톨릭 교회에 입교하게 될 때, 그에게 다시 세례를 주어야 하는가 하는 점이었다. 이에 대해 키프리아누스는 이단자들이 집전한 세례는 유효하지 못하며, 이 경우 입교하게 될 때 다시 세례를 받아야 한다는 확고한 입장을 견지했다. 그러나 로마 교회의 스테파노 교황은 이단자들이 집전한 성사들의 유효성을 인정했으며, 다시 세례를 베풀 필요 없이 참회 예식만으로 충분하다고 보았다. 결국, 이 문제는 키프리아누스와 스테파노 교황 사이에 의견의 충돌로 이어지고 그들이 통치하던 두 교회 간의 대립으로 번지고 말았다. 스테파노 교황은 키프리아누스에게 자신의 견해는 교회의 전통이니 이를 따르지 않을 경우, 키프리아누스뿐만 아니라 아프리카 교회 전체가 파문될 것이라고 경고하기에 이른다. 그러나 키프리아누스는 공의회를 열어 아프리카 주교들의 동의 아래 자신의 주장을 꺾지 않았다. 파국으로 치달을 것 같았던 이 일촉즉발의 상황은 뜻밖에도 박해로 인해 해소되고 말았다. 당시 로마 제국의 황제인 발레리아누스는 257년에 신자들을 박해하면서 특히 주교와 사제들을 처단하도록 명했다. 이로 인해, 스테파노 교황은 257년에 붙잡혀 순교했으며, 이듬해인 258년 키프리아누스 주교 역시 체포되어 순교하고 말았다.

신학적인 면에서 볼 때, 키프리아누스의 작품들은 양적으로나 질적으로 그리 높은 수준은 아니었다. 그러나 교회가 심각한 위기에 처했을 당시, 지역 교회의 최고 목자로서 그가 보여 준 현명한 처신과 모범, 그리고 그가 그 시대 교회의 삶에 끼친 지대한 영향을 고려한다면, 그 공헌은 어떤 면에서 테르툴리아누스를 넘어선다고도 말할 수 있다. 그래서 고대 그리스도교 신자들은 키프리아누스에게 최상의 존경을 드렸다. 400년경 프루덴티우스는 『왕관들에 대한 증오』 제13편을 키프리아누스에게 헌정하면서 이런 말을 남겼다. "키프리아누스의 작품들은 세상 끝까지 지속될 것이며, 그리스도를 사랑하는 모든 이에게 읽힐 것이다." 아우구스티누스 역시 "인간의 언어로 그런 인물에 대해 제대로 표현한다는 것은 불가능하다."라고 하면서 그를 기렸다. 키프리아누스의 명성과 매력은 그 누구보다도 훌륭한 주교로서 그의 인품에 기인한다.

② 사상: 키프리아누스는 훌륭한 영혼의 목자였다. 또한, 그는 신학적인 문제들에 대해서도 예민했으며, 이를 분명하게 다룰 줄 알았다. 더 나아가, 그는 사목적인 임무와 도전들을 정확히 알았다. 그가 신학에서 기여한 부분은 특히 교회론과 관련된다. 그가 쓴 『가톨릭 교회의 일치』는 역사상 처음으로 '교회'라는 주제를 심도 있게 다룬 작품이다. 키프리아누스는 교회 분열주의자들에 맞서 교회의 일치를 지켜 내야 했다. 이때 지역 교회들의 사도 계승과 기원에 대한 논증만으로는 그들에 맞서는 데 큰 효과가 없었다. 그래서 그는 교회의 가르침을 추적해 들어가는 데 있어 더 이상 전승이나 역사에 토대를 두어 논쟁하지 않고, 성서학적 논증에 토대를 두어 논쟁했다. 키프리아누스가 제시하는 모든 논거의 요점은, 교회가 자신의 기호에 따라 조작하거나 고칠 수 있는 인간의 발명품이 아니라 하느님의 계획이라는 데 있었다. 또한, 교회의 창시자는 하느님의 아드님 예수 그리스도이시므로, 교회가 무엇이며, 그 구조

와 성사들은 무엇인지 이해하려면 항상 스승이신 그리스도의 가르침으로 돌아가야 한다고 보았다.

교회론에 대한 키프리아누스의 공적은, 하나이며 교계적인 구조를 지닌 교회의 최종적인 토대로 예수 그리스도와 그분의 가시적인 대리자인 주교를 제시하면서 확고히 논증한 데 있다. 그에 따르면, 단일함에 기초해서 세워진 교회는 하나이며, 언제나 그러해야 한다. 개별 교회들은 그 숫자가 많다 하더라도 그리스도가 모든 지역 교회들의 원천이자 어머니요 뿌리로서, 사도 베드로 위에 최초로 세운 바로 그 하나의 교회와 함께한다. 비록 그 행정에 있어서는 서로가 평등하고 독립적이라 해도, 이 다양한 교회들은 믿음과 사랑 안에 있는 주교들의 일치를 통하여 가시적으로 드러나는 윤리적, 영적 맥락에서 하나를 이룬다. 그래서 키프리아누스는 다음과 같이 유명한 말을 남기기도 했다. "주교는 교회 안에 있고, 교회는 주교 안에 있습니다. 따라서, 주교와 함께하지 않는 이는 교회 안에 있지 않습니다."

키프리아누스가 교회를 분열하려는 이들에 맞서 제시한 것은 교회의 일치였으며, 정확히 말해 그 구심점인 주교였다. 그는 교회의 일치를 해치는 분파주의자들을 강력히 비난했다. 그리고 사도들의 전승과 가르침에서 떨어져 나온 그들에게는 복음의 진리를 제공할 자격이 없다고 일갈했다. 또한, 그들의 모임에는 일치의 첫째 원리인 주교와의 일치가 없으므로, 그리스도가 존재하지 않으며 전체 교회와의 일치도 누리지 못한다고 지적했다. 키프리아누스는 두 가지 근거를 들어 주교직에서 교회의 일치가 가시적으로 드러난다고 보았다. 첫째, 주교직의 기원이 유일한 한 인물, 사도 베드로에게 있기 때문이다. 둘째, 모든 개별 주교들은 총체적으로 주교직의 권한을 갖기 때문이다. 그런데, 그가 교회를 분열하는 이들에 맞서 싸우기 위해 주교직을 강조하긴 했지만, 교회의 생명과 힘 그리고 그 본질적 원리는 주교직을 넘어, 오직 그리스도 안에, 성체 안에 현존하시는 그리스도 안에 있음을 키프리아누스는 잘 알고 있었다. 그래서 그는 교회 구성원들 간의 진정한 일치는 성찬례에 참여하는 데서 나온다고 말한다. 이런 면에서 볼 때, 교회의 분열은 주교 없이 또는 주교에게 대항하는 기도와 성사의 공동체를 만드는 데 있다고 그는 지적했다.

8. 알렉산드리아 학파

1) 알렉산드리아 학파의 기원

교부 시대의 가장 위대하고 영향력 있는 신학 학파인 알렉산드리아 학파의 설립은 3세기 그리스도교 시대에 가장 중요하고도 의미 있는 문화적 사건이다. 당시의 주류 철학인 플라톤 철학을 비롯해 이 철학의 한계를 보완하면서 새로운 비전을 제시한 신플라톤 철학을 바탕으로 신학의 핵심 자체를 확립하는, 그리스도교 신앙에 대한 체계적인 심화의 길이 알렉산드리아에서 이루어졌기 때문이다. 알렉산드리아를 중심으로 활동한 일단의 교부 그룹인 알렉산드리아 학파가 형성되는 데에는 다음과 같이 다양한 요소들이 작용했다. 먼저 가난한 이들을 중심으로 퍼져 나갔던 초기 그리스도교 상황과 달리, 이 지역에서는 귀족 계급과 교양 있는 계층의 사람들에게도 신앙이 전파되기 시작했다. 이에 병행해서 그들의 문화적 수준에 맞는 방식으로 신앙을 심화해야 한다는 점을 자각했다. 그리고 이 지역에서 세례 지원자들을 위한 교사들을 양성하거나 교리교사, 즉 신학자들을 양성하기 위한 교육 연구소들이 설립, 운영되었다. 또한 3세기로 접어들면서 플로티노스의 활약으로 생겨난 신플라톤주의는 상당히 발전된 영성적 차원을 갖춘 철학으로서, 그리스도교와 공통되는 점이 많았고, 따라서 그리스도교 신앙의 토착화를 이루는 데 특별한 매개체로서 역할을 하도록 수용되었다.

이런 이유들 이외에도 알렉산드리아에 최초의 그리스도교 신학 학파가 생긴 것은, 이 도시가 수세기 동안 자랑해 온 위대한 문화 전통의 논리적 귀결이었다. 이곳은 그리스 시대부터 다양한 문화가 융성했던 곳이며 기원전 2세기경부터는 로마 제국의 문화적 수도가 되면서 예전에 아테네가 누리던 위치를 차지했다. 또한, 알렉산드리아에는 상당히 많은 유다인 디아스포라 공동체가 번성했고, 이곳에서 70인역 그리스 성경이 번역되었다. 유다인 학자들은 계시된 종교의 가르침과 이교도 철학 사이에서 합치점을 찾고자 노력했으며, 성경에 대한 우의적 해석을 발전시켰다. 그 대표적인 사람이 필론이다. 알렉산드리아 교회의 지식인들은 필론으로부터 이 우의적 해석 방법을 배웠다. 알렉산드리아의 그리스도교 공동체는 1세기 말까지 거슬러 올라간다. 전승에 따르면, 마르코가 이곳에 복음을 선포했다. 또한, 시칠리아 태생의 그리스도인 판테누스가 이곳에 사설 학원을 설립하기도 했다. 그는 스토아 학파 출신으로 아주 탁월한 인물이었다. 그는 말과 글로써 거룩한 가르침에 대한 귀한 주석들을 많이 남겼다고 전해진다. 판테누스가 죽은 후, 학원의 관리를 클레멘스가 맡게 된다. 그는 학교를 보존하고 발전시키는 데 혼신을 다했다. 이 학원이 공적인 교육 기관으로 바뀌게 된 것은 알렉산드리아의 주교 데메트리우스가 훗날 오리게네스에게 이 학원을 맡기며 단순한 교리교습 학원에서 학문적인 신학 학원으로 변경하도록 명하면서부터였다. 이렇게 해서 고대 그리스도교 최초의 신학 대학인 '디다스칼레이온'이 생기게 된다. 이곳에서 성경 연구들이 학문적으로 엄격하게 이루어졌고, 신앙의 신비의 심화가 철학, 특히 플라톤 철학을 바탕으로 완성되었다. 알렉산드리아 학파가 지닌 사유의 방향은 오리게네스가 떠난 후에도 사라지지 않았다.

알렉산드리아 학파의 가장 큰 공헌은 신학을 창시했다는 데 있다. 호교 교부들은 그리스 철학에 포함된 형이상학적, 윤리적 진리들에 이미 정통했을 뿐만 아니라, 이에 대한 합법적인 소유권자는 오직 그리스도인들뿐임을 분명히 함으로써 철학의 방향을 정립하는 데 중요한 공헌을 했다. 그러나 호교 교부들은 소위 엄밀한 의미에서의 신학을 완성하지는 못했다. 하지만 알렉산드리아 학파 교부들과 더불어 철학을 이용함으로써 신학도 어엿한 학문으로 거듭났다. 이러한 결정적 행보는 클레멘스와 오리게네스라는 두 거장에 의해 완성되었다.

2) 그리스도교 철학의 창시자, 클레멘스

모든 역사가들은 클레멘스를 학문적인 신학의 기틀을 세운 아버지이자 그리스도교 사상을 경이로운 수준으로 헬레니즘화 한 첫 번째 위대한 창시자로 평가한다. 그에 의해 이루어진 그리스도교와 헬레니즘 간의 만남은 사상사에서 가장 풍요로운 만남 가운데 하나였다.

① 생애와 작품: 150년경 아테네의 이교 집안에서 태어난 클레멘스

는 학구적인 사람으로, 진리를 찾기 위해 시칠리아와 시리아 그리고 팔레스티나 등에서 공부했으며, 180년경에 알렉산드리아에 와서 판테누스를 만나 그리스도교로 개종했다. 지식과 진리를 열망하던 그는 알렉산드리아에 정착할 때까지 많은 여행을 했으며, 알렉산드리아의 '디다스칼레이온'의 지도를 위임받게 된다. 그러나 마르쿠스 아우렐리우스 황제 박해 때 학원에서 쫓겨난 후, 제자인 알렉산데르가 주교로 있던 카파도키아로 피신해야 했다. 그리고 알렉산데르 주교의 명으로 안티오키아로 가서 많은 활동을 했다. 클레멘스는 여기서 대다수의 자신의 작품들을 집필했다. 그는 이교 철학, 시, 고고학, 신화학, 문학, 성경 등에 두루 조예가 깊었다. 이는 그가 자신의 작품들에서 구약 성경 1,500구절, 신약 성경 2,000구절, 이교 문헌들 360번을 인용한 데서 알 수 있다. 그는 212-216년에 생을 마감했다. 그가 남긴 사상은 교회 신학 발전에 중요한 기틀이 되었다.

광대하면서도 풍성한 클레멘스의 저술 활동은 폭넓은 그의 교양에서 나왔다. 일종의 최초의 신학 대전이라고 할 수 있는 『양탄자』는 그런 그의 해박한 지식에 근거한다. 이 작품은 무엇보다도 먼저 철학적으로, 곧 그리스 철학 자료들을 이용해서 그리스도교 진리를 체계적이고 심도 있게 제시하려는 데 있다. 또한, 클레멘스는 이를 통해 교회를 변호하려는 목적도 갖고 있었다. 이 밖에도 그의 주요 작품으로는 『어떤 부자가 구원받을 수 있는가』, 『이교인들에 대한 권고』, 『교육자』 등이 있다.

② 신앙의 서언으로서의 철학: 클레멘스는 그리스도교 철학의 아버지다. 그는 복음의 진리가 그에 합당한 '새로운 옷'을 갈아입도록 그리스

철학, 특히 플라톤 철학을 최초로 받아들였다. 그는 철학이 간직한 좋은 면을 인정하는 가운데 어떻게 철학에서 복음이 준비되었는지 살펴보았다. 그러나 그는 철학이 이방인들에게 전해 준 그리스도교에 대한 예비 지식으로서의 역사적 역할을 강조하는 데 그치지 않고, 철학의 중요성과 영구적인 유용성을 대담하게 옹호했다. 그는 철학에 진리의 단편을 포착할 수 있는 능력이 있음을 잘 알았다. 또한, 그는 궤변론자들의 공격으로부터 진리를 방어하는 기능을 철학에 부여함으로써, 진리를 거스르는 그들의 의도적인 공격을 무산시켰다. 클레멘스에 따르면, 진리의 길은 오직 하나로, 다름 아닌 그리스도, 곧 육화하신 하느님의 말씀이다. 철학의 옹호자인 클레멘스는 그리스도교의 진리를 제시할 때, 논리적 전개나 철학적 언어를 이용함으로써 철학을 현명하게 활용할 줄 알았다. 넓은 의미에서 보면 플라톤적인 언어로, 클레멘스는 이 언어를 통해 하느님과 인간 그리고 섭리와 구원에 관해 그리스도교가 전하는 근본 진리들이 이성에 반대되지 않고, 오히려 일치한다는 결론에 도달했다. 이는 클레멘스가 『양탄자』라는 자신의 작품에서 제시하려 했던 목표이기도 했다. 절대 쉽지 않은 이 작업을 통해 클레멘스는 진정한 그리스도교 철학의 기초를 놓았으며, 이로 인해 그리스도교 철학의 창립자이자 최초의 권위 있는 대표적인 인물로 평가받는다.

③ 영지와 성경: 클레멘스가 추구했던 신학적 지식(영지[靈知])은 근본적으로 성서적이다. 사실, '영지'라는 것은 성경에 대한 학문적인 해석 이외에 다른 것이 아니다. 클레멘스는 성경의 가르침을 2가지 차원으로 구분했다. 하나는 즉시 이해 가능한 차원의 가르침이고, 다른 하나는

불명료하고 알아듣기 힘든 형태로 표현된 가르침이다. 후자는 오직 그것을 해석할 수 있는 사람, 즉 영지주의자(신학자)에게만 유보된 것이다. 클레멘스는 거의 모든 성경이 하느님의 가르침을 상징적 표현을 통해 드러낸다는 원칙에 준해서 성경을 다음과 같이 네 부분으로 구분했다. 바로 역사적 부분, 입법적 부분(윤리적 가르침), 종교 예식의 부분(전례), 신학적 부분(관상)이다. 클레멘스는 필론의 모범을 따라, 성경에서 그리스도론적 의미, 인간학적 의미, 우주론적 의미, 윤리적 의미 등 많은 우의적 의미들을 끌어냈다.

④ 하느님의 존재와 본질: 클레멘스에 따르면, 인간은 하느님에 대한 본성적 인식을 타고났다. 그는 인간이 하느님을 알도록 창조되었다고 본 것이다. 그러나 그는 인간이 하느님에 대한 올바른 생각을 갖는 것이 얼마나 어려운지도 잘 알았다. 또한, 그는 그리스인들과 로마인들이 신봉하는 다신론(多神論)에 대해 『이교인들에 대한 권고』에서 신랄하게 비판했다. 그는 다신론의 오류를 고발하면서, 스토아 철학자들과 필론 그리고 호교론자들이 자유롭게 사용하던 풍부한 문학적 요소들을 받아들였다. 그는 다신론에 반대하여, 하느님은 오직 한 분밖에 존재할 수 없음을 입증했다. 또한, 그는 신적 속성들 가운데 자족성, 초연성, 불변성, 자유, 초월성, 선성을 강조했다. 특히 그는 하느님의 선성(善性)을 강조했는데, 그분의 선성은 다른 속성들에 비해 절대적인 우위를 차지하며, 이 속성에서부터 창조와 섭리가 나오기 때문이다. 하느님의 선성은 그 어떤 피조물의 선성과도 구분되며, 이를 초월하고 유일하다. 마지막으로, 하느님의 존재와 본질에 관한 클레멘스의 전체적인 사상을 보면,

그는 '부정 신학'을 견지했다. 그는 어떠한 인간적 개념이나 말도 하느님을 분명히 표현할 수 없다는 사실을 잘 알았기 때문이다.

⑤ 인간의 스승이요 구원자이신 로고스(하느님의 말씀): 클레멘스는 이성과 철학의 권리들을 옹호했지만, 언제나 일관되게 신앙과 계시의 우월성을 강조했다. 그는 진리를 식별하는 최고 기준은 하느님의 말씀이라고 보았다. 그는 이 말씀으로부터 진리에 대한 확실함을 끌어냈다. 또한, 그는 신앙의 빛과 주님 말씀의 빛 아래서 하느님의 유일성과 삼위일체성에 대해서도 언급했다. 그러나, 성부와 성자에 비해 상대적으로 성령의 위치에 대해서는 모호한 입장을 취했다. 반면, 제2위격인 성자의 실체와 자율성 그리고 신성을 강조했다. 그에 따르면, 하느님의 말씀이신 성자께서는 선재(先在)하며 영원하시다. 또한, 그분은 사람들을 가르치고 교육하며 구원하시고 영원한 생명으로 이끌기 위해 강생하셨다. 즉, 그분은 우리를 창조하시고 태초에 우리를 살게 하신 후, 스승으로 오셔서 우리에게 더 잘 살아가는 법을 가르쳐 주셨다. 이는 궁극적으로 우리가 하느님과 더불어 영원히 살게 하기 위함이다.

클레멘스는 스승이자 교육자이신 그리스도를 다음과 같이 전한다. "모든 덕과 완전함이 그리스도 안에 있으며, 우리를 사랑하시어 인간으로 다시 옷을 입으신 그분은 …… 덕에 관한 한 모든 면에서 완전하십니다." 클레멘스는 그리스도야말로 유일하고 참된 스승이라고 보았다. 따라서, 진리를 알고자 하는 사람은 마땅히 그분의 학교에 다녀야 한다고 가르쳤다. 또한, 그는 그리스도를 '의사', '치유자'로 소개했다. 즉, 스승이신 그리스도는 인류의 의사로서 모든 이를 치유해 주시며, 영지를 통해 사람들을 불멸하는 영원한 삶으로 인도해 주신다고 보았다.

3) 오리게네스

① 생애와 작품: 교부 시대를 통틀어 가장 위대한 교부 가운데 한 사람으로 평가받는 오리게네스는 185년 알렉산드리아의 신자 가정에서 7형제 중 맏이로 태어났다. 그의 아버지는 그가 어렸을 때부터 문학과 성경에 관한 공부를 시켰다. 셉티미우스 세베루스 박해 시절(202-203년)에 그의 아버지는 투옥되어 순교했다. 그 후, 재산을 국가에 몰수당하면서 그의 가정은 극도의 경제적 곤경에 처하게 됐으며, 이에 오리게네스는 학업을 중단하고 문법학교를 개설해야 했다. 그로부터 몇 년 후인 그의 나이 18세 때, 알렉산드리아의 주교인 데메트리우스는 그에게 예비신자들의 세례를 준비시키는 교리학교를 맡겼다. 이에 그는 성심을 다해 이 학교를 운영했으며, 나중에는 신자들뿐만 아니라 일반 대중들을 위한 다양한 강좌도 개설했다. 이 과정에서 그는 성경과 철학을 더 깊이 연구했으며, 이를 위해 히브리어 연구에 착수했고 팔레스타인 지방도 여러 번 방문했다. 그리고 신플라톤주의의 아버지인 암모니우스 사카스로부터 배우기도 했다. 한편, 그는 아테네를 여행하던 중, 230년에 자신의 주교인 데메트리우스의 승인 없이 카이사리아의 주교와 예루살렘의 주교로부터 사제품을 받았다. 이로 인해, 고향으로 돌아와 일련의 가혹한 조치들을 감수해야 했다. 그는 사제직을 박탈당하고, 마침내 알렉산드리아 교회로부터 추방되는 고통을 겪었다. 이에 그는 자신에게 사제품을 준 친구 테옥티스투스 주교를 찾아 카이사리아로 갔다. 거기서 그는 테옥티스투스 주교의 전폭적인 후원 아래 알렉산드리아 시절보다 훨

씬 더 광범위한 학문 활동을 할 수 있었다. 그는 상급 철학 학원을 개설해서 가르쳤으며, 거의 매일 신자 공동체에서 강론을 했다. 동시에 성경 주석, 강론, 문학, 금욕적이고 호교적인 작품 등 다양한 장르의 작품을 집필했다. 그는 249-250년에 있었던 데치우스 박해 시절에 투옥되어 혹독한 고문을 당했다. 석방된 후 감옥 생활의 후유증으로 인해 세상을 떠나고 말았다.

그는 이교도와 그리스도인을 통틀어 가장 왕성하게 활동한 고대 작가로 평가받는다. 전승에 따르면, 그는 살아생전에 약 2,000권의 작품을 집필했다. 안타깝게도 이 가운데 대부분은 4-6세기에 있었던 '오리게네스 논쟁'으로 인해 소실되고 일부만 그리스어 원본이나 (루피누스에 의한) 라틴어 번역본이 전해 올 뿐이다. 그의 작품은 크게, 성경 주석 작품과 체계적인 신학 작품, 그리고 그 밖의 작품으로 나뉜다. 그 가운데 대표작으로 『헥사플라』, 『원리론』, 『켈수스 논박』, 『기도론』, 『아가 주해』 등이 있다.

② 사상

ㄱ) 성경 해석 방법(우의적 방법): 그는 탁월한 성경 주석가였다. 그는 성경이 담고 있는 깊은 의미들을 끌어내기 위해 열정을 다했다. 그는 이러한 작업에서 필론의 모범을 따랐다. 필론은 성경에 대한 우의적 해석 방법을 창시한 인물이다. 오리게네스는 그의 방법을 받아들여 자신의 성경 주석 작업에 활용했다. 그는 각각의 성경 구절에서 문자적 의미, 윤리적 의미, 신비적 의미를 찾아내 제시했다. 그리고 성경 해석의 근본 기준으로 그리스도를 제시했다. 또한, 그는 사도적 근거와 문화적 근거

를 성경 해석 작업을 위한 또 다른 근거로 제시했다. 그리고 이런 우의적 해석의 가치를 드러내는 가운데, 그리스도교 신앙의 토착화를 시도했다.

ㄴ) 하느님과 삼위일체: 오리게네스는 하느님에 대한 깊은 성찰을 제시했다. 그는 하느님이 만물의 원리라는 진리로부터 시작해서 논리를 전개했다. 그에 따르면, 하느님은 단순한 지성적 본성이다. 그분은 물질 세계를 절대적으로 초월하면서 인간 지성의 이해 능력을 무한히 뛰어넘으신다. 그분의 본성에 대해서는 형언할 수 없고, 하느님의 본질에 대해서도 정의할 수 없다. 무엇보다도 그분은 인간의 지성에 완전하게 접근할 수 없는 분으로 머무르신다. 이처럼 오리게네스는 하느님에 대한 인식과 관련해서 '부정 신학'을 강조했으며, 다른 한편으로는 적어도 하느님에 관한 담론으로서 생생하게 유지할 수 있는 내용을 긍정 신학으로 보호하고자 했다. 그에 따르면, 하느님은 탁월한 말씀이시다. 창조 또는 계시와 더불어 귀 기울여 듣도록, 또 이해하도록 하기 위하여 말씀하시는 분이다. 그러므로 그분은 항상 상징을 통해 말씀하신다. 오리게네스는 하느님에 대한 철학적 문제들을 다루는 데 있어 필론과 클레멘스의 뒤를 따르면서 자연 신학의 노선을 취했다. 그는 하느님의 본성과 속성을 구별했으며, 그분의 속성에 대해서만 인식할 수 있다고 보았다.

오리게네스는 하느님에 관한 철학적 담론에 이어 삼위일체 하느님에 관한 신학적 담론을 제시했다. 그는 성부와 성자 그리고 성령에 관하여 이미 교회가 정의한 확고한 입장을 구별하면서 논의의 대상들을 언급했다. 그는 3가지 확고한 입장 가운데 세 위격에 대한 구별을 기억하고, 그들을 위격들(hypostaseis)이라고 불렀다. 그리고 세 위격의 공동 본질성과 동시성을 언급했다. 또한, 그는 각 위격을 특징짓기 위해 다양한 용어를 사용했다. 예컨대, 성부를 '출산되지 않은 분'으로 규정했다. 그는 모든 질과 완벽함과 권능은 성부에게 속하며, 다음으로 다른 두 위격에 속한다고 보았다. 한편, 그는 성부로부터 성자가 나오는 과정을 정의하기 위해 '출산'(generatio)이란 용어를 사용했다. 이 출산 과정에서 성부의 본성은 변하지 않고 남아 있으며, 성자는 성부와 더불어 공동 본질성을 누린다고 주장했다. 성령론에 관한 오리게네스의 견해는 애매모호하다. 그러나 그럼에도 그는 성령이 창조되지 않았으며, 성령 역시 성부, 성자와 공동 본질성을 지녔다고 보았다. 세 위격 간의 관계와 관련해서, 오리게네스는 성령도 성부로부터 유래한다고 보았다. 그러나 전적으로 성부로부터 유래하는지, 아니면 성자를 통해 유래하는지에 관해서는 명확히 언급하지 않았다. 그는 성령이 성자로부터도 나온다는 점을 옹호했다. 마지막으로, 전체적으로 볼 때 그의 삼위일체론은 종속론적이다. 그러나 당시까지 대부분의 교부들 역시 종속론적인 삼위일체론을 피력했던 점을 감안한다면, 이것이 오리게네스의 사상에서 큰 오점이 되기는 어렵다.

ㄷ) 창조론: 우주론은 오리게네스의 이론에서 가장 원초적이고 논쟁의 여지가 많은 이론으로 꼽힌다. 이 이론은 그 핵심적 원리로서 '자유'를 바탕으로 한다. 그에 따르면, 하느님은 자유의 원리를 따라서 피조물을 만드신다. 오리게네스는 하느님이 처음부터 모든 영적 본성, 모든 이성 능력, 동등하게 지니는 선하고 자유롭고 완벽한 모든 것을 복합적으

로 창조하신다. 그리고 이어서 피조물들이 자신의 자유 의지를 사용하는 데 따라 천사들, 인간들, 악마들로 분화된다고 보았다. 그는 운명론적인 영지주의적 전망에 맞서 모든 이성적 피조물들은 창조의 시초부터 동일한 본질을 지닌다는 주장을 내세웠다. 다만, 그 다음 단계에서 피조물들에게 부여된 자유 의지의 사용에 따라 여러 가지 등급으로 구분된다고 본 것이다. 또한 오리게네스는 플라톤주의자들에 반대하여, 물질 역시 하느님에 의해 직접 창조되었다고 주장했다. 그는 하느님이 자신의 선성(善性)에 근거해서 세상을 창조하셨다고 하며, 따라서 창조하신 다음에 피조물을 방치하지 않고 끊임없는 배려로 세상을 돌보신다고 보았다. 하지만, 그들에게 선사하신 자유 의지에 간섭하지는 않으신다.

ㄹ) 인간: 오리게네스에 따르면, 여타 모든 이성적 존재와 마찬가지로 인간에게 있어 가장 중요한 능력은 자유 의지이다. 또한, 인간은 이성을 지니며 이를 토대로 선과 악을 판단하고 선을 선택하며 악을 피한다. 영혼과 육체의 관계의 본질에 대한 오리게네스의 생각은 명확하지 않다. 그는 한편으로 자유 의지를 남용하게 하는 육체성을 우연적 현상으로 이해하기도 하며, 다른 한편으로 완성을 드러내는 봉인으로서 이성적 영혼에 있어서 육체를 동일 본질적인 요소로 간주하기도 한다. 또한, 오리게네스는 영혼의 불멸성을 언급했다. 그리고 인간을 영혼, 육체, 영(靈)의 결합체로 보았다. 특히, 이 가운데 영은 인간과 그 안에 거하시는 하느님의 영 사이의 접점이며, 인간으로 하여금 신적인 삶을 살아가게 하는 실재로 보았다. 한편, 오리게네스는 인간을 '하느님의 모상과 유사함'으로 보았으며, 특히 '모상'과 '유사함'을 구별함으로써, 인간

이 선사 받은 하느님의 모상성을 더욱더 완성해 가야 하는 역동적인 존재로 제시했다. 그리고 이를 실현하기 위해 인간은 유일하고 완전한 하느님의 모상인 그리스도를 닮아 가야 한다.

ㅁ) 그리스도: 그리스도론에 대한 오리게네스의 공헌은 결정적이며, 이후의 신학 발전에 상당히 기여했다. 오리게네스는 당시 만연한 다양한 이단에 맞서서 그리스도의 신적 위격 안에 일치성을 이루면서 인간적이고 신적인 이중적 본성에 대해 확고하게 주장했다. 그는 양태론자들에 맞서 로고스의 위격성을, 입양론자들에 맞서 로고스의 영원한 출산을, 영지주의자들에 맞서 그리스도의 확실한 인성을 옹호했다. 한편, 그는 육화의 진리를 확실한 것으로 전제하는 가운데, 여기서 더 나아가 어떻게 그리스도가 육화되는지 설명을 시도했다. 또한, 그는 인간의 구원을 육화의 목적으로 제시했다. 그리고 여기서 제외되는 인간은 아무도 없다고 단언했다. 그리스도는 인류의 구원자이자 해방자이신 것이다. 오리게네스는 그리스도의 삶에서 모든 일화와 행위 가운데 드러나는 구원론적 기능과 교육적 기능을 강조했다. 그에 따르면, 그리스도는 위대한 모범이시자 위대한 교육자이시며, 스승이시다. 인간은 바로 그런 그리스도를 닮고 따르도록 부름 받았다. 그분의 말씀을 경청하며, 그분의 삶을 닮고 더 나아가 그분의 죽음까지도 닮는 사람이야말로 진정한 그분의 제자인 것이다. 그래서 오리게네스는 순교자에게서 완전한 제자의 모습을 보았다.

4) 오리게네스 이후

오리게네스는 창조적 천재였으며, 최고의 주석가이자 신학자였고, 철학적 탐구 분야에서도 위대한 선각자였다. 그가 이룬 학문적 업적은 후대의 많은 그리스 교부들, 라틴 교부들에게 지대한 영향을 미쳤다. 그러나 동시에 후대에 그의 유산을 둘러싸고 교부들 사이에서는 격론이 벌어졌고, 그를 따르던 학자들을 단죄하는 사태까지 일어났다. 그러나 아직 교의적인 논의가 체계화되지 않은 2-3세기의 인물인 오리게네스의 사상을 후대의 잣대로 모두 평가하는 것은 합당하지 않다. 그의 사상을 정당하게 평가하기 위해서는 의도나 작품을 쓴 시대적 배경에 대해 먼저 고려해야 한다. 그는 여러 주제를 다룸에 있어서 한 가지만을 확정하지 않고, 다양한 가설을 제시함으로써 그것이 내포한 풍부한 의미를 밝히고자 했다. 또한, 그는 이런 논의 과정에서, 후대의 교부들에게서나 있을 법한, 참조할 만한 교도권의 결정 사항들을 갖지 못했다. 그가 활동하던 시대에는 아직 보편 공의회가 작동하지 못했기 때문이다.

오리게네스를 중심으로 형성된 소위 '알렉산드리아 학파'는 그의 죽음과 더불어 사라지고 말았다. 그러나 그가 남긴 가르침은 그대로 남아 많은 교부들, 특히 동방 교부들에게 지대한 영향을 미쳤다. 이와 함께 그의 가르침 가운데 일부를 둘러싼 격렬한 찬반 논쟁이 일어났다. 아울러 오리게네스의 사상에 대한 단죄 형식문도 생겨나게 되었다. 사실, 그의 사후 약 100년간 모든 교부들은 이구동성으로 그의 가르침을 극찬했다. 그러나 4세기 말로 접어들면서, 소위 '오리게네스 논쟁'이 시작되었다. 정확히 말해, 그의 정통성에 대한 시비는 394년 살라미나의 주교 에피파니우스와 더불어 시작되었다. 그는 오리게네스를 자신의 이단자 목록에 포함시켰으며, 특히 오리게네스가 팔레스티나의 수도원에서 집필한 마지막 작품들에 대해 강하게 이의를 제기했다. 에피파니우스는 히에로니무스를 자신의 편으로 끌어들인 데 반해, 루피누스는 오리게네스를 지지했다. 이렇게 두 편으로 갈라져 격렬한 논쟁이 벌어졌다. 당시 히에로니무스는 알렉산드리아의 테오필루스 총대주교, 로마의 주교 아나스타시우스 교황을 자신의 편으로 끌어들였다. 테오필루스 총대주교는 400년에 시노드를 개최해서 오리게네스의 사상을 단죄했으며, 이를 계기로 오리게네스의 사상을 대대적으로 반대하는 작업이 시작되었다. 결국, 아나스타시우스 교황은 오리게네스의 다양한 이론을 단죄했다. 그리고 이를 밀라노의 심플리치아노 주교에게 알렸다. 이로써 로마 제국은 오리게네스가 쓴 작품들을 금지했다. 그로부터 150년 뒤에 열린 제5차 콘스탄티노폴리스 공의회(553년)에서 유스티니아누스 황제는 오리게네스의 사상을 다시금 이단으로 단죄했다. 여기서 15가지 단죄문이 선언되었는데, 정확히 말해 이 단죄문들은 오리게네스를 직접 겨냥한 것이 아니라, 그 시대에 오리게네스의 사상을 이어받은 자들을 향한 것이다.

5) 오리게네스의 제자들

오리게네스에 의해 설립된 알렉산드리아 학파는 그의 죽음과 더불어 널리 퍼져 나갔다. 이 학파는 그 후 여러 세기 동안 생생하고 활기찬 그룹으로 남아, 교회에 상당한 영향을 미쳤다. 알렉산드리아 학파의 대표적인 인물로는 오리게네스의 제자인 타우마투르고스의 그레고리우스, 카이사리아의 팜필루스를 들 수 있다.

① 타우마투르고스의 그레고리우스

그는 213년 소아시아의 본도 지방에 있는 네오카이사리아에서 태어났다. 고향에서 법학과 수사학을 공부한 그는, 동생 아테노도루스와 함께 오리게네스를 만나면서 그리스도교로 개종했다. 그들은 그의 문하에서 5년간 신학을 공부했다. 그리고 고향으로 돌아와 아미세아의 페디미우스 주교로부터 주교품을 받고 폰투스 지역의 첫 번째 주교가 되어 활동했다. 그는 동생과 함께 안티오키아 공의회에 참석해서 사모사타의 바오로와 대결하기도 했다. 많은 폰투스 사람들은 그의 설교 덕분에 신자가 되었다. 4세기경 카파도키아의 교부들은 그를 카파도키아 교회의 설립자로 추앙했다. 그가 남긴 주요 작품으로는 『신앙 진술』이 있는데, 이는 삼위일체의 단일함과 본질과 관련해서 분명하게 신앙을 증거하는 작품으로 평가받는다. 그 밖에, 오리게네스에 대한 소중한 정보를 제공하는 『오리게네스에게 드린 사은가』를 비롯해 『법 규정 서간』, 『전도서(코헬렛) 해설』, 『하느님의 비(非)수난성과 수난성』이 있다.

② 카이사리아의 팜필루스

그는 베리투스의 어느 귀족 가문에서 태어났다. 젊은 시절 알렉산드리아로 건너가, 오리게네스의 문하에서 신학을 공부한 뛰어난 그의 제자였다. 그 후, 그는 카이사리아로 와서 290년에 아가피우스 주교로부터 사제품을 받고, 오리게네스가 세운 교리학교에서 강의하면서 카이사리아 학파를 굳게 지켰다. 그는 특히 오리게네스에 의해 설립된 도서관을 재건하고 발전시켰다. 또한, 그는 학파 안에서 오리게네스의 가르침을 충실히 따르도록 독려했다. 그가 했던 주된 일은 성경 자료를 비롯해 스승인 오리게네스의 작품들을 모으는 것이다. 팜필루스는 디오클레티아누스 황제 박해 당시, 오랜 감옥 생활 끝에 310년경에 순교했다. 그는 감옥에서 6권으로 된 『오리게네스 선집』을 펴냈다. 그 가운데 제1권만 남아 있으며, 이는 루피누스에 의해 라틴어로 번역되었다.

제2장

제국 교회 시대의 신학(4-5세기)

1. 제국 교회 시대 신학의 일반적 특징

1) 콘스탄티누스의 전환

초기 몇백 년 동안 로마 제국의 박해를 받으며 많은 어려움 속에 성장했던 그리스도교는 콘스탄티누스 황제와 더불어 새로운 역사의 길을 걷게 된다. 그가 313년 밀라노 칙령을 통해 그리스도교를 합법적인 종교로 인정함과 동시에 신자들에게 종교의 자유를 허락했기 때문이다. 콘스탄티누스 황제는 자신의 경쟁자였던 막센티우스와의 전투에서 승리함으로써 로마 제국의 황제로 등극하는 과정에서 그리스도의 권능을 체험하면서, 그리스도교에 대해 호의를 갖게 되었다. 또한, 광활한 자신의 제국을 하나로 묶어줄 정신적인 틀로서, 이런 제국의 일치를 보장해 줄 유일신교인 그리스도교를 정치적으로 활용하려는 의도도 있었다. 이로써 교회는 박해 시대에서 소위 '제국 시대'로 접어들게 된다. 이 시기를 '제국 교회 시대'라고 부르며, 이를 가능케 한 사건을 '콘스탄티누스의 전환'이라고 한다.

이 시대를 특징짓는 것은 교회의 최고 수호자로서 '황제'의 지위였다. 콘스탄티누스는 단순한 일개 신자가 아니라 황제의 자격으로, 그리스도교의 '수석 대제관'이라는 암묵적 신분으로 교회에 입문했다. 그는 313-315년에 발표한 수많은 칙서들을 통해 교회 내 자신의 최고 지위를 더욱 공고히 했다. 그는 자신이 황제로서 어떤 희생을 치르더라도 종교적인 평화와 그리스도를 따르는 이들의 영적인 유익을 촉진할 의무가 있다고 보았다. 구체적으로, 그는 314년 북아프리카 교회에서 도나투스파가 야기한 논쟁과 갈등을 중재하는 가운데, 이미 그리스도교 군주로서 자신의 사명에 대한 인식을 분명히 표현하고 실현하고자 했다. 그에 따르면, 황제야말로 신앙의 모든 오류를 없애고, 참된 종교인 그리스도교를 보호하며, 교회의 일치를 보존하고, 하느님께 드리는 예배를 보장하는 주체이다. 콘스탄티누스 황제는 315년, 포고령을 통해 그리스도교의 법은 제국 내에 사법적 유효성을 갖는다고 선포했으며, 321년에는 '주일법'을 제정하고 그리스도교 예배만을 제국 내의 합법적 경신례로 인정했다. 또한, 그는 동방의 리치니우스 정제(正帝)를 상대로 거둔 승리를 기념해서 324년에 칙령을 반포하면서 교회의 수호자로서의 자신의 임무를 수행하기 위해, 역사상 첫 번째 보편 공의회인 니케아 공의회(325년)를 소집했다. 그는 개인적으로 여러 회기의 회의를 직접 주관하면서 교회 내에 커다란 분열을 일으킨 아리우스 이단을 단죄하는 데 중요한 역할을 했다.

로마 제국의 최고 통수권자가 그리스도교를 인정했을 뿐만 아니라 훗날 제국의 국교로 인정한 것은 교회의 삶뿐만 아니라 신학에도 엄청난 결과를 가져왔다. 제국 교회란 단순히 교회가 황제로부터 공식적으로 승인을 받았을 뿐만 아니라 자체로 튼튼한 구조와 일치의 원리 및 결속력을 갖추게 되었음을 의미한다. 더 나아가, 제국 교회라 함은 교회의 교계 제도 조직에서 가시적인 수장(首長)이 곧 황제임을 의미한다. 이제부터 황제는 스스로 이단에 맞서 싸우고 공의회를 소집하며, 콘스탄티노폴리스 총대주교를 임명하는 책임이 있음을 주장하게 되었다. 이러한 콘스탄티누스적인 전환 이후, 정통 교리에 대한 기술(記述), 즉 신학은 제국의 일치라는 관점에서 다뤄지기 시작했다. 이는 신학 분야에 긍정적, 부정적 영향을 미쳤다. 황제 스스로 제국 교회의 최고 수호자라고 자임했지만, 그가 복잡한 신학적 논의 주제들을 사도 계승에 따라 정통성 있게 식별할 수 있는 능력은 없었다. 그는 신앙의 일치를 통해 자신의 제국 내에서 정치적인 안정을 도모했으나, 무엇이 정통성을 간직한 사안들인지에 대해서는 정확히 식별할 수 없었다. 따라서, 교부 시대 내내 격렬한 논쟁의 대상이던 삼위일체론적인 주제, 그리스도론적인 주제를 중심으로 이단자들과 정통 교부들이 격돌했을 당시, 이단자들은 황제와의 인간적인 친분 등을 이용해 처벌을 피할 수 있었을 뿐만 아니라, 자신의 이단적인 사상을 정통적인 교회의 가르침으로 둔갑시켜 전파하였다. 이로 인하여, 정통 교부들을 수없이 유배 보내게 하는 폐단이 반복되었다. 물론, 정통 교부들 역시 황제와의 친분을 이용해 전세를 역전시켜서 정통적인 가르침이 교도권의 신조(信條)로 자리 잡을 수 있게 했다. 여하튼, 제국의 황제가 교회의 수장이 된다는 것이 전적으로 환영할 만한 일은 아니었다. 제국 내의 국교가 되고 외세의 침략으로부터 제국의 보호를 받는 대가로, 교회는 비싼 값을 치러야 했다. 교회의 주요 사안들은 더 이상 교회 내적인 일이 아니라 제국의 정치와 연동되어 다뤄졌으며, 이는 교회에 다양한 폐단을 일으키는 계기로 작용했다.

2) 종교적, 문화적 배경

4세기 초 콘스탄티누스의 전환이 일어나자, 교회는 황제보다 더 강한 종교 세력이 되었다. 교회는 제국의 전 지역에 걸쳐 귀족과 군인 그리고 지식인 계층에 속하는 수많은 시민들을 그 구성원으로 거느렸다. 제국 내에서 복음화는 점점 더 신속하게 이루어졌다. 이런 급속한 확장은 그리스도교가 '참종교'로 인정받은 데에 힘입은 것이다. 또한, 황궁의 모범이 백성, 특히 관리들의 새 종교 참여를 부추겼다. 더욱이 결정적인 것은 아타나시우스, 바실리우스, 요한 크리소스토무스, 암브로시우스와 같이 자기 관할 교구의 경계에 구애되지 않고, 사목 활동을 펼친 위대한 주교들의 선교에 대한 열의였다. 또한, 이러한 신앙의 확산은 신자들 간에 지역에 국한되지 않은 보편적 일체감, 즉 가톨릭 교회라는 의식을 강화시켰다. 이러한 상황에서 신학 연구는 무엇보다 교회의 일치를 바라는 강렬하고도 보편적인 염려로부터 자극을 받았다. 이처럼 일치를 향한 강한 열망은 특히 주교와 수도자들에게서 찾아볼 수 있으며, 이것이 신학 연구를 크게 촉진시킨 요소이기도 했다.

문화적 차원과 신학적 차원에서 콘스탄티누스 전환의 결과는 막대했다. 실제로 정치적 동맹은 문화적 동맹으로 구체화되었다. 이로써 고전적인 이교 문화는 더 이상 적이 아닌 동맹 가능한 우군으로 여겨졌다.

신앙의 자유를 선사받은 교회는 자신 안에서 벗어나 현세 문화와 공중 생활을 그리스도교화하고 신앙의 틀에 맞는 지적 생활을 발전시킬 막중한 책임을 느꼈다. 더 나아가, 이교인들에게 신앙을 전하기 위해 그들의 사고방식과 언어를 이해해야 할 필요를 느끼고, 그들의 언어로 신앙의 진리를 포장해서 전하는 토착화에 대한 필요가 대두되기 시작했다. 이렇게 해서 4세기의 신학은 신플라톤주의를 적극 활용함으로써 이 문제를 해결했다. '제국 교회'의 모든 교부들은 기존의 플라톤 철학과 신플라톤주의의 찬미자들이자 최상의 동조자들이었다. 물론, 당시 교부들이 단순히 이를 단순히 되풀이하진 않았다. 그들은 학문적 방법들을 배워서 이를 자신들의 신학에 적용했으며, 이 과정에서 그리스도교 신앙에 맞지 않는 것은 받아들이지 않았다. 이렇게 해서 그들은 그리스도교 정신을 바탕으로 플라톤 철학, 신플라톤 철학을 받아들여 철저히 혁신된 그리스도교 철학을 만들어 냈다.

3) 이단들의 도전

신학을 한층 더 성숙시킨 것은 이단들이었다. 수많은 이단들은 논쟁을 촉발하고 정확한 해명을 요구했으며, 깊이 있는 해석과 정의를 하도록 부추겼다. 박해 시대에 계시, 성경, 전승의 원천에 직접 손상을 입힌 것은 영지주의였다. 이에 다양한 교부들이 응전하는 가운데 대처했으며, 이 과정에서 교회는 그들의 도움을 받아 정경(正經)과 신앙 규범을 확정할 수 있었다. 한편, 제국 교회 시대에 교회를 위협한 새로운 이단들은 모두 그리스도의 위격에 집중되어 있었다. 아리우스 이단은 그리스도의 신성을 부정했으며, 아폴리나리우스 이단은 그리스도의 인성을 부정했다. 반면, 네스토리우스 이단은 그리스도에게 2개의 위격이 있다고 보았다. 마지막으로, 그리스도에게 1개의 본성과 1개의 위격만 있다고 주장한 이단이 에우티케스 이단이다. 교회는 다음과 같은 보편 공의회들을 통해 이러한 이단들을 척결하고 정통 신앙을 확립해 갔다. 니케아(325년), 콘스탄티노폴리스(381년), 에페소(431년), 칼케돈(451년) 공의회가 그러하다.

4) 신학의 원천과 도구들

① 새로운 원천들: 박해 시대에 신학자들이 사용한 원천은 성경과 전승 두 가지뿐이었다. 콘스탄티누스의 전환 이전의 신학자들은 신학의 다른 두 주요 원천인 공의회와 교부들을 알지 못했다. 그러나 그 후 이 새로운 두 원천이 수용되면서 이는 제국 교회 시대에 점점 더 중요성을 갖게 되었다. 최초의 보편 공의회인 니케아 공의회(325년)는 아리우스 이단을 단죄하는 데 그치지 않고, 참 하느님의 아들이신 예수 그리스도에 관한 교리를 적극적으로 확정하는 가운데 세례 신경들을 재정리했다. 니케아 공의회 이후 정통 교리는 집단으로 행사되는 주교의 권한에 더욱더 굳게 결합되었다. 특정 주제들에 대해 여러 공의회가 갖는 결정적 권위는 공의회 이후 즉시 문서로 기록되었다.

교부들의 증언과 권위는 4-5세기의 반이단 투쟁에서 더욱더 강조되어 결정적인 논쟁의 성격을 띠게 된다. 알렉산드리아의 키릴루스는 431년 에페소 공의회에서 자신의 정통성과 네스토리우스의 이단성을 증명하기 위해 여러 의견을 적은 문서를 제출했다. 여기에는 성경뿐만 아니라 여러 교부들의 작품에서 발췌한 글들이 포함되어 있었다. 따라서 교부들은 교의 문제에서 과거의 권위를 대신하게 되었다. 그들의 의견은 교의의 버팀목이 되었으며, 그들의 저술들은 신학 논증의 원천으로 자리매김했다. 이렇게 해서 교부 시대 말에는 다마스쿠스의 요한이 교부들로부터 취합한 다양한 주제들을 바탕으로 정통 교의를 조명하기 위해 선정한 본문 선집인 『거룩한 병행 구절』이 등장하기에 이르렀다. 레랭의 빈첸시우스 같은 경우는 교부들에 관한 다음과 같은 고전적 정의를 확정하는 데 이바지했다. "그들은 다음과 같은 규칙에 충실해야 한다. 즉, 그것은 완벽하게 합의된 스승들의 공의회라는 형태로 모두가 또는 적어도 대부분이 명확하게, 또한 같은 의미에서 자주 그리고 끊임없이 항구하게 선언하고, 받아들이고, 보존하고, 전하고, 확인한 것을 말한다. 그리고 그것은 의심 없이 확실하고 진실한 것으로 받아들여져야 한다." 젤라시우스 교령은 이 정의에 기초해서 교부로서 인정받아야 할 그리스도교 저술가들과 그 이름으로 부르기에는 미흡한 다른 저술가들에 관한 최초의 명단을 제시했다.

그러므로, 교부 논쟁이 형성된 것은 콘스탄티누스 전환 이후 신학의 황금시대에 들어서였다. 당시 교리의 참됨을 결정짓는 것은 공의회를 통해 이루어진 교부들 사이의 합의였다. 그 이후, 신학적 논증에서 교부들의 활약은 두드러졌다. 고대 교회가 관심을 갖고 교부들에게 호소한 것은 교의적 지향성이었다. 교회가 교부들을 활용한 이유는 그들의 견해 속에서 진리를 대변하는 요점을 발견했기 때문이다. 이렇게 해서 '보편 공의회들'과 '교부들'은 성경과 전승이 충족시킬 수 없었던 신학 논쟁을 완결하는 보완적인 권위를 갖게 되었다.

② 신학 작업의 도구들: 제국 교회 시대에 신학자들이 사용하던 도구들은 박해 시대에 비해 다양하지 않았다. 단지, 이 시대에는 성경 연구와 신학적 연구에 필요한 도구들로의 접근이 아주 용이해졌을 뿐이다. 예전에는 이교 수사학자들에 의해 독점되었고 이교 국가에 알맞게 짜였던 공립학교의 강좌들이 이때부터 점차 자신의 가르침의 기반을 그리스-로마의 고전에 두지 않고, 그리스도교 저술가들의 작품에 두는 그리스도교 수사학자들의 차지가 되어 갔다. 이 시기에 교회의 모든 주요 저술가들은 세속의 교육 제도로부터 영향을 받았다. 많은 그리스, 라틴 교부들이 웅변술에 있어서 그리스-로마 고전과 관련된 많은 웅변가들과 비교되곤 했다. 이교 문화들과의 보다 직접적이고 우호적인 접촉은 전반적으로 철학이 신학의 소중한 도구라는 인식과 평가를 이끌어 내는 데 이바지했다. 콘스탄티누스의 전환 이후, 그리스도교 사상과 플라톤주의 사이에는 새로운 동맹이 맺어졌다. 이 철학과의 동맹에서 하느님이 인간에게 당신의 말씀과 구원의 진리를 이해할 수 있도록 주신 이성의 능력에 대한 큰 신뢰가 생겼다.

신학에서 이성의 사용 문제를 더욱 잘 심화한 인물은 아우구스티누스였다. 그에 따르면, 이성에는 이중의 필연성이 존재한다. 즉, 이성은 신앙에 선행하되 신앙을 뒤쫓아야 한다. 이성은 신앙에 우선하면서도 완성해야 할 2가지 기능을 갖는다. 먼저, 믿어야 할 권위를 정당화하고, 그다음, 신앙으로 동의해야 할 사물을 파악하는 것이 바로 이성의 몫이다. 이러한 그의 방법론은 3단계로 나뉜다. 신앙, 즉 '동의로써 이루어지는 사유'가 출발점을 구성한다. 지식, 즉 신자가 '믿어야 할 이유'에 대한 것은 2번째 단계이다. 지혜, 즉 '영원한 사물에 대한 인식'은 마지막 3번째 단계를 의미한다.

4-5세기에 이루어진 놀라운 신학 발전은 거룩한 학문의 고유한 방법론의 신중한 확립에도 그 원인이 있었다. 그리스도교 교리에 대한 해설은 작품의 제목에서 보듯이 '신학적 논술'이라는 문학 유형에 더욱 의존하게 되었다. 이러한 논술은 아우구스티누스가 이교도들의 그리스도교 비난을 반박한 체계적인 작품들, 특히 『신국론』이 따른 방법이기도 했다. 그는 그리스도교 사상의 장대한 '개요서'인 『교리 요강』에서 다음과 같이 이분화된 자신의 방법을 종합했다. 첫째, 이 모든 것은 오직 그리스도교 안에서만 발견된다. 둘째, 이러한 진리들은 이성으로써 감각적 인식의 도움을 받거나 지성의 탐구로써 옹호되어야 한다.

4-5세기 교부들이 사용한 또 다른 문학 유형은 '주석'이었다. 이는 '논설'(tractatus), '연설'(homilia), '설교'(sermo)의 형태로 이루어졌다. '논설'은 성경 구절이나 중요한 대목에 대한 체계적이고 학문적인 해석이다. 그리스도교 저자들은 주석을 통해 고정된 틀에 따라 글을 전개해 나갔으며, 고전적인 수사학에 의해 이미 확정된 규칙에 충실했다. 그들은 먼저 다소 긴 구절을 '표제어'로 인용했으며, 글의 전개 순서에 많은 관심을 기울였다. '주해'나 '구절의 요약'은 그 뒤에 등장했다. 그다음으로, 세부적인 내용들이 설명되었다. 또한, 이 과정에서 교부들이 크게 염두에 둔 것은 사물이었다. 아우구스티누스는 '사물'(res)과 '표지'(signa)를 구별한 위대한 신학자이다. 그에 따르면, 표지는 언어이며, 특별한 경우에 그것은 성경 본문의 언어이다. 언어에 대한 이해가 주석가의 첫 번째 임무이다. 아우구스티누스는 '사물'을 교의적 사실, 즉 신경에서 고백하는 모든 것(삼위일체, 육화, 구속, 교회, 영원한 생명 등)으로 보았다. '사물'의 범

위는 대단히 광범위해서 신앙 규범에 요약되어 있는 행적뿐만 아니라 전례(성사들) 및 행동과 기대를 두루 포함한다. 여기서 특히 '행적'으로 인해 교부들의 주석은 예형적이고 우의적인 의미를 강하게 띠었다.

성경의 모든 책이 교부들에 의해 주석되었다. 그러나 그중에서도 교부 신학의 황금시대에 주석가들의 관심을 크게 불러일으킨 성경은 바로 '시편'이었다. 동·서방의 위대한 교부들 가운데 시편을 주석하지 않은 교부는 거의 없었다. 일부 교부들은 오리게네스의 모범을 따라 정경으로 간주된 모든 성경을 주석하는 커다란 작업에 헌신하기도 했다. 그러한 저술 작업을 통해 추구된 목표는 주석뿐 아니라 교리와도 관련이 있다. 즉, 이를 통해 그리스도교 교리에 대한 완벽한 신학적 종합을 제시하고자 한 것이다. 그리고 이는 특히 '논술' 덕분에 훨씬 더 쉽고 안전하게 달성되었다.

2. 4-5세기의 이단들

4-5세기는 교부 신학의 황금기였다. 그러나 이 시기에는 정통 교리뿐만 아니라 이단 측의 사변 활동도 두드러지게 드러났다. 이 두 세기 동안 삼위일체론과 그리스도론이 결정적으로 분명해졌지만, 이러한 명료화 작업은 아리우스, 아폴리나리우스, 네스토리우스, 에우티케스 같은 이단으로 인해 촉발된 논쟁의 결과였다. 이단들은 언제나 교의의 심화와 신학의 발전에 결정적인 역할을 했다. 보편 공의회들은 거의 언제나 이단에 의해 훼손된 중요한 신앙의 신비들을 보호하고 명확히 하기 위해 소집되었다.

이단의 폭넓은 확산으로 인해 '이단론'이라는 신학의 새로운 분야가 생겨났다. 이단론은 다양한 이단들의 기원과 발전 및 그 교리들을 중점적으로 다뤘다. 이는 이미 박해 시대에 생겨났다. 제국 교회 시대의 이단론은 더욱 견고하고 다채로워졌다. 이 분야에서 가장 중요한 작품으로는 80개의 이단을 열거하고 논박한 에피파니우스의 『약상자』, 156개의 이단을 분석한 필라스트루스의 『이단에 관한 책』, 88개의 이단을 소개하고 논한 아우구스티누스의 『이단론』, 동시대의 여러 이단에 대한 상세한 정보를 담은 키루스의 테오도레투스의 5권짜리 『이단적 허구의 개요』 등이 있다. 교부 시대 말에 다마스쿠스의 요한은 자신의 연구서인 『올바른 신앙에 관한 해설』 후반부를 이단 연구에 할애했다.

신학의 역사에서 이단들은 신학적이고 다소 독창적인 체계로서 그 자체로 중요한 것이 아니라 신학 연구와 교의의 발전 및 전승의 성장에 기여한 새로운 충격이라는 점에서 중요하다. 4-5세기의 교부들은 이단에 맞서 싸우며 정통 신앙을 체계적으로 확립했으며, 이러한 신학적 성과는 니케아(325년), 콘스탄티노폴리스(381년), 에페소(431년), 칼케돈(451년) 같은 보편 공의회의 결정에 담기게 된다. 그러므로 이러한 교부들의 문헌과 사상에 대한 이해는 적어도 그들이 맞서 싸운 이단들에 대한 총체적인 인식을 요구한다.

1) 아리우스주의

아리우스 이단은 여러 이단 중에서도 신학 연구와 교회 교도권의 활동 전반에 걸쳐 가장 큰 영향을 미쳤다. 4-5세기 동안 교부들과 여러 공의회의 지속적인 관심은 교회 저변에 폭넓게 확산된 아리우스의 그리스도론과 삼위일체론에 대한 논쟁과 논박에 집중되었다.

아리우스는 리비아 출신으로, 안티오키아의 루키아누스의 제자였다. 그는 당시 알렉산드리아 교회의 사제였으며, 318-319년에 자신의 설교와 교리를 통해 성자에 대한, 그리고 성부와 성자 간의 관계에 대한 자신의 견해를 널리 퍼트리기 시작했다. 그의 주장의 주요 골자는 성자를 성부의 피조물로 봄으로써 성부와 성자 간의 관계를 종속적으로 이해한 데 있다. 이러한 그의 주장이 널리 퍼지자 교회 곳곳에서 커다란 소란이 일어났다. 이로 인해 알렉산데르 주교는 이 문제를 해결하기 위해 공식적인 논쟁 자리를 마련해서 아리우스로 하여금 자신의 주장을 입증하도록 요구했다. 이에 그는 자신의 방식대로 이를 설명했다. 그러나 그의 주장은 당시 그 자리에 참석한 성부와 성자 간의 동일 본질을 주장한 사람들에 의해 거부되었다. 이에 알렉산데르 주교는 아리우스로 하여금 자신의 주장을 철회하도록 명했지만, 그는 이를 거부하였다. 이에 따라, 그는 자신의 추종자들과 함께 교회로부터 추방되었다.

그러자 아리우스는 자신을 옹호하던 니코메디아의 에우세비우스 주교에게 피신해서 자신의 지지자들을 확보하게 된다. 이에 대해 위기감을 느낀 알렉산데르 주교는 319년 1백여 명의 주교들이 참석한 이집트 시노드를 소집해서 아리우스의 추종자들을 다시 한 번 단죄했다. 이때부터 아리우스 추종자들과 가톨릭 교회 사이에는 약 200년 동안 치열한 대대적인 충돌이 지속되었고 교회 안에 큰 상처를 남겼다. 당시 이 문제를 해결하기 위해 콘스탄티누스 황제는 325년 니케아 공의회를 소집했다. 이 공의회에서 정통 교리파가 우위를 점하게 되면서, 카이사리아의 주교 에우세비우스가 제시한 카이사리아 교회의 「세례 신경」을 기초로 해서 성부에 대한 성자의 종속을 분명히 배제한 「니케아 신경」을 확정하고 아리우스를 단죄했다. 그 후, 아리우스는 복권을 위해 노력했으며, 다시 콘스탄티노폴리스로 소환되었지만 복귀 전날 밤에 세상을 떠났다.

아리우스에게 있어 태어나지 않은 존재는 오직 성부뿐이었다. 그에 따르면, 성자는 창조되었고 시작이 있으며 무(無)에서 생겨났다. 그는 성부, 성자, 성령 사이에 하나가 다른 하나에 종속된다고 보았다. 또한, 성자를 피조물이라고 주장했다. 성자는 '하급 신'인 것이다. 성부를 제외하고 진정한 의미에서 다른 하느님은 존재할 수 없다. 그에게 있어 신적 본성을 고유한다는 것은 신적 존재의 다수성을 인정하는 것이며 동일한 신적 본성이 분할되고 변할 수 있다는 것을 의미했다. 그래서 성부를 제외한 존재하는 모든 것은 창조되었고 무로부터 생명으로 부름을 받았다. 따라서 그는 성자 역시 성부의 피조물이며 성부께 종속된다고 보았다. 성부를 제외한 다른 두 위격은 단지 비유적으로만 하느님일 뿐이다.

이러한 그의 주장은 단죄된 후에도 동방과 서방에서 계속 퍼져 나갔다. 이러한 그의 극단적인 주장이 초래한 위기는 정통파 신학자들로 하여금 삼위일체 하느님에 대한 깊이 성찰하게 했고, 이는 삼위일체 신학의 발전에 결정적으로 기여했다. 니케아 공의회는 '동일 본질'이라는 표현을 통해 성자의 신성(神性)을 고백하며 중요한 일보를 내디뎠지만, 이것으로 문제가 종결되진 않았다. 성자의 신성을 확정했지만, 이제부터는 인간적 주체로서의 그가 누구였는지를 명확히 해야 하는 과제가 남았다. 즉, 그리스도는 인격과 신격이 우유적이거나 역사적인 차원에서 하나로 결합된 2개의 위격을 구성하는지, 아니면 함께 용해된 두 개의 위격으로 구성되는지, 아니면 인간적 특성을 갖춘 단 하나의 위격(신격)

으로만 구성되는지 성찰해야 했다. 이와 관련해서 다양한 이단, 즉 아폴리나리우스 이단, 네스토리우스 이단, 에우티케스 이단이 생겨났다.

2) 아폴리나리우스주의

아폴리나리우스는 315년 라오디케이아에서 태어났다. 그는 베리투스에서 문법과 수사학을 가르쳤다. 그는 아리우스 논쟁 당시 정통 교리를 지지한 바 있으며, 이로 인해 아리우스파의 제오르지우스 주교에 의해 파문을 당한 적이 있었다. 이런 이력으로 인해, 그는 훗날 니케아 공동체를 이끌 주교로 선출되었다. 그러나 그는 그리스도에 대한 왜곡된 주장을 하기 시작했다. 이런 그의 주장은 362년 알렉산드리아 시노드에서 처음 드러났다. 그는 그리스도의 인성을 부정했다. 그는 그리스도에게 단일한 하나의 본성만 있다고 하며, 그것은 다름 아닌 신성이라고 주장했다. 그에 따르면, 그리스도는 인간적 육체를 취한 말씀, 즉 성자이시다. 그는 그리스도가 자립할 수 있는 주체라는 점을 들어, 그분에게서 인간적 이성, 또는 우월한 영혼을 배제했다. 한 마디로, 그에게 있어서 그리스도는 '육화된 하느님'으로, 여기서는 인성이 배제되고 있다. 이러한 그의 주장은 여러 시노드에서 격렬한 비난을 받았으며, 이에 그 역시 자신을 방어하기 위해 시노드들을 개최했지만 소용이 없었다. 그리고 마침내 로마 시노드는 그를 단죄했으며, 당시 황제는 388년 칙령을 공포해서 그를 단죄했다.

3) 네스토리우스주의

네스토리우스는 381년에 태어났다. 그는 출중한 덕행과 언변으로 인해 명성을 얻었고, 마침내 428년 콘스탄티노폴리스의 대주교로 선출되었다. 그러나 그는 동정 마리아를 '하느님의 어머니'로 부르는 호칭에 반대하며, '인간 예수의 어머니'로 불러야 한다고 주장하면서 그리스도론 논쟁을 촉발했다. 이는 알렉산드리아의 키릴루스로부터 큰 반대에 부딪혔다. 이에 당시 첼레스티노 교황은 즉시 키릴루스를 지지했으며, 430년 로마 시노드에서 네스토리우스를 단죄했다. 키릴루스는 그해 11월 이 결정을 알리면서 알렉산드리아 교회의 그리스도론을 표현한 12개의 파문 조항을 첨부했다. 특히 여기서 그는 안티오키아의 주교들이 동의할 수 없는 정식, 즉 그리스도의 인성과 신성의 자연적, 실제적 일치에 대해 언급했다. 이에, 네스토리우스는 황제에게 공의회를 소집하도록 요청했다. 이렇게 해서 431년 에페소 공의회가 개최되었다. 당시 키릴루스를 비롯해 알렉산드리아 교회의 주교들이 먼저 공의회에 도착하자, 교황의 의도를 추정해서 네스토리우스를 단죄하고 말았다. 그러나 그로부터 얼마 후 도착한 안티오키아 교회의 주교들은 이에 불복해 다시 공의회를 개최해서 네스토리우스를 지지하는 결정을 통과시켰다. 이에 황제는 네스토리우스와 키릴루스 모두를 면직시켰지만, 키릴루스는 먼저 알렉산드리아로 귀환함으로써 면직의 위험으로부터 벗어난 데 반해, 네스토리우스는 수도원에 은거하고 자발적으로 최후 변론을 포기함으로써 결정적으로 면직되고 말았다. 이로써 동정 마리아는 '하느님의 어머니'로 선포되었으며, 네스토리우스는 사막으로 유배되고 말았다. 그는 당시 통용되던 '속성들의 교환' 원리를 받아들이지 않았다. 이 원리에 따르면, 그리스도의 신성에 적용되는 술어들은 인성에도 적용 가능하며, 그 역도 마찬가지로 보았다. 그것은 두 본성 모두 한 분이

신 그리스도 안에서 온전히 일치하고 있기 때문이다. 그러나 네스토리우스는 이를 부정하며, 그리스도에게서 2개의 본성과 2개의 위격을 주장한 것이다.

4) 단성론

에우티케스는 378년 태어났다. 그는 사제로 서품된 후, 콘스탄티노폴리스 근교에 있는 대수도원의 원장으로 선출되었다. 당시 그는 황실로부터 강력한 지지를 받던 인물이었다. 그는 네스토리우스주의를 열렬히 반대했지만, 부족한 신학적 소양으로 인해 오류에 빠지고 말았다. 그는 예수 그리스도 안의 육화가 신성과 인성이라는 두 본성의 혼합으로 인해 일어났다고 주장하며, 그분 안에는 오직 하나의 위격만 있기 때문에 오직 하나의 본성만 있다고 하는 단성론(單性論)을 주장했다. 결국, 그는 448년 콘스탄티노폴리스 시노드에서 고발되고 단죄되었다. 이에 에우티케스는 자신의 후원자인 환관 크리사피우스와 황제의 지지를 얻어 449년 제2차 에페소 공의회를 소집하게 했다. 여기서 에우티케스는 복권되었고 그의 주장이 받아들여지고 말았다. 그리고 433년 알렉산드리아 학파 주교들과 안티오키아 학파 주교들에 의해 만들어진 '일치 정식' 역시 폐기되고 그리스도의 '두 본성' 결정 역시 파문되고 말았다. 그러나 2년 후인 451년 황제가 죽자 레오 대 교황을 중심으로 한 '두 본성'파 주교들은 새 황제와 여제에게 이 문제를 다시 심의할 수 있도록 공의회 소집을 요청했다. 이렇게 해서 451년 칼케돈 공의회가 개최되고 여기서 기존의 에페소 공의회 규정들을 복원하고 에우티케스를 단죄했다. 결국, 그는 유배되었으며 454년 유배지에서 생을 마감했다. 그리고 449년의 제2차 에페소 공의회의 결정을 무효화하며 이를 '에페소 강도 공의회'로 규정했다.

3. 네오알렉산드리아 학파 교부들

교부 신학의 황금기 시작을 알리는 신학적 성찰이 다시금 알렉산드리아 교회에서 일어났다. 여기에는 이미 클레멘스와 오리게네스의 신학적 전통이 강하게 남아 있었으며, 4-5세기에 문제가 된 아리우스 이단이 촉발됨으로써 지속적인 신학적 성찰이 요청되었기 때문이다. 네오알렉산드리아 학파의 교부들은 오리게네스처럼 성경에 대한 우의적 해석을 애용하고 사변적인 경향을 띠고 있었다. 또한, 아리우스 이단에 맞서 그리스도의 신성, 특히 그분의 초월성을 강조했다. 그래서 이 학파의 교부들은 인류 구원을 위해 육화하신 분이 하느님이셔야만 우리의 신화(神化)가 가능하다고 주장했다. 이 학파의 주요 인물로는 아타나시우스, 소경 디디무스, 키릴루스, 카이사리아의 에우세비우스가 있다.

1) 아타나시우스

아타나시우스는 295년 알렉산드리아의 이교 가정에서 태어나 젊은 시절에 그리스도교로 개종했다. 318년 알렉산데르 주교는 그의 재능을 높이 평가해서 그에게 부제품을 주고 자신의 비서로 일하게 했다. 그는 325년에는 자신의 주교를 수행해서 니케아 공의회에 참석했으며, 328년 알렉산드리아의 주교가 되어 본격적으로 아리우스 이단에 맞서 싸웠다. 이로 인해 그는 일생에 걸쳐 여러 번 단죄되고 유배형을 받아

많은 고통을 받아야 했다. 335년 티루스 시노드에서 아리우스파에 의해 단죄되어 트리어로 추방되었다. 337년에 복권되었지만 339년 아리우스파를 지지하던 콘스탄티우스 황제에 의해 면직되고 말았다. 그러나 340년 율리오 교황에 의해 로마 시노드에서 적법한 알렉산드리아의 주교로 인정받았다. 당시 그는 로마에 체류하며 동방의 수도 생활을 서방에 전파했다. 그는 343년 사르디카 시노드에서 복권되었지만 346년이 돼서야 자신의 교회로 돌아올 수 있었다. 자신의 자리로 돌아온 그는 교회의 질서를 바로잡는 한편, 에티오피아의 복음화를 위해 프루메티우스를 주교로 서품하여 그곳에 파견했다. 그 후, 아리우스파가 주도한 아를 시노드(354년)와 밀라노 시노드(355년)는 다시금 아타나시우스를 단죄함으로써 그는 356년 다시 추방되어 6년간 사막에서 유배 생활을 해야 했다. 그리고 362년 황제에 의해 복권되어 알렉산드리아로 돌아왔지만, 그해 가을 다시 추방되고 말았다. 그는 365년 마지막으로 복권되어 자신의 교회로 돌아와 사목 활동을 재개했다. 그러나 그로부터 3년 후인 373년 세상을 떠나고 말았다.

그는 고통과 괴로움으로 점철된 생애를 보내면서도 뛰어난 활약을 펼쳤다. 그는 니케아 신앙과 정통 교리를 수호하기 위해 자신의 타고난 재능을 발휘해서 많은 작품을 집필했다. 안타깝게도 대부분의 작품은 사라지고 몇 가지 단편만 전해 올 뿐이다. 그의 작품에는 『이교도 논박론』, 『말씀의 육화론』, 『아리우스파에 대한 세 논박론』, 『안토니우스의 생애』 등이 있다.

아타나시우스의 교리적 지평은 무엇보다 삼위일체론, 그리스도론, 그리고 이와 관련된 호교론적 논박이 주를 이룬다. 그의 교리는 전승에 매우 충실하다. 그는 새로운 사상에 대한 개인적 종합을 제시하지 않았으며, 철학 용어보다는 성경 용어에 의지해서 삼위일체와 육화의 주요 신비들을 명확히 밝히고 옹호했다. 그의 신학 사상은 『아리우스파에 대한 세 논박론』에서 가장 잘 드러난다. 그는 여기서 성부와 성자의 동일 본질을 강하게 주장하고 성자의 영원한 출산을 언급했다. 성자의 육화와 죽음이 갖는 구원적 의미를 깊이 성찰했다. 그에 따르면, 그리스도께서 자신의 구원 행위로 인류에게 베푼 주요 열매는 악과 죄로부터의 해방, 성화, 신화, 찬양과 영광, 불사불멸이다. 그러나 동시에 그는 이러한 열매들이 충만히 실현되기 위해서는 인간 편에서의 적극적인 응답과 책임이 요구된다고 강조했다. 그는 그리스도의 활동이 영혼 안에서 효과적으로 이루어지기 위해 성경에 대한 연구와 지식, 삶의 성실함, 마음의 정결, 덕행이 필요하다고 가르쳤다. 또한, 신자는 기도와 관용 그리고 영혼의 강한 힘으로 그리스도의 모범을 따라야 한다고 지적했다. 동시에 그는 하느님을 두려워하는 거룩한 생활, 그리스도교 관습에 대한 성실함, 법과 계명의 준수, 참회를 강조했으며, 특히 성체성사에 충실하도록 가르쳤다.

2) 카이사리아의 에우세비우스

에우세비우스는 교회 역사가로서 교부 신학의 황금기에 중요한 위치를 차지한다. 그는 교회사 분야의 창시자로 평가받는다. 그는 역사가였을 뿐만 아니라 유능한 신학자이자 주석가였으며, 이로 인해 오리게네스와 함께 고대 교회의 가장 위대한 문헌 학자로 평가받는다. 그는 265년 팔레스타인의 카이사리아에서 태어나 이 도시에서 교육을 받았다. 그의 스승은 오리게네스의 제자 가운데 학문적으로 가장 뛰어난 팜필루스였다. 팜필루스가 박해로 인해 순교하자, 에우세비우스는 스승의 이름을 자기 이름으로 사용했으며, 죽음을 피해 티루스로 피신했다가 그곳에서 테베라는 이집트 사막으로 갔다. 거기서 체포되어 수감된 에우세비우스는 311년 관용 칙령 덕분에 얼마 뒤에 팔레스타인으로 돌아올 수 있었다. 그로부터 2년 뒤에는 카이사리아의 주교로 임명되었다. 그 후, 그는 아리우스 논쟁에 휘말리게 되었다. 아리우스가 알렉산드리아에서 추방당하자 에우세비우스는 그를 자신의 교회에 받아들였기 때문이다. 이렇게 해서 논쟁 초기에 에우세비우스는 아리우스를 지지했다. 이로 인해, 그는 파문을 당했으며, 훗날 니케아 공의회에 참석해서 아리우스에 대한 단죄와 정통 교리를 담은 신앙 정식에 서명함으로써 복권되었다. 그는 340년 세상을 떠났다.

부단히 연구하는 학자이자 뛰어난 문헌 학자인 에우세비우스는 3세기 동안의 그리스도교 사상을 성찰하고 정리하기 위해 카이사리아의 도서관에 보관된 자료들을 폭넓게 입수해서 저술에 활용했다. 그의 작품은 역사적 작품, 호교적 작품, 성경적 작품으로 구분된다. 역사적 부분에서 중요한 작품으로는 『연대기』와 『교회사』가 있다. 호교적 부분에는 『복음의 준비』와 『복음의 논증』이 있다. 성경과 주석 분야에서 주목할 만한 작품으로는 『시편 주석』, 『이사야서 주석』, 『고유명사집』, 『복음의 기준들』이 있다.

에우세비우스는 네오알렉산드리아 학파의 그 누구보다 더 충실하게 스승의 사상을 보존하고 발전시켰다. 그는 오리게네스를 따라서 성경을 해석할 때 역사적 의미나 문자적 의미를 영적 의미와 구분하고, 특히 이 영적 의미에 우선권을 부여했다. 하지만 과장된 우의적 해석을 지양했다. 또한, 그는 그리스도를 중심으로 구약 성경을 예형론적으로 재해석했다. 그는 성경 중에서도 '시편'을 선호해서 그리스도 중심적 시각에서 『시편 주석』을 집필했는데, 그것은 시편이 온갖 종류의 일들을 다 찾아볼 수 있는 일종의 방대한 대중 잡지와 같다고 보았기 때문이다. 마지막으로, 그의 삼위일체론은 안타깝게도 아리우스주의로 인해 왜곡되었다. 그는 성부와 성자의 동일 본질을 부인하고 성자를 피조물로 보는 가운데 종속론적 삼위일체론을 주장했다.

3) 소경 디디무스

디디무스는 310-315년에 알렉산드리아에서 태어났다. 4-5세 때 시력을 잃었고, 그로 인해 '소경'이라는 별호가 붙었다. 하지만 그는 뛰어난 기억력과 특출한 의지 덕분에 신학적으로나 세속적으로 광대한 교양을 쌓았다. 그의 신학적 소양은 네오알렉산드리아 사상에 기반을 두고 있으며, 그는 이 학파의 가장 권위 있는 인물 가운데 한 사람으로 평가된다. 아타나시우스는 그를 알렉산드리아의 유명한 종교 학교인 '디다스칼레이온'의 교장으로 임명했다. 그의 문하에서 루피누스, 히에로니무스, 나지안조의 그레고리우스, 에바그리우스 폰티쿠스 같은 당대 최고의 인물들이 배출되었다. 또한, 그는 동방 수도 생활의 아버지로 추앙받는 안토니우스와도 깊은 친분을 나누었다. 그는 398년 85세의 나이로 세상을 떠났다.

그의 사후, 그는 553년 콘스탄티노폴리스 공의회에서 선언한 오리게네스에 대한 단죄에 연루되어 명예가 실추되고 말았다. 그리고 이로 인해 그의 많은 주옥같은 작품들도 유실되고 말았다. 그의 신학 작품 가운데 현재 전해지는 작품으로는 『삼위일체론』, 『성령론』이 있다. 그는 『삼위일체론』을 통해 삼위일체 교의를 아주 명쾌하게 제시하면서 여러 이단을 거슬러 성자, 성령의 신성을 옹호했다. 그의 『성령론』은 성령에 관한 한, 4세기의 가장 중요한 작품으로 평가된다. 특히, 여기서 그는 성자와 성령의 동일 본질성을 제시했다. 디디무스는 양태론 이단을 반박하고 세 신적 위격의 본질과 작용의 단일성을 확고하게 주장했다.

그의 작품 중에 『창세기 주석』은 오리게네스의 이론을 따라 창세기 1장 26절(천상적 인간의 창조)과 2장 7절(지상적 인간의 창조)을 구별해서 제시했으며, 여기에 더해 3장 21절에서 '가죽옷'을 통해 죄를 범한 이후의 인간 육체를 언급하고 있다. 성경 주석가로서의 디디무스는 오리게네스의 가장 충실한 추종자였다. 그는 전적으로 스승인 오리게네스의 해석 방법(성경의 3중적 의미)을 그대로 반영했다.

4) 알렉산드리아의 키릴루스

키릴루스는 네오알렉산드리아 학파를 대표하는 마지막 인물이자 교부 신학의 황금기에 가장 명성이 드높은 인물 가운데 한 사람이다. 특히, 그는 네스토리우스 이단에 맞서 정통 교리를 수호하는 데 앞장섰다. 그는 이미 403년 당시 얼마간 수도 생활을 했으며, 412년 삼촌의 뒤를 이어 알렉산드리아 교회의 주교좌를 계승했다. 그는 네스토리우스와 길고도 치열한 논쟁을 벌였다. 그는 이 과정에서 '하느님의 어머니'라는 성모님에 대한 호칭을 통해 성모님의 신적 모성을 주장했다. 결국, 교황은 430년 로마 시노드를 통해 키릴루스를 지지하고 네스토리우스를 파문했다. 그러나 네스토리우스는 이를 받아들이지 않았으며, 황제는 이를 공의회를 통해 다루도록 명함으로써 431년 에페소 공의회가 개최된다. 키릴루스가 주도한 이 공의회에서 네스토리우스는 단죄되고 말았다. 그후, 키릴루스는 많은 담화와 서한들을 통해 그리스도와 성모님에 대한 자신의 사상을 밝히며 정통 교리를 수호했다. 그는 444년에 세상을 떠났다.

그는 성경 주석에서 알렉산드리아 학파의 규범을 따라 구약 성경에 대한 그리스도론적 해석과 우의적 해석을 제시했다. 그러나 동시에 문자적 해석도 소홀히 하지 않았다. 오히려 그에게 있어서는 문자적 의미가 우의적 의미에 비해 좀 더 강조되고 있는 것을 보게 된다. 이것은 그가 반(反)우의적 해석을 지향한 안티오키아 학파 사람들의 공격에 대응하기 위해서였다. 또한, 그는 전통적인 예형론을 받아들였다. 예컨대, 그는 비록 요나가 그리스도의 예표이긴 하지만, 근본적인 한계를 지니고 있다는 점을 모세의 예를 들어 설명했다. 모세 역시 그리스도의 예표에 불과하기 때문이다.

한편, 그는 삼위일체 교의의 발전에 상당히 기여했다. 그는 『거룩하고 동일 본질인 삼위일체론』이라는 저서를 통해 그에 대한 자신의 사상을 체계적으로 제시했다. 여기서 그는 다음과 같은 자신만의 독특한 방법론적 기준을 활용했다. 이는 성경에 대한 충실성, 건전한 이성과 훌륭한 논리를 바탕으로 한 규칙, 이단자들의 주장에 대한 정확한 논박이다. 기본적으로 그는 삼위일체의 신비를 입증하고 설명하기보다 단순히 문서로 제시하고 선포하는 가운데 고백해야 하는 진리로 보았다. 그는 우주론적 표상, 특히 빛과 태양의 표상을 활용해서 이 신비를 제시했다. 그리스도론과 관련해서, 그는 아리우스파를 거슬러서 '출생'이란 용어가 결코 성자의 피조성을 드러내는 것이 아니라 오히려 성부와의 동일 본질을 확인시켜 준다고 보았다. 그는 니케아 신경이 표방한 성부와 성자 간의 '동일 본질'이라는 표현의 완전한 적법성을 옹호했다. 성령과 관련해서는 상대적으로 소홀히 다뤘지만, 성령의 존재와 위격성 그리고 다른 위격들과의 동등성은 분명히 주장했다.

키릴루스의 그리스도론은 알렉산드리아 학파의 전통인 '로고스/육(Logos/sarx)'이라는 도식에서 영감을 얻었다. 그러나 그는 그리스도의 인성에 대한 신성의 우위를 강조하면서도 그분의 인성이 지닌 완전함을 옹호했다. 또한, 그는 하나의 위격 안에 두 본성이 온전히 일치해 있다는 점을 분명히 했으며, 이를 바탕으로 '속성들의 교환' 원리를 제시했다. 한편, 마리아론과 관련해서 그는 '하느님의 어머니'라는 성모님의 호칭을 교회 역사에 분명히 각인시켰다. 키릴루스 이후 알렉산드리아 학파는 더 이상 뛰어난 학자를 배출하지 못했으며 몰락해 갔다. 이 과정에서 동로마 제국의 수도인 콘스탄티노폴리스가 정치뿐만 아니라 문화의 새로운 중심지로 부상하게 된다.

4. 카파도키아의 교부들

카파도키아는 교부 신학의 황금기를 이끈 3명의 위대한 신학자들의 출신지이다. 바실리우스, 니사의 그레고리우스, 나지안조의 그레고리우스가 그들이다. 이들은 370년경 소아시아와 동방을 뒤흔든 논쟁 속으로 뛰어들어 서로 협력하며 저마다 타고난 자질을 같은 목적 아래 결집

시킴으로써 그 효과를 증대시켰다. 이로써 그들은 니케아 신경의 세 위격에 대한 동방의 정통 교리를 융화시킴으로써 아리우스 논쟁을 결정적으로 해결했다. 이와 함께 수도 생활과 자선 활동 등 모든 분야에 깊은 영향을 끼쳤다. 이들은 역사적으로 니케아 공의회와 콘스탄티노폴리스 공의회 사이에 자리하고 있다. 또한 깊은 신학적 사변으로 니케아 신경을 보강했으며, 이를 콘스탄티노폴리스 공의회에서 최종적으로 접수하여 수용하는 데 결정적으로 기여했다. 그리고 이를 바탕으로 니케아 신학의 영속적인 주장을 장려했다. 그래서 이들을 소위 '니케아 학파'라고 부를 수 있다. 이러한 카파도키아 교부들은 2가지 차원에서 신학의 발전에 크게 기여했다. 먼저, 이들은 '본질'(ousia)이라는 용어를 세 신적 위격의 유일한 공통 본질을 가리키는 것으로, '위격'(hypostasis)이라는 용어를 개별 존재의 명시를 뜻하는 것으로 각각 유보함으로써, 삼위일체에 관한 언어 표현을 명료화했다. 그럼으로써, '하나의 본질'(mia ousia)과 '세 위격'(treis hypostaseis)이라는 정식이 삼위일체 신학의 고전 정식이 되게 했다. 또한, 그들은 세 위격의 고유한 특성을 다음과 같이 명료화 했다: 부성(patròtes)은 제1위의 특성이며, 자성(uiotes)은 제2위의 특성이고, 성화(aghiasmòs)는 제3위의 특성이다. 또한, 성령의 신성, 성부와 성자의 위격과 성령의 동일 본질성과 더불어 성부와 성자와 성령의 구분에 대해 정언적인 주장을 했다.

1) 대(大) 바실리우스

바실리우스는 카이사리아의 어느 모범적인 그리스도인 가정에서 태어났다. 그는 콘스탄티노폴리스와 아테네에서 수학했으며, 그곳에서 나지안조의 그레고리우스와 우정을 나눴다. 356년 카이사리아로 돌아온 그는 세례를 받고 독수 생활을 하기로 결정했다. 그 후, 근동 지방을 다니며 많은 수도원을 방문해서, 각 수도원의 규칙과 조직, 훈련, 생활을 연구했다. 그리고 안네시 인근의 이리스 강변에서 독거 은수 생활에 전념했다. 그러나 에우세비우스 대주교의 요청으로 그는 사제품을 받고 365년에는 주교 협력자로 발탁된다. 마침내 바실리우스는 370년 에우세비우스의 뒤를 이어 주교가 되었다. 그때부터 그는 아리우스파로부터 정통 교리를 수호하기 위해 전념했다. 그는 살아생전에 많은 신학, 영성 작품을 썼으며, 자신을 따르던 수도자들을 위해서도 다양한 작품, 특히 규칙서들을 썼다. 그는 379년 세상을 떠났다.

실천적 정신으로 무장한 바실리우스는 수덕 신학, 영성 신학의 발전에 결정적으로 기여했다. 반면, 교의 신학에 대한 기여는 그보다 덜 두드러진다. 무엇보다 그의 신학 사상은 대표작인 『에우노미우스 논박』과 『성령론』에서 잘 드러난다. 전자는 그리스도론의 발전에, 후자는 성령론의 발전에 결정적인 역할을 했다. 우선, 『에우노미우스 논박』은 에우노미우스의 『변론』을 조목조목 살피고 토론하여 면밀하게 논박한 책이다. 그는 아리우스주의자들을 거슬러서 성자의 영원한 탄생, 성부와 성자 간의 동일 본질성, 성자의 충만한 신성, 성령의 신적 위엄을 강조했다. 반면, 그는 『성령론』에서 제3위격의 신성을 부정하는 이들을 반박하는 논쟁을 펼치는 가운데, 성령은 다른 두 위격과 같은 공경과 흠숭의 대상이므로 동일한 신적 위엄을 공유해야 한다는 사실에 기초해서 성령의 신성을 입증했다. 그는 자신이 강조하는 "성령과 함께"라는 정식이 교회 전통에 전혀 어긋나지 않을 뿐만 아니라, 성령이 성부, 성자와 동등하며 동일 본질을 공유한다는 사실을 더 잘 표현하기 때문에 오히려 장려되어야 한다고 보았다.

성경 주석과 관련해서 그는 '강론' 분야에 국한해서 이루어지는 특징을 보이며, 전형적인 알렉산드리아 학풍을 따르고 있다. 더욱이 이 분야에서 그는 오리게네스의 열렬한 추종자였다. 또한, 영성 분야에 있어서 그의 기여는 탁월하다. 그가 집필한 영성 서적들은 그리스도교 영성과 수덕 분야에서 그를 위대한 스승의 반열에 올려놓았다. 그는 인간의 삶에서 추구해야 할 으뜸가는 목적으로 하느님을 제시하며, 여기에 이르기 위해 특히 2가지 금욕의 길, 즉 소극적 금욕과 적극적 금욕을 제시했다. 그에 따르면, 소극적 금욕은 죄, 정념, 헛된 영광, 육신을 따르는 정신, 현세적인 것에 대한 애착으로부터 접촉을 끊는 것으로, 하느님을 만나기 위해 완수해야 할 첫 단계를 말한다. 반면, 적극적 금욕은 덕을 수련하고 그리스도를 따르는 것으로 집약된다. 바실리우스는 영적 생활의 세 단계로 정화의 삶, 조명의 삶, 일치의 삶을 제시하며, 이를 세 권의 지혜서(잠언, 집회서, 아가)와 대비하고 각각의 구체적인 상태에 해당하는 덕의 수련과 실천 방법을 제시했다. 또한, 그는 하느님께 나아가기 위한 금욕의 흐름을 조절하는 2가지 원칙을 제시했다. 하나는 가치들에 대한 현실적 관점이며, 다른 하나는 하느님 앞에서 행동하는 것이다. 한편, 그는 덕을 쌓는 생활에서 이론적인 덕들과 실천적인 덕들을 구별했다. 그에 따르면, 그리스도인은 이론적인 덕들을 알고, 실천적인 덕들, 특히 그중에서 사랑을 실천해야 한다.

2) 니사의 그레고리우스

그레고리우스는 335년 카파도키아의 카이사리아에서 태어났다. 그는 바실리우스의 동생으로서, 신심 깊은 가정에서 좋은 신앙 교육을 받았으며, 학교 교육을 통해 특히 철학에 조예가 깊었다. 이는 훗날 그에게 대단히 깊이 있고 엄격한 신학 사상을 발전시키는 데 큰 힘이 되었다. 젊은 시절, 그는 교회의 독서직을 포기하고 수사학 교사로 활동하다 결혼을 했다. 그러나 금욕 생활에 전념한 어머니와 누이 마크리나, 형 바실리우스의 모범에 영향을 받아, 그 역시 세속을 떠나 수도 생활에 전념했다. 몇 년간의 은수 생활 후, 카이사리아의 대주교가 된 바실리우스의 요청에 따라, 그는 니사의 주교로 임명되어 활동하기 시작했다. 그러나 아리우스 추종자들의 모함으로 인해 376년에 개최된 시노드에서 면직되고 추방되고 말았다. 378년 복권되었으며, 381년 콘스탄티노폴리스 공의회에 적극 참여해서「니케아-콘스탄티노폴리스 신경」을 확정하는 데 기여했다. 당시 교부들은 그의 뛰어난 신학적 통찰을 보며, 그에게 '정통 교리의 기둥'이라는 별칭을 붙여 줬다고 한다. 그 후, 그는 공의회로부터 임무를 받아 아라비아와 팔레스티나로 가서, 그곳 교회들 간의 평화를 중재했으며, 382년에 새로 열린 콘스탄티노폴리스 공의회에도 참석했다. 그의 말년은 아리우스파와 아폴리나리우스파의 공격으로 인해 그다지 평온하지 못했다. 그는 395년 세상을 떠났다. 그는 다양한 분야에 역작을 남겼는데, 그중에서도 신학 분야와 수덕 분야의 다음 작품들이 두드러진다. 바로『에우노미우스 논박』,『아폴리나리우스 논박』,『모세의 생애』,『아가에 관한 15편의 강론』,『동정성』,『마크리나의 생애』이다.

니사의 그레고리우스는 당대에 가장 심오한 사변적 지성을 갖춘 인물로 평가받는다. 그는 자유로운 언어 구사 능력과 철학을 신학에 적용함으로써 그리스도교 신비에 있어 지극히 난해한 주제들을 한층 더 발전적으로 제시하는 데 기여했다. 그는 필론과 플로티누스 같은 신플라톤주의자들의 사상을 철저히 알고 있었으며, 특히 오리게네스의 사상에 정통했다. 그는 '태어나지 않음'(aghennesia)이라는 하느님의 고유한 속성을 통해 그분의 존재 자체를 완전하게 인식할 수 있다고 본 에우노미우스의 이단적 교설에 맞서 하느님의 절대적 초월성, 불가지성, 형언 불가성을 강조했다. 그리고 이를 바탕으로 심도 있게 '부정 신학'을 발전시키며, 다음과 같은 결론에 이르렀다. "하느님의 본성에 대해 다룰 때 지녀야 할 자세는 침묵하는 것이다."

니사의 그레고리우스는 다른 두 카파도키아 교부들과 더불어 성령이 성부, 성자와 더불어 누리는 동일 본질성을 명확히 주장했으며, 성령의 신성(神性)을 선언함으로써, 삼위일체 신학의 확고한 바탕을 마련하는 데 결정적으로 기여했다. 한편, 그는 성령이 성부, 성자에 대해 종속적인 관계를 갖는다고 보았으며, 세 위격 간의 발출 관계와 관련해서, 성령은 성부와 성자로부터 발출되는 것이 아니라, 성부로부터 시작해서 성자를 통해서 발출한다고 보았다. 한편, 그리스도론과 관련해서, 그는 그리스도를 새로운 창조의 원리라는 의미에서 '맏이'로 소개했다. 그에 따르면, 그리스도는 우리를 죄에서 해방하고 또한 죄가 피조물 안에 뿌려놓은 엄청난 결과, 즉 분열을 제거하신다. 그리스도는 성부와 함께 계신 분이며, 신적 본성은 하나요 불가분의 것이므로, 그분의 육화는 찢긴 인성에 재결합의 원리를 심어 준다. 그는 이를 바탕으로 죽음에 대한 그리스도의 승리를 설명했다. 한편, 그는 자신의 사상에 있어 또 다른 중요한 축으로 '인간학'을 제시했다. 그는 자신의 작품 『인간의 직무』에서 창조 세계 안에서 그의 위치와 소명에 대해 심도 있게 다뤘다. 특히, 그는 오리게네스의 가르침에 따라 창세기에 나오는 두 편의 인간 창조 설화를 고찰하는 가운데, 특히 '하느님의 모상'으로서의 인간을 설명하며, '자유 의지'가 갖는 중요한 역할에 주목했다. 그에 따르면, 인간은 자유 의지를 지닌 한에서 하느님의 모상이다. 한편, 그는 인간에게서 하느님의 '모상성'과 '유사함'을 구별해서 영적 역동성의 원리를 설명했다. 그레고리우스는 인간이 유일한 하느님의 모상인 그리스도를 본받음으로써 자신의 신적 모상성을 충만히 실현할 수 있다고 보았다. 또한, 그는 이러한 모상성에서 공동체적인 측면을 강조했다.

3) 나지안조의 그레고리우스

그레고리우스는 330년 카파도키아의 아리안조에서 태어났다. 그의 부친 그레고리우스 1세는 325년부터 이 도시의 주교로 봉직했다. 그는 아테네의 학교에서 바실리우스와 함께 문학, 철학을 수학했다. 거기서 그는 일정 기간 수사학 교수로 활동했으며, 355년 카파도키아로 돌아오는 길에 비잔틴에서 동생 체사리우스와 함께 세례를 받았다. 관상 생활에 끌린 그는 네오카이사리아의 이리스 강가에서 은수 생활에 전념하던 바실리우스와 함께 수도 생활에 전념했다. 그 후, 주교가 된 바실리우스는 그에게 주교직을 수락하도록 요청했지만 거절한 바 있다. 그러나 콘스탄티노폴리스 신자들의 강력한 요청에 따라 그곳의 주교가 되어, 아리우스주의로 인해 피폐해진 그곳의 교회를 재건하는 데 전력했다. 그러나 381년 공의회 기간 중에 내부의 여러 이견으로 인해 주교직에서 물러나야 했다. 이에 그는 나지안조로 돌아가 2년간 봉직했으며 383년에는 아리안조로 가서 말년을 완전한 은둔 속에서 연구와 묵상에 전념했다. 그는 389-390년 사이에 임종해서 그곳에 안장되었다.

    그는 산문보다는 운문을 활용해서 신학을 전개했다. 그래서 그에게는 '신학자-시인'이라는 별칭이 따라붙는다. 실제로 그는 많은 분량의 시를 썼다. 그는 이러한 수준 높은 문학적 기량을 통해 그간 비난받아 온 그리스도인들이 실은 박학하며, 세련된 이교인들에 견주어도 손색이 없는 수준 높은 사람들이라는 사실을 입증하고자 했다. 그의 시는 교의적, 도덕적, 역사적, 풍자적인 시로 구분된다. 또한, 그는 산문으로 『연설』과 『서간집』을 집필했다. 그의 『연설』은 내용이 풍부하고 우아하며 깊이가 있다. 그래서 그의 『연설』은 교부 신학에서 가장 아름다운 보석에 속하며, 6-10세기에 수사학을 공부한 많은 학생들은 그의 원고를 교과서로 삼을 정도였다. 『연설』은 그를 그리스도교 역사상 가장 위대한 문학가 반열에 올려놓았다. 한편, 그의 방대한 『서간집』에는 249통의 편지가 담겨 있는데, 이 가운데 많은 편지들은 당시 교리 논쟁의 쟁점들을 다뤘기 때문에 신학적 차원에서 상당히 중요하다.

    나지안조의 그레고리우스는 '신학자'라는 별칭이 붙을 만큼 신학적으로 깊은 소양을 지녔다. 그는 『연설』 27과 32에서 신학의 기능과 신학자의 덕에 대해 다뤘다. 그에 따르면, 신학의 목표는 하느님 자체와 모든 신적 실재들, 즉 삼위일체와 육화된 말씀 그리고 천사들을 성찰하고 제시하는 데 있다. 그러나 이는 인간적 한계로 인해 대단히 난해한 목표이다. 그는 신학이 오랜 수련 기간을 필요로 하는 전문가의 작업이라고 보았다. 그는 그리스도교 신앙의 위대한 신비는 교묘한 기교의 대상이 아니라 기도의 분위기 안에서 진지하게 이루어지는 묵상 주제여야 한다는 점을 상기하며 다음과 같이 고백했다. "나는 우리가 항상 하느님을 기억해야 한다고 말하지 않을 수 없다. …… 하느님을 기억하는 것은 숨을 쉬는 것보다 더 중요하다." 그는 신학자가 견지해야 하는 중요한 지향 중에 하나로 평화에 대한 사랑과 교회 일치를 제시했다. 그는 평화의 근본이 정통 교리라고 확신했다.

삼위일체론과 관련해서 그는 성령의 신성에 대한 분명한 주장을 통해 성령론의 발전에 크게 기여했다. 그는 성령이 성부, 성자와 동일 본질을 누린다고 선언했다. 또한, 성자의 출산과 성령의 존재 양식 간의 차이를 설명하기 위해 성령에게만 고유하게 적용되는 발출 방식인 '기출'(ekporeusis)이라는 용어를 도입했다. 이는 삼위일체 신학 발전을 위해 결정적이었다. 그에 따르면, 성령은 참으로 영(Spiritus)이시며 성부로부터 나오시지만, 성자처럼 출생 관계, 즉 친자 관계가 아닌 '기출'(ekporeusis)로 말미암은 관계이다. 또한, 나지안조의 그레고리우스는 성령이 속성들을 가지며, 하느님의 활동을 수행한다는 점을 보여 주었다. 더 나아가, 그는 신적 위격들 간의 관계를 설명하기 위해 샘, 시내, 강, 태양, 광선, 빛, 아담과 하와 등 여러 비유를 사용했다. 한편, 그는 그리스도론과 관련해서, 그리스도의 두 본성이 지닌 각각의 특성은 물론 그 차이까지 강조하면서도 두 본성이 유일한 위격, 즉 신적 위격 안에 존속한다고 주장했다. 그는 그리스도의 인성에 대한 자율권을 부정한 아폴리나리우스를 거슬러, 그리스도의 인성이 감각적 혼, 이성혼, 영을 가진다고 보았다. 그리고 마리아론과 관련해서 동정 성모님의 신적 모성과 '하느님의 어머니'라는 호칭을 분명히 주장했다.

5. 안티오키아 학파 교부들

1) 안티오키아 학파의 기원과 특징

안티오키아는 그리스도교 사상의 요람 중 하나였다. 4세기의 안티오키아는 로마 제국에서 가장 중요하고 가장 인구가 많은 도시 가운데 하나로 손꼽힌다. 그리고 저명한 수사학자 리바니오스를 수장으로 하는 유명한 수사학 학교 본부가 있었다. 또한, 세례와 교리, 성찬례 거행, 순교자 경배와 설교에 힘입어, 이곳에서는 전례 생활이 크게 발전했다. 엄밀한 의미에서 연구 중심지로서의 '안티오키아 학파'라는 용어는 존재하지 않았다. 하지만, 이는 4세기에 안티오키아에서 활동한 탁월한 신학자들을 지칭하는 데 사용되었다. 이들은 주석적인 면에서나 신학적인 면에서 서로 기본적인 내용을 공유했다. 이 학파는 두 가지 측면에서 알렉산드리아 학파와 분명히 구별된다. 하나는 주석이고 다른 하나는 그리스도론이다. 이 학파의 신학자들은 문자적 의미에 절대적인 우선권을 주었으며, 우의적 성경 해석을 거부했다. 그리고 그리스도론에 있어서는, 로고스-인간의 교리를 바탕으로 신적 요소와 함께 그리스도의 인간적인 구성 요소를 강조했다. 이로 인해 인간 본성에 고유한 실재, 즉 위격을 부여함으로써 두 본성 간의 본질적 일치를 위태롭게 하는 위험을 안고 있었다. 바로 이 점 때문에, 안티오키아의 그리스도론의 대변자인 네스토리우스와 알렉산드리아의 그리스도론의 대변자인 키릴루스 간에 충돌이 일어나게 된 것이다. 431년 에페소 공의회에서 이루어진 네스토리우스에 대한 단죄는 사실상 안티오키아 학파의 종말을 알리는 신호탄이었다.

2) 안티오키아의 에우스타티우스

시리아 바레아의 주교였던 에우스타티우스는 324년 안티오키아의 주교좌에 착좌했다. 그는 니케아 공의회에 참석해서 중요한 역할을 수행했다. 하지만 공의회 폐막 후부터 역경을 맞아야 했다. 에우세비우스는 그를 사벨리우스주의자로 고발했으며, 다른 적대자들도 그를 부도덕하며 반역자라고 비난했다. 이에 330년 안티오키아 시노드는 그를 면직하고 제국의 황제는 그를 트라키아로 유배 보냈다. 그는 337년 그곳에서 생을 마감했다. 하지만, 테오도레투스는 그를 '대(大) 에우스타티우스'로 불렀으며, 요한 크리소스토무스 역시 그를 위대한 순교자로 존경했다. 그에 대한 단죄로 인해 그의 작품은 거의 전해 오지 않으며, 단지 몇몇 단편과 한 편의 강론만 남아 있다. 하지만, 그는 반(反)오리게네스 주석 논쟁과 반(反)알렉산드리아 그리스도론 정립에 있어 주도적인 역할을 함으로써, 안티오키아 학파의 창시자로 평가받는다. 그는 로고스가 취한 인간 본성의 완전성을 강조하면서 로고스-인간의 그리스도론을 로고스-육의 그리스도론과 대비시켰다.

3) 타르수스의 디오도루스

디오도루스는 안티오키아 학파의 대표적 인물로 평가받는다. 그는 안티오키아에서 태어났으며, 아테네에서 철학을 공부하고 안티오키아에서 신학을 공부했다. 그리고 그곳에 수도 공동체를 창립했다. 정통파의 멜레티우스가 안티오키아의 주교로 선출되자, 디오도루스는 친구 플라비아누스와 함께 그를 도와주며 곁을 지켰다. 그리고 주교가 추방되어 공석에 있는 동안 교회를 관리했다. 그러나 그 역시 372-378년까지 추방되었다. 378년 유배에서 돌아온 그는 타르수스의 주교로 축성되었으며, 그 자격으로 381년 콘스탄티노폴리스 공의회에 참석해 탁월한 역할을 수행했다. 그는 테오도시우스 1세 황제에 의해 공의회 교령을 인준한 포고령에서 정통 교리의 스승으로 선언되기도 했다. 그는 392년에 세상을 떠났다. 그러나 그로부터 40년 후, 알렉산드리아의 키릴루스는 그를 몹수에스티아의 테오도루스와 함께 네스토리우스 이단의 책임자로 보았으며, 결국 499년 콘스탄티노폴리스 시노드는 그를 단죄하고 그의 작품들을 폐기했다. 안티오키아 학파의 현저한 문자적, 반(反)우의적 성경 해석의 경향은 디오도루스에게로 거슬러 올라간다. 그리스도론과 관련해서 디오도루스는 그리스도 안의 인간과 하느님을 구분하는 데 중점을 두었다.

4) 요한 크리소스토무스

요한 크리소스토무스는 뛰어난 강론 실력 덕분에 '요한 금구(金口)'라는 별명으로 더 유명하다. 그는 어린 시절 아버지를 여의고, 어머니로부터 최고의 그리스도교 교육을 받으며 자랐다. 그리고 28세가 되던 372년 파스카 전날 밤에 여러 예비 입교자들과 함께 세례를 받았다. 이때부터 그는 내적으로 세속 생활을 포기하고 수도자가 되겠다는 열망을 품었다. 여기에는 절친한 친구였던 바실리우스의 영향도 있었다. 두 사람은 일찍부터 함께 광야에서 은수 생활을 하려는 뜻을 품었다. 그러나 어머니의 극심한 반대로 은수 생활에 대한 꿈을 미룰 수밖에 없었고, 그 와중에 카르테리우스라는 수도자로부터 교회 직무에 관한 공부를 하게 된다. 374년 모친이 세상을 떠나자, 그는 비로소 자신의 꿈인 은수 생활을 시작했다. 성인은 4년간 엄격한 노(老)수도승의 지도 아래, 안티오키아의 어느 산에서 살며 수도 생활에 정진했다.

그러나 380년 말경 병을 얻어 심하게 앓은 그는 결국 은수 생활을 포기하고 세속으로 나오게 된다. 이에 그의 학식과 성덕을 눈여겨본 멜레티우스 주교는 그에게 부제품을 주었으며, 그로부터 6년 후에는 플라비아누스 주교가 그에게 사제품을 주고 안티오키아에서 설교하는 소임을 맡겼다. 그의 뛰어난 설교에 대한 평판은 급속도로 확산되면서 동로마 제국의 수도인 콘스탄티노폴리스에 있는 황궁까지 이르게 된다. 결국, 397년 아르카디우스 황제는 그를 콘스탄티노폴리스의 총대주교로 임명했으며, 그는 이를 겸손하게 거절했다가 이듬해 수락해서 398년 총대주교로 축성되었다. 그는 총대주교가 돼서도 계속 사목 활동에 전념했으며, 그 덕분에 교회 역사상 가장 위대한 설교가 중에 한 사람으로 평가받았다. 그의 설교는 단순히 뛰어난 언변에만 있지 않았다. 그는 설교를 통해 당시 부자들과 권세가들의 악습을 고발해서 사회 정의를 세우고자 했으며, 심지어 자신을 총대주교 후보로 추천한 당시 실세인 환관 에우트로피우스도 서슴없이 질책했다. 그러나 이런 거침없는 설교로 인해 황실을 비롯해 권세가들은 점차 그에 대한 호감을 잃어 갔으며, 아리우스파의 지속적인 공격으로 인해 많은 어려움을 겪어야 했다. 결국, 그는 모함을 받아 여러 차례 추방되었으며, 총대주교직도 박탈당했다. 407년 당시 황제는 그를 수도에서 더 멀리 추방하도록 명했으며, 새로운 유배지로 가는 도중, 병이 악화되어 58세의 나이로 세상을 떠나고 말았다.

요한 크리소스토무스는 살아생전에 많은 작품을 집필했다. 그의 작품은 크게 논술, 강론, 서간으로 나뉜다. 논술 중에서 가장 뛰어난 작품으로 『사제직』을 들 수 있다. 여기서 그는 사제직의 고귀함과 자격 없는 사제들에게 유보된 무서운 운명, 설교가의 자격, 활동 생활의 고귀함 등에 대해 다뤘다. 이 작품은 성인의 작품 중에 가장 유명한 작품이자, 교부 문학 중에서 가장 소중한 보석 가운데 하나로 평가받는다. 강론에는 성경에 대한 주석을 다룬 것과 전례적 특징을 지닌 것이 있다. 주석 강론 중에서 마태오 복음, 사도행전, 로마인들에게 보낸 서간 등에 관한 강론은 교부 시대의 가장 완전한 성경 주석 작품 중에 하나로 손꼽힌다. 전례 강론은 전례 주기에 따른 여러 대축일을 위한 강론들이다. 마지막으로 성인의 『서간집』에는 100명 이상의 지인들에게 보낸 주옥같은 236통의 편지가 담겨 있다.

요한 크리소스토무스의 사상은 사변적이기보다는 실천적이고 수덕적이며 도덕적이다. 이는 그가 젊은 시절 본래 지향했던 삶이 수도승이라는 점에서 쉽게 엿볼 수 있다. 그의 작품은 계시된 사실들에 대한 이성적인 설명보다는 실천적인 적용과 결론에 초점이 맞춰져 있다. 그는 삼위일체 신학에서 니케아 공의회의 정의를 충실히 따랐다. 그는 완전한 신성과 완전한 인성을 강조하면서 두 본성의 신비를 더 이상 깊이 파고들지 않았다. 또한, 그는 마르키온파와 사모사타의 파울루스에 맞서 육화의 실재를 옹호했다. 더 나아가, 구속(救贖)과 관련해서, 그리스도의 죽음이 지닌 속죄양의 특성과 죄와 마귀로부터의 해방을 주장함으로써 당대의 전통적 교리를 표현했다.

그의 가장 뛰어난 신학적 성과는 성사론과 영성에 있다. 그는 성사론에서 각 성사들의 그리스도론적, 교회론적 의미를 조명했다. 그에 따르면, 성사들은 각각 일치의 표지들이며, 그 기초는 그리스도이시다. 한편, 그는 영성 분야에서 교회의 관상 생활의 위치를 정확하게 지적했다. 그는 수도자들을 "저 멀리서 오는 이들에게 높은 데서 나타나는 등대와 같다."라고 정의했다. 그는 세상 안에서 살도록 부름을 받은 대부분의 신자들을 위한 영성도 제시했다. 그는 그들에게도 상황에 따라 지극히 구체적이고 무엇보다도 복음적 영감이 깃든 조언으로 그 길을 보여 주었다.

6. 예루살렘의 키릴루스와 시리아의 교부들

교부 신학의 황금기에 제국 교회는 놀라운 생명력을 보이며, 서방은 물론 동방까지 제국의 모든 지역에서 활발한 문화적 활동을 펼쳤다. 특히, 팔레스타인에서는 예루살렘의 키릴루스, 페르시아에서는 아프라하트, 에프렘이 활동했다. 키릴루스는 알렉산드리아 학파의 지평 안에서 운신하는 가운데 4세기의 여러 교부들처럼 삼위일체론과 그리스도론에 전념했다. 반면, 페르시아의 두 교부는 시리아어를 사용했으며, 독자적 전통을 지닌 풍부한 시리아, 페르시아 문화에서 나오는 고유의 특징을 보여 주었다. 페르시아 교부들은 다음과 같은 면에서 독자들에게 깊은 인상을 주었다. 바로 신앙의 실재들에 대한 상징적 표현의 완벽함과 논리적 증명, 정의, 연설보다 신학적 성찰의 우선적 방편으로 택한 비유의 완벽함, 문화적 소외 지역 특유의 의고주의(擬古主義), 수덕적, 종말론적 주제들에 대한 깊은 관심이다.

1) 예루살렘의 키릴루스

키릴루스는 몇 년간의 수도 생활을 거친 후 마카리우스에게서 부제품을 받고(334년), 막시무스 주교로부터 사제품을 받았다(345). 아리우스 이단으로 말미암아 거친 논쟁이 벌어지는 동안 그가 보여 준 신학적 균형은 막시무스의 사망 이후 예루살렘의 주교로 선출되는 데 영향을 미쳤다(348년). 그는 반(半) 아리우스주의자인 카이사리아의 아카키우스에 의해 이단으로 고발당해 타르수스로 추방되고 말았다. 그 후, 셀레우키아 시노드(359년)에서 복직되었지만, 그를 반대하는 새로운 움직임이 콘스탄티노폴리스에서 일어나 다시 추방되었다. 그리고 발렌스 황제 초기에 사면되어 복직되었다. 그러나 세 번째로 유배형을 받았다가 예루살렘으로 복귀한 지 얼마 후인 386년 세상을 떠나고 말았다. 우리에게 전해지는 그의 작품은 얼마 되지 않는다. 그중에서 세례 지원자들을 대상으로 한『교리문답』은 걸작으로 꼽힌다.

키릴루스는 교리문답 또는 설교 교리교육이라는 문학 유형에서 최고의 업적을 남겼기 때문에 '교리교사'로 유명하다. 그의『교리문답』은 다음과 같은 신앙생활의 다양한 측면을 담고 있다. 신앙생활을 시작하고자 하는 사람이 지녀야 할 규정들, 신자가 믿어야 할 교의 진리들과 갖가지 상황에서 준수해야 할 도덕규범들, 교의에 대한 믿음과 초자연적인 믿음, 신경의 여러 조목들 등이 그러하다. 키릴루스는 이 작품에서 신학적, 도덕적, 전례적인 측면에서 그리스도교 사상에 관한 모범적인 해설을 우리에게 제시했다. 이러한 해설에서 그는 신자들이 쉽게 이해할 수 있도록 비유, 우화, 우의, 상징을 폭넓게 활용했다.

그는 그리스도의 신적 위격, 삼위일체(특히 성령) 교리와 관련해서 교의 발전에 기여하기도 했다. 그는 아리우스파에 맞선 논쟁에서 성자를 피조물로 보는 그들의 주장을 논박하는 데 그치지 않고, 그리스도가 실제로 성부에게 출산된 분이자 모든 면에서 성부와 동일할 뿐만 아니라 성부와 영원히 공존하는 하느님의 참아들임을 분명히 주장했다. 그는 성령에 대해서도 성부, 성자와 비교되는 위격적 구별과 완전한 신성을 선언했으며, 성령의 신성을 부인하는 많은 이단을 거부했다.

2) 에프렘

에프렘은 306년 메소포타미아의 니시비스에서 태어났다. 그는 니시비스의 주교인 야고보의 지도로 교육을 받았다. 그러나 체계적으로 철학, 신학을 배우지 못한 탓에 신학을 함에 있어 정확성이 떨어지는 모습이 보인다. 그는 생의 대부분을 봉사직을 수행하고 가르치고 설교하며 글을 쓰는 데 보냈다. 그는 아리우스 이단에 맞서 투쟁했으며, 니케아 공의회에 참석했을 것으로 추정한다. 전승에 따르면, 그는 니시비스의 주교가 될 것으로 요청받자 이를 거부하기 위해 미친 척을 했다고 한다. 363년에 니시비스가 페르시아에 함락되자 에데사로 피신해서 교리문답학교를 감독하고 수도 생활에 전념했다. 전해 오는 그의 작품들은 중요하지만, 그 가운데 상당수는 친저성을 의심받는다.

그는 시리아 교부들 가운데 가장 중요한 인물이자 교부 시대 최고의 시인으로 평가받는다. 그는 3-4세기의 주요 신학적 흐름인 삼위일체론,

그리스도론 관련 논쟁과는 동떨어진 특수한 문화적 배경에서 활동한 격리된 교부였다. 그의 작품들은 아르메니아와 메소포타미아의 그리스도교 사상을 반영하며, 동시대의 다른 교부들과 비교해서 상당히 고풍스럽다. 그는 페르시아의 초기 교회 전승에 관한 독보적인 증인으로 평가받는다. 그는 합리주의를 거부하고, 바르데사네스, 마르키온, 마니, 아리우스 이단에 맞서 끊임없이 싸웠다.

그는 시뿐만 아니라 산문으로 된 작품에서도 상징과 우의가 풍부한 표상어를 즐겨 사용했다. 예컨대, 태양, 불-빛, 열 같은 비유를 통해 삼위일체를 설명했으며, 노아의 방주나 시나이산에 대한 비유로 에덴동산을 설명했고, 성부와 성자 간의 관계를 나무와 열매로 설명하기도 했다. 그의 신학에는 특히 그리스도론과 마리아론이 중요하다. 이는 그가 신학 논쟁에 끼친 영향 때문이다. 에프렘의 그리스도론은 아프라하트의 그리스도론보다 훨씬 더 원숙하다. 그는 성자의 본질을 언급하는 호칭과 성자의 계시와 관련된 호칭을 명확히 구별했다. 그러나 신적 위격들과 그리스도의 신인적 구조에 관해서는 전문적인 용어를 사용하지 않았다. 그는 삼위일체와 관련해서 신적 위격들 간의 동일성과 구별을 주장했지만, 이를 적절한 언어로 표현하지 못했다. 그의 삼위일체론은 독특하게도 명칭들에 대한 구별을 바탕으로 이루어졌다. 마리아론과 관련해서, 그는 마리아의 동정성을 확고하게 주장했다. 그는 자신의 작품 『마르가리타』에서 조개의 비유를 사용해서 성모님이 그리스도를 잉태할 때나 출산할 때 변함없이 동정성을 간직했다고 설명했다. 종말론의 경우, 그는 사후 의인의 영혼이 육신의 부활 때까지 기다려야 한다고 주장했다. 이는 그의 사상이 유다적인 맥락 안에 있음을 보여 준다.

7. 라틴 교부 신학의 황금기

1) 4-5세기의 이단과 라틴 신학의 부흥

4-5세기는 그리스 신학뿐만 아니라 라틴 신학에도 황금기라고 할 수 있다. 그러나 서방 교회의 신학적인 부흥은 동방 교회에 비해 한 세기가량 뒤늦게 일어났다. 서방 교회는 3세기에 몇몇 위대한 인물들이 등장한 이후 4세기 중반까지 오랜 정체기를 거쳐야 했다. 이는 다음 3가지 이유 때문이다. 신학 학파의 부재(不在), 동방 교회처럼 그리스도론과 삼위일체론과 관련된 이단의 자극이 없었던 점, 동방에 비해 서방에서의 그리스도교의 미미한 확산과 적응 때문이다. 이로 인해 서방 교회에서는 독창적인 비전을 제시하지 못한 채 동방 교회가 제시한 사상의 흐름을 따랐다. 4세기 말 서방 교회의 신학적 부흥은 히에로니무스와 힐라리우스 같은 몇몇 비범한 교부들을 통해 일어났다. 이들은 그리스 신학과 직접적인 교류를 갖고 그리스 신학이 마련한 방법과 문제를 자신의 것으로 삼았다. 이는 특히 4세기 말에서 5세기 초에 일어난 마니교, 도나투스주의, 펠라기우스주의 같은 3가지 이단에 대해 대응하는 가운데 이루어졌다.

2) 밀레비의 옵타투스

① 생애와 작품: 옵타투스는 북아프리카 누미디아의 밀레비스(현 알제리의 밀라) 교구의 주교였다. 그는 320년에 태어나 390년에 세상을 떠났다. 그는 『참된 교회』, 『도나투스의 교회 분열』, 『파르메니아누스 반박』 같은 작품을 집필해서 신학사에서 중요한 위치를 차지한다. 옵타투

스의 작품은 도나투스주의에 관한 좋은 사료라는 점에서, 그리고 역사적으로 교회론을 다룬 초기 작품이라는 점에서 중요하다. 그는 『참된 교회』, 『도나투스의 교회 분열』을 통해 도나투스주의에 관해 상세히 소개했다. 특히 『도나투스의 교회 분열』에서 그는 도나투스파에게 교회 분열에 대한 근본 책임이 있음을 입증하기 위해 사건과 문서들에 기초해서 비교적 자세한 논증을 제시했다. 그는 화해의 여지를 남기기 위해 심사숙고하는 온건한 논쟁가의 모습을 보이면서도 도나투스주의에 대한 가톨릭 교회의 확고부동한 입장을 옹호하고, 종교 분야에서 무력 사용이라는 미묘한 문제에서 황제의 정책에 찬성하는 입장을 취했다. 그는 국가의 개입을 정당화하기 위해 무엇보다도 도나투스의 과격한 행위들을 강조했다.

② 신학적 공헌: 그는 자신의 작품들을 통해 교회와 성사 신학에 관한 근본적인 요소들을 제시함으로써 교회론과 성사론에 상당히 기여했다. 교부들은 4세기까지 숱한 이단들과의 투쟁에서 사도성, 성성(聖性), 일치성을 교회의 본질적인 요소로 꼽았다. 그러나 도나투스로 인해 이것만으로는 부족하다는 것을 깨닫고, 여기에 '가톨릭 교회의 보편성', 그리고 그리스도께서 직접 사도단의 수장으로 세우신 베드로좌의 적법한 후계자인 로마 교회와의 친교를 또 다른 본질적인 요소로 꼽았다. 그래서 옵타투스는 자신의 시대에 로마 교회의 수장인 시리치오 교황에 이르기까지 로마 교회를 계승한 역대 교황의 명단을 제시했다. 또한, 도나투스파가 배교했다가 다시 입교하고자 했던 성직자들과 신자들이 받은 세례의 유효성을 부인한 데 반해, 옵타투스는 세례의 효과란 성직자 개

인의 도덕적 상태에 종속되지 않고 믿는 이들의 신앙과 삼위일체에 따라 이루어진다는 점을 분명히 했다. 이는 훗날 성사 신학의 근본 요소 중에 하나인 '사효성'(ex opere operato) 개념에 결정적인 영향을 주었다.

3) 푸아티에의 힐라리우스

① 생애: 힐라리우스는 라틴 신학의 황금기를 장식한 첫 번째 인물이다. 그는 315년 갈리아(현 프랑스)의 푸아티에에서 태어나 최상의 인문 교육을 받았다. 그는 성인이 되어 세례를 받고 결혼해서 '아브라'라는 딸을 두기도 했다. 그런 그에게 세례는 결정적인 전환점이자 교회 직무에 전적으로 헌신하게 된 계기가 되었다. 힐라리우스는 350년 푸아티에의 주교가 되었으며, 줄곧 니케아 신경으로 대변되는 정통 교리의 입장에서 아리우스주의에 맞서 투쟁했다. 그러나 355년 아를의 대주교이자 아리우스파의 후원자인 사투르니누스를 단죄하기 위한 파리 시노드 이후, 사투르니누스는 이듬해인 356년 황제로부터 힐라리우스에 대한 추방령을 끌어내면서 그는 첫 번째 위기를 맞았다. 이로 인해 힐라리우스는 4년간 유배 생활을 하게 되는데, 이때 그는 동방 교회의 복잡한 상황과 다양한 이단들에 대한 깊은 안목을 길러 자신의 신학을 깊이 있게 성장시킬 수 있었다. 이러한 작업의 결실로 그는 『교회 회의론 또는 동방의 신앙서』를 집필하게 된다. 360년 유배에서 풀려난 힐라리우스는 갈리아로 되돌아 왔으며, 361년 파리 시노드를 통해 아리우스파 주교들을 면직시킬 수 있었다. 이로써 그는 서방 교회에서 아리우스주의를 몰아내는 데 결정적인 역할을 했다. 그는 말년까지 활발한 사목 활동을 펼쳤으며 성가 전례를 장려했다.

② 공로: 힐라리우스는 아리우스와의 논쟁으로 인해 그리스 교부들이 그리스도교의 진리를 심화하고 새로운 정식을 만들어 갈 수밖에 없었던 삼위일체 교의에 관해 숙고한 라틴 교부들 가운데 최초의 인물이다. 그는 유배 기간에 교회의 정통 가르침과 이단 사상을 원문에 기초해서 철저히 연구함으로써, 라틴 교회의 그 누구보다도 철저히 정통 가르침에 따라 삼위일체 교의에 대해 예리하고 현대화된 해설을 제시했다. 이런 그의 사상이 집약된 결정체가 『삼위일체론』이다. 힐라리우스는 신학사에서 다음과 같이 2가지 기여를 했다. 첫째, 그는 그리스 교부들이 3-4세기에 다룬 신학적 표현들을 라틴어로 적절히 옮겨서 그에 합당한 신학적 언사를 만들었다. 둘째, 그는 삼위일체, 그중에서도 성부와 성자의 '동일 본질'을 한층 더 깊이 있게 해설했다. 그는 니케아 신앙의 요체와 동방 신학의 요체를 융화시킴으로써 신적 본성의 단일성 및 성부와 성자 간의 위격적 구별과 관련된 개념들을 명쾌하게 제시했다. 그럼으로써 테르툴리아누스의 종속론적 삼위일체론을 극복했다.

③ 삼위일체의 신비: 신학에서 힐라리우스가 한 중요한 공헌 가운데 하나는 앞서 언급한 삼위일체론에 있다. 그는 자신의 『삼위일체론』을 통해 보다 정확한 용어를 바탕으로 삼위일체, 특히 성부와 성자 간의 관계를 밝혀 냈다. 그는 니케아 신경에 따라 성부와 성자 간의 동일 본질을 주장하는 가운데, 성자는 신적 본성에 있어서 성부와 완벽하게 동일하지만, 기원과 관련해서는 성부와 구별된다는 점을 지적했다. 즉, 성부는 성자의 본성을 전혀 잃어버리지 않은 채 성자를 출산하셨고, 성자는 출산을 통해 성부의 모든 것을 받아 자신 안에 품으셨다고 보았다.

4) 밀라노의 암브로시우스

① 생애와 작품: 로마 제국의 원로원 가문이자 그리스도교 집안 출신의 암브로시우스는 339년 현 독일의 트리어에서 태어났다. 남편을 일찍 여읜 그의 어머니는 자녀들을 데리고 로마로 이주해서 살았다. 암브로시우스는 거기서 수사학과 법학을 공부하고 변호사가 되었다. 그리고 370년에 에밀리아와 리구리아 지방의 집정관에 임명되어 활동했다. 374년 아리우스주의자였던 밀라노의 아욱센티우스가 임종하자, 그는 밀라노 주교 선거를 중재하다가 주교로 선출되었다. 당시 그는 아직 예비 신자였지만, 아리우스주의 논쟁으로 분열된 밀라노 교회를 중재하면서 그곳 성직자들과 신자들의 큰 호의를 얻어 만장일치로 주교직에 선출된 것이다. 그래서 그는 며칠 사이에 세례와 사제품을 받고 그로부터 얼마 후 주교품도 받았다.

그는 착좌한 후 성경을 연구해서 강론을 통해 많은 사람을 감화시켰으며 이를 작품에 담았다. 그리고 무엇보다도 아리우스주의에 대항해서 최선을 다해 싸웠다. 당시 로마의 그라티아누스 황제는 그의 영향을 받아 제국 내에 반(反)아리우스주의 정책을 펼쳤으며, 아리우스파 주교들을 해임했다. 또한, 테오도시우스 황제 때에는 388년 칼리니쿰에서 일어난 폭동을 빌미로 교회에 재정 부담을 지운 황제에게, 교회의 재산을 함부로 처분할 권한이 없다는 편지를 써서 칙령을 철회하도록 했다. 그리고 테살로니카에서 총독과 황제의 군인들이 살해당한 사건과 관련해서 황제가 자행한 테살로니카 학살 사건에 대해, 그는 황제가 이 사건에 대한 책임을 지고 공적으로 참회하도록 요청하기도 했다. 이처럼 그는 어떤 권력에도 굴하지 않고 복음의 정신에 따라 하느님의 말씀을 전했다. 그는 397년 밀라노에서 세상을 떠났다.

암브로시우스는 착좌한 지 몇 년 후부터 임종할 때까지 주옥같은 작품들을 많이 집필했다. 특히 그가 심혈을 기울였던 분야는 성경 주해였다. 그래서 일부 교의적인 작품들을 제외하고 성인은 평생을 다음과 같은 성경 주해서 집필 작업에 전념했다. 『6일 창조론』, 『낙원론』, 『카인과 아벨』, 『노아』, 『아브라함』, 『엘리야와 단식』, 『토비아』, 『시편 118편 해설』, 『루카 복음 해설』 등이 그렇다. 그의 작품 중에 흥미로운 작품으로 91통의 편지가 담긴 『서간집』이 있는데, 여기에는 당시의 다양한 역사 자료가 담겨 있다. 또한, 그의 작품에는 전례 찬가들도 있다. 그는 알렉산드리아의 필론의 성경 주석과 유사하게 구약 성경의 인물들을 모범으로 다루고, 그들에게서 윤리적 교훈들을 폭넓게 끌어냈다.

② 사상: 암브로시우스는 행동과 사상으로 중세 그리스도교 문명의 형성에 크게 이바지한 인물로 평가받는다. 진정한 로마인이었던 그는 천성적으로 실천적이었다. 그의 위대함은 사목, 교회 정책에서 특히 돋보인다. 그의 사상은 다음과 같은 점에서 두드러진다. 우선 당시 대부분의 교부들처럼 플라톤적인 특징을 지니고 있었다. 그는 참된 인간은 영혼이며, 영혼은 인간의 우월한 부분일 뿐만 아니라 인간 자체라고 주장했다. 반면, 육신은 영혼이 입는 옷으로 보았다. 그는 『성직자들의 직무론』에서 윤리에 대해, 특히 사제들이 지향해야 할 완덕에 대해 집중적으로 다뤘다. 반면, 그는 새로운 신학 사상을 만들기보다 그리스 교부들이 이미 심화하고 정식화 한 것들을 끌어다 서방 교회의 구체적인 상황에 맞게 적절히 다듬어 제시했다. 또한, 그는 삼위일체 사상과 관련해서,

본질의 단일성과 위격들의 구별을 옹호했다. 더 나아가, 암브로시우스는 가현론자들, 아리우스주의 추종자들에 맞서서 그리스도의 위격이 지닌 단일성을 손상하지 않은 채 그분 안에서 두 개의 본성과 두 개의 의지를 구별하는 완전한 동등성 개념을 주장했다. 그리스도의 두 의지와 관련해서, 그는 스콜라 학자들이 말하게 될 '속성들의 교환'을 정확하게 이론화했다. 그가 기여한 신학 주제 중에는 특히 마리아론이 손꼽힌다. 암브로시우스는 라틴 교회의 어떤 교부에도 비할 바 없이 성모님을 하느님의 어머니로 힘 있게 가르치고 그분에 대한 공경을 널리 확산했다. 마지막으로, 그는 고해성사, 세례성사, 성체성사의 신비를 깊이 있게 제시하기도 했다.

 암브로시우스는 신학적 가르침 이상으로 영성적인 가르침으로 인해 중요한 인물로 평가받는다. 그는 선대의 필론, 오리게네스, 플로티누스로부터 많은 것을 물려받았지만, 이를 자신의 것으로 소화해서 자신만의 독특한 영적인 가르침을 제시했다. 특히 그는 일반인과 그리스도인 사이의 완전한 동등성을 강조해서 보여 주었으며, 이 선상에서 은총과 본성 간의 관계를 깊이 있게 설명했다. 그리고 영성 생활에서 성경의 중요성을 역설했고, 공동체 생활에서 애정과 우정의 역할이 지닌 중요성을 강조했다. 더 나아가, 그는 우리 각자 안에서 이루어져야 할 '그리스도의 탄생'을 깊이 있게 가르침으로써 중세 신비가들에게 많은 영향을 끼쳤다. 그가 제시한 또 다른 영성 주제로 '영적 모성'을 들 수 있다. 그에 따르면, 성모님께서 말씀을 받아 잉태하셨듯이, 모든 그리스도인은 신앙을 통해 그리스도를 잉태하고 낳아야 한다. 또한, 그는 이 선상에서 모든 그리스도인은 그리스도와 함께 신앙 안에서 다른 형제들을 낳고 그들과 함께 또 다른 신자들의 어머니가 되어야 한다고 권고했다. 더 나아가, 그는 이와 함께 각 신자의 영적 모성과 더불어 전체 교회의 영적 모성에 대해 가르쳤다. 마지막으로, 암브로시우스는 영적으로 성장하기 위해 기도, 희생, 참회, 선행, 특히 성사 참례를 권했다.

5) 아퀼레이아의 루피누스

 루피누스는 당시 여러 교부들에 비해 그리 눈에 띄는 인물은 아니다. 그러나 그는 문학적으로나 종교적으로 강한 활동을 펼침으로써 당대에 큰 평판을 얻은 중요한 역할을 수행한 교부였다. 그의 가장 큰 공로는 장기간 문화적 지체로 인해 공백기에 있던 라틴 신학에 많은 그리스 교부들의 작품을 라틴어로 번역, 수혈함으로써 동방과 서방 간에 다리를 놓고 이로써 서방 교회에 학문적으로 큰 토대를 마련해 준 데 있다. 루피누스는 345년 콘코르디아에서 태어나 로마에서 문학 교육을 받았다. 그는 로마에서 공부를 마친 뒤 373년 이집트로 가서 수도 생활에 정진했다. 여기서 그는 소경 디디무스를 비롯해 아타나시우스, 카파도키아 교부들의 가르침을 깊이 있게 배웠으며, 381년 예루살렘으로 가서 수도원을 설립했다. 그리고 390년에는 사제품도 받았다. 또한, 그는 오랫동안 히에로니무스와 절친한 우정을 나눴는데, 그만 오리게네스의 정통성과 관련해서 이의를 제기한 히에로니무스는 루피누스와 격렬하게 대립한 후 다른 길을 가게 된다. 이후 루피누스는 오리게네스의 작품을 비롯해 그리스 교부들의 많은 작품을 라틴어로 번역해서 서방 교회에 학문적으로 큰 기반을 마련해 주었다. 그는 407년 고트족의 침입으로 인해 로마가 위기에 처하자 시칠리아로 피신했지만, 411년 그곳에서 얼마 후 중병에 걸려 세상을 떠나고 말았다.

6) 히에로니무스

히에로니무스는 347년 현재의 유고슬라비아인 달마시아의 스트리도니아의 어느 부유한 가정에서 태어났다. 그는 12세 때 로마에 가서 수사학을 비롯해 고전 라틴 문학을 배웠으며, 19세 때에는 리베리오 교황으로부터 세례를 받았다. 그 후 독일의 트리어 지방에서 관리로 일하다가 아리우스 이단 논쟁으로 인해 그곳에서 귀양살이하던 아타나시우스를 통해 동방 교회의 수도 생활을 알고 그에 매료되어 일생을 수도 생활에 정진했다.

하지만 그가 곧바로 수도자가 된 것은 아니며, 그렇게 되기까지는 일련의 과정을 거쳐야 했다. 청년 히에로니무스 역시 젊은 시절의 아우구스티누스처럼 세속의 향락에 빠져 있었기 때문이다. 그러던 중 373년 친구와 함께 예루살렘 성지를 순례하면서 열병에 걸려 친구는 세상을 떠나고 그 역시 심하게 병고를 겪게 된다. 이를 계기로 그는 자신의 지난 삶을 반성하며 새롭게 신앙의 길을 걷고자 회심했다. 그 후 병에서 회복된 히에로니무스는 안티오키아에 머물며 성경 주석 방법과 그리스어를 배웠으며, 수도 생활에 전념하면서부터는 히브리어 연구에 몰두했다. 그는 이러한 체험을 통해 일생을 성경 연구에 헌신하겠다는 소명을 발견하게 된다. 그때부터 그는 안티오키아의 동편에 있는 칼치스 사막에서 3년간 은수 생활을 하며 그리스어와 히브리어를 완전히 습득했으며 이를 바탕으로 성경 주해 연구를 시작했다.

379년 그는 안티오키아로 가서 사제품을 받았으며, 이듬해인 380년 콘스탄티노폴리스로 가서 당시 그곳의 총대주교인 나지안조의 그레고리우스의 강의를 들었다. 그 후 오리게네스의 성경 주석에 심취해서 오리게네스의 호교서와 에우세비우스의 교회사 등을 라틴어로 번역했다. 이러한 번역서들은 일시에 퍼져 교회 내에서 그의 학식이 널리 인정받게 되었다. 이에 그는 다마소 교황의 요청으로 382년 로마로 가서 교황의 비서로 일하면서 교회의 주요 문제들을 처리했다. 또한, 그는 교황으로부터 라틴어 성경 번역을 의뢰받아 수년간의 작업 끝에 『불가타 성경』을 완성하게 된다. 당시 교황은 교회를 위해 많은 중요한 일을 한 그를 자신의 후계자로 낙점했다. 하지만 엄격한 수도자였던 그는 해이한 삶을 살던 당시 성직자들을 비판하면서 그들로부터 신임을 얻지 못한 채, 교황이 임종한 다음 로마를 떠나야 했다. 그 후, 그는 386년부터 임종할 때까지 베들레헴으로 가서 수도 생활을 하며 저술과 번역 활동에 전념했으며, 마침내 420년 9월 30일 그곳 수도원에서 임종했다. 그는 성경 주석, 성경 번역, 교의 신학, 이단 논쟁, 수덕 신학, 강론, 서간 등 다양한 분야에서 방대한 양의 저서와 역서를 남겼다. 그것은 그가 오랜 세월 동안 수도 생활을 하며 열정적으로 학문에 전념했기 때문이다. 그는 많은 저서와 역서를 집필했는데, 이는 대략 다음 5가지로 나뉜다. 서간집, 역사서, 성경 번역서, 성경 주석서, 논쟁 작품. 특히, 그는 세 가지 언어(라틴어, 그리스어, 히브리어)에 능통했으며 이를 통해 서방 교회에 라틴어로 번역된 『불가타 성경』을 만들어 줌으로써 그 이후 교회의 삶에 지대한 영향을 미쳤다.

7) 대(大) 레오

① 생애와 작품: 레오 교황은 그 이름 앞에 '대'(大)란 칭호를 붙일 만큼 신학, 더 나아가 교회의 역사에서 아주 중요한 인물이다. 신학의 핵심 분야인 그리스도론은 초세기 4대 공의회(니케아, 콘스탄티노폴리스, 에페소, 칼케돈)를 통해 확정되었는데, 그 가운데 앞의 주요 공의회에서 결정된 사항을 최종적으로 종합한, 결정적인 공의회가 칼케돈 공의회이다. 흔히, 현대 신학자들은 오늘날까지 전해 오는 그리스도론적인 진리는 칼케돈 공의회에서 정리된 것이라고 평가하며, 이 공의회의 중요성을 부각한다. 바로 이 칼케돈 공의회를 둘러싼 이단인 에우티케스 이단을 척결하고 이 공의회를 통해 가톨릭 교회의 그리스도론적 신앙 조항들을 최종적으로 확정한 인물이 다름 아닌 레오 교황이다.

교황이 되기 전의 레오의 생애에 대해서는 그리 알려진 바가 없다. 다만, 그는 5세기 초 이탈리아 중부의 토스카나 지방에서 태어난 것으로 추정된다. 그는 로마에서 학업을 마치고 이른 나이에 교회의 다양한 직무를 수행했다. 첼레스티오 1세와 식스토 3세 교황 재임 시절에는 로마 교회의 부제로 소임을 다했으며, 440년 식스토 3세가 서거하자 그곳의 성직자들과 신자들에 의해 만장일치로 교황에 선임되었다. 레오 교황은 재위 시작부터 교회를 어지럽히는 다양한 이단에 맞서 싸웠으며, 그중에서도 특히 에우티케스의 단성론(單性論)에 맞서 그리스도에 대한 정통 신앙을 수호했다. 당시 레오 교황은 에페소 공의회(449년)를 소집하고 4명의 사절을 파견했으며, 교황은 이들을 통해 「콘스탄티노폴리스의 총대주교 플라비아누스에게 보낸 서한」을 보낸 바 있다. 이 서한은 교부 시대의 그리스도론을 종합하는 아주 중요한 문헌으로 평가받는다.

레오 교황은 이 편지에서 그리스도의 위격이 지닌 신인적(神人的) 특징에 대한 가톨릭 교리를 아주 명쾌하고 정확하게 설명했다. 그러나 안타깝게도 사절들은 교황의 편지를 읽을 기회조차 얻지 못했으며, 당시 황제를 비롯해 유력 인사들과 가까웠던 에우티케스가 그들의 지지를 등에 업고 사면을 받았다. 소위 '에페소 강도 공의회'라 일컫는 이 사건은 훗날 정통 신앙을 따르는 후임 황제가 등극하면서 무효로 선언되었다. 레오 교황은 새로운 황제에게 공의회를 소집하도록 요청했고, 이렇게 해서 칼케돈 공의회가 개최되었다. 바로 여기서 레오 교황의 서한이 장엄하게 낭독됨으로써 그리스도에 대한 고대 교회의 정통 신앙이 종합되어 결정적으로 선언되었다. 이 사건은 그리스도론뿐만 아니라 교회론에 있어서도 중요한 의미를 담고 있다. 보편 교회 전체에 대한 로마 교회의 주교인 교황의 수위권이 고대 교회에 이미 정점에 이르렀음을 명확히 보여 주는 사건이기 때문이다. 이처럼 레오 교황은 그리스도론의 역사에서 결정적인 영향을 미쳤다.

이 밖에도 레오 교황은 당시 여러 이민족의 침략으로 인해 위기에 처한 로마를 구하는 데 혁혁한 공을 세웠다. 교황은 452년에 있었던 훈족의 침략과 455년에 있었던 반달족의 침략을 담판으로 막아 냈다. 그는 461년 세상을 떠났으며, 그의 무덤은 성 베드로 대성전에 안치되었다. 그가 남긴 작품으로는 『서간집』(173통의 편지)과 백여 편의 강론이 있다. 특히, 편지들은 교의, 역사와 관련해서 아주 중요하며 대부분 신앙, 규율의 문제를 다루고 있다.

② 사상: 사실, 레오 교황은 신학자라기보다 영혼의 사목자라고 할

수 있다. 그는 신자들에게 쉽고 명확하게 전달될 수 있도록 될 수 있으면 간결한 정식으로 전승의 내용을 충실히 전달하려 했다. 그는 당시 횡횡하던 다양한 형태의 단성론을 무너트리는 데 결정적인 역할을 했다. 비록 독창적인 신학자는 아니었지만, 그런 면에서 그는 교의 신학의 역사에서 아주 중요한 인물로 평가받는다. 레오 교황은 그리스도의 신적 위격이 지닌 유일성 안에 두 본성(신성, 인성)이 완전하게 결합되어 있다는 정통적인 입장을 강화하는 데 상당히 기여했다. 이와 관련된 결정적인 문헌이 「콘스탄티노폴리스의 주교 플라비아누스에게 보낸 서한」이다. 그에 따르면, 그리스도에게는 각각 고유한 특성을 갖지만, 오직 하나의 위격 안에서 결합된 두 가지 본성이 있다. 신성(神性) 편에서 볼 때, 성자에게는 엄위와 권능, 영원성과 무감각성 등이 있고, 인성(人性) 편에서 볼 때, 그분에게는 비천함과 연약함, 죽을 운명, 감각성 등이 있다. 인성은 신성 안에서 나타나고 변화되는 것이 아니라, 하느님의 말씀이신 성자의 위격 안에서 나타나고 합체된다. 그러므로 레오 교황에 따르면, 성자의 위격은 한 본성의 특성과 다른 본성의 특성을 온전히 보존하며, 각 본성의 특성들은 오직 하나의 위격 안에서 결합된다.

또한, 레오 교황은 그리스도 안에 오직 하나의 의지와 하나의 활동만이 나타난다고 하는 유일 의지적, 유일 에네르기적 이단은 척결하면서, 그리스도 안에는 두 개의 본성이 저마다 자기에게 맞는 행위를 수행한다고 주장했다. 그는 그리스도 안에서 인성과 신성이 저마다 고유한 작용을 하면서도 각기 다른 본성과 충만한 친교를 나누고 있음을 보여 주는 다양한 복음 구절들을 그 증거로 제시했다. 레오 교황의 그리스도론은 교회론에도 상당한 영향을 미치는 요소들을 포함하고 있다. 그는 오직 그리스도만이 교회의 참되고 영원한 주교라고 보았다. 그러나 그리스도께서 자신의 주교 권한에 베드로 사도가 영원히 동참하는 것을 허락하셨기 때문에, 베드로는 영원히 로마의 주교좌를 주재한다. 따라서, 베드로의 후계자들에게서 활동하는 이는 다름 아닌 사도 베드로라고 보았다. 일찍이 시리치오 교황이 제시한, 베드로의 후계자인 로마의 주교라는 개념은 바로 레오 교황에 의해 한층 더 심화되었다. 즉, 레오 교황은 사도 베드로의 후계자인 로마의 주교에게서 수위권의 근거를 발견했다. 그래서 그 위엄에 있어서 모든 주교는 동등하지만, 사도단에서 오직 한 사람 로마의 주교에게만 최고의 지위가 부여된다고 보았다. 또한, 각 주교의 책임은 전체 교회를 대상으로 하는 베드로좌의 사목적 감독 안에서 서로 합치된다고 보았다. 이런 전망에 따르면, 로마의 주교인 교황은 전체 교회의 순수성을 보호하고 신앙, 생활 규범과 관련해서 전체 교회의 문제에 개입할 의무가 있다. 이러한 레오 교황의 교회론적 개념은 서방 교회에서 전체적으로 받아들여졌다. 그러나 동방 교회에서는 몇몇 개별 주교들만 수용했을 뿐, 상당수의 주교들은 이를 받아들이지 않았다. 마지막으로, 한 가지 더 주목할 점은 레오 교황의 치세 때 소집된 칼케돈 공의회에서 로마 주교좌가 누리는 특권을 콘스탄티노폴리스 주교좌도 누린다는 사실을 인정했다는 것이다. 동방 교회가 로마 교회의 수위권을 인정하지 않고 결국 11세기에 결정적으로 서방 교회와 갈라서게 된 데에는 레오 교황이 칼케돈 공의회에서 콘스탄티노폴리스 주교좌의 수위권을 인정했던 탓도 있다.

8) 히포의 아우구스티누스

① 생애와 작품: 아우구스티누스는 354년 북아프리카의 누미디아에 있는 타가스테의 어느 중산층 가정에서 태어났다. 그의 아버지는 파트리시우스이며 그의 어머니는 그 유명한 모니카였으며, 형제로는 누이 페르페투아와 형제 나비기우스가 있었다. 아버지는 그가 사춘기 시절에 세상을 떠났고, 어머니는 아주 열심한 신앙인이었다. 젊은 시절의 아우구스티누스는 영민했지만 제멋대로인 방탕한 청년이었다. 그의 부모는 그가 공부를 많이 하길 바랐지만, 그는 한 여자와 동거하며 아들 아데오다투스를 얻게 된다. 그러나, 영민했던 그는 공부를 잘해서 교직 생활을 이어 갈 수 있었다(374-386년). 아우구스티누스는 8년간 수사학을 가르쳤으며, 383년 이탈리아로 가서 밀라노에서 386년까지 수사학을 가르쳤다.

사실, 아우구스티누스는 어머니로 인해 어린 시절부터 예비 신자였지만, 젊은 시절에 오랫동안 이교도적인 교육을 받은 후로 신앙을 잊어버리고, 늘 세속적인 관심에만 빠져 살아갔다. 그러던 중에 373년 키케로의 『호르텐시우스』를 읽은 후부터 점차 진리를 사랑하고 추구하는 길로 들어서게 되었다. 그리고 얼마 후 9년 동안 마니교에 심취하게 된다. 심지어 그는 자신의 절친한 친구들까지 마니교로 끌어들일 정도였다. 그러나 당시 마니교의 지도자인 파우스투스를 만나 마니교의 한계를 체험한 그는 그때부터 마니교에 염증을 느끼게 된다. 더욱이 그는 로마에서 마니교 책임자들의 부도덕한 행위들을 목격하고, 밀라노에서 생활하는 가운데 영성 주석가들의 성경 주석을 들으며, 가톨릭 교회의 가치를 새롭게 발견하게 된다. 결국, 그는 384년 예비 신자로서 다시 신앙생활을 하기 시작했다. 이 과정에서 잠시 개연론으로 인해 신앙을 소홀히 하기도 했지만, 교회가 보장하는 권위 있는 진리 탐구에 대한 필요성을 절감하며 가톨릭 교회의 신앙을 더욱 깊이 받아들이게 된다. 이와 동시에 그는 지적인 차원에서의 부족함을 채우기 위해 신플라톤 철학에 심취했으며, 암브로시우스의 설교를 종종 들으며 자신의 신앙을 키워 갔다.

마침내 386년 9월 어느 날 폰티티아누스라는 황실의 장교를 만나게 되는데, 그는 아우구스티누스에게 안토니우스와 수도 생활에 대해 그리고 암브로시우스의 지도로 사는 수도자들에 대해 들려주었고, 아우구스티누스는 신선한 충격을 받게 된다. 당시 그는 밀라노에 있는 자신의 집 정원에서 고민하던 중, 내면에서 들려오는 하느님의 말씀("집어라, 읽어라, 집어라, 읽어라")을 들으며 사도 바오로의 서간을 펼쳤다. 당시 그가 펼친 곳은 로마서 13장 13-14절이었다. 결국, 그는 이 구절을 통해 깊이 회심하며, 그간 방탕했던 자신의 삶을 포기하고 그리스도교 신자로서 새로운 길을 가기 시작했다. 그는 이듬해인 387년 부활 성야(4월 24일)에 두 친구와 함께 암브로시우스 주교로부터 세례를 받아 신앙인으로 새롭게 태어났다. 그의 어머니인 모니카는 그해 가을 세상을 떠나기 전에 다시금 신앙에 귀의한 자신의 아들을 보며 한없이 기뻐했다고 한다.

이듬해인 388년 타가스테로 돌아온 그는 곧바로 자신의 전 재산을 팔아 가난한 사람들에게 나눠 주고 수도회를 세워 수도자로 살아갔다. 그리고 391년 히포에서 사제품을 받고 계속해서 수도자의 삶을 이어 갔다. 당시 히포의 주교였던 발레리우스는 그에게 설교의 직무를 비롯해 많은 일을 맡겼다. 395년 발레리우스 주교는 그를 보좌 주교로 임명했다. 1년 후 발레리우스 주교가 세상을 떠나자 아우구스티누스는 그 주교를 승계해서 히포의 교구장이 된다. 교구장 직무 초기에 아우구스티누스는 자신의 개종에서부터 흘러온 시간을 돌아보며, 『고백록』을 집필하기 시작했다. 그는 주교가 되었지만, 여전히 수도자로서의 삶을 살아갔다. 오히려 주교관을 수도원으로 옮겼으며, 자신의 사제들도 가난과 규칙에 따른 삶을 살도록 독려했다. 그는 수도자로서의 삶뿐만 아니라 사목자로서 많은 일을 했다. 여행객들과 극빈자들을 위한 숙소와 성당들을 마련했으며, 쉬지 않고 가난한 이들과 무지한 이들을 가르치는데 몰두했다. 또한, 많은 작품을 저술했으며, 아프리카에서 열린 다양한 지역 교회 회의들에도 적극 참여했다. 더 나아가, 그는 마니교, 도나투스주의, 펠라기우스주의 같은 여러 이단에 맞서 정통 신앙을 지키고자 노력했다. 이렇듯 그는 주교이자 수도자 그리고 학자로서 혼신을 다해 교회를 위해 일하다 430년 76세의 나이로 세상을 떠났다.

그는 살아생전에 많은 작품을 집필했다. 그리고 이는 1,600년이 지난 지금도 상당 부분 전해져 오고 있다. 그의 작품들은 후대의 많은 신학자들에게 깊은 영감을 불어넣어 주며 시대마다 교회 쇄신을 위한 초석이 되었다. 특히 그 안에 담겨 있는 은총, 자유, 원죄, 의화, 예정, 구원, 삼위일체, 신화와 같은 많은 신학적 개념들은 교회의 정통 가르침이 형성되는 과정에서 결정적인 역할을 했다. 그의 주요 작품에는 『고백록』, 『참다운 종교』, 『삼위일체론』, 『신국론』 등이 있다.

② 철학 사상: 아우구스티누스의 생애와 문학 작품은 2단계로 구별된다. 첫째 단계는 철학적인 색채를 띠는 데 반해, 둘째 단계는 신학적인 색채를 띤다. 그는 초기에 철학의 인지 범위를 실재와 진리의 범위와

동일시했으며, 철학적 앎, 즉 지혜에 논의의 여지가 없는 구원적 가치를 부여했다. 그러나 '신학적 전환' 이후에는 철학의 인지 범위를 줄이고, 이를 광범위한 계시의 범위 안에 포함시킴으로써, 계시에 완전하고도 독점적인 구원의 권능을 부여했다. 그는 구원의 유일한 원천은 진리이자 생명이신 그리스도라고 보았기 때문이다. 이러한 전환은 그에게 철학의 소멸이 아닌 더욱 광범위한 지평으로 진입하는 것을 의미했다.

그는 소크라테스의 산파술, 플라톤의 변증법, 아리스토텔레스와 스토아 학파의 논리학을 모두 알고 이를 잘 활용했다. 하지만, 여기서 더 나아가 자기만의 방식, 즉 내적 생활과 자기 성찰의 방식을 통해서 훨씬 더 깊이 있는 철학적 비전을 제시했다. 그는 자기 성찰의 방법을 통해 타자에게로 나아가지 않고 자기 자신에게로 나아갔다. 즉, 그는 소우주(小宇宙)인 자기 영혼, 마음의 길을 거쳐 진리로 나아갔다. 자기 자신을 아는 것은 하느님을 아는 것이기 때문이다. 그에게 있어서 내적 생활과 형이상학은 서로 다른 두 개의 흐름, 방법이 아니라 유일한 흐름, 유일한 방법을 구성하는 두 계시로 간주되었다. 여기서 드러나는 그의 독창성은 진리의 주체인 자신을 출발점으로 삼았다는 데 있다. 이처럼 그가 취한 내적, 초월적 방법은 인식론적인 동시에 형이상학적이고, 인간학적인 동시에 신학적이며, 사변적인 동시에 실천적인 아우구스티누스의 모든 철학적 사변에 견고한 단일성을 부여해 주었다.

그는 중세의 모든 사상가에게 상당한 영향을 미치게 될 학문의 분류를 제시했다. 그것은 '사용'의 학문과 '즐거움'의 학문에 대한 구분이다. 그에 따르면, 즐거움은 본질적으로 '향유'(frui)의 대상이다. 이에 비해, '사용'(uti)은 행복에 이르기 위해 쓰이는 것을 말한다. 이러한 구분에 따르면, 철학은 사용의 대상을 다루며, 신학은 향유의 대상을 다룬다. 향유의 영역은 신학, 즉 하느님과 삼위일체에 다루는 신학에 속한다. 삼위일체 하느님이야말로 행복한 삶을 위한 충만하고도 유일한 실재이기 때문이다.

ㄱ) 인식의 문제: 그는 철학을 탐구하던 초창기에 인식의 문제, 특히 인식의 가치와 그 기원을 탐구했다. 그는 진리가 인간에게 이해될 수 있다고 보았다. 그는 진리의 객관성을 탁월하게 증명함으로써 진리가 인간의 의지를 따르는 것이 아니요, 지성의 창작품의 시녀가 아니라, 오히려 지성을 이끄는 길잡이며 지성의 주인이라는 것을 보여 주었다. 또한, 그는 인식의 기원 문제와 관련해서, 초기에는 플라톤의 '상기설'을 따랐지만, 신학적 전환 이후에는 이를 버리고 '조명설'을 따랐다.

ㄴ) 악과 자유의 문제: 그에게 있어서 악의 문제는 숱한 정신적, 지적, 도덕적 고뇌와 시련의 근원이었다. 그는 초기에 마니교의 해결책을 그럴듯한 것으로 보았다. 그러나 그 후, 신플라톤주의로 넘어가면서, 악은 오직 선과의 상관관계에서 이해되는 것으로, 구체적으로 '선의 결핍'으로 보았다. 그는 악을 물리적인 악, 도덕적인 악, 형이상학적인 악으로 구분했지만, 그 가운데 모든 악의 궁극적 원천은 도덕적인 악, 즉 죄이다. 그는 이 주제를 인간의 자유 문제와 연관해서 풀어냈다. 아우구스티누스는 자유, 더 정확히 말해 '자유 의지'란 인간 존재의 특성과 본질로서 그 행위의 도덕성에 없어서는 안 될 조건이다. 그러나 인간이 하느님을 거슬러 죄를 범한 이후에는 더 이상 선을 행할 능력이 없다. 이 때

문에, 죄를 짓지 않는 능력, 즉 자유가 필요하다. 그는 인간이 은총의 힘을 선사받지 못한다면, 그의 자유 의지는 죄짓는 것밖에 할 수 있는 일이 없다고 보았다. 그는 자유 의지의 능력과 자유의 능력을 구분했으며, 이 구분에 기초해서 펠라기우스파에 맞서 싸웠다. 그런데, 하느님 은총의 능력을 강조했지만, 그럼에도 그는 인간의 의화에 있어서 인간 편에서의 '협력'도 요구된다는 점을 분명히 지적했다.

ㄷ) 영혼과 육체의 문제: 이에 대한 아우구스티누스의 초기 입장은 플라톤의 입장에 상당히 가까웠다. 아우구스티누스에게 있어서도 인간은 본질적으로 영혼이었다. 육체는 인간의 실체적 요소라기보다 영혼의 보조적 실험적 요소이다. 하지만, 그는 육체를 부수적인, 즉 우연히 덧붙은 어떤 사물로 보기를 거부했다. 그는 인간이 영혼과 육체로 구성된 이성적 실체로 보았다. 그 가운데 영혼은 더 나은 부분이며 육체를 하위 실재로 보았다. 육체보다 더 나은 부분으로서의 영혼은 육체의 영향을 직접 받지 않지만, 외부의 자극으로 말미암은 육체의 변화를 자각한다. 육체와 영혼 간의 관계에 대한 아우구스티누스의 이론은 중세와 근세 초의 여러 철학자들에게서 많은 공감을 불러일으켰다. 특히, 프란치스코 학파, 인문주의자들, 데카르트, 말브랑슈, 스피노자, 라이프니츠에 의해 수용되었다.

ㄹ) 하느님의 문제: 아우구스티누스는 사물들의 우연성, 세상의 질서, 그러나 무엇보다도 진리에 대한 다양한 논증으로 하느님의 존재를 증명했다. 그는 무한한 진리에 대한 인식에 이르기 위해 인간의 지성에

존재하는 진리의 현상 자체로부터 출발했다. 그는 이런 현상이 존속하는 진리, 곧 하느님에게까지 거슬러 올라갈 때, 비로소 정당화된다는 것을 정확히 입증했다. 아우구스티누스는 사람들이 신적 본성에 부여할 수 있는 모든 속성 가운데 가장 나은 것은 '불변성'이다. 한편, 그는 하느님에 대한 인식 가능성과 관련해서 본질적으로 그분에 대한 인식 불가능, 그리고 이를 바탕으로 형언 불가능을 언급했다. 그러나 그는 하느님께서 인간이 당신 자신에 대해 말하는 것조차 금지하지는 않으셨음에 주목했다. 그는 하느님에 관해 언급하면서 자신의 언어 철학을 발전시키는 가운데, 다른 사물들에 대해서도 외적 언어와 내적 언어를 구분해서 적용했다.

③ 신학의 과제와 방법론: 신학에 관한 한 그는 교부 시대를 대표하는 가장 위대한 인물이다. 그가 회심하기 이전에 행한 모든 성찰은 본질적으로 철학적인 특징을 지니고 있었다. 즉, 그는 '순수 이성'의 빛으로 모든 문제에 대한 합리적인 설명을 추구했다. 그러나 서품 이후 자신의 성경 지식을 심화해야 할 필요성을 절감한 그는 지적인 차원에서 두 번째 회심을 맞게 된다. 철학에서 신학으로 넘어간 그는 특히 『그리스도교 교양』을 통해 신학의 과제를 정의하고 그 방법들을 완성했다. 신학적 연구의 과제는 신앙이 이성적이라는 것, 즉 신앙은 인간의 지성으로 이해될 수 있다는 것이다. "이해하기 위해 믿어라"라는 말은 아우구스티누스의 유명한 좌우명으로, 신앙의 합리성과 이해 가능성에 대한 이유를 심화한 최초의 모토 중 하나이다. 그에 따르면, 신앙은 이중적으로 이성적이다. 그는 신앙과 가톨릭 신경의 합리성을 토대로 예언과 기적들을

설명했다. 그가 보기에 참된 종교란 오직 가톨릭 교회 안에만 있다. 그는 신적 권위가 없는 신앙은 가능하지 않으며, 사람들은 신적 권위가 있는 신앙을 구체적으로 교회 안에서 접한다.

"믿기 위해 이해하라"는 말을 통해 신앙의 합리성을 보증한 아우구스티누스는 이제 "이해하기 위해 믿어라"는 말을 통해 신앙을 이해하고 심화하는 과정을 착수했다. 이는 다름 아닌 신학을 말한다. 신학은 먼저 그 대상이 하느님께서 선조들과 예언자들의 입을 통해서, 그리고 최종적으로는 그리스도와 사도들의 입을 통해서 계시하신 신비스러운 진리이다. 이러한 측면에서 신학은 여타 인문 과학이나 자연학들과 구분된다. 신학이 내세우는 진리의 기준은 그것을 증언하는 자의 권위다. 그에 따르면, 권위는 신앙에 어떤 합리적인 과정도 부여하지 못하는 절대적 확실성을 부여한다. 아우구스티누스는 성경과 교회의 권위에 충만한 신뢰를 보냈다. 성경은 신적 권위에 힘입어 틀림없고, 참되며, 지고하고, 확실하다. 전승과 교회 역시 무류적인 권위를 향유한다. 아우구스티누스는 사도적 전승을 충만하게 믿었으며, 사도적 전승의 고대성과 보편성을 주장했다. 그는 교회 안에서 '권위의 정점'을 발견하고 경의를 표했다.

④ 신학적 인간학: 이 분야에서 아우구스티누스는 원죄, 은총, 의화 주제를 집중적으로 다뤘다. 특히, 그는 이를 펠라기우스에 맞선 논쟁 속에서 발전시켰다. 원죄를 부인한 펠라기우스에 맞서, 그는 다음 3가지 논거를 들어 원죄가 존재한다는 점을 부각시켰다. 성경의 가르침, 유아 세례의 관습, 탐욕으로 기우는 보편적 체험이 그러하다. 또한, 그는 원

죄의 본질을 다음과 같이 정의했다. "죄책과 함께 하는 탐욕." 더 나아가, 그는 '영혼 전이설'을 바탕으로 원죄가 후손들에게 전수되는 점을 설명했다. 한편, 아우구스티누스는 원죄의 존재와 그 결과를 주장하면서, 우리의 의화는 오직 그리스도의 구원 행위에서 기인한다고 가르친 사도 바오로의 견해를 제시했다. 그는 그리스도께서 우리를 위해 펼치신 이 의화가 2가지 특징, 또는 2가지 국면을 갖는다고 보았다. 하나는 소극적인 것으로 죄로부터의 해방이며, 다른 하나는 적극적인 것으로 인간의 신화(神化)가 그렇다. 마지막으로, 그는 의화의 중요한 열매로서 '은총'을 들었다. 그렇다면, 하느님은 어떤 이들에게 은총을 허락하시고 어떤 이들은 배척하시는가? 이에 대한 대답을 그는 '예정론'을 통해 제시했다. 그는 펠라기우스 논쟁 이전까지 인간에 대한 보편적인 구원의 메시지를 담고 있는 온건한 예정론을 주장했다. 하지만, 펠라기우스에게 맞서 하느님의 은총, 그리고 그 이면에 있는 하느님의 주도권을 강조하면서 '이중 예정설'을 주장했다. 그리고 생의 말년에는 다시 온건한 예정론으로 돌아갔다. 예정론에 대한 모호한 그의 입장은 훗날 중세 초까지 이어지는 오랜 예정 논쟁에 빌미를 제공했다.

⑤ 삼위일체론: 삼위일체론의 신비는 아우구스티누스의 기여로 인해 최종적으로 정식화되었다. 그는 이 과정에서 이 분야의 핵심 용어들의 의미를 정확하게 확정했다. 그는 성부의 정체성은 오직 부성(父性)에서 오며, 성자의 정체성은 자성(子性)에서 오고, 성령의 정체성은 성부와 성자 간의 상호 증여에서 온다고 설명했다. 그는 이러한 관계들이 대당적(對當的) 질서 안에 존재하는 까닭에, 한 위격과 다른 위격 간의 완전성

의 차이가 아닌 구별을 뜻한다고 지적했다. 또한, 그는 인간을 삼위일체 하느님의 모상이라고 언급하며, 인간 편에서 삼위일체를 반영하는 3중적인 측면(지성, 기억, 의지 등)을 다양하게 제시했다.

⑥ 그리스도론: 아우구스티누스는 이 분야의 발전을 위해서도 기여했다. 그는 초창기, 즉 신학적 전환이 있기 전까지 그리스도라는 인물과 그분이 이룬 업적을 모범의 의미로 해석했다. 즉, 그리스도를 진리의 스승이자 따라야 할 모범으로 생각한 것이다. 그러나 신학적 전환을 한 이후, 은총과 죄에 대한 새로운 이해를 통해 한층 성숙해진 그는, 그리스도의 신비를 효과적인 인과율에 비춰 재론하고 재해석했다. 그리고 이 선상에서 그리스도를 우리 구원의 주재자, 구세주, 속죄주로 제시했다. 한편, 그는 『그리스도인의 투쟁』에서 여러 이단의 오류를 논박하면서, 그리스도의 신비가 지닌 존재론적 측면이나 구원론적 측면들을 분명하게 설명했다. 그리고 『삼위일체론』, 『신국론』을 통해 이러한 그리스도론의 근본적 측면들을 한층 더 깊이 있게 심화했다. 또한, 그는 매우 정확한 표현으로 위격의 단일성 안에서 두 본성이 일치한다는 완벽한 정의를 그대로 유지하면서, 신인양성(神人兩性)으로 구성된 그분의 실재에 대해 정의했다. 더 나아가, 두 본성이 각각 완전하다는 개념을 더욱 확실히 하기 위해, 그는 하느님께 속한 모든 것과 사람에게 속한 모든 것이 어떻게 그리스도에게 속할 수 있는지 반복해서 설명했다. 하지만 이 중에서도 그가 더 큰 관심을 보였던 것은 그분의 인성(人性)에 관한 것이었다. 그는 그리스도가 온전히 사람이고, 그렇기 때문에 존재의 차원에서든 행동의 차원에서든 인간 본성에 속하는 모든 것을 온전히 소유했음

을 끊임없이 설명했다. 그리고 이 선상에서 그는 오직 그리스도가 취한 것만이 구원된다고 보았다. 그래서 그리스도는 인간 실재의 전형인 고통과 죽음까지도 취하신 것이다. 또한, 그는 신인양성적 실재 덕분에 그리스도는 '중개자'의 직분에 따라 속량자의 역할을 수행하실 수 있었다고 보았다.

㉧ 교회론: 이 분야에 있어서도 아우구스티누스가 기여한 바는 크다. 그는 교회의 존재 자체를 위험에 빠트린 몇몇 중대한 이단들에 맞서 승리했으며, 이 과정에서 몇 가지 교회의 모델(하느님의 백성으로서의 교회), 특히 정치적 모델을 정립하는데 공헌했다. 이러한 모델은 중세와 그 이후에도 신학적 차원, 정치적 차원, 문화적 차원에서 상당한 영향을 끼쳤다. 그에 따르면, 교회는 그리스도에 의해 구원된 온 인류이며, 그리스도와 함께 하나의 몸을 이룬다. 또한, 그는 교회를 천상 교회, 지상 교회, 가시적 교회, 비가시적 교회, 보편 교회, 개별 교회 등 다양한 존재 방식으로 구분했다. 이러한 구분은 후대에 영향을 미쳤는데, 그가 바로 이 구분을 정식화한 첫 번째 인물이다. 이러한 구분 중에 가장 중요한 것은 가시적 교회와 비가시적 교회로 나눈 것이다. 그는 이를 통해 성사에 대한 필요성과 성사가 지닌 구원 효과, 자격 없는 성직자들의 권위와 그들이 집행한 성사들의 유효성 등에 대해 균형 있는 해답을 제시했다. 그는 이러한 구분에 근거해서 도나투스파를 거슬러 성사 집행의 유효성을 옹호했다. 그에 따르면, 성사에서 나오는 은총의 원천은 성직자들이 아니라 그리스도이다. 그리스도의 이름 아래 끊임없이 나타나는 많은 목자는 오직 한 분, 유일한 목자인 그분과 결속을 이룬다. 그러므

로 가시적인 교회가 불완전하다는 이유로 비가시적인 교회에 직접 참여하겠다고 주장하면서 가시적인 교회를 멀리하는 일은 누구에게도 허락되지 않는다고 주장했다. 또한, 그는 이러한 선상에서 도나투스파를 거슬러 예수님의 지향이 오로지 성인들만으로 이루어진 공동체가 아니라 선인과 악인이 함께 섞여 있는 공동체를 세우는 것이었음을 보여 주기 위해 끊임없이 하늘나라의 비유를 상기시켰다. 한편, 아우구스티누스는 교회의 개념들 중에서도 이단자들의 주된 공격 대상이던 '단일성'과 '보편성'을 강조했다. 그리고 여기에 더해 '성성'(聖性)과 '사도성'(使徒性)도 언급했다. 더 나아가, 그는 로마 교회의 수위권을 분명하게 인정하고 고백했다. 그가 보기에 로마 교회는 항상 사도좌의 수위권을 꽃피운 교회이다.

⑧ 역사의 신비: 아우구스티누스는 역사라는 학문을 정립하고, 역사를 규정하는 원리와 과거 및 미래 사건들의 질서, 역사에 생명을 불어넣고 지배하는 전체적 의미를 밝힌 최초의 그리스도교 사상가이다. 그는 『신국론』에서 이러한 문제들을 심도 있게 다뤘다. 특히, 그는 여기서 역사의 기원과 발전, 그 의미 문제를 파고들었다. 그는 역사가 하느님에게서 유래한다고 보았다. 그러나 그에 따르면, 역사는 두 개의 도성, 즉 하느님의 도성과 인간의 도성으로 구분되는데, 이는 인간의 과실이 그 원인이다. 즉, 하느님을 주요 가치로 선택한 이들은 하느님의 도성에 참여하고, 인간이나 인간보다 못한 것을 주요 가치로 선택한 이들은 인간의 도성에 참여한다. 하느님 사랑과 자기 사랑이 두 도성이 생겨난 원인인 것이다. 하느님의 도성이 순결한 아벨과 아브라함에서 그리스도의 출

현까지 이어지는 데 반해, 지상의 도성은 카인의 아우 살해에서 비롯하여 온갖 폭력으로 점철된 대제국들의 역사로 발전한다. 이 두 도성과 두 사랑 사이의 격렬한 변증법은 인류를 일정한 불변의 상황 속에 잡아 두지 않고, 고통스러운 성숙을 통해 인류가 완전한 영의 시대를 향해 나아가도록, 시간의 충만함 속에 계신 그리스도를 향해 나아가도록 인도한다. 『신국론』의 마지막 권들은 종말론적 사건들, 종말 실재에 대해 다뤘다. 그는 '영겁회귀'의 이론을 거부하고 이교도들의 비웃음에 맞서 미래의 부활을 옹호했다. 역사에 관한 그의 그리스도교 철학에는 플라톤적인 색채와 그리스도교적인 색채가 합치된다. 그리고 이 두 가지 모두 상당히 부정적인 함의를 부여하는 데 기여했다. 이러한 전망은 특히 아우구스티누스의 개념 안에서 한층 무거워졌다. 이는 그의 원죄론에서 심화되었다.

마지막으로, 아우구스티누스의 사상을 종합하면, 신비주의와 정치뿐만 아니라 중세 문명 전체가 그에게서 깊은 영향을 받았다. 중세 문화의 모든 본질적 요소들, 교리, 관습, 가치, 정치제도 등이 바로 그가 정립한 세계관에서 나온 것이다. 그는 새로운 그리스도교 문명의 토대를 구축하고자 했으며, 실제로 그렇게 했다. 그것은 곧 지상 도성에서 천상 도성으로 나아가는 순례의 문명이며, 우연의 세계에서 절대적 초월 세계를 향해 떠나는 탈출의 문명이고, 성(聖)이 속(俗)에 대해, 교회가 국가에 대해 우위성을 갖는 문명이다. 이 문명은 그 뒤 놀라운 발전을 이루게 되며, 그로부터 8세기 후에는 찬란한 꽃을 피워 내게 된다.

8. 처음 네 보편 공의회의 신학

교회와 그리스도교 사상에서 한 시대의 성찰의 규모를 가늠하는 척도는 신학자들뿐만 아니라 보편 공의회의 활동에 따라 결정된다. 보편 공의회는 보편 교회를 두루 망라하는 일종의 '국제 신학 위원회'라고 할 수 있다. 통상, 공의회는 교회의 근간이 이단에 의해 크게 위험에 처했을 때 소집되곤 했다. 다양한 이단들은 교회에 지속적으로 도전해 왔고, 교회는 보편 공의회들을 통해 이에 대한 해결책을 찾고자 했다. 공의회는 신학자들의 연구 성과가 교도권에 의해 집대성되었다는 측면과 이것이 후대 신학을 위한 '원천'이 되었다는 측면에서 신학의 역사와 깊은 관계를 갖는다.

사실, 여러 공의회를 통해 정의된 교의들은 당시까지 아직 불분명하던 그리스도교 교리의 다양한 측면과 관련해서 서로 입장을 달리 하는 신학자들이 벌였던 지속적이고 격렬한 논쟁의 결과이다. 무엇보다도 로마 제국 시대의 교회는 '공의회의 시대'로 특징 지워진다. 또한, 공의회들은 정통 신학을 발전시키기 위한 신학의 주요 원천이자 근본적인 권위를 바탕 짓는다. 따라서 보편 공의회들의 출현과 더불어 신학의 역사는 새로운 국면으로 접어들게 된다. 처음 3세기까지 신학을 위한 유일한 원천은 성경이었다. 4세기로 접어들자 교부들의 사상이 신학의 중요한 원천으로 자리 잡았다. 그러나 5세기부터 여러 보편 공의회의 결정 사항들은 중요한 지위를 차지하기 시작했으며, 교회의 전승을 전달하는 핵심적인 경로로서 중요한 권위를 갖게 되었다. 교부 시대 전체를 통틀어 후대 신학에 지대한 영향을 미치는 신학의 원천을 형성하는 보편 공의회로 니케아 공의회(325년), 제1차 콘스탄티노폴리스 공의회(381년), 에페소 공의회(431년), 칼케돈 공의회(451년) 이렇게 네 개를 들 수 있다.

1) 니케아 공의회

첫 번째 보편 공의회는 321년 니케아에서 열렸다. 이 공의회는 성자와 성부 간의 관계를 정의하고, 성자를 단순한 피조물로 규정한 아리우스 이단을 단죄하기 위해 콘스탄티누스 황제에 의해 소집되었다. 아리우스는 예수님의 신성을 부정했다. 그에 따르면, 예수님은 하느님이 아니라 피조물에 불과하며, 피조물 가운데 가장 뛰어난 분으로, 하느님에 의해 입양되었다고 한다. 이런 이단에 맞서 니케아 공의회에 참석한 교부들은 성자께서 참 하느님에게서 나신 참 하느님이시며 창조되지 않고 출산됐다고 고백했다. 또한, 성자는 성부와 같은 본질(homousios)이라고 고백했다. 이 용어는 교도권이 그리스도교의 핵심적 신앙 조항인 삼위일체 교의를 완성해 가는 데 있어 첫 단추라고 할 수 있다. 이는 그리스 철학, 구체적으로는 아리스토텔레스 철학에서 가져온 것이다. 그의 철학에서 '우시아'(ousia)는 2가지, 즉 구체적이고 개별적인 실재를 가리키는 제1본질 또는 수많은 개체에 부가되는 보편적 개념을 가리키는 제2본질을 의미했다. 따라서, 성부와 성자가 '동일 본질'이라는 것은 구체적으로 3가지를 의미할 수 있다. 즉, 성부와 성자가 제1본질에 있어서 같거나, 제2본질에 있어서 같다는 것을 의미할 수 있다. 세 번째 의미로 성부와 성자가 제1본질과 제2본질의 차원에서 모두 동일하다는 의미로 해석될 수도 있었다. 이 3가지 의미 가운데 2번째인, 성부와 성자가 보편적 개념을 가리키는 제2본질에 있어서 동일하다는 명제가 엄밀한 의미에서 성부와 성자가 동일한 신성을 공유한다는 의미를 표현할 수 있다. 그리고 이것이 바로 니케아 교부들의 입장이었다. 여기에 더해 니케아 교부들은 성부와 성자가 동일 본질이라고 할 때, 이는 성자가 창조된 피조물과 전혀 닮지 않았으며, 성자를 낳으신 성부와 온전히 닮았다는 것을 의미했다. 한 마디로, '동일 본질'이란 용어는 비록 그리스 철학에서 나온 것이지만, 니케아 교부들이 성자의 신성(神性)을 정의하고 고백하는 데 효과적으로 사용되었다. 교부들은 이를 통해 성자께서 성부로부터 영원으로부터 출산되었으며, 성부와 더불어 충만하게 신성(神性)을 누리는 '참하느님'이심을 고백했다. 결론적으로, 니케아 공의회는 '동일 본질'이란 용어를 통해 중요한 2가지 결과를 얻었다. 하나는 성자의 신성을 분명하게 표명했으며, 다른 하나는 한 분이자 동시에 세 분이라는 하느님이 지닌 단일성(單一性)과 삼자성(三者性)이라는 난해한 문제를 해결했다. 마지막으로 염두에 둘 것은, 니케아 신경의 마지막에 나오는 파문 내용에 처음 등장하는 '자주체'(hypostasis) 개념이다. 그러나 여기서 이 말은 아직 '본질'(ousia)과 동의어로 사용되며 애매한 채로 남아 있었다.

2) 제1차 콘스탄티노폴리스 공의회

니케아 공의회 이후, 신학의 발전에 깊은 영향을 미친 또 다른 공의회로 381년에 개최된 제1차 콘스탄티노폴리스 공의회를 들 수 있다. 이 공의회는 성령의 신성을 부인하는 마케도니우스파(또는 성령피조설주의)의 오류를 단죄하기 위해 소집된 것이다. 니케아 공의회는 성자에 신성에 대해 명확히 규명했지만, 성령에 대해서는 간단히 언급만 하고 넘어갔다. 그러나 그 후 아리우스주의자들은 공의회의 결정에 불복하며, 많은 혼란을 일으켰다. 그중에는 아리우스에 반대했던 콘스탄티노폴리스의 마케도니우스 주교도 있었는데, 그는 성자의 신성은 인정했지만, 성령의 신성은 부정했으며, 성령을 성자보다 낮은 단계에 있는 대리자나 통역자로 보았다. 이런 그의 주장은 결국 제1차 콘스탄티노폴리스 공의회를 통해 단죄되었다. 이와 함께 이 공의회에 참석한 교부들은 성령의 신성(神性)을 장엄하게 선포했다. 여기에는 일찍이 삼위일체를 "하나의 본질, 세 위격"(mia ousia, treis hypostaseis)으로 고백한 카파도키아의 세 교부의 사상이 깊은 영향을 미쳤다.

이렇게 제1차 콘스탄티노폴리스 공의회는 니케아 신경을 보완함으로써 정확하고 올바른 삼위일체 신앙을 확정하는 데 결정적인 역할을 했다. 이 두 공의회를 통해 만들어진 신앙 고백문은 소위 「니케아-콘스탄티노폴리스 신경」이라 해서 그리스도교 신앙의 핵심을 집약적으로 담고 있으며, 이는 오늘날까지 그리스도교 공동체 신앙의 근간이 되고 있다. 이 신경(信經)은 삼위일체 교의를 다음의 3가지 방식으로 제시했: 세 신적 위격의 본질적 단일성(이를 언급하기 위해 본체, 본질, 본성 같은 용어를 사용), 세 위격 간의 구분(성부: 부성[父性], 성자: 자성[子性], 성령: 발출[發出]. 이를 언급하기 위해 '히포스타시스'[자주체, 위격]란 용어를 사용), 세 위격 간의 질서(이를 언급하기 위해 '출산', '발출' 같은 용어를 사용).

3) 에페소 공의회

앞의 두 공의회를 통해 교회는 삼위일체의 신비에 대한 기본적인 이해에 도달했다. 하지만, 성자께서 육화함으로써 인성을 취함에 있어 드러나는 신성과 인성 간의 관계 문제, 그리고 성자의 위격 문제는 아직 명확하게 규명되지 않았다. 이로 인해 이와 관련된 다양한 이단이 생겨 났다. 그중에 두드러진 이단으로 네스토리우스 이단과 단성론(單性論)으로, 이는 각각 에페소 공의회와 칼케돈 공의회를 통해 단죄되었다.

에페소 공의회를 촉발한 네스토리우스의 주장이 문제가 된 것은 '하느님의 어머니'(Theotokos)라는 성모님의 호칭을 둘러싸고 일어난 알렉산드리아의 키릴루스와의 논쟁이었다. 발단은 다음과 같다. 428년 12월 23일 콘스탄티노폴리스 주교좌성당에서 프로클로라는 유명한 설교가가 성모님에 대해 강론하면서, 그분을 '하느님의 어머니'(Theotokos)로 불렀다. 네스토리우스는 이 칭호에 대해 못마땅해 했다. 당시 교부들은 '속성의 교환'이란 원칙을 그리스도의 인성과 신성의 결합에 적용해서 사용했다. 이는 그리스도의 두 본성이 하나의 위격 안에 긴밀히 결합되어 있어서, 그리스도의 인성이 주어일 때 사용될 수 있는 모든 술어는 그분의 신성이 주어일 때에도 여전히 같은 술어로 사용될 수 있고, 그 반대도 가능하다는 원칙이다. 그 정도로 두 본성이 하나의 위격 안에서 긴밀히 결합되어 있다는 것이다. 그러나 네스토리우스는 이 원칙을 인정하지 않았으며, 성모님을 '하느님의 어머니'로 불러선 안 되고 '그리스도의 어머니'(Christotokos)로 불러야 한다고 주장했다.

이러한 네스토리우스의 명제를 접한 알렉산드리아의 키릴루스는 이를 거부했으며, 429년 이집트의 주교들에게 보낸 부활 축일 서간에서 네스토리우스가 범한 오류의 중대성을 알리고, 교황 첼레스티노에게 그에 관한 결정을 내리도록 요청했다. 이에 첼레스티노 교황은 430년 로마 시노드에서 키릴루스의 견해를 지지하는 가운데 네스토리우스에게 오류를 철회하도록 요청했다. 그러나 네스토리우스는 이를 받아들이지 않고 당시 통치자인 테오도시우스 황제에게 에페소 공의회를 소집하도록 요청했다. 이렇게 해서 황제의 명으로 431년 에페소 공의회가 개최되었다. 이 공의회에서 로마 교황은 키릴루스의 편에 섰던 데 반해, 황제는 키릴루스파와 네스토리우스파 간의 합의를 원했다. 여기서 변수가 발생했는데, 네스토리우스를 지지하던 안티오키아 주교들의 도착이 지체되자, 키릴루스는 더 이상 기다리지 않고 에페소에 체류 중인 150여 명의 주교들만으로 곧바로 공의회를 열었다. 여기서 네스토리우스는 단죄되었다. 그로부터 며칠 후 안티오키아의 요한의 주도 아래 이들에 맞서 50여명의 주교들은 대립 에페소 공의회를 개최해서 키릴루스를 단죄했다. 결정적인 것은 그로부터 며칠 후 로마 교황의 사절단이 도착해서 공의회가 속개되었는데, 이들은 키릴루스의 입장을 지지하면서 그의 교의 서간을 인준하고 네스토리우스를 파문했다는 것이다. 이렇게 해서 네스토리우스는 결정적으로 파문되고 말았다. 키릴루스의 교의 서간과 네스토리우스를 파문하는 문서는 다음과 같은 3가지 사실을 담고 있다. 첫째, 주님이 하느님이심을 믿지 않는 사람, 그리고 성모님께서 하느님의 어머니이심을 믿지 않는 사람은 누구든지 단죄될 것이다. 둘째, 그리스도께서 하느님이신 동시에 인간이심을 믿지 않는 사람은 누구든지 단죄될 것이다. 셋째, 그리스도 안에서 신성과 인성이 본질적으로 하나임을 받아들이지 않는 이들은 누구든지 단죄될 것이다.

그로부터 2년 후, 제국 내의 총대주교좌들 간의 화해와 평화를 원했던 테오도시우스 2세 황제의 중재로 인해, 결국 양측은 평화 협정을 맺고 양측의 신앙 고백이 담긴 표현들을 조율해서 「일치 정식」을 만들게 된다. 당시 교부들은 이 정식문을 통해 그리스도를 온전한 하느님이자 온전한 인간이며, 성부와 본질이 같으시고 우리와도 본질이 같으시다고 고백했다. 또한, 교부들은 '두 본성 간의 결합'과 '혼합되지 않은 결합'에 동의했으며, 성모님을 '하느님의 어머니'(Theotokos)로 고백했다. 이 정식은 키릴루스를 대표로 하는 알렉산드리아 학파의 그리스도론이 지닌 본질적 요소들과 네스토리우스를 대표로 하는 안티오키아 학파의 그리스도론이 지닌 본질적 요소들을 함께 담고 있다. 이전의 두 보편 공의회에 비해, 에페소 공의회는 성모님의 신적 모성에 대해 분명히 주장함으로써 마리아론 분야에서 괄목할 만한 발전을 이룩했다. 그러나 그리스도론 분야에서는 여전히 애매모호하고 부정확한 용어 사용으로 인해 답보 상태에 머물렀다. 이 공의회에서 히포스타시스(hypostasis)와 피시스(physis)가 '본성'이라는 동일한 의미를 갖는 것으로 여겨졌기 때문이다. 따라서, 이 공의회의 교부들은 그리스도에게 있어 본성의 이중성과 주체의 유일성을 주장하면서도, 기실 그 유일성을 구성하는 것이 무엇인지 명확히 규명하지 못했다. 이 때문에 키릴루스는 하나의 히포스타시스(hypostasis)를 생각하면서도 언제나 '하나의 본성'에 대해 언급했으며, 이는 네스토리우스를 비롯해 안티오키아 교부들로서는 받아들일 수 없는 것이었다. 네스토리우스가 주장한, 그리스도에게 있어서 2개의 히포스타시스(hypostasis)는 사실 2개의 피시스(physis), 즉 2개의 본성을 가리키는 것이며, 1개의 히포스타시스(hypostasis)를 언급하며, 1개의 본성만 주장한 키릴루스는 훗날 문제가 된 단성론의 씨앗을 갖고 있었다. 실제로, 키릴루스의 입장으로 많이 기울었던 에페소 공의회 이후 이런 기류가 나타나게 된다.

4) 칼케돈 공의회

칼케돈 공의회는 에우티케스라는 수도 사제가 주장한 '단성론'이 교회 내에서 물의를 빚으면서 개최되었다. 당시 문제가 된 에우티케스는 378년 콘스탄티노폴리스에서 태어나 어린 시절 수도자가 되었다. 그는 신학 교육을 받은 후 사제로 서품된 다음에 콘스탄티노폴리스 근교에 있는 대수도원의 원장직을 수행하기도 했다. 그는 알렉산드리아의 치릴루스와 그 후계자인 디오스코루스의 친구였으며, 테오도시우스 2세 황제를 비롯해 왕실의 여러 유력 인사들과 친분이 두터웠다. 사상적인 면에서 보면, 그는 네스토리우스주의를 열렬히 반대했지만, 도가 지나쳐 결국 단성론에 빠지고 말았다. 그에 따르면, 그리스도의 육화 당시 그분의 인성은 신성에 흡수되어 하나의 본성이 되었다. 쉽게 말해, 그는 그리스도에게 하나의 위격과 하나의 본성(인성과 신성이 혼합됨)만 존재한다고 보았다.

결국 448년 11월 8일, 콘스탄티노폴리스 시노드에서 에우티케스는 고발당하고 11월 22일 단죄되고 말았다. 문제는 에우티케스가 자신의 복권을 위해 교황을 비롯해 여러 주교들, 그리고 제국의 황제에게 도움을 청했으며, 황제의 지지를 얻게 되었다는 점이다. 황제는 그에 대한 처리를 위해 449년 8월 에페소에서 공의회를 소집했다. 이 공의회는 전적으로 황제의 정치적 의도에 의해 진행됐지만, 에우티케스의 단성론을 반대하는 로마의 레오 대 교황의 결정은 전혀 반영되지 않았다. 당시 교황은 「콘스탄티노폴리스의 총대주교 플라비아누스에게 보낸 서한」과 함께 3명의 사절을 보냈지만, 이들은 이 서한을 낭독할 기회조차 얻지 못했다. 단성론을 주장했던 에우티케스는 이 공의회를 통해 복권되고 말았다. 이와 함께 433년에 작성된 「일치 정식」은 폐기되고, 그리스도께서 강생하신 후 2개의 본성을 지닌다는 주장 역시 파문되었으며, 이와 연관된 주교들은 모두 추방되었다. 이 공의회를 통해 니케아 신경을 근간으로 하는 그리스도에 대한 균형 잡힌 신앙이 타격을 받고 말았다. 교회사에서는 이 공의회를 소위 2차 에페소 강도 공의회(449년)라고 부른다.

그러나 에우티케스를 지지했던 테오도시우스 황제가 죽자, 새 황제인 마르키아누스와 여제 풀케리아는 기존의 정통 신앙을 고백했던 주교들을 지지했으며, 그들은 레오 교황의 청원을 받아들여 이 문제를 재정립하기 위한 공의회를 소집하기에 이른다. 이 공의회는 처음에 니케아에서 개최될 예정이었지만 칼케돈으로 장소가 변경되어, 마침내 451년 칼케돈 공의회가 개최되었다. 공의회에 참석한 교부들은 에페소 공의회(431년)의 정식들을 다시 강조함과 동시에 에우티케스의 명제들을 단죄했다. 결국, 에우티케스는 유배를 가게 되었으며 그로부터 4년 후인 454년 유배지에서 임종했다.

칼케돈 공의회에는 대략 600명의 주교들이 참가함으로써 그 규모에 있어 이전의 모든 보편 공의회를 능가했으며, 현대에 이르기까지 개최된 어떤 보편 공의회보다 중요한 역할을 수행했다. 제2회기에서 「니케아 신경」, 「콘스탄티노폴리스 신경」, 레오 교황의 「콘스탄티노폴리스의 주교 플라비아누스에게 보낸 서한」이 낭독되고 공의회 교부들에 의해 만장일치로 받아들여졌다. 그리고 제4회기에서 그리스도의 2개 본성을 부정한 에우티케스의 지지자인 디오스코루스 주교의 정식과 2개의 본성을 주장한 레오 교황의 정식 가운데 하나를 선택해야 했는데, 교부들은 만장일치로 레오 교황의 정식을 채택했다. 칼케돈 공의회를 통해 교회가 거둔 중요한 그리스도론적 성과는 다음과 같다: 네스토리우스의 양성론(2개의 위격과 2개의 본성)과 에우티케스의 단성론(1개의 위격과 1개의 본성)에 대한 단죄, 각기 고유한 특성을 갖춘, 완전히 통합된 신성과 인성이라는 2개의 본성(physis)과 동시에 1개의 위격(hypostasis, 말씀의 신적 위격)을 주장함으로써 그리스도의 위격의 신비에 대해 내린 정확한 정의 등이 그러하다. 공의회는 에페소 공의회에서 동일한 의미로 사용됨으로써 후대에 혼란을 야기했던 피시스(physis)와 히포스타시스(hypostasis)를 각각 '본성'과 '위격'으로 명확히 구별함으로써, '하나의 본성'이라는 키릴루스와 에페소의 정식이 가진 모호성을 결정적으로 극복했다. 그러나 이후 이 정식이 교회 전체에 수용되기까지는 시간이 걸렸다. 이 정식은 여전히 단성론을 지지한 이집트와 팔레스티나 지역에서 한동안 거부되었기 때문이다. 이러한 분쟁은 제3차 콘스탄티노폴리스 공의회(680-681년)까지 무려 2세기 동안 지속했으며, 이 공의회에서 단성론을 재차 단죄함으로써 칼케돈 정식은 결정적으로 수용되었다.

5) 정통 교리의 기준이자 신학의 원천인 공의회들

이렇게 삼위일체와 그리스도에 관한 다양한 이단에 맞서 정통 신앙을 확립해 가면서, 보편 공의회들은 정통 교리의 기준이자 교회의 모든 구성원들에게 교회의 소속 기준을 제공할 정도로 보편적이고 절대적이며 무류적인 권위를 누리기 시작했다. 이러한 권위는 4대 보편 공의회가 "네 복음서, 네 공의회"라는 정식을 통해 성경과 긴밀하게 연결될 정도로 상당히 컸다. 5세기로 접어들면서 '공의회의 논거'는 으뜸가는 가치를 획득했으며 '성경의 논거' 다음으로 중요한 기준점이 되었다. 또한, 성경의 의미를 정확히 드러내고 해명한다는 의미에서 보편 공의회가 갖는 신학적 가치는 하느님의 말씀이 지닌 가치를 보완하는 중요한 역할을 했다. 4세기부터 신학자들의 연구는 공의회들의 교의 정립에 힘입어 종지부를 찍었으며, 이제부터는 공의회들의 결정을 심화, 발전시키는 것을 목적으로 이루어졌다. '신학'과 '공의회'는 '전례'와 더불어 전승의 주요 경로가 되었다. 보편 공의회의 출현과 더불어 전승의 폭은 상당히 넓어지기 시작했다. 전승이라는 운하의 흐름은 '신학'과 '교도권'(공의회들)이라는 물의 추진력에 힘입어 이루어졌다. 신학은 교도권의 연구에 필요한 분야를 준비하고, 교도권은 정식들을 천명함으로써 신학적 성찰에 필요한 새로운 논거들을 신학의 손에 쥐어 주었다. 이렇게 해서 전승은 신학과 교도권 덕분에 풍요롭게 발전했다. 결국, 보편 공의회는 교회사뿐만 아니라 신학사에 근본적인 자취를 남겼다. 보편 공의회들을 통해 '도그마'(dogma), 즉 '교의'(教義)라는 용어가 교회에 공식적으로 등장하게 된다. 이 말은 오직 보편 공의회가 하느님의 계시에 담긴 진리나 이 진리와 긴밀히 연결된 진리들에 대해 장엄하게 선포한 정식만을 가리키게 되었으며, 이는 신자들이 이 진리들을 받아들이도록 구속력을 갖게 되었다. 교의는 신자들을 옭아매는 올가미가 아니라, 교회가 무류적인 권위로 인정하는 것이 좋겠다고 판단할 정도로 중요한 진리를 말한다. 이는 모든 시대 모든 신자들에게 영원히 유효하다.

제3장

제국 교회 시대의 신학(6-7세기)

　교부 신학은 6세기에 약화되고 7세기에는 소멸해 갔다. 이 쇠퇴기에 교부들이 활동하던 배경은 여전히 제국 교회라는 종교적, 정치적 상황이었다. 동로마 제국에서는 제국의 힘이 여전히 강성했으며 테오도시우스, 유스티니아누스 같은 황제들의 통치 아래 교회 제도 역시 발전을 구가했다. 콘스탄티노폴리스에서는 철학, 신학, 법학에 대한 연구가 한창이었고, 여러 수도원에서는 영성 신학과 신비 신학이 번성했다. 그러나 서로마 제국에서는 5세기로 접어들면서 야만족들의 침입이 잦아지면서 점차 피폐해 갔다. 급기야 410년 로마는 끔찍한 약탈을 당하고 말았다. 마침내 476년 서로마 제국은 스키리족의 오도아케르에게 의해 멸망하기에 이른다. 그 후, 제국 내의 모든 지역은 점진적으로 몰락해 갔다. 그나마 다행인 것은, 베네딕도회가 창립되어 제국의 부침에 상관없이 로마의 문화를 그대로 이어 갔다는 점이다.

교부들의 신학과 관련해서 보면, 동서방의 모든 교부들은 자신들의 신학을 구축하기 위한 1차적인 원천으로 '성경'을 사용했으며, 교부들과 여러 공의회들에 의해 제시된 '전승' 역시 중요한 원천이었다. 교부들의 금언들을 모은 『사슬』(catenae)과 『소품집』(florilegi), 『선집』(antologie)이 만들어지기 시작했다. 교부들의 학문 연구에서 언제나 첫째 자리를 차지한 해석학적 도구는 철학, 특히 플로티누스와 프로클루스의 신플라톤주의였다. 쇠퇴기의 교부들은 플로티누스의 『엔네아디』와 프로클루스의 『플라톤 신학』에서 주요 개념과 이론을 끌어냈다.

이 시기의 신학에는 특히 동방 신학이 유지한 내용, 즉 교의들로 인해, 신칼케돈 신학이라는 특성이 부여되었다. 칼케돈 공의회(451년)는 선행된 공의회들의 결정에 의지하면서 참된 하느님이며 참된 인간이신 그리스도에 대한 신앙을 결정적으로 확정지었다. 그러나 이 결정은 제국의 권위에 의해 승인되었음에도 즉각 이행되지 않고 상당히 더디게 수용되었다. 신칼케돈 신학자들의 목표는 키릴루스와 칼케돈 공의회의 상반된 용어들을 조정하면서 결정적으로 에우티케스의 단성론을 극복하는 데 있었다. '위격'(hypostasis)이라는 용어를 몰랐던 키릴루스는 그리스도의 신성과 인성의 일치를 "하나인 본성-실재, 두 개의 본성들로 행동함"으로 서술한 데 반해, 칼케돈 공의회는 위격이라는 용어를 소개하면서 "하나의 위격 안에 두 개의 본성들"이라는 정식으로 설명했다. 신칼케돈 신학자들은 두 가지 정식, 즉 칼케돈 공의회의 양성론 정식과 키릴루스의 단성론 정식의 유효성을 모두 옹호했다. 6-7세기의 신학은 근본적으로 칼케돈 공의회의 교의에 대한 해석이라고 할 수 있다.

7세기에는 라틴 교회의 신경(信經) 안에 '그리고 성자에게서'(Filioque)

정식이 도입되었다. 이는 8세기 초에 들어서 카롤루스 대제와 콘스탄티노폴리스 총대주교인 포티우스 사이에 본격적으로 논쟁의 대상이 되었다. 또한, 이즈음부터 교부들 사이에 그리스도론적인 주제 대신 성령의 신비가 신학의 중심 주제로 들어서기 시작했다. 교부 시대의 마지막 시기에 두드러진 논쟁의 주제는 성화상 공경 문제였다. 동방 교회의 마지막 신학자인 다마스쿠스의 요한은 여러 비잔틴 황제들의 성화상 파괴에 대항해서 용감하고 효과적으로 투쟁했다. 쇠퇴기의 교부 신학은 비잔틴 신학, 라틴 신학, 수도승 신학으로 나뉜다.

1. 비잔틴 신학

1) 비잔틴 신학의 특징들

교부 신학의 쇠퇴기에 두드러진 인물로 위(僞) 디오니시우스, 고백자 막시무스, 다마스쿠스의 요한을 들 수 있다. 이 밖에 칼케돈 공의회 이후의 그리스도론에 공헌한 교부로 안티오키아의 세베루스, 문법가 요한, 비잔티움의 레온티우스가 있다. 6세기에 이집트, 시리아, 팔레스타인 지역에서 그리스도교 중심지가 사라지면서 동로마 제국의 수도인 비잔티움(=콘스탄티노폴리스)과 그 주변에 있던 수도원들은 신학 연구의 중심지가 되었다. 서로마 제국 교회와의 지속적인 분리로 인해 동로마 제국의 교회는 그 구조, 전례, 신학, 영성 등에서 라틴 교회와 구별되는 자신만의 독특한 요소들을 더욱 발전시켜 갔다. 동방 교회는 더욱 '제국 교회'로 성장해 갔으며, 이에 따라 교회의 수장으로서의 황제의 지위가 더욱 굳건해졌다. 황제는 공의회 소집과 교령의 실행, 총대주교들의 선출과 면직, 신학적 논쟁 등에 개입해서 교회를 실질적으로 이끌어갔다.

비잔틴 신학의 특성 가운데 두드러진 것으로 지혜성, 부정 신학, 신비주의를 들 수 있다. 이 세 가지는 상호 의존적이다. 우선, 지혜성은 추리를 통한 해부를 넘어 신적인 신비를 맛보는 데로 이끄는 특징을 말한다. 이러한 경향은 그 신비가 지닌 불멸의 광채와 형언 불가성을 강조하며 부정적 형식으로 그 신비를 표현하려 한다(부정 신학). 더욱이 지혜성은 인간 영혼이 그 신비와 하나 되고 이를 살아가도록 이끌며, 이는 특히 전례 안에서 이루어진다. 전례 거행은 신학에 영적인 양식을 제공해 준다. 비잔틴 신학은 지성에 의지한 신앙이라기보다 마음에 의지한 신앙이다. 즉, 사랑을 탐구하고 향상시키는 신학인 것이다. 또한, 이 신학은 사색과 관상보다는 영혼의 신화(神化)를 지향한다. 여기서 강조되는 진리는 하느님께서 친히 인간이 되셔서 인간들을 신성(神性)으로 들어 높이셨고 거룩하게 하셨다는 것이다. 이러한 원리에서 성성과 그 성성의 원천인 전례 생활의 필요성이 나타난다.

2) 위 디오니시우스

위 디오니시우스는 그 사상의 독특함과 스콜라 학자들의 신학적 사변에 끼친 영향력으로 인해 중요한 인물로 평가받는다. 사실, 그는 비단 비잔틴 신학에 속할 뿐만 아니라 그 신학의 가장 뛰어난 대표자이다. 그의 사상에서는 앞서 언급한 비잔틴 신학의 고유한 특징인 지혜성, 부정 신학, 신비주의가 탁월하게 드러나고 있다. 그의 생애에 관한 정확한 정보는 전해지지 않는다. 다만 그의 작품들을 통해 그가 시리아 출신의 그리스도인으로서 아테네에서 오래 살았고, 그곳에서 프로클루스와 다마스쿠스의 요한이 가르치는 강좌에 열정적으로 참석했으며, 그들로부터 매우 깊은 영향을 받았음을 추론할 수 있다. 그리고 그는 시리아 혹은 팔레스타인 지방의 어느 수도원에서 은둔과 기도, 연구 생활을 했다. 중세 동안 『아레오파기타 전집』의 저자는 사도 바오로의 실제 저자로 여겨졌고, 이로 인해 모든 탁월한 신뢰성과 아우구스티누스를 포함한 교회의 위대한 교부들에게 주어지는 권위가 그의 작품에 부여되었다. 디오니시우스 아레오파기타의 전설에 대한 오류는 문예 부흥기에 와서야 로렌초 발라에 의해 결정적으로 입증되었다.

『아레오파기타 전집』은 모두 4권으로 구성되어 있다. 『신명론』은 성경이 하느님께 부여하는 명칭과 표상들에 대한 논술이다. 『신비 신학』은 하느님의 초월성을 더욱 강조하면서 하느님의 이름을 종합적으로 다뤘다. 『천상의 위계』는 천사론에 대한 최초이자 매우 고전적인 논술이다. 『교회의 위계』는 교회론에 관한 간단한 논술로, 3가지 성사, 3가지 사제 신분, 3가지 부차적 신분, 장례와 유아 세례에 대해 다뤘다.

위 디오니시우스의 신학을 떠받치는 구조는 신플라톤적이다. 하지만, 그 내용은 본질적으로 그리스도교적이다. 그는 프로클루스의 신플라톤주의를 전폭적으로 받아들였으며, 이를 그리스도교 사상의 진리를 담아 내는 구조적인 틀로 활용했다. 이로써 그는 탁월한 신플라톤적 그리스도교 전망을 제시했다. 그는 프로클루스로부터 삼원론의 원리를 차용했는데, 그에 따르면 모든 존재는 지속, 유출, 귀환이라는 세 시기에 속한다. 또한, 그는 이러한 신플라톤주의적 구조를 바탕으로 선대의 모든 전망들을 넘어서는 하느님을 향한 일관되고 탁월한 신학적 전망을 이룩했다. 그에게 있어서 우선적인 목적은 성경을 이해하는 것, 즉 성경이 하느님에 대해 관념적인 방식으로 혹은 감각적 방식으로 말하는 바를 알아듣는 데 있다. 그의 작품에서는 교부들의 가르침이나 여러 공의회의 결정 사항들을 찾아볼 수 없다. 그에게 있어서 신학은 무엇보다도 관상적이다. 그러나 관상은 오직 관념적인 세상에서 가능한 것인데 반해, 우리에게 하느님은 자주 감각적 세상을 통해 상징적으로 자신을 드러내신다. 여기에 상징 신학의 필요성이 드러난다. 그래서 위 디오니시우스는 자신의 신학적 전망에서 상징 신학과 신비 신학을 강조했다.

그는 피조물을 크게 세 부류, 즉 영적 피조물, 인간적 피조물, 물질적 피조물로 나눴다. 또한, 그는 프로클루스의 전망에 따라 위계의 원리를 활용해서 상당히 복잡하면서도 질서 지어진 일련의 피조물들을 제시했다. 그에게 있어서 피조물들의 위계는 그들을 하느님과 친밀한 정도에 따라 상이한 완성의 등급으로 배열하는 것을 의미한다. 또한, 이러한 위계는 언제나 하위 부류들과 비교해서 상위 부류들이 실행하는 세 가지 활동(정화, 조명, 일치)을 내포한다. 하느님은 이러한 위계 밖에 계시며 모든 위계를 넘어 계신다. 위 디오니시우스는 하느님에게서 창조되어 나오는 모든 존재를 '천상'과 '교회'라는 두 개의 커다란 위계로 나눴다. 천상의 위계에는 천사들이 포함되며, 교회의 위계에는 하느님과 화해한 사람들, 즉 교회의 구성원이 속한다. 이 두 위계는 모두 명령, 지식, 활동이라는 3가지 요소로 구성되어 있다. 또한, 이 위계들이 지향하는 목적 역시 '신화'로 같다. 이 신화의 주된 원작자는 하느님의 권능, 정확히 말해 '성령'이시다. 위 디오니시우스는 천사의 위계와 교회의 위계 다음에 세 번째로 큰 위계인 '법률적인 위계'를 추가했다. 그에 따르면, 이 법률적인 위계는 구약의 세계로, 그리스도께서 오시기 전까지 존재했던 유일한 인간적 위계였으며, 그 구성원들을 신화의 길로 나아가게 하는 역할을 수행해 왔다. 이 위계는 3가지 구성 요소, 즉 표징, 하느님을 향한 선구자들, 입문자들로 이루어져 있다. 마지막으로, 위 디오니시우스는 교회의 위계 안에서 3가지 위계를 제시했다. 이는 능동적 위계(주교, 사제, 부제), 수동적 위계(수도승, 평신도, 예비자), 도구적 위계(세례, 성체, 견진)이다. 이 모든 위계의 유일한 출발점이자 도착점은 하느님이며, 위계의 계단은 피조물들이 하느님과의 일치를 회복하는 데 있어 각자 고유한 역할을 수행한다.

3) 신칼케돈 신학자들

6-7세기의 여러 비잔틴 신학자들은 여전히 칼케돈 공의회(451년)의 올바른 해석과 관련된 당시의 논쟁에 깊이 연관되어 있었다. 당시 근본적인 문제는 '단성론자'로 오해받은 알렉산드리아의 키릴루스의 용어와 칼케돈 공의회의 문구인 그리스도론적 용어 '양성론자' 사이의 조화를 이루는 데 있었다. 이에 대한 두 가지 해결책이 제시되었다. 하나는 키릴루스의 용어를 칼케돈의 용어에 굴복시키는 것이며(문법가 요한이 이 작업을 수행했다), 다른 하나는 그와 반대로 칼케돈의 문구를 키릴루스의 단성론으로 되돌리는 것이다(안티오키아의 세베루스가 이 작업을 수행했다). 반면, 이 둘 사이의 중간 노선을 취한 사람도 있었다. 비잔티움의 레온티우스가 그렇다.

① 문법가 요한(칼케돈파): 요한에 대해서는 자세히 알려진 바가 거의 없다. 그의 주요 작품은 515년에 쓰인 『칼케돈 공의회의 호교론』이

다. 그는 그리스도의 이중적인 동일 실체성(신성에 있어서 그리스도와 하느님, 인성에 있어서 그리스도와 인간)을 주장하기 위해 칼케돈 공의회의 정식을 옹호했다. 이러한 이중적인 동일 실체성이 그리스도 안에 실재한다면, 그 결합 이후에는 두 본성 혹은 두 본질이 있게 된다. 문법가 요한에게 있어서 '본성'(physis)은 공통적인 본질을 의미한다. 그러나 그는 단성론을 피하기 위해 본성'(physis)이라는 말에 키릴루스가 말한 구체적 실재라는 의미를 부여하는 것이 단지 가능할 뿐만 아니라 반드시 필요하다고 주장했다. 그에 따르면, '위격'(hypostasis)은 분리된 실재를 의미한다. 이는 그리스도의 인성이 결코 신성의 외부에 있지 않다는 점과 그리스도의 인성과 신성은 하나의 구체적이고 유일한 위격 또는 유일한 본성을 구성한다는 점을 드러내기 위해 사용된다.

② 안티오키아의 세베루스(키릴루스파): 세베루스는 문법가 요한의 반대자로, 피시디아의 소조폴리 출신으로 488년 개종하여 세례를 받았다. 가자의 어느 수도원에서 전형적인 단성론적 교육을 받은 그는 509년 콘스탄티노폴리스에서 자신의 사상을 전파했고, 512년 안티오키아의 주교로 축성되었다. 이후, 유스티누스의 등장으로 인해 그는 이집트로 피신할 수밖에 없었고, 거기서 가능한 모든 방법을 통해 칼케돈 공의회의 입장에 반대하는 투쟁을 지속하다 538년 임종했다. 세베루스는 알렉산드리아의 키릴루스의 그리스도론을 용감하게 옹호했다. 그의 입장은 '말로만의 단성론' 또는 '세베루스의 단성론'으로 불린다. 사실, 그의 신학은 신칼케돈 신학과 매우 비슷하며, 이로 인해 그의 단성론을 '말로만의 단성론'이라 한 것이다. 그는 "하나의 위격 안에 두 개

의 본성"이라는 용어를 거부하면서, 문법가 요한과는 정반대로 칼케돈 공의회의 정식을 키릴루스의 명제로 되돌리려 노력했다. 사실, 세베루스는 위격을 부정하진 않았지만, 위격을 본성과 동일시했다. 그래서 그리스도 안에 인성과 결합된 하나의 본성과 하나의 위격이 주어져 있다고 주장했다. 그에 따르면, 인성은 고유한 본질(ousia)을 지닌 것이지 고유한 본성(physis)을 지닌 것은 아니다. 그는 이런 방식으로 혼동을 피하면서 동시에 '하나의 본성'이라는 용어로 규정된 유일한 존재 안에서 실제의 이중성을 유지하려 했다. 그는 이를 위해 '혼합된 본성'에 대해 말했다. 말씀은 육화 이전에 단순한 하나의 본성이었지만, 인간이 되면서 "육에 관계되어 혼합되었다." 세베루스는 그리스도의 유일한 본성 안에서 '혼합'에 대해 말한 유일한 단성론자였다. 그는 키릴루스의 견해를 충실히 따르기 위해 "유일한 위격 안에 두 개의 본성"이라는 칼케돈의 정식을 반대했다. 그리고 엄격한 단성론을 주장했다. 그는 일관되게 그리스도 안에 오직 하나의 본성이 있고, 그에 따른 유일한 활동 작용만 있다고 주장했다.

③ 비잔티움의 레온티우스: 콘스탄티노폴리스 출신이며, 팔레스타인에서 수도승으로서 사바 수도원에 의해 주도된 오리게네스적인 분파의 일원이 된다. 하지만 그는 531년 오리게네스적인 확신을 버리고, 이로 인해 사바 수도원으로부터 탄핵되었다. 그러나 그는 칼케돈 공의회에 대한 적절한 옹호로 주요한 재판에서 합의를 끌어냈다. 그는 자신의 주저 『네스토리우스파와 에우티케스파 논박』을 통해 네스토리우스파와 에우티케스파라는 상반된 이단들 사이에서 칼케돈 공의회가 유일하게

참된 중간적 방법을 제시했다고 보았다. 하지만, 그의 해결책은 사실 칼케돈 공의회 쪽보다 에우티케스 쪽에 더 가까웠다. 그는 육화를 말씀의 위격이 인성을 취하는 것으로 표현하지 않고, 인성과 신성이라는 두 본성의 유일한 그리스도 안에 있는 실재로 표현함으로써 칼케돈 공의회와 거리를 두었다. 그는 로고스를 결코 결합의 주체로 보지 않았다. 그의 견해에 따르면, 그리스도는 본질적으로 로고스와 결합된 지성이고 인성의 회복을 위해 스스로 인성을 취한 분이다.

4) 고백자 막시무스

비잔틴 신학계는 7세기 초에 고백자 막시무스라는 큰 별을 탄생시켰다. 그는 오랫동안 잊혀 있었지만, 최근 수십 년간의 노력, 특히 발타사르의 공헌으로 신학의 주요 인물 가운데 한 사람으로 평가받으며 신학의 무대로 돌아왔다. 그는 황제의 서기라는 고위직에 오를 만큼 정치적인 성공을 이룬 인물이었다. 그러나 630년에 관직을 버리고 홀연 크리소폴리스의 어느 수도원으로 들어가 수도 생활에 정진했다. 그 후, 645년에는 카르타고로 가서 단의론(單意論) 이단에 맞서 싸웠다. 이를 위해 그는 여러 아프리카 시노드를 비롯해 649년에는 라테란 공의회에 참석했다. 결국, 공의회는 단의론뿐만 아니라 이를 지지하던 주교들, 총대주교들을 단죄하기에 이른다. 그러나 이로 인해 당시 콘스탄스 2세 황제는 분노했으며, 그 결정을 철회하려 했지만 그럴 수 없었다. 결국, 황제는 막시무스와 그 동료들의 혀를 자르도록 명했다. 막시무스는 이 형벌을 비롯해 많은 잔학한 고문으로 인해 생의 말년을 고통스럽게 보내다 662년 임종했다. 그는 많은 작품을 남겼는데, 그 가운데 11권은 단성론에 반대하는 것이며, 23권이 단의론을 반대하는 것이다. 그리고 위 디오니시우스와 나지안조의 그레고리우스에 대한 몇몇 주해서들이 있다.

막시무스는 무엇보다도 정통 신앙을 수호하기 위한 논객이었으며, 그의 주요 관심사는 그리스도론에 관한 것이었다. 특히 그는 신플라톤적 경향의 그리스도교 철학을 대변하는 탁월한 인물로 평가받는다. 그는 '발원'과 '귀환'이라는 신플라톤적 전망을 따르는 가운데 질서정연하고 통일된 틀 안에서 자신의 사상을 제시했다. 우선, 하느님에 관한 그의 사상은 위 디오니시우스의 가르침과 근본적으로 일치한다. 그에 따르면, 하느님은 이 세상 안에 전적으로 내재하신다. 동시에 그분은 절대적 상위성이라는 어둠 속에 숨어 계시는 분이다. 결국, 그는 하느님의 본질은 보이지 않는 피조물뿐만 아니라 보이는 피조물에게도 절대로 접근 불가하다고 보았다.

막시무스는 질서 정연한 이 우주에서 인간에게 그 중심적인 역할을 부여했다. 그는 신플라톤주의의 삼원론 도식을 인간에게 적용했다. 기본적인 삼원론은 탄생, 변모, 평온함이다. 그러나 인간이 완전한 자기실현에 이르기 위해서는 정화와 변모라는 긴 과정을 거쳐야 한다고 그는 보았다. 인간의 가치와 실존의 의미에 대해 더욱 정확한 척도를 부여하는 두 번째 삼원론은 존재, 만족함, 영원으로 표현된다. 인간은 탄생하는 순간에 아직 만족함을 성취하지 못한 피조물이다. 그러나 인간은 자신의 자유 의지에 따라 만족함과 영원을 달성할 수 있는 뛰어난 특권을 가졌다. 막시무스는 인간 안에서 '만족함'이 실현되는 것을 밝히기 위해 또 다른 삼원론을 활용했다. 그것은 능력, 실현, 휴식의 삼원론과 본성, 자유 의지의 수련, 은총의 삼원론이다. 여기서 그는 특히 자유 의지가 기여하는 부분을 강조했다. 그는 인간 삶의 최종 도착점은 하느님에 대한 관상이며, 오직 은총의 도움을 통해서만 여기에 이를 수 있다고 보았다.

특히, 그는 인간이 그리스도의 공로에 힘입어 이 도착점에 도달할 수 있다고 가르쳤다. 막시무스 사상의 핵심은 그리스도로서, 그는 인간 본성의 전체성을 옹호하기 위해 그리스도의 신비들을 깊이 성찰했다. 그리스도의 인간적 의지와 관련된 막시무스의 기여는 결정적이었다. 단성론에 바탕을 둔 에우티케스의 단의론은 그리스도의 두 본성을 인정하지만 하나의 의지, 즉 신적 의지만 있다고 보았다. 이에 대해 막시무스는 그리스도가 두 개의 본성을 지니고 있으므로 당연히 두 개의 의지, 즉 신적 의지와 인간적 의지를 지닌다고 주장했다. 여기에 더해, 그는 그리스도의 인간적 의지에서 본래적인 형태와 논리적인 형태 또는 자유로운 형태를 구분했다. 그리고 이 가운데 본래적인 형태의 인간적 의지만을 그리스도에게 부여했다. 막시무스는 그리스도께서 이로 인해 자신의 의지를 성부의 의지에 일치시킬 수 있었고, 인간 및 모든 우주와 성부 사이의 재결합을 가져올 수 있다고 보았다. 그리스도는 우리 구원의 가치 높고 모범적인 원인이자 우리 신화의 이상이시다. 그러므로 그리스도를 닮는 것은 신자가 걸어야 할 아주 중요한 길이다.

5) 다마스쿠스의 요한

다마스쿠스의 요한은 부유한 아랍계 귀족 가문이자 그리스도교 가정의 후손으로 훌륭한 교육을 받았다. 그는 일찌감치 세속을 버리고 팔레스타인 지역의 성 사바 수도원에 들어가 수도 생활에 정진했다. 그는 신학 연구에 탁월한 재능을 보였다. 725년에는 예루살렘의 요한 5세 총대주교에 의해 사제품을 받았으며, 그 후 성경과 신학을 가르치는 일에 헌신했다. 그는 레오 3세 황제가 촉발한 성화상 파괴에 맞서 용감하게 싸우는 가운데 성화상 공경을 적극 옹호했다. 그는 754년 이전에 임종했다. 1890년 레오 13세 교황은 그를 교회 학자로 선포했다.

그는 그리스 교부들로부터 습득한 다양한 철학(아리스토텔레스 철학, 플라톤 철학, 신플라톤 철학)을 바탕으로 신학적 종합을 이뤄냄으로써 역사상 '동방의 성 토마스 아퀴나스'라는 별칭을 얻었다. 그의 모든 철학적, 신학적 사상은 그의 주저인 『인식의 원천』에 담겨 있다. 이 작품의 제3부, 『올바른 신앙에 관한 해설』은 신학의 전 영역을 포함하므로, '신학대전'이라는 별칭을 얻기에 손색이 없다. 그래서 그는 첫 번째 '스콜라 학자'로 불린다. 그의 '대전'은 그리스도교 신앙의 모든 기본적인 진리를 체계적으로 설명하고, 성경과 교부들의 권위에 기초해서 묵상과 개인적인 체득으로 재생된 간결하고 명쾌하며 핵심적인 설명을 담고 있다.

다마스쿠스의 요한은 하느님이 형언할 수 없고 이해할 수 없는 분이지만 그 실재는 분명한 진리라고 확고하게 언급했다. 그리고 이를 위해 3가지 증명을 제시했다. 생성을 통한 증명, 우주의 보존과 일치를 통한 증명, 질서를 통한 증명이 그러하다. 또한, 그는 하느님의 절대적 초월성을 주장했으며, 무엇보다 위 디오니시우스의 용어를 바탕으로 그분의 무형성, 불변성, 무한성 등을 부정적 표현으로 제시했다. 한편, 삼위일체론과 관련해서, 그는 성자와 성령의 발출과 개별적 위격들에 관해 성찰했는데, 그에 따르면 성자는 성부의 실재하는 말씀이며, 성령은 성부에게서 나오고, 거룩한 말씀 안에 남아 있는 실재하는 숨이다. 또한, 성자의 출생과 성령의 발출은 모두 시간 속에서가 아니라 하느님의 동일한 본질에서 처음부터 일어난 것이다. 그리고 세 위격 사이에는 존재에 있어서나 존엄에 있어서 절대적인 동일성이 있다. 한편, 그는 '필리오퀘'를 명백하게 부인했다. 그에 따르면, 성령의 발출은 성부의 고유한 특권이다.

다마스쿠스의 요한은 이전 전통과 마찬가지로 인간을 하느님의 모상으로 표현했다. 그리고 이 모상이 아담의 원죄로 인해 더러워졌지만, 완전히 파괴되지는 않았다고 보았다. 왜냐하면, 원죄 이후에도 인간은 자유 의지를 선용할 수 있기 때문이다. 인간은 덕의 실천을 통해 하느님과의 유사성에 이르게 된다. 또한, 다마스쿠스의 요한은 자주 아리스토텔레스의 용어에 의지해서 그리스도론의 기본적인 주제들을 여러 보편 공의회에서 제정된 교의에 따라 심도 있게 전개했다. 그는 열정적으로 성화상 공경을 옹호하기도 했다. 하느님께만 정당한 흠숭과 성인들과 그들의 유해를 위한 공경을 구별하면서 성화상 파괴에 맞서 싸웠다.

한편, 그의 『인식의 원천』은 중세기 동안 동방 교회에서 교본처럼 사용된 중요한 작품이다. 그는 이 작품에서 아리스토텔레스의 용어들을 사용해서 주제를 풀어 나갔다. 더욱이 이 작품은 라틴어로 번역되었기 때문에, 서방의 스콜라 학자들에게 많은 도움을 주었다. 이 작품은 서방 교회에서 논리적 신학의 전망에서 읽혀진 데 반해, 동방 교회에서는 지성적 체험에서 교회적 체험과 헤시카즘 영성으로 옮겨지는 양상을 보였다. 또한, 그는 『변모에 관한 강론』에서 인간이 변모된 그리스도에 참여함으로써 완전한 신화(神化)를 위해 부름받았다는 점을 강조했다. 그는 전례 찬가를 통해 그리스 교부들의 신학을 신자들이 이해하기 쉽게 해 주기도 했다. 그리고 성모 마리아에 대한 깊은 감수성을 갖고 있었다. 이처럼 다마스쿠스의 요한은 다양한 분야에서 그리스도교 신학을 종합함으로써 비잔틴 신학의 첫 번째 단계를 완성했으며, 이후 스콜라 시대를 위한 다양한 유산을 체계적으로 전해 주었다. 그래서 그는 스콜라 신학의 시대에 동·서방 교회 모두를 위한 정통 신학의 아버지로 평가받는다.

2. 로마 제국 멸망 후의 라틴 교부 신학

1) 아우구스티누스의 유산

6세기부터 8세기까지 서방에서는 서로마 제국의 붕괴로 인해 교회가 세속에서도 자신의 존재를 강화시켜 가는 기회를 갖게 되었다. '로마 백성의 수호자'로서의 역할을 맡았던 교황의 역할은 점차 더욱 강화되었으며, 교회 공동체의 수장에서 모든 로마 백성의 정치적 수장으로 그 위상이 격상했다. 이 과정을 통해 라틴 교회는 점차 '교황의 교회' 체제로 변화되어 갔다. 대 그레고리오 교황 시대부터 교회는 그의 교회 개혁을 바탕으로 국가를 설립해야 한다는 열망이 일어나기도 했다. 6-7세기의 교황은 억압받는 백성뿐만 아니라 억압하는 이민족들도 돌보며 그들의 개종을 위해 헌신했다. 당시의 이런 복잡하고 어려운 상황으로 인해, 교황은 종교적이고 신학적인 면에서 문화적인 향상을 위해 많은 일을 할 수 없었다. 신학을 하는 것은 소수의 특권자들에게만 한정된 사치였으며, 그나마 수도승들만이 이 작업을 할 수 있었다. 이로 인해 이어지는 7-8세기는 거의 완벽한 신학의 공백기였다.

이런 어려운 시기가 본격적으로 펼쳐지기 이전에 소수의 용기 있는 사상가와 저술가, 예컨대 레랭의 빈첸시우스, 보에티우스, 대 그레고리우스, 이시도루스 등의 공헌으로 라틴 신학은 그 나름의 영향력 있는 목소리를 낼 수 있었다. 대체로 이들은 모두 아우구스티누스의 사상과 밀접한 연관성을 갖고 있었다. 그의 사후, 그의 가르침은 신학 분야에서 절대적인 영향을 미쳤다. 교부 시대 이후부터 스콜라 신학의 초기까지 신학의 주요 원천은 2가지, 즉 성경과 아우구스티누스의 작품들이었다. 이러한 그의 막강한 영향력은 그의 여러 작품에서 뽑아서 만든 다수의 소품집에서 확인된다. 그 가운데 특히 유명한 것으로 아퀴타니아의 프로스페루스의 『성 아우구스티누스의 작품에서 뽑은 명제집』으로, 이는 아우구스티누스 신학의 대전(大全)으로 평가받는다. 레랭의 빈첸시우스는 『선집』을 집필했는데, 여기서 저자는 그리스도론과 삼위일체론 분야에 있어서 아우구스티누스의 막강한 권위를 강조했다. 또한, 에우기피우스는 아우구스티누스의 40개 이상의 작품에서 뽑아낸 『성 아우구스티누스 작품 전집』을 쓰기도 했다. 아를의 카이사리우스 주교도 아우구스티누스의 훈화들을 포함하는 설교 선집을 만들어 자기 교구의 사제들을 위한 설교 지침서를 제공했다. 이 시기에 교의 영역에서는 은총, 자유 의지, 예정, 선업과 공로 등에 관한 문제들이 보다 깊이 성찰되었다. 반면, 방법론 분야에서는 조직적인 논술이 점차 성경 주석보다 우위를 점해 갔다.

2) 레랭의 빈첸시우스
   레랭의 빈첸시우스에 대해 알 수 있는 자료는 부족하다. 다만 그는 갈리아(옛 프랑스) 출신이며, 군대와 관련된 직업을 갖고 있었을 것으로 추정한다. 그는 레랭에서 늦게 수도 생활에 입문하고 사제품을 받았으며 450년에 임종했다. 우리에게 전해 오는 그의 유일한 저서로 『비망록』이 있다. 그는 이 작품을 통해 참된 가톨릭 신앙과 이단의 오류를 구분하기 위한 명확한 기준을 제시했다. 그는 성경이 여러 가지로 해석될 수 있다는 점에서 그 자체만으로는 충분한 신앙의 규범이 될 수 없다고 본 이레네우스와 테르툴리아누스의 명제에서 출발해서 '전승'을 정통성의 중요한 기준으로 제시했다. 두 교부들의 경우, 그들은 진정한 전승의 기준을 '사도성'에 두었다. 이는 사도들과 그들의 직제자들로부터 직접 전해 오는 것이 참되다는 것을 의미한다. 그러나 그로부터 3세기가 더 지난 시대를 살던 빈첸시우스는 '사도성' 역시 신앙의 진정성과 확실성을 세우기에는 충분하지 않다고 여기며, 여기에 더해 3가지 기준을 추가로 제시했다. '보편성', '고대성', '만장일치성'이 그것이다.

이 밖에도 빈첸시우스는 신학의 발전을 위해 정한 기준들을 통해 기여했다. 그는 『비망록』 제2부에서 교의 발전의 근본적인 규칙들을 명확하고 구체적인 방식으로 정식화했다. 그는 교의의 발전을 어른이 되어 가는 어린아이의 성장과 싹이 터서 튼실한 식물로 자라나는 씨앗의 성장에 비교했다. 그는 교회가 옛 가르침을 충실하고 현명하게 관리함에 있어 최고의 열정을 갖고 고대로부터 받은 것을 요약된 형태로 완전하게 세련되게 만들어야 하며, 이미 확인되고 정의된 것을 지키기 위해 노력해야 한다고 강조했다. 마지막으로, 빈첸시우스는 『비망록』을 통해 삼위일체론, 그리스도론, 마리아론에 대한 명확한 종합을 제시했다.

3) 루스페의 풀겐티우스

풀겐티우스는 467년 카르타고의 고르디아누스 귀족 가문에서 태어났다. 그는 뛰어난 행정가적 자질 덕분에 젊은 나이에 텔렙타의 집정관으로 선출되어 활동했다. 그러나 그로부터 몇 년 후인 499년 세상을 등지고 수도 생활에 전념했다. 507년에는 루스페의 성직자들과 신자들에 의해 주교로 선출되었다. 하지만 그는 주교 임명과 동시에 사르데냐로 망명해서 살아야 했다. 거기서 그는 남은 일생을 통해 아리우스주의에 맞서 가톨릭 신앙을 수호하기 위해 활동했다. 마침내, 그는 531년 자신의 고향인 루스페로 돌아왔으며 그곳에서 533년 임종했다. 적지 않은 그의 작품에는 아리우스주의와 단성론을 반대하는 일련의 논술과 서한 그리고 강론이 포함되어 있다.

그는 탁월한 풍요로움과 복잡함을 지닌 아우구스티누스의 신학적 유산을 후대에 전해 준 주역으로서, 아우구스티누스의 글뿐만 아니라 사상에도 매우 충실했으므로, '아우구스티누스 요약'이라는 칭호를 얻게 되었다. 풀겐티우스는 자신의 반(反)아리우스 작품에서 아우구스티누스 이외에 치프리아누스와 테르툴리아누스를 인용하기도 했다. 그리고 단성론을 반박하는 논쟁에서는 그리스 교부들, 특히 니사의 그레고리우스의 사상을 취했다. 또한, 그는 삼위일체론에서 아우구스티누스의 가르침, 특히 심리적인 유비를 바탕으로 한 삼위일체론을 충실히 따랐다. 그리고 성령을 하위의 종속적 존재로 간주하던 반(反)니케아주의자인 파비아누스를 반박하기도 했다. 한편, 그는 그리스도론에서 구세주이신 그리스도의 위격이 지닌 단일성과 본성상 이중적이라는 칼케돈 공의회의 결정을 충실히 따랐다. 교회론에서는 치프리아누스의 가르침을 따랐다. 그러나 치프리아누스보다는 좀 더 이단자들에게 개방적인 태도를 견지했다.

4) 세베리누스의 보에티우스

보에티우스는 475-480년에 로마의 원로원 가문에서 태어나, 아버지를 일찍 여의고 퀸투스 아우렐리우스 심마쿠스라는 귀족 집안에서 자라며, 초기 교육을 받았다. 그리고 로마와 알렉산드리아의 학교에서 철학을 공부한 후, 495년 심마쿠스의 딸인 루스티키아나와 혼인했다. 그 후, 보에티우스는 510년에 1년간 도시의 집정관 임무를 수행했으며, 원로원의 의장 등 다른 주요 직책도 수행하고, 동시에 여러 철학자들의 작품을 번역하고 주석 작업을 했다. 또한, 아리우스와 에우티케스 이단에 맞서 정통 신앙을 수호하는 데에도 노력했다. 513년 동고트의 테오도리쿠스 왕은 그를 왕의 스승으로 임명했다. 이로 인해 그는 10년간 동고트족의 왕궁에서 생활하며 왕궁 경비와 행정 조사 같은 중요한 역할을 수행했다. 그는 오랫동안 왕의 신임과 존경을 받는 참사로 살았다. 하지만 524년 그를 질투하던 친구 알비노와 귀족들의 음모로 인해 반역 혐의를 받아 감옥에 갇히고 말았다. 거기서 그는 2년간 옥살이를 하며 대표작인 『철학의 위안』을 집필했다. 그러나 결국 526년 사형 선고를 받고 형장의 이슬로 생을 마감하고 말았다.

보에티우스의 저술 활동은 짧은 생애와 연구를 수행하기 어려운 상황을 고려한다면 경이롭기 그지없다. 그는 여러 그리스 철학자들의 작품을 번역하고 주석 작업을 했으며, 『거룩한 소책자』라는 작품을 통해 그리스도교 신앙의 핵심적 사안들을 심도 있게 성찰하고 종합했다. 여기에는 다음과 같은 작품이 담겨 있다. 바로 「삼위일체론」, 「에우티케스와 네스토리우스 반박」, 「일주간론」, 「가톨릭 신앙론」, 「성부와 성자와 성령께서 신성에 관해 실체적으로 나타냈는가?」이다.

그의 독창적 사상은 『철학의 위안』에 집약되어 담겨 있다. 여기서 그는 상당히 난해하면서도 인간에게 중요한 악의 문제를 심도 있게 다뤘다. 구체적으로, 그는 왜 이 세상에서 악인은 더 좋은 것을 소유하고 악행의 보상을 받는 데 반해, 선인은 불행하고 학대받는지 하는 물음을 깊이 파고들었다. 그는 이성의 힘, 특히 철학의 힘에 의지해서 이 문제를 풀어 갔다. 그리고 얼핏 보기에는 서로 대립되는 것 같지만 실제로는 모두 연결된 다음과 같은 6가지 진리를 바탕으로 앞서 제기된 문제를 해결했다. 첫째, 인간 마음의 열망을 온전히 채울 수 있는 최고선은 오직 하느님뿐이다. 둘째, 악은 실체가 아니라 결핍이다. 셋째, 악은 피조물이 자신의 자유를 잘못 사용하는 데서 온다. 넷째, 인간은 자유로운 존재이므로 최고선을 따르는 것에 대한 책임을 갖는다. 다섯째, 하느님은 항상 일어나는 모든 것들에 대한 일치의 원인이 되신다. 여섯째, 하느님의 섭리는 인간이 자유롭게 행동할 때에도 멈추지 않는다. 그는 이 6가지 가운데 4번째(인간의 자유)와 6번째 진리(하느님의 섭리)가 서로 크게 대비되는 것처럼 보인다고 판단하며, 이 둘 사이의 조화로운 해결을 위해 중요한 2가지 구분을 도입했다. 즉, '예견하다'와 '예정하다' 사이의 구분, '일시적 조건'과 '영원한 조건' 사이의 구분이 그것이다. 그에 따르면, 악과 자유의 문제에 있어서 하느님은 예견하지만 예정하는 것은 아니다. 하느님은 영원성의 측면에서 인식하고 일하시지만, 결코 시간의 연속이라는 측면에서 그렇게 하지 않으시기 때문에 예정하지 않으시고 예견하실 수 있다. 그는 이러한 해명을 통해 하느님의 섭리와 인간의 자유 사이의 논리적 모순을 해결했다.

보에티우스의 사상에서 특기할 점 가운데 하나는, 그가 그리스도교 진리에 학문적 엄격성을 적용하려 했다는 것이다. 그런 이유로 그는 신앙과 '이성들'을 동일시하는 신학적 인식을 선택했다. 이 방법으로 인해 보에티우스는 성경, 관상, 전례에 덜 관심을 가졌다. 그 결과, 그의 신학은 매우 기술적이며 추상적이고 비역사적이고 체험과 기도에서 거리가 먼 특징을 띠고 있다. 무엇보다도 그는 이미 정의된 원칙들에서 출발하는 '연역적 신학'의 구성을 위한 기초를 놓았다. 이 점에서 그는 중세 위대한 스콜라 학자들, 예컨대 알랭 드 릴, 토마스 등에 영향을 미쳤다.

요약하면, 그는 철학 사상과 그리스 학문에서 매우 중요한 작품들을 라틴어로 번역했으며, 3학4과를 위한 일부 본문을 집필했고, 아리스토텔레스의 증명이라는 방법과 성경 주석에 의존하지 않으면서 신학적 문제들을 논했다. 그리고 '위격', '행복', '영원성' 같은 개념을 비롯해 중요한 철학적, 신학적 개념을 마련해서 중세 사상가들에게 물려주었다. 이로 인해, 그는 중세 그리스도교 문화, 특히 스콜라 학자들의 아버지 가운데 한 사람으로 높이 평가받는다.

5) 플라비우스 마뉴스 카시오도루스

카시오도루스는 그리스도교의 유산과 이교도들의 많은 유산을 라틴어로 번역해서 후대에 전해 줌으로써 마지막 단계에 이른 교부 시대의 그리스도교 문화와 그로부터 200년 후에야 빛을 보게 될 스콜라학 사이의 중요한 연결 고리 역할을 했다. 그는 490년경 칼라브리아의 스퀼라체에서 시리아 출신의 높은 귀족 가문에서 태어났다. 젊은 시절 그는 재무관 직책을 맡았으며, 훗날 공직자들의 스승, 법무 재판관의 직무도 수행했다. 그 후, 그는 일정 기간 로마에 머물며 아가피토 교황의 요청에 따라 당시 서방에는 없던 신학 상급학교 설립을 계획하기도 했다. 그러나 이는 고트족과 비잔틴 제국 사이의 긴 충돌로 인해 무산되고 말았다. 그 후, 그는 이탈리아 남부의 자신의 땅에 비바리움이라는 수도원을 설립했으며, 여기에 심혈을 기울여 도서관을 마련해 학문 연구를 위한 지원을 아끼지 않았다. 비록 그는 수도 생활을 하진 않았지만, 수도 규칙을 공유하는 가운데 기도와 지적 노동에 헌신했으며, 583년 그곳에서 임종했다.

그는 백과사전적 지식을 소유한 인물로서, 자신의 지식을 체계화하는 데 탁월한 능력을 지녔다. 그는 이러한 능력을 바탕으로 자신이 설립한 수도원을 기초 양성이나 신학의 전문화를 위해 필요한 모든 과정을 갖춘 일종의 대학처럼 만들었다. 그는 자신의 수도승들을 위해 인문학 과정이나 신학 과목에 필요한 모든 교과서를 개인적으로 저술했다. 따라서, 비록 그가 독창적 사상가는 아니지만, 서방 세계가 거쳐야 했던 이 암흑기 동안 그가 수행한 작업은 당시 문화와 신학의 유지, 발전에 있어 지극히 소중했다. 그는 자신의 수도승들을 위해 『거룩한 문학과 세속 문학 규정집』을 집필했으며, 여기서 3학4과를 위한 텍스트를 제시했다. 이는 훗날 중세 교육의 기초를 놓는 데 중요한 역할을 했다. 또한, 그는 신앙과 이성, 문화와 복음 사이의 조화라는 그리스도교 철학의 근본 원칙을 바탕으로 하면서도, 오리게네스와 아우구스티누스의 사상을 통해 3학4과를 신학적 가르침과 수도원 문화로 보완하고자 했다. 더 나아가, 그는 그리스 교부 문헌과 해석학의 일부 주석들을 라틴어로 번역해서 자신의 걸작인 『주석서 모음집』에 담았다.

6) 대(大) 그레고리우스

대 그레고리우스 교황은 서방 가톨릭 교회의 4대 교회 학자 가운데 한 사람으로 존경받고 있다. 그는 540년 로마의 명문 귀족 집안 출신에서 태어났다. 그의 집안은 펠릭스 3세와 아가피투스 1세 이렇게 2명의 교황을 배출한 아주 훌륭한 가문이기도 했다. 대 그레고리우스는 젊은 시절에 이미 유스티누스 황제의 신임을 받아 33세가 되던 573년에 최고위층인 로마 집정관에 선출되었다. 그로부터 2년 후, 그레고리우스는 자신이 가진 것을 모두 사람들에게 나눠주고 로마의 첼리오 언덕에 있는 베네딕도 수도원에 입회해서 수도 생활을 시작했다. 젊은 시절에 그는 건강을 해칠 정도로 수도 생활에 정진했으며, 결국 그의 학식과 성덕은 널리 알려지게 되었다. 그래서 당시 베네딕토 1세 교황은 그에게 직접 부제품을 주었다(578년). 이듬해에는 신임 펠라기오 2세 교황에 의해 콘스탄티노폴리스에 교황 사절로 파견되기도 했다. 그는 수도원장에 추대되어 형제들을 위해 봉사했으며, 590년 펠라기오 2세 교황이 임종하자, 수도자로서는 최초로 성직자와 로마 시민들의 일치된 지지에 따라 제64대 교황으로 오르게 된다.

그러나 당시 로마는 야만족의 침입과 전염병으로 인해 상당히 피폐한 상태였다. 그레고리우스 교황은 굶주리던 시민들을 위해 식량과 생필품을 장만해서 구호하는 데 전력했으며, 이를 위해 여러 나라에 퍼져 있던 교황청의 재산을 정비했다. 이러한 작업은 훗날 교황령의 기초가 되고 중세기에 교황의 영향력을 강화하는 중요한 바탕이 되었다. 더 나아가, 그는 농부들에 대한 대지주들의 착취를 막았고 롬바르디아족이 592년 로마를 포위했을 때 담판을 지어 그들을 물리침으로써 로마 제국의 정치적, 군사적 수호를 위해서도 큰일을 했다. 그러나 이 과정에서 교황은 끊임없는 야만족의 침입을 막기에는 역부족이라고 판단해, 그들을 그리스도교로 개종시키고 문명화시켜야 한다는 결론에 이르렀다. 결국, 그는 스페인을 가톨릭 국가로 만들고, 프랑크 왕국과 우호 관계를 설립했으며, 대대적인 선교 정책을 실시했다. 이 선상에서 그는 영국에 2차례에 걸쳐 40명의 선교사를 파견해서 영국을 그리스도교화하는 데 결정적인 역할을 했다.

또한, 교황은 교회의 쇄신을 위해서도 힘을 쏟았다. 이를 위해서는 성직자들의 쇄신이 중요하다고 판단하여 『사목 규범서』를 집필했으며, 신자들의 신앙생활을 쇄신하기 위해 『욥기의 도덕적 해설』을 집필했다. 그뿐만 아니라 수도 생활을 촉진시켜 많은 수도원을 설립했으며, 이들을 선교와 교회 개혁의 핵심으로 삼았다. 성직이 지배하는 직무가 아니라 봉사하기 위한 직무라고 본 그는, 역사상 처음으로 교황인 자신을 "하느님의 종들의 종"이라는 표현을 사용했다. 교황은 전례 분야도 개혁해서, 미사 전문을 오늘날 사용하는 형태로 만들었다. 또한, 각 지방에서 제각기 불리던 성가들을 정리했으며, 자신이 직접 전례력에 맞는 많은 성가를 작곡하기도 했다. 이것이 바로 '그레고리우스 성가'이다. 그가 교황직에 있었던 14년 동안 교회에서는 많은 쇄신이 이루어졌다. 이는 교회사적으로나 세계사적으로 상당히 중요한 의미를 갖는다. 대 그레고리우스 교황은 교회의 최고 목자로서 바쁜 와중에도 다양한 분야에 많은 저서를 집필하고 이를 통해 후대에 상당한 영향을 미쳤다. 그의 주요 작품은 『욥기의 도덕적 해설』, 『사목 규범서』, 『대화집』, 복음에 관한 40편의 강론, 에제키엘서에 관한 20편의 강론이다.

7) 세비야의 이시도루스

이시도루스는 560년경 세비야의 귀족 가문 출신으로, 훌륭한 교육을 받았다. 주교직에 착좌한 후, 그는 세비야 공의회와 제4차 톨레도 공의회를 이끌며 서고트족이 가톨릭 신앙을 받아들이는 데 중요한 역할을 했다. 그는 전례, 성직자 양성, 수도승 생활 등에 깊은 영향을 미쳤다. 특히, 그는 문화적으로 몰락하던 시기에 후대 사람들에게 교부 시대의 많은 지식을 전해 주었다.

그의 작품 가운데 『사물의 본성론』, 『피조물의 질서론』은 상당한 철학적 가치를 지닌다. 그의 『기원 혹은 어원론』은 중세에 많은 영향을 미친 역작으로, 여기서 이시도루스는 백과사전식의 질서 정연한 형식을 통해 당대의 모든 지식을 총망라해서 제시했다. 이 작품 이외에도 주목할 만한 것으로 『명제집』을 꼽을 수 있다. 여기서 그는 교의, 영성, 윤리를 망라해서 신학을 종합했다. 이는 서고트족 사회 전체를 위한 일종의 교의, 윤리, 영성 『대전』이라 할 수 있다. 그는 이런 다양한 백과사전적 작품들을 통해 중세 학자들에게 이교도와 그리스도교의 위대한 문화유산을 보존하고 전달하는 데 크게 기여했다.

3. 수도승 신학

1) 수도승의 이상

교회 역사상 수도 생활은 그 초기부터 등장했다. 이미 1세기 말에 동방 세계의 요르단강변의 유다 사막들과 나일강변의 이집트 사막들에서는 다수의 고행자들과 은수자들이 살기 시작했다. 이들은 세속으로부터의 이탈, 기도, 고행을 통해 예수 그리스도를 더욱 온전히 닮기 위해 이 삶에 정진했다. 안티오키아의 이냐시오 시대 이래로 순교자들의 죽음은 그리스도를 본받는 가장 숭고한 길로 여겨졌는데, 수도자들 역시 순교자들에게서 주님을 따르는 고귀한 모범을 보았다. 이들은 수도 생활을 통해 '백색 순교'의 삶을 살고자 했다. 수도자들에게 있어서 그리스도를 따른다는 것은 본질적으로 세상으로부터 물질적, 육체적으로 벗어나는 '아포스타시스'와, 청빈, 정결, 순명의 덕을 실천하고 금욕을 통해 자신으로부터 벗어나는 '아파테이아'를 의미했다.

이런 이상을 추구한 수도 생활은 처음에 '독거 은수'의 형태로 시작되었다. 이러한 생활의 스승으로 존경받는 인물은 안토니우스였다. 그 후, 여러 지역에서 은수자들이 탁월한 스승 아래 모여 공동으로 수도 생활을 영위하는 '공주(共住) 은수'의 형태가 자리를 잡게 되었다. 그리고 이러한 공동 수도 생활의 질서를 잡기 위해 「바실리오 규칙서」, 「베네딕도 규칙서」, 「아우구스티누스 규칙서」가 만들어져 수도 생활을 촉진했다. 특히, 서방 교회에서는 베네딕토의 덕택으로 수도 생활이 종교 제도의 차원을 넘어, 중세에 사회적, 비종교적, 문화적 차원의 생활에서도 매우 중요한 현상으로 자리 잡았다.

2) 서방과 동방에서의 수도승 신학

서방에서는 몇 세기 동안 수도승 생활과 문화가 일치했다. 7세기부터 10세기까지 다양한 분야에서 선대의 문화유산이 보존되고 후대에 전해진 것은 수도승들의 노고 덕분이었다. 서로마 제국의 붕괴 이후, 서방 세계가 갖고 있던 값진 그리스도교 문화와 이교도 문화의 보물들은 그들에 의해 중세로 고스란히 전달되었다. 그들은 그 보물들을 지켜 내고 필사해서 유럽 문화의 부흥기인 11세기 그리스도교 사상가들에게 거의 원형에 가까운 상태로 전해 준 것이다. 이 과도기에 여러 이민족의 침입이 있었고, 이로 인해 혼란한 사회 속에서 신학 연구는 위축될 수밖에 없었다. 이 시기에 신학적인 면에서 영향을 미친 인물은 유일하게 존자(尊者) 베다(Beda il Venerabile)뿐이다. 반면, 동방에서는 학식 높은 황제들의 예술 보호 정책에 힘입어 위대한 비잔틴 문화가 피어났으며, 이는 신학계에도 많은 영향을 미쳐 다양한 결실을 맺게 해 주었다. 이처럼 동방에서의 수도 생활은 비잔틴 문화와 신학의 특별하고 의미 있는 표현으로 승화되었다.

동방에서 수도원들은 오랜 세기 동안 영성뿐만 아니라 활발한 신학 연구의 중심 역할을 했다. 그리고 수도원들은 수도승 영성과 직접 연결되는 특별한 신학을 만들어 냈다. 특히, 수도승들은 콘스탄티노폴리스에서 다양한 이단과 관련된 주요 신학 논쟁에 적극 참여해서 정통 신앙을 수호했다. 콘스탄티노폴리스에 첫 수도원을 설립한(382년) 인물은 이사악이었다. 그 후, 4세기 말부터 여러 수도원들이 그곳에 많이 설립되었다. 그 가운데 아체메티 수도원은 특별한 위치를 차지한다. 이 수도원은 425년 메나 교회에서 알렉산드로에 의해 설립되었다. 메소포타미아의 한 수도원에서 수도 생활에 정진하던 그에 의해 한밤에도 순번에 따라 계속 기도드리는 관습 같은 것이 만들어져 전수되었다. 그러나 아체메티 수도원들은 질시와 모략으로 인해 소아시아로 이전해서 알렉산드로의 후계자인 요한에 의해 보스포로에 새로운 수도원이 설립되었다. 그리고 이 수도원은 3대 원장인 마르켈루스 때부터 비약적으로 발전했다. 수도승들의 적극적인 교회 생활에 대한 참여로 인해 칼케돈 공의회는 수도승들과 지역 주교 사이의 관계에 대한 문헌을 반포했다. 이러한 공의회의 법 제정으로 인해 동방의 수도 생활은 교회의 전체 구조 안에 속한 부분으로서 공식적인 위치를 획득할 수 있었다.

수도승 신학은 탁월하게 '다른 세상'의 신학이었으며, 그 삶의 주된 요소인 기도에 집중되어 있었다. 그 신학은 정감적이고 성경과 교부들에 대한 연구를 바탕으로 영성 생활을 위한 영감을 얻는 것과 연관되어 있었다. 성경 다음으로 중요한 신학 연구의 대상은 교회의 교부들을 비롯해 안토니우스, 파코미우스 등 성인들의 생애였다. 수도승 신학에서 드러나는 또 다른 특징은 미(美)적 차원이었다. 수도승들은 경탄하는 이들이다. 즉, 그들은 하느님 신비의 경이로운 아름다움에 도취된 이들로서 수도승 신학은 이 점을 강조했다. 이렇게 해서 이 신학은 하느님의 아름다움에 대한 관상으로 승화되어 신비 신학으로 확장되었다. 7-8세기 동방 교회의 수도승 신학에서 가장 권위 있는 인물은 요한 클리마쿠스와 스투디우스의 테오도루스였다.

3) 존자 베다

존자 베다에 대해서는 그리 알려진 바가 많지 않다. 그는 19세에 부제, 30세에 사제품을 받았다. 그는 50년간 수도 생활에 정진했으며, 학문 연구를 위해 3번 여행한 것이 이외에는 수도원을 벗어나지 않았다. 위크레다 신부 방문, 린디스파른 섬의 수도원장인 에드피르트 주교 방문, 옛 제자인 요크의 수도원장 에그베르투스 주교 방문이 그것이다. 그는 735년 주님 승천 축일에 임종했다. 베다는 아일랜드 수도원의 켈트 문화를 대표하는 인물이자 중세 초기의 주요 신학자 가운데 한 사람이다. 그의 사상이 담긴 저술들은 모든 분야를 포괄할 정도로 상당히 광범위하다. 그의 주요 작품에는 『앵글로족의 교회사』, 『사물들의 본성에 관하여』 등이 있다.

베다는 교부 시대와 스콜라 시대 사이의 전환기(7-11세기)에 상당히 두드러진 인물이다. 이 시기에 라틴 교회에서 그가 차지하는 위치는 그리스 교회에서 다마스쿠스의 요한이 차지하는 위치와 비슷하다. 베다는 교부들의 사상을 스콜라 학자들에게 전달하는 중요한 통로가 되는 인물이다. 이런 이유로 인해, 베다에게는 서방의 마지막 교부이자 첫 번째 스콜라 학자라는 명칭이 부여된다. 그는 8세기부터 11세기까지 보편적으로 최고의 스승으로 인정받았다. 카롤루스 대제 시대에 문화 부흥을 이끌었던 알쿠이누스는 그를 '훌륭한 스승'으로 불렀으며, 후대에 대부분의 스콜라 학자들은 그의 작품을 자주 인용했다.

그는 성경 주석에서 특히 성경의 네 가지 의미(문자적, 우의적, 윤리적, 인간학적 의미)를 교회에 정착시키는 데 기여했다. 또한, 『성경의 강세와 비유론』에서는 세속적 웅변술의 스승들이 찬양하는 수사학에 관한 모든 걸작들에 비해 성경 문체가 지닌 아름다움과 성경의 우위성에 대해 제시하기도 했다. 그는 특히 다양한 성경의 서평들을 탁월하게 비교했던 대표적인 원전 비평가였다. 그는 우의적 해석이라는 함정에 빠지지 않은 채, 성경에 대한 영적 통찰력의 필요성과 탁월한 유용성을 인정한 인물이기도 하다. 그는 성경의 주요 저자이신 성령이 의도하시는 바는 영혼들을 하느님 나라로 인도하는 것이라고 보았다. 요약하면, 그의 신학은 성경에 바탕을 두고 있으며, 자신의 수도승들에게 풍부한 영적 양식을 제공하기 위한 목적을 가진 수도승 신학이자 지혜의 신학이라고 할 수 있다.

4) 요한 클리마쿠스

요한 클리마쿠스에 대한 자료는 별로 전해 오지 않는다. 단지 그에 대해 알려진 것은, 그가 시나이 서남쪽의 라이투 지역의 수도승이었으며 60세에 수도원의 아빠스로 임명되어 활동했다는 것과 650년에 임종했다는 점이다. 그의 이름 '클리마쿠스'는 그의 작품 『천국의 계단』에서 차용된 것으로, 이 작품은 비잔틴 세계에 널리 알려진 걸작이다. 영성가이자 영성 저술가로서 그의 명성은 바로 이 작품과 연관되어 있다. 이 작품은 그의 오랜 수도 생활의 결실이다. 그는 이 작품에서 30개의 장 혹은 계단을 통해 무엇이 수도승들에게 위험한 악습이며, 무엇이 그 악습을 감지하게 해 주는 덕인지 제시했다. 그는 이 작품을 야곱의 사다리 또는 30년간의 예수님의 생애와 비교했다. 그는 오랜 수덕 생활의 여정을 통해 이르게 되는 종착지는 '헤시키아'(평정, 고요)와 '아파테이아'(정욕의 부재, 영혼의 순수함)라고 보았다. 그는 이 두 가지 덕을 『천국의 계단』 마지막 부분에서 자세히 설명했다.

그는 헤시키아를 두 종류로 구분했다. 하나는 육체적 헤시키아로 이는 행위와 상관되는 우리의 감정을 체계화할 줄 아는 것을 말한다. 다른 하나는 영적 헤시키아로 생각들을 체계화하는 수련이자 정신의 완전한 상태를 말한다. 또한, 그는 아파테이아를 우리의 영적인 마음의 하늘이라고 말한다. 그에 따르면, 아파테이아의 참된 소유자는 육체 안에서 완전히 정화되고 창조된 본성을 넘어 자기 영혼의 극치로 승화된 사람이다. 이 상태에 이른 사람은 비록 육체 안에서 살아가지만, 모든 말과 행동과 생각에서 자신을 항상 이끌어 주시는 하느님을 자신 안에 모시게 된다. 이 밖에도 요한 클리마쿠스는 기도에 관한 탁월한 글을 남겼다. 그에 따르면, 가장 완전한 기도는 예수의 이름을 부르는 것, 예수의 이름을 기억하는 기도이다. 헤시키아, 아파테이아, 기도는 신비적 상승의 정점으로 통한다. 그곳에서 영혼은 하느님의 무한한 빛을 보고, 그분의 한없는 사랑에 전적으로 사로잡히게 된다.

요한 클리마쿠스의 영적 가르침은 수도승으로서, 아빠스로서 개인적 체험과 동·서방의 모든 수도승 전통에서 영향을 받았으며, 특히 에바그리우스 폰티쿠스의 영향을 받았다. 후대에 비잔틴 영성에 대한 요한 클리마쿠스의 영향력은 대단했다. 그는 헤시카즘을 실천하는 이들의 아버지로 평가받는다.

제2부
스콜라학 시대의 신학

도입

　　교부학과 그 이후의 신학을 가르는 시기는 8세기이다. 이 시기에 동방에서는 다마스쿠스의 요한이, 서방에서는 존자 베다가 교부 시대의 마지막 주요 인물로 등장했다. 그 후 여러 세기에 걸쳐서 제대로 된 독창적인 신학 작업을 하는 학자들은 더 이상 나타나지 않는 심각한 문화적인 공백기로 접어들게 된다. 이 시기는 그리스 로마 문화로부터 중세 그리스도교 문화로 서서히 넘어가는 시기로, 신학적인 차원에서 보면, 교부 신학에서 스콜라 신학으로 넘어가는 시기이기도 하다. 이처럼 스콜라학은 갑자기 발전하게 된 결과가 아니라 오랜 성숙 과정에서 빚어진 결실이다. 스콜라학이 자신의 고유한 특성을 갖게 된 것은 10세기 이후 수도원과는 구분되는 새로운 연구 중심지들이 출현함으로써 가능했다. 본격적으로 스콜라학에 대해 살펴보기 전에 그와 관련된 몇 가지 사전적 지식을 짚어 보기로 하자.

1) 스콜라 신학과 수도승 신학

일련의 중세 철학가들은 8세기부터 15세기 사이에 발생한 철학적 사변 전체를 소위 '스콜라학'이라는 제목 아래 묶고, 이를 초기 스콜라학, 전성기 스콜라학, 후기 스콜라학으로 세분화하는 연대 구별을 제안한 바 있다. 그러나 르클레르 같은 철학사가는 중세 신학을 '수도승적 유형'(11-12세기를 지배했던 것으로 기도와 명상을 지향)과 '스콜라학적 유형'(13세기에 확립된 것으로 사변과 체계화를 지향)으로 구분할 것을 제안했다. 이는 교부학에서 스콜라학으로의 이행이 수도승 신학을 통해 일어났기 때문에 그 기본 방향은 합당하다고 여겨진다.

2) 스콜라학의 일반적 특성

'스콜라학'이라는 용어는 카롤루스 대제 시절에 통용되기 시작한 '스콜라스티쿠스'(scholasticus)에서 유래한다. 이는 박식한 사람 또는 기숙사와 주교좌 학교에서 학교 운영 책임을 진 사제를 가리키는 명칭이었다. 이처럼 '스콜라스티쿠스'는 학교 및 교육과 밀접한 관련을 가졌다. 더 나아가 이 용어는 철학이나 신학 모두에 있어서 중세 시대 전체를 가리키는 말로 확장되었다. 철학자들, 신학자들 모두가 학교에서 가르치고 학교를 위해 집필한 '스콜라 학자'들이었다.

그러나 '스콜라학'이라는 칭호를 중세 신학에 적용하는 데에는 더 깊은 이유가 있다. 그것은 그리스도교 공화국의 그리스도교적 문화가 그런 특징을 지니고 있기 때문이었다. 이 문화는 자신의 모든 토대를 탁월한 스승이자 최고의 권위를 지닌 하느님에 바탕을 둔 문화였다. 이 문화는 다음과 같은 위계 구조를 갖는다. 바로 하느님 → 천사들 → 사도들,

예언자들 → 교부들 → 박사들, 교수들이다. 이 문화는 근본적으로 하느님께 집중되어 있기 때문에 스콜라학적이라고 말한다.

3) 스콜라학의 중요성

근대 초에 발흥한 인본주의와 개신교는 자신들의 주관적인 관점에서 중세를 상당히 야만적이고 미신적이며 교황주의적이라고 평가했다. 그 후, 합리주의와 계몽주의 같은 세속적인 문화는 중세를 미신과 아집 그리고 비합리성으로 가득한 음산한 시대였다는 선입관을 널리 퍼트렸다.

그러나 최근의 연구들은 고대와 근대를 잇는 이 긴 시대가 지닌 풍부한 가치를 제시하고 있다. 이 연구에 따르면, 그리스도교 신앙을 중심으로 형성된 이 시대는, 신앙이라는 강력한 효소에 힘입어 인종적으로나 문화적으로 다양하게 구성된 유럽이 일관된 통일성을 갖고 놀라운 문명을 이룩한 시대였다. '중세 문화'로 총칭되는 이 문명에는 그리스도교적인 가치, 고대 그리스-로마 세계의 가치, 독일 및 슬라브족의 가치가 조화롭게 하나 되어 담겨 있었다. 이러한 중세 그리스도교 문화의 결실들은 상당히 풍요로웠으며, 오늘날까지 우리에게 전해져 온다.

이 거대한 문화 유산에서 '신학'은 주도적인 역할을 수행했는데, 이는 본질적으로 종교적인 중세 문화의 본성에서 비롯된 것이다. 그래서 스콜라학 시대를 풍미한 위대한 천재 학자들은 교부 시대의 천재들과 비교해서 결코 뒤처지지 않는다. 스콜라학 시대의 천재적 스승들의 작업 덕분에 그리스도교에 기원을 둔 '전통'은 더욱 풍요로워졌다. 신앙은 새로운 문화라는 후대인들의 그릇 속에 전달되기만 한 것이 아니라 그 표현 형식이나 이해의 차원에서 크게 성장했다.

4) 스콜라학 시대의 구분

스콜라학은 9세기부터 15세기까지 약 700년에 걸친 시기를 포괄한다. 스콜라학은 9세기 카롤루스 대제 시대의 신학에서 시작되어 13세기에 절정에 이르고 15세기에 이르러 급속히 쇠퇴했다. 우리는 이를 바탕으로 스콜라학 시대를 초기 스콜라학, 전성기 스콜라학, 후기 스콜라학으로 구별할 수 있다.

제1장

초기 스콜라학

1. 카롤루스 대제 시대의 신학

1) 카롤루스 대제의 문화적, 종교적 목표

초기 스콜라학은 카롤루스 대제의 부흥 운동과 더불어 시작되었으며, 이는 무엇보다도 카롤루스 대제 시대의 신학을 탄생시켰다. 이는 연대기적인 의미만이 아닌, 카롤루스 대제의 영향을 받은 사회적, 정치적, 문화적 맥락도 가리킨다. 799년 성탄절에 레오 3세 교황에 의해 거행된 카롤루스 대제의 대관식은 위대한 정치적 사건이자 문화적, 종교적으로도 중요한 사건이다. 그는 '새로운 다윗'으로 평가받았으며, 왕이요 사제로서 문화적, 종교적인 측면에서 옛 로마 제국의 광채를 되살리려 했다. 그는 하느님의 섭리가 자신에게 위탁한 특별한 사명을 분명하게 의식했다. 그것은 필요하다면 무력을 행사해서라도 유럽의 모든 민족을 '그리스도의 왕국'에 복속시키고, 자신의 신하들과 특히 성직자들에게 그리스도교 교육을 심화시키는 것이었다. 이렇게 해서 카롤루스 대제와 더불어 '제국 교회'가 다시 등장하게 된다.

   그는 황제가 영원한 주교로서 성직자들의 행위를 돕고 자극하며, 이 세상에서 하느님 나라의 충만한 실현을 위해 일해야 한다는 콘스탄티누스 대제의 사상을 그대로 실현하려 했다. 실제로 그는 자신의 재위 기간 동안 교회를 정비하고 성직자를 양성하며 백성들에게 종교 교육을 시켰다. 그리고 교회와 제국 사이의 구별은 사라졌다. 제국이 곧 교회이고 교회가 곧 제국이었다. 황제와 왕자들은 '교회의 지도자'로 불리었으며, 그들에게 있어 자신의 신하들은 하느님과 황제에게 충실한 자들이었다. 하느님과 황제의 충실한 자들이었다. 카롤루스 대제는 황제를 하느님의 대리자로 여겼으며, 사제, 특히 교황을 사제적 기능을 담당한 그리스도와 베드로의 대리자로 보았다. 그에 따르면, 황제의 일차적인 종교적 사명은 정통 교리를 수호하는 것이었다. 카롤루스 대제가 추진한 주요 통치 목표 가운데 하나는 신하들에 대한 그리스도교적 교육과 성직자들의 문화적 향상이었다. 그래서 그는 「문화적 향상에 대한 서신」(799-800년)을 통해 제국 내의 모든 주교좌성당과 대수도원이 학교를 건립하도록 의무를 부과했다. 이렇게 해서 수많은 성당과 수도원에 학교들이 설립되고, 시골에는 본당 학교들이 설립되었다. 이 학교들은 처음에 성직자들과 수도자들에 대한 교육을 위해 운영되었지만, 시간이 지나면서 평신도들의 교육을 위해서도 일익을 담당하게 되었다. 그 가운데 일부 학교는 당시 신학과 동일시되던 고급문화 취득을 위한 예비적 단계인 3학 4과의 자유학예를 가르쳤다.

이 과정에서 정부의 고민은 교육 쇄신을 주도할 선생들을 찾는 일이었다. 이를 위해 카롤루스는 외국에서 여러 스승들을 초빙하기에 이른다. 그리고 이들을 중심으로 '왕립 학원'을 설립하고 문화적인 부흥을 선도했다. 이를 통해 신앙과 이성 간의 조화, 신앙에 대한 이성의 시녀성에 바탕을 둔 그리스도교 문화가 뿌리를 내리기 시작했다.

2) 카롤루스 시대의 신학의 부흥

카롤루스 대제의 종교적, 문화적 통치에서 맺어진 가장 중요한 결실은 신학 영역에서 드러났다. 반면, 철학 영역에서는 이 시대의 학자들이 활용할 수 있는 원천들 및 개념적 도구들의 부족으로 인해 그리 성공적이지 못했다. 신학 분야에서는 3학4과가 제공하는 다양한 개념과 방법론으로 인해 그리스도교 신앙의 진리들에 대한 설명과 체계화가 이루어져 갔다. 그 시대에 신학 활동의 중심지로는 크게 다음 4곳을 꼽을 수 있다. 아퀴스그라나의 왕립 학원, 투르의 성 마르티노 수도원, 알쿠이누스가 세운 오를레앙, 코르비 수도원 등이 그러하다. 이 시절에 신학적 활동은 도시 학교들보다는 학문을 위해 훨씬 더 여건이 좋았던 수도원 학교들에서만 이루어졌다.

3) 신학적 방법

카롤루스 대제 시대의 신학 작업은 성경과 밀접하게 연결되어 있었다. 좀 더 구체적으로 말하자면, 당시의 신학 작업은 본질적으로 성경에 대한 '주석 작업'이었다. 그 시절의 신학자들은 성경에서 축자적 의미, 우의적 의미, 도덕적 의미, 신비적 의미를 끌어내던 교부들의 해석 체계를 그대로 물려받아 활용했다. 이러한 주석 작업에서 중요한 것은 이를 가능케 하는 권위 있는 신학적 기준점이었다. 당시의 신학에 있어서 일차적인 권위는 '하느님' 자신이었다. 그러나 성경의 어려움, 모호함, 풍요로움으로 인해 주석 작업에서 신적인 권위만으로는 충분하지 않았다. 그래서 교부 시대의 신학은 여러 보편 공의회의 결정들(교도권)과 탁월한 여러 박사들(교부들)의 가르침이라는 두 가지 주요 권위가 더해지는 가운데 발전했다.

카롤루스 시대의 신학자들은 이 3가지 권위를 그대로 받아들여 성경 주석의 기준으로 삼았지만, 그중에서 3번째 요소인 교부들 중에서 주로 아우구스티누스, 히에로니무스, 암브로시우스, 그레고리우스의 권위를 중요한 기준점으로 보았다. 그러나 교부 시대의 관행처럼 이 시대에도, 교부들에게 직접 접근하는 경우는 드물었고, 주로 교부들의 가르침을 집약해서 수록한 「발췌록」에 의존했다. 당시 주로 활용된 「발췌록」으로는 위(僞) 베다(Pseudo-Beda)의 『교회의 빛들에 관하여』였다. 그리고 플로루스의 『예정에 관한 아우구스티누스의 명제들』과 『교부들의 명제집』도 만들어져 다양하게 활용되었다.

4) 9세기의 교리 논쟁들

신학적인 면에서 중세의 특징 가운데 하나는 의미 있는 이단 운동이 별로 없었다는 점이다. 반면, 카롤루스 대제 시대에는 수십 년간 교회를 시끄럽게 했던 다음 3가지 신학적 논쟁이 있었는데, 바로 성체 논쟁, 예정 논쟁, 필리오퀘 논쟁이다.

① 성체 논쟁: 이 논쟁은 821년 아말라리우스에 의해 시작되었다. 그에 따르면, 성체는 주님의 몸의 세 가지 형태, 즉 성모님에게서 태어나 부활을 통해 변형된 몸, 이 세상에서 순례 중에 있는 신앙인 공동체, 천상 성인들의 공동체를 가리킨다. 그러나 이러한 개념은 성체성사에 관한 보다 통합적이고 역동적인 개념을 주장한 플로루스 드 리옹에 의해 비판받았다. 이러한 그의 개입으로 인해 아말라리우스의 성체 이론은 838년 케에르치 시노드에서 단죄되었다. 그러나 코르비의 수도원장이자 진정한 성체 신학자로 평가받는 파스카시우스 라드베르투스가 『성체 성혈론』을 집필해서 이 논쟁에 가담함으로써 이 논쟁은 새로운 국면으로 접어들게 되었다. 그에게 있어서 성체성사는 매일 교회 내에서 거행되는 거룩한 행위이며, 그리스도는 이 성사를 통해 매일 죄인들의 정화를 위해 신자들에 의해 먹힌다고 보았다. 또한 그는 미사를 통해 빵과 포도주가 실제로 주님의 몸으로 변형된다고 보았다. 이러한 그의 실체주의적 해석을 둘러싸고 여러 신학자들이 유보적인 견해를 제시했으며, 그중에 라트람누스는 자신의 『성체 성혈론』에서 성체 축성 시에 어떠한 물리적 변화도 있을 수 없다고 하며 그의 견해를 반박했다. 이에 대해 라드베르투스는 마태오 복음서에 대한 주해를 비롯해 여러 작품을 통해 그에게 응수했다. 그에게 있어서 성체 축성은 주님의 몸과 피의 반복적이고 신비로운 재창조와 같았다. 이 논쟁은 그의 이론이 학계에 수용되면서 잠정적으로 마무리되었지만, 훗날 11세기에 가서 새로운 상황에서 재개되었다.

② 예정 논쟁: 이 논쟁은 인류를 향한 하느님의 예정이 이중적인가

아니면 보편적인가 하는 문제를 둘러싸고 일어난 것으로, 이는 사실 아우구스티누스의 모호한 예정 이론으로 인해 후대에 생겨난 것이다. 이 논쟁은 고트샬크 드 오르베에 의해 시작되었다. 그는 극단적 이중 예정론을 주장했다. 그는 펠라기우스와 논쟁하던 시기에 이 이론을 제시한 아우구스티누스의 견해를 넘어서 원죄 이후의 하느님의 보편적 구원 의지를 명시적으로 부정했으며, 이를 바탕으로 의인들을 위한 '영광스러운 예정'과 죄인들에 대한 '멸망의 예정'을 강하게 주장했다. 고트샬크의 명제는 마인츠의 주교인 라바누스 마우루스의 반응을 촉발했다. 그는 849년 마인츠 공의회를 개최해서 이 문제를 심도 있게 다뤘으며, 그 결과 고트샬크를 단죄하고 그에게 태형을 부과해 오르베로 송치했다. 그리고 자신이 속한 관구의 주교인 힝크마르 드 랭스에게 이를 알렸다. 이에 대해 힝크마르는 849년 키에르치 공의회를 소집해서 다시 한번 이 문제를 다루고 고트샬크에게 태형을 부과하는 가운데 재차 단죄했다.

그러나 이 논쟁은 끝나지 않고 고트샬크의 동료 수사인 프루덴시우스 드 트로예와 세르바토 루포를 중심으로 고트샬크를 변호하려는 움직임과 함께 다시 일어났다. 이에 대해 힝크마르는 당대의 신학자인 요한 스코투스 에리우게나에게 도움을 청했고, 그는 힝크마르를 위해 『예정론』을 집필했다. 그러나 이 작품은 펠라기우스적인 작품으로, 이 송사에는 전혀 도움이 되지 못했다. 결국 힝크마르는 독두왕(禿頭王) 카를의 도움으로 많은 주교들과 대수도원장들을 동원해 자신이 정통 교리라고 믿는 바를 4개 장으로 요약해 그들로부터 승인받았다. 하지만 이는 리옹의 신학자들에 의해 배격되었다. 859년 사보니에르 시노드에서도 리옹파 신학자들과 힝크마르파 간의 논쟁이 있었지만, 합의에 이르지는 못했다. 결국 859년 로다노의 주교좌는 이 문제를 니콜라오 1세 교황에게 일임했다. 하지만 교황의 중재는 실패로 돌아가고 말았다. 마침내 866년 고트샬크가 죽자 논쟁의 종지부를 찍게 된다.

③ 필리오퀘 논쟁: 카롤루스 대제 시대의 신학자들은 삼위일체 문제에 대해서도 관심을 기울였다. 이 신비에 대한 그들의 관심은 '필리오퀘'(Filioque)라는 표현과 함께 일어났다. 이 문제는 794년 카롤루스 대제가 프랑크푸르트 공의회를 소집해 '필리오퀘'를 덧붙여 '신경'(信經)을 암송하기로 결정하면서 시작되었다. 그 후, 프랑크 왕국 소속인 올리브 산의 몇몇 수도승들이 예루살렘에서 '필리오퀘'와 함께 미사에 사도신경 찬가를 삽입했는데, 당시 성 사바 수도원의 어느 그리스 수도승이 이를 보고 그들을 이단으로 고발하면서 본격적으로 논쟁이 불거지게 되었다(808년 성탄). 이에 올리브산의 수도승들은 교황에게 도움을 호소했고, 교황은 그들을 위해 황제에게 편지를 썼다. 결국, 황제는 여러 신학자들로 하여금 그리스인들에 대항해서 '필리오퀘'에 관한 서방의 가르침과 실천을 변호하도록 조치했으며, 809년 11월 엑스라샤펠 공의회를 통해 '필리오퀘'가 가톨릭 교회의 가르침이며 이를 미사 중에 고백하는 신경에 삽입하도록 했다. 이어서 황제는 레오 3세 교황으로 하여금 이를 서방 교회 전체에서 공식적으로 고백하도록 요청했다. 이에 대해 교황은 중간적인 입장을 견지했다. 즉, '필리오퀘' 가르침에 대해서는 동의했지만, 이를 신경에 삽입하는 것은 거부했다. 결국, 이런 과정을 통해 '필리오퀘'는 서방 교회로 들어와 지속적으로 고백되었다. 그러나 그 후, 858년 콘스탄티노폴리스의 총대주교로 임명된 포시우스는 867년 '필리

오퀘'를 단죄하는 가운데 성령은 오직 성부로부터만 발출한다는 교의를 동방 교회에 확정했다. 그는 삼위일체의 신비에 대한 서방 교회의 이해를 받아들이지 않았다. 한편, 서방에서 '필리오퀘' 조항은 1014년 베네딕토 8세에 이르러 하인리히 2세 황제의 강력한 요청으로 '신경'에 삽입되어 새로운 전통으로 들어서게 됐다.

5) 알쿠이누스

알쿠이누스는 카롤루스 대제의 자문관으로, 대제의 강력한 추진 아래 문화적, 신학적 부흥을 이루어낸 주도적인 인물이다. 그는 735년 요크의 어느 고귀한 집안에서 태어나 요크 주교좌 학교에서 최상의 교육을 받았다. 그 후, 그는 이 학교의 책임을 맡아 운영했으며, 786년 카롤루스 황제의 요청으로 '황궁 학교'를 맡아 프랑크 제국 내에서 교육의 쇄신을 주도했다. 또한, 그는 학교에서 가르쳤을 뿐만 아니라 프랑스에 문화를 보급했다. 그는 제국의 학교라는 새로운 체제를 구축하고, 자유학예와 신학을 교육하기 위한 새로운 교재들을 편집했다. 그는 이 과정에서 7자유학예를 유기적이고 체계적으로 구분했다.

무엇보다도 알쿠이누스는 제국 내에 그리스도교 문화를 꽃피웠다. 그에 따르면, 학문, 덕, 진리는 그 자체로 가치가 있으며, 그리스도인들은 고대인들의 진리와 덕들을 단죄하지 말고 오히려 그것들을 받아들여 더욱 육성해야 한다고 가르쳤다. 바로 여기에 그가 문화의 든든한 기초를 이루는 자유학예의 예비적 기능을 단호히 주장한 이유가 있었다. 그는 이러한 전망을 바탕으로 학교를 앵글로 색슨족의 수도원 학교 및 주교좌 학교의 본에 따라 구성했다. 그리스도인에 대한 그의 교육관에 따르면, 모든 탐구는 인간(문법, 수사학, 변증법의 대상), 자연(산수, 기하, 천문학, 음악의 대상), 신(신학의 대상)이라는 3가지 주요 대상에 집중된다.

알쿠이누스는 역량이 부족한 신학자이자 철학자요 평범한 시인이었지만, 학교와 문화를 체계화하는 데 있어 탁월한 감각의 소유자였다. 그가 남긴 작품 가운데 언급할 만한 가치가 있는 것으로 『삼위일체론』을 들 수 있다. 그는 여기서 양자설을 상당히 비판했으며, 세 위격 가운데 제3위인 성령의 발출에 관한 분명한 개념을 갖고 있었다.

6) 요한 스코투스 에리우게나

요한 스코투스 에리우게나는 카롤루스 대제 시대의 대표적인 학자였다. 그는 신플라톤 철학을 바탕으로 그리스도교 신앙의 주요 신비들을 체계적으로 발전시켰다. 그러나 유명세에 비해 그의 생애에 대해 알려진 것은 그리 많지 않다. 그는 800-815년 즈음에 스코티아 지방에서 태어났다. 그의 이름 가운데 '스코투스'는 이런 그의 출신을 반영하고 있다. '에리우게나' 역시 그가 '에린 사람'(아일랜드의 고어), 즉 아일랜드 출신임을 뜻한다.

그는 젊은 시절에 수도승이 되어 수도 생활에 정진했으며, 845년 프랑스로 가서 독두왕 카롤루스의 궁정 학교에서 가르쳤다. 850년에는 힝크마르의 요청으로 『하느님의 예정론』을 통해 예정 논쟁에 깊이 관여했지만, 이로 인해 교도권으로부터 2번 단죄되었다. 이는 그로 하여금 더욱더 그리스도교적 플라톤주의를 간직한 니사의 그레고리우스와 고백자 막시무스의 다양한 작품을 번역하는 데 전념하게 했다. 그는 이를 바탕으로 『자연 구분론』을 집필해서 우주 전체에 대한 거대한 종합적 전망을 제시했다. 그는 이 작품에서 고백자 막시무스의 영감을 받아 우주에 대한 4가지 근본적 구분을 제시했다. 그러나 이러한 그의 신플라톤적 전망은 그리스도교의 주요 신비들과 접목되면서 심각한 혼란을 일으켰다.

에리우게나는 우주적인 전망에서 인간에게 특별한 자리를 할애했다. 그에 따르면, 인간은 자신 안에 피조물 전체를 포함하는 일종의 '세계의 제작소'이다. 또한, 그는 오직 하느님의 정신만이 인간 정신에 대한 진정하고 총체적인 정보를 제공해 준다고 보았다. 왜냐하면, 인간 정신은 하느님의 정신에 의해 형성되고 이를 지향하기 때문이다. 그리고 그는 인간을 '하느님의 모상'으로 보았는데, 이러한 모상성은 육체가 아닌 영혼에 새겨져 있으며, 이 영혼은 3가지 운동(감각에 따른 운동, 이성에 따른 운동, 영혼에 따른 운동)을 한다고 보았다. 그뿐만 아니라, 그는 하느님을 향한 인간의 귀환에 대해 언급했다.

번역자로서 뿐만 아니라 독창적 사변가로서 그가 스콜라 신학에 미친 영향은 상당히 크고 값진 것이다. 그는 중세 전통을 위한 '디오니시우스의 번역가'였으며, 『자연 구분론』을 통해 독창적인 사상가로서 영향을 미쳤다. 그의 사상은 12세기 주교좌 학교와 수도원 학교에서 이루어진 최초의 신학적 종합의 토대가 되었다. 그러나 알마리쿠스 데 베네와 그의 제자들이 자신들의 범신론적 명제들에 대한 근거로 에리우게나의 작품들을 활용함으로써, 1210년 파리 공의회를 비롯해 호노리오 3세 교황은 『자연 구분론』을 없애도록 명하게 된다. 역사적으로 그는 스콜라학의 창시자 중의 한 사람이자 신플라톤주의의 상속자이며, 근대 관념론의 아버지로 평가받는다. 그는 그리스 교부들의 작품들, 특히 위 디오니시우스의 사상을 중세에 전해 준 공로로 인해 중세 신학의 아버지 가운데 한 사람으로 존경받았다.

2. 10세기의 신학

1) 카롤루스 제국의 해체와 봉건 제도의 탄생

9세기에 비해 10세기는 중세 전체에서 문화적으로나 신학적으로 가장 초라하고 어두운 세기로 평가된다. 이러한 빈곤 현상은 훈족, 노르만족, 단족, 사라센족 등 끊임없는 이민족의 침략으로 인해 유럽이 겪어야 했던 심층적인 불안에 기인한다. 또한, 카롤루스 대제의 서거(+887년) 이후, 프랑크 왕국의 영광도 끝나고 말았다. 그의 제국은 5개로 분열되었으며, 70년이 지나서야 오토 대제에 의해 간신히 평화를 맞이할 수 있었다. 이 시기에 봉신(封臣)에 기초를 둔 피라미드식 위계조직인 '봉건주의' 사회, 정치 체제가 확립되어 중세 사회를 유지하는 기반이 되었다.

또한, 이민족들의 침략으로 인해 이탈리아, 프랑스, 영국 등의 인구는 현저하게 감소했다. 그리고 이로 인해 일반 대중의 삶은 영주의 성(城)과 그 보호자들, 대수도원과 수도승들, 주교좌성당과 성직자들이라는 3가지 생활 중심권으로 축소되었다. 이 3곳은 10세기 동안 문화적 삶이 펼쳐진 중심지들이었다. 성에서는 인문학적 양성이 주를 이뤘지만, 수도원과 주교좌성당 학교에서는 종교 교육과 신학 교육이 병행되었다. 이 당시에는 이민족의 침략으로 인해 생존이 문제되었기 때문에, 문화가 발달하지 못했으며, 학문에 있어서도 창조성보다는 박식함이 더 가치 있게 여겨졌다. 이 시기에 수도원들과 주교좌성당 부설 학교들은 고전 작품들의 수집 활동과 필사 작업을 이어 갔다. 궁정 학교에서는 전통적인 3학4과에 따른 모든 인문학적 교육이 이루어졌다. 또한, 성에는 무기와 병사만이 아니라 가끔 도서관도 갖추어져 있었다. 이는 그리스도교 사상의 값진 보화들을 큰 손상 없이 보존하는 데 중요한 역할을 담당했다.

2) 신학 작업

10세의 신학 작업은 카롤루스 시대와 마찬가지로 수도원과 주교좌성당 부설 학교에서 이루어졌다. 그런데 대수도원들은 외부 학교를 운영하기도 했는데, 거기에서는 수사들을 위한 교육과는 다른 교육을 시행하면서 교육의 분화가 일어났다. 10세기에 가장 유명한 수도원으로는 풀다 수도원, 산 갈로 수도원, 클뤼니 수도원을 들 수 있다. 주교좌성당 부설 학교들 역시 비록 수는 적었지만 질적인 면에 있어서는 그에 못지않았다. 랭스의 주교좌 학교, 제르베르투스 도리악 주교좌 학교 등이 유명하다. 봉건 시대 신학자들의 작업 도구는 주로 3학(문법, 수사학, 변증법)이었다. 이 시기에 신학자들이 주로 사용한 문학 형태는 '주해'와 '논술'이었다. 10세기 말경 그레고리우스 데 토르토나와 헤리거 데 롭즈는 성체에 관한 2개의 논술을 집필했다. 또한, 편찬 성격의 몇몇 성경 주해서들이 만들어지기도 했다. 당시 신학자들의 염려는 주로 '실천적인 삶'에 있었다. 이 빈곤한 시기에 신학적 공백을 메꿔준 신학자로 아토네, 라테리오, 아봉 드 플레리를 들 수 있다.

3. 11세기의 수도원 개혁과 신학의 각성

1) 시대적 상황과 수도원 개혁 운동

11세기는 서임권 투쟁과 그레고리오 개혁의 세기라고 할 수 있다. 이 시기의 개혁을 주도한 인물은 그레고리오 7세 교황이다. 또한, 신학에 새로운 길을 열어젖힌 인물로 안셀무스를 들 수 있다. 그로 인해 스콜라학의 전성기가 시작되었다. 카롤루스 대제의 프랑크 왕국이 붕괴한 이후, 유럽에 확립된 봉건 제도는 사회, 정치적인 면에서 다양한 결과를 초래했다. 일반 백성들에게는 이민족의 침략으로부터 평온한 삶을 보장해 준 데 반해, 신앙생활에는 부정적인 영향을 미쳤다. 특히, 세속 군주들이 도시와 지방에 대한 통치를 평신도들보다는 성직자들에게 맡기기 시작하면서 성직자들의 도덕적인 일탈과 해이가 일어나기 시작했다. 군주들 입장에서는 봉토가 지역 귀족들의 후손들에게 유산됨으로써 상실되는 것보다는 주교인 영주에 의해 임시적으로 위탁되다가 환수되는 것을 선호했기 때문이다. 이로 인해 주교들은 자신들의 세속적 이익을 챙기기 위해 현역에 있는 동안 성직 매매를 비롯해 다양한 편법을 통해 재물을 축적하기 시작했다. 결국, 도처에서 성직자들과 백성들의 관습이 타락했으며, 백성들 사이에는 탐욕과 무지가 더욱 기승을 부렸다. 이러한 해이는 지역의 귀족들이나 부호들로부터 다양한 혜택과 후원을 받은 대수도원들에서도 일어났다.

이런 부패한 상황에서 쇄신은 그 시대를 대표한 위대한 수도승들로부터 시작되었다. 최초로 쇄신된 수도원은 부르고뉴 지방에 있는 클뤼니 수도원이다. 이 수도원은 10세기에 창립되어 오도네 수도원장 시절에 결정적인 창립의 기틀을 마련했다. 이 수도원은 베네딕도회의 수도 규칙을 보다 엄격하게 준수했으며, 수도 생활의 중심지로 거듭났다. 이곳에서 이 시대의 쇄신을 주도한 출중한 교황들과 수많은 수도승들 그리고 개혁적 인물들이 배출되었다. 이들을 통해 교회의 쇄신이 프랑스를 비롯해 독일 그리고 이탈리아로 번져 갔다. 이런 수도원들에서는 영성 생활뿐만 아니라 지적 활동, 즉 신학적 성찰도 활발히 진행되었다. 이는 그레고리오 교황에 의해 주도된 개혁을 가능하게 한 탁월한 인물들을 배출하게 했다.

2) 페트루스 다미아누스

페트루스 다미아누스는 이 시대의 개혁을 주도한 신학자 가운데 가장 중요한 인물로 평가된다. 그는 라벤나, 파엔차, 파르마 등지에서 학업을 마친 후, 3학4과의 교수로 활동했다. 그러나 그는 1035년경 폰테 아벨라나의 은둔소로 들어가 수도 생활에 전념했으며, 몇 년 뒤에 그 수도원의 장상으로 선출되었다. 그때부터 그는 여러 분원을 설립하고 카말돌리 수도원의 정신에 따른 수도원 개혁을 단행했다. 그리고 그 과정에서 그레고리오 6세 교황과 그 후계 교황들에게 성직자들의 쇄신을 간곡히 청했다. 이런 그의 노력이 결실을 맺게 된 것은 레오 9세 치하에서였다. 이어서 니콜라오 2세 교황 시대에 그는 롬바르디아 지방의 여러 교회를 개혁하는 데 주도적인 역할을 수행했다. 또한, 동료 수사였던 안셀무스 다 바지오가 알렉산데르 2세 교황으로 선출되자 그를 도와서 교회 개혁에 많이 기여했다. 결국, 그는 1057년 오스티아의 추기경으로 임명되어 교황을 보필하는 가운데 교회의 개혁을 위해 헌신했다. 그는

1069년 헨리 4세 국왕의 이혼 문제를 해결하기 위해 파견되어 일을 해결하고 돌아오던 여행길에서 임종했다.

그는 당대의 가장 저명하고 풍부한 저술가 가운데 한 사람이다. 그의 작품들은 교회의 개혁 활동과 은둔 생활을 촉진했다. 그는 성경과 교부들뿐만 아니라 고전 작가들의 사상에 대해 잘 알고 있었고, 이런 고전 작가들로부터 많은 영감을 끌어낼 줄 알았다. 그는 교회법의 탁월한 전문가였지만, 철학과 신학에 대해서도 해박했다. 그는 신학에서 변증법의 남용으로 인해 그리스도교의 신비들이 훼손되는 데 대해 반대 입장을 취했다. 신학자로서 그의 탁월한 능력이 드러난 작품으로 우리는 『성령의 발출에 관한 그리스인들의 오류 논박』을 들 수 있다. 또한, 그는 『가톨릭 신앙』 제2부에서 강생하신 성자에 대해 깊은 신학적 성찰을 제시했다. 그의 신학 사상에서 가장 두드러진 분야는 '교회론'이었다. 그는 교회를 참 하느님이시면서 인간이 되신 말씀의 육화가 지속되는 실재로 보았으며, 그 신적 인간적 요소들로 인해 신비이며 성사라고 보았다. 또한, 그는 교회가 진정한 권위를 갖는 것은 그 설교와 모범적 삶에 있다고 강조했다. 그는 교회에 대한 이해에 있어서 인간학적인 기능을 언급하기도 했다. 즉, 그에 따르면, 교회는 인간의 구원을 위해 봉사해야 한다. 마지막으로, 그는 성모님의 역할, 특전, 특성들에 대해 탁월하게 성찰함으로써 마리아론의 발전에도 상당한 영향을 미쳤다.

3) 그레고리오 7세

그레고리오 7세 교황은 11세기의 교회 개혁에 있어서 가장 중요한 인물로 손꼽힌다. 그는 당시 부패에 찌든 교회를 근본적으로 바꾸고 그 구조를 개혁했으며, 성직자와 백성들의 영적이고 지적인 삶에 활기를 불어넣고, 신학 연구에 새로운 자극을 불어넣었다. 그레고리오 7세의 속명은 힐데브란트로, 그는 이탈리아의 그로세토 지방의 소아나 마을의 어느 소박한 가정 출신이다. 그는 유년기에 로마의 산타 마리아 수도원에 입회해서 교육을 받았다. 그는 거기서 3학4과의 전 과정을 마치고, 교회법을 공부해서 그 분야의 전문가가 되었다. 또한, 그는 라테란 궁정에서도 교육을 받았다. 그후 그는 차부제품을 받았으며 그레고리오 6세 교황이 퇴위할 때까지 궁정 성직자로 봉사했다. 그리고 그레고리오 6세가 서거한 뒤, 클뤼니 수도원에서 머물며 베네딕도의 규칙을 받아들였다. 그 후, 후임인 레오 9세 교황에 의해 발탁되어 바오로 성당 관리를 맡게 된다.

레오 9세는 힐데브란트의 탁월한 학식과 성품을 높이 평가해서 그를 발탁해 자신을 보좌하도록 조치했다. 특히, 레오 9세는 그를 교회 개혁 위원회에 소속시켜 활동하도록 했다. 그로부터 얼마 후, 교황은 그를 추기경에 서임함으로써 본격적으로 교회를 위해 일하도록 배려했다. 그는 1059년부터 로마 교회의 대부제로 임명되어 여러 사절단의 수장 역할을 했으며, 유럽의 여러 군주들과 관련된 민감한 정치적 사안에 개입해서 탁월하게 해결하기도 했다. 더욱이 레오 9세 이후, 여러 역대 교황들을 지근거리에서 보필하며 교회 통치에 중요한 역할을 수행했다.

마침내 그는 1073년 제157대 교황에 선출되어 본격적으로 교회 개혁을 착수했다. 그의 개혁이 겨냥한 대상은 우선적으로 주교들과 성직자들이었다. 우선, 그는 성직 매매와 사제들의 내연 관계라는 교회의 심각한 해악을 없애는 데 전력을 기울였다. 그는 이를 통해 성직자들의 도덕 생활의 근본적인 쇄신과 교회의 내부 조직을 획기적으로 변모시켰다. 또한, 여기에 더해 평신도 군주들의 교권 침해에 맞서 교회의 권리를 회복하기 위해 혼신을 다했다. 이러한 개혁은 이미 1073년과 1074년에 개최된 로마 시노드에서 명료하게 규정되고 실행되기 시작했다. 그레고리오 7세는 1075년 사순절에 열린 시노드에서 로마 사도좌의 지침들을 준수하지 않는 주교들에게 일련의 단죄를 내리기까지 했다. 또한, 1078년 봄에 개최된 시노드에서 그는 파문당한 주교들에 의해 거행된 모든 서품을 무효로 선포했다. 그뿐만 아니라, 가을에 개최된 시노드에서는 적법한 서품 이외에 이루어진 모든 편법적인 서품을 무효로 선언했다.

그러나 이러한 일련의 조처들은 프랑스와 독일에서 강력한 저항에 부딪히고 말았다. 하지만 이런 어려움에 굴복하지 않고, 그레고리오 7세는 자신이 단행한 개혁 조치들을 끝까지 밀고 나가, 교회 내의 모든 악행을 근절했다. 특히, 그는 이를 위해 1075년 로마 시노드에서 교령을 발표해서 다음의 2가지 중요한 규범을 확립했다. '여하한 세속 권력도 주교직을 임명하지 못한다.', '어떠한 관구 주교도 평신도 군주로부터 주교직을 받은 사람을 주교로 축성하지 못한다.' 그는 이 새로운 규범을 통해 주교들의 타락과 도덕적 직무 유기를 근절하려 했다. 그리고 이를 뒷받침하기 위해 그리스도께 기초를 둔 절대적인 교황 권위의 근본 원리를 담고 있는 「교황의 훈령」을 반포했다. 그에 따르면, 사제들과 주교들의 서품은 왕이나 사적인 교회 소유자들의 억압적 영향력으로부터 해방되어, 오직 하느님의 뜻을 존중하는 규범들에 따라 이루어질 때 그 효력을 갖는다.

평신도의 성직 임명에 반대하는 로마 시노드의 교령과 「교황의 훈령」은 그레고리오 7세 교황과 독일 하인리히 4세 황제 사이의 투쟁의 신호탄이었다. 이미 하인리히 4세는 1074년 밀라노에 퍼져 있던 반(反)카타리파의 열망에 부응해서 자신의 궁정 사제인 테발도를 밀라노의 대주교로 임명한 바 있었다. 그리고 교황은 전혀 알지도 못하는 사람들을 페르모와 스폴레토의 주교들로 임명했다. 이에 분노한 그레고리오 7세는 하인리히 4세에게 서한을 보내 이를 즉각 철회하지 않는다면 황제를 파문할 것이라고 위협했다. 이에 하인리히 4세는 1076년 1월 24일 보름스 종교 회의에서 교황의 폐위를 진행했다. 독일 주교들은 그의 명에 따라 교황에게 서한을 보내 교황의 폐위를 선언했으며, 이와 함께 하인리히 4세 역시 서한을 통해 교황이 스스로 자신의 직분을 포기하도록 요구했다. 이에 대해 교황은 로마의 사순절 시노드에서 하인리히 4세를 폐위시키고, 그 수하 사람들이 그에게 바친 충성 서약의 정지를 선언하며 왕을 파문하는 것으로 응수했다.

둘 사이의 싸움이 일어나자 도처에서 많은 군주들이 하인리히 4세에 반대하기 시작했다. 그중에서도 독일의 상황은 더욱 심각했다. 색슨계 군주들과 독일의 군주들이 모두 그를 폐위시키겠다고 위협했다. 결국, 하인리히 4세는 어쩔 수 없이 교황에게 복종하기로 했으며, 속죄의 옷을 입고 교황이 머무르던 카노사에 가서 3일 동안 마대를 뒤집어쓴 채 성 앞에 부복했다. 결국 하인리히 4세의 대부인 클뤼니 수도원장 후고의 중재로 왕은 파문의 벌을 피할 수 있었다. 그러나 그는 군주들의 요구를 들어주어야 했다. 또한 군주들은 이 기회에 다른 왕을 세우고자 했다. 하지만 교황은 중립적인 입장을 견지했다. 이에 교황으로부터 배신당했다고 느낀 하인리히 4세는 다시금 교회 안에서 자신의 권리를 주장했다. 이에 교황은 1080년 사순절에 열린 시노드에서 다시 한번 하인리히 4세를 폐위하고 파문시켰다. 이에 하인리히 4세는 즉각 교황을 향한 보복을 시작했다. 그는 밤베르크 시노드와 마인츠 시노드에서 독일과 롬바르디아의 대다수 주교들의 지지를 끌어내 이를 바탕으로 교황에 대한 그들의 복종 서약을 철회하도록 했으며, 클레멘스 3세를 대립교황으로 내세우기까지 했다. 그리고 1081년에는 군대를 이끌고 로마를 침공해서 마침내 1083년에 도시를 점령했다. 그는 교황이 자신을 황제로 대관하기만 한다면 더 이상 대립 교황을 지지하지 않겠다고 선언했다. 하지만 교황은 이것이 정치적인 사안이 아닌 양심의 문제라고 여기며 그에 대한 폐위와 파문을 철회하지 않았다. 결국, 교황은 노르만인들에게 도움을 청해 이 문제를 해결하려 했다. 그러나 이들은 이 과정에서 로마를 점령해서 파괴하고 약탈했다. 이로 인해 교황은 로마인들의 신뢰를 잃어버리고 말았으며, 교황은 살레르노로 피신해서 결국 1085년 그곳에서 쓸쓸히 생을 마감했다.

그레고리오 7세는 살아생전에 교회 개혁에 혼신을 다했으며, 이와 함께 그리스 교회와 라틴 교회의 분열 문제를 해결하기 위해 노력했다. 1071년 비잔틴 군대가 튀르키에 군대에 의해 결정적으로 패배하자, 미하일 7세 황제는 교황에게 사절을 보내 로마 교회와의 통일을 제안하며 군사적인 도움을 청한 적이 있었다. 교황은 이를 교회 일치를 위한 중요한 기회로 여기며, 즉시 콘스탄티노폴리스에 사절을 파견하고 스스로 동방에 군대를 파견하기로 결심했다. 그리고 서방의 여러 국왕에게 이 성전에 참여하도록 독려하는 서한을 보냈다. 그러나 이에 대한 국왕들의 반응은 기대에 크게 못 미쳤고, 여기에 더해 주교 서임권을 둘러 싼 투쟁으로 인해 파병은 이루어지지 못했다. 결국, 두 교회 간의 일치를 위한 논의도 더 이상 진행될 수 없었다. 비잔틴 제국을 돕기 위한 파병이 이루어진 것은 알렉시우스 황제 때에 이르러 우르바노 2세 교황을 통해서였다.

그레고리오 7세의 사상은 그가 쓴 「교황의 훈령」을 비롯해 여러 서간집과 공의회 교령들 그리고 파문 선언문들에 담겨 있다. 그는 보편 교회의 비가시적 수장은 그리스도이지만, 가시적 수장은 베드로의 후계자인 교황으로 보았다. 따라서 교황에게는 영적인 권한이든 세속적인 권한이든 맺고 푸는 모든 권한이 위임되어 있다고 보았다. 그에 따르면, 황제, 왕, 후작, 공작을 비롯해 전 세계의 제후 방백들이 모두 교황에게 예속된다. 그는 단호하고 확신에 찬 신정 통치적인 정치 신학을 표방한 것으로, 그를 기점으로 인노첸시오 3세, 보니파시오 8세에 이르러 교황의 권위는 역사상 정점에 이르게 된다. 그의 재임 시절에 성체에 관한 왜곡된 이론을 주장한 베렌가리우스 드 투르에 대한 소송이 제기되었다. 이미 레오 9세에 의해 단죄된 바 있는 그가 자신의 주장을 철회하지 않자 그레고리오 7세는 그를 로마로 불러 최종 해명을 하도록 촉구했다. 결국, 베렌가리우스는 성체에 관한 정통 교의에 동의하며, 소송은 종결되었다.

4) 베렌가리우스 드 투르

11세기 신학계에서 두드러진 인물로 베렌가리우스 드 투르를 들 수 있다. 그는 11세기 초반 프랑스 투르의 어느 유복한 가정에서 태어나 샤르트르에서 학업을 마치고 투르의 산 마르티노에서 가르쳤다. 1047년경 베렌가리우스가 성체성사에 관한 자신의 견해를 유포하면서 교회 내에서는 성체에 관한 열띤 논쟁이 일어나기 시작했다. 결국, 1059년 라테라노 공의회에서는 그의 견해가 잘못되었다고 판단해서 이를 철회하도록 명했다. 그러나 베렌가리우스는 자신의 입장을 철회하지 않았다. 이에 다시 로마로 소환된 그는 1079년 라테라노 시노드에서 성체에 대한 정통 정식에 서명해야 했다. 하지만 그는 죽을 때까지 자신의 소신을 포기하지 않았다.

성체에 대한 그의 기본적인 주장은 『거룩한 만찬』에 담겨 있다. 아우구스티누스를 비롯해 9세기 상징주의자들의 노선을 따라, 그는 성체성사에 대해 상징적인 개념을 갖고 있었다. 여기서 '상징'(figura)이라는 범주는 실재적인 가치를 지니고 있었다. 즉, 그것은 단순한 표지가 아니라 진정한 실재를 표현한 것이다. 따라서 그에게 있어 성체는 가상적 상징이 아닌 실재적인 그리스도의 역사적 몸의 상징이었다. 하지만, 그는 성체성사에서 빵과 포도주는 실체가 아니라, 다만 그리스도의 몸과 피의 상징일 뿐이라고 결론지었다. 베렌가리우스에 의해 촉발된 성체 논쟁은 1079년 라테라노 시노드에서 빵과 포도주의 형상이 그리스도의 몸과 피로 변하는 양태를 '실체 변화'로 규정하게 해 준 기폭제가 되었다.

5) 캔터베리의 안셀무스

안셀무스는 본격적인 의미의 스콜라 신학의 시대를 연 위대한 인물로 평가받는다. 그는 무에서부터 '신학적 학문'을 창안해서 그것에 고유한 인식론적 토대를 주고 그 작업에 적합한 도구, 곧 논증, 합리적 증명,

필수적인 근거들을 마련했다. 이로 인해 신학은 안셀무스 덕분에 성경 주해나 철학과는 다른 위치와 과제들을 갖게 되었다. 철학과 신학이 본격적으로 분리된 것은 안셀무스의 공이다.

이탈리아 북부 아오스타 출신의 안셀무스는 아버지로 인해 어머니가 세상을 떠나자 가출을 해서 3년간 프랑스를 떠돌아다녔다. 그리고 베크 수도원에 안착해 수도 생활과 신학에 정진했다. 란프랑쿠스의 인정을 받은 그는 착복한 지 3년 만에 이 수도원의 원장이 되어 봉사했다. 그의 책무는 주로 가르치는 것으로, 그는 이를 위해 다양한 작품을 집필하게 된다. 1078년 그는 대수도원장으로 선출되었으며, 마침내 1093년 란프랑쿠스의 뒤를 이어 영국 캔터베리의 대주교에 착좌하게 된다.

그러나 이때부터 그의 고난이 시작되었다. 그는 자신이 맡은 교회 개혁을 위해 국왕으로부터 주교 서임권을 되찾아오려 했다. 이로 인해 당시 영국의 국왕인 붉은 수염 왕 윌리엄은 여러 가지 빌미를 들어 교황을 설득해 안셀무스를 면직시키려 했다. 이에 안셀무스는 로마로 가서 교황에게 상소하게 된다. 당시 우르바노 2세 교황은 왕의 불의를 바로잡으려 했던 그를 정중히 맞아들이며, 영예롭게 대접했다고 한다. 안셀무스는 5세기 동안 이어진 침묵을 깨고, 신학 연구 부흥의 신호탄이 된 11세기 최고의 신학자였다. 비록 그는 많은 작품을 남기진 않았지만, 그의 주요 작품들은 모두 동시대를 비롯해 후대의 신학에 지대한 영향을 미쳤다. 그의 주요 작품으로는 『모놀로기온』, 『프로슬로기온』, 『왜 하느님은 사람이 되셨나』, 『성령 발출론』 등이 있다.

안셀무스는 언제나 신학적 지평 속에서 학문적인 작업을 했다. 그가 의도했던 것은 이성으로 하여금 자기 고유의 기능을 펼치게 하는 것이었다. 즉, 그는 정신이 자연적인 빛을 통해서든 아니면 신앙의 빛을 통해서든 이미 소유한 것을 논증하고 증명적 방법을 통해서 확인하고자 했다. 그에 따르면, 이성의 전개 방법은 반드시 추론적, 논증적, 증명적이어야 한다. 그것은 어떤 주장을 자신의 보편적 원리에 따라 정당화해야 한다고 보았다. 그는 신앙을 통해 우리가 믿는 것을 성경의 권위에 호소하지 않은 채, 이성의 필연적 논거들을 통해 증명하고자 했다. 그는 이를 통해 신앙에 도움을 주고자 했다. 즉, 그는 하느님이 너그럽게 그리고 은혜롭게 인류에게 계시하신 신비들을 자신의 이성적 능력으로 이해하고, 다른 사람들에게도 이해할 수 있도록 도와주기를 바랐다.

안셀무스가 신학의 역사에 기여한 것 가운데 하나는 하느님에 대한 '존재론적 논증'을 제시한 데 있다. 이 논증은 하느님에 대한 정의, 즉 "그보다 더 큰 것이 생각될 수 없는" 그런 존재 관념에 기초를 두고 있다. 그는 이를 바탕으로, 그보다 더 큰 것이 생각될 수 없는 존재는 단순히 우리의 지성에만 존재할 수 없고 실재 안에서도 존재해야 한다고 주장했다. 이러한 안셀무스의 논증을 비판한 첫 번째 인물은 가우닐로 수사였다. 그는 설령 가장 완전한 존재라는 하느님 개념을 가진다는 것을 인정한다고 해도, 이 개념으로부터 그 실존이 연역될 수는 없다고 보았다. 이에 대해 안셀무스는 아무리 환상적인 섬이 완전한 것으로 이해되었다고 해도, 그것이 "그보다 더 완전한 것이 생각될 수 없는 것"이라고 말할 수는 없다고 응수했다. 이러한 안셀무스의 신 존재 증명과 관련해서 후대의 철학은 찬성(둔스 스코투스, 데카르트, 라이프니츠, 헤겔)과 반대(토마스, 칸트)라는 2개의 노선으로 나뉘었다. 반면, 바르트는 그것을 하느님의 존재에 대한 철학적 논증이 아닌 단순한 하나의 신학적 확증으로 보았다.

이 밖에도 안셀무스는 『선지식 및 예정의 일치』에서 인간의 자유와 하느님의 섭리 사이의 관계에 대해 제시했다. 그는 인간의 자유를 올바로 행동하고 선을 행할 수 있는 능력으로 보았다. 그는 이 작품에서 자유와 하느님의 선지식 사이, 자유와 예정 사이, 자유와 은총 사이의 양립 가능성에 대해 심도 있게 신학적으로 성찰하였고, 이를 바탕으로 합리적인 해결책을 제시했다. 우선, 그는 어떤 자유로운 행위는 하느님에 의해 '자유로운 것'으로 미리 알려져 있고, 따라서 자유롭게 실현된다고 말한다. 그리고 이 선상에서 하느님이 미래에 일어날 일을 미리 알고 있고, 그것이 그렇게 필연적으로 일어난다고 해서 인간의 자유를 침해하는 것은 아니라고 보았다. 그에 따르면, 신적 지식에서 인간의 자유로운 행위를 조건 지을 만한 어떤 '선행적인 것'을 말할 수 없다. 또한, 신적 선지식에 따라 어떤 일이 일어난다고 해도, 그것은 그 일을 강제로 발생하게 하는 필연성이 아니라 그 일의 실재에 뒤따르는 필연성이라고 안셀무스는 설명했다. 또한, 그는 같은 선상에서 인간의 자유와 하느님의 예정 간의 관계에 대한 해결책도 제시했다. 그에 따르면, 하느님은 사물들을, 만일 그것이 필연적이라면 필연적으로 예정하고, 자유롭다면 자유롭게 예정하신다. 마지막으로, 안셀무스는 『왜 하느님은 사람이 되셨나』에서 인간 구원의 신비, 특히 그리스도 강생의 신비에 대해 고찰했다. 이 작품은 역사상 구원론을 집중적으로 다룬 최초의 체계적인 작품이다. 여기서 그는 인간이 범한 엄청난 죄로 인해 파괴된 질서를 복원하는 데에서 그리스도 강생의 이유를 찾았다.

4. 비잔틴 스콜라학

비잔틴 스콜라학은 비잔틴 제국의 교회, 즉 동방 정교회의 중세 신학을 일컫는다. 이 신학은 9세기부터 15세기에 걸쳐 발전했다. 9세기부터 12세기까지 비잔틴 제국의 상황은 상대적으로 서방 세계보다 좋았다. 그러나 12세기 들어 이슬람 군대와 십자군의 침략으로 인해 제국 존립의 위기를 겪어야 했다. 비잔틴 스콜라학은 이런 제국의 운명과 비슷한 부침을 겪었다. 이 신학은 대략 9-10세기에 번영을 구가했지만, 그 후 점차 쇠퇴의 길로 접어들었다. 종교 분야에서 비잔틴 제국에 큰 영향을 미친 것은 1054년에 이루어진 서방 교회와의 결정적인 분리였다. 두 교회 사이의 분리에는 다양한 요인들이 영향을 미쳤는데, 그중에서 주요한 원인은 정치적이고 제도적인 논쟁에 있었다. 로마는 베드로의 후계자로서 수위권을 주장한 데 반해, 콘스탄티노폴리스는 로마에 일종의 도덕적 우위 정도만 인정했을 뿐, 그 교회의 교조적이고 제도적인 종주권을 배격했다.

비잔틴 스콜라학은, 중간에 단절을 겪었던 서방 교회와 달리, 교부 시대로부터의 연속성을 바탕으로 하고 있다. 이 시기에 비잔틴 스콜라학은 두 가지 경향을 갖고 있었다. 하나는 클레멘스, 오리게네스, 다마스쿠스의 요한의 노선을 따른 사변 신학이며, 다른 하나는 위 디오니시우스, 요한 클리마쿠스 등으로부터 영감을 받은 명상적이고 신비적인 신학이다. 사변 신학은 제국 교회의 관심사들을 충실하게 반영한 데 반해, 신비 신학은 세상으로부터의 탈속(脫俗)과 수도승 영성을 지향했다.

1) 서방 교회와의 신학적 논쟁

중세 비잔틴 신학은 종종 서방 신학과 날카로운 논쟁에 휘말리곤 했다. 그 가운데 가장 주목할 만한 것으로 성상 숭배, 필리오퀘, 정적주의를 들 수 있다.

① 성상 숭배

비잔틴 제국의 레오 이사우리쿠스 황제는 726년 성상 공경을 금지하며 탄압한 바 있다. 또한 그의 아들인 콘스탄티누스 5세는 성상에 반대하는 투쟁을 벌임으로써 754년 히에리아에서의 성상 파괴에 관한 시노드에서 승리했다. 그러나 다마스쿠스의 요한 같은 당대의 교부들은 성상 숭배를 옹호했으며, 이에 따라 이레네 황후는 성상 공경을 재확립했다. 이는 제2차 니케아 공의회와 제8차 콘스탄티노폴리스 공의회에서 수용되었다. 그리고 843년 3월 11일 많은 대중의 열광 속에서 성 소피아 성당에서 장엄하게 선포되었다. 그러나 서방 교회는 프랑크 왕국의 왕을 중심으로 이러한 동방 교회의 결정에 반대했다. 카알 대제는 「반(反)공의회 칙령」을 비롯해 소위 「카알 문서」로 불리는 「성화상에 대한 칙령」을 통해 이를 체계적으로 논박했다. 한편, 프랑크 왕국의 신학자들은 성화 파괴주의와 성화 숭배주의 사이에 중도 노선을 유지하려 했다.

② 필리오퀘 논쟁

이 논쟁에 대해서는 이미 앞서 언급한 바 있다. 여기서는 그 이후의 상황에 대해 간략히 언급하기로 한다. 서방의 '필리오퀘' 조항과 관련해서 결정적으로 공격한 인물은 콘스탄티노폴리스의 총대주교인 포시우스였다. 그는 불가리아에 파견된 선교사들이 "성령이 성부와 성자로부터 발출된다"는 것을 가르치는 데 대해 분개해서 867년에 이 조항을 단죄한 바 있다. 그리고 1054년 서방 교회의 훔베르토 추기경은 그리스인들이 '필리오퀘' 조항을 신경에서 삭제한 것을 들어 그들을 고발하고 당시 콘스탄티노폴리스의 미카엘 체룰라리우스 총대주교를 파문함으로써 동·서방 교회 간의 분열을 초래하고 말았다.

③ 정적주의

이는 '정적'(靜寂)을 의미하는 그리스어 '헤지키아'에서 유래한 말로, 중세 당시 동방 교회에서 일어난 명상적이고 신비적인 기도 실천 운동을 가리킨다. 이는 "정신과 마음의 통일"을 얻으려는 목적에서 짧은 정식들을 반복함으로써 특별한 심리-생리학적 훈련을 수행하는 것이다. 이런 정적주의 이론에 엄격한 신학적 근거를 마련해 준 사람은 그레고리우스 팔라마스였다. 그에 따르면, 기도자의 영과 마음을 비추는 것은 타보르산의 빛 자체였다. 그러나 이 빛은 하느님과 동일하지 않고, 이는 그분의 한 속성과 작용을 가리킨다.

2) 포시우스

포시우스는 콘스탄티노폴리스의 저명한 가문에서 태어나 최상의 교육을 받아, 당시 모든 지식의 영역을 두루 섭렵했다. 황후 테오도라의 섭정 시절에 철학을 가르치다가 비잔틴 제국 서기국의 수장과 원로원의 일원이 되었다. 그 후 황실과 대척 관계에 있던 이냐시우스 총대주교를 대신해, 858년 콘스탄티노폴리스의 총대주교로 임명되었다. 이에 대해 니콜라오 1세 교황은 파문으로 경고하면서 물러나도록 경고했다. 그러나 포시우스는 이에 맞서 오히려 로마를 이단이라고 고발했으며, 특히 '필리오퀘' 문제를 들어 교황의 폐위를 주장했다. 그러나 그를 지지했던 미카엘 3세 황제가 죽게 되면서 새로운 황제는 그를 파면하고 말았다. 그 후, 후임자인 이냐시우스가 죽자 다시 총대주교에 복권되었으며, 레오 6세 교황에 의해 결정적으로 면직될 때까지 그 자리를 지켰다. 887년 그는 반역죄로 몰려 아르메니아의 외딴 수도원으로 유배되어 그곳에서 학문을 연구하며 여생을 보내다 893년 임종했다.

포시우스의 주요 작품으로는 일종의 광범위한 백과사전인 『도서관 또는 '미리오비블리온'』이 있다. 이는 그가 대학에서 가르치던 시절의 연구 결실들을 정리한 역작이다. 또 다른 그의 작품으로 『성령의 신비 교육』이 있다. 그는 학문에 대한 과학적이고 철학적인 관심과 그 광범위함으로 인해 아리스토텔레스에 비교된다. 그는 철학 자체를 높이 평가했으며, 철학이 신학의 시녀가 아니라고 보았다. 그는 아리스토텔레스의 철학적 입장을 선호했으며, 이를 바탕으로 보편자 문제와 인식 문제를 풀어나갔다. 이는 훗날 아벨라르두스와 토마스의 이론과 본질적으로 일치한다. 그는 『성령의 신비 교육』에서 서방의 '필리오퀘'를 격렬하게 비판하는 가운데, 성령의 유일신적 역할을 주장하고, 성자도 성령도 오직 성부로부터만 발출된다고 주장했다.

3) 신학자 시메온

시메온은 30세에 성 마마 수도원의 원장으로 선출되어 봉사했으며, 수도 생활과 교회 생활의 쇄신을 담은 작품을 집필했다. 그러나 이로 인해 그는 고위 성직자들과 갈등을 빚어 면직되고 수도원을 떠나야 했다. 그 후, 1009년에 여러 제자들과 함께 보스포로스 해협의 소아시아 쪽 연안에 자리를 잡고 살았다. 그는 임종 전에 복권되었으며 1022년에 임종 후 반세기가 지나기 전에 시성되었다.

그는 비잔틴 신학의 가장 위대한 대변자로 평가받는다. 그는 산문보다는 시문으로 표현하기를 좋아했다. 그래서 자신의 시인적인 기질과 하느님의 신비를 관통하는 비범한 직관적 능력으로 수도 생활에 새로운 비전을 제시했다. 그는 영적인 삶의 충만함을 하느님의 빛 안에서 추구하고, 이를 통해 인간의 삶에 새로운 의미를 제시했다. 그는 직관과 관상을 강조했으며, 그 열매로 '신화'(神化)를 제시했다.

4) 그레고리우스 팔라마스

팔라마스는 1296년 콘스탄티노폴리스의 귀족 가문에서 태어나 궁정에서 교육을 받았다. 1316년 수도 생활을 시작해서 여러 곳에서 뛰어난 스승들로부터 지도를 받았다. 마침내 1326년 라브라 수도원에서 서품을 받았으며, 베레아 은둔 수도원, 산토 사바스 수도원, 에스피구메누 대수도원에서 수도 생활에 정진했다. 그 후, 황실에서 권력 투쟁이 벌어졌을 당시 여기에 연루되어 1343년부터 1347년까지 옥살이를 해야 했다. 1347년에는 테살로니카의 주교로 임명되어 교회를 위해 봉사했으며, 1359년 세상을 떠났고 1368년 시성되었다. 팔라마스의 신학은 동방 정교회의 공식 가르침으로 수용되어 전해 오고 있다. 그의 주요 작품으로 동방 수도승 영성을 처음으로 신학적인 차원에서 종합한 『거룩한 헤지카스티를 옹호하는 3부작』, 그리고 그리스도교의 신비 신학을 구원의 신적 차원에서 새롭게 정립한 『거룩한 책』이 있다.

팔라마스의 사상은 무엇보다 발람과의 논쟁을 통해 발전했다. 발람은 칼라브리아 출신의 그리스인으로, 가톨릭 신앙에 바탕을 두고 스콜라 신학, 특히 토마스의 신학을 비판했다. 그는 동방 신학의 부정주의(apofatismus)에 매료됐다. 1330년 콘스탄티노폴리스에 도착한 발람은 그곳에서 학자로서의 상당한 명성을 얻었으며, 그리스 교회의 공식 대변인으로 활동했다. 그러나 그의 '부정주의'는 그리스 수도승들, 특히 팔라마스로부터 비판받았다. 발람에게 있어 하느님을 가리키는 모든 것은 유명론적인 가치만 갖는 것으로 간주되었다. 이에 팔라마스는 그의 사상에 대해 이의를 제기하는 편지들을 보냄으로써 그와의 논쟁을 시작했다. 또한 아토스산의 수도원장들과 모든 수도승들의 승인을 받은 『거룩한 책』에서 발람을 거슬러, 하느님이 직접 실제적으로 가시적인 존재가 되었다고 주장했다. 결국 1341년 6월과 8월에 콘스탄티노폴리스에서 개최된 두 차례의 공의회를 통해 발람은 단죄되고 말았다.

팔라마스 신학의 주된 노선은 하느님의 본성에 대한 인식 불가성, 하느님의 본질과 실체적 힘 사이의 구별에 있다. 그는 하느님의 실체는 초월적이므로 심지어 천사들조차 이를 인식할 수 없다고 주장했다. 그러나 하느님의 위격적 실존과 삼위적 실존은 마음이 순수한 이들에게 무한히 풍요로운 선물로 주어질 수 있다고 보았다. 팔라마스는 하느님의 존재는 전달될 수 없는 본질과 피조물 속에서 드러나며 작용되는 에너지들을 포함한다고 주장했다. 하나이면서도 그 현현에 있어서는 여러 형태인 이 에너지는 신성의 흘러넘침이며, 하느님을 드러내는 행위와 이 행위 자체의 존재론적 내용을 가리킨다고 그는 말한다. 신비가는 창조되지 않은 빛을 관상하고, 신적 현현에 의해 밝아지게 된다. 그는 중단없는 기도를 통해 내적 평온을 갖추게 되고, 감각과 인간의 이성적 범주 저 너머에서 육체와 영혼 속에서 변형을 겪어, 신화(神化)에 이르게 된다.

5. 12세기 신학의 개화

1) 12세기 신학의 위대함

12세기는 중세 문명의 부흥기라고 할 수 있다. 사회생활의 중심이 농촌과 성에서 도시로 옮겨 갔으며, 학교 역시 주교좌 학교들이 학문의 중심 역할을 했다. 문화는 더 이상 수도승과 성직자들의 전유물이 아니라 점점 더 평신도들에게 개방되어 갔다. 물론, 12세기에는 아직도 수도회들 안에서 지적 활동이 여전히 왕성했고 새로운 경향이 활기를 띠었다. 이런 상황에서 7학예(3학4과)라는 스콜라학의 낡은 틀은 강한 충격을 받게 된다.

이 시기에 13세기만큼은 아니지만, 무수히 저명한 인물들이 배출되었다. 이들로 인해 12세기의 신학은 풍요로움을 더해 갔다. 강렬하고도 창조적인 신학 활동이 전개된 곳은 클뤼니 수도원, 시토 수도원, 샤르트르 수도원, 성 빅토르 수도원 등의 프랑스 내의 대수도원들과 요크, 노트르담, 랭스의 주교좌 소속 학교들이었다.

2) 12세기 신학적 각성의 배경

12세기는 자치 도시의 세기이다. 봉건 영주들을 중심으로 자치 도시가 발전하면서 지방의 자율권이 강화되었다. 이 도시들은 교황권과 동맹 관계를 형성하는 가운데 발전했다. 그레고리오 7세 교황의 서임권 투쟁과 더불어 주교 서임권이 교회로 되돌아왔고 이를 바탕으로 교황권은 더욱 강력해졌으며, 중세 사회의 '그리스도교 공화국'과 '제국 교회'가 실현되었다. 카노사 사건 이후 '제국의'라는 수식어는 교회의 본질적 속성을 가리키게 되었다. 이제 모든 것에 대해 '명령'하는 주체는 교회, 특히 그 교회의 최고 수장인 교황이었다. 교황은 세속적인 황제를 선출하고 축성하며 해임할 권한을 갖게 된다. 교회는 이 세상에서 실현된 하느님 나라이며 황제를 '세속적인 팔'로 사용했다. 이러한 중세 제국 교회의 거시적 표현 가운데 하나는 '십자군'이다.

중세의 그리스도교 공화국에서는 상징, 법률, 관습, 가치, 제도 등 모든 것이 그리스도교적이었다. 즉, 문화 전체가 그리스도교화 된 상태에 있었다. 이러한 문화에서는 모든 것이 유일한 목적, 즉 그리스도로 정향된다. 이처럼 실천 영역에서 그 정상에는 그리스도의 대리자인 교황이 있으며, 이론 영역에서도 그 정상에 모든 지식의 여왕 자리를 차지하는 신학이 있었다. 자치 도시의 문화 발전으로 인해 학자들의 관심사는 세속적인 영역, 특히 자연 과학으로 확장되었다. 서방 사람들은 십자군 전쟁을 통해 그리스도 세계, 아랍 세계와 조우하는 가운데 그 세계로부터 다양한 면에서 문화적 혜택을 받으며 발전할 수 있는 계기를 얻게 된다. 특히 그들은 아랍인들을 통해 수학, 자연 과학뿐만 아니라 아리스토텔레스의 주해서들을 접함으로써, 새로운 신학적 전망을 발전시키기 위한 발판을 마련하기 시작했다. 또한, 기존의 7학에 더해, 자연학, 역학, 경제학, 정치학이 발전하기 시작했다. 12세기의 그리스도교 문화는 수도승 문화를 포함해서 두드러지게 인본주의적인 색채를 띠었다.

3) 신학의 위대한 중심지들

중세 초기부터 신학의 주요 중심지는 베네딕도 수도원들이었다. 반면, 12세기에는 주교좌 학교들도 신학의 중심 역할을 했다. 수도원들에서는 수도승들이 양성된 데 반해, 주교좌 학교에서는 성직자들이 양성되었다. 당시 베네딕도 수도원들 가운데 시토 대수도원에서 개혁이 일어나 교회에 새로운 쇄신의 바람을 불어넣었다. 시토회 모원은 클레르보, 라페르테, 모리몽드에 주요 대수도원을 세웠으며, 이 수도원들은 학문과 영성의 요람 역할을 수행했다. 특히 클레르보 대수도원의 베르나르두스로 인해 시토회는 번성할 수 있었다. 1153년 그가 임종할 무렵에는 그가 직접 설립한 66개 수도원을 포함해서 350개의 아빠스 자치구들이 있었다. 이들은 유럽 전역에 퍼져 그 나라에 학문적, 영성적인 못자리 역할을 했다. 특히 이 시기에 신학과 영성 분야에서 시토회가 미친 영향은 대단했다. 시토회는 베르나르두스, 기욤 드 생티에리, 알랭 드 릴 등 그 시대를 풍미한 대가들을 배출했다.

시토회 이외에도 이 시기 신학의 중심지로 프레몽트레회를 들 수 있다. 이 수도회는 1121년 노르베르투스에 의해 프레몽트레에서 창립되어 유럽 각지로 퍼져 나갔다. 이 수도회의 회원들은 '정규 참사회원들'로서 아우구스티누스로부터 영감을 받았다. 이들의 이상은 개인의 성화에 머물지 않고 사도직의 복음적 이상을 실현하는 데 있었다. 이로 인해 그들은 영성과 신학 탐구에 있어 새로운 방향을 제시하게 된다. 이들의 최종적인 목적은 관상보다 설교였다. 프레몽트레회 회원들은 시토회 회원들 만큼이나 신학 발전에 큰 기여를 했다. 당대의 개혁 교수들은 대부분 프레몽트레회 출신이었으며, 그중에서도 그 회원들이 중심이 된 '성 빅토르 학파'는 중요한 역할을 담당했다.

4) 신학 작업의 도구들

12세기까지 스콜라학의 바탕은 아직 성경, 라틴 교부들과 몇몇 그리스 교부들, 그리고 변증법이었다. 그러나 12세기 후반부로 접어들면서 다양한 학문적 도구들, 새로운 원천들과 방법들, 그리고 새로운 언어들이 합류하면서 신학 발전을 위한 기폭제가 되었다. 12세기 동안 다양한 그리스 교부들의 작품이 번역되어 라틴 신학자들이 활용할 수 있게 되었다. 특히, 십자군 원정으로 인해 비잔틴 제국이 보유한 유명한 그리스 교부들의 주요 작품들이 서방에 보급되었다. 이로 인해 그리스어를 제목으로 단 신학 작품들이 유행하게 되었다.

12세기 신학 발전에 결정적인 역할을 한 것은 아리스토텔레스의 작품들이었다. 당시 이미 보에티우스가 번역, 주해한 그의 『옛 논리학』이 유통되고 있었지만, 십자군 전쟁을 통해 점차 아리스토텔레스의 작품들이 번역, 유입되면서 신학에 새로운 바람이 일기 시작했다. 또한, 12세기는 보에티우스의 시대라고 불릴 정도로 아우구스티누스의 사상과 함께 12세기의 모든 학자들에게 풍부한 영감을 불어 넣어주었다.

12세기의 신학자들이 활용하던 방법 중에 하나는 '질문'(quaestio)이었다. 그 이전에는 주로 '강독'(lectio) 또는 '강화'(collatio)로 4가지 의미를 바탕으로 성경을 주석하는 것이었다. 반면, '질문'은 주석 작업이 아닌 변증법적인 추론과 증명을 바탕으로 한다. 이는 새롭게 발견되어 유입된 아리스토텔레스의 『새 논리학』이 결정적인 영향을 미쳤다. 확실한 가르침을 확립하기 위해 '질문'에 호소하는 것은 '명제들'의 질서화된 수집을 포함한다. 12세기 중반까지는 그런 수집이 다만 교부들의 '명제들'만을 포함했지만, 그 이후부터는 '스승들'로 불리는 동시대 스콜라 학자들의 '명제들'도 포함되기 시작했다. 이처럼 '질문'에 적용된 변증법적 방법 및 '명제들'에 대한 호소와 함께 점차 성경 강독 및 주해로부터 거리를 두게 되고, '명제들'에 대한 정리된 목록화와 논의를 통해 그리스도교 신비들에 대한 체계적인 논술이 시작되었다. 이렇게 해서 아벨라르두스의 『시비론』과 페트루스 롬바르두스의 『명제집』이 등장하게 된다. 이제 신학은 체계적인 구성의 틀을 갖게 되었으며 여기에 합리적 증명의 활용과 변증법의 활용은 새로운 신학 방법론을 향한 결정적인 역할을 했다.

12세기에는 '신학적 언어'도 풍요로워졌다. 보에티우스와 아리스토텔레스 덕분에 신학적 언어는 일상 언어로부터 점점 더 전문적이고 특수화된 언어로 넘어갔다. 12세기의 또 다른 핵심적 정복은 '신학적 인식론'에 관한 것이다. 12세기의 인식론에서 철학은 변증법 속에 편입되었다. 따라서 신학을 규정하기 위해 더 이상 철학의 범주를 이용할 수 없고, 신학이 변증법과 동등하게 비교될 수 없다는 것이 논리적이었다. 그래서 신학을 하나의 '기술'(ars)로 정의하려는 생각에 길이 열리게 됐다. 즉, 신학은 신앙의 기술인 셈이다.

5) 문학 유형
① 성경 강독과 주해
12세기의 신학은 두드러지게 성경에 대한 강독과 주해에 초점이 맞

취져 있었다. 따라서, 다양한 방식으로 이루어지는 주해, 특히 텍스트 측면 여백에 작업된 '정규 난외 주해' 또는 '행간 주해' 등을 통해 구현되는 다양한 주해 형태가 널리 퍼져 있었다.

② 질문

아벨라르두스를 기점으로 '질문들'은 『성경 주해서』에서 더욱 중요한 역할을 담당했으며, 스테판 랑톤에 이르러서는 중심적인 역할을 하게 된다. 성경 텍스트에 대한 설명의 진보 자체가 '질문'을 낳았다. 이 문학 종류는 12세기 스콜라학에서 체계화되었다. '강독자'는 고의로 인위적으로 모든 명제에 대해, 아니면 적어도 텍스트의 매우 중요한 요점들에 대해 질문을 던졌다. 여하튼, '질문들'은 신학 작업에 있어 중요한 것으로 여겨졌으며, '신앙의 이해'를 위한 큰 활동으로서, '대전'들에서 작업 단위가 되는 '절'을 구성하는 데 중요한 요소로 작용했다.

③ 대전

미래의 신학 발전을 위해 중요한 세 번째 종류는 이미 12세기에 '대전'(Summa)이라는 이름을 갖기 시작한 '체계적 작품들'이다. 규정된 논거들에 관한 문제들을 바탕으로 신학 지식 전체에 관한 완전하고 체계적인 조직화를 담는 '대전'이 탄생했다. 12세기를 풍미한 주요 학자들은 자신들의 신학을 집대성한 '대전'을 집필하곤 했다. '대전'이라는 이름을 달지는 않았지만, 그 이상으로 중세 전체에 지대한 영향을 미친 작품으로 페트루스 롬바르두스의 『명제집』이 있다.

④ 설교집

교부들이 자주 활용한 문학 형태로 '설교집'을 들 수 있는데, 이는 12세기에도 여전히 활용되었다. 당시 가장 유명한 설교집으로 베르나르두스의 『설교집』을 들 수 있으며, 그밖에 여러 대가의 설교집들도 만들어졌다.

⑤ 대화, 서간

이 밖에도 12세기에 통용된 문학 유형으로 '대화'와 '서간'을 들 수 있다. 스콜라 학자들은 '대화'를 많이 활용하지 않았지만, 그럼에도 이는 기존의 형태로는 표현하기 어려운 다양한 요소들을 제공했기 때문에 종종 사용되었다. '서간' 같은 경우에는, 교부 시대보다는 덜 활용되었으며, 주로 성 빅토르 학파의 스승들이 즐겨 활용했다.

6) 전통주의자와 진보주의자 간의 충돌

이미 11세기부터 전통주의자들과 진보주의자들 간에 열띤 논쟁이 있었는데, 이는 변증법을 성경 연구에 적용하는 문제와 연관된다. 12세기에는 신학의 힘찬 각성과 더불어 훨씬 더 광범위하고 활기찬 논쟁이 벌어졌으며, 이는 종종 거칠고 폭력적이기까지 했다. 르클레르는 12세기의 신학을 '수도승 신학'으로 명명한 바 있다. 그러나 수도승 신학이 12세기의 신학 전체를 담아내지는 못한다. 수도승 신학은 전통적 노선 위에서 움직이는 신학으로, 교부학과 긴밀한 유대를 유지했다. 그것은 문학적으로 좀 더 자유롭고, 관상적이며, 신비적인 신학이다. 그리고 이는 주로 베네딕도회, 시토회와 연관되어 발전했다.

그러나 아벨라르두스를 필두로 새로운 신학적 경향이 생겨나기 시작했다. 그것은 쇄신 신학, 즉 '스승들'(교수들)의 새로운 신앙의 기술이었다. 그리고 이 경향은 기존의 수도승 신학과 필연적으로 충돌할 수밖에 없었다. 12세기의 신학 분야에서는 다양한 주제들을 둘러싼 정통성 문제에 관한 논쟁이 아닌, 신학 작업 자체의 본성과 그 도구들(언어, 개념, 논증, 학문, 철학 등)의 가치를 논하게 되었다.

이 논쟁의 주역은 기존의 수도승 신학을 대변하는 수도승들과 새로운 경향을 대변하는 성직자들이었다. 수도승들은 새로운 것을 거슬러 전통적 방법을 옹호한 데 반해, 성직자들은 전통의 활력을 보존하고 성장시키기 위해 전통의 수액 속에 '새로운 방법'을 접목하려 했다. 이 두 그룹 사이의 충돌은 신학의 본성 자체에 관한 것이기도 했다. 즉, 그들은 신학이 고유한 원리들, 고유한 언어를 가진 하나의 '기술'(ars)로서 구별되는 학문이어야 하는지, 아니면 반대로 성경 주석의 테두리 안에 남아 있어야 하는지를 놓고 대립했다. 다시 말해, 그것은 해석학으로서의 신학에 대한 이해와 학문으로서의 신학에 대한 이해 사이의 충돌이었다. 새로운 경향을 대표하는 인물로 아벨라르두스와 질베르투스 포레타누스를 들 수 있다. 이들은 중세 신학의 발전에 크게 기여한 선각자들이었지만, 이로 인해 기존의 수도승 신학을 대표하던 주류 신학자들로부터 가혹한 단죄를 받아야 했다. 그러나 이들의 노력 덕분에, 신학은 13세기에 이르러 '신앙의 학문'으로서 자율적인 학문적 위상을 갖게 되었다.

수도승 신학과 새로운 신학 사이의 대립은 신학을 하는 두 가지 다른 방식에만 기인하는 것이 아니라, 창조주와 피조물 간의 관계를 대하는 두 가지 다른 이해 방식으로까지 거슬러 올라간다. 아우구스티누스를 계승한 수도승들의 관점에서는 강조점이 창조주에 있으며, 피조물에게는 순전히 찬미와 관상의 역할만 부여되었다. 반면, 새로운 신학을 주도한 '스승들'(교수들)의 관점에서는 강조점이 피조물과 그의 역량, 가치, 상대적 자율성에 있었다. 그리스도교의 역사는 수도승들과 스승들이 제시한 두 전망과 영성이 모두 온전히 유효하며, 따라서 서로 공존해야 한다고 가르친다.

7) 12세기 신학의 구분

12세기의 신학을 이해하기 위해서는 12세기 전반과 후반으로 나눠서 접근하는 것이 효과적이다. 왜냐하면, 신학 학문과 그 도구들의 쇄신은 주로 12세기 후반에 생겨났고, 13세기의 위대한 스콜라학에 문을 열어준 것도 바로 12세기 후반에 일어난 쇄신이었기 때문이다. 하지만, 인물들의 수에 있어서는 12세기 초반이 훨씬 더 풍부하다.

또한, 오늘날 주로 통용되는 구분법으로 르클레르가 제안한 수도승 신학과 스콜라 신학의 구분을 들 수 있다. 12세기의 방대한 신학적 결실 전체는 이 두 가지 경향에서 맺어진 것이다. 하나는 전통적 노선 위에서 움직이는 전통 신학으로, 그 주역은 수도승들이며, 그 주요 활동 공간은 수도원이다. 다른 하나는 쇄신 신학으로, 그 주역은 '스승들'(교수들)이며 그 주요 활동 공간은 정규 참사회원들의 학교(훗날 대학)이다.

6. 전통의 신학과 그 학파들

이 시기의 신학을 주도한 학자들은 여러 학파에 소속되어 있는데, 이는 소속된 장소에 따라 시토회 학파, 샤르트르 학파, 성 빅토르 학파로 나뉘며, 학파를 창시한 인물에 따라 아벨라르두스 학파, 질베르투스 포레타누스 학파, 페트루스 롬바르두스 학파 등으로 나뉜다. 12세기는 신학의 쇄신을 추구하는 학파들이 있는가 하면, 전통적인 노선을 굳게 지키려 했던 학파들도 있었다. 전통적 노선을 고수한 대표적인 학파로 시토회 학파와 성 빅토르 학파를 들 수 있다. 반면, 신학의 쇄신을 추구한 대표적인 학파로 샤르트르 학파와 아벨라르두스 학파를 들 수 있다.

1) 베르나르두스와 시토회 학파

베르나르두스는 교회 개혁이 한창 진행되던 시대이자 신학적 각성의 시대인 12세기를 대표하는 가장 위대한 인물로 평가받는다. 그레고리오 7세 교황이 강력하게 원하고 용감하게 추진한 교회 개혁에서 베르나르두스는 가장 설득력 있고 열렬한 개혁의 집행자이자 변호인이었다. 당시 그는 신학의 요람 중에 하나인 클레르보 수도원의 아빠스로서 많은 일을 해냈다. 12세기의 모든 신학 논쟁의 중심에는 그가 있었다. 그의 신학은 베네딕도회의 영성을 바탕으로 강렬하게 양성된 '수도승 신학'이었다.

베르나르두스는 1090년 부르고뉴 성의 어느 귀족 가문에서 태어나 훌륭한 교육을 받았다. 1112년 30명의 친지들과 함께 수도승이 되기로 결심하고 시토 대수도원에 입회해서 수도 생활에 정진했다. 클레르보에 대수도원이 설립되면서 1115년부터 12명의 수도승들과 함께 파견되어 수도원을 크게 일으키며 아빠스 역할을 준비했다. 그해 말, 그는 샬롱의 저명한 신학자 기욤 드 샹포로부터 사제품을 받았다. 또한, 당대의 영성가인 기욤 드 생티에리와 우정을 맺기도 했다.

베르나르두스는 인노첸시오 2세 교황을 대립 교황인 아나클레투스 2세로부터 변호한 용감한 옹호자였다. 인노첸시오 2세를 지지하는 전투에서 승리한 그는 1140년에 아벨라르두스와의 충돌로 인한 논쟁에 전념했고, 상스 공의회에서 그에 대한 단죄를 이끌어냈다. 1145년 클레르보에서 그의 제자로 양성을 받은 바 있는 에우제니오 3세 교황의 서임은 교회 전반에 대한 베르나르두스의 영향력을 한층 더 강화시켰다. 그는 교황의 공식적인 요청으로 1146-1147년에 제2차 십자군 원장을 독려해서 많은 호응을 얻어 냈다. 그러나 십자군 원정은 여러 면에서 실패로 끝나고 말았다. 이로 인해 그는 질병과 상심에 시달리다가 1153년 클레르보에서 선종했다. 그의 학문적 업적은 매우 방대하며 다양한 소품, 설교, 서간 등을 포함한다.

베르나르두스는 중세 수도승 문화에서 가장 주목할 만한 인물 가운데 한 사람이다. 그는 엄밀한 의미에서 전문적인 신학자라기보다 대단히 설득력 있는 설교가이자 고행자이며 신비가이다. 특히 그는 전통적인 가치들을 수호하고 대변한 인물이다. 그래서 사변가들에 반대해서 자주 그들과 논쟁을 벌였다. 그는 정신에 있어서나 사고방식에 있어서 아우구스티누스에 매우 가깝다. 그래서 아우구스티누스처럼 모든 것을 하느님, 좀 더 정확히는 인간과 그리스도에 집중한 신비가라고 할 수 있다. 무엇보다도 그는 인간이 누구인지 알고자 했다. 왜냐하면, 구원과 행복은 결국 인간을 위한 것이기 때문이다. 그리고 그리스도를 알고 싶어했다. 그분 안에 인간의 구원과 행복이 있기 때문이다. 그리고 이 선상에서 교회와 성모님에 대한 깊은 애정을 간직했다. 교회는 그리스도인이 '성인들의 통공'을 누리는 곳이며, 성모님은 그리스도께 이를 수 있는 유일한 길이기 때문이다.

2) 기욤 드 생티에리와 성 빅토르 학파

기욤 드 생티에리는 12세기에 그 누구보다도 그리스 신학의 가치를 알고 이를 라틴 교회에 소개함으로써 교회에 새로운 빛을 전해 준 인물로 평가받는다. 그는 1085년 프랑스의 리에주에서 태어났다. 랑에서 공부를 했으며, 랭스의 산 니카시오 수도원에 입회하여 성경에 대한 지식과 교부들의 가르침을 받아들였다. 1119년에는 랭스에 있는 생티에리 수도원 원장에 임명되어 봉사했다. 베르나르두스를 알게 된 후로 시토회의 이상에 끌려 1135년 신니 수도원으로 이전해서 수도 생활에 정진했다. 그는 아벨라르두스의 신학적 쇄신을 거슬러 격렬한 논쟁을 벌이던 베르나르두스의 곁을 지키며 힘이 되어 주었다. 또한, 신니 수도원에서 영성사에 길이 남을 주옥같은 영성 작품들을 집필했다. 그는 카르투시오회 수사들에게 보낸 「황금 서한」에서 수도 생활에 대한 종합과 더불어 이 생활이 전제로 하는 영성과 신학을 종합적으로 제시했다. 그는 1148년 임종했다.

그가 표방한 전통주의적 신학은 두 가지 특징을 띠고 있다. 하나는 신앙의 우위에 대한 강조를 통해 합리주의를 배격한 것이고, 다른 하나는 전통의 중요한 원천으로서의 '동방의 빛'에 있다. 그는 신학이 참조해야 할 원천은 신학자들이나 철학자들의 견해가 아니라 성경과 성전임을 강조했다. 그는 『신앙의 거울』에서 신앙을 단순한 견해쯤으로 환원하려는 아벨라르두스를 거슬러 신앙이 애덕과 연결되어 있으며, 이 애덕에 의한 하느님에 대한 인식을 제시했다. 또한, 그는 이 선상에서 진정한 신앙을 얻기 위해 '믿음의 기술'로부터 성경을 '읽는 기술'로, 그리고 신비적 지혜에 도달하게 해 주는 신앙인 '생각하는 기술'로 나아가야 한다고 보았다. 이러한 전망에서 그는 신앙의 신비에 이르기 위해 '동방의 빛'에 호소했다. 그는 당대의 그 누구보다 그리스 교부들의 사상을 깊이 있게 이해한 전문가였다.

신학의 역사에서 기욤 드 생티에리는 특히 영성 생활의 스승으로서 중요한 위치를 차지한다. 그의 신학 사상 전체는 강하게 관상으로 방향지어져 있으며, 그 안에서 영성과 신학이 서로 영향을 주고 받고 있다. 그의 신학과 영성은 본질적으로 '수도승적'이다. 그는 수도승 제도 안에서 영성이 충만히 실현된다고 보았다. 특히 그는 오리게네스의 가르침을 따라 3중적인 인간 구도(육체, 영혼, 영)를 바탕으로 영적인 상승과 퇴보에 대해 말했다. 특히, 그는 관상적 인식이야말로 인간을 하느님의 계획에 대한 사랑스러운 이해와 헤아릴 수 없는 그분의 생각 안으로 들어가게 해 주며 하느님과의 영적 일치에 이르게 한다고 보았다.

기욤 드 생티에리는 12세기의 가장 매력적인 인물 가운데 한 사람이자 가장 심오하고 독창적인 영성가 가운데 한 사람으로 평가받는다. 그는 전통적인 노선을 걸으면서도 그리스 교부들이 간직한 풍부한 원천으로부터 광범위하게 지혜를 끌어올려 라틴 신학에 영성적인 심오함을 더해 주었다. 이런 면에서 그는 창조적인 천품을 지닌 창조적인 신학자이자 영성가라고 할 수 있다.

3) 이사악 드 에투알

이사악 드 에투알은 1110-1120년 사이에 영국에서 태어났다. 그는 젊은 시절 프랑스로 건너가 스콜라학을 배웠다. 그는 아벨라르두스와 질베르투스 포레타누스, 기욤 드 콩쉐의 강의를 들었으며 베르나르두스와 기욤 드 생티에리를 개인적으로 알았다. 1140년에는 샤르트르의 주교좌 학교에서 얼마간 가르쳤으며, 1142년 질베르투스 포레타누스가 푸아티에의 주교로 임명되자 그를 수행하며 가르치기도 했다. 1145년에는 푸아티에 인근의 에투알 수도원으로 물러나 수도승이 되었으며, 2년 후 그곳의 원장으로 봉직했다. 그는 이 시기를 전후로 벌어진 신학 논쟁에 적극적으로 가담했으며, 영국 헨리 2세 왕과 대립하던 토마스 베켓을 지지했다. 이 일로 인해 그는 헨리 2세의 분노를 사는 바람에 체포되어 유배를 가기도 했다. 그가 언제 어디서 임종했는지는 알려진 바가 없다.

이사악 드 에투알은 신학적인 면에서 엄격하게 성경과 교부들, 특히 아우구스티누스의 노선을 따랐으며 위 디오니시우스와 스코투스 에리우게나의 사상에 대해서도 높이 평가했다. 그의 신학은 '렉시오 디비나'에 기초하고 있으며, 직접 하느님과 사랑의 일치에 이르는 수도승적 특징을 띠고 있다. 초기에는 자신의 스승인 기욤 드 생티에리처럼 새로운 신학자들(아벨라르두스와 질베르투스 포레타누스)에게 끌렸지만 새로운 신학이 내포한 위험을 감지한 후로는 그들로부터 거리를 두었다. 이사악의 신학은 위 디오니시우스의 신학과 거의 같다. 그는 위 디오니시우스의 사상을 글자 그대로 따랐다. 따라서 그의 신학은 지극히 부정 신학적이다. 또한, 그는 삼위일체 신학 분야에서 기욤 드 생티에리의 노선을 따르되, 아가페적인 해석의 열쇠를 바탕으로 삼위일체의 신비를 고찰했다. 여기서 그는 사랑의 결실로서의 '기쁨'(gaudium)을 부각하는 독특한 삼위일체적 전망을 제시했다. 그에게서는 하느님의 '창조' 업적도 이 기쁨을 통해 재해석되고 있다. 한편, 이사악은 기쁨 가운데 계신 삼위일체는 죄 중에 있는 인간을 구원하기 위해 성자의 육화와 성령의 파견을 통해 치유책을 마련하셨다고 보았다. 이러한 선상에서 그는 인간의 구원을 그의 신화(神化) 과정으로 이해했다.

4) 아일레드 드 리보

아일레드는 1110년경 영국 핵삼의 명문가에서 태어났다. 어린 시절에 문법학교에서 고전을 공부했으며, 스코틀랜드의 데이비드 1세 왕의 궁정에 불려가 정의의 행정관 역할을 수행했다. 그러나 24세에 궁정 생활을 접고 기욤이 설립한 리보 수도원에 입회해서 수도 생활에 정진했다. 그 후, 1142년 새로운 요크 대주교의 부정 선출과 관련된 논쟁을 해결하기 위해 로마 외교 사절 역을 맡아 일했다. 당시 그는 이 여행에서 베르나르두스를 개인적으로 만날 수 있었고, 그로부터 자신의 주요 작품이 될 『사랑의 거울』을 집필하라는 요청을 받게 된다. 고향으로 되돌아온 그는 리보 수도원의 수련장이 되고, 그 후 레베스비 수도원의 원장으로 봉직했다. 그의 인간적이고 수도승적인 성격은 리보 수도원의 발전에 크게 기여했으며, 이로 인해 그 수도원은 얼마 후 영국에서 가장 유명한 수도원 가운데 하나로 자리매김했다. 아일레드는 1167년 세상을 떠났다. 그는 살아생전에 병으로 인해 고생했지만, 자신이 맡은 수도원의 소임들을 충실히 수행했다. 그는 다양한 신학 작품과 역사 관련 작품을 집필했는데, 그중 신학 분야에『사랑의 거울』,『영적 우정』,『영혼에 관한 대화』등이 있으며, 역사 분야에는『성 니니아누스의 생애』,『하굴스타디온 교회들』등이 있다.

아일레드는 훌륭한 문학적 소양을 갖춘 인물로서, 고전 라틴 세계의 주역들을 잘 알고 있었다. 그는 르네상스적 의미에서의 인본주의자로 분류된다. 그의 업적은 무엇보다 윤리학 분야에 집중되어 있다. 그가 추구한 그리스도교적, 수도승적 이상은 그 인격 형성의 형식 속에서 잘 표현되어 있다. 특히, 그는 실천적, 도덕적 사안에 관심을 기울였다. 그는 '우정'과 '사랑'의 신학자였다. 그는 이 주제들을 위해『사랑의 거울』,『영적 우정』이라는 자신의 두 걸작을 할애했다. 그는 이 두 덕의 본성을 심화시키고 그리스도교적인 의미를 보다 분명히 제시했다.

아일레드는 이사악 드 에투알과 비슷하게 삼위일체에 대한 아가페적 개념의 배경 위에서 '참사랑'(caritas) 이론을 구성했다. 그에 따르면, 참사랑은 하느님의 본질적 구성 요인이며, 따라서 세 신적 위격은 3개의 뚜렷이 구별되는 사랑의 관계들로 이해된다. 그의 영적 가르침 전체는 '참사랑'과 '하느님의 모상' 개념에 집중되어 드러나고 있다. 그는 인간이 하느님과 완전한 우정에 이르기 위해서는 3단계를 거쳐야 한다고 보았다. 첫째 단계에서 영혼은 각성하고, 둘째 단계에서는 정화되며, 셋째 단계에서는 안식일의 평온을 즐기게 된다는 것이다. 그리고 이는 세 번 이루어지는 주님의 방문에 상응한다. 첫 번째 방문의 결실은 진정한 회개이며, 두 번째 방문의 결실은 자신의 의지와 모든 정념들에 대한 극복이고, 세 번째 방문의 결실은 완전한 참행복이다. 아일레드의 탁월한 영적 감각은 특히 전례 축일들을 위해 집필한 『설교집』, 『12살 소년 예수』를 비롯해 여러 논설에서 잘 드러난다. 그 역시 사람들의 감성을 움직여 예수님을 사랑하고 본받게 했다. 그는 신비 신학에 있어 뛰어난 스승으로 평가받는다.

7. 성 빅토르 학파

12세기의 대표적인 신학자이자 신비가인 베르나르두스는 많은 제자들을 두었지만, 정작 자신이 속한 클레르보 수도원에서는 어떤 학파도 세우지 않았다. 오히려 파리의 성 빅토르에 있는 아우구스티누스 성당의 정규 참사회원들에 의해 학파가 만들어졌다. 이 학파 역시 아우구스티누스 사상의 선상에 있었다. 하지만 여기에 속한 스승들은 신학의 방법과 언어를 연마하는 가운데 보다 체계적인 신학을 발전시켰다. 그들은 더 이상 단순히 영적 지도자들이 아니라 성경에 대한 깊이 있는 연구에 전념한 진정한 '스승들'로 평가받았다. 하지만, 이들은 아벨라르두스와 페트루스 롬바르두스의 신학적 경향을 반대하는 가운데 '교부들처럼' 성경을 연구했다. 또한, 그들이 가르친 청중은 평신도들이 아닌 수도승들이었다. 그들의 주요 관심사는 수도승들이 하느님에 관한 지식과 사랑에 진보하도록 돕는 것이었다. 그들은 성경 연구에 있어서 성경의 축자적 의미와 역사적 의미를 중요시했지만, 그렇다고 우의적 의미를 소홀히 하지 않았다. 그들은 자신의 신학적 원천을 성경에 두었으며, 이에 관한 깊은 연구를 위해 아우구스티누스와 위 디오니시우스 그리고 안셀무스의 가르침을 따랐다. 성 빅토르 학파의 창설자는 기욤 드 샹포이며, 이 학파가 큰 명성을 떨치게 된 것은 특히 성 빅토르의 후고와 리카르두스 덕분이다.

1) 기욤 드 샹포

기욤 드 샹포는 11세기 중반 프랑스 샹포에서 태어나 랑에서 안셀무스의 지도를 받았다. 그 후, 노트르담 주교좌 학교의 상주 교사로서 보편자 문제에 관해 제자인 아벨라르두스와 유명한 충돌을 견뎌내야 했다. 1108년 많은 제자들과 함께 성 빅토르 수도원으로 물러나 수도 생활에 정진했다. 또한 그 수도원에 학교를 열어 논리학과 수사학을 강의했다. 그러나 새로운 교육 시도에 대한 수도승들의 반발로 교육을 중단해야 했다. 1113년 기욤은 샬롱-쉬르-마른의 주교로 임명되어 그레고리오 개혁의 열렬한 후원자로서 열정을 다해 자신이 맡은 성직자들의 쇄신을 위해 일했다. 그는 여러 공의회, 특히 1114년 보배 공의회에서 성직자의 결혼에 반대하는 투쟁을 벌였다. 그는 시토회에 대해 큰 호감을 보였으며, 베르나르두스가 클레르보 수도원의 원장으로 임명됐을 당시 그에게 사제품을 주었다. 그는 1121년 세상을 떠났다.

기욤 드 샹포는 중세 '보편자 논쟁'의 주역 가운데 한 사람이다. 이 논쟁의 관건은 보편자가 오직 정신 안에만 존재하는가 아니면 실재에서도 존재하는가 하는 문제였다. 이에 대해 로셀리누스는 보편자의 존재 문제는 순전히 언어학적인 현상일 뿐이라고 보았다(유명론). 이에 대해 기욤 드 샹포는 보편자가 정신 안에도 사물 안에도 존재한다고 응수했다(과장된 실재주의). 하지만 보편자는 개체들 안에 존재한다. 따라서,

이 개체들은 오로지 그 우유적 성질들을 통해서만 서로 차이가 날 뿐이다. 그러므로 본질 안에는 존재자들의 공통성이 있다(공통성 이론). 반면, 아벨라르두스는 이 이론의 범신론적인 경향을 지적했다. 그러자 기욤은 무차별 이론으로 기울게 된다. 그 뒤, 기욤은 어떤 종의 표상들 사이에 공통으로 있는 것이 어떤 깊은 유사성이라고 주장하는 것으로 만족하며, 자신의 실재주의를 얼마간 완화했다. 그러나 아벨라르두스와의 논쟁 이후, 그는 논쟁과 교육 모두로부터 물러나 은거하게 된다. 그는 보편 논쟁에서 과장된 실재주의와 범신론적 경향을 가진 것으로 평가되었지만, 그럼에도 그가 신학사에 기여한 바는 크다. 성 빅토르 학파를 창시했으며, 여기서부터 중세 신학에 상당한 영향을 미친 성 빅토르의 후고와 라카르두스가 나왔기 때문이다.

2) 성 빅토르의 후고

후고는 11세기 말경 작센 지방의 어느 귀족 집안에서 태어나 함메르슬레벤의 아우구스티누스 수도원에서 교육을 받았다. 이어서 파리의 성 빅토르 수도원 학교에서 신학 공부를 하고 그곳에서 스승으로 가르쳤다. 그는 약 20여 권의 작품을 저술했는데 그중 특히 다음 두 권은 12-13세기 스콜라학 발전에 깊은 영향을 미쳤다. 우선, 『디다스칼리콘』은 철학, 성경, 신학 탐구를 위한 훌륭한 입문서로서 중세 모든 대학생들을 위한 필수 교본 역할을 했다. 또한, 『그리스도교 믿음의 성사』는 신학에 대한 후고의 위대한 '대전'으로서 성경 신학의 발전에 결정적으로 기여했다.

그의 동시대인들은 그의 사상과 작품들이 지닌 가치를 높이 평가하는 가운데 그를 '제2의 아우구스티누스'라고 부르는 데 주저하지 않았다. 후고는 아벨라르두스가 성경 주석, 신학, 철학, 윤리학에서 자신의 '시비'(是非) 방법을 통해 도입한 쇄신들에 대해 공개적이고 확고하게 반대하면서 전통적인 노선을 옹호하고 이성에 대한 신앙, 신학에 대한 성경의 절대적 우위를 선언했다.

그는 스콜라 시대를 통틀어 가장 중요한 교육학 텍스트인 『디다스칼리콘』에서 교육에 대한 논술에 앞서 인간에 대한 탁월한 연구를 제시했다. 그의 인간학적 전망은 지극히 플라톤적이다. 그에 따르면, 인간은 본질적으로 영혼과 동일시되며, 본래의 상태에서 추락했고, 그래서 조국으로부터 멀리 떨어진 낯선 이국땅에서 육체와 감각들의 온갖 유혹에 시달리며 살게 되었다고 말한다. 그가 제시한 교육은 바로 이런 소외와 산란의 상태 속에 있는 인간에 대한 해방을 목표로 한다. 그는 영혼이 정화되고 자기 자신에게로 회귀하며, 궁극적으로 자신의 본향으로 돌아가는 데 크게 기여하는 것으로 철학과 신학을 꼽았다. 그의 걸작 『디다스칼리콘』의 전반부 3권은 철학을 위해, 후반부 3권은 성경과 신학을 위해 할애되었다.

그는 철학을 4개의 주요 갈래(이론, 도덕, 기술, 논리)로 구분했으며, 각각의 분야를 상세히 설명한 다음, 학생들에게 실천적 제언을 했다. 특히, 겸손, 정신집중, 세속으로부터 거리두기, 명상이 그것이다. 그는 『디다스칼리콘』 후반부 3권을 통해 성경 전체를 검토하는 가운데 성경의 원천들에 대한 완전한 그림을 제공했다. 그리고 교부 시대와 스콜라학 시대의 주석 전통에 있어서 최고의 모델들을 제시하는 가운데 성경이 어떻게 해석되어야 하는지 설명했다. 후고에 따르면, 성경에 대한 탐구를 바탕으로 신앙에 대한 교의 체계가 구성된다.

후고의 작품 가운데 걸작으로 『그리스도교 신앙의 성사들』을 들 수 있다. 그는 여기서 체계적인 '성사론'을 제시했다. 그에 따르면, 성사는 인간이 지각할 수 있는 어떤 물질적 실재로 간주되어야 한다. 물질적 요소가 하나의 성사가 되기 위해서는 그것이 의미하는 것과의 자연적 유비 관계를 지녀야 한다. 이 관계는 성사들의 제정자이신 그리스도로부터 온다. 성사들은 죄인을 위한 치료약으로서 그 주요 기능을 수행한다. 후고의 전망에서 성사는 그 바탕에 강한 인간학적 전망을 두고 있다.

마지막으로, 후고는 영성 신학사에 있어서도 중요한 위치를 차지한다. 그것은 무엇보다 '관상'에 대한 그의 가르침 덕분이다. 그는 아우구스티누스와 위 디오니시우스로부터 영감을 받아, 관상에서 사랑의 중요성을 강조했다. 그는 관상에 있어서 '사변적' 요소를 중요한 바탕으로 보았다. 그래서 관상은 철학(낮은 지혜)에서 시작해서 신학(고등 지혜)으로, 신학에서 신비 신학으로 이어지는 과정을 통해 도달하게 된다고 가르쳤다. 후고는 신앙의 성장이 '인식'과 '사랑'을 포함하지만, 특히 '헌신'에서 드러나는 사랑의 성장에 더 큰 비중을 두었다.

3) 성 빅토르의 리카르두스

리카르두스는 스코틀랜드 출신이지만 그에 관한 정확한 정보는 전해지지 않는다. 다만, 대략 1123년경에 출생했으며, 1162년에 성 빅토르 대수도원의 원장직을 수행한 것 정도밖에 알 수 없다. 그가 스콜라학 발전에 기여한 것은 크게 3가지(주석, 신학, 신비 신학)로 나뉜다. 그는 성 빅토르의 후고로부터 성경 주해에 대한 영향을 받아, 축자적 의미를 소홀히 하지 않으면서도 우의적 의미와 영적 의미를 강조했다. 그의 신학 작품 중에는 특히 『삼위일체론』이 중요하다. 또한, 영성 생활과 관련해서 주옥같은 작품들을 집필했다. 그는 이를 통해 감각을 제어하는 낮은 단계에서 세상 사물로부터 거리를 두고 하느님에 대한 관상에 이르는 최고 단계에 이르기까지 영성 생활의 다양한 단계를 제시했다. 이러한 작품들 덕분에 그는 영성 생활의 탁월한 교부 가운데 한 사람으로 존경받는다.

리카르두스는 안셀무스와 비슷한 신학적인 개념을 갖고 있었다. 즉, 그에게 있어 신학적 탐구는 신앙인이 이미 신앙을 통해 소유한 것을 이성으로 설명하는 데 그 목적이 있었다. 그는 신앙의 진리들이 확실한 진리들이므로, 이 진리들은 '필연적 근거들'을 포착하는 데 성공하는 방식으로, 특별한 광채와 함께 제시된다고 확신했다. 그의 신학에 있어서 핵심적 주제 가운데 하나는 '삼위일체론'이다. 그는 이를 자신의 역작 『삼위일체론』에서 자신만의 독특한 전망 아래 체계적으로 제시했다. 이는 역사적으로 볼 때 아우구스티누스의 『삼위일체론』과 토마스의 『신학대전』 사이에 쓰인 가장 독창적이고 심오한 삼위일체 관련 작품으로 평가받는다. 이 작품은 6권으로 구성되어 있으며, 각 권의 주제는 다음과 같다. 1권은 하느님의 실체, 2권은 하느님의 속성들, 3권은 다수성과 하느님의 삼위성, 4권은 위격들, 5권은 발출들, 6권은 위격들의 이름 등이 그러하다. 그의 삼위일체 사상에 있어서 독특한 점은 인간적 사랑의 유비에 바탕을 두고 삼위일체를 설명하는 데 있다. 그는 모든 행위의 원인인 '사랑'에 대해 고찰했다. 그리고 이러한 사랑은 필연적으로 상호 소통적이고 헌신적이기 때문에, 언제나 두 위격을 요구하고 또 사랑하는 위격들 사이에 선물의 교환이 사랑의 본성 자체에 속한다는 점에 주목해서 삼위일체를 설명했다. 삼위일체 신학에 대한 리카르두스의 또 다른 독창적 공헌은 그의 '위격'(persona)에 대한 새로운 정의에 있다. 그는 위격을 실존과 연결시켜 다음과 같은 정식을 제시했다. "위격이란 전달될 수 없는 실존(incomunicabilis existentia) 외에 다른 것이 아니다." 요약하면, 그의 삼위일체 신학은 사랑을 출발점으로 삼았으며, 삼위에 대한 심리적 가르침보다는 '사회학적 이론'을 바탕으로 삼위일체의 신비를 규명했다.

8. 쇄신의 신학: 샤르트르 학파

샤르트르 학파는 990년 풀베르투스 주교에 의해 창설되었지만, 12세기 초반에 가서야 최고의 광채를 발하게 된다. 시토회 학파와 성 빅토르 학파가 전통적 노선을 표방한 데 반해, 샤르트르 학파는 새로운 도구들을 바탕으로 신학을 풍요롭게 만들었으며, 언어를 현대화함으로써 신학적 쇄신의 중심축을 형성했다. 샤르트르 학파에는 12세기의 위대한 문화적 각성의 기초에 자리한 모든 쇄신의 기운이 자리하고 있었다. 이는 다음과 같다. 인본주의적 정신, 학문적 지식에 대한 높은 평가, 동방정교회, 아랍, 유다 세계와의 문화적 대화에 대한 개방성, 고대 세계의 문화적 유산에 대한 공감, '새 논리학'의 등장으로 가능해진 탐구 도구들의 정교화가 그것이다.

샤르트르 학파의 스승들은 이성의 능력들에 대한 진지한 신뢰를 갖고 있었다. 그리고 이러한 능력들을 신학의 진보를 위해 최선의 방식으로 활용해서 신앙, 하느님의 말씀, 성경에 대한 깊은 인식에 이르고자 했다. 이 학파가 지닌 또 다른 중요한 특징은 플라톤 사상에 있다. 그들은 선대 교부들로부터 전수받은 플라톤 사상을 자신들의 신학을 구축하기 위한 해석학적 도구로 활용했다. 이 학파에 속하는 위대한 학자들로는 베르나르두스 드 샤르트르, 기욤 드 콩쉐, 요한 살리스베리, 질베르투스 포레타누스, 알랭 드 릴을 들 수 있다.

1) 베르나르두스 드 샤르트르

브르타뉴 출신의 베르나르두스는 11세기 후반에 태어났다. 1120년 샤르트르의 '학교 선생' 자격으로 파리에서 가르쳤으며, 1126년까지 총장을 맡았다가, 학교 운영을 제자인 질베르투스 포레타누스에게 물려주고, 1130년에 임종했다. 그의 작품 가운데 우리에게 전해지는 것은 아무것도 없다. 우리는 요한 살리스베리가 『메탈로지콘』에서 전해 준 것을 통해 간접적으로 그의 사상을 알 수 있을 뿐이다. 그에 따르면, 베르나르두스는 최고의 문법 교육자이자 당대 최고의 플라톤 철학 전문가였다. 그는 플라톤의 사상을 그리스도교화 하는 가운데 물질의 창조를 가르치고 이데아들을 신적 생각과 동일시했다. 그는 범신론자라는 오해를 받기도 하지만 이는 사실과 다르며, 그는 하느님과 물질 그리고 이데아라는 분명히 구별되는 세 존재를 인정했다.

2) 기욤 드 콩쉐

기욤은 11세기 말 노르망디에서 태어났다. 그는 샤르트르에서 베르나르두스의 지도 아래 20년간 신학을 공부하고 가르쳤다. 그러나 전통주의자 가운데 기욤 드 생티에리와 혹독한 신학 논쟁을 치른 후, 회의를 느끼며 강좌를 그만두기도 했다. 말년에 그는 노르망디 군주들의 궁정에서 보내며 왕자들의 스승으로서 그들을 가르쳤다. 기욤은 다양한 주해서들을 집필했다. 대표적인 것으로 보에티우스의 『철학의 위안 주해』, 플라톤의 『티마이오스 주해』, 프리쉬아누스의 『라틴어 문법 총서 주해』가 있다. 여기에 더해 그는 철학의 원리들과 세상의 구성에 관한 논설인 『세상의 철학』을 집필했다. 계시된 진리들을 합리적이고 학문적인 담화를 통해 발전시킬 필요가 있다고 주장한 그는 기욤 드 생티에리로부터 이단으로 고발당한 바 있다. 그러나 그를 비롯해 전통주의자들의 반론에 대해 기욤 드 콩쉐는 다음의 두 가지를 근거로 응수했다. 첫째, 원인 탐구는 하느님의 영광을 훼손하기는커녕, 오히려 도움이 된다. 둘째, 계시된 진리의 저술가들은 사물들에 대한 철학에 대해 침묵했는데, 그것은 그들이 작업하고 있던 신앙 건설에 크게 상관되지 않았기 때문이다.

그는 하느님의 실존, 본성, 속성들과 관련해서 각 사물을 둘러싼 11가지 사실에 대한 인식에서부터 출발해야 한다고 보았다. 이는 아리스토텔레스의 10가지 범주에 더해 사물의 존재가 추가된 것이다. 또한, 그는 우리의 인식과 언어가 갖는 한계에 대해 고찰한 다음, 하느님의 존재에 대한 문제를 대면하고 두 개의 논거, 즉 질서의 논거와 합성의 논거에 호소함으로써 하느님의 존재를 입증했다. 이 밖에도 그는 세상 창조와 그 기원, 사물들의 본성에 대한 자신의 전망을 제시했다. 그에 따르면, 세상은 하느님의 거울과 같다. 인간은 엄밀하게 세상의 중심이며 어떤 식으로든 피조물의 모든 풍요로움을 요약하고 있다. 여기에는 그의 인본주의적 정신이 담겨 있다. 12세기에 논의된 '세계 영혼' 문제와 관련해서, 그는 세계 영혼이 성령과 동일시될 수 없다고 보았다. 그는 보에티우스와 함께 세계 영혼이 사물들을 규제하고 유지하는 질서라고 주장했다. 생의 말년으로 갈수록 그는 신학보다 과학에 더 많은 관심을 기울였다. 또한, 그와 더불어 전통주의자들과 진보주의자들 사이의 힘겨운 논쟁이 시작되었다. 전통주의자들은 샤르트르의 스승들이 가르치는 새로운 방법과 이론이 신앙의 순수함과 성경이 간직한 확실한 말씀, 정통 교의를 침해한다고 보며 그들을 이단으로 고발했으며 마침내 시노드를 소집해서 그들에 대한 단죄를 얻어냈다. 이로 인해 기욤 드 콩쉐 역시 고초를 겪어야 했다.

3) 요한 살리스베리

요한은 1115-1120년에 영국 중부의 살리스베리에서 태어났다. 그는 15세에 파리에서 학업을 했으며 그곳에서 아벨라르두스를 비롯해 여러 스승들로부터 논리학과 변증법 등을 배웠다. 1137년에는 기욤 드 콩쉐로부터 문법학을 배웠으며, 샤르트르에서 질베르투스 포레타누스로부터 신학을 배웠다. 1140년에는 파리로 돌아와 12년간 신학 공부에 매진했다. 1148년에는 영국에서 여러 가지 중책을 맡기도 했다. 또한 1165년에는 프랑스 국왕과 교황을 만나 영국 헨리 2세 국왕과 토마스 베켓 대주교 사이의 갈등을 봉합하고 화해를 중재했다. 그러나 요한은 토마스 베켓이 캔터베리에서 암살되는 사건으로 인해 프랑스로 유배를 가야 했다. 1176년에는 샤르트르의 대주교로 축성되어 4년간 통치했다. 그러나 1179년 제3차 라테란 공의회에 참석한 후, 1180년 세상을 떠났다.

요한 살리스베리는 12세기 당시 영국에서 가장 뛰어난 인물이자 프랑스에서도 가장 저명한 인물 가운데 한 사람으로 평가받는다. 그는 샤르트르 학파의 인본주의를 강력하게 지지한 학자로서, 그를 통해 중세 스콜라학은 인본주의적 색채를 덧입게 되었다. 그는 아리스토텔레스의 '새 논리학'을 도입하고 3학4과의 모든 부분들을 옹호했으며 지식, 웅변, 지혜를 강조하고 서지학과 철학의 단일성을 도입함으로써 신학 발전에 간접적으로 기여했다. 그는 대단히 박식한 백과사전적 인물이었다. 그의 대표작은 『메탈로지콘』으로 그는 여기서 문법과 수사학의 문화적 가치를 옹호했으며, 진리를 향한 탐구에서 논리학이 지닌 예비적이고 근본적인 기능을 강조했다. 특히, 그는 자신을 아리스토텔레스의 제자라고 선언하며, 그의 논리학적인 가르침을 학문을 위한 바탕으로 제시했다. 그는 아리스토텔레스의 『오르가논』 전체를 알고 있던 중세 라틴 세계의 최초 저술가였다. 『메탈로지콘』의 중요한 독창성은 '보편자' 문제에 대한 그의 논설과 해결책에 있다. 이 문제와 관련해서 그는 분명히 아리스토텔레스의 노선에 서서 문제를 해결하는 가운데, 유명론자들과 보편자들을 위격화하는 플라톤주의자들을 배격했다.

요한 살리스베리의 역작 가운데 하나로 『폴리크라티쿠스』를 들 수 있다. 이는 정치에 관한 작품으로, 여기서 그는 두 부류의 정치인을 검토했다. 이를 통해 그는 궁정 생활의 경박함을 고발하고 정치 생활을 지배하던 경박한 관습을 단죄했다. 또한, 폭정 문제에 대해서도 다뤘다. 요한은 자신의 주요 작품들에서 자주 윤리적이고 종교적인 주제들을 대면했다. 그에 따르면, 인간 삶의 궁극적 목적인 참행복이며, 거기에 이르기 위한 주된 수단은 덕이다. 마지막으로, 하느님과 관련해서 그는 하느님을 다만 모든 형태의 존재의 창조주일 뿐만 아니라 우주의 물질로서도 제시했다. 이 선상에서 하느님은 실재 전체를 자기 자신으로 가득 채우는 생명으로 드러나며, 하느님 없이는 그 어떤 피조물의 실재도 이해될 수 없다.

4) 질베르투스 포레타누스

질베르투스 포레타누스는 1075년 푸아티에에서 태어나 샤르트르에서 공부했다. 그리고 이때 베르나르두스 드 샤르트르를 스승으로 모셨다. 그는 1124-1137년까지 샤르트르 학파의 스승으로 지내다 나중에 총장이 되었다. 그리고 1142년 푸아티에의 주교가 되었다. 그러나 1147년에 삼위일체에 관한 문제로 자신의 대부제 2명으로부터 이단으로 고발되어 고초를 겪기도 했다. 당시 그는 랭스 공의회에 불려가 공의회 교부들이 작성한 문서에 서명함으로써 단죄를 모면할 수 있었다. 그는 1154년 세상을 떠났다.

질베르투스는 비범하고 예리한 사변적 정신을 갖춘 탁월한 학자로서, 12세기 신학의 쇄신을 주장한 선각자 중에 한 사람으로 평가받는다. 그는 아벨라르두스와 함께 12세기에 가장 영향력 있는 사변적 정신의 소유자로, 아벨라르두스가 논리학 분야에서 최고의 학자였다면, 질베르투스는 특히 형이상학 분야의 최고 학자로 평가받는다. 그는 보에티우스의 사상을 안내자로 삼아, 새로운 신학적 논증 방법을 도입하기 위해 전통적인 우의적 성경 주석 방법을 포기했다. 그는 새로운 학문적 도구들을 바탕으로 신학을 엄밀한 의미의 학문으로 발전시키려 했다. 그는 논리학과 인식론 문제에 대한 위대한 탐구자로서 기초 신학의 주요 문제들에 대한 착수와 해결에 결정적으로 기여했다. 그리고 스콜라 형이상학과 신학의 핵심 개념들이 지닌 의미를 확정했다.

그는 실체와 자립체, 존재와 본질을 구별했으며, 본질이라는 용어의 독특한 용법을 계발했다. 그는 실체(substantia)를 '아래 있는 것'으로 이해했다. 따라서 실체는 우유들을 소유하고 그것들에 둘러싸여 있는 구체적인 개별적 실재이다. 반면, 자립체(subsistentia)은 단순하게 존재하는 그것이 되기 위해서 우유들을 필요로 하지 않는 것의 속성을 가리킨다. 존재와 본질 간의 구별에 관해, 질베르투스는 보에티우스의 선상에서 esse를 본질로, id quod est를 개체 또는 특수한 실체로 이해했다. 그리고 이를 바탕으로, 오직 하느님 안에서만 esse와 id quod est가 동일시된다고 보았다. 즉, 하느님은 그분의 본질 자체인 것이다. 마지막으로, 질베르투스는 스코투스 에리우게나로부터 받은 essentia 용어에 그 존재자의 절대적 완전성을 의미하는 개념을 담았다. 따라서, 이 용어는 오직 하느님께만 적용되는 것으로 보았다.

그는 이러한 새로운 형이상학적 용어들을 신학에 적용해서 삼위일체론을 전개했는데, 이는 하느님의 단일성을 훼손하고 삼신론(三神論)으로 빠지는 듯한 인상을 주었다. 이로 인해 그는 랭스 공의회(1148년)에 불려가 심문을 받았으며, 에우제니오 3세 교황으로부터 정통적인 삼위일체 정식을 담은 문서에 서명하도록 요청받았다. 이에 그는 주저하지 않고 이 문서에 서명하는 가운데 교도권에 순명했다. 질베르투스의 사상을 담고 있는 그의 신학적 언어들은 전통적인 것과 상당한 거리를 두고 있었다. 이로 인해 학자들 사이에 혼란과 오해를 불러일으켰다. 그는 당시의 문법적이고 논리적인 기술들을 매우 특수하게 사용하는 가운데 신학적 언어에 대한 비판적 접근을 시도했고 이를 새로운 신학 발전을 위한 촉매로 활용했다.

그의 사상과 학문적 방법은 많은 논란을 불러일으켰음에도 불구하고 상당한 영향을 미쳤다. 그래서 그의 이름을 딴 학파, 즉 '포레타누스 학파'가 형성되기도 했다. 이 학파에는 시몽 드 투르네, 니콜라 다미앵, 알랭 드 릴 등이 속한다. 이들의 가르침 가운데 상당 부분이 스콜라 신학의 유산으로 들어갔다. 특히, 이들의 사상은 신학 용어 형성에 결정적인 역할을 했다. 예컨대, 성사들의 효력에 관한 신학에서 사용되는 '인효적인 효과'와 '사효적인 효과', '탁월함의 능력' 같은 표현들은 이들에 의해 도입된 것이다. 또한, 이들로 인해 보에티우스와 위 디오니시우스의 영향이 중세에 널리 퍼졌다.

9. 신학 쇄신의 주역들

12세기의 신학적 쇄신은 샤르트르 학파의 스승들 뿐만 아니라 여러 곳에서 가르치던 또 다른 '스승들'에 의해서도 촉진되었다. 그중에서도 아벨라르두스, 페트루스 롬바르두스, 피오레의 요아킴이 괄목할 만한 기여를 했다. 이들의 신학은 전통적인 수도승 신학에 비해 이성을 바탕으로 한 체계적인 방법론을 도입해서 이루어졌기 때문에 새로움을 담고 있었지만, 이로 인해 전통주의자들로부터 지속적인 공격을 받아야 했다. 이들은 신학의 방법(강독, 질문)과 그 도구(논증, 삼단논법, 연역) 그리고 내용(삼위일체 신학, 성경 신학, 윤리 신학 등)에 있어서 새로웠다. 이러한 새로움은 기존의 수도승 신학과는 구분되는 학문적 신학을 향한 결정적인 전환점이 되었다. 이때부터 신적 계시에 관한 학문은 더 이상 '성경 강독'이 아닌 고유한 의미의 '신학'이라는 이름으로 불리기 시작했다. 아벨라르두스와 더불어 신학은 '거룩한 학문'의 이름이 되었으며, 알랭은 신학에 규칙들을 마련해 주었으며, 토마스는 거기에 아리스토텔레스적인 '학문' 개념을 적용해서 학문적인 특성을 발전시켰다.

1) 아벨라르두스

페트루스 아벨라르두스는 1079년 낭트 근처의 팔레에서 태어났다. 그는 철학과 신학에 새로운 길을 개척하는 가운데 자신의 스승들과는 반대되는 입장에 섰다. 그는 23세에 문법 교사가 되었고, 파리에서는 변증법과 신학의 '스승'이 됨으로써 대단한 성공을 거두었다. 하지만, 젊은 여제자인 엘로이즈와 사랑에 빠져 몰래 혼인을 맺고 아들까지 얻게 되었다. 그러나 이들은 엘로이즈의 삼촌인 참사회원 풀베르의 개입으로 인해 비극적인 사랑을 할 수밖에 없었다. 결국, 둘은 모두 수도자의 길을 가게 된다. 아벨라르두스는 파리의 생 드니 수도원에, 엘로이즈는 아르장퇴 수녀원에 입회해서 수도 생활에 정진했다. 아벨라르두스는 일생을 많은 논쟁과 고소에 시달려야 했다. 그는 자신이 집필한 『하느님의 단일성과 삼위성』으로 인해 교회로부터 이단으로 고발되어 1121년 수아송 공의회에서 첫 번째로 단죄되었다. 그후, 그는 1122년 제자들과 함께 노장-쉬르-세느로 건너가, 파라클리투스 수도원을 설립했다. 1125년에는 성 질다시오 수도원의 원장으로 선출되어 봉직했으며, 10년 후에는 파리에서 다시 가르치기 시작했다. 그러나 그는 기욤 드 생 티에리와 베르나르두스로부터 고발되어 1140년 다시 상스 공의회로부터 단죄되었다. 당시 가경자 피에르의 중재 덕분에 그는 단죄로부터 벗어날 수 있었다. 그 후, 말년을 클뤼니 수도원에서 보내다가 1142년 세상을 떠났다. 그는 방대한 작품을 출간했지만, 논쟁과 단죄로 인해 많이 사라졌고 일부만 전해져 온다. 그중에 가장 중요한 철학 작품으로 『변증법』을 들 수 있다. 여기서 그는 언어(문법, 논리학, 인식론, 존재론, 형이상학)에 관한 통합적이고 완벽한 가르침을 제시했다. 그에게 있어서 언어는 사고를 사물들과 연결하게 해 주는 것으로, 우리로 하여금 사물의 본질을 관통하게 해 주는 교량과 같다.

아벨라르두스가 신학적 쇄신에 기여한 것은 무엇보다도 '신학적 방법론'과 관련된다. 그는 우의적 성경 해석이라는 고전적 방법을 권위자들 사이에서 토론하는 방법으로 대체함으로써 신학적인 진보를 이루어 냈다. 그가 제안한 새로운 방법은 '시비론'(是非論)이다. 이 방법은 어느 특정 문제에 관해 일련의 권위 있는 가르침과 명제들을 대립시키는 가운데 시작한다. 여기서, 명제에 우호적인 한편에서는 '찬성'을, 그에 반대하는 다른 편에서는 '반대' 논거를 펼쳐, 독자에게 진리가 어느 편에 있는지 결론을 도출할 과제를 맡기는 것이다. 그는 이 방법을 통해 모순적 명제들을 바탕으로 신학도들에게 의심을 촉발시켜 개인적인 탐구에 대한 자극을 주고자 했다. 그에게 있어서 '이성'은 더 이상 아우구스티누스와 안셀무스의 신학에서 드러나는, 신앙에 대한 겸허한 해석자로서의 이성이 아니라, 신앙으로부터 분리되어 거의 대등한 위치에 있다. 바로 여기에 아벨라르두스의 신학을 특징짓는 합리주의적 경향이 드러난다. 그는 자신의 『시비론』에서 '명제집'에 의해 얻은 결과들을 유용하게 사용했다. 하지만, 이를 통합하고 활성화했으며, 이를 통해 근본적인 원리들을 파헤쳐서 이를 신학에 적용했다.

그는 철학 분야에서 당시 논쟁 주제였던 두 가지 문제에 있어서 독창적인 의견을 제시했다. 하나는 논리학에서 '보편자 문제'이며, 다른 하나는 윤리학에서 행위의 도덕성의 최종 원리인 '지향의 문제'였다. 우선, 그는 『구성 요소들』에서 '보편자 문제'를 다뤘다. 여기서 그는 실재주의적 명제와 유명론적 명제를 반대하는 가운데, 중도적인 입장을 견지했다. 그에 따르면, 보편자는 본질적으로 하나의 개념, 사물과의 유사성을 지닌 하나의 지성적 인식이다. 본질적인 면에서 보면, 보편자 문제에 관한 아벨라르두스의 해결책은 아리스토텔레스의 해결책과 일치한다. 형상적으로 보편자는 오직 정신 안에만 실존한다. 하나의 개념인 것이다. 그러나 지향적으로는 실재와의 분명한 연관성을 지니고 있다.

2) 페트루스 롬바르두스

신학의 역사에서 롬바르두스는 『명제집』과 긴밀히 연결되어 있다. 하지만, 『명제집』은 그가 창안한 새로운 장르가 아니라, 이미 교부 시대로 거슬러 올라간다. 이미 4-5세기로 접어들면서 교회 내에서는 계시 진리의 이해와 해명에 있어서 성경의 권위만으로는 충분하지 못하다는 점을 느끼기 시작했다. 그래서 어느 특정한 주제에 대한 권위 있는 교부들의 가르침, 즉 명제들을 수집했으며, 이를 바탕으로 신학적인 문제들을 해결할 수 있었다. 이렇게 해서 교부 시대 말기에 『꽃다발』(*Flores*), 『사슬』(*Catenae*) 같은 명제집들이 만들어지기 시작했다. 12세기 초에 신학이 성경 주석으로부터 분리되면서 명제집의 종류가 다변화되기 시작했다. 신학 분야에서 이러한 명제들의 수집본은 『대전』(*Summa*)이나 『명제집』(Sententiae)이라 불렸으며, 이 두 장르는 혼합되어 사용되기도 했다. 그래서 롬바르두스의 작품을 『롬바르두스 대전』이라 부르기도 했다. 그러나 12세기가 지나면서 『대전』과 『명제집』은 확연히 분화되었다. 『명제집』들은 롬바르두스의 텍스트의 배치를 따라 그 내용을 충실히 보존하고, 탐구되는 문제들은 규칙적 형식을 따르는 교육의 대상이 되었다. 반면, 『대전』들은 신학적 지식을 유기적인 형식으로 제시하려는 경향을 지닌 저자의 인격성이 드러날 가능성이 큰 종합서로 자리매김했다. 12세기 초반, 모든 학파에는 각자 자신의 명제 수집본이 있었다. 예컨대, 랑 학파에는 안셀무스의 『명제집』이 있었으며, 성 빅토르 학파에는 후고의 『명제대전』이 있었고, 샤르트르 학파에는 질베르투스 포레타누스의 『신성 명제집』이 있었다. 또한, 당시 탁월한 학자들은 자신의 명제 교본을 작성하는 것이 대세였다. 롬바르두스가 만든 『명제집』은 그 가운데서도 독보적인 내용과 구성으로 다른 모든 『명제집』을 압도했다. 이전의 모든 그리스도교의 사상은 이 작품으로 흘러 들어가 거대한 체계를 이루며 막강한 영향력을 행사했다. 이후 약 400년 동안 대다수의 신학자들은 그의 『명제집』으로부터 중요한 신학적 자양분을 섭취해, 이를 바탕으로 각자 자신의 신학을 구축해 나갔다.

페트루스 롬바르두스는 11세기 말 노바라에서 태어났다. 그는 성 빅토르 수도원 소속 학자로, 일찍부터 신학의 전문가로서 주목할 만한 평판을 얻었다. 그는 1148년 랭스 공의회에 참여했으며, 1159년 파리의 주교로 선임되었지만, 이듬해 세상을 떠나고 말았다. 그의 주저는 『명제집』으로, 이는 유기적이고 단순하며 명료한 체계를 갖춘 신학 교과서였다. 이 작품은 12세기부터 16세기에 이르기까지 모든 학교, 수도원, 대학에서 기초 교재이자 주요 신학 교본으로 사용될 정도로 완전하고 정통적인 작품으로 평가받았다. 이 작품은 중세 중기부터 근대 초기까지 신학계에 지대한 영향을 미쳤다. 중세의 모든 위대한 신학자들은 모두 다 이 『명제집』을 주해하면서 자신의 학문적인 여정을 시작할 정도였다. 이 작품의 가치 가운데 하나는, 롬바르두스가 여기서 검토하는 모든 문제들에 대한 방대한 문헌 정보를 제공한다는 점이다. 이 작품은 그 내용의 정통성과 거기에 포함된 가르침의 탁월함으로 인해 제4차 라테란 공의회로부터 승인되고 추천받았다. 이 작품은 다음의 4권으로 구성되어 있다. 제1권은 '하느님의 삼위성과 단일성', 제2권은 '창조와 은총', 제3권은 '육화, 구속, 덕, 계명', 제4권은 '성사와 종말'로 구성되어 있다.

3) 피오레의 요아킴

피오레의 요아킴은 유럽뿐만 아니라 라틴 아메리카에서도 여러 세기에 걸쳐 수많은 예찬자와 추종자를 거느릴 정도로 유토피아적이고 카리스마적인 유형의 종교 사상 조류의 시조로 평가받는다. 그는 1130년 코센차의 첼리코에서 태어나 최상의 교육을 받았다. 1155-1157년에 동방을 여행했으며, 여기서 수도승 생활에 매료되어 수도 생활에 입문하게 된다. 그는 수행 과정 중, 타보르산에서 피정을 하던 중에 다양한 신비 체험을 했다. 그리고 동방에서 돌아와 시토회에 입회했으며, 코라초 수도원에서 수도 서원을 발하고 훗날 이곳의 아빠스가 되었다. 1183년에는 이곳을 떠나 카사마리 수도원에서 『일치』라는 작품을 집필했다. 1184년과 1186년에 교황을 알현하고 지지를 얻었지만, 그의 활동에 대한 비판이 일자 1188년 클레멘스 3세 교황은 그에게 집필 활동을 중단하고 교황의 판단에 순명할 것을 명하게 된다. 1191-1192년에는 몇몇 제자들과 함께 세례자 요한을 주보 성인으로 모시고 피오레에 은수 공동체를 설립해서 수도 생활에 정진했다. 그는 1202년 코센차에서 임종했다.

그의 주요 작품으로는 『신약과 구약의 일치』, 『묵시록 주해』, 『십현금 시편』 등이 있다. 그의 작품 중에는 라테란 공의회에서 단죄받은 『삼위의 단일성 혹은 본질』도 있다. 그의 사상은 다음 5가지 요점으로 구성된다. 구약과 신약에 대한 '일치주의적 주석', 삼위의 위격들 각각에 둘씩 연결된 3개의 시대에 대한 역사 구분, 제3시대에 '영원한 복음'이라 불리는 성경에 대한 새롭고도 충만한 영적 이해, 종말 이전에 확정될 새로운 구원 경륜, 구원 역사의 열쇠로 본 세속의 역사 해석 등이 그러하다.

이러한 그의 사상 체계는 그가 직접 성령으로부터 선사 받았다고 주장하는 '영적 고등'(spiritualis superioris) 주석을 제공하는 성경과 연관되어 있다. 성경에 대한 요아킴의 주석은 그리스도를 중심으로 한 역사적, 구원론적 해석이 아니라, 성령을 중심으로 한 역사적, 성령론적 해석으로서, 이는 성령이 주역인 제3시대에 역사가 완성되기 때문이다. 그는 성경 해석에서 축자적 의미와 우의적 의미를 구별했지만, 이 둘 사이의 일치를 통해 이러한 구별을 극복하는 독특한 주석을 했다. 그에 따르면, '글자'는 구약이며, '우의'는 신약이고, '일치'는 영원한 복음이다. 이는 3개의 시대, 즉 성부의 시대, 성자의 시대, 성령의 시대에 상응한다. 그는 어디서나 마주치게 되는 상징들을 결합하는 12개의 방식을 발견하고, 이로부터 서로 다른 성경 독서법을 추출했다. 그리고 여기서 역사적, 도덕적 독서법을 제외한 10가지 독서법을 제시하면서, 이를 '지성적 인식의 충만함'을 구성하는 '십현금'이라 불렀다. 그는 자신의 성경 주석과 삼위일체론에 근거해서 역사 신학을 전개했다. 그에 따르면, 역사는 거대한 3개의 시대로 전개되며, 각 시대에는 각 신적 위격이 개입해서 특별한 방식으로 현존한다. 제1시대(구약)에서는 성부의 개입과 현존이 있으며, 두려움을 특징으로 한다. 이는 결혼한 군종의 시대이다. 제2시대(신약)에는 성자의 개입과 현존이 있으며, 자녀적 복종을 특징으로 한다. 이는 성직자들의 시대이다. 제3시대(마지막 시대)에는 성령의 개입과 현존이 있으며 자유를 특징으로 한다. 이는 수도승들의 시대이다. 요아킴에 따르면, 역사는 제3시대인 성령의 시대를 향해 발전하며, 그 시대는 구약과 신약에 대한 영적 이해를 통해 시작된다. 그리고 영적인 수도승들을 통해 구현된다. 그는 이 성령의 시대가 이루어지기 전에 커다란 전복들이 연쇄적으로 있고 난 후 1260년에 시작된다고 보았다.

제2장

전성기 스콜라학

 12세기와 함께 제1차 스콜라학의 시기가 끝나고 그 전성기인 제2차 스콜라학 시기가 준비되기 시작했다. 이 시기는 신학사에서 상당히 중요한 의미를 갖는다. 아벨라르두스, 페트루스 롬바르두스, 알랭 드 릴에 힘입어 신학은 성경 주석으로부터 자율성을 주장하고 자기 자신을 위해 작업하기 시작한 때이기 때문이다. 이 시기부터 신학은 더 이상 단순하게 '성경에 대한 강독'이 아니라 '거룩한 가르침'으로 자리매김했다. 엄밀히 말해, 스콜라학의 전성기는 13세기에 시작했다. 이 세기는 신학이 결정적으로 자율적 학문으로 체계화되었으며, 토마스, 알베르투스 마뉴스, 보나벤투라, 둔스 스코투스와 더불어 정점에 이르기 때문이다.
 이 시기의 신학은 체계적이고 학문적인 특징을 띤다. 그것은 '학문적으로' 논의된 그리스도교 진리들에 대한 질서 정연하고 완전한 작품으로 평가받는 『대전』(*Summa*)들과 함께 도래했다. 스콜라학의 특징은 교부 시대 보다 체계적이고 학문적인 틀을 바탕으로 신앙의 내용들을 다룬다는 데 있다. 또한, 스콜라학은 신앙-계시의 요인인 '신앙 원리'(fides qua)보다 신비-계시 진리의 요인인 '신앙 내용'(fides quae)에 초점을 맞춰 논술을 발전시켰다. 그래서 계시의 개별 대상들, 개별 신비들, 개별 진리들은 분리되어 탐구되고 질서 지어졌다. 더 나아가, 신학을 연구하는 장소도 변했다. 즉, 더 이상 수도원 학교나 주교좌 학교가 아닌 '대학'(universitas)에서 신학을 연구하고 가르치기 시작했다. 12세기에 신학을 연구한 위대한 학자들은 베네딕도회(시토회), 아우구스티노회(프레몽트레회) 소속 회원들이 대부분이었다. 하지만 13세기로 접어들면서 주류 신학자들은 대부분 탁발 수도회, 특히 프란치스코회와 도미니코회 소속 회원들이었다. 또한, 이 시기의 신학을 특징 짓는 또 다른 주요 요소는 아리스토텔레스 사상에 대한 동화(同化)에 있다.

1. 스콜라학 전성기의 정치적 · 종교적 · 문화적 배경

1) 정치적 배경

13세기는 신앙을 기반으로 형성된 그리스도교 공화국이 절정에 이른 시기이다. 이는 그리스도교 전체의 수장인 교황에 의해서 통치되는 시기이기도 했다. 13세기 초에는 신정(神政)통치를 펼친 인노첸시오 3세가 즉위했으며, 13세기 말에도 이런 기조를 이어 간 보니파시오 8세가 즉위해서 서방 그리스도교 세계를 통치했다. 교황은 자신이 적합하다고 믿는 황제에게 왕관을 씌워 주었으며, 자신이 마음에 드는 이에게 시민의 힘을 상징하는 창을 맡겨 주었다. 그리고 적합하지 않다고 여겨지는 자는 권좌에서 내쫓고 제거했다. 그러나 14세기와 15세기로 들어서면서 교황과 황제, 교황권과 제국 사이의 관계는 점점 험악한 투쟁으로 치달았다. 이러한 논쟁은 교황권의 본성과 왕권의 본성, 왕권의 기원, 교회와 국가 사이의 관계에 집중되었다. 교황 편에는 궬피파가, 황제 편에는 기벨리니파가 섰다. 시민 사회는 그리스도께 대한 깊은 신앙 덕분에 본질적으로 그리스도교 문화를 형성하는 데 성공했다. 사회의 제반 가치와 관습, 법규와 제도 등은 모두 성경으로부터 도출되었다. 이 모든 일의 중심에는 로마가 있었다. 로마는 십자군을 파견하고 선교사를 보내며, 평화를 수호하고 국가들을 조직하며, 봉건적 유대들을 통해 모든 이가 받아들이는 그리스도교적 원리들의 이름으로 국가나 군주들을 압박하고, 제멋대로 하려는 군주들을 제어하고, 겸손한 이들과 백성들의 자율권과 자유를 보호했다.

2) 종교적 배경

13세기를 특징짓는 2가지 현상은 다양한 이단의 출현과 새로운 수도회들의 등장을 꼽을 수 있다. 여러 이단은 신앙의 일탈 형식으로, 어떤 사회가 신앙을 강하게 갖고 있을 때 쉽게 번질 수 있다. 중세처럼 그리스도교 신앙이 주된 결속의 끈인 사회에서 이단 운동들은 자연스레 발생했다. 그리스도교 국가에서 이러한 이단들은 교회와 교회의 사람들에 대한 대립과 반란의 형태로 일어났다. 이는 관할권에 대한 반발의 특징을 띠고 있었으며, 특히 종교 분야에만 국한된 반란이 아닌 사회, 경제, 정치 분야와 관련된 반발의 성격을 갖고 있었다. 13세기에 두드러진 대표적 이단 운동은 발도파와 알비파이다.

발도파는 리옹의 거상인 페트루스 발두스에 의해 12세기에 일어났다. 발두스는 회심과 더불어 자신의 재산 모두를 가난한 이들에게 나눠주고 복음적 생활을 하며 그리스도와 가난에 관한 설교를 하기 시작했다. 그러나 반 교회적인 주장으로 인해, 그는 베로나 시노드(1184년)에서 단죄되고 말았다. 그러나 그의 사상은 여러 유랑 설교가들 덕분에 유럽 전역으로 퍼져 나갔다. 반면, 알비파는 12세기 말 프랑스 남부, 특히 프로방스 지방의 알비(Albi)라는 도시에서 크게 번성했다. 이들은 마니교의 이원론에 호소하며, 선하고 악한 2개의 근본 원리를 신봉했다. 그리고 이를 바탕으로 구약의 하느님을 악한 원리와, 신약의 하느님을 선한 원리와 동일시했다. 그들은 그리스도가 사람들을 물질로부터 해방시켜서 빛의 세계, 곧 교회로 들어가게 함으로써 구원해 주신다고 주장했다. 그러나, 그들은 이 교회가 콘스탄티누스 대제 이후에 부유하고 강력하게 됨으로써 자신의 소명을 저버렸으며, 하느님은 더 이상 이 교회 안에 계시지 않고, 가난한 이들의 가슴 속에 계신다고 주장했다. 그들은 마니교의 이원론을 극단적 귀결로 몰아감으로써 '순수한 이들'로 남기를 원했다. 결국, 그들은 결혼, 사유 재산, 육체 노동을 단죄했으며, 종교적이든 시민적이든 온갖 종류의 권위를 단죄하고, 세금, 군 복무, 정의 담당 부서의 정당성을 부정했다. 이러한 그들의 사상은 교회뿐만 아니라 시민 사회까지 파괴해 갔다. 이에 인노첸시오 3세 교황은 1208-1229년에 알비파를 거슬러 십자군을 모집하고, 시몽 드 몽포르에게 군권을 위임해서 이를 무력으로 진압시켰다. 반면, 당시 신생 수도회들은 이런 이단자들에 맞서 설교와 학술 작품을 통해 투쟁했다.

한편, 12-13세기에는 공동생활과 시민 생활의 발전으로 인해, 기존의 봉건주의 체제와 긴밀하게 묶여 있던 수도승 체제와는 다른 수도회들의 설립에 대한 필요성을 느끼기 시작했다. 공동체와 도시의 발흥으로 인해 폐쇄적인 봉건 체제는 거의 끝나가고 있었다. 신자들의 신앙을 육성하고 종교적 무지와 투쟁하기 위해서는 봉쇄와 정주에 덜 묶여 있으며, 신자들과 좀 더 자유롭게 접촉하고 학문 연구와 기도에 보다 더 전념하는 수도회가 필요해진 것이다. 이에 부응해 도미니코에 의해 설교와 학문 연구를 통해 정통 신앙을 수호할 목적으로 설교자들의 수도회(도미니코회)가, 프란치스코에 의해 철저한 가난의 정신으로 무장한 '작은 형제회'(프란치스코회)가 설립되었다. 또한, 십자군 전쟁과 더불어 팔레스타인의 가르멜산을 중심으로 은수 생활을 시작한 가르멜 회원들이 유럽으로 진출하면서 '가르멜회'가 설립되었다. 이 수도회들은 '탁발 수도회'로 분류되는 새로운 형태의 수도회로 그 시대의 징표에 부응해서 보다 효과적으로 응답해 나갔다. 학문적인 관점에서 보면, 특히 설교자들의 수도회와 작은 형제회는 신학 발전에 혁혁한 공을 세운 위대한 신학자들을 배출해서 13세기 이후 중세 신학을 이끌어 갔다.

3) 문화적 배경

① 대학의 창설과 기원: 12세기에는 신학의 중심이 수도원과 주교좌성당이었지만, 13세기로 넘어오면서 그중심은 대학으로 옮겨 갔다. 대학의 기원은 대성당들에 부속된 학교, 정확히 말하자면 파리의 노트르담 주교좌 학교와 연계된다. 12세기에 이 학교는 괄목할 만하게 성장했다. 아벨라르두스의 등장과 함께 '학예'를 대표하던 학교는 부분적으로 세느강변으로 옮겨 갔지만, '신학'은 노트르담의 회랑 속에 머물며 발

전을 거듭했다. 그러나 여전히 학교 전체는 파리의 주교와 대성당 상서국장의 관할 아래 있었다. 이러한 상황에서 교수들의 '대학'과 학생들의 '대학'이라는 단체들이 구성되면서, 수도원 학교나 주교좌 학교로부터 대학의 결정적인 분리를 가져온 후원 장치가 가동되기 시작했다. 이는 교황과 프랑스 왕으로부터 그들에게 허용된, 교수와 학생들 측으로부터의 특별한 특전들에 대한 획득을 통해 일어났다.

무엇보다도 인노첸시오 2세 교황은 파리의 교수들과 학생들에게 강력한 후견인이 되어주었다. 그는 그리스도교 세계가 직접 교황에게 연결된 위대한 종교적 연구를 하는 중심 기관을 설립하고자 했다. 이렇게 해서 1200년부터 1210년까지 10년간 파리 대학이 만들어졌다. 이 시기에 파리의 교수들과 학생들로 구성된 협동조합이 조직되었으며, 주교와 총장 간에 충돌이 일어났다. 이러한 충돌은 25년간 이어졌으며, 결국 '파리 대학' 측의 일방적인 승리로 끝났다. 이로써, 12세기 말부터 13세기 초의 여러 교황과 국왕들은 재속 성직자들이 누렸던 모든 특전을 일반 학생들에게 허용하는 결정을 내렸다. 예컨대, 1200년 필립 황제는 파리 대학의 교수들과 학생들에게 재판에 유리한 특전을 허용했다. 그 후, 여기에 더해 교회법적인 특전도 허용됐다. 결국 당시 교황들은 교수들과 학생들이 온전히 교회의 권한에만 의존하며 특전을 누리는 칙서들을 반포하며 이러한 체제를 공고히 했다.

그레고리오 9세 교황이 반포한 칙서 「학문들의 아버지」는 대학의 발전을 뒷받침하는 진정한 '대학의 대헌장'으로 평가받는다. 교수들과 학생들로 이루어진 협동조합은 고유한 '관인'(sigilium)의 특전을 획득했는데, 이는 대학의 자율성을 보장하는 상징과 같았다. 파리 대학은

1246년 자신의 관인을 획득했다. 당시 교황들은 파리 대학의 발전을 위해 다방면에서 조치를 취했다. 또한, 정통성을 간직한 신학을 육성하기 위해 아리스토텔레스의 철학 작품들에 대한 금령을 내리기도 했다. 파리 대학은 중세 당시 유일하게 신학 교수 자격증을 수여할 수 있는 대학이었다.

파리 대학과 거의 동시에 이탈리아의 볼로냐 대학이 설립되었다. 교회법을 전문적으로 연구하는 이 대학은 학생들의 주도로 생겨났다. 볼로냐 대학의 학생들도 파리 대학의 교수들처럼 대학을 교회의 통제 하에 두면서, 그 발전을 선호하는 교황으로부터 지원을 받았다. 1219년 호노리오 3세 교황은 볼로냐 대학의 대부제에게 위대한 학사 학위들의 수여에 대한 독점권을 주었다. 그 후, 유럽 곳곳에 주요 대학들이 생겨났다. 옥스퍼드 대학(1214년), 파도바 대학(1222년), 나폴리 대학(1224년)이 그러하다. 이 가운데 나폴리 대학은 프리드리히 2세 황제가 자신의 직접적인 통제 아래 이탈리아를 현대적으로 통치하는 데 필요한 관료들을 양성하려는 목적으로 설립되었다.

② 대학 제도의 구조와 교육 방법: '대학'은 학문 증진을 위한 학생들과 교수들의 국제적 협동조합이다. 파리대학은 교수들과 학생들로 구성되었지만, 주도권은 전적으로 교수들에게 있었다. 반면, 볼로냐 대학은 학생들로 구성되었으며, 교수들은 그 밖에 머물렀다. 12세기 대학에서는 '학부'와 '국가반'이라는 구분이 생겨났다. 학부는 가르치는 과목들과 연관된다. 지식 분야에 따라 4개 학부가 있었다. 즉, 3학4과를 가르치는 학예학부가 있는데, 이는 신학, 법학, 의학이라는 3개의 상급 학부를 준

비하는 학부 역할을 했다. 12세기의 많은 대학에서는 2-3개의 학부들만 있었다. 특히 13세기 말까지 역대 교황들은 파리 대학 신학부의 독점을 유지하기 위해 다른 대학의 신학부 증설에 반대했다. 그래서 1229년 툴루즈 대학의 증설 시도는 실패로 끝나고, 1362년에 가서야 신학부가 설치되었다. 한편, '국가반'은 같은 국적의 학생들끼리 무리를 짓던 협동조합이다. 파리에 '국가반'은 프랑스반, 노르망디반, 피카르디아반, 영국반 이렇게 4개가 있었다.

대학 운영은 학장이 관장했지만, 국가반들의 징수원들이 빈약한 재정을 관리했다. 대학 운영은 대학의 특전들을 수호하고 노동, 곧 교육을 조직화하는 2가지 과제로 압축된다. 대학 교육의 계획과 방법은 본질적으로 변함이 없었다. 기초 교육을 위해서는 교수가 읽는 가운데 학생들을 깨우치고 가르치기 위한 텍스트가 있었다. 교수는 이 텍스트가 보다 잘 이해될 수 있도록 신뢰할 만한 주해서들을 적절하게 자신의 『난외 주해』(glossa)나 자신이 만든 『대전』(summa)과 통합해서 가르쳤다. 파리에서의 신학 교육은 성경과 페트루스 롬바르두스의 『명제집』이라는 2가지 근본 텍스트에 기반을 두고 이루어졌다. 한편, 가장 뛰어난 교수들은 이 텍스트들에 자신의 '대전'들을 덧붙였다. 학예학부에서 오랫동안 기본 과목으로 가르친 과목은 『오르가논』과 보에티우스를 비롯해 다른 저자들의 주해서들을 공부하는 변증법이었다. 그러나 아리스토텔레스와 아랍 철학자들의 등장과 함께 학예학부 교수들의 관심은 점차 '자연학'과 '형이상학'으로 옮겨 갔다.

모든 학부에서 교육은 '강독'(lectio)과 '토론'(disputatio)으로 진행되었다. 교수들은 강독을 통해 해당 과목에서 배워야 할 주요 저자들의 사상을 가르쳤다. 반면, 토론은 몇몇 난해한 텍스트들과 관련된 다양한 문제들에 대해 좀 더 자유로운 방식으로 토론하는 가운데 그에 대한 해결책을 모색하는 방법이다. 교수들은 이 방법을 통해 다양한 주제를 심도 있게 연구하고 가르쳤으며, 학생들에게 변증법의 원리를 훈련할 기회를 줌으로써 그들에게 자신의 재능을 계발하고 검증받을 기회를 제공했다. 통상, 강독은 오전에 이루어졌으며, 그 앞부분은 교수에 의해, 다음 부분은 교수가 제시한 것을 요약하고 설명하는 조교들, 즉 '학사들'에 의해 이루어졌다. 반면, 매우 중요하면서도 난해한 사안들(문제들, questiones)에 관한 '토론'은 오후에 진행되었다. 토론에는 해당 과목을 수강하는 학급의 학생들과 학사들뿐만 아니라 외부인들도 참석했다. 토론 후에는, 교수가 토론 과정에서 제기된 다양한 문제들을 다음 날까지 연구해서 '결정'(determinatio), 곧 그 문제들에 대한 해답을 제시했다. 유능한 교수들은 강의의 대부분을 조교들에게 맡기고, 특히 토론에 적극적으로 참여했다. 여기서 눈여겨 볼 독특한 교육 방법이 있다. 그것은 1년에 1-2차례 개최되는 '자유 토론'(quodlibet)으로, 이는 대학의 교수단과 전교생 앞에서 개최되는 공개 토론이다. 여기서는 '그 어떤 주제에 관해서도'(quod libet) 다룰 수 있었다. 따라서 이 토론은 교수의 방대한 백과사전적 능력을 전제로 했다. 그러므로 이런 수준 높은 토론회를 개최할 수 있는 교수는 상당히 드물 수밖에 없었다. 토마스 아퀴나스 같은 경우, 그는 파리에 2번 체류하는 동안, 무려 12차례나 자유 토론회를 개최했다.

 13세기가 지나면서 대학의 학위 체제와 시험의 조직화가 명확해져 갔다. 그 이전에는 시험관들 앞에서 학업 졸업 시험을 통해 획득할 수 있는 '교수 자격증' 밖에 없었다. 대학의 형성은 능력 수준에 따라 학위들의 다양화를 초래했다. 무엇보다 먼저 '학사' 학위가 있었다. 이는 스스로 몇 가지 강독을 할 수도 있고 토론에도 능동적으로 참여할 수 있는 수준의 조교에게 해당되는 학위이다. 여기에는 세 등급이 있었다. 성서 학사는 7년간 학예학부의 학업을 마친 다음, 다시 2년간 신학 공부를 이수한 자에게 주어진다. 명제집 학사는 페트루스 롬바르두스의 『명제집』에 관한 2년간의 연구 과정을 마친 사람에게 수여하는 학위이다. 양성된 학사는 명제집 학사가 또 다른 3년간의 연구와 토론에 참여하게 되면 받는 학위이다. 이때 비로소 교수 자격증이 수여되며, 이어서 스승(magister), 곧 교수의 지위에 오르게 된다.

③ 아리스토텔레스와 아랍 및 유다 철학자들의 라틴 세계 유입: 신학이 자율적 학문으로 형성되고 그 내용이 심층적으로 쇄신되는 데 결정적인 자극을 준 것은 라틴인들이 아리스토텔레스의 작품들과 그에 대한 아랍 철학자들의 주해서들에 대한 발견이었다. 13세기에 아리스토텔레스의 작품들과 더불어 그리스도교 신학자들에게는 완전히 새로운 세상이 열리기 시작했다. 그것은 이전의 것들보다 훨씬 더 엄격한 방법들을 사용하고 더 타당한 내용들을 담고 있었다. 당시 신학자들은 아리스토텔레스의 학문적 방법을 통해 신학을 체계적으로 발전시킬 수 있었다. 또한, 그로부터 현실태와 가능태, 질료와 형상, 실체와 우유 같은 중요한 개념들을 비롯해 인간, 세계, 심리학, 윤리학, 정치학, 우주론, 형이상학 등과 관련된 심도 깊은 가르침을 받아들였다. 13세기의 스콜라학은 이러한 아리스토텔레스의 사상에 동화(同化)되는 가운데 만개할 수 있었다. 아리스토텔레스의 사상은 다음과 같은 경로를 통해 라틴 세계

에 유입되었다.

그리스어로 된 그의 작품들이 아랍어로 번역되고, 이어서 이것이 라틴어로 번역되는 과정을 거쳤다. 이는 아리스토텔레스의 아랍어 번역본들을 갖고 있던 아랍인들이 사는 스페인 남부와 시칠리아에서 일어났다. 이는 라틴어와 아랍어를 모두 알고 있던 여러 학자들에 의해 12세기 말 20-30년 사이에 이루어졌다. 또한, 이와 동시에 알-파라비, 아비첸나, 아베로에스의 작품들도 번역되었다. 그러나 그리스도교 문화의 최대 중심지인 파리 대학에서 아리스토텔레스에 대한 수용은 느리고 힘겹게 진행되었다. 당시 신학부의 저명한 교수인 아말리쿠스 데 베네와 다비드 드 디낭은 아리스토텔레스의 사상을 악용했다는 이유로 신랄하게 비판받았다. 이로 인해 아말리쿠스는 이단으로 고발되어 단죄되었다.

또한, 『콰테르눌리』의 저자인 다비드 드 디낭의 사상은 범신론으로 비판받으며 역시 고발되었다. 당시 아리스토텔레스의 사상이 무제한적으로 유입되어 들어오자 파리 대학 신학부의 대다수 교수들은 신학이 무릎써야 하는 위험에 놀라 자신들의 주교들에게 요청해서 단호히 개입하도록 했다. 이에 1210년 상스 시노드가 개최되었다. 여기에 참석한 주교들은 아말리쿠스와 다비드 드 디낭을 단죄하고 아리스토텔레스의 작품들(자연학 관련 서적들)에 대한 강독을 금지했다. 그로부터 5년 뒤인 1215년 교황 사절인 로베르 드 쿠르송은 파리 대학의 새로운 규정집을 출간하며, 아리스토텔레스의 작품들에 대한 사용을 금지했다. 이는 기존의 금서 목록에 아리스토텔레스의 『형이상학』을 추가한 것이다. 이러한 금령(禁令)들은 학예학부로부터 환영받지 못했다. 이로 인해 학예학부와 신학부 간에는 치열하고도 긴 논쟁이 이어졌다. 이 논쟁은 1240-

1260년에 휴지기를 가졌다 다시 점화되어 1277년에 절정에 이르렀다.

얼마간 교령은 지켜졌다. 하지만 오래지 않아 다소간 그에 대한 불만의 목소리가 나오기 시작했다. 1229년 오순절 화요일에는 대학과 수도회 세력 간의 충돌이 일어났다. 이로 인해 강좌들에 대한 전면 폐쇄가 단행되었고, 학생들은 여러 도시와 지방으로 흩어지고 말았다. 학생들의 총파업은 2년 이상을 끌었으며, 이에 대학의 정상화를 위해 그레고리오 9세 교황은 1231년 칙서 「학문들의 아버지」를 직접 공표하기에 이르렀다. 이 칙서는 파리 대학의 '대헌장'이 되었다. 그러나 이 칙서는 아리스토텔레스의 작품 강독과 관련해서 기존의 금령들을 재확인하고, 적절하게 교정되고 개정되지 않는 한 효력은 계속된다는 점을 확실히 했다. 그리고 이를 위해 위원회를 구성했으며, 특히 파리의 주교인 기욤 도베르뉴를 참여시켰다. 그러나 이 위원회는 한동안 관련 사안에 대한 제제를 하지 않았다.

이렇게 해서 1250년까지 파리에서 아리스토텔레스의 사상에 대한 교육은 공식적으로 『논리학』과 『윤리학』으로 제한된 상태였다. 이 상황에서 일부 교수들은 금령을 무시하고 아리스토텔레스의 사상을 바탕으로 자신의 학문을 심화시켜 나갔다. 이러한 작업을 아무런 제제나 처벌 없이 할 수 있었던 학자들은 당시 새롭게 부상된 탁발 수도회, 특히 프란치스코회와 도미니코회 소속 회원들이었다. 이 수도회들은 교황에게 직속된 소위 '면책 수도회'로서 지역 주교의 압박으로부터 자유로웠기 때문이다. 1238년부터 1242년까지 파리 대학에서 신학 강좌를 맡은 최초의 프란치스코회 회원인 알렉산더 할레스의 『신학대전』에는 아리스토텔레스의 인용구들이 많이 담겨 있다. 1240년까지는 아리스토텔레스의 서적들이 아직은 파리 대학에서 쉽게 그리고 광범위하게 유포되지 않았다. 이는 당시 파리 대학의 「신입생 안내」 책자에서 잘 드러난다. 이 시기에 아리스토텔레스의 『형이상학』과 『자연철학 서적들』은 학예학부에서 수업 교재로 사용되지 않았다.

2. 신학적 학문의 구성과 신학적 인식론

13세기로 들어와 마침내 신학은 '학문'으로서의 위상을 갖게 되었다. 12세기가 자율적 학문으로서의 신학이 배태된 세기였다면, 13세기는 그 실제 탄생과 충만한 성장의 세기이다. 신학에 한정해서 본다면, 이러한 현상은 분명 모든 시대를 통틀어 최대의 성취라고 할 수 있다. 기술적이고 개념적인 노작 기술에 불과한 3학의 소박한 학예인 변증법으로부터 이성적 정식들을 넘어 세상과 인간에 대한 인식을 담지하는 영의 철학으로 넘어갔기 때문이다. 아리스토텔레스적인 고전 세계의 부흥은 13세기의 인본주의와 자연주의를 포함한다. "지성을 추구하는 신앙"으로 대변되는 안셀무스적인 신학이 이렇게 확장된 것은 토마스의 업적이다. 12세기에 아벨라르두스는 '거룩한 가르침'에 '신학'(theologia)이라는 이름을 주었으며, 알랭 드 릴은 신학적 학문 안에서 지켜야 할 규칙들을 명확하게 고정하려 시도했다. 그러나 아직 그들에게는 학문에 관한 명료한 관념이 없었고, 따라서 아직 신학을 학문적으로 규정하지도 구성하지도 못했다.

그러나 12세기의 아벨라르두스, 질베르투스 포레타누스, 알랭 드 릴은 성경 주석으로부터 신학의 자율성을 복원하고, 그에 대해 방법과 고유한 규칙을 부여하고자 했다. 그러나 그 도구는 아직 이전에 사용하던 것에 머물러 있었다. 따라서 당시로서는 아직 엄밀한 의미의 '학문'으로서의 신학에 대해 말할 수 없었다. 전반적으로 볼 때, 12세기 말부터 13세기 초에 파리 대학의 신학은 사변 신학이라기보다 오늘날 우리가 부르는 실증 신학이었다. 당시 학자들은 계시된 신앙의 진리들을 확정하고 이를 교부들의 전통에서 설명하려 했다.

이러한 상황에서 아리스토텔레스가 서방 세계에 귀환함으로써 당시 신학자들은 다음과 같은 중요한 2가지 사실을 발견하게 된다. 신앙을 이해하는 데 있어 학문이 지닌 가치의 발견, 그리스도교 신앙의 신비들을 심화하는 데 있어 아리스토텔레스의 형이상학적 유산이 갖는 중요성이 그러하다. 이렇게 13세기의 신학적 맥락에서 아리스토텔레스의 사상이 유입됨으로써 다음과 같은 2가지 결과가 초래되었다. 설화적 성경 주석 방법으로서의 신학을 극복하고, 새로운 방법, 즉 철학적, 논증적, 사변적 방법에 길을 틀 수 있게 해 주었다. 신학에 대한 인식론적 토대에 결정적인 명료화를 가져왔다.

사실, 학문으로서의 신학의 구성과 정확한 인식론적 토대에 대한 정의는 서서히 이루어졌다. 처음에는 학문이라는 칭호를 인정받기 위한 작업이 있었으며, 그다음에 신학이 논증적 구조에서 다른 학문처럼 하나의 학문이라는 것을 인정받았다. 마지막에는 신학이 그 논증적 구조만이 아니라 인간 이성이 지닌 모든 인식적 광맥을 수용하는 데 있어서도 다른 학문과 동일한 학문임이 입증되었다. 이러한 작업은 13세기 전반에 걸쳐 이루어졌다. 이를 주도한 제1세대 신학자들은 기욤 도세르, 롤랑 다 크레모나이며, 제2세대 신학자들은 알렉산더 할레스, 오도 리갈두스이고, 제3세대 신학자들은 알베르투스 마뉴스, 토마스 아퀴나스였다.

1) 아리스토텔레스의 학문, 지혜, 기술 개념

13세기 파리 대학의 모든 교수에게 아리스토텔레스의 『분석론』, 『윤리학』, 『형이상학』은 매우 익숙했다. 아리스토텔레스는 이 세 가지 작품에서 학문, 지혜, 기술에 대해 광범위하게 다뤘다. 『윤리학』 제6권에서 그는 인간 정신이 진리에 도달할 수 있는 5가지 방식을 열거했다. 그것은 기술, 학문, 현명, 지혜, 지성이다. 그는 삼단논법이 '학문'(scientia)에 고유한 것으로서 보편 원리들로부터 결론들을 도출해내는 논증이라고 말한다. 그는 보편적 원리들, 제1원리들에 대한 인식은 지성에 속한다고 보았다. 반면, 기술에 대해서는 진실된 이성에 수반되는 창조적 '습성'(habitus)이라고 규정했다. 아리스토텔레스에게 있어서 '기술'(ars)은 보편자에 대한 인식인 한에서 학문과 매우 가까운 개념이다. 다른 한편, 기술(thecne)은 '에피스테메', 즉 순수 학문으로부터 구별된다. 기술에 관한 이론은 언제나 어떤 '실천'에 봉사하는 것으로 간주되기 때문이다. 아리스토텔레스는 『형이상학』에서 '지혜'의 본성에 관해 좀 더 심도 깊은 해명을 제시했다. 『분석론 후서』는 아리스토텔레스가 학문적 지식의 조건들과 그 다양한 전개법들을 규정한 방대한 작품이다. 그는 증명적 학문이 3가지 요소를 포함한다고 언급했다. 고찰되는 주제, 증명의 기초가 되는 공통의 공리들, 이미 그 의미를 알고 있고 입증하려는 속성들이 그러하다. 신학이 과연 하나의 학문이고 지혜이며 기술인지 묻는 질문과 씨름하던 13세기의 스콜라 학자들은 아리스토텔레스가 그려낸 이 광범위한 인식적 도식을 통해 평가된다.

2) 신학의 원인들에 대한 분석

아리스토텔레스는 충만한 인식을 얻고자 하는 모든 실재에 대해 그 원인을 알 필요가 있다고 언급하며, 이 근본 원인들을 질료인, 형상인, 능동인, 목적인 이렇게 4가지로 분류했다. 신학은 작용으로서가 아니라 작품으로서, 성취된 일로서, 모든 다른 인간적 업적들과 마찬가지로 4가지 주요 원인을 갖는다. 여기에 도구인을 더해 신학에 관한 5가지 원인을 살펴보면 다음과 같다.

① 신학의 질료인은 거룩한 텍스트, 곧 성경과 사도전승이며, 이것이 질료적 주제 혹은 대상이다.

② 신학의 형상인은 성경에서 포착하려는 고유하고 종적인 측면, 즉 거룩한 텍스트에 담겨 있는 신빙성 또는 가지성이다. 이 원인은 형상적 주제 혹은 대상이다.

③ 신학의 능동인은 신학 작업을 펼치는 자, 좀 더 정확하게는 거룩한 텍스트에 가지성, 학문성, 질서를 주기 위해 수행하는 활동 또는 일련의 작용들이다. 이 원인은 흔히 '그것에 의한 형상적 주체 또는 대상'이라고 불린다. 신학 작업에는 신앙과 이성이라는 두 인식 주체가 개입한다.

④ '그것에 의한 형상적 대상'안에 신비들에 가지성을 전해 주는 데 합류할 수 있는 모든 인식적 요인들이 '이성의 빛'의 도구적 원인들로 들어간다. 여기에는 인간의 인식 가능한 모든 것과 믿을 수 있고 계시될 수 있는 모든 것으로부터 그 거대한 풍요로움을 추출하는 데 도움이 될

수 있는 모든 방법론적 장치들이 포함된다. 이 작업을 하는데 가장 적합한 기술은 학문이다. 아리스토텔레스는 학문을 어떤 특정 진리에 대한 엄격한 증명, 확실한 논증으로 정의했다.

⑤ 신학의 목적인은 신학을 하는 목적을 말한다. 여기에는 여러 가지가 있을 수 있다. 즉, 하느님께 영광을 드리는 것부터 정통 교리를 수호하는 것, 복음화에서부터 인간적인 삶의 증진, 호교(護敎)에서부터 복음 선포에 이르기까지 신학은 다양한 목적을 추구한다.

⑥ 학문은 질서와 엄정함을 그 본질적 특성으로 지닌다. 자연 과학의 경우, 그것은 자명성도 요청한다. 신학의 경우, 신앙으로 받아들였지만 자명하지 않은 진리들을 질료적 대상으로 갖고 있음에도 불구하고, 그 나름대로 신학에서도 자명성이 발견된다. 그러나 자명하지 않은 것은 오직 '우리에게 있어서'만 그러하다. 왜냐하면, 계시된 진리들은 그 자체로 최고로 자명하기 때문이다. 한편, 아리스토텔레스의 학문 개념을 지탱하는 본질적 요소인 질서, 엄정성, 자명성은 신학에서도 그대로 남아 있다. 믿을 수 있는 것 또는 계시 가능한 것에 대한 명료화는 이성의 원리들을 신앙의 원리들에 적용함으로써 발생하는데, 이것은 삼단논법에서 가장 정확한 표현을 발견하게 되는 탐색적 전개법을 통해 이루어진다. 이 삼단논법의 제1전제는 신앙의 원리를 표현하며, 제2전제는 이성의 원리를 표현한다. 세 번째 명제는 중세인들이 '결합'이라고 부르는 것을 통한 신학적 결론이다. 이것은 다양한 전개 방식들과 인간 지식의 다양한 줄기들을 통해 획득한 인식들을 잘 활용한 이성적 성찰로부터 도출한 진리이다.

3) 신학을 아리스토텔레스적 학문 개념에 편입시키는 데 따르는 어려움

구원 경륜에 대한 탐구와 이를 구성하는 성경 사화들에 대한 이론적 해석이 거룩한 역사의 본성을 훼손하지 않으면서도 하나의 학문으로 자리매김할 수 있을까? 이는 13세기 신학자들이 아리스토텔레스의 사상을 통해 신학을 학문으로 정립하는 과정에서 고민했던 화두였다. 사실, 학문에 대한 아리스토텔레스적 전망이 그 지평에서 배제한 학문이 역사이기 때문이다. 그래서 이 문제는 13세기 당시 모든 『대전』(summa)과 『명제집 주해』가 논술을 시작하는 과정에서 늘 제시한 첫 번째 질문이었다. 아리스토텔레스의 '학문' 개념을 신학에 적용하는 것에 대해서 당시 모든 '스승들'은 동의했다. 『대전』들은 더 이상 단순히 명제들을 수집한 책이 아니라, 모든 것을 아주 정확한 이성적 질서에 따라 배치하고 각각의 주제들에 대해 필연적이거나 적절한 '근거들'을 제시하는 가운데 엄정하게 논증하는 유기적 체계로 제시되었다. 신학적 학문의 형성에 합류하는 4가지 원인에 관한 한, 유독 질료인에 관해서만은 비록 성경, 구원의 업적, 온전한 그리스도 등 다양한 이름으로 불렸지만, 모든 저자들 측으로부터의 충만한 동의가 있었다. 반면, 다른 3가지 원인들에 관해서는 다소간 구별되었다.

4) 신학적 학문의 다름

13세기에 신학은 위대한 『대전』들의 출판을 통해 체계화 되었을 뿐만 아니라 분명하고도 잘 정의된 학문성을 획득했다. 파리 대학과 옥스퍼드 대학 신학부의 '스승들'은 자신들의 학문이 그 나름대로 학문이라

는 점을 점점 더 자각해 갔으며, 그 본성, 특성, 목적, 방법을 규정하는 일에 몰두했다. 이런 맥락 속에서 이 주제를 심화시키는 가운데 위대한 스콜라학은 점차 신학의 인식론적 토대를 규정할 수 있었다. 이 과정에서 중요한 첫걸음은 기욤 도세르와 롤랑 다 크레모나에 의하여 이루어졌다.

5) 신학에서 학문의 외부적 사용

유명한 파리 대학의 '대헌장'인 칙서 「학문들의 아버지」(*Parens scientiarum*, 1231년)가 반포된 이후, 아리스토텔레스의 작품들에 대한 금령이 완화됨에 따라, 신학부의 교수들은 학예학부와 관련된 적개심을 누그러트렸으며, 자신들의 연구에 그의 작품들을 보다 광범위하게 활용할 수 있는 가능성을 타진하기 시작했다. 그럼으로써 신학에서 '이성'의 활용을 향해 한 걸음을 더 내디딜 수 있었다. 이를 시도한 학자들로 알렉산더 할레스, 오도 리갈두스, 기욤 도베르뉴를 들 수 있다.

6) 신학의 아리스토텔레스적 전환

13세기 초반에 신학적 인식론에 관한 '스승들'의 업적은 다음 3가지로 요약된다. 신학을 성경 주석으로부터 해방시켰다. 신앙의 진리에 대한 개진은 교부들과 몇몇 저명한 '스승들'의 명제들로부터 지지를 받으며 이루어졌다. 당시 스승들은 『대전』을 새로운 형식으로 받아들였고 '변증법'을 방법론으로 활용했다. 그들이 이 전개 방식을 통해 획득하는 데 성공한 것은 개인적인 관심사들로부터 동떨어진, 그 논거와 내용에 있어서 학문성을 유지하는 최상의 이야기 신학이다. 직접적인 신학의 학문성에 관한 한, 그리스도론의 언어를 채택한 13세기 초반 '스승들'의 입장은 '인식론적 단성주의'였다. 그들에게 신학은 분명 '학문'이지만, 이는 모든 이성의 기여를 배제하는 배타적인 의미에서의 '신앙의 학문'이었다.

1249년 아리스토텔레스의 유입을 막던 기욤 도베르뉴가 세상을 떠난 후, 파리의 상황은 급변했다. 아리스토텔레스에 대한 금지령이 사라지면서 그의 철학이 본격적으로 서방 세계에 유입되어 들어왔다. 1252년 아리스토텔레스의 『영혼론』이 '영국반'에 의해 텍스트로 채택됨으로써 파리 대학 학예학부에 공식적으로 진입했다. 1252-1255년에는 모든 국가반의 파리 학예가들과 철학자들의 대학가에 아리스토텔레스의 작품들이 넘쳐 났다. 그래서 1255년에는 학사력에 아리스토텔레스의 과목들을 고정해야 할 필요까지 느낄 정도였다. 따라서 1255년은 아리스토텔레스의 철학 주제들이 정규 과목들로 정착되어 활발히 보급되었다. 이렇게 그의 철학이 보급된 지 10년 후, 아리스토텔레스는 신학의 위대한 스승들의 세계에서도 당당하게 우위를 차지했다. 이 시기에 알베르투스 마뉴스와 토마스는 『아리스토텔레스 전집』을 접했으며, 이들은 파리 대학가에서 아리스토텔레스 사상의 가치를 옹호하는 선봉장들이었다. 이들은 그의 사상을 바탕으로 신학적 인식론을 정비하여 '이성'이 신앙의 심화 작업에서 내면에서부터 개입하는, 신학의 인식론적 토대 이론을 심혈을 기울여 만들었다. 특히, 이 과정에서 토마스는 신학의 종적(種的) 학문성을 대단히 정교하게 확립했다. 그는 13세기 학자들 가운데 처음으로 '학문' 개념과 학문적 장치를 거룩한 가르침에 적용하고, 따라서 또한 방법의 차원에서도 아리스토텔레스주의를 스콜라 신학에 도입했다.

7) 신학에서 학문의 내밀한 사용

아리스토텔레스의 사상에 대한 금령으로부터의 해방은 신학적 인식론 발전에 있어서 결정적인 계기를 만들어주었다. 1250년 이후 신학의 학문성은 파리 대학에서 아리스토텔레스 사상의 가치를 옹호하고 드높인 알베르투스 마뉴스, 토마스 덕분에 한 단계 더 심화되었다.

① 알베르투스 마뉴스

알베르투스 마뉴스는 아리스토텔레스의 가치를 발견하고 교회가 이 값진 보물을 계속해서 활용할 수 있도록 온 힘을 다해 투쟁한 파리 대학의 첫 번째 신학자였다. 한 마디로, 그는 그리스도교 아리스토텔레스의 선봉장이었다. 그는 아리스토텔레스의 사상이 지닌 오류를 잘 알았지만, 그럼에도 아리스토텔레스의 사상을 전면적으로 거부하는 것보다는 오류에 맞서 싸우고, 그의 사상을 그리스도교에 적합하게 접목하는 것이 훨씬 낫다고 보았다. 그래서 그는 이를 위해 다음 2가지를 실행했다. 아리스토텔레스의 어려운 텍스트들을 주해해서 라틴 세계 독자들이 더 잘 알아들을 수 있게 했다. 또한 아리스토텔레스의 사상을 억지로 신앙의 결속 안으로 끌어들이지 않으면서도, 그것을 그리스도교 신앙과 양립할 수 있게 해석했다.

알베르투스는 신학의 학문성 문제에 직면해서 공개적으로 아리스토텔레스를 옹호하는 가운데 신학의 학문성을 옹호했다. 또한, 자신의 여러 작품에서 아리스토텔레스의 용어와 가르침을 광범위하게 활용했다. 그러나 그는 신학의 학문성에 관한 13세기 초반 파리의 스승들이 취한 입장을 넘어서지 못했다. 그의 가르침은 본질적으로 할레스의 노선과 일치했다. 그는 신학이 아리스토텔레스적인 엄밀한 의미에서 '학문'이라고 반복해서 주장했다. 그것은 신학이 규정된 전제들로부터 새로운 결론들을 도출해 내는 논증 방법인 '학문의 방법'을 활용하기 때문이다.

② 토마스 아퀴나스

신학의 학문성과 관련해서, 토마스의 가르침은 다음 3가지로 요약될 수 있다. 신학은 논의적 성격을 지니고 있고, 아리스토텔레스적인 의미에서의 학문이다. 어떤 상위의 학문, 곧 신적 학문으로부터 자신의 원리들을 도출하는 종속적인 학문이다. 신학은 신앙인 안에 '새로운 습성', 즉 '획득된 습성'의 기원이 되는 데 반해, 신앙은 초자연적 질서에 속하는 '주입된 습성'이다. 그는 『명제집 주해』의 머리말에서 신학의 학문성에 대해 논했다. 거기서 그는 신학이 인간 전체를 완성하기에 사변적이고 실천적인 질서를 둘 다 포용하지만, 무엇보다 진리를 겨냥하는 학문인 한에서 사변적 질서에 속한다고 말한다. 그리고 그는 신학적 학문의 확실성에 등급을 두며, 그 원리들을 결론들로부터 구별했다. 그에 따르면, 원리들은 주입된 습성인 주입된 신앙으로부터 오고, 따라서 학문의 것보다 더 고등한 확실성을 가진 데 반해, 결론들은 획득된 습성에서 오는 획득된 관념의 결실들이고, 따라서 그들의 확실성은 학문의 그것보다 하위에 있다.

토마스는 사변적 학문을 자연학, 수학, 신학 이렇게 3가지로 나눴으며, 이 학문 각각에 대해 그 대상과 방법이 있다고 보았다. 신학에 관한 한, 그는 철학적 신학과 성경 신학이 있다고 말한다. 철학적 신학에서 하느님은 사물들의 궁극적 원리로서 탐구된다. 그래서 하느님은 철학적 탐구의 고유 대상이 아닌 그 결론을 구성한다고 보았다. 반면, 계시된 신학은 하느님을 그 자체로, 자기 계시 안에서 탐구한다. 그리고 하느님은 그 대상이 되신다. 또한, 그는 하느님에 관한 사변에는 철학적인 것과 계시된 것이 있다고 보았다. 그리고 이 선상에서 다음의 2가지 질문에 대답했다. 철학과 신학, 이성과 신앙 사이에는 갈등이 있을 수 있는가? 철학은 신학에 어떤 도움을 줄 수 있는가? 첫 번째 질문에 대해 토마스는 신앙 측으로부터도 또 이성 측으로부터도 갈등이란 있을 수 없다는 결론을 내렸다. 그는 철학이 신학의 적수일 수 없고, 오히려 3가지 봉사를 하는 신학의 소중한 '시녀'라고 보았다.

토마스는 『신학대전』에서 신학적 인식론을 특징짓는 일련의 명제들을 제시했다. 이를 종합하면 다음과 같다. 신학은 그 용어의 엄격하고도 좁은 의미에서 '학문'이다. 다시 말해 논증을 통해 획득된 지식이다. 학문은 일차적으로 사변적이지만 실천적이기도 하다. 신학은 자신의 제1원리들인 신앙의 조목들을 차용하는 신학적 학문에 '종속적인 학문'이다. 신학은 인간적 지혜들 가운데 가장 지고한 지혜이고, 주입된 것이 아니라 획득된 지혜이다. 이는 계시된 진리, 신앙의 조목들을 포함하는 성경 탐구를 통해 이루어진다.

3. 보나벤투라와 프란치스코 학파

1) 스콜라학의 정점

스콜라학은 13세기 후반에 정점에 달했다. 13세기 초반, 라틴 세계, 특히 파리 대학과 옥스퍼드 대학에 아리스토텔레스가 도입되어 신학의 발전을 촉진했으며, 13세기 후반으로 접어들면서 거대한 신학적 종합이 실현되어갔다. 이는 프란치스코회와 도미니코회 소속 신학자들에 의해 주도되었다. 프란치스코회에서는 개별적인 사상가들보다는 소위 '프란치스코 학파'에 더 의존했으며, 이를 통해 학자들 간의 사상적 통일성이 두드러지게 드러났다. 반면, 도미니코회의 경우에는 그렇지 못했다. 도미니코회 출신 신학자들 가운데 토마스가 다른 신학자들을 압도했다. 따라서 도미니코회 신학자들의 신학적 성찰은 그를 중심으로 발전했다. 따라서, 도미니코 학파는 결국 '토마스 학파'인 셈이다.

2) 파리와 옥스퍼드의 프란치스코 학파

중세 당시 도미니코 학파의 신학자들은 아리스토텔레스의 사상 체계를 전반적으로 받아들여 자신들의 신학을 구축했다. 반면, 프란치스코 학파의 신학자들은 그의 사상 가운데 일부만 수용해서 이를 신학에 적용했다. 즉, 프란치스코 학파는 아리스토텔레스의 사상을 신중하게 활용했다. 이 학파가 표방한 노선은 아리스토텔레스화하는 플라톤주의였다. 또한, 더욱더 '그리스도론적, 아가페적 방향'으로 특징 지어진다. 프란치스코 학파의 신학은 하느님을 향한, 그분의 말씀을 향한 육화하고 십자가에서 돌아가신 성자 그리스도를 향한 '사랑'(agape)으로부터 솟아울라 영혼이 하느님과 이웃 사랑에 진보하게 해 준다. 이로 인해 이 학파는 상당히 정감적이고 관상적이며 신비주의적인 신학을 추구했다. 그것은 프란치스코의 영성, 그리스도에 대한 위대한 열광자, 아시시의 '작은 빈자'로 살아가려는 영성을 표방했다. 프란치스코 학파의 신학적 구조 전체는 프란치스코가 탁월한 신비주의적 황홀경의 탐구에서 성흔을 받은 절정의 순간에 기초를 두고 있다. 13세기 프란치스코 학파의 주요 중심지는 파리 대학과 옥스퍼드 대학이었다. 할레스는 파리 대학에서 신학 강좌를 맡은 첫 번째 프란치스코 회원이다. 그의 은퇴 후, 그를 계승한 프란치스코회 출신 학자는 다음과 같다. 요한 드 라 로세, 오로리갈두스, 윌리엄 데 멜리턴, 보나벤투라 등이 그러하다. 프란치스코회의 회원들이 옥스퍼드 대학에서 신학적 발전에 기여한 공로는 파리 대학에서보다 더 컸다. 옥스퍼드 대학의 '스승들'은 거의 모두 프란치스코 회원들이었다. 그 가운데서도 로베르투스 그로세테스테, 로저 베이컨, 스코투스, 오캄 등이 두드러진다.

3) 로베르투스 그로세테스테

로베르투스 그로세테스테는, 비록 정식 프란치스코 회원은 아니었지만, 프란치스칸 영성을 많이 사랑했고 프란치스코 회원들을 옥스퍼드 대학으로 인도해 주었다. 또한, 그는 옥스퍼드의 프란치스코회 학원에서 직접 성경과 신학을 가르침으로써 그 발전에 기여했다. 그는 1175년 스트래드브록에서 태어나 옥스퍼드와 파리에서 공부했다. 그는 옥스퍼드 대학의 초대 총장을 맡아 대학의 기틀을 세우는 데 크게 기여했다. 그 후, 그는 교회 내 다양한 직무를 수행했고 마침내 1235년 링컨의 주교로 임명되어 봉사했다.

그로세테스테는 그리스도교 세계가 아랍 문화 및 아리스토텔레스 철학의 영향에 문호를 열고 토착화하는 데 기여했다. 그는 독창적 사상가로서보다는 철학과 신학의 몇 가지 주요 작품들을 번역함으로써 중요한 역할을 담당했다. 그가 중세 라틴 문화 발전에 기여한 주요 번역서에는 다마스쿠스의 요한의 『정통 신앙에 대하여』, 위 디오니시우스의 『전집』, 아리스토텔레스의 『천체론』, 『니코마코스 윤리학』이 있다.

반면, 그의 신학적 입장은 신중했다. 그는 12세기 학자들의 주석적인 전통을 고수하면서 주교로서 옥스퍼드 대학의 신학자들에게 전통을 상기시키는 일에 부심했다. 우리는 그로세테스테의 사상 안에서 보나벤투라를 통해 분명하게 보게 될, 아리스토텔레스화 하는 아우구스티누스주의라는 이름으로 알려진 철학적, 신학적 노선의 발단을 엿볼 수 있다. 이 노선은 아우구스티누스에게서 그 내용을 취하고, 아리스토텔레스에게서는 다만 그 언어적 표현과 논리적, 형이상학적 범주만 차용했다.

4) 로저 베이컨

로저 베이컨은 1215년 영국의 일체스터에서 태어나 옥스퍼드 대학과 파리 대학에서 공부했다. 그는 그로세테스테의 열렬한 추종자로, 그로부터 백과사전적 정신을 물려받았다. 1240-1247년에 그는 파리 대학에서 가르쳤으며, 신학부에서 아리스토텔레스의 사상을 보급하는 데 기여했다. 그는 1256-1257년에 프란치스코회에 입회했다. 그는 1265년 교황직에 오른 클레멘스 4세를 위해 자신의 주요 작품들을 집필했다. 1277년 그는 천문학과 관련된 몇몇 명제에 대한 단죄를 받음으로써 감옥에 갇히고 말았다. 그러나 그는 굴하지 않고 감옥에서 『신학 탐구 개요』를 집필했다. 그는 1292년에 세상을 떠났다.

그는 자신의 『더 큰 작품』을 통해 클레멘스 4세에게 지식의 영역이 얼마나 방대한지 제시했다. 그는 제1부에서 앎의 장애물들에 집중해서 설명했다. 제2부에서는 철학과 신학 사이의 관계를 다뤘으며, 제3부에서는 성경 연구에 대해 다뤘다. 그리고 제4부에서는 수학을, 제5부에서는 광학을, 제6부에서는 실험 과학을 탐구했다. 그리고 마지막인 제7부에서는 도덕에 관해 논했다. 그는 『더 큰 작품』에서 제시한 대부분의 주제를 『제3작품』에서 다시 다루면서 이에 대한 한층 발전된 전망을 제시했다. 여기서 그는 신학이 결코 철학과 과학을 두려워해서는 안 되며, 신학자는 철학적, 수학적, 과학적 소양은 물론 성경 탐구에 도움이 되는 모든 지식을 쌓도록 권고했다. 베이컨에게는 과학의 세계와 실험적 탐구에 대한 두드러진 감수성이 있었다. 그는 알베르투스 마뉴스, 그레세테스테와 더불어 중세 과학적 탐구에 크게 기여했다. 또한, 여기에 더해 그는 신플라톤주의의 존재론적 원리들과 아우구스티누스의 인식론적 가르침들에 호소하는 가운데 모든 것을 한데 아우르는 통합적 우주관을 그려내는 데 성공했다.

5) 보나벤투라 다 바뇨레지오

① 생애와 작품

보나벤투라는 프란치스코 학파를 대표하는 최고의 학자이다. 그는 신학적 차원에서 프란치스코 영성에 대한 가장 충실하고 권위 있는 해석자로 평가받는다. 그의 본래 이름은 '조반니 피단차'로, 1217년 이탈리아의 바뇨레지오에서 태어났다. 그는 파리 대학 학예학부에서 학업을 마치고 1243년 프란치스코회에 입회했다. 그는 할레스의 지도를 받으며, 신학을 공부했다. 그 후 롬바르두스의 『명제집』을 주해했으며, 자신의 사상을 집대성한 『대전』을 집필했다. 1253년에는 파리 대학의 '스승'이 되었으며, 1257년에는 프란치스코회 총장에 임명되어 어려움 중에 있던 수도회를 위해 봉사했다. 이 시기에 그는 신학적 소(小)대전인 『짧은 담화』를 집필했다. 1259년에는 베르나에서 그 유명한 『하느님께 이르는 정신의 여정』을 집필했다. 여기서 그는 신학과 신비학을 통해 인간 영혼이 하느님을 관상하는 데 이르는 여정을 제시했다. 1273년에는 추기경에 서임되었으며, 1274년 제2차 리옹 공의회에 참석했다. 그러나 1275년 세상을 떠났다.

② 사상

보나벤투라의 사상은 모든 면에서 그리스도교적이었다. 그러나 그는 13세기에 많은 결실을 낸 그리스 문화, 아랍 문화, 히브리 문화의 결실들도 풍부하게 활용할 줄 알았다. 그러므로 그의 사상은 그리스도교적이고 아우구스티누스적이었지만, 동시에 아리스토텔레스주의와 플라톤주의도 간직하고 있다. 그러나 그의 사상에는 무엇보다 프란치스코적 신비주의라는 자신만의 고유한 신학적 특징이 담겨 있다. 그는 프란치스코의 열광적인 예찬자이자 헌신적인 제자이며, 그에 대한 탁월한 전기 작가였다. 이처럼 위대한 플라톤-아우구스티누스적 전통은 보나벤투라의 사상 안에서 프란치스코의 영성과 통합되어 드러나고 있다. 즉, 그러한 전통은 프란치스코의 신비적 체험을 통해 풍요롭게 재해석되어 소개되었다. 그는 프란치스코의 신비적 체험을 바탕으로 아우구스티누스적인 노선에서 삶의 구체적 실재, 창조 및 구속의 사실들과 신비들, 그리고 인간의 초자연적 운명을 조명하기에 적합한 신학적, 형이상학적 용어들을 제시했다. 그의 사상이 간직한 독창적인 특징은 다음과 같다. 범형주의, 그리스도 중심주의, 성경에 대한 사랑이다.

③ 신학: 그 탁월성과 구분

참된 하느님의 인식에 이르는 것은 형이상학을 통해서가 아니라 신학을 통해서이다. 그래서 보나벤투라는 오직 신학만이 완전한 학문이라고 보았다. 왜냐하면, 신학은 최초의 것, 만물의 원리로부터 출발해서 최종적인 것, 영원한 상급에 이르기 때문이다. 그런데 그에 따르면, 신학은 자신의 탁월함을 그 대상인 성경의 말씀에 빚지고 있다고 지적했다. 이 말씀은 그 넓이와 길이와 높이와 깊이에 있어 인간의 모든 말을 능가하기 때문이다. 보나벤투라는 신학이 근본적으로 성경에 관한 연구라고 보았다. 그리고 성경에 담긴 하느님의 말씀의 깊이를 헤아리기 위해, 전통적인 3가지 성경 해석 방법을 제시했다. 즉, 우의적 해석, 도덕적 해석, 신비 교육적 해석이 그것이다. 그는 자신의 작품 『여정』에서 신학이 상징적, 축자적, 신비적 형식으로 나뉜다고 말한다. 상징적 형식은 우리로 하여금 감각들을 올바로 사용하는 데로 인도하며, 축자적 형식은 지성적 인식으로 인도하고, 신비적 형식은 이성을 넘는 황홀경의 세계로 우리를 인도한다고 그는 지적했다.

그는 『명제집 주해』에서 신학의 질료, 형상, 목적, 그리고 그 저자가 누구인지 물었다. 그는 강의 표상을 통해 그 주제가 거대하며, 위격들의 발출을 통해 창조된 모든 세상 사물들의 산출로 나아가고, 육화된 말씀의 순환으로부터 성사적 은총들의 확산으로 나아간다고 말했다. 이렇듯 대단히 방대한 소재는 하나의 유일한 주제에 대해 세 가지 서로 다른 방식으로 그 기원이 된다고 그는 지적했다. 첫 번째의 경우, 모든 것이 그 원리로서 환원되는 주체는 하느님 자신이시다. 두 번째의 경우, 그 주체는 통전적 전체가 바로 그리스도이시다. 세 번째 보편적 전체의 경우, 믿을 만하다고 말할 수 있다. 신학의 형상 또는 형상인과 관련해서, 보나벤투라는 신학과 성경을 명료하게 구별했다. 성경은 믿을 수 있는 것을 믿을 수 있는 것으로 제시하지만, 신학은 믿을 수 있는 것을 그 가지성의 시각에서 제시하기 때문이다. 그는 신학이 믿을 수 있는 것을 이성의 논거들로 강화하며, 가지적인 것으로 만들기 위해 '정밀 조사'를 활용해야 한다고 보았다. 그러나 동일한 정밀 조사 방식이나 탐문 방식 또는 추론 방식은 세 가지 다른 부류의 사람들에 따라 구별되는 3가지 형식을 취하게 된다.

한편, 고유한 방법론적 자율성을 소유하는 신학은 성경에 대해 부분과 전체의 관계를 맺는 것이 아닌, 종속된 학문이 상급 학문과 맺는 그런 관계를 갖는다. 보나벤투라는 여기서 '종속 이론'을 제시했다. 그는 신학의 목적인 문제와 관련해서 그 일차적 목적이 관상인지 아니면 선인지, 따라서 사변적 학문들로 분류해야 하는지, 또는 실천적 학문들로 분류해야 하는지 물었다. 그는 신학이 주로 윤리적 목적성을 갖는다고 보았으며, 따라서 신학은 사변적이기보다 실천적 학문이라고 보았다. 그래서 신학은 지성에서 마무리되는 것이 아니라 애정으로 정향된다는 것이다. 보나벤투라는 신학의 사변적 목표가 '관상의 은총'이라고 보았다. 그러나 신학의 일차적 목표는 우리를 더 나은 사람으로 만들어주는 데 있다고 말한다. 실상, 신학은 '신앙에 봉사하는 인식'으로, 그것은 어디까지나 우리 안에서 하느님을 향한 애정을 촉발하기 위한 것이다. 보나벤투라는 신학의 형상인과 목적인에 대한 정의에서 신학에 강한 실천적, 정서적, 신비적 성향의 가치를 각인시켰다. 그리스도, 특히 십자가에 못 박히신 그리스도께 강하게 집중된 보나벤투라의 신학은 자연히 감동, 애정, 사랑을 유발한다. 한편, 신학의 능동인과 관련해서 그는 성경이 그 주된 창조자인 성령의 직접적 행위의 결실이지만, 신학의 경우는 그렇지 않다고 보았다. 보나벤투라에 따르면, 진정으로 신학적인 한 작품의 노작(勞作)에서 신적 행위자의 역할은 대단히 중요하다. 그는 각각의 전개 방법을 가르치는 것과 보여 주는 것을 시사적으로 대조했다.

보나벤투라는 본질적으로 신비가이고, 신학에 대해서도 신비적 개념을 지니고 있었다. 하느님의 사랑스런 포옹의 기쁨을 맛보기 위해 그분을 향해 날아가는 것은 그의 삶과 신학의 한결같은 목표였다. 그에게 있어서 신학은 믿는 지성의 훈련이었다. 아우구스티누스와 마찬가지로, 보나벤투라에게 있어서도 신플라톤주의와 그리스도교는 완전하게 성공적인 융합을 이룩했다. 그것은 플라톤과 신플라톤주의자들의 언어로 말하지만, 그리스도의 진리를 소리 높여 선포하는 하나의 찬란한 예술 작품이라고 할 수 있다.

④ 삼위일체론과 그리스도론

보나벤투라는 신학의 주제에 관해 말하는 가운데, 이를 하느님 자신과 동일시했다. 그는 신학이 제1원리를 철학자들의 방식으로 비인격적 원리로서 다루는 것이 아니라, 구원 역사에서 드러난 대로, 곧 삼위일체 하느님으로서 다룬다. 그는 삼위일체 하느님을 출발점으로 자신의 신학을, 아치형의 7가지 논거로 전개했다. 즉, 삼위일체 하느님, 창조된 세계, 죄의 타락, 말씀의 육화, 성령의 은총, 성사들의 치료약, 최후 심판이 그렇다. 무엇보다도 그는 범형주의의 원리에 따라 삼위일체를 만물의 원형, 최초의 모델, 최고 모델로서 탐구했다. 보나벤투라 식의 체계에서 우주 전체는 3박자로 이루어진 운율(내재, 하강, 귀환)을 지니고 있다. 그는 이 삼단 장치를 신앙의 유일한 토대이자 단일 원리로 삼았다. 하지만 이것은 이 신비의 위대함에 의해 정복되고 눈이 부시게 된 신앙이며, 또 이 신비를 신학 전체의 웅장하면서도 해석학적인 토대로 삼고, 그래서 우주 전체가 삼위일체적 열쇠로 읽히게 되는 그런 신앙을 말한다. 이런 전망에서 볼 때, 보나벤투라의 신학 전체는 웅장한 삼위일체적 명상이라고 할 수 있다.

보나벤투라는 11가지(생명, 감수성, 지성, 불사성, 권능, 정의, 선성, 비소멸성, 불변성, 비물체성, 참행복) 하느님 존재의 지극히 높은 품격에 관한 아우구스티누스의 유명한 구절을 인용했으며, 이 다수의 품격들은 영원성, 지혜, 참행복이라는 3가지 품격으로 환원되고, 이는 또다시 1가지, 즉 '지혜'로 환원된다고 말한다. 이 지혜 안에 '낳는 정신'(성부), '낳음을 받은 말씀'(성자), 그리고 사랑(성령)이 포함되고, 신앙이 가르치는 것처럼 그 안에 지극히 복되신 삼위일체가 성립된다고 보나벤투라는 설명했다. 또한 그는 신적 발출과 관련해서, 성자는 지성적 인식의 길을 따라 성부로부터 발출됨으로써 성자라고 불리며, 성령은 성부와 성자로부터 상호 사랑의 길을 통해 발출된다고 말했다. 성령은 동일한 사랑 행위이지만, 구별되는 두 위격으로부터 나오는 단일성을 표현한다. 성부와 성자의 상호 사랑의 결실인 성령은 두 위격의 결합의 매듭이다. 보나벤투라는 세 위격 간의 관계에 대한 설명을 위해 '상호 내재'(circumincessio)라는 용어를 신학에 도입한 첫 사람들 가운데 하나이다. 그는 삼위일체 안에서 세 위격의 역동적 단일성을 표현하기 위해 이를 사용했다. 한편, 신 존재 증명과 관련해서, 보나벤투라는 안셀무스의 유명한 존재론적 신 존재 증명을 자신의 것으로 삼았다. 더 나아가, 그는 이 논증 이외에도, 사물들의 10가지 측면들과 직접적으로 자명한 명제들에 기초해서 우주론적 논증의 10개 번안들을 제시했다. 그리고 행복에 대한 자연적인 바람에 기초한 논증들이라는 세 번째 증명도 제시했다. 한편, 그리스도론과 관련해서 보나벤투라는 그리스도의 모습을 규정하는 데 '말씀'(verbum), '모형'(exemplum), '중심'(medium)이라는 세 가지 개념을 특히 활용했다.

⑤ 인간학과 조명 이론

보나벤투라는 전통적인 관점에서 인간을 하느님의 모상(imago Dei)으로 제시했다. 그런데 하느님은 만물의 창조주이시므로, 우주에 존재하는 만물은 모두 그분을 닮았다고 그는 말한다. 그리고 이 선상에서 하느님을 닮을 수 있는 다양한 방식에 대해 지적했다. 본성의 공통성에 기초한 유사성, 보편적 본성에의 참여에 기초한 유사성, 관계의 상응에 기초한 비례성의 유사성, 원인과 결과 사이의 유사성, 질서 안에서의 유사성이 그렇다. 보나벤투라는 이 가운데 뒤의 3가지 형태의 유사성, 즉 비례성, 원인성, 모형성에 따른 유사성을 인간이 누린다고 보았다. 더 나아

가. 그는 인간이 다른 모든 피조물과 더불어 원인-결과 유형의 한정되지 않은 유사성, 즉 '흔적'이라는 이름으로 불리는 유사성을 공유한다고 지적했다. 그러나 인간은 자신의 내면적 구조가 삼위의 내면적 구조와 비교될 수 있는 한에서 더욱 뚜렷한 유사성을 누린다. 인간은 대단히 고상한 행위, 즉 인식의 견지에서 하느님을 표상한다. 실상, 그는 하느님을 지성체인 한에서, 그리고 기억, 지성, 의지를 통해 신적 위격들 사이에 있는 질서와 구별을 표상한다. 그는 이런 의미에서 인간이 참으로 하느님의 모상이라고 보았다. 그러나 보나벤투라는 인간 안에 각인된 이러한 하느님의 모상성은 인간의 내면적인 존재 구조의 자동적 결과는 아니라고 말했다. 이러한 모상성의 실현은 인간이 자신의 하느님과의 유사성을 깨닫고 거기에 적합한 방식으로 처신할 때, 즉, 그의 주의와 사랑을 하느님께로 향할 때 완전하게 획득된다.

보나벤투라는 인식론에서 아우구스티누스적인 전망을 따랐다. 즉, 그는 아리스토텔레스의 인식론 가운데 몇몇 요소를 받아들이면서도, 제1원리들과 영원한 진리들에 대한 인식의 기원을 설명할 때 아우구스티누스의 조명 이론을 자신의 것으로 삼아 설명했다. 이를 위해 그가 든 논거들은, 예컨대 제1원리들의 속성들, 확실성, 자명성, 객관성, 보편성, 절대적 가치 같은 속성들이다. '신적 조명'은 분명 모든 인식하는 존재 안에 새겨진 어떤 자연적인 인식 능력을 전제한다. 그러나 이 자연적 인식 능력은 불완전하다. 따라서 고등한 정신, 신적인 빛이 요구된다. 보나벤투라에 따르면, 신적인 빛의 존재는 개별 관념들에 대한 인식에서 뿐만 아니라 판단들을 형성하는 데에도 필요하다. 이 판단들은 오직 신적 조명의 현존과 더불어 발설될 때에만 확실성과 무류성을 획득할 수 있다. 그런데, 내면적으로 우리의 정신을 조명하는 빛은 하느님의 말씀이고, 좀 더 정확하게 말하면 그리스도이시다. 그분은 우리의 정신을 비춰주신다. 그분은 다른 누구에게도 포착되지 않는 대단히 명료한 관념들을 소유하고 계시다. 그분은 우리의 정신과 내밀하게 결합되며, 자신의 밝은 빛으로 우리 지성의 어두운 표상들을 찬연히 비춰주신다.

⑥ 마리아론과 영성 신학

보나벤투라는 마리아론 분야에서 가장 풍부하고 빛나는 위대한 스콜라 학자 가운데 한 사람으로 평가받는다. 그는 자신의 작품, 특히 여러 설교들을 통해 성모님의 신적 모성과 영적 모성, 여왕이신 성모님에 대해 다뤘다. 그는 영성 신학에서 그리스도를 닮음, 거룩한 위탁, 성모님을 닮음이라는 주제에 특별한 자리를 할애했다. 그 누구도 성모님보다 더 헌신적일 수 없고, 또 거룩한 동정녀의 중개적이고 모범적인 업적이 없이는 그 누구도 구원되거나 성화될 수 없다.

한편, 보나벤투라는 영성 신학의 역사에서 최상위의 자리를 차지한다. 그는 이 분야에 대한 박식하고 심층적이며 풍부하고도 완전한 논설을 위해서뿐만 아니라 온갖 형태의 지식과 행위를 관상의 최고 목적으로 겨냥하는 명료하고 지혜로운 목적화를 위해 자신만의 독특한 영적 상승의 여정을 제시했다. 특히 그는 자신의 『하느님께 이르는 정신의 여정』이라는 작품에서 인간 영혼이 하느님께 이르는 상승 과정 전체를 6단계로 나누어 개진하는 명제들을 구별했다. 신비적 상승의 여섯 단계에 상응하는 영적 활동의 여섯 현현들은 감각, 상상, 이성, 지성, 지성적 인식, 양지이다. 6일간의 오랜 상승의 노고가 '일곱째 날'의 휴식 속에서

위로를 받는 이 상승의 정상에는 신비적 관상이 있다.

이러한 상승의 여정은 다음과 같이 효과적으로 이루어진다. 우선 흔적을 통해서 그리고 그분에 의해 감각 세계 속에 새겨진 흔적들 안에서 하느님을 알아본 다음에 자기 자신 안에서 상상력을 통해서 이루어진다. 그리고 그분의 모상 안에서 그분을 좀더 잘 깨달은 다음에, 또한 우리 정신 위에서 빛나는 빛을 통해서 그리고 빛 안에서 어떤 신적인 것의 표현을 입수한다. 그리고 영혼은 최고의 원리이자 하느님과 인간의 중개자인 예수 그리스도의 본질 자체를 탐색하려는 열망으로 여섯 번째 단계에 도달한다. 이 도달은 경험적 실재 속에서는 만날 수 없고, 우리 지성의 역량을 넘어서는 진리 속에 몰두하고 싶어 한다.

하느님께 상승하기 위한 조건들은 정의, 명상, 기도 이렇게 3가지이다. 하느님께 상승하기를 원하는 사람은 본성을 어기는 죄를 피한 다음에, 자신의 모든 자연적 기관들을 훈련해야 한다. 보나벤투라는 깊이 명상하고 하느님과 자주 대화하며 열렬한 기도 가운데 훈련하지 않는다면, 그 누구도 관상에 이를 수 없다고 보았다. 또한, 그는 인간이 정화의 길, 조명의 길, 일치의 길 이렇게 3단계를 거쳐야 완덕이라는 최종 목표에 이를 수 있다고 가르쳤다. 그에 따르면, 각각의 길은 특별한 수단과 고유한 정신을 갖추고 있다. '정화의 길'은 죄를 피하고, 덕을 실천하며 그리스도의 수난을 자주 회상하는 것으로 특징 지어진다. '조명의 길'은 기도, 은사의 사용, 그리스도를 닮음, 성모님께 의탁함으로 특징 지어진다. '일치의 길'은 성체 성사적 삶, 관상 그리고 황홀경으로 특징 지어진다. 이 3가지 길은 점차 그 지평을 넓혀 가며 지식에서 지식으로, 이성적 앎에서 신학으로, 신비적 조명으로, 그리고 마침내 지복직관으로 넘어가는 정신의 수고스러운 수련을 의미한다.

4. 알베르투스 마뉴스

1) 생애와 작품

알베르투스는 1200-1206년에 스베비아의 라오잉겐에서 태어나 볼로냐 대학과 파도바 대학에서 자유학예, 철학, 의학을 공부했다. 1223년에 도미니코회에 입회해서 양성을 받고 서원을 한 그는 신학 공부를 위해 쾰른으로 떠났다. 그는 1228-1240년에 독일의 여러 수도원에서 신학 강사로 지냈다. 이어서 1240년 그는 파리로 가서 파리 대학에서 신학 학위 과정을 밟았다. 1240-1242년에 명제집 학사를 취득했으며, 1242-1248년에는 주임 교수 자격으로 2개의 도미니코좌 가운데 하나를 담당했다. 파리에서 8년간의 교수 활동은 알베르투스에게 큰 명성을 가져다 주었다. 1248년 도미니코회 총회에서 여러 관구 내에 수도원 학교 설립을 의결한 후, 쾰른에도 일반 학원이 설립되었으며, 알베르투스는 이 학원의 책임을 맡게 된다. 당시 그는 토마스를 데리고 쾰른에 가서 활동했다. 그는 쾰른 학원에 철학 강좌들을 도입했다. 그는 이를 통해 아리스토텔레스를 향해 라틴 세계의 문을 열어젖혔다. 알베르투스는 아리스토텔레스 유산의 절대적 가치를 주장한 최초의 인물 가운데 한 사람이다.

1254년 그는 4년 임기의 독일 관구장에 선임되어 활동했으며, 그 후 1260년까지 쾰른에서 가르쳤다. 그리고 당시 파리 대학에서 재속 사제 교수들과 탁발 수도회 소속 교수들 간의 논쟁이 격렬해지자, 총장의 부탁으로 로마의 알렉산더 4세 교황에게 가서 탁발 수도회의 송사를 변호했다. 이러한 그의 결정적인 개입으로 인해 송사는 탁발 수도회에 유리하게 해결되어 탁발 수도회 소속 교수들은 계속해서 교수 활동을 할 수 있었다. 로마 교황청에 머무는 동안, 교황은 그에게 인간의 개인적 불멸성과 관련된 아베로에스의 오류를 논박하도록 요청했다. 이에 그는 교황의 임석 하에 그에 대해 강연했으며 이를 위해 텍스트를 마련했다. 1260년 마침내 교황은 알베르투스를 주교에 임명했다. 그는 순명하는 마음으로 이를 받아들여 자신의 책임 아래 있는 교구를 사목했다. 그러나 당시 그 교구는 여러 가지 난제를 안고 있었고 무력을 사용해야만 하는 민감한 상황에서, 알베르투스는 1262년 스스로 주교직에서 물러났다. 그 후, 임종하기까지 18년간 알베르투스는 교육, 설교, 여행, 외교적 사명, 학문 탐구, 다양한 작품 집필 등 다방면에 걸쳐 왕성한 활동을 했다. 특히, 교황은 1263년 초 그에게 교황 사절로서 독어를 사용하는 모든 나라에서 십자군을 독려하는 설교를 할 책무를 맡겨, 이에 그는 독일을 비롯해 보헤미아와 오스트리아 등지를 돌며 자신의 직무를 수행했다. 1264년부터 1270년까지 그는 비스부르크와 슈트라스부르크에 있는 여러 수도원에서 지내며 작품들에 대한 출간을 비롯해 재판관, 중재자로서 다양한 활동을 펼쳤다. 그리고 1274년 제2차 리옹 공의회에 참석하기도 했다. 이어서 1277년에는 토마스에 대한 고발과 관련해서 그를 변론하기 위해 파리를 방문했다. 그는 1280년 세상을 떠났으며 1622년 그레고리오 15세 교황에 의해 시복되고 1931년 비오 11세에 의해 시성되면서 이와 동시에 교회 학자로 선포되었다.

알베르투스 마뉴스의 학문적 업적은 방대하며, 중세에 알려진 모든 지식의 영역을 두루 포괄하고 있다. 그의 학문적인 영역은 중세에서 필적할 만한 인물이 없을 정도로 가장 방대하다. 이는 성속(聖俗)을 막론하고 거의 학문 전체에 두루 걸쳐 있다. 그의 작품 전집에는 2가지 판본이 있는데, 첫 번째 판본은 도미니코 회원인 잠미(Jammy)에 의해 편집되었고, 대형판으로 21권(Lyon, 1651년)에 이른다. 두 번째 판본은 보르네(Borgnet) 아빠스에 의해 1890년부터 4절판 36권(Paris, Vives)에 이른다. 그의 작품 가운데 두드러진 작품은 다음과 같다. 『선의 본성에 관한 논설』, 『피조물대전』, 『명제집 주해』, 다양한 성경 주해서들, 『디오니시우스 전집 주해』, 아리스토텔레스의 대다수 작품에 대한 주해서들, 『신학대전』 등이 그러하다.

2) 인품

13세기는 문화의 전 영역에서 위대한 인물들이 쏟아져 나온 세기였다. 이 시기에 알베르투스 마뉴스는 사상가이자 저술가로서 성속(聖俗)을 막론하고 모든 탐구 영역에서 자신의 학문적 역량을 발휘함으로써 당시 학문 발전에 크게 기여했다. 그래서 교회는 그에게 '보편 박사'(Doctor Universalis)라는 칭호를 부여했다. 그는 생애 전체를 통틀어 수도자이자 박사이며 사도였다. 그의 영향은 배운 사람들뿐만 아니라 일반 대중에게까지 미쳤다. 14세기 중반의 어느 독일 역사가는 그를 일컬어 '독일의 바로'(Varro germanicus)라고 칭한 바 있다. 그는 독일의 바로, 아니 바로보다 더 박학다식했다. 그의 관심에서 벗어난 것은 아무것도 없었고, 그는 모든 것을 완전히 알고 있었기 때문이다. 그는 아리스토텔레스 이후, 자연에 관한 가장 진정한 학자로서, 변증법, 수학, 자연학, 기하학, 형이상학, 윤리학, 신학, 심지어 비의학(非醫學)에 이르기까지 대단한 정밀성과 명확성을 갖고 각 분야를 종합, 정리했다.

그는 그리스, 라틴, 아랍, 히브리, 이집트의 사상가들 안에서 탁월한 것이면 무엇이나 탐구한 라틴 세계 최초의 학자로 평가받는다. 그리고 아리스토텔레스와 에우클리데스, 롬바르두스를 비롯해 이와 비슷한 저자들의 모든 작품에 대해 주해한 라틴 세계 최초의 학자이기도 했다. 그는 아리스토텔레스가 핵심 원리를 제공한 과학적 작업 속에, 고대와 아랍의 스승들과 그 자신의 경험이 제공한 모든 것을 자신의 학문적 체계 안에 종합했다. 아리스토텔레스에 대한 깊은 이해와 고대 과학 전체를 수중에 둔 박학함이 알베르투스 마뉴스의 작품의 비범한 운명을 만들어 낸 원동력이었다. 그의 학문적 호기심에는 한계가 없었고, 그의 앎은 그토록 다양하고 보편적이어서, 그는 자신이 살던 세기의 거의 모든 이론적 조류들, 토마스주의, 신플라톤주의, 독일 신비주의, 학문적 운동 등의 출발점에 서 있었다.

3) 학문적 구상

알베르투스는 아리스토텔레스의 주해서들을 집필해서 소개함으로써 아리스토텔레스의 작품을 라틴 세계 사람들이 읽을 수 있도록 했다. 그는 아리스토텔레스를 라틴 세계에 복원하기 위해 고통스럽고 힘겨운 여정을 걸었다. 교회는 오랜 금령(禁令)을 통해 아리스토텔레스 사상의 유포를 간신히 막았지만, 결국 1250년경 5년이라는 짧은 기간 동안 그의 작품들이 라틴어로 번역되면서, 파리 대학에서는 그의 작품들에 대한 의무적인 이수 과목들이 만들어졌다. 1252년 '영국반'은 학사들의 수업 수강과 교수 자격 응시자들의 응시를 위한 필수 과목으로 아리스토텔레스 관련 과목들을 배정했다. 1255년에는 학예학부 전체가 아리스토텔레스의 작품들을 교과목에 편입했다.

그러나 보수주의적 성향을 띤 신학부 교수들(재속 사제들과 프란치스코 학파)은 갑자기 이루어진 아리스토텔레스에 대한 수용과 확산에 대해 반기를 들었다. 그들은 가톨릭 교의의 정식화에 아리스토텔레스의 심리학과 형이상학을 이용하는 것에 반대했다. 이에 대해 알베르투스는 『복된 디오니시우스 아레오파기타의 서간 주해』에서 그들에 대한 분개를 노골적으로 드러냈다. 그는 아리스토텔레스에 직면해서 취해야 할 올바른 태도는 맹목적인 거부가 아니라 거기에 담긴 오류들을 거르는 가운데 그의 사상을 그리스도교에 신중하게 동화(同化)시키는 일이라고 지적했다. 그는 이런 신념을 바탕으로 아리스토텔레스의 모든 작품들을 체계적으로 주해하면서 혼신을 다해 아리스토텔레스의 사상에 관한 연구와 그 정확한 해석에 매진했다. 그리고 구체적으로 다음 2가지를 실행에 옮겼다. 난해한 아리스토텔레스의 작품들을 라틴 세계의 독자들이 접근 가능하도록 주해하는 것, 그리스도교 신앙과 양립 가능한 아리스토텔레스의 사상에 대한 해석, 그리고 이를 신앙의 테두리 안으로 강제로 밀어넣지 않으면서도 효과적으로 실행에 옮기는 것이다.

그러나 알베르투스는 이 과정에서 전통을 고수한 신학자들뿐만 아니라 아베로에스주의를 표방한 철학자들에 맞서 싸워야 했으며, 아랍 사상의 위험과도 맞닥뜨려야 했다. 그는 아리스토텔레스와 성경 사이에 불화를 가중시키는 아베로에스의 해석들은 전혀 정당화될 수 없고 인위적이라는 것을 입증하려 했다. 또한, 아리스토텔레스의 형이상학 및 심리학의 근본 원리들이 그리스도교 철학자들에 의해 얼마든지 수용될 수 있다는 점을 보여 주었다. 그의 학문적인 입장은 보수주의 신학자들과 학예가들 사이의 중도적인 입장에 서 있었다. 그는 보수주의자들과 더불어 신앙이 이성을 지배한다는 점, 신학이 철학보다 우월하다는 점, 아우구스티누스는 신학 영역에서 마땅히 존중되어야 한다는 점 등을 주장했다. 이에 반해, 학예가들과 더불어서는 아리스토텔레스가 세속적 앎의 체계에 있어 가장 위대한 인물이라는 점, 철학은 자기 고유의 방법에 따라 작업되어야 한다는 점, 철학은 제대로 이해된 학문적 자율성의 이점들을 마땅히 누려야 한다는 점 등을 주장했다.

이처럼 알베르투스는 정통 교의를 유지하면서도 세속적 학문들의 구성 작업에 있어 개인적으로 긍정적이고 거대한 공헌을 했으며, 이로써 그리스도교적 학문의 온전한 발전을 결정적인 방식으로 이끌어냈다. 그는 그리스도교에게 지성적 해방을 단행하고 학문적 운동에 단호히 뛰어들어야 할 때가 도래했다는 점, 따라서 아리스토텔레스를 수용하고 라틴-그리스도교적 사상의 고유한 요구들에 따라 그를 동화시킬 필요가 있다는 점, 그리고 이교도적 학문의 오류와 일탈 등의 문제는 아리스토텔레스의 작품들을 금지하는 것보다는 성찰과 비판이라는 구조적인 노력을 통해 훨씬 더 효과적으로 극복할 수 있다는 점을 잘 알고 있었다. 그는 아리스토텔레스의 형이상학적 체계와 근본적인 철학적 가르침들을 결합시켰지만, 여기에 의미 있는 손질을 가했다. 특히 자연 신학과 심리학에서 어떤 때에는 아우구스티누스에게 호소하고, 어떤 때에는 보에티우스나 아비첸나, 마이모니데스에게 호소하며 필요한 가필을 했다. 그럼에도 불구하고, 전체적으로 보면, 알베르투스는 토마스의 사상에 비견될 만한 어떤 철학적 종합에 이르지는 못했다. 그의 작품 전체에는 아리스토텔레스의 영향이 지배적으로 드러난다. 그는 그리스와 아랍에서 유래되는 신플라톤주의적 관념들을 공감적으로 수용하면서도, 라틴 세계 신학의 전통적 가르침들에 대한 책임감을 느꼈다. 하지만, 이 모든 다양한 원천들은 아쉽게도 그에게서 충만하게 통합되지 못했다.

4) 하느님의 실존과 본질

그는 하느님의 존재와 그분의 속성들에 관한 문제를 『명제집 주해』, 『신학대전』에서 다뤘다. 우선, 그는 『명제집 주해』에서 하느님의 존재를 자명한 진리이자, 어떤 면에서는 모든 이에게 알려진 진리로 소개했다. 반면, 『신학대전』에서는 다음과 같은 일련의 길들을 통해 하느님의 존재에 대한 증명을 제시했다.

① 세상의 능동인을 통해 하느님께 도달한다.

② 제거의 길을 통해(per ablationem) 하느님을 비물체적이고 불변적인 존재로 규정한다.

③ 제1길을 다시 살피는 가운데 우주의 원인으로서의 하느님께 이른다.

④ 감각 성질에 비해 가지적인 것의 우위를 주장함으로써 하느님께 이른다.

⑤ 피조물들의 완전성들로부터 하느님의 존재를 추론한다.

⑥ 아리스토텔레스의 운동의 길을 통해 하느님의 존재에 이른다.

⑦ 존재와 존재하는 것 사이의 실재적 합성에 기초해서 하느님의 존재에 이른다.

알베르투스는 하느님에 관해 말하기 위해 상징과 유비의 언어에 호소했다. 그는 아리스토텔레스의 형이상학적 요구들과 디오니시우스의 신플라톤주의의 요구들을 결합시키려고 노력했다. 한편, 그는 하느님에 대한 자연적이고 형이상학적인 인식의 정향 속에서 새로운 변화를 도입했다. 하느님의 속성들에 대한 규정과 관련해서, 알베르투스는 하느님이 하나이시고 진실하며 선하시다는 점을 확립했다. 그분이 하나이신 까닭은 필연적인 존재가 오로지 하나밖에 있을 수 없기 때문이다. 또한, 그는 하느님을 최고선으로 보았다. 왜냐하면, 피조물의 모든 선성은 최고의 보편적인 원인이시기 때문이다. 그리고 이 선상에서 하느님을 만물의 능동인이자 최고 지성으로 제시했다.

5) 교회론과 마리아론

알베르투스는 교의 신학의 다양한 분야의 발전에 기여했다. 우선, 교회론과 관련해서, 그는 '교회'라는 주제에 대한 조직적 논술을 제시하지는 못했다. 그는 이 주제를 성사, 그리스도, 완전성의 단계들 등과 연관해서 간헐적으로 탐구했다. 하지만, 그는 '그리스도의 몸'으로서의 교회에 관한 상당히 발전된 개념을 발전시켰다. 또한, 그는 위계적 사회이자 구원의 제도로서의 교회에 대한 성찰, 교황의 품위에 관한 성찰도 제시했다. 그에 따르면, 교황은 교회에 통일성과 일치를 보장하기 위한 충만한 권한을 소유한다. 그는 '베드로좌'의 무결점성에 대해 언급하기도 했다. 또한, 그는 교황 베드로를 교회로부터 분리시키지 않았다. 알베르투스는 베드로가 교회의 인격 안에서 주님이 허락하신 권능들을 받았다고 말한다.

한편, 알베르투스는 마리아론과 관련해서 깊은 성찰을 제시했다. 그는 다른 어느 박사들보다도 자주 성모님에 대한 찬가를 지어 봉헌했다. 이 찬가들은 『마리알레 혹은 수페르 미수스』에 담겼다. 여기서 그는 스콜라학의 방법론을 통해 마리아론과 관련된 230개의 문제들을 심도 있게 다뤘다. 특히, 그는 여기서 교회의 신심과 교리가 성모님에게 부여한 수많은 칭호들을 다루며, 성모님이 받은 특전들을 성찰했다. 또한, 그는 성모님이 누리는 자연적, 초자연적 은총 선물들, 대신덕과 사추덕, 주입된 지식과 획득된 지식, 성령의 선물들 등을 어느 하나 소홀함 없이 세심하게 검토했다. 알베르투스는 그리스도론으로부터 분리된 자주적인 마리아론의 주창자이다.

6) 영성 신학

알베르투스는 위 디오니시우스의 『신비 신학』에 대한 주해를 통해 신비 신학의 기초를 마련했다. 그는 영성 생활에서 그리스도교적 완덕을 구성하는 '참사랑'(caritas)에 우위를 돌렸다. 그에 따르면, 모든 그리스도인은 참사랑을 통해 완덕에 나아가야 할 의무를 갖는다. 그는 관상에 관한 가르침에서 토마스가 제시하게 될 몇 가지 입장들을 예고했다. 그는 지성과 지혜라는 2가지 선물이 어떻게 신앙을 완성하는지 분석한 첫 번째 인물이며, 이 2가지 선물 안에서 관상에서 하느님의 개입을 위한 수단을 지적한 첫 번째 사람이기도 하다. 또한, 그는 신비적 관상의 매개적 특성에 대해 지적했다. 그에게 있어서 신학은 신심에 이르기 위한 학문이다. 따라서 그것은 마음속에 정화의 불꽃이 피어나게 하는 정서적 학문이기도 하다. 그래서 그는 신학의 목적이 정신으로, 애정으로,

그리고 실체와 더불어 하느님이 우리를 복된 사람들로 만드는 목적 자체인 한에서, 영예를 받으시는 분께 이르게 하는 것으로 보았다. 요컨대, 알베르투스에게 있어서 영성 신학, 신비 신학은 신학 가운데 하나가 아니라 신학의 정수(精髓)이다.

7) 알베르투스 학파

알베르투스는 중세 중기를 비롯해 그 이후에 대단한 영향을 미쳤다. 시제 브라방 같은 경우, 그는 『지성적 영혼』에서 알베르투스와 토마스를 "철학에서 저명한 사람들"이라 언급한 바 있다. 그의 제자인 울리히 폰 슈트라스부르크는 그를 일컬어 "우리 시대의 경이와 기적"이라고 불렀으며, 14세기에는 그를 "알베르투스 마뉴스(大)"라고 부르기 시작했다. 그의 가르침과 작품은 도미니코회의 역사에서나 과학 영역에서, 철학과 신학 영역에서 지속적으로 영향을 미쳤다. 아리스토텔레스의 과학적 우주에 관한 알베르투스의 노작(勞作)은 그의 애제자인 울리히 폰 슈트라스부르크에 의해 다소 자유로운 형식으로 수용되었다. 또한, 조반니 디 노바 도모와 에머리히 폰 캄포 등 초창기 알베르투스주의자들은 그 용어들을 고정하고 체계적인 질서를 유지하며, 대학 교육에서 자신의 형이상학을 관통하게 만드는 데 기여했다. 그의 사상은 18세기까지도 쾰른과 크라코프에서 강하게 영향을 미쳤다.

5. 토마스 아퀴나스

토마스는 아리스토텔레스에 대한 확신에 찬 옹호자일 뿐만 아니라 그리스도교 신앙의 새로운 토착화를 완성한 창안자이자 신앙과 문화 사이의 새로운 종합을 이룩한 창조자로 평가받는다. 1252년 토마스가 파리 대학에서 신학 교수 활동을 시작하던 해에, 「아리스토텔레스 전집」이 출간되면서 학예학부를 중심으로 보급되고 5년이 흐르는 동안 그의 모든 작품들이 교육과 시험에 있어서 의무 과목들로 정착했다. 토마스는 「아리스토텔레스 전집」을 충만히 동화시키고 마음껏 사용하던 아랍 세계와 유다 세계의 문화유산 전체에 대해 그 가치를 높이 평가할 줄 알았다. 그는 아리스토텔레스를 그리스도교 철학과 신학 속으로 결정적으로 들어오게 만든 상본인이었다. 그가 이룩한 신학석 종합은 그리스노교 신앙과 아리스토텔레스의 철학적 언어와의 행복한 동거를 훨씬 뛰어넘었다. 실상, 아리스토텔레스의 유산 전체는 토마스를 통해 새로운 존재 개념에 비추어 독창적인 방식으로 다시 숙고되었다. 그것은 하느님, 인간, 그리스도, 은총, 성사 등 실재 전체를 엄격하게 존재론적인 열쇠로 새롭게 바라보는 사고방식이었다.

이미 13세기 말부터 도미니코회는 토마스를 수도회의 가장 대표적인 신학자로 인정했다. 이때부터 도미니코 학파는 '토마스 학파'와 동일시되었다. 하지만, 이 학파는 트리엔트 공의회에 이르기까지 여러 학파들 가운데 하나로 취급되었다. 따라서 그동안 토마스 학파의 위상은 스코투스 학파, 오캄 학파, 아우구스티누스 학파 등과 대등했다. 오직 가톨릭 교리를 지지하기 위해 아우구스티누스의 권위 외에 토마스에게도 권위를 호소한 트리엔트 공의회에 이르러서야 비로소 토마스의 이름은 도미니코회 밖에서도 그 권위를 인정받기 시작했다.

그 후, 토마스의 위상은 19세기 후반에 이르러 레오 13세 교황의 유명한 회칙 「영원하신 아버지」에 의해 다시 한 번 강화되었다. 이 회칙은 토마스의 이론을 모든 신학교와 가톨릭 대학교에서 의무적으로 가르치도록 의무화 했다. 레오 13세의 자극 아래 '신토마스주의'라는 거대한 규모의 문화 운동이 출범했다. 이로 인해 19세기 후반부터 20세기 중반까지 수많은 신토마스주의자들에 의해 가톨릭 교회의 신학적 쇄신이 이루어졌다. 그런데, 신토마스주의는 토마스의 신학 사상에는 비교적 관심을 덜 기울였다. 그것은 그의 신학적 가치가 이미 보편적으로 인정되어서 가톨릭 신학은 토마스 신학이라는 명백한 등식이 통용되었기 때문이다.

1) 생애와 작품

토마스는 1224-1225년에 이탈리아의 로카세카의 아퀴노 백작의 성에서 태어났다. 그의 부모는 나폴리의 귀족 가문 출신이자 신성 로마 제국의 프리드리히 2세 황제와 먼 친척이었다. 9남매 중에 막내로 태어난 토마스는 당시 관행에 따라 성직의 길을 가야 했다. 그래서 그의 부모는 토마스가 5살이던 때에 그를 몬테카시노 수도원에 데려가서 '수도 봉헌자'로 그곳 수사들에게 맡겼다. 토마스는 그곳에서 1239년까지 살며 수도자로 양육되었다. 그러나 그해에 프리드리히 2세와 교황 간에 전쟁이 있었고, 황제군의 공격으로 인해 토마스를 비롯해 그곳 수사들은 몬테카시노를 떠나야 했다. 당시 토마스는 아빠스와 아버지의 권고에 따라 나폴리 대학에서 3학4과를 공부했다. 거기서 그는 처음으로 논리학과 아리스토텔레스의 철학에 대해 직접 배울 기회를 얻었다. 그는 이곳에서 "설교와 교육을 통한 영혼들의 구원"이라는 모토 아래 새로 설립된 도미니코회의 이상에 매료되어 그 수도회에 입회하기로 결심하게 된다. 결국, 토마스는 1244년 4월 도미니코회에 입회했다. 그러나 어머니를 비롯한 그의 형제들은 그가 갓 설립된 아무 볼품없던 도미니코회에 입회한 것에 대해 상당히 불만스러워했다. 그래서 무슨 수를 써서든 그를 그 수도회에서 빼내려 했고, 이에 그의 장상들은 그를 가족들의 압력으로부터 벗어나게 하기 위해 파리로 보냈다. 그러나 이를 안 그의 가족은 그가 동료 수사들과 파리로 가는 여행길에 급습해서 그를 납치하여 로카세카의 어머니 집에 1년을 감금시켰다. 그러나 그의 수도 성소에는 전혀 흔들림이 없었다.

결국 1245년 그는 풀려나 장상의 결정대로 파리로 가게 된다. 토마스는 당시 그곳의 교수였던 알베르투스의 지도 아래 신학 공부를 시작했다. 그리고 그로부터 3년 뒤, 알베르투스는 쾰른에 새로운 학원을 개설하러 가는 길에 토마스를 데려갔다. 토마스는 그곳에서 계속 신학 공부에 전념해서 '성경 학사 과정'을 마쳤다. 더욱이, 당시 그는 알베르투스를 통해 「아리스토텔레스 전집」을 접했으며, 그에 대한 아랍인 주해자들, 특히 아비첸나를 접할 수 있었다. 더욱이 당시 알베르투스가 주해하던 「디오니시우스 전집」도 공부했다.

1252년에 토마스는 사제품을 받고 다시 파리로 파견되어 '명제집 학사'와 '신학 교수' 같은 상급 학위 과정을 밟았다. 그리고 이 과정에서 『명제집 주해』를 집필했다. 1255년 토마스는 보나벤투라와 함께 대학의 신학 강좌 배정을 둘러싼 분쟁에 휘말리고 말았다. 이 문제에 대한 판결은 로마 교황청에서 이루어졌는데, 알베르투스의 변론 덕분에 탁발 수도회원들의 승리로 돌아갔다. 그 후, 토마스는 파리 대학 신학부에서 도미니코회에 맡겨진 2개 강좌 가운데 한 강좌의 주임 교수로 임명되어 활동했다. 1259년 토마스는 나폴리 수도원이 속해 있는 로마 관구로 돌아가 거기서 관구의 다양한 소임을 맡아 일했다. 그리고 이와 동시에 1259-1261년에 1년 반 동안 『대이교도대전』을 집필했다. 1261년 9월 14일에 있었던 관구 총회는 그를 오르비에토 수도원의 강사로 임명했다. 같은 해에 우르바노 4세 교황은 교황좌에 올라 자신의 새로운 거처를 오르비에토로 정하고, 4년간의 재위 기간 내내 그곳에서 보냈다. 이로 인해 우르바노 4세와 토마스 사이에는 열렬한 우정이 피어났다. 토마스는 우르바노 4세의 충실한 협력자로 교황을 동반했으며, 교황은 토마스의 학문 작업에 필요하거나 유익할 수 있는 것은 모두 다 조치했다.

또한, 토마스는 오르비에토에서 그리스어에 능통한 자신의 수도회 동료 회원인 굴리엘모 뫼르베케를 만나는 행운도 누렸다. 그는 뫼르베케에게 아리스토텔레스의 작품들에 대한 새로운 라틴어 번역을 서두르도록 부탁했고, 이렇게 해서 준비된 아리스토텔레스의 작품들에 대한 주해 작업을 할 수 있었다. 또한 그는 뫼르베케를 비롯해 여러 동료 수사들에게 아직 라틴어로 번역되지 않은 그리스 교부들의 주요 작품들을 번역하게 함으로써 라틴 세계 신학자들에게 접근 가능한 교부들의 원천을 더욱 풍요롭게 만들도록 청했다. 토마스는 이런 과정을 거쳐 마련된 원천 자료들을 자신의 『신학대전』 작업에 널리 활용했다. 한편, 토마스는 오르비에토에서 우르바노 4세의 요청에 따라 다양한 작품을 집필했다. 『4복음 연속 주해 혹은 황금 사슬』, 『그리스인들의 오류 논박』은 교황의 요청에 따라 만든 작품이다.

1265년 토마스는 로마에 '학원'(Studium)을 개설할 책임을 지고 파견되었다. 당시 그는 학원을 운영하며 『명제집 주해』 제1권을 교정했으며, 『신학대전』 제1부를 본격적으로 집필하기 시작했다. 1267년 6월 볼로냐에서 개최된 도미니코회 총회의 결정에 따라, 토마스는 새로운 교황 클레멘스 4세가 머물던 비테르보로 파견되었다. 토마스는 거기서 1268년까지 머물며 수도원 강사로 활동했다. 이 기간에, 아리스토텔레스에 대한 금령이 다시 내려졌다. 하지만 파리에서는 아리스토텔레스의 사상이 열렬한 환영을 받아, 그의 모든 작품이 학예학부에서 필수 이수 과목들로 선정되었다. 이와 더불어 아리스토텔레스의 탁월한 주해자인 아베로에스의 사상도 도착했다. 당시 시제 브라방의 활약 덕분에 학예학부에서는 아리스토텔레스의 가르침들에 대한 아베로에스의 번안들이 인기를 구가했다. 그러나 아리스토텔레스에 대해 반감을 가졌던 프란치스코회 회원들과 아우구스티누스주의자들은 다시금 아리스토텔레스의 사상을 파리 대학에서 몰아낼 것을 주장했다. 이로 인해 1269년 파리의 도미니코회 학원에서는 토마스를 다시 불러 그에게 신학 강좌뿐만 아니라 아리스토텔레스 관련 송사를 변호할 책임을 맡기게 된다. 이로 인해 그는 파리로 파견되어 두 개의 전선에 맞서 싸워야 했다. 한편으로는 아리스토텔레스를 이교도라고 비난하던 전통 신학자들에 맞서 싸워야 했으며, 다른 한편으로는 아리스토텔레스의 사상에 대해 그리스도교의 몇몇 진리들과 양립될 수 없는 해석들조차 마다하지 않던 아베로에스주의자들에 맞서 싸워야 했다. 토마스는 두 번째로 파리에 체류하던 이 4년 동안 뫼르베케의 보다 신뢰할 수 있는 번역본들에 기초해서 아리스토텔레스의 모든 작품에 대한 주해서들을 처음부터 끝까지 다시 작업했다. 토마스는 자신의 심층적인 주해서들을 통해 아리스토텔레스에 대한 방대한 주석적 지침을 제공했다. 그는 이를 통해 학예학부의 교수들이 아리스토텔레스의 사상을 보다 잘 활용하고, 더 나아가 신앙의 진리와도 조화를 이루는 방식으로 아리스토텔레스의 철학을 이해할 수 있게 했다. 토마스는 자신의 스승인 알베르투스의 모범을 따라 아리스토텔레스의 의도를 해명하고 그의 작품들을 주석하는 가운데, 아리스토텔레스의 사상과 그리스도교 사이에 치유될 수 없는 대립이란 없다는 것, 그리고 그의 사상을 통째로 단죄하기보다는 교회와 신학을 위해 대화하는 것이 훨씬 더 낫다는 것을 보여 주었다.

1272년 여름 토마스는 파리 대학에서 맡았던 자신의 소임을 마쳤다. 그의 후임자로 로마 오르시니 가문의 로마노가 임명됨에 따라, 그는 파리를 떠나 이태리로 돌아왔다. 거기서 그는 장상들의 명에 따라 나폴리 대학에서의 신학 교육을 재정비했으며, 몇몇 강좌를 맡아 1274년 1월까지 강의를 했다. 1273년 12월의 어느 날, 그는 미사를 봉헌하면서 환시를 체험하게 된다. 이를 통해 그는 그간 자신이 쓴 것들이 모두 지푸라기에 지나지 않는다는 것을 깨달았다. 그 후로 그는 더 이상 작품을 쓰지 않았다. 이로 인해 그의 2가지 주요 작품, 즉 『신학대전』과 『신학요강』은 미완으로 남고 말았다. 역시 그해 1월 토마스는 그레고리오 10세 교황의 명을 받고 제2차 리옹 공의회에 참석하기 위해 길을 떠났다. 그러나 포사노바 근처를 지나는 길에 나뭇가지에 걸려 낙마해서 크게 다치는 사고를 당하고 말았다. 당시 그는 인근의 유명한 시토 수도원으로 옮겨져 치료를 받았다. 하지만 회복되지 못하고 몇 주만인 1274년 세상을 떠나고 말았다. 그 후, 토마스는 1323년 요한 22세 교황에 의해 성인으로 선포되었고 '천사적 박사'라는 칭호를 받았으며 최근에는 '보편적 박사'라는 칭호도 받았다.

그가 남긴 작품은 크게 6가지 종류로 나뉜다. 성경 주해서들, 아리스토텔레스 주해서들, 체계적인 작품들, 진본 소품들, 다양한 작품들, 그 밖에 다른 주해서들. 여기서 수백권이나 되는 그의 작품을 일일이 열거할 수는 없고, 그 가운데 주요 대작은 다음과 같다. 『명제집 주해』, 『대이교도대전』, 『신학대전』, 『토론문제집』, 『자유토론문제집』, 『신학요강』 등이 그러하다.

2) 인식 이론

토마스는 자신의 여러 주요 작품에서 인식론에 관한 다양한 논거들을 제시했으며, 그에 대한 새로운 해결책을 제시했다. 이 해결책을 떠받치는 토대는 실재주의, 감각적 경험의 중요성, 신앙과 이성 간의 조화라고 말했다.

① 인식의 정의: 토마스는 앎이 무엇인지 규정하기 위해 다양한 정식에 호소했다. 그는 "인식 대상이 인식 주체 안에 있을 때 인식이 성립된다"(ST I, q.12, a.4)고 보았다. 또한, 그는 인식 대상이 어떻게 인식자 안에 있는지도 규정했다. 그것은 '동화'(assimilatio)의 방식을 통해 그렇게 된다고 보았다. 그리고 이 선상에서 그는 동화가 인식 대상의 어떤 상(imago)이 인식자 안에 형성되는 결과를 낳는다고 말한다.

② 인식의 구분: 토마스는 인식을 감각적 인식과 지성적 인식으로 구분했다. 그리고 감각적 인식을 다시 다음과 같이 2개로 나눴다. 외부

감각들(오감)의 인식, 내면 감각들(공통 감각, 기억, 상상, 감각 평가력 또는 본능)의 인식. 여기서 토마스는 내면 감각과 지성 사이에 '감각적 평가력'이라는 또 다른 기관을 도입했다. 이는 보편적 개념과 특수한 영상들을 접합시키는 기능을 담당한다. 토마스는 인간의 지성에 추상, 판단, 추론이라는 3가지 주요 활동을 귀속시켰다. 그는 아우구스티누스의 조명 이론을 배격하고 아리스토텔레스의 추상 이론을 받아들였다. 이에 따라, 그는 능동 지성과 수동 지성이라는 이중 지성 이론도 받아들였다. 그는 능동 지성의 다수성을 옹호했으며, 이에 따라 각각의 인격이 능동 지성과 수동 지성을 모두 지니고 있다고 보았다.

③ 인식의 가치: 토마스는 『진리론』, 『명제집 주해』, 『형이상학』에서 인식의 가치 문제를 집중적으로 탐구했다. 그는 이를 통해 인간의 인식이 사물들의 실재에 본질적으로 충실한 어떤 표상을 보여 주는 기능을 수행하기 때문에 가치를 지닌다는 점을 입증했다. 즉, 인식은 그것이 전해 주는 사물들의 표상이 진실되기 때문에 가치가 있다고 보았다. 토마스는 인간 지성이 오류에 노출되어 있고, 실제로 종종 오류에 떨어진다고 지적했다. 이런 일탈의 근거로 그는 인식 대상의 복잡성, 지성 활동 속에 정념이 급하게 끼어들거나 침투하는 것을 꼽았다.

④ 인식의 대상: 토마스는 인식의 대상을 2가지로 구분했다. 감각적 인식의 대상인 '개별 물체적 사물들'과 지성적 인식의 대상인 '보편적 본질들'이 그것이다. 또한, 지성적 인식에서는 2가지 대상을 구별했다. 우선, 물질적 사물들의 본질들인 '고유한 대상'이 있다. 사물들의 본질들

에 대한 인식은 '감각적 소여들'로부터 추상작용을 통해 도달하게 된다. 그것이 고유한 대상인 것은 인간의 타고난 인식 능력과 완전히 일치하기 때문이다. 그다음으로 '적절한 대상'이 있는데, 그것은 모든 연장, 응축 안에 있는 존재를 말한다. 토마스의 종적 전망에서 보면, 그것은 '농축된 존재', '모든 현실들의 현실성'을 말한다. 토마스는 오직 농축된 존재만이 그 무한한 완전성과 현실성과 더불어 그것을 현실화시키면서 지성의 무한한 개방성을 채울 수 있다고 보았다. 농축된 존재는 그 충만한 실현 속에 있는 '자립적 존재 자체'와 일치되므로, 오로지 하느님만이 인간 지성의 진리의 자리를 충만히 채울 수 있다. 그래서 토마스는 인간이 얼굴을 맞대고 인식하며 그분을 심미적으로 관상할 때, 참행복의 완전성에 도달하게 된다고 결론지었다.

결론적으로, 토마스는 인간 이성이 자연히 진리를 인식할 수 있고, 모든 진리를 인식할 수 있다고 말한다. 하지만, 인간 지성은 자신의 길에서 수많은 난관에 봉착한다. 정념들, 성급함, 특수 관심사, 환상 자체, 대상의 복잡성과 숭고함 등은 모두 진리에 도달하는 데 장애가 될 수 있다. 토마스에 따르면, 하느님에 관한 한 이성은 그분이 존재한다는 것과 그분이 특정 속성들(유일성, 단순성, 지혜, 전능, 선성 등)을 지니고 있음을 잘 알 수 있다. 하지만, 실상 하느님을 둘러싼 깊은 인식은 오로지 예외적인 소수의 정신들만이 획득할 수 있다.

3) 존재 형이상학

① 형이상학의 독창성과 정의: 전통적으로 역사가들과 토마스의 작품에 대한 주석가들은 토마스의 형이상학과 아리스토텔레스의 형이상

학을 늘 동일시해왔다. 이로 인해 토마스의 독창성과 위대함을 놓쳐온 것도 사실이다. 토마스는 자신의 작품 『존재자와 본질』에서 형이상학적 주제들을 다룬 바 있다. 그러나 그는 거기서 본질과 존재 사이의 관계 문제만 제기했을 뿐이다. 그는 자신의 형이상학을 구성하는 방대한 주제들을 다양한 작품을 통해 곳곳에서 자연스럽게 제시했다. 토마스는 아리스토텔레스처럼 형이상학을 다음과 같이 정의했다. "형이상학은 존재자와 그것을 필수적으로 수반하는 것들을 연구한다." 그러나 이는 형식적인 정의에 있어서 일치할 뿐, 그 토대와 내용에 있어서는 다양한 차이를 보인다.

② 형이상학의 대상: 우선, 형이상학의 질료적 대상은 두 사람 모두에게 '존재자'(ens)이다. 그리고 그 형상적 대상도 "존재자인 한에서의 존재자"이다. 그러나 아리스토텔레스에게 있어서 "존재자인 한에서의 존재자"를 구성하는 것은 '실체'(substantia)이다. 반면, 토마스에게 있어서 존재자를 구성하는 것은 '존재'(esse)이다. 즉, 그는 존재자를 존재에 참여하는 것으로 보았다. 토마스는 '존재'를 두 가지 개념으로 보았다. 하나는 일반적인 개념이고, 다른 하나는 농축된 개념이다. 첫 번째 것은 '공통 존재'라 불리며, 이는 모든 개념들 가운데 가장 외연이 넓다. 하지만 그 내용은 가장 빈약하다. 두 번째 것은 '절대적 존재' 또는 '신적 존재'라 불리며, 이는 그 내용이 대단히 풍부하다. 왜냐하면 모든 완전성들을 다 포용하기 때문이다. 토마스는 자신의 형이상학에서 '존재'를 강조했다. 존재 밖에서는 무(無)밖에 발견될 수 없기 때문이다. 이렇게 해서 그는 새로운 존재 개념에 도달했다. 이는 무한히 더 풍부한 개념으로, 절대적

인 존재 개념이다. 이렇게 그는 그것을 자기 형이상학의 대상으로 삼았으며, 그의 형이상학은 탁월한 존재 형이상학이 된다.

한편, 토마스에게 있어서 형이상학은 존재자의 존재에 관한 탐구이다. 그러나 그가 말하는 존재는 배타적인 방식으로 모든 것 가운데 가장 완전한 것이자 "모든 실재와 모든 완전성이 그것으로부터 방출되고 그것 안에서 완성되는 원천"으로 이해된다. 그러므로 토마스는 존재자의 존재를 형상적 대상으로 보았다. 반면, 하느님은 형이상학 속에 형상적 대상이 아닌 도달점으로 들어간다. 결론적으로, 토마스의 형이상학적 개념에서 볼 때 형이상학의 대상은 존재이다. 하지만, 존재를 포착하기 위해서는 존재자를 통과해야 한다. 여기서 말하는 존재자는 추상적으로 이해된 존재자가 아니라 우리 경험의 일부를 이루는 존재자, 즉 유한하고 참여적이며 우연한 것들로 드러나는 존재자이다.

③ 형이상학의 방법(해소-합성): 토마스는 보에티우스의 『삼위일체론』에 관한 주해서에서 형이상학의 방법에 관해 명시적으로 다뤘다. 그는 거기에서 2가지 방법, 즉 해소의 방법과 합성적 방법을 구별했다. 첫 번째 방법인 해소의 방법은 '상승의 길'로서, 특수한 사건들로부터 보편적인 원인들로, 혹은 덜 보편적인 원인들로부터 더욱 보편적인 원인들로 올라간다. 이렇게 해서 결과들을 원인으로, 참여자를 참여 대상으로, 우연자를 절대자로 '해소하는' 것이다. 두 번째 방법인 합성의 방법은 '하강의 길'이다. 이 두 가지 방법 가운데 첫 번째인 '해소의 방법'이 형이상학에 더 적합하다. 두 번째 것은 신학에 고유한 방법이다. 그러나 형이상학 자체에서, '해소'를 실행한 다음에 '합성'도 활용할 수 있다. 이를

'재합성'이라고 부른다. 이처럼 토마스는 형이상학의 고유 방법을 '해소적-합성적 방법'으로 불렀는데, 여기에는 형이상학의 정의, 구분, 비교, 유비, 은유, 적합성 논증과 같은 전개 과정에 대한 활용도 포함된다.

④ 형이상학의 원리들: 토마스는 형이상학적 탐구의 기초에 '동일성의 원리'와 '비모순의 원리'를 두었다. 그러나 이 두 원리들은 해소의 방법을 활용하는 형이상학에 있어서 충분하지 못하다. 토마스는 인과 원리를 제1원리, 곧 최초의 자명성의 원리로 간주했다. 인과성과 긴밀히 연결된 또 다른 원리로 형이상학에서 핵심적 역할을 하는 다른 두 원리가 있다. 이는 '참여의 원리'와 '유사성의 원리'를 말한다. 참여(participatioi)의 원리는, 참여를 통하여 존재하는 모든 것이 필연적으로 어떤 원인에 의해 비롯된 것이라고 말해 준다. 반면, 유사성(similitudo)의 원리는, 원인이 자기 자신의 어떤 것을 결과에 전해 주기 때문에, 자기 자신과 그 결과 사이에 특정한 유사성을 설정하지 않을 수 없다고 말해 준다.

⑤ 결론: 지금까지의 고찰을 통해, 우리는 토마스의 형이상학을 '존재 형이상학'으로 규정할 수 있다. 이는 본질적으로 새로운 형이상학이다. 왜냐하면, 그가 바라본 존재 개념은 새로운 것이기 때문이다. 토마스의 형이상학적 건물의 3분의 2는 아리스토텔레스로부터 유래하며(형이상학, 대상, 원리, 방법, 현실태와 가능태, 4가지 원인, 범주 등), 3분의 1은 플라톤으로부터 유래한다(참여와 유사성의 원리 등). 그러나 토마스는 이 두 철학자의 옛 소재들을 자신의 독창적인 '존재 형이상학'(이는 플라톤의 이데아 형이상학, 아리스토텔레스의 실체 형이상학과는 분명히 구별된다)에 적용

함으로써 완전히 새롭게 활용했다. 그의 형이상학은 객관적 현상들에 대한 탐구로부터 움직이고, 또 다른 모든 진정한 과학적 탐구들처럼 무엇보다 해소적(귀납적) 전개법을 따르는 모든 이들에게 접근 가능한 사변적 탐구이다. 그것은 그 모든 실재를 존재에 빚지고 있는 존재자로 이해된 실재에 대한 심층적인 해석학을 실현하는 탐구를 말한다. 또한, 그것은 배타적으로 존재의 지평 위에서 움직이는, 전형적인 존재론적 탐구이다.

4) 성경 주해

토마스는 탁월한 성경 주석가이기도 했다. 그는 모든 시대에 걸쳐 가장 위대한 주석가들의 반열에 들 정도로 '전문가로서'(ex professo) 그 자체로, 그리고 탁월한 방식으로 성경을 주석했다. 그는 학사 자격으로 2년간 성경 '강독'을 하면서 자신의 학문 활동을 시작했다. 그 후, 1252년 신학 교수가 되어 자신의 공식적인 수업을 성경 주석과 더불어 이어 갔다. 성경 주석가로서 그의 위상은 아리스토텔레스의 주석가로서의 위상만큼이나 보편적으로 받아들여졌다. 그의 성경 주석 작업에서는 성경 본문에 대한 충실함과 사상의 심원함, 깊이 꿰뚫는 통찰과 정교함 등이 잘 드러나고 있다. 데니플레(H. Denifle)는 토마스가 중세의 다른 어떤 주석가보다 더 핵심을 꿰뚫어 보고 더 확실하며, 더 구체적으로 성경을 주석한다고 평한 바 있다.

① 해석학적 도구들: 토마스는 주석 작업에서 더 빛을 발하는 문헌학과 철학에 특별히 주의를 기울이는 가운데 모든 측면에서 성경 해석

을 풍요롭게 하기 위해 노력했다. 그는 문헌학에 대한 감각을 갖고 있었고, 모든 말들(단어들)에 대해 무엇보다도 그 용어들의 본래적, 어원학적 의미를 발견하고 지적하는 데 관심을 기울였다. 또한, 그는 언제나 텍스트의 정확성을 검증하는 데 관심이 많았다.

② 의미들의 다수성: 토마스는 성경에서 2가지 근본적인 의미, 즉 축자적 의미와 영적 의미를 구별했다. 축자적 의미는 말, 글자에 묶여 있고, 언어의 공통 지배권에 속하는 한, 모든 이에게 접근 가능하다. 영적 의미는, 그 진리성이 오로지 신적 계시 덕분에 명백해지는 신비적인 의미를 말한다. 영적 의미는 또다시 우의적 의미, 도덕적 의미, 신비 교육적 의미로 구별된다. 구약의 사물들이 신약의 것들을 의미하는 데 따라 우의적 의미가 있다. 그리고 그리스도 안에서 이루어진 것들, 혹은 그리스도를 의미하는 것들이 우리가 해야 하는 것들의 표지인 것에 따라 도덕적 의미가 있다. 마지막으로, 영원한 영광에 속하는 것들을 의미하는 한에서 신비 교육적 의미가 있다.

③ 축자적 주석: 토마스는 성경의 모든 의미들의 기초에 축자적 의미를 두었다. 그는 중세 당시 널리 퍼져 있던 매우 인위적이고 우의적인 유형의 주석을 거슬러, 축자적 의미의 절대적 우위를 재확인했다. 토마스는 문학적 주석을 욥기에 적용한 첫 번째 인물이다. 그럼으로써 욥기 해석의 역사에 신기원을 열었다.

④ 영적 주석: 토마스는 성경 해석에서 축자적 의미를 우위에 두었

지만, 그렇다고 영적 의미를 간과했던 것은 아니다. 그래서 그는 본문에 대한 주석을 '문학적 근거', '신비적 근거', '축자적 원인', '신비적 원인'과 같은 표현들을 통해 자주 도입했다.

⑤ 신학적 주석: 토마스는 신학적 주석 방법을 종종 활용했는데, 이 주석의 목적은 아리스토텔레스의 논리학의 모든 자원에 호소하는 가운데 언어적 정식화 또는 표현 속에서 분석된 성경 본문에 대한 객관적 설명을 제공하기 위함이다. 토마스는 성경 본문을 마치 철학 논설인 것처럼 해부하는 가운데, 그 안에서 우리 현대인들이 찬성하고 싶지 않은 논리적이고 개념적인 분절화를 시도하면서 신학적으로 주석을 했다. 예컨대, 토마스는 로마서 8장 5-6절을 주해하면서 사도 바오로 안에서 완전한 삼단논법적 정식화를 발견하고 이를 설명했다.

성경 탐구에 대한 논리적 전개법에 대한 엄격하고 체계적인 적용은 토마스로 하여금 단순한 주석과 신학적 성찰을 분명하게 나누도록 이끌었다. 그는 자신의 축자적 의미 탐구를 통해 주석학을 자율적 학문으로 구성하려는 경향을 보였다. 하지만 이와 동시에 신학 안에서 이 계시 소여의 합리적 악용을 분명히 구별했다. 이러한 두 흐름은 다음 세기에 완전히 분리되었다. 톨로메오 다 루카, 에크하르트는 성경 신학을 대표하는 인물들이 되고, 니콜라 디 리라는 엄밀한 의미의 주석학의 창시자가 되었다. 이 3명의 학자는 모두 토마스에게 직접 의존하고 있다.

⑥ 신앙의 유비: 토마스가 성경 해석에서 항구하게 따랐던 척도는 성경을 통해 성경을 해명하는 것, 곧 병행 구절들을 널리 활용하는 것이

었다. 토마스는 성경을 읽으면서 언제나 신앙의 유비에 의해 조명되도록 내맡겼다. 따라서 그는 한 성경 본문에서 언급되는 것과 다른 본문에서 언급되는 것 사이에 모순이 없다는 전제로부터 출발해서 성경을 해석했다.

5) 삼위일체 하느님

① 다섯 가지 길: 토마스는 하느님에 관한 대단히 풍부한 철학적, 신학적 가르침을 제시했다. 그의 신학적 명상은 언제나 하느님으로부터 출발했다. 그리고 그의 존재 철학이 보여 준 철학적 독창성은 하느님에 관한 성찰에 그 바탕을 두고 있다. 무엇보다도 그는 먼저 계시를 배제한 상태에서 하느님에 대해 이성적으로 접근 가능한 진리들(하느님의 존재, 본성, 속성들, 작용들)을 규명했다. 그리고 계시를 통해 분명히 드러난 진리들을 탐구했다. 토마스는 무엇보다도 하느님의 존재를 거슬러 악, 자유, 학문이라는 세 가지 논거들이 제시된다는 점을 상기했다. 이 세 가지 논거에 대해 그는 『신학대전 I』, q.2, a.3의 마지막에 하느님의 존재를 증명하는 '다섯 가지 길'을 제시했다. 그에 따르면, 하느님은 부동의 원동자, 제1능동인, 필연유, 최고 존재자, 최고 통치자이시다.

② 신의 본질: 토마스는 하느님의 존재를 확인한 다음, 그분의 본질, 본성, 작용들에 대해 고찰했다. 우선, 토마스는 하느님의 무한한 완전성과 관련해서, 그것은 언제나 인간 정신에 거울에 비치듯 수수께끼처럼 드러난다고 보았다. 또한, 신적 초월성은 그토록 심연처럼 남아 있어서, 인간은 하느님에 대해 적절하게 생각하고 말하기 위한 어떠한 개념, 어

떠한 말도 갖추고 있지 못하다. 인간의 개념들과 말들은 기껏해야 유비적인 가치, 은유적인 가치만을 갖고 있을 뿐이다.

토마스는 하느님에 대해 고찰함에 있어 유비적인 가치를 힘차게 옹호했으며, 유비의 의미 속에서 긍정적 계기, 부정적 계기, 탁월적 계기를 구별했다. 이 가운데 하느님의 실재에 가장 가까이 접근하는 것은 세 번째 계기를 통해서이다. 토마스는 하느님의 본질을 존재와 동일시했다. 그는 하느님이 그 본질상 존재인 분, '자립하는 존재 자체'로 보았다(esse ipsum subsistens). 그분에게는 진, 선, 미, 완전함, 무한함이 속한다.

③ 신의 작용들: 토마스에 따르면, 하느님께는 두 질서의 작용들이 속한다. 내부 작용은 하느님의 내밀한 삶을 구성하는 작용들로서, 명확히 인식 작용과 의지 작용이다. 외부 작용은 하느님과 세상 사이의 관계에 관한 것들로서, 명확히 창조, 섭리, 보존이다. 토마스는 하느님의 인식에 관해 다루면서, 하느님이 자신만을 아는 것이 아니라 자신의 능력이 미칠 수 있는 모든 것도 아신다고 설명했다. 따라서 모든 것의 원인이기에 모든 것을 아시는데, 그것들을 일반적인 인식으로 아는 것이 아니라, 구별되고 고유한 인식으로 아시며, 당신 자신 안에서 모든 사물들도 함께 본다. 하느님은 당신이 할 수 있는 모든 것과 또한 피조물들이 행하고 말하고 생각할 수 있는 모든 것을 안다. 그분은 현존하고 있거나 혹은 있었거나 혹은 장차 있을 것을 직관의 지식으로 아신다(직관지). 반면, 다만 가능한 것으로만 남아 있는 것들에 대해서는 단순한 지성의 인식으로 아신다(단순지). 하느님 안에서 사물들에 대한 인식은 사물들의 원인이고, 사물들은 하느님이 그것들을 인식하는 한에서 존재한다.

하느님의 의지의 작용에 있어서도 그 일차적 대상은 하느님 자신이다. 하느님께서는 당신 존재의 최상의 놀라운 완전성들을 두고 기뻐하시고 누리신다. 그러나 하느님은 당신 자신만을 원하고 사랑하시는 것이 아니라, 피조물들도 당신의 선성(善性)에 참여하기를 원하고 사랑하신다. 토마스는 '악'(惡)의 문제에 대해서도 직면했다. 그에 따르면, 악은 그 자체로 원해질 수 없고, 다만 어떤 선과 결합된 한에서만 원해질 수 있다. 그리고 이 원리는 하느님께도 적용된다고 그는 보았다. 하느님은 선 자체이시므로 당신 자신에 직접 반대되는 죄악을 거부하신다. 반면 다른 악들에 관한 한, 하느님은 다른 것들이 당신께 질서 지어져 있기를 원하시므로, 정의를 향한 벌의 악과, 섭리를 향한 자연적 악을 원하실 수 있다.

④ 삼위일체: 토마스의 삼위일체론은 본질적으로 아우구스티누스의 가르침을 따랐다. 그러나 그는 인간 정신의 두 작용인 지성적 인식과 의지 활동에 관한 성찰을 바탕으로 세 위격 간의 관계를 보다 심도 있게 제시함으로써, 아우구스티누스의 삼위일체론을 한층 더 완전하게 제시했다. 우선 그는 지성적 인식을 통해 발생하는 아들의 발출이 진정하고 고유한 출산인 데 반해, 성령의 발출은 성부와 성자 간의 공통된 원욕을 통해 발생하긴 하지만, 엄밀한 의미의 출산이라고 부를 수 없다는 점을 입증했다. 그럼으로써 그는 신적 자주체(hypostasis)들의 분명한 개별화를 제시했다. 성부는 부성(父性)의 자립성을 지니고, 성자는 성부에게는 맞지 않는 아들 됨을 가지며, 성령은 성부와 성자 안에 있는 능동적 기출(氣出)에 반대되는 수동적 기출을 갖는다.

토마스는 제1위격이 성자를 출산하는 한에서 '성부'(Pater)로 불렸으며, 다른 어떤 것으로부터도 유래되지 않기 때문에 '낳음을 받지 않은 이'(Ingenitus)라고도 불렀다. 또한, 그로부터 성자와 성령이 유래되기 때문에 '시작'(Principium)으로도 불렀다. 반면, 제2위격이 성부로부터 출산되는 한에서 '성자'(Filius)라고 불렸으며, 성부의 사고에 있어서 종착지이기 때문에 '말씀'(Verbum)이라고 불렀다. 또한, 그분은 성부를 재현하기 때문에 성부의 '모상'(Imago)으로 불렀다. 한편, 토마스는 제3위격이 원욕의 종착지인 한에서 '사랑'(Amor)으로 불렀고, 그 안에 하느님이 주어지기 때문에 '선물'(Donum)이라 불렀다. 그리고 성부와 성자로부터 발출되기 때문에 '영'(Spiritus)이라 불렀다.

신적 사고와 바람인 절대적 속성들의 결실인 외부적 작용들은 세 위격이 공통된다. 즉, 창조 행위, 신적 도우심, 섭리적 보살핌, 영혼들에게 은총을 전해 주는 행위 등은 성부, 성자, 성령에게 동등하게 귀속된다. 반면, '파견들'(missiones)은 세 위격에 개별적으로 속한다. 그래서, 육화는 오직 말씀에게만 속한다. 또한, 토마스는 각 위격이 고유하게 지닌 고유성에 대해서도 고찰했다. 예컨대, 창조와 같은 권능의 업적들은 신적 역동성의 절대 원리인 성부께만 적용되며, 영혼들의 성화와 같은 사랑의 업적들은 원욕적 길을 통해 발출하는 성령께만 적용된다.

6) 철학적 및 신학적 인간학

토마스의 철학적 인간학을 떠받치는 기둥은 다음의 두 가지이다. 인간의 육체는 그 본질 또는 실체에 속하며, 영혼은 육체 없이도 존속한다는 것이다. 그는 이 두 명제와 더불어 인간의 육체적 차원을 평가절하하는 플라톤-아우구스티누스 계열의 인간관과 영혼의 분리된 자립성, 불멸성을 부정하는 아리스토텔레스-아베로에스 계열의 인간학을 모두 극복했다. 그리고 이 두 명제로부터 자신의 철학적 인간학을 특징짓는 다음과 같은 주요 명제들을 도출했다.

① 인간의 존재 현실은 우선적으로 영혼의 존재 현실이고, 영혼을 통해서 육체의 존재 현실도 된다.

② 영혼은 여러 기관들을 통해 작용하며, 그 가운데 중심이 되는 것은 지성과 의지이다. 이 두 기관은 서로 결합해서 자유로운 행위를 이루는 가운데 하나의 유일한 작용을 낳는다.

③ 인간은 행복을 향해 기울며, 그는 최고선이신 하느님께 다다르는 가운데 최고의 행복에 도달할 수 있다.

④ 영혼은 자신의 영적 본성에 속하는 자신의 존재 현실 덕분에 당당한 권리로 불멸적이며, 육체의 죽음은 영혼의 존재를 해체하지 못한다.

토마스는 이러한 철학적 인간학을 바탕으로 자신의 신학적 인간학을 구축했다. 그는 인간을 세 가지 상태에서 고찰하는 가운데 인류를 향한 하느님의 구원 역사를 제시했다. 지상 천국에서 존재하던 인간의 본래 상태, 원죄를 지은 이후 인간이 처하게 된 절망의 상태, 그리스도의 구원을 통해 하느님과 화해한 인간의 상태가 그것이다. 우선, 토마스는 인류의 첫 조상들이 하느님으로부터 초자연적인 선물들을 받아 지상 천국에서 비범한 지혜와 최고 수준의 건강을 누리고 있었다고 가르쳤다. 그러나 하느님을 거슬러 범한 원죄로 인해 그들의 본성은 타락하고 말았다. 그는 원죄를 원조들이 지상 천국에서 누리던 본래의 의로움을 상실한 상태로 보았으며, 이는 '의지의 무질서'로 인해 일어났다고 지적했다. 원조들은 원죄로 인한 치명적인 결과를 겪게 되었으며, 이는 필연적으로 모든 후손에게도 전수되었다.

토마스는 이처럼 아담의 모든 후손이 타고나는 이 흠을 악(惡)을 향해 기우는 습성(habitus)으로 보았다. 원죄로 인한 치명적인 결과는 인류 전체에 미친다. 그로 인한 무질서는 하느님과의 관계, 이웃들과의 관계, 영혼이 감각 기관들과 맺는 관계, 모든 피조물들과의 관계에 부정적인 영향을 미친다. 이렇듯 광범위하고도 심층적인 무질서는 원죄로 인해 초래된 필연적인 형벌로서, 이는 고통을 통해 표현된다고 토마스는 말한다. 이렇듯 총체적인 절망의 상태에 있는 인류는 성부에 의해 파견된 성자를 통해 죄로부터 구원되고 영원한 참행복에 이를 수 있다. 그리스도께서는 하느님으로부터 멀어진 인류를 그분과 화해시키고 새로운 삶의 상태에 두셨다. 그럼으로써 원죄로 인해 손상된 '하느님의 모상성'을 회복시켜 주신다. 그리고 세 위격 간의 사랑 안에 참여함으로써 참된 생명과 행복을 누리게 하신다.

토마스는 그리스도에 의해 이룩된 인류의 치유와 회복을 은총 교리로 표현했다. 그에 따르면, 은총은 '새로운 법'(lex nova)으로 표현된다. 토마스는 아리스토텔레스의 표현에 따라 은총을 '형상'(forma) 또는 '성질'(qualitas)로 정의했다. 즉, 은총은 영혼 안에서 자신의 초자연적 행위의 샘이 되는 새로운 형상 혹은 새로운 성질인 셈이다. 그러므로 은총은 하느님에 의해 우리 존재 안에 선사됨으로써 우리의 존재를 변형하는 어떤 것이다. 그런데 토마스에 따르면, 인간은 자연적 차원에서 어떤 실체적 형상, 곧 영적 기관들(지성, 기억, 의지)도 소유한다는 것을 잘 알고 있었다. 그러므로 인간은 하느님과 인격적 관계를 발전시키기 위해 영적인 차원에서도 이와 비슷한 초자연적 기관(신앙, 희망, 참사랑)을 갖춰야 한다고 보았다. 토마스에 따르면, 인간이 은총을 통해 하느님의 생명에 참여하는 것은 단순한 은유가 아니라 놀라운 현실이다. 인간은 신앙, 희망, 참사랑을 통해 그리스도에 의해 새롭게 태어나게 된다. 그리스도를 받아들이고 고백하는 이는 하느님께서 당신 자신을 알고 소유하고 사랑하듯이, 그렇게 하느님을 알고 그분을 소유하며 사랑하게 된다고 토마스는 말한다.

7) 그리스도론

신학자로서의 토마스는 무엇보다도 그리스도론을 신학의 중심에 두었다. 그의 신학적 성찰은 근본적으로 그리스도 중심적이다. 그리스도는 하느님과 인간 사이의 중개자로 드러난다. 토마스의 사상은 언제나 그리스도와 그분의 신비를 향하고 있으며, 신중하고 애정 어린 호기심으로 가장 복잡하고 가려져 있는 신비들까지 포함해서 그분에 관한 모든 것을 성찰했다. 토마스는 20여 가지 이상의 자신의 작품을 통해 그리스도에 관한 다양한 주제들을 심도 있게 전개했다. 우선, 그는 『명제집 주해』에서 성경과 교부들로부터 가져온 많은 인용구와 더불어 실증적 방법을 활용해서 그리스도의 신비를 제시했다. 반면, 『대이교도대전』에서는 철학적이고 호교론적인 방법에 호소해서 그리스도를 소개했다. 이에 비해 『신학대전』과 『신학요강』에서는 성경적-교부학적 인용들이 사변적 이성에 의해 병행되고 확인되는 신학적 방법을 활용해서 그리스도의 신비를 고찰했다. 마지막으로 『사도신경 주해』에서는 그리스도의 신비와 관련된 모든 것을 간략하게 종합했다. 토마스가 특별히 깊은 관심을 보인 그리스도론의 주제로는 육화와 수난의 신비이다.

토마스는 자신의 방대한 그리스도론에서 거의 3분의 2에 해당하는 분량을 육화와 수난의 신비에 할애했다. 그러나 이 밖에도 그분의 공생활, 지옥에 내려가심, 부활과 승천 등 다른 신비들에 대해서도 적절하게 고찰했으며, 각각의 신비에서 그리스도론적 측면뿐만 아니라 교육적 측면까지 강조해서 부각시켰다. 토마스에게 있어서 그리스도는 구원자이자 중개자일 뿐만 아니라 모범으로 삼아야 할 위대한 스승이시다. 그분의 모든 신비는 인류가 닮아야 할 모범이 된다. 또한 그것은 신앙인으로 하여금 참된 그리스도의 제자가 됨으로써 그분의 모범을 따르게 한다.

8) 토마스의 아리스토텔레스주의

토마스는 아리스토텔레스의 철학이 지닌 가치를 깊이 확신했다. 그래서 많은 중요한 문제들과 관련해서 그의 사상이 그리스도교 이전에 생겨난 그 어떤 철학보다 진리에 근접한다고 보았다. 이 때문에 그는 전통주의 신학자들의 공격으로부터 아리스토텔레스의 사상을 용감하게 옹호했으며, 아리스토텔레스의 충실한 주석가인 아베로에스의 작품들을 깊이 연구했다. 그는 아리스토텔레스의 사상에 대한 수용을 통해 신플라톤주의적 언어, 철학 방법, 이론을 대체한 자신의 신학 작업을 정당화하려 했다. 토마스가 주창한 위대한 전환은 신학적 전환이었다. 그는 플라톤적-아우구스티누스적 모델로부터 아리스토텔레스적 모델로 넘어갔다.

그러나 프란치스코회 학자들과 시토회 학자들 그리고 도미니코회의 일부 학자들은 그런 그의 새로운 시도를 무모하며 위험하기까지 하다고 비난했다. 1277년 파리의 주교인 텅피에는 아베로에스주의적인 특성을 지닌 일련의 긴 명제들을 거슬러 단죄를 선포했다. 여기에는 토마스의 명제들도 담겨 있었다. 토마스의 사상에 충실했던 소수의 제자들은 수십 년 동안 자신의 스승에게 가해진 끊임없는 공격을 거슬러 혹독한 투쟁을 벌여야 했으며, 1323년 토마스가 시성이 된 후에야 비로소 토마스의 작품들은 호의적인 평가를 받게 되었다. 그러나 살라망카 학파에 의해 토마스의 사상이 주류 신학으로 등극하는 16세기까지 토마스의 사상은 교회의 신학을 구성하는 여러 신학 중에 하나로 그리 큰 주목을 받지 못했다. 16세로 접어들어 살라망카 대학을 중심으로 토미스트들이 대거 토마스의 신학을 연구하고 이를 트리엔트 공의회의 다양한 문헌에 반영함으로써, 토마스의 위대한 사상은 새롭게 조명되었고 교회의 정통 신앙 유산으로 들어오게 되었다.

토마스는 중세 그리스도교 문화로부터 세상에 대해 그에 걸맞은 비중을 되돌려주고, 정신의 가치들뿐만 아니라 육체의 가치도 예찬했다. 그리고 여기에 더해 인간 인격의 자유로운 주도권을 위해 새로운 여백을 만들어 낸 값진 과학적, 철학적 유산의 수용과 동화에 있어 결정적으로 기여했다. 중세 그리스도교 공화국의 문화는 토마스의 사상에서 무수한 이점들을 끌어냈다. 즉, 그로 인해 자연 과학, 인문과학, 철학, 역사, 심리학, 윤리학, 경제학, 정치학이 발달했다. 그리고 신학 자체가 '설화적' 성격에서 '사변적' 성격으로 바뀌며 진보하게 되었다.

하지만, 토마스가 자신의 신학 작업을 통해 이룩한 아리스토텔레스 철학의 효과적인 채택과 관련된 문제는 열린 채로 남아 있다. 20세기의 여러 학자들(질송, 파브로, 드 피낭스, 마스노보, 마리탱 등)은 토마스가 자신의 신학 작업에서 활용한 해석학적 도구는, 비록 아리스토텔레스의 비중이 크게 두드러지는 것이 사실이지만, 결코 아리스토텔레스주의로 환원될 수 없다는 점을 광범위하게 입증했다. 사실, 토마스는 고유한 형이상학적 실재관, 즉 그 자신만의 고유한 '존재철학'을 갖추고 있었다. 거기에는 아리스토텔레스적인 요소는 물론 플라톤적 요소도 많이 담겨 있지만, 이러한 고대의 철학자들로부터 차용한 모든 것을 '존재 현실'(actus essendi)이라는 자신만의 새로운 존재 개념의 누룩을 통해 근본적으로 변화시켰다.

따라서 토마스 신학의 영구한 가치는 그의 존재 형이상학의 비범한 건전성과 풍요로움에서 드러난다. 삼위일체, 그리스도의 위격, 은총, 천사, 인간의 영혼, 영원한 생명 등의 신비들에 대한 토마스의 정식화 노력에 의해 이룩된 모든 작업은 그의 새로운 존재 형이상학과 밀접하게 연결되어 있다. 그의 '존재 현실'의 형이상학은 구원의 형이상학이기 때문이다. 토마스 신학의 영구함을 부여하는 것은 바로 이 존재 형이상학이다.

6. 아베로이즘과의 논쟁 및 1277년의 단죄

1270년부터 1280년까지 이어지는 10년은 13세기 신학의 역사에서 기억해야 할 중요한 사건들로 가득하다. 스콜라학의 전성기를 주도한 토마스, 보나벤투라, 알베르투스 마뉴스가 세상을 떠났으며, 다양한 사상의 흐름들이 격렬하게 대립한 시기이기 때문이다. 1250년에 아리스토텔레스에 대한 금령(禁令)이 약화됨으로써 아리스토텔레스 사상은 라틴 신학에 유입되어 신학 발전을 위해 대략 20년 동안 주도적인 역할을 했다. 그러나 1260년대에 아리스토텔레스에 대한 수용 문제는 재점화되어 그 어느 때보다 격렬하게 논의되었다. 당시 문제는 아리스토텔레스의 가르침을 그리스도교와 더욱 양립 불가하게 만든 아베로에스의 작품들에 대한 라틴어 번역과 학예학부의 일부 교수들, 특히 당시 철학 영역에서 가장 대표적 인물로 부상한 시제 브라방이 아베로에스주의적인 입장에서 아리스토텔레스의 사상을 수용한 데 있었다. 1277년 파리의 에티엔 텅피에(Etienne Tempier) 주교는 아베로에스주의의 근본적인 요소들을 담고 있던 시제 브라방의 명제들을 거슬러 이를 단죄했다. 이는 시제 브라방과 아베로에스만 겨냥한 것이 아니라, 아리스토텔레스와 그의 사상을 바탕으로 신학을 구축한 모든 학자(알베르투스, 토마스를 포함해서)를 겨냥했다. 이는 당시의 신학적 발전과 그에 따른 결실을 모두 무위로 돌릴 수 있는 치명적인 조치였다. 실제로 이로 인해 아리스토텔레스의 사상을 바탕으로 새로운 비전을 제시한 토마스, 알베르투스 마뉴스 등의 사상은 그로부터 향후 1세기 동안 중세 스콜라학에서 변방으로 밀려나고, 전통을 고수한 프란치스코 학파가 그 공백을 메우게 된다.

1) 시제 브라방

시제 브라방(Siger de Brabant)은 1240년경 브라방의 공작령에서 태어났다. 그는 파리에서 공부하고, 거기서 1260-1265년 '학예학 스승' 자격을 얻었으며, 리에주의 성 바오로 성당의 재속 성직자이자 참사회원으로 활동했다. 그러나 그는 사제품을 받지 않았다. 시제는 교수 활동 초기부터 그리스도교적 신학과 정통 교리를 존중하지 않은 아리스토텔레스주의를 표방했다. 이에 대해 보나벤투라와 토마스는 즉각 반대하는 입장을 취했다. 이어서 1270년 12월 10일 파리 주교인 에티엔 텅피에는 시제의 13개 명제를 오류로 단죄했다. 당시 시제는 이에 대해 2개의 새로운 논설을 발표해서 자신의 입장을 방어했다. 하지만 이것이 토마스, 보나벤투라, 텅피에 주교를 만족시키지는 못했다. 결국 1276년 11월 23일 시제와 그의 동료들은 프랑스 종교 재판소 법정에 소환되었다. 그러나 이들은 인용된 칙령의 선고 이전에 도주하고 요한 21세 교황에게 상소했다. 이에 교황은 텅피에 주교에게 대학에서 가르쳐지던 오류들에 대해 가능한 빠른 시간 내에 조사하도록 위임하게 된다. 텅피에 주교는 교황의 명을 받아 보다 엄밀하게 시제의 명제들을 조사했고, 결국 1277년 3월 7일 시제를 포함한 철학부의 몇몇 교수들의 가르침에 관한 219개 명제들에 대한 엄중한 단죄를 선포했다. 이로 인해 시제는 교수 활동을 중단할 수밖에 없었다. 그 뒤, 시제는 이단 고발로부터 풀려나긴 했지만, 교황청에 연금되어야 했다. 그는 마르티노 4세 교황이 재위 중이던 1281-1282년에 오르비에토에서 사망했다. 그는 정신 질환을 앓고 있던 그의 비서에 의해 암살된 것으로 추정된다.

현재까지 확실하게 시제 브라방의 작품으로 인정받는 작품으로 15개가 발견되었으며, 7개는 친저성에 논란이 있다. 그의 작품은 크게 두 부류로 나뉜다. 아리스토텔레스에 대한 3가지 주해서로,『형이상학 문제들』,『자연학 문제들』,『영혼론 제3권의 문제들』. 특히 이 중에 마지막 작품을 통해 시제는 능동 지성과 가능 지성의 단일성을 제시하고 개인적 영혼의 불멸성을 부정했다. 철학 소품들로는『논리적 문제들』,『불가능한 것들』,『자연의 문제들』 등이 있다.

2) 1277년의 단죄

1277년의 단죄는 파리 대학만 관련된 것이 아닌, 전체 그리스도교 세계와 관련된 조치였다. 당시 파리는 그리스도교 세계 전체에서 가장 중요한 문화적 중심지였기 때문이다. 그러므로 1277년의 단죄는 중세 철학사와 신학사에 하나의 이정표가 되었다. 그것은 그리스도교 신앙과 이성을 조화시키려 했던 모든 학자들의 노력을 수포로 돌아가게 하고, 아우구스티누스주의와 주의주의를 선호하는 방향으로 결정적으로 전환하게 했기 때문이다. 1277년 당시 교황의 요청에 따라 텅피에 주교는 16명의 신학자 위원회를 구성해서 성급하게 일관성이 결여된 조사를 했다. 위원회는 시제의 여러 작품에서 뽑아낸 명제들을 맥락에 따라 면밀히 검토하지 않고 닥치는 대로 수집했다. 그래서 당시 수집한 219개의 명제들의 오류 목록에는 서로 반복되고 모순된 명제들도 담겨 있었다.

당시 단죄를 위해 선포된 교령은 먼저 가톨릭 신앙의 진리를 철학적 진리에 대립하고 있던 '학예학부 교수들'의 태도에 대해 비난했다. 그리고 이어지는 목록에서 거론된 모든 오류를 단호히 단죄했으며, 가르치는 사람들은 물론 이를 듣는 사람들도, 1주일 내에 자신들의 죄에 해당되는 벌을 받기 위해 주교나 소속 총장에게 자진 신고하지 않는 한, 파문된다고 선언했다. 오류 목록에는 219개의 오류가 담겼다. 1277년의 목록은 이전의 1270년 목록을 포함했지만, 거기에 더 많은 목록을 추가했다. 질송에 따르면, 오류 목록에 담긴 명제들의 저자들은 시제 브라방, 토마스, 아비첸나, 아베로에스이다.

이 단죄에 포함된 토마스의 명제 목록 가운데 가장 확실한 목록은 5-6개를 포함한다. 토마스의 명제들이 1277년 목록에 포함된다는 사실은, 토마스의 많은 적수들로 하여금 더욱더 과감하게 그의 사상이 유포되는 것을 저지하게 했다. 결국 텅피에 주교의 교령은 토마스 사상을 바탕으로 한 스콜라 신학의 발전을 저지하고, 토마스가 극복하고자 했던 절충적인 아리스토텔레스주의의 귀환을 초래했다. 1277년의 단죄는 이후 철학, 신학, 과학, 문화 전반의 발전에 엄청난 결과를 초래했다. 그것은 학예학부에 대한 신학부의 승리, 철학자들에 대한 신학자들의 승리, 자유 진보주의 노선에 대한 전통주의 노선의 승리, 아리스토텔레스-토마스적 철학 노선에 대한 플라톤-아우구스티누스적 철학 노선의 승리였다. 1277년 단죄로 인해 신학 분야에서 가장 두드러진 귀결은 그 후 몇십 년이 지나 스코투스와 오캄에게서 드러난다. 이들과 더불어 주의주의(主意主義) 노선이 결정적으로 유리한 고지를 차지하게 되며, 신학의 판도가 바뀌게 된다. 그리고 그리스도교의 신비들에 이성적 특징을 부여하고 정당화하려는 모든 시도를 일시적인 것으로 만들고 말았다.

3) 1277년 이후의 신학 운동

교회 권위자들 측으로부터 토마스의 명제들에 대한 단죄는 토마스의 많은 적수들에게 새로운 활력을 불어넣으며 1277년 교령 이후 그의 철학적, 신학적 사상에 대해 보다 새롭고 다양한 공격을 가능케 했다. 토마스의 비판가들 가운데 특히 굴리엘모 델라 마레, 마테오 데 아콰스파르타, 요한 페캄이라는 3명의 프란치스코회 소속 학자들이 두드러진다. 1270년부터 1280년까지의 10년은 파리 대학과 교회 교도권이 시제 브라방을 필두로 한 라틴 아베로에스주의가 대표하는 심각한 위험에 매우 확고하게 반응한 시기였다. 그러나 이는 단지 아베로에스주의만 끝장낸 것이 아니라 아리스토텔레스를 향한 긍정적인 관심과 노력까지 끝장내버린 무모하고도 경솔한 반응이었다. 1277년의 단죄는 아베로에스주의적 아리스토텔레스주의와 세속적 세계관에 대한 단죄일 뿐만 아니라 토마스가 주된 창안자인 '새로운 신학'에 대한 단죄이기도 했다. 1277년 이후 신학의 주도적 흐름은 토마스의 신학적 합리주의에서 스코투스와 오캄의 신학적 신비주의로 넘어 갔다.

7. 1277년 이후의 신학 운동

1277년의 단죄는 스콜라 신학에 깊은 전환을 가져왔으며 그 파장은 전혀 멈추지 않았다. 당시 이루어진 단죄는 프란치스코 학파와 그 신학자들의 승리를 대변해 준다. 텅피에 주교의 오류 목록이 출간되자마자 프란치스코회 소속 저명한 학자 3명은 아우구스티누스 전통에 호소하며 노골적으로 토마스의 사상을 혹독하게 비판했다. 이러한 전통은 13세기 말부터 14세기 말까지 서방 교회 학계의 주류가 되고 말았다. 프란치스코 학파에 대단한 명성을 안겨 준 인물은 특히 스콜라학 시대의 마지막을 빛낸 요한 둔스 스코투스였다.

1) 요한 둔스 스코투스
① 생애와 작품: 스코투스는 1266년경 스코틀랜드 둔스 마을의 대지주인 니니안 둔스에게서 태어났다. 그는 13세에 프란치스코회에 입회해

서 수련기를 거친 후, 1281-1291년까지 옥스퍼드 대학, 파리 대학에서 수학했다. 이어서 1296-1298년에 성경 학사 학위와 명제집 학사 학위를 취득했다. 1299년에 다시 영국으로 돌아가 옥스퍼드 대학과 캠브리지 대학에서 『명제집』을 주해했다. 옥스퍼드 주해서는 『런던 작품』이라 불리며, 캠브리지 주해서는 『캠브리지 보고록』으로 불린다. 1301년 스코투스는 다시 파리로 돌아와 새로 『명제집』을 강독했다. 이 세 번째 주해서는 『파리 보고록』으로 불린다. 스코투스는 보니파시오 8세 교황과 프랑스의 미남왕 필립 간의 싸움에서 공개적으로 교황의 편을 들었다. 이로 인해 프랑스 왕의 미움을 사서 영국으로 돌아가야 했다. 영국으로 돌아온 그는 1303-1304년에 옥스퍼드 대학에서 가르쳤다. 1308년 쾰른의 프란치스코 학원에서 소임을 받았지만, 그곳에 도착한 지 얼마 후 세상을 떠나고 말았다.

43세라는 그의 짧은 생애에 비해 그가 이룬 학문적 업적은 대단하다. 그의 작품 전집으로는 비베(Vives) 판본이 유명한데, 낱장 판형으로 26권에 달한다. 그 대부분은 앞서 언급한 『명제집』 주해서들과 아리스토텔레스 사상에 대한 논박 관련 작품들이다. 『제1원리론』은 그의 형이상학적 사상이 담긴 중요한 작품이다. 그의 마지막 작품으로 『자유토론 문제집』이 있다. 그의 주요 작품은 의심할 바 없이 『명제집』을 주해한 『런던 작품』으로, 이는 비베판으로 14권이나 되는 걸작이다. 그의 문학적 공백과 모호성에도 불구하고, 스코투스는 언제까지나 프란치스코 학파의 최고 대변자로 평가받는다. 그는 하느님의 업적이나 인간적 업적에 있어서 모두 이성이나 인식에 비해 의지와 자유에 절대적인 우위를 부여하는 가운데, 할레스와 보나벤투라에서 비롯되는 주의주의적 노선을 충실히 따랐다. 그는 자신의 사변에 아우구스티누스와 보나벤투라 이외에도 아리스토텔레스와 아비첸나로부터 풍부한 영감을 받아 자신의 체계에 통합시켰다.

② 인식 이론: 스코투스는 프란치스코 학파 내에서 자유롭게 운신하며, 어떤 경우 할레스와 보나벤투라의 아우구스티누스주의의 여백을 축소하는 가운데 전혀 다른 입장을 취하기도 했다. 이는 특히 인식론 분야에서 그랬다. 스코투스는 인식론에서 조명 이론을 배격하고, 아리스토텔레스의 추상 이론을 선호했다. 그에 따르면, 인간 인식의 여정은 최초의 감각 지각에서부터 추상 작용을 거쳐서 사물들의 본성에 대한 지성적 인식으로 나아간다. 그는 토마스처럼 인식에 관한 객관적인 개념을 갖고 있었다. 즉, 그는 인식을 개념의 공동-원인들(con-causae)로 이해되는 주체와 대상 사이의 협력의 결실로 보았다. 이 협력에서 더욱 본질적인 요소는 정신의 활동적 능력에 있다고 그는 말한다. 또한, 그는 보편자 문제의 해결을 위해서도 아리스토텔레스 편에 섰다. 그는 아리스토텔레스주의자들과 더불어 보편자를 우리 지성의 단순한 '가장'(假裝)으로 간주하며, 그것이 실재 속에 어떤 토대를 갖고 있음을 부정하는 유명론을 배격했다. 또한, 그는 확고함으로 보편자들이 정신 바깥에서도 자립한다고 주장하는 플라톤적 초-실재주의도 배격했다.

③ 존재 일의성의 형이상학: 스코투스는 위대한 형이상학자였다. 특히, 그는 형이상학 작업 속에서 비범하기 그지없는 자신의 예리함을 보여 주었다. 그는 자신보다 앞선 모든 위대한 형이상학자들의 형이상학

을 면밀하게 연구했다. 그는 이들로부터 자신의 형이상학적 체계를 구성하기 위해 매우 값진 소재들을 도출해냈다. 그는 형이상학의 기초에 명백히 '존재'를 두었다. 그는 초월적이고 일의적인 존재와 그에 내속하고 함께 존재하는 속성들(단일성, 선성, 진리)의 형이상학, 형상적으로 오로지 하느님의 무한 본질 안에서만 발견되는 순수한 완전성들의 형이상학, 존재자들과 그 관계들의 보편적 질서를 정초하고, 존재에 필연적으로 내밀한 것의 제1원리를 추론하도록 허용해 주는, 존재로부터 분기되는 속성들의 형이상학을 구축했다.

존새의 일의성, 보편적 질료 형상실, 이것성(hacceitas), 본질과 존새의 형상적 구별은 스코투스의 형이상학이 지닌 가장 독창적인 4가지 가르침이다. 그는 존재를 '공통 존재'로, 다시 말해 유한 존재와 무한 존재의 구별을 포함해서 모든 더 이상의 규정에 선행하고, 그것의 기초에 있는 최대로 무규정적인 완전성으로 이해했다. 그것은 존재하는 모든 것에 대해 서술될 수 있는 존재이다. 스코투스는 신학적인 동기를 바탕으로 존재를 일의적으로 이해했다. 그는 형상으로부터 독립적이며, 그 어떤 실재로 갖추고 있지 않은 순수 가능성으로서의 '질료'라는 토마스의 개념을 배격했다. 이것은 그에게 질료를 무(無)로 환원하는 것과 같다. 반면, 질료는 초라하지만 그래도 긍정적인 어떤 현실성을 소유한다. 스코투스 역시 토마스가 원했듯이 질료로부터 벗어난 영적 실체들은 없으며, 따라서 '질료 형상설'은 보편적 가치를 지닌다고 보았다. 모든 관계는 그 자체 안에 다른 존재자들의 행위를 수용할 능력, 새로운 완전성들을 수용할 능력을 함축하는데, 바로 이 수용성 또는 수동성이 바로 질료이기 때문이다. 스코투스는 세상을 마치 하나의 거대한 나무처럼 만드는 것은 유일한 질료라고 보았다. 한편, 스코투스에 따르면, '개체화'는 하나의 특수한 형상, 종적 형상을 덧붙이고 규정하는 '이것성'(hacceitas)에 기인한다. 그리고 그 종적 형상이 그 개체에 공동 특성들을 부여하는 데 반해, 개별적 형상은 그것에 개별적 특성들을 부여한다. 각각의 개체는 자신의 개별적 형상을 지니고 있다. 스코투스는 본질과 존재 사이에는 실제적 구별이 있는 게 아니라 단지 형상적 구별만 있다. 그의 정의에 따르면, 이것은 논리적인 구별이 아니라 모든 지성 활동에 선행하는 사물 측으로부터의 구별일 뿐이다.

④ 자연 신학: 스코투스에게 있어 형이상학의 으뜸 주제는 하느님이었다. 그는 하느님의 실존에 관해 선험적으로 증명될 수 있다는 사실을 배격했다. 그가 보기에 유일하게 타당한 증명은 인과성에 기초한 증명이다. 그의 신 존재 증명에 있어 특수한 점은 토마스의 경우처럼 현상, 곧 제2원인들의 사실들로부터 출발하는 것이 아니라, '산출될 수 있음'으로부터 출발한다는 점이다. 그래서 그의 착수 명제는 "어떤 산출될 수 있는 것이 있다"이다. 그런데 산출될 수 있는 것은 어떤 다른 것에 의해 산출되어야 하는데, 무한소급 되어서는 안 되기 때문에, 어떤 제1원인에 도달해야 하고, 모든 인과성의 질서에서, 곧 능동인의 질서에서뿐만 아니라 형상인과 목적인의 질서에서도 참으로 최초의 원인에 도달해야 한다. 단순하게 최초인 행위자는 형언할 수 없다.

스코투스에 따르면, 하느님께 가장 고유한 이름은 '현실태로 무한한 존재자'이다. 그는 우리에게 가능한 가장 완전하면서도 가장 단순한 개념은 '무한한 존재자의 개념'이라고 보았다. 실상, 이는 어떤 선한 존재자나 어떤 참된 존재자 개념 또는 여하한 비슷한 다른 어떤 개념보다도 더 단순하다. 또한, 존재의 질서에서 무한한 하느님은 인식과 바람의 질서에서도 무한하다. 스코투스에게 있어서 바람의 질서에서의 무한성은 하느님이 '최고도로 자유롭다'는 것, 그리고 그분의 의지는 필연적으로 이루어지는 것도 아니고 앎에 예속된 것도 아니라는 것을 의미한다. 스코투스는 하느님에게 있어서 지성이 의지보다 우위에 있다고 주장한다. 이러한 의지의 우위는 한 사물의 본질을 규정하는 것이 하느님의 자유로운 의지라는 것을 의미한다. 한편, 그는 신적 본성이 이미 그 자체로 형언할 수 없고 접근할 수 없으며, 따라서 삼위일체의 신비는 그 어떤 합리적 사변에 의해서도 명료화될 수 없다고 보았다.

⑤ 인간학: 스코투스의 인간학에는 플라톤과 아우구스티누스 그리고 아리스토텔레스의 인간학적 요소들이 밀접하게 결합되어 있다. 그에게 있어서 인간은 본질적으로 영혼과 육체로 구성된다. 그러나 프란치스코 학파의 다른 학자들처럼, 그는 영혼이 육체의 유일한 형상이라고 보지 않았다. 그는 영혼과 더불어 육체적 합성체인 '혼합의 형상'이 있다고 말한다. 또한, 그는 영혼의 불멸성을 증명할 수 없는 것으로 보았다. 한편, 그는 영혼의 주요 기관으로 지성과 의지에 대해 말했다. 이 기관들의 구별과 관련해서, 스코투스는 토마스와 헨리쿠스 드 강 사이의 중간적 입장을 취했다. 즉, 그는 지성과 의지가 형상적으로 구별되며, 서로 다른 본질을 지니고 있고, 따라서 서로 환원될 수는 없지만, 그로 인해 수적으로 분리된 실재를 구성하지는 않는다고 보았다. 그것들은 하나가 다른 것으로 해소되지 않으면서도 서로 작용한다는 것이다.

스코투스는 자유에서 인간 본성의 본질적 특성 가운데 가장 본질적 속성을 보았다. 그는 인간을 '자유로운 피조물'로 정의했다. 이는 인간이 지닌 의지에서 나오는 특징에 기인한다. 그는 인간의 의지가 절대적으로 자유로우신 하느님을 반영하는 가장 빛나는 거울이라고 말한다. 그는 인간의 의지에서 유래하는 '자기 규정성'이 어떤 가능한 격정적인 어두워짐에도 불구하고 변하지 않은 채로 남아 있다고 보았다. 심지어 참 행복에 직면해서도 그의 의지는 자유로운 채로 남아 있다. 스코투스는 자유를 지성이 아닌 의지의 본질적이고 배타적인 속성으로 보았다. 반면, 지성은 필연적이 아니라, 우연적인 판단을 내릴 때에도 언제나 필연적으로 작용한다. 하지만, 의지나 선을 향한 욕구의 경우에는 같은 일이 일어나지 않는다. 스코투스에 따르면, 그것의 본질은 '이성적 욕구'와 관련해서 정의되기보다 '자유'와 관련해서 정의되어야 한다.

이처럼 스코투스는 인간의 모든 행위에서 의지의 절대적 자율성을 강조했지만, 자유로운 행위에 대한 지성의 기여를 배제하지는 않았다. 실상, 대상에 대한 인식은 의지 행위를 내밀하게 가능하게 하는 데 도움을 준다고 그는 말한다. 하지만, 지성의 합류는 언제나 원인적 우선권을 쥐고 있는 의지의 능력에 종속된 채로 남아 있다. 지성에 대한 의지의 절대적 우위 명제를 지지하기 위해, 스코투스는 심리학적 이유들에 더해 다음과 같은 신학적 질서의 동인들도 제시했다. 그리스도교 계시는 모든 덕 가운데 사랑이 가장 뛰어나고, 오직 사랑만이 끝이 없다고 단언한다. 신학의 전통은 언제나 지성이 아닌 의지 위에 공로와 과실을 정초했다. 의지의 타락이 지성의 타락보다 더 심각하고 해롭다. 하느님을 미워하는 것이 하느님을 알지 못하는 것보다 더 나쁘다. 이런 일련의 이유로 인해 스코투스는 의지를 '합리적 욕구'라고 규정하면서, 지성에 우위를 둔 토마스를 반대했다. 스코투스는 의지에서 영혼과 하느님 간의 만남을 향한 통로를 보았다. 이 만남은 전능한 자유 의지와 유한한 자유 의지 간의 만남이다. 토마스에게서 지복직관이 의지의 참여를 포함하듯이, 스코투스 역시 하느님과의 의지적 만남에서 지성의 참여를 배제하지 않았다.

⑥ 그리스도론: 스코투스의 아가페적 우주에서 그리스도는 당당히 무한한 사랑이 외부적으로 펼치는 최초의 절대적인 끝이다. 왜냐하면, 오직 그분만이 하느님께 최고의 사랑을 드릴 수 있기 때문이다. 스코투스에 따르면, 삼위일체의 걸작인 육화는 어떤 방식으로도 원죄에 조건 지어져 있지 않다. 그것은 무한히 거룩한 사랑으로부터 전개된다. 그는 육화가 원죄 사건과 같은 어떤 우연한 사건에 예속된다는 가설을 단호하게 배격했다. 그것은 창조된 것 안에서 하느님의 최고 현현으로서 당신 자신을 위해 원한 것이다. 스코투스는 첫 인류가 범한 원죄가 그리스도의 예정의 원인이었다는 가설을 배격했으며, 모욕과 맞먹는 속죄적 복구의 절대적 요구에 관한 안셀무스의 명제도 논의에 부쳤다. 그리고 이런 논의를 바탕으로 그는 첫 인류가 원죄를 범하지 않았다 해도, 여전히 그리스도는 강생하셨을 것이라고 결론내렸다.

또한, 그는 그리스도의 구원 행위가 성사들의 행위를 통해 교회 안에서 영속한다고 보았다. 성사들에 관한 그의 가르침에서도 스코투스는 주의주의적 전망을 견지했다. 그는 성사 관념으로부터 모든 인과성의 관념을 제거했다. 그에 따르면, 성사는 분명 은총의 효과적인 표지이다. 하지만, 예식 속에 내재하는 어떤 잠재력 덕분이거나 은총의 원인적 역량 때문이 아니라, 교회와 맺은 계약 덕분에 요구되는, 준비를 갖추고 성사를 배령하는 이에게 결코 은총을 거절하지 않기로 하느님이 약속했기 때문이다. 성사들의 기능은, 예식이 교회 안에서 거행될 적마다 하느님이 산출하는 결과들을 효과적으로 드러내는 데 있다. 성사는 그 자체로 확실한 어떤 실재의 우연한 원인이다. 스코투스는 성사를 형상적으로 '표지의 관계 자체'로 보았다. 다시 말해, 표지, 성사의 원인성과 표시되는 것 사이의 객관적 일치인 것이다. 반면, 성사의 효력은 성사 자체의 도구적 능력에 의해 주어지는 것이 아니라, 하느님이 교회와 계약을 맺은 '의미화'의 선상에서 표지와 표시되는 대상 사이에 자립하는 풀릴 수 없는 유대에 의해 주어진다.

⑦ 마리아론: 스코투스는 마리아론의 역사에서 중요한 위치를 차지한다. 그는 성모님의 원죄 없으신 잉태 교리를 처음으로 주장한 인물이다. 그는 원죄에 물들지 않은 잉태를 이단으로 고발되지 않도록 신중하게 성찰하는 가운데 제시했다. 이에 대해 스코투스, 원죄에 물들지 않은 잉태가 그리스도의 구속에 하나의 예외가 아니라, 오히려 유일한 중개자의 가장 완전하고 가장 효과적인 구원 행위라는 사실을 그 논거로 삼았다. 그는 원죄에 물들지 않은 잉태 문제를 구속주 그리스도의 관점에서 바라본 첫 번째 인물이다. 원죄에 물들지 않은 잉태는 그리스도의 구속 사업의 완전성 위에 정초된 논거들에 기초해서 주장된 것이다. 이러한 전망에서 볼 때, 원죄에 물들지 않은 잉태는 구속(救贖)의 가장 완전한 결실로 드러난다. 이에 대한 스코투스의 개입은 원죄에 물들지 않은

잉태에 관한 교리 발전에 결정적 역할을 했다.

⑧ 그에 대한 평가: 스코투스는 알베르투스, 보나벤투라, 토마스와 더불어 스콜라학 황금기를 풍미한 위대한 스승 가운데 한 사람이며, 이 황금기의 마지막 시기를 대변하는 인물이다. 그러나 그의 사상은 토마스가 시성된 이후 조금은 그 빛이 바랬다. 그러나 현대로 들어와 그의 사상은 새롭게 연구되고 있다. 스코투스는 프란치스코 학파의 가장 대표적인 인물로 평가받는다. 한 마디로, 그는 이 학파의 수장이다. 그것은 그의 작품 속에서 프란치스코의 영성이 지닌 아름다운 측면이 드러나고 있으며, 이를 전통 신학과 접목해서 제시했기 때문이다. 그의 사상에서는 학문에 대한 사랑의 우위, 그리스도의 보편적 우위가 분명히 드러난다. 그에게서는 원죄에 물들지 않고 잉태되신 성모님, 세상의 여왕이신 성모님이 타고난 아름다움과 함께 빛을 발하고 있다.

그는 아우구스티누스로부터 출발해서 아우구스티누스주의와 아리스토텔레스주의 사이에 거대한 종합을 시도했다. 이 점에서 그는 아리스토텔레스로부터 출발해서 아우구스티누스적 플라톤주의와 아리스토텔레스주의를 종합하려 했던 토마스와 정확히 역순으로 작업을 한 셈이다. 그의 사상에는 사랑을 바탕으로 실재의 전체 차원에 대한 일반적 개념을 작업해 내려는 전형적인 프란치스코 학파의 열망이 담겨 있었다. 그는 사물들이 어떤 질서에 속하든지 사랑을 중심으로 조직화 된다는 것을 보여 주었다.

토마스와 스코투스에 의해 이루어진 아리스토텔레스주의와 아우구스티누스적 플라톤주의 사이의 위대한 종합에서 그 결말이 다르게 드러나는 것은 이 종합을 이루는 과정에서 그들이 사용한 '존재' 개념의 차이 때문이다. 토마스는 '현실로서의 존재'라는 강한 존재 개념에 호소한데 반해, 스코투스는 '공통 존재'라는 약한 존재 개념에 호소했다. 이는 결국 그에게 약한 형이상학을 제공했고, 따라서 그의 신학적 성찰을 수행하는데 필요한 초라한 도구를 허용했을 뿐이다. 하느님에 대한 토마스의 '자립적 존재 자체'라는 정의와 스코투스의 '현실태로 무한한 존재자'라는 정의가 이 점을 잘 드러낸다. 이것들은 논리적으로 매우 상이한 2개의 신학적 전망을 낳았다. 하나는 유비를 통해 하느님에 관하여 어떤 적극적이고 진실된 인식을 얻을 수 있다고 신뢰하는 토마스의 전망이고, 다른 하나는 하느님의 초월성에 강한 방점을 찍고, 따라서 인간은 절대 하느님께 접근할 수 없다는 스코투스의 전망이다.

여기에 더해 토마스와 스코투스의 사상 간에 드러나는 주요 차이는 다음과 같다. 우선, 토마스는 신적 계시의 필연적 요소, 즉 그 내밀한 본성 속에서의 신적 존재와 관련된 진리들을 부각시키는 데 반해, 스코투스는 신학의 우연적 측면, 곧 전체적으로 하느님의 의지의 자유 행위에 의존하지만, 이성적으로 취급될 수 없는, 하느님과 세상 간의 관계 전체를 강조했다. 토마스는 주지주의를 표방했으며, 지성은 하느님 안에서든 인간 안에서든 가장 고상한 기관으로 드러난다. 반면, 스코투스에게 있어서는 하느님이든 인간이든 모두 의지가 최고의 기관이며, 결국 그의 우주론에 있어 최고 원리가 된다.

역사적 관점에서 보면, 스코투스의 주의주의, 특히 그의 신앙과 이성 사이의 조화와 균열과 더불어 전성기 스콜라학에서 말기 스콜라학으로 넘어가는 길목에 서 있던 스코투스는 오캄의 유명론적 길이자 에크하르트의 신비주의적 길인 '새로운 길'을 향해 문을 활짝 열어젖혔다. 실제로 '새로운 길'을 개척한 인물들은 어떤 식으로든 스코투스와 연관되어 스콜라학의 마지막 시대에 새로운 측면들을 부각했다.

1277년의 단죄는 철학자들의 작업을 차단했지만, 신학자들의 작업을 봉쇄하지는 못했다. 자신들의 전통적인 학예학부 적수들을 패배시킨 그들은 1200년대의 마지막 수십 년 동안 상당히 풍요롭고 강렬한 문화 활동 전체를 장악했다. 1277년의 단죄 이후로, 1200년대 말기의 수십 년간 신학자들 모두는 전통적 노선 아래 있었다. 이들은 대부분 프란치스코 학파에 속하는 프란치스코회 소속 교수들이었다. 그러나 일부 재속 성직자나 다른 수도회 소속 교수들도 있었다. 프란치스코 회원 중에서는 스코투스 이외에도 장 올리비, 재속 성직자 중에는 헨리쿠스 드 강, 아우구스티누스 회원 중에는 에지디우스 로마누스가 있었다. 반면, 독특하고 완전히 자율적인 인물로 라이문두스 룰루스가 있다.

2) 피에르 장 올리비

올리비는 1248년 베지에 근교의 세리냥에서 태어났다. 12세에 프란치스코회에 입회해서 파리에서 공부했으며, 그 후 프랑스 남부로 가서 가르치며 많은 작품을 집필했다. 그러나 오래지 않아 프란치스코회 규칙에 관한 순명과 관련된 그의 엄격함 때문에 수도회 내의 여러 학자들로부터 혹독한 비판을 초래하게 된다. 그 와중에 그는 1287년 이탈리아의 피렌체로 가서 가르쳤다. 그 후 다시 프랑스로 돌아간 그는 생의 말년에 영적 지도자로서 인상적인 활동을 펼쳤다. 1298년 나르본에서 세상을 떠났다. 그의 작품 가운데 두드러진 것으로 『명제집 주해』가 있다.

여기서 그는 보나벤투라의 노선을 충실히 따르며, 토마스의 입장들을 논의에 부치고 비판했다. 그밖에 다양한 성경 주해서들과 프란치스코회의 영성 주제들을 다른 작품들이 있다.

올리비의 사상은 아우구스티누스-프란치스코 학파의 노선에 자리 잡고 있지만, 피오레의 요아킴의 영향도 일부 감지된다. 그는 인간학 분야에서 영혼의 지성적 부분은 그 자체 때문에 존재하는 것이 아니라, 육체의 형상인 한에서 존재하는 것이라고 주장했으며, 그것이 어떻게 육체와 결합하는지 자신만의 이론을 고안했다. 그러나 이는 프란치스코회 장상들에 의해, 나중에는 빈 공의회(1311년)에서 단죄되고 말았다. 올리비는 영혼의 영적 질료 속에 지성적 형상도, 감각적 형상도 '각인되어 있다'고 주장했다. 따라서 감각적 형상과 지성적 형상이 본질적으로 결합된다고 주장했다.

자연 신학에서 그는 하느님의 실존에 대한 후험적 증명들과 선험적 증명들을 옹호했다. 하느님의 존재에 '후험적으로' 도달할 수 있다는 것은, 하느님께서 만물을 지어냈다는 의미에서 그러하다. 반면, 그는 최초이자 최고의 존재가 그러한 존재이기 위해서 지녀야 하는 완전성들을 분석함으로써 '선험적으로'도 하느님께 도달할 수 있다고 보았다. 그는 최고의 존재인 하느님은 어떤 방식으로도 다른 것에 의존하지 말아야 한다고 보았다. 그렇다면, 하느님께서는 그 자체 안에서 절대적이고 자유로우며, 그 어떠한 타자-의존성의 고리에서도 벗어나 있어야 하며 단순해야 한다. 즉, 하느님은 최고로 단순하며 최고로 자유로워야 한다는 것이다. 최고 존재의 본성은 그러해서 이러한 완전성들 가운데 어떤 것 하나라도 결하는 것으로 이해돼서는 안 되며, 그 가운데 어느 하나를 갖고 있다면, 그것들 모두를 가진 것이다. 이러한 완전성들 중에는 자립성의 완전성도 포함되어야 한다. 그리고 최고 존재는 존재한다. 이런 올리비의 신 존재 증명은 안셀무스의 신 존재 증명의 또 다른 버전처럼 드러나고 있다.

올리비는 교회 역사에서 각각 그다음 시대의 뿌리이자 기원이 되는 일곱 시대를 구별했다. 그는 피오레의 요아킴과 더불어 교회가 이미 제6시대의 끝에 도달했다고 주장한다. 여기서는 영적인 교회 안에 결합된 오직 소수의 충실한 그리스도인들만이 프란치스코 회원들의 지도 아래, 가짜 교황과 신비적인 그리스도의 적의 지휘를 받는 '육적인 교회' 또는 '바빌론' 측으로부터 박해를 받을 것이다. 올리비의 영성은 삼위일체 하느님의 생명의 신학과 그가 자주 인용하는 복음서 묵상, 교부들에 대한 독서를 통해 발견된 영원한 진리들에 기초한다. 그의 사후, 프랑스 남부와 이태리 토스카나 지방의 영성가들은 그를 시성되지 않은 성인으로 공경하며, 교회의 가장 위대한 박사라고 선포한 바 있다. 랑게독과 프로방스 지방의 남녀 베긴회 회원들은 그를 자신들의 리더이자 스승으로 받아들이기도 했다. 그의 사상은 14세기 이탈리아의 엄격주의자들 사이에 널리 퍼져 있었다. 그는 보나벤투라와 스코투스 이후 프란치스코회에서 가장 위대한 인물 가운데 한 사람으로 평가받는다.

3) 라이문두스 룰루스

① 생애와 작품: 룰루스는 연대로 볼 때 분명 13세기에 속하지만, 문화적으로는 14세기에 더 속한다. 그는 '조명 박사'로 불리는 대중적이고 독립적인 스콜라 학자이자 카탈란 문학의 창시자이고 그리스도교 신앙

의 선교사이자 호교론자, 정교한 논리학자, 교육적 설화자, 시인, 신비주의자로 평가된다. 그는 1232년 스페인의 마요르카에서 태어났다. 장성해서 아라곤 왕국의 야고보 1세 국왕의 신하가 되었고, 결혼해서 2명의 자녀를 두었다. 그러나 깊은 신앙의 위기를 겪은 후 회심해서 부와 영예를 버리고 은수 생활을 했다. 그리고 1263년 그리스도에 대한 현시를 체험한 후 더욱더 교회를 위해 자신을 투신했다. 특히 이슬람교도들에 대한 회심과 그리스도교에 대한 쇄신을 위해 마요르카에서 9년간 이슬람에 대해 공부했다. 그리고 선교사로 투신하기 위해 수도회를 설립했다. 그는 그리스도교의 순수함을 해친다고 본 아베로에스주의자들과 논쟁을 했으며, 그 와중에 프랑스 남부의 몽펠리에 연구소와 파리에서 가르쳤다. 또한, 교황청과 유럽의 군주들을 설득해서 자신의 선교적이고 개혁적인 쇄신 계획에 대한 지지를 얻어냈다. 그리고 마침내 북아프리카로 건너가 이슬람교도들에게 복음을 전했다. 이로 인해 그는 2번이나 감옥에 갇히는 고초를 겪기도 했다. 모로코에서 아랍인들의 회심을 위해 많은 노력을 기울이다가 결국 순교로 생을 마감했다. 그가 집필한 작품들은 크게 아베로에스주의자들에 맞선 논쟁적 작품들과 지식에 대한 완전한 정밀 검사를 개진한 체계적 작품들로 나뉜다.

② 신앙의 합리성과 철학적 가르침: 룰루스는 토마스의 모범을 따라 아베로에스주의자들이 주장한 이중 진리설과 일부 아우구스티누스주의적 배경에서 유행하던 신앙과 이성 간의 갈등설을 배격했다. 그는 믿지 않는 이들도 신앙의 교의들을 믿을 만하고 받아들일 만한 것으로 만들기 위해 이성의 모든 자원에 호소했다. 그는 신앙이란 인간의 이성이 이

해할 수 없는 대상들과 연관된다고 보았다. 하지만, 그리스도교 신경이 이성에 반대되지 않으며, 이성이 그 신경을 거슬러 제시한 모든 반론을 반박할 수 있음을 제시하려 했다.

룰루스는 신앙과 이성 간의 관계, 계시된 진리를 심화하고 정당화하는 데 있어서 이성의 기능들에 대한 이해에서 토마스의 입장과 완전히 일치했다. 그러나 그는 프란치스코회 소속 재속 회원으로서 인간학, 인식론, 우주론, 형이상학 등 사상의 주요 분야에서는 공개적으로 프란치스코 학파의 입장에 섰다. 그래서 그는 영원으로부터의 세상 창조, 세상은 영원하다는 견해는 불가능하다고 주장했다. 또한 천사들의 유한성을 설명하기 위해 보편적 질료 형상설을 받아들이며 지성에 대한 의지의 우위, 형상 다수성, 존재 개념의 일의성 등을 주장했다. 그는 그리스도교 지식 전체에 대한 쇄신과 호교론적 방법 및 신학적 개진 방법이 근본적으로 변혁되기를 원했다. 그는 이것들이 학문의 보편적, 체계적 위대한 이상에 기초해서 전체적으로 쇄신되어야 한다고 보았다. 그는 이처럼 모든 지식에 대한 체계화에 대해 '대기술'(Ars magna)이라는 이름을 붙였다.

③ 신학 사상: 룰루스의 신학을 구성하는 본질적인 측면은 호교적이다. 그는 그리스도교 신앙의 위대한 이성적 가치를 부각함으로써 이를 이슬람교도들과 유다인들이 이해할 수 있기를 원했다. 그는 이를 위해 합리적인 호교론적 논쟁의 영역을, 엄정한 '신앙의 현관', 곧 신앙의 전제들과 자연적인 종교적 진리들로부터 신앙의 구체적인 이론적 주장의 영역으로 확장했다. 그는 이성이 접근할 수 있는 진리와 오직 신앙에 의

해서만 접근 가능한 진리를 구별하지 않았다. 그는 언제나 신앙에서부터 출발했다. 그는 믿는 것을 이해하기 위해 이 작업을 수행했다.

룰루스는 하느님에 대해 상당히 역동적인 개념을 갖고 있었다. 모든 신적 '품격들', 곧 선, 지혜, 권능, 아름다움, 영광 등 그분의 속성들은 능동적 품격이다. 각각의 품격들은 행위자, 수용자, 행위라는 삼인방을 통해 전개된다. 룰루스는 품격이 지닌 이러한 삼중성을 바탕으로 자신의 사상을 발전시켰다. 그가 바라보는 우주는 모든 똑같은 본래적 또는 모형적인 신적 모델을 드러내지만, 그것들 사이에 유비적인 관계를 보존하는 위계질서에 따라 배치된다. 그리고 각각의 수준은 자신의 창조주에 대한 다른 유사성을 드러내며, 이를 통해 하느님을 관상할 수 있는 거울의 역할을 수행한다.

그의 신학에서 두드러진 분야 중에 그리스도론과 마리아론을 들 수 있다. 그는 그리스도론에서 그리스도의 절대적 우위를 확신하는 주창자이며, 마리아론에서 동정녀 마리아의 원죄에 물들지 않은 잉태를 용감히 옹호한 인물이다. 룰루스의 신학적-철학적 작품들은 15세기 중부 유럽의 여러 나라에서 널리 퍼졌다. 이는 쿠사누스가 그의 '대기술'의 기본 원리를 자신의 것으로 삼았던 것에 기인한다. 룰루스의 학문적 유산은 중세에서 근대로 넘어가는 과정에서 베사리오네, 조르다노 브루노, 쿠사누스 같은 대가들에게 많은 영향을 미쳤다.

제3장

후기 스콜라학

1. 14세기: 중세 문명의 위기와 새로운 신학

14세기에는 시대적인 문화적 변화가 다양하게 일어났다. 이는 도처에서, 곧 철학, 신학, 정치학, 종교, 기술, 문학에서 감지되었다. 문화 전반에 신 중심에서 인간 중심적, 자연주의적인 전망으로 넘어가기 시작했다. 고딕 양식의 대성당과 『대전』(summa)들의 시대가 마감되고, 영주들의 궁전과 과학적이고 철학적인 천품을 지닌 단행본 유형의 작품들이 주류를 이루는 시대가 열렸다. 또한, 새로운 사회적, 정치적, 문화적, 종교적 분위기로부터 새로운 요구들과 사상들이 생겨나기 시작했다. 이는 새로운 시대를 예고했으며, 동시에 중세 '그리스도교 공화국'이 간직한 모든 위대한 유산이 급속하게 쇠퇴하게 하는 원인이 되었다. 이미 14세기부터 중세가 저물어가고 스콜라학이 쇠퇴하기 시작한 것이다.

1) 스콜라학이 쇠퇴한 원인들

대가들이 즐비했던 13세기만큼은 아니라 해도, 14세기 역시 오캄과 에크하르트처럼 '옛 길'을 끝내고 '새 길'을 열어젖힌 중요한 인물들로 수놓아져 있다. 이 시기에 스콜라학은 눈에 띄게 쇠퇴해 갔다. 여기에는 다음과 같은 다양한 이유들이 있다. 첫째, 문화적 요인을 들 수 있다. 구체적으로 이 시기에 학문의 흐름은 형이상학을 포기하는 쪽으로 기울었으며, 오캄의 유명론과 에크하르트의 신비주의를 선호했다. 둘째, 교황권의 쇠퇴를 들 수 있다. 교황은 로마를 버리고 14세기 내내 아비뇽으로 옮겨 가서 지냈다. 그레고리오 11세가 로마로 귀환한 이후 서방 교회에 대이교(大離敎)가 발생했으며, 이를 수습하는 과정에서 그간 교황이 누린 특전들은 공의회에 의해 조정되었다. 셋째, 정치적인 요인을 들 수 있다. 카롤루스 대제 이래 '그리스도교 공화국'의 통일성을 보장하던 정치 구조인 교황권이 약화된 것이다. 이로 인해 유럽의 여러 나라와 도시국가들이 황제로부터 독립을 확보해 갔고, 이들은 종종 그리스도교의 공통 관심사에 반대되는 일을 저지르기도 했다. 넷째, 세속화의 요인을 들 수 있다. 당시 사회는 더 이상 그리스도교 신앙의 규범들을 수동적이라도 충실히 따를 의도가 없었다.

신학의 위기는 이런 전반적인 문화적 위기에 내포된 부분적인 측면이다. 따라서 스콜라학의 위기 속에는 중세 문명이 좌초한 심각한 종교적 위기가 충실하게 반영되어 드러나고 있다. 14세기 신학의 흐름은 형이상학에 대한 배제, 신앙과 이성 간에 조화가 깨지게 된 점, 주의주의의 득세, 신앙주의적이고 실증주의적인 유명론의 득세 등으로 특징 지어진다. 동시에 이는 스콜라학이 쇠퇴하고 마감하게 된 이유이기도 했다. 그러나 신학의 위기를 초래한 새로운 신학이 기존의 스콜라학을 붕괴시킨 것만은 아니다. 새로운 신학은 새로운 길을 내고 새로운 문제들을 제기했으며, 자기 시대의 영적 계기들에 대한 새로운 응답을 제시하고자 했다. 에크하르트부터 뤼스브뢰크에 이르기까지 라인 강변과 플라밍고 지방의 신비가들은 영적 전통의 정점을 대표한다. '새로운 길'의 창시자는 윌리엄 오캄이다. 그러나 '옛 길'에 대한 비판적인 활동은 이미 오캄 이전에 도미니코회의 두란두스 드 생-푸르생과 프란치스코회의 피에르 아우레올로를 통해 시작되었다. 그들은 둘 다 자기 수도회의 위대한 권위자인 토마스와 둔스 스코투스에게 반기를 들면서 새로운 길을 모색했다.

2) 두란두스 드 생-푸르생

두란두스는 1270년 리마뉴 지방의 생-푸르생에서 태어났다. 그는 파리 대학에서 신학을 공부하고 1312년 그곳의 신학 교수가 되어 가르쳤다. 그러나 얼마 후 그는 클레멘스 5세 교황에 의해 아비뇽의 교황청 강사로 임명되어 아비뇽에서 가르치게 된다. 그는 아우구스티누스 사상의 전통에 뿌리내리고 있었으며 토마스의 사상에 대립되는 사상을 발전시켰다. 그러나 1313년 메츠 총회는 두란두스의 91개 명제를 단죄하고 말았다. 그는 『해명』이란 작품을 집필해서 자신의 이론에 대해 변론했다. 그 후, 1326년에 메오의 주교로 임명되어 사목을 했으며, 1329년에는 법적 정의의 한계에 관한 논쟁에 개입하기도 했다. 그는 1334년 세상을 떠났다.

두란두스는 모든 무익한 개념의 중첩을 일소하고 인식의 범주들을 본질로 환원하는, 단순하고 본질적인 사상을 탐구했다. 그는 이를 위해서 정신이 인식하기 위해 필요로 하는 내용을 정신에 제공하기 위해서는 감각과 상상력만으로 충분하다고 주장하면서, 보편자를 하나의 순수한 논리적 관념으로 환원했다. 또한, 그는 개체화가 스코투스가 주장했던 것처럼 하나의 종적 형상에서 기인한다고 보았다. 그의 형이상학에서 가장 중요하고도 독창적인 이론은 '관계'(relatio)에 대한 서술과 연관된다. 그는 실제적 관계를 논리적 관계로부터 구별했다. 그에 따르면, 실제적 관계는, 설령 한 사물이 아니라 단지 하나의 존재 방식일 뿐이라 해도, 자기 주체의 개인적 실재로부터 효과적으로 구별되고, 그것이 연관되는 그 '합성체' 안에도 들어가지 않는다. 그는 관계가 그 토대와 다르며, 그것과 더불어 합성체를 이루지도 않는다고 보았다. 그래서 본질과 관계들은 어떤 방식으로든 실제적으로 구별된다고 말했다. 그는 이러한 이론을 삼위일체론에 적용해서 그 신비를 해명하려 했다. 그에 따르면, 성자는 위격으로서는 성부로부터 구별되지만, 그렇다고 자신의 토대에 덧붙여진 일종의 독립된 실체를 구성하는 것은 아니다. 이러한 그의 입장은 당대의 많은 신학자들로부터 비판받고 이단으로 고발되기도 했다. 그는 원죄론으로 인해 펠라기우스주의 혐의도 받았다. 그는 아담의 죄에 대한 전가(轉嫁)와, 그가 유일하게 의지를 지닌 인격적 행위이자 그러한 것으로서 전달될 수 없는 것으로 간주하는 죄 자체를 명확히 구별했다. 이러한 그의 이론들은 14-15세기에 여러 학교에 퍼지며 광범위한 명성을 얻게 된다.

3) 피에르 아우레올로

피에르는 1280년 프랑스의 구르동에서 귀족 가문의 아들로 태어났다. 그는 젊은 시절에 프란치스코회에 입회해서 수련을 마친 후 파리 대학에서 신학을 공부했다. 그 후, 볼로냐 대학(1312년)과 툴루즈 대학(1314년)에서 가르쳤으며, 다시 파리 대학으로 돌아가 학위 과정을 마치고 1318년 '신학 스승' 자격을 획득했다. 1320년에는 아퀴타니아의 관구장으로 선임되었으며, 1321년 엑상 프로방스의 주교로 서임되었다. 그러나 1322년 초에 아비뇽에서 세상을 떠나고 말았다. 그는 '능변 박사'라고 불리며 살아생전에 방대한 학문적 결실을 남겼다. 그의 작품들에 대한 해석은 매우 다양하다.

그는 토마스나 스코투스와 같이 이전 세대의 위대한 스승들뿐만 아니라, 아리스토텔레스와 아비첸나와 같은 고대, 중세의 위대한 철학자들에 대해서도 잘 아는 독립적인 사상가였다. 그의 사상적 노선은 '옛 길'로 대변되는 스콜라학보다는 '새 길'에 가까웠다. 생애에서도 잠시 살펴보았듯이, 그는 자신의 선배들이 주장했던 모든 것을 논의에 부쳤다. 그럼에도 불구하고, 그는 요한 22세 교황에 의해 주교로 서임되었다. 그가 보인 판단의 성숙함을 높이 평가했기 때문이다.

우선, 아우레올로는 인식론에서 아우구스티누스의 조명설을 배격했다. 또한, 그는 플라톤주의자들의 초실재주의 이론도 배격했다. 그가 보편자 문제에 대해 제시하는 해결책은 초실재주의도 아니고 유명론도 아니며, 그렇다고 개념주의도 아니다. 그는 '온건 실재주의'를 표방했다. 그에게 있어서 개념들은 객관적 가치를 지니고 있다. 이로 인해 그의 인식론은 종종 토마스나 스코투스의 해석과는 구별된다. 또한, 그는 인간학에서 인간과 육체의 실체적 결합을 옹호했지만, 영혼이 다른 것들과 마찬가지로 육체의 형상이라는 점은 부정했다. 그리고 이 선상에서 그는 영혼의 불멸성이 이성적으로 증명될 수 있다는 점을 부정하는 가운데 아베로에스적인 아리스토텔레스주의의 입장에 동조했다.

하느님의 실존과 관련해서, 아우레올로는 그분의 실존이 그 자체로 알려지며, 인간의 정신 속에 새겨져 있는 더 나은 것을 향하려는 경향 덕분에 모든 사람들에게 자연적으로 알려진다고 주장했다. 그러나 안셀무스처럼 우리가 하느님에 대해 가진 관념으로부터 하느님의 존재가 연역될 수는 없다고 보았다. 또한, 그는 자유로운 행위들에 대한 하느님의 예지 문제에 대해 각별히 주의를 기울였다. 이러한 행위들은 분명 하느님께 알려지지만, 아우레올로는 엄밀하게 '선지식'(praescientia)에 대해 말할 수 있다는 점을 받아들이지 않았다. 왜냐하면, 이 '선'(先, prae-)은 하느님의 영원한 실재와 조화를 이룰 수 없는 시간적 함의를 지니고 있기 때문이다.

한편, 그는 실천적인 문제들, 특히 사회적-정치적 문제에도 깊은 관심을 기울였다. 그에게 있어서 사회 질서는 권위의 질서로 환원된다. 그는 권위가, 인간 공동체가 도달하고자 하는 목적에 긴밀히 연결되어 있다고 보았다. 그러므로 '우두머리'에게 복종한다는 것은 사회 속에 사는 인간에게 '복지'의 원인에게 마땅한 것을 돌리는 것이다. 법에 대한 복종 역시 같은 질서에 속한다. 하지만, 권력과 권위의 타당성은 매우 명확한 한계를 갖고 있다. 그래서 아우레올로는 우두머리가 권력을 정당화할 수 있는 과제를 이행하지 않는다면, 그에 대항한 반란은 정당하다고 보았다. 그러므로, 불의한 군주는 폐위될 수 있다. 즉, 가까운 군주에 의해 그의 권력이 박탈될 수 있다고 그는 지적했다. 그는 요한 묵시록을 주해하면서 황제들을 세우기도 하고 끌어내리기도 하는 정치적 변혁들을 묘사했다. 그는 근본적으로 권위는 하느님으로부터 온다고 보았다.

아우레올로는 교황의 권한에 대해서도 여러 차례 지적했다. 그에 따르면, 교회는 위계적으로 조직된 단체이며, 그의 머리는 교황이다. 그 안에 모든 권한이 자리잡고 있다. 교회는 오직 교황으로부터만 자신의 재판권을 받는다. 로마 교회가 잘못을 범할 수 없다고 말하는 것은 교회의 머리인 교황의 무류권을 선포한다는 것을 의미한다. 또한, 그는 여기서 한 발 더 나아가, 세속의 권력과 영적인 권한 모두 하느님께 그 기원을 두고 있다고 말하며, 독일의 황제들이 영적 권위의 권리들을 찬탈하려 했다고 비난했다.

2. 윌리엄 오캄과 새로운 길

14세기의 철학, 신학 세계에서 윌리엄 오캄(William Ockham)은 아주 중요한 인물이다. 그는 그리스도교가 중세 문명에서 등을 돌림으로써 겪어야 했던 심각한 문화적 위기를 대변하는 인물이라고 할 수 있다. 이는 본질적으로 '옛 길'을 지탱하던 모든 위대한 기둥들에 대한 거부에서 비롯되었다. 오캄은 논리학의 이름으로 형이상학을 거부했으며, 비판주의와 유명론의 이름으로 실재주의를 거부했다. 또한, 그는 신앙과 이상 간의 전통적인 조화를 깨트리고, 신앙주의와 합리주의를 동시에 강조했으며, 지성에 대한 의지와 자유의 우위를 강조했다. 두 세기(14-15세기)에 걸쳐 가장 많은 이들이 따르게 될 오캄 학파의 성공은 그 창설자인 오캄이 견지한 입장들이 14세기 초부터 현실화하던 당시의 시대적 위기를 충실히 반영하고 있다. 당시 중세 문명을 구성한 모든 정치적, 종교적, 문화적, 이데올로기적 질서는 도전에 직면해 있었다. 오캄은 스콜라학적인 옛 질서에 대한 파괴를 통해 자신의 사상을 구축해 갔다. 그의 인식론은 인식의 객관적 가치를 부정하는 유명론을 향했고, 형이상학은 주관주의와 그로 인한 귀결인 불가지론으로 이어졌다. 그럼으로써 그리스도교와 대립하는 가운데 발전하게 될 근대 철학의 형성에 영향을 미쳤다.

1) 생애와 작품

윌리엄 오캄은 런던 남동쪽 서리 근교의 오캄에서 태어났다. 1307년 그는 프란치스코회에 입회해서 공부를 시작했다. 1318년에 명제집 학사가 되었으며 1324년에는 성경 교수가 되어 활동했다. 같은 해에 그는 교황에 의해 아비뇽으로 소환되어 위험한 이론들을 가르친다는 고발에 대해 변론을 해야 했다. 그 후, 교황에 의해 위촉된 위원회는 3년간 그의 사상을 검토했으며, 그 결과 이단으로 단죄되었다. 또한, 프란치스코회 총장인 미켈레 다 체세나 신부 역시 '가난'에 대한 가르침으로 인해 이단으로 고발된 상태였다. 당시 이 두 사람은 1328년 5월 26일 수도회의 다른 형제들과 함께 아비뇽을 탈출해서 이탈리아의 피사로 가서, 루트비히 황제의 비호에 의탁했다. 이들은 황제에게 요한 22세 교황에게 이단의 혐의를 씌워 폐위시킬 것을 종용했다. 그러나 오히려 그들 자신이 파문을 당하고 말았다. 루트비히 황제 역시 1330년 이탈리아를 떠나 독일로 돌아가도록 강요받았다. 결국, 오캄 일행은 황제를 따라 황제파의 성채인 뮌헨의 프란치스코 수도원에 정착했다. 그 후, 오캄은 이곳에서 근 20년을 보내며 요한 22세, 베네딕토 12세, 클레멘스 6세 교황을 거슬러 투쟁을 벌였다. 오캄의 작품들은 흔히 두 부류로 나뉜다. 첫 번째 부류에는 대부분 그의 생애 초기에 집필된 철학적, 신학적 작품이 있다. 반면, 두 번째 부류는 로마 교황청과 교황들의 권위와 권력에 저항하여 자신의 입장을 지지하기 위해 1328년부터 집필한 모든 논쟁적 작품이 있다.

2) 오캄의 면도날

오캄은 중세 스콜라학의 근본 전제들, 신앙과 이성 간의 조화, 이성의 능력 자체에 대한 신뢰 등을 논의함으로써 결정적인 전환을 이루어냈다. 오캄은 자신의 여러 작품에서 "필요 이상으로 존재자들을 다수화해서는 안 된다"는 명제를 즐겨 사용했다. 이는 어떤 사물이나 사건을 설명하는 데에 가능한 한 최소의 법칙을 활용하도록 규정하는 '경제의 원리'와 같다. 오캄은 이 원리를 체계적으로 적용하여 자신의 선배들이 구성한 모든 형이상학적, 논리적, 우주론적, 신학적 이론들에 대한 근본적 환원 작업을 수행했다. 이를 '오캄의 면도날'이라 부른다. 이 원칙을 적용한 전형적인 예로, 그는 하느님에 대한 이중적 인식, 즉 자연적 인식과 계시된 인식 간의 구별을 제거해야 한다고 보았다. 그에 따르면, 자연적 인식은 하느님께 이르지 못하고 다만 세상의 제1원리에 도달할 수 있을 뿐이다. 하느님에 대한 관념은 오직 신적 계시에서 오는 결실이라고 그는 보았다.

3) 논리학과 형이상학

오캄의 많은 작품들은 논리학을 위해 쓰였다. 학자들은 그의 논리학 관련 작품들 속에서 형식 논리학의 몇 가지 근본 원리들을 재발견했다. 오캄에 따르면, 인간 정신의 고유한 대상은 개별 사물들이다. 즉, 인간에게 가장 먼저 알려지는 것은 개체라고 그는 보았다. 물론 그도 보편적 개념, 보편적 관념, 추상에 대해 언급하지만, 이는 아리스토텔레스적인 개념들과는 상당히 거리가 멀었다. 보편적 개념은 모든 개체들 안에서 동일한 어떤 것을 말하는 데 반해, 오캄의 관념들은 단적으로 유사한 어떤 것을 표상할 뿐이다. 오캄은 보편자가 오직 인간의 사고 속에만 실존한다고 보았다. 이것은 개념 그 자체로 보편적이라는 것을 의미하는 것이 아니다. 그는 개념들도 사물들과 마찬가지로 개별적이라고 말한다. 오캄은 두 가지 유형의 보편자, 곧 '자연적 보편자'와 '협약적 보편자'를 구별했다.

한편, 오캄은 형이상학과 관련해서, 그 대상은 둔스 스코투스와 마찬가지로 '공통 존재자'(ens commune), 즉 보편적이고 일의적인 존재자 개념이다. 그는 존재자를 필요 이상으로 다수화해서는 안 된다는 원리를 적용해서, 실재적이고 필수적이라고 평가되는 수많은 것들을 형이상학의 세계로부터 일소해 버렸다. 그는 이 선상에서 관계, 생성, 공간, 본질들, 본질과 존재 간의 구별, 영혼의 기관들 사이의 구별, 하느님의 속성들 사이의 구별 등이 실재적이 아니라고 주장했다. 그는 오직 실존하는 것만이 실재적인 것으로 보았다. 즉, 오직 개별적으로 구별되는 것만이 실존하며, 또 오로지 물리적으로 구별될 수 있는 것만이 개별적으로 구별된다고 보았다. 하지만, 오캄은 실재적 관계들이 주어진, 적어도 한 가지 경우가 있다고 보았는데, 그것이 바로 삼위일체라고 말한다.

4) 자유와 도덕성

프란치스코 학파의 여러 학자들처럼, 오캄 역시 인간의 의지에 절대적 우위를 부여했다. 그에게 있어서 의지와 자유는 동일한 것으로 드러난다. 그는 하느님을 포함한 여하한 다른 원인의 도움과는 독립적으로 스스로 자기 자신을 구현할 때, 의지가 누리는 자기 결정을 '자유'로 정의했다. 그에 따르면, 지성에 의해 제시되는 대상이 의지로부터 그 자유를 제거하지는 못한다. 심지어 최종 목적도 의지의 자유를 앗아갈 수는 없다는 것이다. 더 나아가, 그는 의지 속에 무한한 선을 향한 자연적 경향이 있다는 것도 부정했다. 그는 의지가 최종 목적을 가진 것은 맞지만 이 최종 목적이 하느님을 의미하는 것은 아니라고 주장했다. 즉, 그것은 얼마든지 행복 일반일 수 있다는 것이다. 그는 인간의 의지가 행복 일반 앞에서 언제까지나 자유로운 채로 남아 있다고 보았다. 즉, 인간이 필연적으로 행복으로 기우는 것은 아니라는 것이다. 또한, 오캄은 계시를 바탕으로 체계화 된 윤리적 가르침을 사랑으로 재해석하는 가운데 프란치스코 학파의 열쇠로 그 가르침을 제시했다. 그에 따르면 우리 사랑의 주요 대상은 오직 하느님일 수밖에 없다. 오직 그분만이 오캄이 말하는 '우애', 즉 우정의 사랑이라고 부르는 가장 완전한 사랑으로 사랑받을 만한 자격이 있는 것이다. 오캄은 하느님이 온전히 사랑받으셔야 한다고 말하며, 이를 바탕으로 어떤 경우에도 하느님의 뜻에 복종해야 할 의무가 있다고 가르쳤다.

5) 하느님의 실존과 본성

오캄은 안셀무스가 자처했던 것처럼 하느님의 실존을 '선험적으로' 입증할 수는 없다고 보았다. 그는 그분의 실존이 다만 '후험적으로' 인식될 뿐이라고 말한다. 여기에 더해, 그는 후험적 증명들이 절대적 가치를 지니고 있지 못하며, 다만 개연적 가치만 지니고 있을 뿐이라고 지적했다. 그는 기존의 여러 대가들이 제언하는 증명들에 대해 무한소급이 불가능한 것으로 드러나는 '보존'(conservatio)의 증명으로 대체하기를 선호했다. 그에 따르면, 세상은 우연적 존재자이기에 그것을 보존할 누군가가 필요하다. 그런데 일련의 '보존자'들의 연쇄에서 무한히 전개될 수는 없다. 그러므로 하느님은 실존한다고 그는 말한다. 오캄은 제반 사물들을 존재 속에 보존하는, 그러나 그 자체는 다른 어떤 원인에도 의존하지 않는 어떤 궁극적인 원인의 실존을 긍정해야 한다고 지적했다. 오캄이 제시한 신 존재 증명이 갖는 새로움은 바로 이 지점에 있다. 그는 제1원인이 무(無)로부터 도출한 어떤 실재의 모순을 제거하기 위해서가 아니라 존재 속에서 유지된다는 사실로부터 생겨난 다른 모순을 제거하기 위해 필요하다고 주장했다.

또한, 오캄에 따르면, 인간은 하느님의 본성에 대해 고유한 개념들을 형성할 수 없고, 다만 '공통 개념들'을 형성할 수 있을 뿐이라고 보았다. 그것들은 실재적 가치를 지닌 것이 아니라 '명목상'의 가치만 지닌 개념들이라는 것이다. 그리고 그는 하느님 안에서 '의지'의 절대적 우위를 주장했다. 그는 하느님 안에서 인식과 바람 사이에 완전한 일치가 있다고 말한다. 그분의 앎은 언제나 그분의 바람과 일치된다. 따라서 알려진 사물 치고 또한 원해지지 않은 것은 없다. 그래서 이렇게 말했다. "그분이 원하신다는 사실 자체만으로도 그것은 선하고 올바르게 이루어진 것이다." 그에 따르면, 십계명의 법 자체도 보편적 질서에 의해서, 그리고 인간 본성에 의해서, 혹은 사회적 공존에 의해서 요구되기 때문이 아니라, 오직 하느님이 그렇게 원하셨기 때문에만 의무를 지우는 것이다.

6) 절대적 권능과 질서 지워진 권능

오캄 역시 스코투스처럼 하느님의 절대적 권능과 질서 지워진 권능 사이를 분명히 구별했다. 실상, 하느님은 일단 명령을 내렸으면, 그것을 중시하고, 그래서 그것은 인간을 절대적으로 얽어매는 특성이 있다. 또한, 그는 성사론에서 성사들의 도구적 원인성을 완전히 제거했다. 그에 따르면, 성사들은 하느님에 의해 완전히 인위적으로 설정된 표지들이다. 특히, 그는 성체성사에서 '실체 변화'의 교의를 따랐지만, 많은 유보 조건을 달았다. 그는 그 자체로 빵과 그리스도의 몸 사이의 공존을 선호했다. 또한, 그가 표방한 주의주의와 기회주의는 은총 교리에 부정적인 영향을 미쳤다. 오캄에게 있어서 은총은 인간을 쇄신하고 공로를 세울 수 있도록 만들어주기 위해 그에게 전해지는 힘이 아니라, 하느님이 인간을 자신의 뜻에 따라 받아들이거나 받아들이지 않는 하느님의 호의이다. 오캄이 신학에 도입한 '새로운 길'은 매우 심각한 결과를 초래했다. 신학은 더 이상 구원의 가르침이 아니게 되었으며, 신학자는 자신의 구원이 자신의 신학 체계 속에 연루되어 있음을 보지 못하는 그만큼 쉽사리 대담한 사변으로 빠져들 수 있게 되었다.

7) 교회론

오캄의 사상에서는 특히 교회론과 정치 신학과 관련된 문제들이 중요한 주제로 부각되고 있다. 그는 이 주제와 관련해서 여러 세기에 걸쳐 전통에 의해 축적된 모든 이론적 성취들을 제거하고, 배타적으로 사도 바오로 서간과 다른 여러 신약 성경의 가르침에 호소했다. 이 분야에서는 그의 '면도날'이 논리학의 이름이 아닌 '성경'의 이름으로 작동하게 된 것이다. 그래서 그는 예컨대 전통의 엄격한 수호자들이어야 할 신학자들과 교회법학자들에게 그들이 그리스도의 말씀은 잊은 채 자신들만의 학문과 규칙으로 성경을 대체하고 있다고 비난했다. 그는 이러한 학문적 시도들을 거슬러 복음과 교회 학문의 가장 오래된 원리들에 대해 지속적으로 호소해야 한다고 말했다.

오캄의 많은 주요 작품들, 특히 『대화』에서 교회론 주제를 광범위하게 다뤘다. 이는 당대 유럽의 지성인 대중들로부터 큰 인기를 얻었다. 대이교 시기에 이 작품은 콘스탄츠 공의회, 바젤 공의회에서 많은 사람들에게 교회의 쇄신, 그 단일성, 로마 교회의 권리들, 지역 공동체의 권한, 교회의 역사적 조직화, 정당한 변론권 등에 관한 논쟁적 문제들에 방향을 제시해 주었다. 그의 교회론은 구원 진리의 제1주체인 신앙인들과 '신앙인 공동체'의 최고 수호자인 황제라는 2개의 커다란 축을 중심으로 전개되었다. 그가 말하는 교회는 하나의 사회적 실재, 요컨대 하나의 대중으로 드러난다. 그것은 이를 구성하는 믿는 개인들 안에서 그 실재를 갖는다. 그에게서는 교회가 그리스도의 몸이며, 십자가에 못 박히신 그분의 옆구리에서 나온 그분의 신부로서, 그분과 더불어 하나의 신비체를 구성한다는 가톨릭적인 교회관이 아무런 의미도 갖지 못했다.

그는 교회를 다음과 같이 정의했다. "신앙인들의 공동체는 다수의 신앙고백자들이다." 이러한 그의 교회론은 완전히 개체, 개인에 집중되어 있고 공통적인 것에 대해 강한 반감을 보이는 오캄 철학의 근본 원리 안에 있었다. 더욱이 그는 여기서 한발 더 나아가 보편 교회의 수장인 교황도 이단적일 수 있다고 주장했으며, 교황의 무류성에 대한 주장은 온통 터무니없고 모순적일 뿐이라고 비판했다.

오캄의 교회론에서 가톨릭의 위계적 교회론은 개인적 신앙으로, 오로지 모든 신앙인들의 완전한 결합과 평등으로 살아가는 신비적 유대로 해체되어 드러나고 있다. 그는 이를 바탕으로 모든 그리스도인은 이미 자신의 내면에서 진리의 주요 수탁자이며, 평신도들도 직접 하느님 은총의 인도를 받고 영감을 받아 소중한 증인이 될 수 있다고 주장했다. 여기에 더해, 그는 교회를 교황의 손에서 빼앗아 황제에게 맡겨야 한다고 주장하며, 콘스탄티누스 대제 식의 교회 개념, 즉 '제국 교회'로 되돌아가야 한다고 보았다. 교회의 내부에서 질서, 훈육, 그리고 심지어 정통 교회까지도 보장하는 것은 더 이상 교황이 아니라 황제가 되어야 한다고 본 것이다. 오캄에게 있어서 온 인류를 지키도록 하느님에 의해 세워진 군주가 교회의 갈등에 개입하는 것은 자연스러운 일로 드러난다. 그는 황제, 군주를 비롯해 정당한 권위를 보유한 사람들은 모두 '주님의 대리자'이며, 그분의 정당하고 자연적인 도구들이며, 전능하신 하느님의 손 자체라고 주장했다. 그러므로 그는 모든 신앙인들 가운데 가장 어려운 과제가 맡겨진 황제에게 교회의 모든 구성원들의 최고 특전에 대한 실행이 맡겨져야 한다고 보았다. 따라서 그는 통상적으로 교회 구성원들이 공의회와 시노드에서 실행하는 권한들은 오직 황제에게 귀속되어야 한다고 주장했다. 특히 교황이 오류를 범하고 이단적일 경우, 황제는 더 이상 상고할 수 없는 결정적인 판결로 경계하고 처벌하는 자신의 사법권을 실행해야 한다고 언급했다.

8) 정치 신학

오캄은 회칙 「*Unam Sanctam*」(1302년)에서 교황에게 영적인 권한뿐만 아니라 세속적인 권한까지 돌리며 절대적 신정 통치를 이론화한 보니파시오 8세 교황의 정치 신학을 비판하며, 그에 대해 정반대되는 정치 신학을 제시했다. 그는 황제에게 세속 질서에서 그가 본래 누리는 권위뿐만 아니라 영적 질서에서도 그러한 대리자의 권한도 귀속시키려 했다. 오캄은 교황의 절대주의를 공격하면서 교황이 제국의 권위를 지탱하는 원천이 아님을 입증하려 했다. 그는 이 권위가 교황에게서 오는 것이 아니라 정치적 권위가 결정적으로 자리 잡고 있는 백성을 대표하는 대리인들에게서 온다고 보았다. 그는 이를 바탕으로 정치적 권위는 백성들을 통해 하느님에게서 온다고 주장했다. 여기에 더해, 오캄은 교황이 시민적 영역에서도 최고의 권한을 가질 수 없다고 보았다. 만일 그렇게 되면 모든 사람에게 새로운 형태의 예속이 생겨날 것으로 보았기 때문이다.

9) 오캄의 영향

오캄이 중세 말과 근대 초기의 철학 및 신학 사상에 미친 영향은 지대했다. 이러한 그의 영향력으로 인해 중세 스콜라학은 해체되어 갔다. 그의 사상은 처음에는 파리 대학에서 그리고 이어서 유럽의 무수한 대학에서 급속히 퍼져 갔다. 이 가운데 많은 대학들은 한편에서 토마스의 '옛 길'을 따라, 그리고 다른 한편에서는 오캄과 그 추종자들의 '새 길'을 따라 철학, 신학 강좌를 개설했다. 이처럼 오캄의 사상은 14세기에 많은 추종 세력을 거느리며 큰 성공을 거두고 말았다. 이는 그가 옥스퍼드 대학의 학문적 이상과 자신이 속한 프란치스코회가 표방한 종교적 이상 간에 적절한 조화를 이루었기 때문이다. 그는 이 두 요소를 집요하리만큼 엄격하게 고백하고 구현하고자 노력했다. 그의 사상은 학문 영역에서 과학을 위한 자율성을 회복시키는 데 크게 기여했다. 이와 동시에 그는 이성과 철학의 함정들을 포함한 모든 세속적 책략으로부터 신앙에 자율성과 충만한 독립성을 보장하고자 했다. 그러나 그의 작품에는 많은 공백과 부족함을 일으킬 풍부한 싹들이 담겨 있었고, 이는 철학이나 신학에 적잖은 부정적 영향을 미쳤다.

3. 새로운 길의 확산: 오캄의 추종자들

오캄의 사상은 그의 사후 널리 보급되었다. 그의 사상은 옥스퍼드 대학, 파리 대학을 비롯해 유수의 많은 대학에서 열렬히 수용되었고, 루터와 트리엔트 공의회에 이르기까지 두 세기 동안 오캄 학파는 그리스도교 내에서 가장 많은 추종자를 얻은 영향력 있는 주류 세력이 되었다. 처음에는 그들이 제시한 사상적 전망이 하나의 체계라기보다 분위기를 가리켰지만, 시간이 흐르면서 '새로운 길'은 하나의 방법을 넘어 오캄과 그의 추종자들이 구성하는 학파를 특징짓는 철학적, 신학적, 정치적 입장으로 잘 구성된 체계를 가리키게 되었다. 오캄 학파에는 14세기 당시 영향력을 미친 당대의 학자들이 대거 포진해 있었다. 니콜라스 드 오트르쿠르, 장 뷔리당, 마르실리우스 폰 잉겐, 피에르 대이이, 존 위클리프 등이 그러하다.

1) 니콜라스 드 오트르쿠르

니콜라스는 1300년 베르덩 근처의 오트르쿠르에서 태어났다. 그는 파리 대학에서 수학한 다음, 학예학부의 스승이 되었고 이어서 신학 학사와 신학 교수자격을 취득했다. 1320-1327년에 소르본 기숙사의 '동료'(socius)가 되었다가, 1333년에는 그곳의 원장이 되었다. 그러나 1340년 베네딕토 12세 교황은 그를 다른 교수들과 함께 소환해서 그간의 가르침에 대해 해명하도록 요청했다. 이 소송은 후계자인 클레멘스 6세 교황까지 이어졌으며, 교황은 1346년 니콜라스를 포함해서 고발된 교수들의 65개 명제를 단죄하면서 이를 마무리했다. 이로 인해 니콜라스는 모든 학문 활동을 포기해야 했고 그의 작품들 역시 소각되어야 했다. 그는 그로부터 4년 후인 1350년에 세상을 떠났다. 그의 사상에 대한 단죄로 인해 그의 작품 중에 소수만 전해져 온다.

니콜라스는 '새로운 길'을 주창하고 전파한 주요 인물로, 그는 오캄주의의 모든 기본 명제인 신앙과 이성 간의 조화에 대한 파기, 신앙의 우위, 이성의 비판적 기능, 형이상학의 해체, 경험주의 등을 자신의 것으로 삼았다. 그의 사상에는 "과연 사람들이 진리와 관련해서 확실성을 가질 수 있는가?" 하는 핵심 문제에 대한 고민이 자리하고 있었다. 그는 이를 통해 이성의 연약함을 보여 주고, 그 자리를 신앙의 확실성으로 강화하려 했다. 또한, 그는 인식론 분야에서 배타적으로 감각적 인식에만 기초하는 경험주의적 이론을 천명했다. 그러면서도 객관적이고 실재주의적이라고 자처하며 '오감의 대상들'과 직접 그런 것을 깨닫게 되는 '내면적 행위들'이 지닌 명백한 확실성을 주장했다. 니콜라스는 흄의 사상을 여러 세기에 앞서 선취하면서, 원인과 결과 사이의, 혹은 반대로 결과와 원인 사이의 필연적 관계란 존재하지 않는다고 주장했다. 그리고 존재자들의 목적성과 그것들 사이의 위계 관념에 대해서도 똑같이 주장했다. 또한, 그는 데모크리투스의 원자주의에 호소하며, 세상을 구성하는 원자들이 영원하고 비소멸적이라고 주장했다. 그에 따르면, 변하는 것은 오직 그들의 조합과 분해뿐이다.

2) 피에르 대이이

피에르는 1350년 콩피뉴에서 태어났다. 그는 파리 대학에서 공부한 후, 1375년 명제집 학사가 되었다. 1380년에는 신학 박사 학위를 취득했으며, 교황으로부터 블랑샤르 총장의 해임을 얻어냈고, 동정 마리아의 '원죄 없으신 잉태'를 옹호하는 토론을 펼치기도 했다. 1389년 노트르담 성당의 참사위원이 되고, 1394년에는 산타 카펠라의 금고지기가 되기도 했다. 1395년에는 퓌(Puy)의 주교로 선임되었다. 그 후, 캉브레의 주교좌에 착좌하여 거기서 많은 쇄신 작업을 했으며, 게르하르트 그로테의 빈데스하임 수도원의 창설을 지원했다. 1411년 교황은 그를 추기경에 서임했다. 그는 콘스탄츠 공의회와 후스파 이단 단죄 당시 중요한 역할을 했다. 그는 1420년 아비뇽의 교황 특사 시절에 세상을 떠났다.

그의 명성은 특히 그가 쓴 『세상의 모상』과 『교회 개혁』에 연결되어 있다. 그는 『세상의 모상』에서 지구의 표면 이론을 주장하고, 바다를 통해 극동에 이를 수 있다고 말했다. 콜럼부스는 이 작품을 읽고 자신의 계획을 세웠다고 한다. 또한, 그는 『교회 개혁』에서 수많은 본질적 교회 쇄신 기획들을 제언했으며, 콘스탄츠 공의회와 바젤 공의회에서 이를 우호적으로 받아들였다. 그는 교황보다는 공의회의 우위를 주장하던 공의회우위설의 대표적인 옹호자였다. 그에 따르면, 주교들의 권한은 교황에게서 오는 것이 아니라 그리스도에게서 온다. 그는 오직 보편 교회만이 무류적이므로, 오류에 떨어질 수도 있는 교황을 거슬러 공의회에 호소하는 것은 타당하다고 보았다.

그는 철학에서 로저 베이컨과 특히 '새 길'의 창시자인 오캄의 사상을 따랐다. 그는 아리스토텔레스주의에 대항해서 비판하는 가운데 유명론을 고백했다. 그는 보편자 문제와 관련해서 온건 실재주의의 중재적 명제를 지지했다. 또한, 그는 오캄주의적 흐름과 합치하는 가운데 합리성에 대한 일반적 평가절하로부터 하느님의 실존 관념과 그 근본 속성들의 규정을 개연성과 유사성으로 환원했다. 더 나아가 그는 인간의 최종 목적이 자명하지 않다는 것, 따라서 어떤 인간적 행위가 선하거나 악한지, 또는 칭송할 만하거나 비난할 만한지 규정하는 것이 불가능하다고 주장했다.

피에르의 '새로운 길'은 오캄과 니콜라스가 제시한 길보다 한층 더 온건한 입장이었으며, 따라서 신앙과 이성의 분리를 덜 강조했다. 그래서 하느님의 '절대적 권능'에 직면해서 그는 계시 진리의 엄밀한 초자연적 질서와 사물들의 자연적 과정, 즉 경험에 제공되는 하느님의 설계의 습성적 질서를 뚜렷이 구별했다. 그는 하느님이 분명히 십계명과는 다른 도덕적 규칙을 제정하실 수도 있었고, 초자연적인 사랑의 주입 없이 인간을 구원하는 것도 가능했다고 보았다.

3) 존 위클리프

존 위클리프는 1320년 요크 공작령에 있는 위클리프-언-트리즈의 어느 하급 귀족의 집안에서 태어났다. 1345년 옥스퍼드 대학에서 공부를 시작했으며, 그 후 공개적으로 '새 길'과 유명론의 입장을 취하며, 학업의 첫 단계 전체를 스콜라 철학 공부에 바쳤다. 그는 1369년에 신학학사를 취득한 후 가르쳤으며, 1374년 루터워스로 건너가, 당시 특히 사법적 권한과 재정적 권리 문제 때문에 교황청과 심각한 갈등을 겪고 있던 왕실에서 봉직했다. 그러나 교황과 국왕의 모습에서 크게 실망한 위클리프는 반(反)교회적, 반(反)성직주의적 노선을 표방하는 대표적 인물이 되었다. 그레고리오 11세 교황의 대표자들과 담판을 한 후부터 그는 군주의 권리와 교황 및 교회의 재산에 대해 본격적으로 공격했다. 옥스퍼드 대학으로 돌아온 그는 1374년부터 1384년까지 자신의 『신학대전』을 집필했다. 1377년 5월 그레고리오 11세는 위클리프의 『시민 지배론』에 포함된 18개 오류를 단죄했으며, 1382년 캔터베리 공의회는 그의 10개 명제가 이단적이고, 14개 명제가 오류라며 단죄했다. 이로 인해 그는 더 이상 강의할 수 없었고 루터워스로 물러나야 했다. 그로부터 2년 후, 그는 그곳에서 세상을 떠났다. 그는 임종 전에 교회와 화해를 함으로써 교회 묘지에 묻힐 수 있었다. 하지만 콘스탄츠 공의회는 얀 후스와 함께 그의 명제들을 단죄했으며, 이로 인해 1422년 그의 무덤은 파헤쳐져 뼈가 불태워지는 형을 받아야 했다.

역사적으로 위클리프는 주로 철학자이자 정치인으로 평가받아 왔다. 그러나 최근의 연구에 따르면, 그의 관심은 주로 신학적이고 특히 성경적이었다. 또한, 그는 14세기 말에 가장 두드러진 교회 개혁자였다. 그는 당대의 교회가 처한 상황을 환히 꿰뚫어 보았으며, 교회 제도의 무질서를 감지했고, 개혁을 위해 구체적인 제언들을 할 줄 알았다. 하지만 그는 개혁의 차원에서 정통 교의의 경계를 훨씬 넘는 잘못을 범했다. 그는 유해 공경, 연옥, 전대사, 수도원 제도 등을 비판하는 데 그치지 않고 성경 안에 담긴 '하느님의 법'으로부터 중세 교회의 신학적 토대들까지 공격함으로써, 교계 제도의 최악의 적수 가운데 한 사람으로 간주되었다. 그는 이 모든 것을 부정함으로써 가시적인 가톨릭 교회를 부정했으며, 오직 예정된 자들의 교회를 주장했다. 그의 사상의 핵심은 교회에 대한 순수하고 복음적이며 영적인 개념이었다.

그가 바랐던 교회는 영혼들의 영적인 유익만을 그 목적으로 하고 복음을 유일한 규범으로 삼는 교회였다. 그는 교회가 온전히 성경으로 돌아가야 한다고 믿었다. 그는 성경을 종교적 진리 인식을 위한 첫 자리에 배정했으며 진리에 이르는 유일한 도구로 삼았다. 그는 가톨릭 교회가 온전히 복음의 메시지를 전해 준다는 사실을 부인했으며, 공동체의 고유한 중재들도 배격했다. 그에 따르면, 오직 성경에 기초해서 모든 것을 판단하고 승인하거나 배격해야 하고, 교황 제도, 성사, 전대사 등도 거부했다. 또한, 교회 제도와 관련해서, 그는 오캄과 마르실리오 데 파도바의 입장을 자신의 것으로 삼았다. 그리고 아우구스티누스의 두 도성의 대립 이론을 바탕으로 교회를 그리스도의 적의 도성과 공존하는 선택된 이들의 도성으로 이해했다. 하지만, 누가 이 도성에 속하는지는 알 수 없는 것으로 보았다. 마지막으로, 그는 하느님이 교황의 중재 없이 직접 지상의 선익들에 대해 당신의 법을 집행한다고 주장했다. 따라서 군주들은 교황이 아니라 오직 하느님께만 보고해야 한다는 것이다. 이러한 그의 주장은 교회에 대한 자율적인 시민 권력 관념과 국가의 주권 관념 형성에 기여했다.

4. 신비 신학: 마이스터 에크하르트와 그 제자들

14세기는 스콜라학뿐만 아니라 웅장한 중세 문명이 깊은 위기를 겪은 시기였다. 교황과 황제의 정치적-종교적 제도들이 흔들리고, 신앙과 이성 간의 조화가 깨졌으며, 영적인 질서와 거룩함의 우위가 사라져 갔다. 또한, 성직자의 문화적 독점이 중지되고 신정 통치제도에 대한 이의가 제기되었다. 오캄은 유명론을 바탕으로 '새 길'을 제시하며 이러한 해체를 가속화 했다. 이에 반해, 에크하르트와 그의 제자들은 '신비적인 방식'으로 이러한 위기에 임했다. 이러한 신비적인 방식은 기질적이고 개인적인 요인 이외에 문화적 이유에서 기인한다. 13-14세기에는 특히 도미니코 수녀원들의 노력 덕분에 수녀원들이 많이 설립되었다. 스트라스부르에만도 수녀원이 7개나 되었다. 1267년 클레멘스 4세 교황의 칙령과 1287-1288년 독일 관구장 헤르만 폰 민덴의 결정문은 도미니코회의 회원들, 특히 강사들과 스승들에게 수녀원들에 대한 보살핌을 위촉했다. 독일 신비 신학의 발흥을 위한 전제는 신학과 도미니코회적 사목의 결합, 대중 언어로 이루어진 설교, 13-14세기의 수도회 운동에서 독일적 영성의 특성을 띤 여성적 헌신 등이었다. 이러한 신비 신학은 영혼 안에서의 하느님 체험의 가르침으로, 그 경험으로 인도하는 복합적인 지침으로, 진정하고 고유한 신비 체험의 증언으로 제시되었다. 독일 신비 신학의 위대한 아버지이자 학파의 창시자는 마이스터 에크하르트였다. 그리고 그로부터 다음과 같이 역량 있는 제자들이 나왔다. 요한네스 타울러, 헨리쿠스 수소, 요한네스 뤼스브뢰크가 그러하다.

1) 마이스터 에크하르트

① 생애와 작품: 에크하르트는 1260년경 고타 근처의 호크하임에 자리한 튀링의 기사 가문에서 태어났다. 그는 젊어서 에르푸르트 도미니코 수도원에 입회했다. 그 후, 쾰른의 학원에서 공부했다. 또한 파리의 생 자크 수도원에서도 학업을 계속해서 신학 학사 자격을 얻었다. 그리고 에르푸르트 수도원의 원장이자 튀링의 관구장 대리로 임명되어 봉직했다(1298). 1300년에는 주임 교수 자격을 얻어 파리 대학에서 가르쳤다. 1303년에는 보니파시오 8세 교황에 대항한 프랑스의 미남왕 필립의 도움 요청을 거절함으로써 스코투스와 함께 프랑스로부터 추방되어 독일로 돌아갔다. 그 후, 새로운 삭손 관구의 관구장으로 선임되어 활동했으며, 1311년에는 다시 파리 대학으로 가서 짧은 기간 동안 가르쳤다. 1313년에는 튜토니아의 장관인 베렌가리우스 데 란도라의 총대리로 임명되어 봉직했으며, 독일 남부에 있는 도미니코회 소속 수녀원들을 보살피고 감독했다. 또한, 그는 설교가로서 활동하며 많은 교회에 영향을 미쳤다. 그러나 그의 설교 가운데 일부와 몇몇 저서들은 이단 혐의를 불러일으켰다. 결국, 1325년 베네치아 총회에서는 에크하르트의 가르침에 대한 이단 조사를 착수하게 된다. 이와 관련해서 교황은 1329년 3월 27일자로 칙서 「주님의 포도밭」(*In agro Domini*)에서 에크하르트의 28개

명제를 이단적이거나 그런 혐의가 있다고 지적하며 단죄했다. 그러나 그는 이 선고 이전에 세상을 떠났다.

그의 작품들은 라틴어와 독일어로 집필된 것으로 나뉜다. 라틴어 작품으로는 『명제집 주해』, 『파리 문제집』, 『3부작』이 있고, 독일어 작품으로는 몇몇 논설과 『설교집』이 있다. 에크하르트는 이 작품들을 통해 독일어로 철학적, 신학적 언어를 고정하는데 기여했다. 이로 인해 그는 '독일 산문의 창안자'라는 칭호를 얻었다. 『3부작』은 그의 주저로서 독창적인 방식으로 기획된 새로운 형태의 『신학대전』이라고 할 수 있다. 이는 『명제집 주해』와 함께 체계적으로 이해된 지식 전체에 대한 본질적인 개요로서 당대의 백과사전적 경향에 상응하는 걸작이다.

② 형이상학과 유비: 에크하르트의 형이상학은 신플라톤주의와 위(僞) 디오니시우스로부터 영향을 받았다. 그는 『파리 문제집』에서 존재에 대한 인식의 절대적 우위를 언급했다. 그는 신플라톤주의자들과 함께 인식 자체가 존재의 토대라고 주장했다. 하느님은 인식과 동일시되지만 존재는 피조물들의 한 속성이라고 그는 보았다. 그의 형이상학 이론은 『3부작』에서 잘 드러난다. 여기서 그는 존재에 대한 인식의 우위라는 기존의 입장을 포기하고, 토마스의 존재 형이상학을 구성하는 다음의 2가지 근본 명제를 자신의 것으로 삼았다. 존재 없이 인식 자체는 아무 것도 아니다. 존재는 하느님 자신이다. 그러나 에크하르트와 토마스 간의 일치는 여기서 끝난다. 둘 사이에는 다음과 같은 본질적인 측면에서 서로 구별된다. 하느님의 절대적 초월성, 피조물들의 무성(無性), 피조물들의 하느님 내 내재성이 그것이다. 이와 관련해서 에크하르트는

유비 및 일의성에 관한 이론을 제시했다.

에크하르트가 하느님과 피조물 사이의 관계를 읽어내기 위해 활용한 키워드는 "일의적으로 이해된 외부적 부가(의속)의 우유"이다. 그는 이 키워드를 위해 직접 그리고 명시적으로 마이모니데스로부터 영감을 끌어냈다. 그는 일의적인 것, 다의적인 것, 유비적인 것 사이의 차이에 주목해야 한다고 보았다. 그리고 이를 바탕으로, 존재자 또는 존재와 모든 완전성들, 특히 존재, 하나, 진, 선, 빛, 정의 등과 같은 일반적인 완전성들은 하느님과 피조물들 안에서 유비적인 방식으로 단언된다고 말한다. 그는 여기서부터 선, 정의 등이 자신들의 선성을, 완전히 그것들과 유비적인 관계를 맺고 있는, 그들 바깥에 있는 어떤 존재, 즉 하느님으로부터 받는다고 결론 내렸다. 여기서 그가 가리키는 유비는 명백히 외부적 부가의 유비이다. 이것은 정확하게 여러 유비 항들에 서술되는 완전성(성징)이 주요 유비 항에 배타적으로 속하고, 2차적 유비 항들에 대해서는 오직 그 주요 유비 항과의 인과적 질서의 어떤 연관 때문에만 언급되는 유비를 말한다. 이런 유형의 유비는, 한편으로는 피조물들에게서 존재와 다른 모든 단순한 완전성들에 관련된 모든 것을 비워내지만, 다른 한편으로는 그것들을 전적으로 그들의 창조주인 하느님의 존재와 완전성들로 다시 인도하며 환원하게 된다. 에크하르트는 이와 같은 생각을 '거울'의 예에 호소하며 표현했다. 그에 따르면, 어떤 대상이 거울 속에 반영되는 것처럼, 신적 존재도 피조물 속에 반영된다는 것이다. 거울 속에 상은 그 대상인 '원형'과 같고, 그것에게 고유한 존재가 속하는 것이 아니라 자신의 모든 존재를 대상으로부터 받는다. 창조된 실재는 신적 존재와 이러한 관계를 맺고 있는 것이다.

피조물의 존재와 유비에 관한 논의와 일관된 것이 '하느님의 이름의 가치'와 신학적 언어 일반에 관한 에크하르트의 이론이다. 그는 하느님의 이름이 단순히 부정적 가치만을 지니고 있다고 보았다. 즉, 그것들은 단지 하느님이 무엇이 아닌지만 알려줄 수 있다는 것이다. 피조물의 무한한 빈약성은 하느님의 풍요로움을 다 담아낼 수 없다. 에크하르트는 자신의 신학적 어의학에서, 존재론에서와 마찬가지로, 위 디오니시우스에게 공개적으로 그 공로를 돌렸다.

지금까지 살펴본 그의 사상의 주요 골자들은 다분히 정통 신학의 범주를 넘어서고 있다. 즉, 그의 사상에서 드러나는 어의적 부정 신학, 존재론적 허무주의, 신학적 내재주의는 불가피하게 범신론적 성격의 일원론적 개념들로 귀결되는 것을 보게 된다. 그러나 사변적이라기보다는 실천적인 목적성, 철학적이고 신학적이라기보다는 금욕적이고 신비 신학적인 목표들을 제언한 에크하르트의 작품들은 이를 집필한 저자의 의도에 따라 읽혀야 한다. 그가 자신의 작품들을 통해 의도했던 것은 사람들로 하여금 신앙 안에 뿌리내리게 하고 그들 안에 하느님에 대한 사랑의 불을 놓으려는 것이었다. 사실, 에크하르트의 사상에는 다양하고도 심각한 이론적인 오류들이 있다. 첫째, 그는 '존재자'(ens)와 '존재'(esse)를 동일시했다. 이로 인해 그는 '존재자'를 '존재' 속에 해소하고 말았다. 둘째, 그는 '자연'(natura)과 '초자연'(supernatura) 사이의 차이를 제거했다.

③ 금욕주의와 신비 신학: 에크하르트는 금욕주의적 가르침과 신비 신학을 통해 하느님과의 합일, 영혼의 신화, 그리스도를 따름, 세상과의 격리, 겸손, 가난 같은 전통적인 영성 주제를 다시 취했다. 그러나 그는

자신만의 대담하고 특징적인 표현들을 사용해서 이런 주제들을 발전시켰다. 그에 따르면, 하느님의 모상으로 창조된 인간은 하느님과의 합일을 깊이 갈망한다. 그러나 이 합일에 도달하는 것은 총체적인 단념(포기)를 통해서만 실현된다. 인간은 여기에 이르기 위해 피조물에 대한 맛으로부터 해방되어야 한다. 또한, 인간은 하느님을 향한 대단히 큰 열정을 지녀야 하며, 2가지 특별한 조건이 필요하다. 첫째, 모든 외부적 영상들에 직면해서 이를 확고히 자신 밖에 두어야 한다. 둘째, 내적 영상, 영의 표상, 외부적 영상을 비롯해서 그 어떤 것도 우리를 흐트러뜨려서는 안 된다. 여기에 더해, 에크하르트는 하느님의 은총을 받아 그분과의 합일에 이르려 하는 사람에게는 다음과 같은 3가지, 즉 영의 겸손, 마음의 안정, 받은 것을 전달하는 능력이 필요하다. 또한, 그는 『고귀한 사람에 대한 설교』에서 인간이 하느님을 향해 상승하는 6단계를 제시했다. 그는 일자(一者)이신 하느님과의 합일을 상당히 대담한 언어로 표현했다. 그리고 이러한 맥락에서 신화(神化)된 인간, 즉 '하나'가 된 인간을 묘사했다. 더 나아가, 그는 인간이 하느님과의 합일에 이르기 위해서는 그리스도의 중재가 필수 불가결하다고 보았다. 실상, 신비적 결합은 오로지 신적 말씀의 영혼 내 탄생 덕분에 발생하기 때문이다.

④ 평가: 에크하르트에 대한 후대의 평가는 상당히 다양하다. 어떤 이들은 그를 루터와 헤겔의 선구자로, 또 다른 이들은 토마스의 계승자이자 십자가의 요한의 선구자로 평가했다. 그의 제자들은 그가 대단히 통합적인 신앙인이자 성덕의 모델인데 반해, 그의 적수들은 그를 '악마적인 사람'으로 보았다. 그에 대한 이런 엇갈린 평가는 오늘날까지 지속

되고 있다. 현대의 카를 슈미트 같은 경우는 그의 사상을 범신론적이라고 평가한 데 반해, 프란츠 폰 바이더는 그를 중세 신학자들 가운데 가장 계몽적인 인물로 보았다. 또한, 요셉 폰 괴레스는 그를 그리스도교 내에서 거의 신화적인 놀라운 인물이라고 평가하기도 했다. 오늘날 에크하르트는 위대한 영성가, 영성 생활의 스승으로 평가된다. 비록 그의 사상 가운데 일부가 교황 칙서 「주님의 포도밭」(*In agro Domini*)에 의해 단죄되기는 했지만, 그의 사상의 골자는 후에 요한네스 타울러, 헨리쿠스 소수, 뤼스브뢰크의 영성에 영향을 미쳤다.

2) 요한네스 타울러

타울러는 1300년경 스트라스부르의 어느 부유한 중산층 가정에서 태어났다. 15세에 도미니코회에 입회해서 에크하르트를 스승으로 모셨으며, 헨리쿠스 수소와는 동료였다. 그는 탁월한 설교가이자 영혼들을 성화의 길로 인도한 최고의 영적 지도자로 평가받는다. 그의 설교는 세상과의 격리, 하느님을 향한 회개, 생활의 성덕을 겨냥하고 있다. 그는 1361년 스트라스부르에서 세상을 떠났다. 그는 아무런 작품도 쓰지 않았다. 우리에게 전해지는 그의 설교들은 그의 설교를 들은 청중들이 충실하게 옮겨 적은 것들로서 대략 100개 정도가 남아 있다. 그는 일상생활에서 쉽게 찾아볼 수 있는 단순하고 친숙한 비유들을 활용해서 설교에 적용했다.

그의 사상은 에크하르트를 비롯해 위 디오니시우스 그리고 신플라톤주의자들로부터 영향을 받았다. 타울러의 신비 신학 역시 하느님과의 합일에 도달하는 여정에 집중되어 있다. 그는 인간이 이 목표에 이르기 위해 은총의 도움을 받아 격정과 육체적 욕망을 극복해야 하며, 감각, 상상, 이성적 추리를 넘어서야 한다고 보았다. 그럼으로써 그는 인간이 자기 영혼의 토대에서 '영혼의 반짝임'을 포착해야 하며, 이를 통해 하느님 안에서 새롭게 창조되어야 한다고 가르쳤다. 또한, 그는 인간이 하느님과의 완전한 결합에 이르기 전에 기다림, 건조함, 그리고 마지막에 이르기까지 고개를 내미는 나쁜 잡초들을 근절하기 위해 끊임없이 투쟁해야 한다고 언급했다. 또한, 이 영혼은 하느님과의 완전한 합일에 이르기까지 밤의 어두움 속에서 걸어가야 한다고 보았다. 타울러는 어두운 밤을 본격적으로 영적 여정에서 주제화한 십자가의 성 요한보다 200년 앞서 인간의 감각과 영의 정화를 가리키기 위해 '어두운 밤'에 대해 본격적으로 다뤘다. 여기에 더해 그는 '지성'과 '지혜'라는 성령의 2가지 선물을 강조해서 가르쳤다.

토마스와 더불어 인식 행위에서 하느님과의 합일이 이루어진다고 본 에크하르트와 달리, 타울러는 사랑의 행위 안에서 그분과의 합일이 이루어진다고 보았다. 타울러의 신비 신학적 사상은 본질적인 면에서 볼 때 자신의 스승인 에크하르트의 노선과 일치하지만, 이단적이거나 정적주의적인 해석에 빌미를 줄 수 있는 표현들을 피함으로써 자신의 신비 신학적 사상을 더욱 분명하고 신중하게 제시했다. 후대에 그의 사상은 루터에 의해 다의적으로 해석되고 정적주의라는 의심을 받았지만, 예수의 데레사와 십자가의 요한의 영성에 영향을 미쳤다.

3) 요한네스 뤼스브뢰크

요한네스 뤼스브뢰크는 브뤼셀 남쪽 10여 킬로미터쯤 떨어진 뤼스

브뤼크에서 태어났다. 그는 24세에 사제가 되어 브뤼셀의 성 구굴라 성직자단에 들어갔다. 그리고 이때부터 베긴들과 그들의 가르침, 가끔은 얼마간 중심에서 벗어난 듯한 그들의 태도에 관심을 집중했다. 1334년에는 이곳에서 물러나 몇 명의 동료들과 함께 브뤼셀 입구의 수아뉴 숲에서 은둔 생활을 하기도 했다. 그는 아우구스티누스의 규칙을 지키는 수도 공동체의 원장으로 봉직했고 1381년에 세상을 떠났다.

그는 생전에 신비 신학과 관련해서 플라밍고어로 된 11권의 작품을 집필했다. 그 가운데 주요 작품으로 『영적 혼인 잔치 장식』이 있다. 그는 여기서 인간이 하느님과의 신비적 합일에 이르기 위해 거쳐야 하는 3단계에 대해 설명했다. 1단계는 활동적 단계로서, 그 목표는 죄에 대해 죽고, 덕에 성장하는 것이다. 2단계는 정서적, 내면적 단계로서, 인간은 이를 통해 자신의 본성을 넘어 의지와 자유의 영인 하느님과의 결합으로 들어 올려진다. 3단계는 관상적인 단계로, 여기서 인간은 신적 빛으로 충만한 하느님에 대한 초본질적 관상을 향유한다. 여기서 영혼은 하느님과 더불어 충만하게 합일한다.

뤼스브뢰크는 『영적 혼인 잔치』의 제2권에서 인간을 3가지 단일성, 곧 그가 피조물인 한에서 하느님과 더불어 가지는 단일성, 고급 기관들이 영혼과 더불어 가지는 단일성, 낮은 능력들이 마음과 더불어 가지는 단일성으로 구성된 결합체로 묘사했다. 그에 따르면, 하느님의 은총은 바로 이 3가지 단일성을 모두 최초의 가장 높은 단일성의 정상으로 다시 인도해 준다고 보았다. 그런데 이처럼 완덕을 향한 여정은 순수 수동적인 방식만이 아니라 인간 편에서 의지의 수련을 통해 진보한다고 그는 말한다. 그에 따르면, 이러한 여정의 정점은 하느님 안에 있는 영원한 모델에 도달하고, 여기서부터 이제 신적인 빛 안에서 만물을 새롭게 바라보는 데 있다. 또한, 그는 『반짝이는 돌』에서 이 점을 보다 깊이 있게 설명했다. 그는 관상이 '조명된 무지'(ignorantia illuminata)이며, 하느님의 영원한 광채를 비춰주는 커다란 거울이라고 말한다. 인간은 이러한 신적인 빛에 대한 무지의 경험을 통해 자신 안에서 황폐화 된 고독과 같은 어떤 것을 발견하게 된다. 그것은 다름 아닌 어두움의 심연인데, 이 심연은 바닥이 없으며, 피조물들의 이름들을 넘어, 그리고 하느님의 이름들을 넘어 한계가 없는 것이 특징이다. 바로 여기에 자신에 대한 초월을 통해 영적인 죽음에 이르게 된다고 뤼스브뢰크는 말한다. 그리고 이와 더불어 인간은 무한하고 거대한 참된 행복에 이르게 된다.

그는 이처럼 인간이 하느님께 이르는 귀환의 여정을 또 다른 작품인 『영원한 구원의 거울』에서 좀 더 구체적으로 설명했다. 그에 따르면, 인간은 하느님의 모상을 소유한다. 그리고 그의 영혼은 3가지 속성을 지니고 있다. 첫 번째 속성은 영상들을 벗어버린 본질적인 적나라함이다. 두 번째 속성은 거울의 명료성인, 영혼의 상급 이성으로 불린다. 세 번째 속성은 '영혼의 반짝임'으로 불리며, 인간이 자신의 기원을 향해 갖는 자연적이고 깊은 경향을 말한다. 인간은 여기서 하느님의 사랑인 성령을 수용하게 된다. 제르송은 이런 뤼스브뢰크의 사상을 범신론으로 간주하며 고발한 바 있다. 그러나 그는 나중에 이 고발을 철회했다. 뤼스브뢰크는 자신의 사상에서 이런 위험성을 잘 알았다. 그래서 신비적 결합에서 하느님과 영혼 사이에 설정되는 관계의 본성을 명확히 정식화하고자 노력했다. 그리고 이를 위해 하느님의 세 위격들을 바탕으로 자신의 영성적인 사상을 설명했다. 그에 따르면, 하느님과 인간 사이의 결합은 성부와의 결합, 성자와의 결합, 성령과의 결합으로 표현된다.

4) 장 드 제르송

장 드 제르송은 14세기 중반부터 15세기 전반 사이에 교회와 신학계에서 최고의 인물로 평가받는다. 이 시기는 라틴 교회 역사에서 가장 어려운 시기로서, 서방 교회가 거의 반세기 동안이나 분열되어 있던 심각한 이교(離敎)의 위기를 겪었다. 제르송은 이 난관을 극복하기 위해 혼신의 힘을 다 기울였다. 그는 제르송 레-바르비에서 태어나 랭스에서 초급 교육을 마친 후, 파리의 나바라 기숙사에 들어갔다. 그는 거기서 피에르 대이이를 비롯해 당대 최고의 학자들 아래서 7년을 공부하고 1381년 학예학부의 석사 학위를, 1394년에는 박사 학위를 취득했다. 이 듬해인 1395년에 베네딕토 13세 교황은 그를 노트르담의 참사회원이자 파리 대학의 총장으로 임명했다.

당대 그리스도교 최고의 연구 기관인 파리 대학의 총장으로서의 제르송은 당시 정치-종교적인 영역에서 로마 교회를 거슬러 갈리아(프랑스) 교회를 대립시킴으로써, 프랑스와 그리스도교적 서구 전체를 두 쪽으로 갈라놓고 있던 모든 분쟁에 적극 가담했다. 이로 인해 그는 자기 민족의 미움을 샀고, 조국에서 쫓겨나 오스트리아로 피신했다. 그는 그곳에서 『신학의 위안』을 집필했다. 이어서 1414-1418년에 콘스탄츠 공의회에 참석해서 대이교(大離敎)를 극복하기 위해 교황에 대한 공의회의 우위를 주장하는 공의회파의 주장을 지지했다. 1419년 그는 프랑스 리옹에서 수도 생활을 하는 동생 장에게 가서 그곳 수도원에 머물며, 기도 생활과 집필에 전념하고 아이들을 가르치며 살았다. 그는 여기서 많은 주옥같은 작품을 집필했으며, 1429년 세상을 떠났다.

제르송은 당시 교회에 큰 위기를 불러온 이교(離敎)를 거슬러, 이를 해결할 수 있는 유일한 해결책은 철학이나 정치가 아닌 오직 건전한 신학이라고 보았다. 그가 말하는 신학은 구체적으로 오직 복음을 선포하는 일에만 몰두하는 신학으로서, 이는 대중을 겸손, 속죄, 복종으로 부르는 신학이었다. 겸손과 복종에 호소하는 이러한 그의 신학적 경향은 그로 하여금 절대적이고 무조건적인 주의주의를 내세우는 오캄의 사상에 가까이 다가서게 했다. 그래서 그는 모든 것이 하느님의 뜻에 달려있으며, 하느님은 당신이 원하시는 것을 행하시기 때문에, 우리는 다만 그분이 행한 바를 믿을 뿐이라고 보았다. 또한 그는 믿는다는 것은 겸손의 행위로, 겸손은 속죄를 통해 얻을 수 있다고 가르쳤다. 여기에 더해, 그는 사변 신학을 거슬러 성경의 원천으로부터 직접 지혜의 물을 길어 올릴 수 있는 실증적이고 케리그마적인 신학을 고집했다. 그는 철학이 아니라 신앙, 소망, 사랑이 인간의 마음을 치유한다고 보았다.

신학 분야에서 제르송에 특히 기여한 주제에는 마리아론과 요셉론이 있다. 그는 마리아론에서 동정녀의 원죄 없으신 잉태의 특전을 옹호한 신학자였다. 그는 1387년 아비뇽의 클레멘스 7세 교황에게 원죄 없으신 성모님의 잉태를 부정하는 요한 데 몬존을 단죄해야 한다고 간청해서, 결국 몬존의 단죄를 끌어냈다. 또한 그는 요셉에 대한 남다른 신심을 갖고 있었으며, 이를 신학적으로 심도 있게 풀어냈다. 그는 요셉의 생애는 물론, 요셉과 성모님과의 관계에 대한 모든 측면, 즉 그들의 부부 생활, 요셉의 절제, 요셉의 나이, 동정녀의 잉태 소식을 듣게 된 경위 등을 면밀히 검토했다. 이 밖에도 그는 교회의 삶을 위협하던 미신의 위험들을 최초로 자각한 사람이다. 다소 냉정하기까지 한 그의 날카로운 정신은 부분적으로는 모든 상념들이 생겨나게 된 심리적 이유들을 꿰뚫어 보기도 했다.

무엇보다도 제르송은 신비 신학의 발전에 기여했다. 그의 신비 신학적 가르침은 『신비 신학』에서 잘 드러난다. 그는 여기서 아우구스티누스와 보나벤투라 전통의 신비 신학, 특히 위 디오니시우스의 신플라톤주의적 신비 신학을 바탕으로 한층 발전된 신비 신학을 제시했다. 그에 따르면, 신비 신학은 모든 이가 접근할 수 있고, 무엇보다도 내면적 경험과 하느님 사랑에 기초를 두고 있다. 그러나 그는 신비 신학을 부정 신학과 동일시하지는 않았다. 왜냐하면, 신비 신학에 열중하는 사람은 무엇인가를 하고 또 무엇인가를 겪으므로, 필연적으로 하느님에 관해 어떤 것을 경험하기 때문이다. 신비 신학은 지성이나 의지의 어떤 특수한 활동에서 성립되는 것이 아니라, 자기 존재 전체로 하느님께 완전히 달려드는 데 있다. 따라서 그것은 영적이고 형언할 수 없는 신랑(하느님)과 신부(인간) 사이의 포옹에 있다고 그는 말한다. 제르송은 신비 신학 역시 일종의 기예(ars)이고, 따라서 다양한 규칙들을 함축한다고 지적했다. 그래서 그는 『신비 신학』의 제2논술에서 신비 신학의 실천을 위한 12가지 공부에 대해 체계적으로 제시했다. 또한 그는 신비 신학이 무엇보다도 사랑과 기도를 통해 성립된다고 강조하면서, 동시에 여기서 말하는 사랑은 맹목적인 사랑이 아니라 인식의 지도를 받는 사랑이라고 강조했다.

제3부

근대 신학

도입

1. 근대 신학의 시기 구분

신학의 역사를 시기별로 구분하는 것은 본질적으로 문명의 역사, 교회의 역사를 구분하는 것과 일맥상통하며, 보통 고대, 중세, 근대, 현대로 나뉜다. 이렇게 4개의 시기로 나누는 것은 일반적으로 받아들여지지만, 각 시기의 경계선에 대해서는 그렇지 못하다. 중세의 시작은 6세기와 8세기 사이에서 오간다. 반면, 근대의 경우에는 대략 14세기와 15세기 사이에서 경계를 짓는다. 17세기의 독일 역사학자인 켈라리우스는 역사상 처음으로 문명을 3개의 시기, 곧 고대, 중세, 근대로 나누고, 콘스탄티노폴리스의 몰락을 근대 세계의 시작으로 삼았다. 그러나 문화적, 신학적 차원에서 중세와 근대 사이에 분명한 경계를 확정 짓는 것은 쉽지 않다. 그것은 무엇보다 근대성(인문주의, 르네상스)을 특징짓는 전형적인 요소들이 이미 중세 문명에서 유래하기 때문이다. 여하튼, 역사가들은 대체로 15세기를 근대성의 시작으로 자리매김하는 데 근본적으로 동의한다. 근대 신학은 15세기부터 18세기까지 확장된다. 좀더 정확히 말하면, 그것은 서방 대이교(大離敎)와 프랑스 혁명 사이의 시기를 말한다. 그리고 이 시기는 인문주의 시기(15세기), 종교 개혁과 반동 종교 개혁 시기(16세기), 이성주의와 세속화 시기(17-18세기)로 나뉜다.

2. 근대 신학의 특징들

근대 신학을 특징짓는 것은 교부 신학과 스콜라 신학을 구별하는 표징들을 구체화하는 것보다 훨씬 더 어렵다. 근대 당시 유럽에서 일어난 종교적, 정치적, 문화적, 영성적 단절은 신학적인 연구에서도 깊은 반향을 일으켰다. 근대 신학은 더 이상 교부 신학과 스콜라 신학처럼 단일체 또는 총체적인 하나의 기관처럼 드러나지 않고 그리스도교 신앙을 이성적 체계로부터 해체시키는 과정에서 형성된 결과라고 할 수 있다. 이는 무엇보다도 교회에 타격을 가한 극적인 사건들(서방 대이교, 개신교 종교 개혁)과 이로 인해 야기된 신앙의 세계와 문화의 세계 사이에 심각한 단절로부터 강한 영향을 받았다. 더욱이, 근대 신학의 발전 그리고 그 특징과 관련해서 거대한 종교적, 문화적 사건들은 다양한 정치적 사건들, 그리고 사회적 변화를 바탕으로 깊이 숙고되었다.

근대 신학을 구성하는 특징적인 요소들은 다음과 같다. 우선, 건축학적 원리의 관점에서 보면, 근대 신학은 아주 강하게 인간의 신비에 관심을 갖고 있다. 즉, 인간 중심주의가 두드러지게 드러난다. 다음으로,

해석학적 원리와 관련해서 보면, 근대 신학은 플라톤과 신플라톤 철학을 선호했다. 쿠사누스, 피치노, 루터, 칼뱅, 캄파넬라, 말브랑슈를 비롯해 당시의 많은 신학자들은 모두 플라톤, 신플라톤 철학의 개념과 언어를 선호했다. 근대를 지배한 노선은 아리스토텔레스나 토마스의 노선이 아니라 플라톤과 아우구스티누스의 노선이다.

제1장

인문주의 시대: 15세기 신학

1. 인문주의와 신학

15세기는 인문주의의 시대라고 할 수 있다. 이 시대는 모든 고려와 평가의 중심에 놓인 인간 중심주의가 새로운 인간 개념과 새로운 문명에 생기를 불어넣어 준 시대이다. 이러한 인간 개념은 모든 사회생활과 지적인 생활, 특히 문학, 예술, 사상 분야에 풍요로운 결실을 가져다 주었으며, 인간과 우주에 대한 새로운 전망 앞에서 신학 역시 이와 동떨어져 남아 있을 수는 없었다. 이렇게 해서 스콜라 신학이 마감되고 근대 신학의 첫 번째 형태인 인문주의 신학이 시작되었다.

1) 역사적, 문화적 맥락

15세기를 지배했던 거대한 3가지 사건은 서방 이교(1378-1449년),

콘스탄티노폴리스의 멸망(1453년), 새로운 세계의 발견(1492년)이다. 1400년대의 여명이 시작될 무렵, 서방 이교는 간극이 더욱 넓어졌으며, 이는 그리스도교에 심각한 상처를 입히고 말았다. 이러한 교회 분열은 1378년 그레고리오 11세 교황이 아비뇽에서 로마로 귀환한 직후 시작되었다. 이 시기에 교회는 로마인들에 의해 추대된 우르바노 6세, 프랑스인에 의해 추대된 클레멘스 7세를 중심으로 갈라져 반목했다. 이를 해결하기 위해 1409년 피사 공의회를 개최해서 세 번째 교황인 알렉산더 5세를 선출했지만, 기존의 교황파들은 그를 인정하지 않아 교황이 3명인 시대를 맞게 되었다. 결국 신성 로마 제국의 지그문트 황제는 1413년 알렉산더 5세의 후계자인 요한 23세의 정통성을 인정하며, 콘스탄츠 공의회를 소집해서 교회 일치를 도모했다. 이 공의회는 1417년 새 교황 마르티노 5세를 선출해서 교회 분열을 종식시켰다. 그러나 이로 인해 '공의회 우위설'이 대두되어 또 다른 혼란을 예견했다. 콘스탄츠 공의회는 얀 후스를 단죄했으며, 교회 개혁을 바탕을 마련하고 헌장「프레퀜스」를 통해 이를 공포했다. 이 시기에 큰 영향을 미친 또 다른 사건은 콘스탄티노폴리스의 함락과 더불어 비잔틴 제국이 멸망한 사건이다. 이로 인해 비잔틴 제국을 중심으로 천 년 이상 꽃피웠던 그리스도교 문화가 사라졌으며, 그곳의 주요 인사들이 많은 서적과 함께 이탈리아로 유입되면서 유럽의 르네상스를 촉발했다. 또 다른 중요한 사건은 1492년 스페인이 신대륙을 발견한 일이다. 이 사건은 유럽의 정치적, 경제적, 종교적 차원에서 수많은 결과를 초래했다. 한편, 문화적 차원에서 15세기는 일련의 수많은 발명과 발견으로 특징지어진다. 그중에 인쇄술이 문화 전파에 막대한 영향을 미쳤다.

2) 인문주의와 르네상스 개념

인문주의와 르네상스라는 용어의 의미는 유동적이다. 크리스텔러 같은 경우는 르네상스에 역사적-연대기적 의미를 부여하거나 15세기와 16세기 사이의 중간기로 규정하며, 인문주의에는 철학적-문화적 의미를 부여한다. 처음에 인문주의자란 말은 문법 연구가, 예술가, 직업상 고전 라틴 작품들이나 그리스 작품들에 대한 연구에 전념한 문학가를 지칭했다. 그 후, 이 말은 인간에 대한 그리고 그의 품위와 그가 지닌 가치들에 대한 수준 높은 차원에서 연구하는 사상가를 지칭했다. 인문주의는 2가지 요소를 내포한다. 하나는 언어학적 요소이며, 다른 하나는 철학적 요소이다. 언어학적 요소는 고대의 작품들, 곧 그리스와 라틴 고전 작품들로 돌아가는 것과 관련된다. 반면, 철학적 요소는 삶에서 인간적 개념의 출현을 도모하는 것으로, 그 핵심은 인간 그리고 인류의 영적, 윤리적 가치들로 구성되어 있다. 인문주의는 고대인들의 작품에서 드러나는 인간의 모습에 가까이 다가가려 했다. 그리고 이를 통해 문화의 중심에 인간을 두려했다.

3) 인문주의에 대한 해석들

인문주의는 상당히 다양하고 복잡한 현상이다. 중세에서 몽매함과 미신, 무지와 불관용을 본 사람은 인문주의에 대한 긍정적인 판단을 내리겠지만, 중세 문명이 간직한 독창적인 위대함을 간파한 사람은 인문주의에 상당히 적대적인 태도를 가질 것이다. 이러한 해석은 중세와 인문주의가 단절되었다는 해석에 바탕을 두고 있다. 그러나 이와 달리, 이 둘 사이에 연속성이 존재한다는 해석이 있다. 20세기 들어서 대부분의 역사 학자들은 이러한 단절 이론을 거부하고 둘 사이의 연속성을 강조했다. 휘칭가, 노르트슈트룀, 토피닌, 질송 등이 이 노선의 대표적 인물이다. 이들이 제시한 연속성 이론에 따르면, 인문주의가 영감을 받은 원칙들은 근대의 원칙들보다 사실 중세의 원칙들에 더 가깝다. 부르크하르트에 따르면, 두 시대를 관통하는 연속성은 다음에서 드러난다. 인문주의가 말하는 '발명', 특히 예술과 과학의 발명들은 이미 중세에 나타났다. 두 시대에는 그리스도교 신앙과 그 가치들에서 본질적인 동일함이 유지된다. 인문주의는 쇠퇴하던 중세 영성의 위기로부터 생겨났다. 인문주의의 기원은 중세의 여러 민족들의 문화에서 찾아야 한다. 중세와의 연속성이라는 방식으로 해석된 인문주의는 그 경계가 괄목할 정도로 확장된다. 이는 이탈리아에만 국한된 현상이 아니라 유럽 대륙 전체를 아우르는 현상이다. 중세의 여러 유럽 국가들은 급속도로 인문주의적 경험을 통과하며 근대에 이르렀다.

4) 인문주의의 특징들

인문주의 문화는 중세처럼 그리스도교적인 특징을 갖고 있다. 하지만 그것은 더 이상 중세처럼 강력하게 신(神) 중심적이지 않고 오히려 인간 중심적인 문화이다. 즉, 이 새로운 문화는 지극히 그리스도교적 인간관에 바탕을 두고 있다. 인문주의 문화 속에서 드러나는 그리스도교적 날인은 당시 열정적으로 이루어진 아우구스티누스에 대한 연구를 통해 입증된다. 인문주의자들은 플라톤주의에 대한 그리스도교적 해석을 새롭게 받아들였다. 그것은 플로티누스를 통해 새롭게 창조된 플라톤 사상으로서, 무엇보다 인간을 총체적인 하나의 존재로 보고, 두 세계 사이에 조화를 이루는 전망에서 발전했다.

　그리스도교 신앙이 언제나 인문주의 문화의 본질적 요소로 남아 있지만, 그 문화에 영감을 준 모델들은 더 이상 그리스도교적인 것이 아니었다. 그 모델은 그리스적이며 로마적인 고전성으로 특징지어진다. 인문주의 문화는 새로운 인간 유형, 새로운 인류 모델을 실현하려 했다. 그 인류란 보다 더 충만하고 완전하며 자주적이고 성숙한 인류, 보다 더 자유롭고 자신과 자신이 가진 수단들을 확신하며 자신의 위대함과 존엄성에 대해 자각하는 그런 인류를 말한다. 인문주의 문화는 개별 사람, 개인의 가치를 깊이 강조했다. 그것은 개인성에 대한 강하고도 완전한 발전을 촉진했으며, 개인으로 하여금 모든 면에서 그리고 가능한 모든 형태를 통해 이 요소에 대한 인식으로 인도해 주었다. 인문주의 문화는 역사를 구원 역사로 보는 그리스도교적 관점을 포기하고, 본질적으로 인간의 변천사로 보는 새로운 관점으로 대체했다. 이 전망에서 역사의 유일한 주체는 인간으로 드러난다.

　이 시대의 그리스도교는 지극히 강렬한 종교적 긴장으로 그리고 어느 때는 병적이기까지 한 감수성에 휩싸인 상태에 있었다. 종교적 의미와 열정은 인문주의에서도 여전히 중요한 요소로 남았다. 문학은 '신비들'과 더불어 시작되었으며 예술과 사회생활은 종교적인 이미지들로 넘쳐 났다. 1400년대는 많은 분야에서 보다 내적이고 개인적이며 영적인 종교를 예감하고 실천한 시대였다. 우리는 이 시대에서 '하느님의 벗들' 운동이나 대체로 이 운동에서 유래했다고 보이는 '공동생활' 같은 운동을 찾아볼 수 있다. 또한, 각 수도회에 속한 제3회의 회원들은 수도회가 자신들에게 요구한 외적인 신심 실천에 만족하지 않고 묵상, 양심 성찰

같은 것들을 심화시켜 나갔다.

인문주의 문화의 또 다른 독특함이라고 한다면, 그것은 3가지 수준(장소, 사람, 학과목)에서 이루어진 부분적인 세속화에 있다. 첫 번째로, 교회가 중세 문화의 중심으로서 독점적 지위를 누렸다면 인문주의 시대에는 국왕과 군주들의 의지로 세워진 수많은 대학들 그리고 개인의 주도로 이루어진 연구 아카데미들이 그러한 지위를 누렸다. 두 번째로, 문화의 세속화는 사람과 관련된다. 문화는 이제 중세처럼 성직자와 수도자들의 독점적인 전유물이 아니었다. 더욱이 대학의 목적 자체는 심각한 변화를 겪었다. 새로운 대학들의 교육 목표는 경영가, 법률가, 교육가를 양성하는 것이었다. 많은 학생들이 인격의 육성을 위해서도 대학을 다녔다. 세 번째로, 학과목 분야의 세속화를 들 수 있다. 대학에서는 종교적 과목들을 넘어, 정치, 윤리, 수학, 연금술, 천문학처럼 전적으로 세속적인 분야들이 지속적으로 중요한 위치를 차지하게 되었다.

5) 인문주의 신학

예술과 문학 분야에 비해, 인문주의 시대의 철학과 신학에서는 건실하고도 의미 있는 작품들이 비교적 적었다. 이 시대는 과도기로서 쿠사누스의 개별적인 위업을 제외하면 사실 그 누구도 새로운 철학 체계나 신학적인 종합을 이루어내지 못했다. 그렇다고 15세기에 사변적, 철학적, 신학적 공백만 자리한다고 말하는 것은 옳지 않다. 이 시기 역시 철학과 신학은 어느 정도 발전했다고 할 수 있다. 당시 인문주의는 형이상학이 허위임을 입증하고 눈에 띄게 신학을 약화시킨 오캄의 유명론으로부터 강한 영향을 받았다. 15세기는 플라톤주의, 더 구체적으로는 그리스도교적 플라톤주의의 부활이라는 흔적을 남겼다. 이 시대는 플라톤를 재발견한 시대로 평가된다. 이 시대에 피렌체 공의회를 통해, 그리고 콘스탄티노폴리스의 몰락으로 인해 동방 교회의 수많은 성직자와 평신도들이 고전 철학, 특히 플라톤 철학과 관련된 값진 보물들을 갖고 이탈리아와 프랑스로 유입된 시기였다. 이렇게 해서 1400년대 후반에는 플라톤의 작품들이 그리스어 원본으로 직접 읽혀지고 연구되었다. 당시 신학은 플라톤의 재발견을 통해 엄청난 수혜를 받았으며, 쿠사누스, 피치노, 피코 델라 미란돌라 등과 더불어 상당히 우수한 작품들을 쏟아냈다.

당시 인문주의 신학은 플라톤, 오캄, 아리스토텔레스, 토마스에까지 이르렀다. 이렇게 해서 15세기에는 플라톤적 노선, 오캄적 노선, 토마스적 노선, 아리스토텔레스적 노선이라는 4가지 주요 신학적 노선이 자리잡아 갔다. 인문주의자들의 신학적 방법은 중세의 논쟁 문제나, 아티클에 바탕을 둔 방법이 아니라 담화적, 해설적 방법론에 치중했다. 문학 장르를 보면, 그들은 종합이나 주해가 아닌 연구 논문 또는 학술서 형식의 방법을 활용했다. 그리고 신학적 성찰을 위한 도구로 플라톤 철학을 활용했다. 다양한 신학 분야 가운데 인문주의 신학에서 괄목할 만한 진보를 보인 분야는 교회론과 윤리 신학이다. 이 시기에 교회에 관한 첫 번째 논술들이 등장했으며, 이는 교황과 보편 공의회의 권한과 과제들을 상당히 잘 규정했다. 윤리 신학과 관련해서, 15세기 당시 세속 사상가들과 신학자들은 인간 인격과 그의 무한한 능력, 자유, 품위, 덕, 의무, 영원한 구원뿐만 아니라 현세적인 실현 가능성에 더 큰 관심을 가졌다. 아우구스티누스주의와 스토아주의는 구체적인 측면에서 윤리 신학의 쇄신에 이바지했다.

2. 플라톤적 노선의 신학자들

인문주의 시대의 신학 세계에서 중요한 인물로 플라톤 노선의 신학자인 쿠사누스, 피치노, 미란돌라를 꼽을 수 있다. 이들은 플라톤에 대한 재발견을 통해 이미 쇠퇴한 스콜라 신학에 새로운 철학적, 신학적 지평을 열어주었다. 이들은 신선하기 이를 데 없는 플라톤의 샘으로부터 많은 요소들을 끌어올려 이를 바탕으로 새로운 그리스도교적 플라톤주의 형태에 생기를 불어넣으며, 깊이 있는 신학적 쇄신을 이룩했다. 이 사조는 하느님 중심적인 교부들의 플라톤주의와 구별되면서 '인간 중심적'이라는 특징을 띠고 있었다. 즉, 이들의 신학은 본질적으로 플라톤적이며 인간 중심적이다.

1) 니콜라우스 쿠사누스

① 생애와 작품: 쿠사누스는 시대의 새로운 요청과 도전에 대해 철학, 신학, 과학, 수학, 신비 신학이 그간 우주에 대해 알려 준 모든 것을 효과적으로 다시 종합해야 할 필요성을 깨닫고, 이를 이룩한 천재적인 사상가였다. 그는 고전 학문과 중세 학문을 연결시켜, 이를 토대로 하나의 거대한 종합을 이루어냈다. 이러한 그의 작업과 더불어 근대 신학이 시작되었다고 할 수 있다. 그는 기도와 활동, 고매한 교양을 갖춘 인문주의자이자 광범위한 철학적 식견을 지녔고, 절제되고, 쇄신된 사고의 빛으로 철저히 쇄신된 신심을 갖춘 수도자였다. 또한, 그는 하느님에 대한 신앙과 가시적인 교회의 구원을 위해 온몸으로 헌신한 충실한 투쟁가였다.

그는 독일 쿠사의 가난한 어느 가정에서 태어났다. 하이델베르크 대학과 파도바 대학 법학부에서 수학하고 1423년 교령 박사 학위를 취득했다. 1424년에 다시 독일로 돌아온 그는 쾰른 대학 신학부에서 본격적으로 철학, 신학을 공부했다. 특히, 이 시기에 그는 인문학자들과 함께 오래된 라틴 문헌들을 발견, 연구함으로써 유명 인사가 되었다. 이 시기에 그는 사제품을 받고 트레비리와 코블렌자의 수석 참사원으로 활동했다. 1432년 독일 성직계는 그를 바젤 공의회의 독일 대표로 파견했으며, 거기서 공의회의 주역 가운데 한 사람으로 활약하고 공의회 우위적인 입장을 옹호하는 변호자가 되었다. 그러나 그 후, 점차 로마 교황청을 가까이 하며 에우제니오 4세 교황을 지지하고, 대립 교황인 펠릭스 5세를 반대했으며, 공의회를 페라라로 옮기는 데 일조했다. 또한, 그는 서방 교회와 동방 교회의 일치를 협의하기 위해 그리스 교부들의 방문을 추진하기도 했다. 실제로 그는 1437년 교황 사절단의 수장으로 콘스탄티노폴리스의 총대주교와 그리스 교부들을 이탈리아까지 수행했다. 이는 좋은 결실을 맺어, 1438년 페라라에서 두 교회 간의 일치 공의회가 개최되었다. 그뿐만 아니라 그는 게미스토스 플레톤, 베사리온 등 당대 최고의 동방 교회 학자들이 로마로 건너오는 데 직접 수행하기도 했다. 니콜라오 5세 교황은 1448년 그를 추기경에 서임했으며, 1450년에는 브릭센의 주교로 임명했다. 1458년에는 자신의 벗인 비오 2세 교황의 초대에 응함으로써 교황청에서 다양한 직무를 수행했다. 그는 1464년 토디에서 생을 마감했다.

쿠사누스는 많은 작품을 남겼는데, 특히 철학, 수학, 신학과 관련된 책을 많이 집필했다. 대표작으로 『박학한 무지』, 『박학한 무지의 변론』,

『가톨릭 교회의 화합』, 『신의 바라봄』 등이 있다. 그중에서 『박학한 무지』는 그리스에서 조국으로 귀환하던 중 하느님에 의해 조명을 받아 체험한 것을 바탕으로 쓴 작품으로, 그의 사상을 집대성한 걸작이다. 이 작품은 3권으로 구성되어 있다. 1권에서는 "인식의 바탕"을 제시했으며, 2권에서는 "최고의 축소"인 우주에 대해 다뤘다. 마지막으로 3권에서는 "최고로 절대적인 축소"인 예수 그리스도에 대해 다뤘다. 이 작품에는 2가지 전통적인 주제가 지배한다. 하나는 삼위일체이고, 다른 하나는 그리스도이다.

② 사상: 쿠사누스는 상당히 독창적인 신플라톤 사상가로서, 신플라톤적인 열쇠를 통해 하느님, 삼위일체, 그리스도, 인간이라는 그리스도교의 거대한 신비들을 종합했다. 그는 스스로를 위 디오니시우스의 제자로 여겼으며, 이 선상에서 참된 하느님은 "대립자들의 하느님이요 대립 없는 대립"이란 점을 강조했다. 한 마디로, 그의 사상의 본질은 그리스도교적이며 플라톤적이다. 그의 사상 체계에서 플라톤주의는 본질적인 요소를 이룬다. 그는 플라톤주의에서 유래하는 공리들을 취했으며, 그리스도교의 근본 진리들을 명확히 하고 체계적으로 구성하기 위해 이를 십분 활용했다. 결국, 쿠사누스에게 그리스도교 신학은 플라톤주의와 그리스도교의 거대한 형이상학적 종합으로 드러난다.

『박학한 무지』의 말미에서 쿠사누스가 언급한 '조명'(照明)은 우연한 사건이지만, 사실상 그의 모든 사상을 관통하는 핵심 열쇠라고 할 수 있다. 그에게서 드러나는 세계를 바라보는 위대한 직관은 하느님 안에서 "대립의 일치"로 이해되는 "박학한 무지"이다. 이는 이성의 모든 기준을 논리적으로 뛰어넘는 일치이며, 오직 지성에 의해서만 감지될 수 있는 것이다. 그는 무지에 대한 앎의 요청에 충실한 상태에서, 하느님에 대해 언급하기 위한 가장 좋은 방법으로 "부정적 방법"을 들었다. 그는 전통적으로 사용되어 온 긍정의 길과 부정의 길이 갖고 있는 한계를 넘어서, 자신만의 독특한 하느님에 대한 인식의 길을 제시했다. 그것이 바로 대립의 일치를 바탕으로 한 박학한 무지인 것이다. 그에 따르면, 보다 높은 단계에서 거룩한 무지와 더불어 하느님을 통찰했을 때, 인간의 지성은 대립자들의 실재적인 인식 불가능성을 넘어 대립자들에 대한 인식 가능성에 이를 수 있다.

삼위일체의 신비와 관련해서, 그는 1400년대 활동했던 신학자들 가운데 독창적인 방식으로 그 신비를 해명한 신학자 가운데 한 사람이다. 그는 주로 삼위일체를 표현하는 언어적인 문제에 집중했다. 특히, 그는 세 위격에 대한 세 가지 독특한 표현, 즉 성부의 '단일함', 성자의 '동등함', 성령의 '관계성'이라는 표현을 도입했다. 또한, 그는 삼위일체의 단일함을 지칭하기 위해 본질이나 본성을 사용하지 않았고, 위격 개념도 사용하지 않았다. 그리스도론과 관련해서, 그는 『박학한 무지』 제2권에서 우주를 최고의 절대이신 하느님이 축소된 형태로 전개된 것이며, 제3권에서는 축소된 형태(인류를 통해서)나 절대적인 형태(신성을 통해서) 그 모두에게 예수 그리스도가 최대 절대자의 표현이라는 점을 입증하려 했다. 그에 따르면, 그리스도는 자신의 신인적 실재(神人的 實在)를 통해 자신 안에서 '절대'와 '축소'의 일치를 실현하신다. 이는 무엇보다도 강생을 통해 실현된다. 쿠사누스는 제3권에서 하느님이자 인간이신 그리스도께서 지상 여정에서 거치신 모든 순간을 종합적으로 회상했다. 성령으로 잉태되심, 동정 마리아로부터 태어나심, 우리 죄를 사하기 위해 돌아가심, 부활, 두 번째 오심, 최후의 심판 등으로 회상했다. 그는 이런 각각의 주제를 다루면서 보편 공의회들과 교회 교도권에 의해 정착된 교의 정식들을 제시했지만, 언제나 그 의미가 내포한 신비를 강조했다.

쿠사누스는 교회론 분야에서 전문가이기도 했다. 당시는 서방 대이교 이후 교회에 대한 문제가 지배적인 주제로 자리를 잡아가던 시기였다. 그는 이 시기에 열린 바젤 공의회에서 가장 권위 있고 존경받던 신학자들 중 한 사람이었다. 그는 교회를 "그리스도 안에서 이루어지는 모든 신자들의 합일체"로 보았다. 그는 이러한 일치가 믿음과 사랑을 통해 이루어지며, 신자들은 그리스도의 생명과 자녀됨 그리고 그분의 은총에 참여한다고 말한다. 그는 교회의 두 가지 존재 양식, 곧 여정자들의 가시적 존재 양식과 승천한 이들의 비가시적 존재 양식을 구별했으며, 이 구별을 신자들이 그리스도, 하느님과 더불어 갖는 다양한 일치의 단계에 정초했다. 그는 여정자들의 교회에서 일치는 아직 불완전하지만, 승천한 이들의 교회에서는 완전하며 최고조에 달한다고 보았다. 또한, 그는 여정자들에게 있어 교회의 수장은 로마의 주교인 교황이라고 말한다. 사실, 그는 바젤 공의회 초기에 공의회 우위설을 주장했지만, 극단적인 입장에 있지는 않았다. 그는 교황이 신자들의 일치의 정점에서 그리스도의 대리자로 존재한다는 점을 이미 수용하고 있었다. 즉, 그는 교황을 "전투하는 교회의 가장 높은 으뜸이자 신앙의 주교단에서 단장"으로 보았다. 하지만, 그는 질적인 차원에서 교황의 권위가 여타 다른 주교들의 권위와 다르지 않다고 보았다. 그러나 훗날 이러한 그의 입장은 바뀌었다. 그는 새로운 교회 분열의 출현에 대한 강한 혐오감을 갖고 이런 위험성을 간직한 공의회우위설을 거부했으며, 결국 교황주의자들과 뜻을 함께 했다. 그 후, 줄곧 교황의 권위에 대한 인정을 위해 투쟁했으며, 여러 제국 회의와 군주 회의에서 교황과 제국의 화해를 위해 전력을 다했다. 아샤펜부르크 군주 회의는 이러한 일련의 노력에 결정적인 성공을 가져왔다.

2) 마르실리오 피치노

① 생애와 작품: 피치노는 플라톤주의와 그리스도교의 광범위한 종합을 이루기 위한 두 번째 시도를 한 인물로 평가받는다. 구사누스의 플라톤주의가 강한 하느님 중심적 특징을 띤 데 반해, 피치노의 플라톤주의는 현저히 인간 중심적인 특징을 띠고 있다. 그의 관심은 '소우주'(小宇宙)이자 '작은 하느님'인 인간의 위대성을 분명하게 드러내는 데 있었다. 그는 이를 위해 1차적으로 언어학적 방법을, 부차적으로 사변적 방법을 사용했다.

피치노는 1433년 발다르노의 필리네에서 태어났다. 그는 일찍부터 문학에 관심이 많아, 1459년 문학 공부를 끝내고 보다 적극적으로 활동을 시작했다. 그 해에 메디치 가문의 후원을 받아 그리스어를 비롯해 고전을 공부하게 된다. 그리고 메디치 가문으로부터 기부받은 카레지 별장에서 친구들과 함께 플라톤 계열의 작품들을 번역했다. 그는 플라톤주의에서 그리스도교와 조응하는 깊은 반향을 발견했으며, 이 둘을 결합하고자 하는 계획을 세웠다. 그가 구상한 것은 그리스도교 신학을 플라톤적 기초 위에 다시 세우는 것이었다. 이렇게 해서 그는 1482년 『영혼들의 불멸에 대한 플라톤 신학』 18권과 『그리스도교 종교에 대하여』

를 집필했다. 이 밖에도 그는 다양한 종교적 신비주의 작품들을 집필했다. 그러나 그는 강론과 강의 등 사제로서의 직무도 충실히 수행하고 이를 여러 작품에 담았다. 그는 1499년 피렌체에서 생을 마감했다.

② 피치노의 종교적-신학적 계획: 피치노가 지향했던 주된 목적은 하나의 체계 안에서 인류의 모든 종교 체험과의 합치를 지향하는 새로운 '종교 철학'을 만드는 데 있었다. 여기서 그의 종교적-신학적 계획이 지닌 독특함은 인류의 종교적 희망을 하나로 묶는 혁신적 끈이 계시가 아닌 철학, 특히 플라톤 철학이라는 점이다. 그는 『그리스도교 종교에 대하여』에서 신심과 지혜의 절대적인 동일성, 즉 종교와 철학 간의 불가분리적인 연관성을 제시했다.

피치노는 플라톤과 이중적으로, 즉 문헌학자로 그리고 신학자로 연결되어 있다. 그는 문헌학자로서 열정을 다해 플라톤과 신플라톤주의자들의 작품을 연구, 번역, 주해했다. 다른 한편, 그는 신학자로서 플라톤적 신학에 대한 새로운 모델을 창안해서 그리스도교와 철학을 새롭게 종합했다. 그럼으로써 인간 중심적 플라톤 신학을 구현하고자 했다. 그가 그리스도교를 옹호하기 위해 플라톤주의를 주요 무기로 삼은 데에는 2가지 이유가 있었다. 우선, 그는 플라톤 사상에서 영혼의 불멸, 현세를 초월하는 세상, 정의, 하느님의 섭리를 발견했기 때문이다. 또 다른 하나는 스콜라 철학을 경직시킨 아리스토텔레스주의의 스케마들에 대한 피치노의 인내 부족을 들 수 있다. 그는 플라톤과 신플라톤주의에서 신학적 쇄신의 가능성을 보았다.

피치노의 작품 세계 전체가 지향한 유일한 목적은 그리스도교를 플라톤주의로 변화시키는 것이 아니라, 플라톤을 그리스도교를 위해 사용하는 데 있었다. 피치노는 실제 플라톤보다 훨씬 더 그를 그리스도교적으로 만들었다. 그러나 그는 이 과정에서 신학적 정통성을 유지했다. 그래서 교회에 의해 승인된 것만을 취해서 이 작업에 활용했다. 그는 예수 그리스도야말로 진정 참된 스승이라고 보았다. 그에 따르면, 플라톤과 다른 여러 철학자들에 의해 언급된 가치 있고 건전한 것은 주님의 은총 없이 이루어지지 않는다.

피치노는 하느님, 인간, 우주와 같은 주제를 다루면서 신플라톤적인 어휘를 많이 사용했다. 하지만 그가 지녔던 개념은 본질적으로 그리스도교적이었다. 예컨대, 신플라톤주의에서 하느님은 단순하고 비인격적인 일자(Unum)로 드러나지만, 그는 하느님을 그리스도교가 가르치는 바처럼 자의식을 지닌 인격체로 제시했다. 또한, 이 일자가 고독 속에 홀로 복되게 살며 자신에게서 유래한 세계를 전혀 돌보지 않는 데 반해, 그는 하느님이 자신의 피조물을 사랑하고 비춰 주시며 은총을 부어 주신다고 말한다. 한편, 그는 인간을 그 자체로 모든 것으로서 "세상의 연결점"이자 진정한 "우주의 결합점"이며 '소우주'로 보았다. 이러한 전망에서, 그는 인간이 우주 내에서 특별한 품위를 향유하며, 이 품위는 본질적으로 '자유'에 있다고 언급했다. 인간은 이 자유로 인해 모든 것이 될 수 있고 하느님을 향해 상승할 수도 있다. 피치노는 개별 영혼의 불멸을 부인했던 아베로에스적인 노선의 아리스토텔레스주의자들을 거슬러서 그에 반대되는 명제들에 수많은 논거를 제시했다.

그의 사상은 1500년대 이탈리아의 철학, 예술, 문학 분야에 광범위한 영향을 미쳤다. 특히, 예술 분야에서 미켈란젤로, 철학에서는 조르다노 부르노에게 큰 영향을 미쳤다. 그는 플라톤주의와 그리스도교 사이의 새로운 종합을 통해 새로운 시대정신을 창출하는 데 성공했다. 이러한 그의 정신은 그가 살아있는 동안 이탈리아, 독일, 프랑스에 널리 퍼졌으며, 여러 사상가와 예술가들에게 많은 영감을 불어넣어 주었고 인문주의를 깊이 관통하는 가운데 그 흐름과 표현을 바꾸었다.

3) 피코 델라 미란돌라

① 생애와 작품: 인문주의 시대, 당시 플라톤 철학과 신학에 대한 종합을 시도한 세 번째 인물로 피코 델라 미란돌라를 들 수 있다. 그는 피치노의 제자로, 그와 같은 입장에서 그리스도교 사상을 플라톤과 신플라톤주의자들이 제공한 신선한 원천으로 다시 인도하면서 이를 쇄신하려 했다. 그는 1463년 미란돌라 성에서 태어났다. 그는 14세에 볼로냐에서 교회법을 공부하기 시작했고 1479년에는 페라라에서 개혁가인 사보나롤라와 친분을 나누고, 1480-1482년에는 여러 학자들과 친분을 다졌다. 1482년에 파비아로 가서 학업에 전념했고, 그 후, 1484년에 피렌체로 가서 피치노를 중심으로 한 플라톤 연구 모임에 가담했다. 1486년에는 일련의 학자들과 로마 모임을 주도했는데, 이 모임은 경건한 철학을 목적으로 성숙해 갔고, 여타 모든 학파들 간에 평화와 조화를 추구했다. 이 밖에도 그는 히브리어, 칼데아어, 유다교 신비주의 연구에 전념했다. 그는 1486년에 『결론들』과 『강연』을 집필하면서 다양한 철학 전통이 간직한 근본 명제들을 요약하고 그 전통들 간에 있는 조화를 입증하려 했다. 『결론들』 서두에 실은 그의 서언은 『인간 품위에 대한 강연』으로, 이탈리아 인문주의를 대표하는 최고의 텍스트로 평가된다. 그러

나 『결론들』은 곧바로 철학자들과 로마 신학자들 사이에서 반감을 사게 되고 신학 위원회의 검토를 받게 되었다. 결국, 인노첸시오 8세 교황은 1487년 신학자들에 의해 기소된 이 작품을 단죄하고 그를 벵센느 성에 감금했다. 그러나 로렌초 일 마니피코의 도움으로 풀려났고 그의 피에솔레 별장에서 지내며 지속적으로 학문 활동에 매진했다. 1493년 알렉산더 6세 교황에 의해 사면된 그는 다시 교회에 받아들여졌으며, 그 후 도미니코 수도회에 입회했다. 그러나 그 이듬해인 1494년 피렌체에서 임종했다.

② 사상: 그는 짧은 생애 동안 모든 지식의 길을 섭렵하고 이를 통해 상당히 많은 지적 체험을 했다. 그는 이성의 권리와 능력을 잘 알고 있었지만, 신비적인 법열(法悅)의 힘을 이성보다 우위에 놓았다. 그는 인간을 다른 모든 존재자 가운데 특전을 입은 존재자로 보았다. 그래서 그는 인간이 우주의 중심에 있으며, 자신의 내적 자유를 실천함으로써 하느님을 향해 상승할 수 있고, 하느님의 자녀가 될 수 있는 능력을 갖고 있다고 보았다. 그는 신 중심주의가 강하게 작용하던 중세 그리스도교 문화의 스케마와 단절한 인문주의를 바탕으로 자신이 몸담고 살던 시대의 다양한 문제를 적극 해결하려 했다. 그는 본질적으로 그리스도교의 교의 위에 정초한 새로운 그리스도교 문화의 바탕을 세우고 동시에 다른 철학적, 종교적 전통들을 좋게 평가했다.

피코의 사상이 내포한 그리스도교적 독창성은 그의 명저 『인간 품위에 대한 강연』에 집약되어 있다. 그가 여기서 제시한 인간은 '하느님의 모상'이라는 교부적, 그리스도교적인 인간이었다. 즉, 그가 지향한 인문주의는 하느님의 모상으로서의 인문주의였던 것이다. 그는 인간이 하느님과 근본적으로 닮은 것은 그의 '자유' 때문이라고 보았다. 그는 『인간 품위에 대한 강연』에서 진정한 행복은 하느님과 더불어 '하나의 영'이 되는 데 있다고 지적하면서, 그 하나의 영이란 그분께서 아시는 것처럼 우리도 그렇게 아는 데 있으며, 이와 함께 지극히 거룩한 평화, 해소될 수 없는 일치, 하나로 일치된 우정 가운데 머무는 것이라고 주장했다. 또한 그는 『헵타플루스』의 마지막 부분에서 "평화와 우정의 계약"을 관상하도록 초대했다. 인간은 이 계약을 통해 유일한 세상을 만들며, 이렇게 해서 이 세상은 궁극적으로 자신의 창조주와 하나가 되어야 한다고 그는 주장했다. 결론적으로, 피코의 사상은 신플라톤적이고 인간 중심적인 색채를 띠지만, 탁월하게 그리스도교적인 철학적, 신학적 인간학에 머물렀다.

3. 15세기의 신학 학파들과 주요 대변자들

1400년대는 문학과 예술 분야에서 특별히 풍요로웠지만, 철학과 신학 분야는 무신론적 특징을 보이는 시대이기도 했다. 그 시대는 중세에서 근대로 넘어가는 과도기로, 스콜라학 시대의 풍요로움이 거의 저물고 근대의 철학적 바탕들이 아직은 분명하게 제시되지 않았다. 따라서, 인문주의 시대는 통상 스콜라학 시대의 위대한 스승들, 특히 오캄, 스코투스, 토마스의 가르침을 되풀이하고, 그들의 작품에 대한 주석을 쓰며, 그들의 사상이 지닌 독특한 몇 가지 측면을 심화하는 데 그쳤다. 또한, 15세기는 실재론자들의 '옛 길'과 유명론자들의 '새로운 길' 사이에 충돌이 일어났다.

1) 오캄 학파

오캄 학파는 윌리엄 오캄으로부터 유래했는데, 이는 곧바로 유럽의 많은 대학으로 침투해 들어갔다. 우선 이 흐름은 파리의 여러 대학에서 혁신과도 같이 격렬한 투쟁의 대상이 되었다. 이미 1339-1340년 여러 문학부에서는 오캄주의의 일탈에 소송을 걸기도 했다. 그럼에도 불구하고, 오캄의 유명론을 따르는 지지자들이 끊임없이 뒤를 이었고, 실재론자들과 유명론자들은 한 세기 동인 전쟁을 치른 후, 시빙 교회 학문의 중심인 파리 대학에서 유명론이 위세를 떨치기 시작했다. 그리고 이러한 성공을 바탕으로 유명론은 유럽의 다른 여러 대학으로 뻗어 나갔다. 유명론이 대학을 다 압도하지 못한 곳에서는 기존의 스콜라학과 같은 세력으로 양분되어 정착했다. 전체적으로 유명론이 지배하던 대학에서는 용어 논리학에 상당한 가치를 부여했는데, 그것은 판단의 자리 대신에 판단에 대한 '용어들', 즉 '주체'와 '단정된 것'을 검토의 중심에 놓았기 때문이다. 교의 신학과 윤리 신학에서 실재론자들과 유명론자들 간의 견해 차이는 상당히 컸다. 본성, 원인, 목적, 객관적 특징을 갖는 보편적 원리와 법칙들에 대한 유명론자들의 부정은 자신들을 맹신론적, 비합리적 색채로 끌어갔으며, 실재론자들에 대한 어떠한 이해도 불가능하게 했다. 신학적인 작업에 필요한 주요 도구인 형이상학이 결여된 신학은 당연히 스콜라학 시대를 건설하여 위대한 신학을 고무시켰던 사변적 힘을 실현할 수 없었다. 이제 신학은 본질적으로 실증적 작업, 곧 계시의 원천들을 모으고 통제하며 해석하는 작업을 수행하는 것에 만족해야 했다. 그럼으로써 이전보다 한층 더 하느님 말씀의 신학, 곧 성경 신학이 되어 갔으나 교부 신학과 수도승 신학을 지탱하던 영성적인 영감은 찾아볼 수 없었다.

① 가브리엘 비엘

비엘은 1410년 스피라에서 태어났다 그는 하이델베르크와 에르푸르트에서 수학하고 신학 석사 학위를 취득했다. 그 후, 마인츠의 주교좌 성당 총대리 겸 강론 사제로 활동하고 1468년부터는 튀빙겐 대학의 교수로 임명되어 '새로운 길', 즉 유명론에 대한 강의를 맡았다. 비엘은 오캄주의를 전수한 주요한 연결고리 역할을 한 인물이다. 16세기 초 새로운 길을 따르던 사람들은 당시 주류를 형성했는데, 그들은 비엘의 『명제집 4권에 대한 오캄의 개요와 모음집』을 자신들의 강의와 연구에 주요 텍스트로 삼을 정도였다. 그리고 그들 가운데 미래 종교 개혁의 불을 지필 루터도 있었다. 비엘은 오캄과 마찬가지로 내적, 외적인 어떤 동기에 의해서도 제한되지 않는 하느님의 절대적 권능을 강조했다. 그에 따르면, 인간 구원은 어떠한 인간 의지의 기여에 상관없이 오직 신적 의지에 달려 있다. 하느님의 절대적 권능에 대한 그의 이론은 계시와 신학에 대해 가졌던 그의 이론에도 깊은 흔적을 남겼다. 그는 계시가 우리에게 하느님에 의해 설정된 구원 계획을 알려 주지만, 어떤 경우든 계시는 우연적 영역에 속하며 그 계시의 제1원인이자 이를 보장하는 신적 자유의 자유로운 승인에 전적으로 달려 있다고 보았다. 그러므로 계시 이외에 다른 어떤 원천을 가질 수 없는 유명론적 신학은 이제 실증적 학문으로 바뀌고 말았다. 사실, 계시는 신적 지혜의 빛에서 볼 때, 순전히 마음 내키는 대로 이루어지는 것이 아닌 일련의 역사적 신적 행위들을 통해 주어졌다. 그러나 그러한 신적 행위들은 역사적 증언들을 통해 실증적으로 예견되거나 통교될 수 없다. 비엘에 따르면, 계시 질서 전체가 우연적일 뿐 아니라, 구원 질서의 사건들 사이를 연결해 주는 연결이야말로 우연적이다.

비엘의 작품에 있어서 핵심은 신심적-사목적 주제들, 곧 미사 경본에 대한 강론과 설명을 통해 이루어졌다. 그는 이를 『미사 경본 해설』에서 다뤘다. 길게 작성된 그의 강론들은 그가 하느님의 말씀을 얼마나 중요하게 여겼는지 엿보게 해 준다. 그는 제대의 성사, 즉 성찬례보다 강론을 더 중요하게 여겼다. 왜냐하면, 그것은 우리를 믿음과 속죄로 인도해 주며, 따라서 구원을 위해 필수적이라고 보았기 때문이다. 또한, 그는 구원에 이르는 구체적인 길을 광범위하게 다뤘으며, 은총을 위한 준비 문제를 검토하면서 "하느님은 최선을 다하는 사람에게 은총을 거절하지 않으신다"는 명제를 통해 주도권이 인간의 손에 주어진다는 의미에서 준(準)펠라기우스주의의 위험에 빠지고 말았다. 한편, 그는 『미사 경본 해설』에서 미사가 그리스도에 의해 직접 단 한 번 봉헌된 십자가의 희생 제사를 반복하는 것이 아니라, 그것을 기념하는 재현이자 현재화라고 강조했다.

한편, 그는 그리스도론과 관련해서 우선 그리스도의 인격이 지닌 신비를 검토하고 그분의 생애, 행적, 직무를 검토함으로써 그에 대한 결정적인 연구를 제시했다. 그는 중요한 그리스도론적 주제에 있어서 토마스가 아닌 스코투스와 오캄의 견해를 따랐다. 그는 칼케돈 공의회의 가르침에 따라 그리스도의 인격이 지닌 단일함과 본성의 이중성을 언급했지만, 그는 신적 인격과 인성 간의 관계를 설명하기 위해 인격을 본질과 동일시하고 인성을 우유와 동일시하는 가운데 본질과 우유라는 적절하지 못한 유비를 사용했다. 비엘은 스코투스의 노선에서 수난보다는 강생에 우선적인 가치를 두었다. 또한, 그는 아우구스티누스의 노선에서 메시아의 직무들 가운데 의사와 스승으로서의 그리스도의 직무를 특히 강조했다. 마리아론과 관련해서, 비엘은 열정적으로 마리아론을 연구했으며, 몇몇 사안들, 예컨대 마리아의 원죄 없는 잉태 교리와 그분이 받은 특전들 같은 주제에 대한 최근의 가톨릭적 마리아론이 발전하도록 준비했다. 특히 그는 공개적으로 스코투스의 입장을 지지하는 가운데 마리아가 잉태될 때부터 원죄로부터 면제되었다는 점을 분명히 언급했다. 또한, 그는 마리아의 역할로서 '협력'과 '공동 구원'을 강조했다. 그에 따르면, 마리아는 그리스도의 공동 협력자이자 공동 구원자이다.

② 베셀의 요한

베셀의 요한은 오버베젤에서 태어나 에르푸르트에서 수학하고 문예부와 신학부에서 석사 학위를 취득했다. 그는 에르푸르트에서 『명제집』을 주해했는데, 여기에서부터 이미 그는 오감적 노선을 드러냈다. 1460년 그는 보름스 주교좌성당의 참사위원으로, 1463년부터는 설교자로 활동했다. 그는 순전히 교회적인 법과 신법을 분명히 구별했다. 그는 교회가 갖고 있는 고유한 열쇠의 권한은 하느님의 뜻에 의한 것으로서, 죄의 허물로 인해 제한을 받는다고 보았다. 또한, 보편 교회의 일부분인, 그러나 경험적으로 규정할 수 없는 그리스도의 교회만이 거룩하고 티 없이 순수하다고 주장했다. 그러므로 그리스도의 어떤 대리자도 필요하지 않으며 오직 그분만이 직접 열쇠의 권한을 보유한다는 것이다. 그는 교황이 단순히 그분의 명령을 실행하는 사람이라고 보았다. 이처럼 그의 사상은 가톨릭 교회와 양립할 수 없었다. 이로 인해 1477년 직무에서 해임되고 그로부터 2년 후 이단으로 고발되어 심문받았다. 결국, 그는 마인츠의 아우구스티누스회 수도원에서 일생동안 구금되는 형을 받았으며, 그로부터 2년 후 그곳에서 생을 마감했다.

2) 토마스 학파

1324년 토마스는 시성됨으로써 정통성에 대한 모든 의심을 불식시켰다. 하지만 15세기로 들어와 유명론으로 인해 토미즘은 어려운 국면을 맞이할 수밖에 없었다. 이러한 상황은 15세기 말로 접어들면서 서서히 토마스에게 호의적으로 변해 갔다. 특히, 이때부터 주요 대학들에서 롬바르두스의 『명제집』 대신에 토마스의 『신학대전』을 주요 교재로 채택하면서 상황은 반전되었다. 당시 토미즘의 본거지는 토마스가 신학을 가르친 쾰른이었다. 한편, 파리 대학은 이른바 '옛 길', 특히 1407년 파리에서 가르치기 시작한 토미스트의 시조인 요한 카프레올루스 덕분에 다시금 생기를 회복했다. 또한, 도미니코 수도회의 생 자크 수도원은 토마스의 사상을 효과적으로 알리는 데 기여했다. 더욱이, 혁신적인 살라망카 대학, 툴루즈 대학이 토마스 학파를 창시하는 데 중요한 역할을 했다. 1381년에 설립된 살라망카 대학은 15세기 초 베네딕토 13세 교황으로부터 파리 대학 외에 신학 분야에서 교수 자격을 줄 수 있는 권한을 얻었다. 당시 교황은 신학 공부를 위해 파리 대학에 가지 않아도 된다는 법령을 공포하기도 했다. 결국, 살라망카 대학은 이베리아반도뿐만 아니라 그리스도교 전체에 걸쳐 가장 유명한 대학 반열에 오르게 되었다. 살라망카 대학은 그 시작부터 토마스의 노선에 있었다. 반동 종교 개혁과 트리엔트 공의회를 주도했던 대부분의 주요 신학자들과 토마스의 유명한 제자들 모두 이 대학 출신이었다.

　토마스를 둘러싸고 아주 큰 학파들, 아니 역사상 가장 큰 학파 하나가 서서히 형성되어 갔다. 이 현상의 원인은 다음 3가지로 압축된다. 그것은 토마스의 철학적, 신학적 학설들이 갖는 고유한 풍요로움과 특별한 비옥함, 그리고 그것이 내포하는 본질적인 가치 때문이다. 이 현상은 토마스의 사상에 대한 탁월한 주석가들의 업적에 기인한다. 마지막으로 몇몇 위대한 인물들의 활동, 곧 자신들의 설교와 신학 작품들의 바탕에 토마스의 사상을 두었던 학자들에게서 기인한다. 이들 가운데 스페인권 학자로는 비첸테 페레르, 후안 데 토르케마다가 있으며, 이탈리아권 학자로는 안토니노 다 피렌체가 있다. 그리고 벨기에권 학자로 카르투시오 수사 디오니시우스를 들 수 있다. 또한, 토마스의 주석가들 가운데 가장 유명한 학자로는 페라레제 실베스트리, 토마스 데 비오(카예타누스), 피에트로 디 베르가모, 피에르 크로커트가 있다. 이 가운데 피에르 크로커트는 1509년부터 강의 텍스트를 롬바르두스의 『명제집』에서 토마스의 『신학대전』으로 바꾸는 혁명적인 행보를 처음 시도했으며, 강의를 통해 토미즘 부흥에 큰 영향을 미쳤다. 그의 제자들은 유럽 전역에 토미즘을 전파했으며, 그 가운데는 살라망카 학파의 시조로 평가받는 프란치스코 데 빅토리아가 있다.

3) 스코투스 학파

15세기 스코투스 학파의 괄목할 만한 생명력은 스코투스의 주해서들로부터 영감을 받은 『명제집』 해설서, 주석서들이 크게 번창했던 사실을 통해 입증된다. 그 시기 스코투스 학파의 중심지는 이탈리아 북부의 파도바로서, 프란치스코회 내의 스코투스 연구소와 함께 당시 유명했던 파도바 대학이 중심 역할을 했다. 파도바 대학에서는 도미니코 회원들의 토미즘에 맞서 스코투스의 사상과 관련된 강좌들이 개설되었다. 파도바에서 배출된 적지 않은 스코티스트들은 유럽 전역에서 활동했다. 그 가운데 두드러진 인물로 프란치스코 넬라 로베레와 안토니오 트롬베타를 들 수 있다.

4) 알베르투스 마뉴스 학파

알베르투스 마뉴스는 스콜라학 시대의 대학자 가운데 한 사람으로 그도 역시 한 학파를 이루었다. 알베르투스 학파의 중심지는 독일의 쾰른이었다. 그곳에는 독어권에 속하는 도미니코회 신학 연구소가 있었다. 이 연구소는 1248년 알베르투스 마뉴스에 의해 직접 창립되고 운영되었다. 이러한 이유로, 쾰른은 유럽 고대 문화의 중심적 역할을 했다. 사실, 알베르투스 운동은 쾰른이 아니라 파리에서 시작되었다. 특히 이 시기는 실재론자들과 유명론자들 간에 아주 처절한 싸움이 벌어지던 시기로서, 오캄주의적 용어주의를 보다 잘 대조하기 위해 몇몇 스승들의 업적에 의존하던 때였다. 이 운동의 창시자는 플랑드르 출신의 노바 도모의 요한으로서, 그는 1410-1411년 피카르디 출신의 학자들 그룹에 속해 있었다. 그가 지향한 것은 근대주의자들에 대항해서 새로운 무기들을 제공하기 위해 알베르투스의 몇 가지 가르침들을 평가하는 것이다. 그래서 그는 토마스의 사상과 상당히 거리가 있는, 신플라톤적 유산이 분명한 스코투스의 작품들로 거슬러 올라갔다. 노바 도모의 요한이 파리에서 강의할 당시, 제자 중에 에이메리코 디 캄포가 있었다. 그는 1423년 쾰른에서 알베르투스 마뉴스의 사상을 부흥시키려 노력했다. 1428년 에이메리코는 『알베르투스 마뉴스와 성 토마스 사이의 문제들』이라는 작품을 발표했는데, 여기서 알베르투스의 견해를 지지하면서 두 대가 사이의 교의적 차이, 특히 영혼과 인식 활동에 대한 차이를 제시했다. 이로 인해 알베르티스트들과 토미스트들 간에 논쟁이 벌어졌고 마침내 두 그룹을 결정적으로 갈라놓고 말았다. 결국, 쾰른에는 알베르티스트들을 위한 부르사 라우레티아나 콜레지오와 토미스트들을 위한 부르사 몬타나 콜레지오가 만들어졌다. 그 후, 알베르투스주의는 쾰른에서 하이델베르크 대학과 같은 다른 여러 대학으로 전파되었으며, 특히 크라코비아 대학에서는 상당히 지배적인 사상으로 자리잡게 되어 알베르투스의 교의에 대한 특별 강좌들이 개설되기도 했다.

5) 아우구스티누스의 부흥

토마스와 스코투스 이전까지 아우구스티누스의 사상은 교부 시대 말부터 중세 중기까지 최고의 권위를 누렸다. 실제로 13세기까지의 신학에서는 오직 2개의 원천만 있었다. 하나는 '성경'이고 다른 하나는 전승으로서의 '아우구스티누스의 작품들'이었다. 그러나 이는 토마스 이후 다양한 학파들의 탄생과 함께 변해 갔다. 아우구스티누스의 권위가 예전만큼 지배적이진 못했다. 이런 상황에서 아우구스티누스를 다시금 특별한 위치로 복원해야 할 필요성이 14세기에 예정 문제가 불거지면서 발생했다. 당시 '새로운 길'을 옹호하던 오캄주의자들이 제기한 펠라기우스적인 경향을 거슬러서 엄격한 아우구스티누스주의자 2명(토마스 브래드와딘, 그레고리우스 다 리미니)이 반기를 들었다. 이들은 논쟁 과정에서 반(反)펠라기우스적인 아우구스티누스의 작품들을 활용하는 가운데 신학적 쇄신 작업을 시도했다.

브래드와딘은 언제나 아우구스티누스를 바탕으로 교의 영역의 문제들을 풀어 나갔다. 그는 아우구스티누스에게서 '은총의 심판관'으로서의 모습을 찾았으며, 그를 거슬러 올라가면서 하느님 은총의 시작 선물은 순수 본성에 의해 획득될 수 없다고 보았다. 15세기에 아우구스티누스에 대한 관심이 절정에 달하게 된 데에는 그레고리우스 다 리미니의 공이 컸다. 그는 아우구스티누스 노선에 철저한 사람이었다. 아우구스티누스회 내에서 그레고리우스 다 리미니의 유산은 튀빙겐, 에르푸르트 등 독일의 여러 도시로 퍼져 나갔다. 또한, 인쇄술의 발명은 아우구스티누스의 사상이 전파되는데 크게 기여했다. 루터 이전에 아우구스티누스 학파의 마지막 주요 대변자로 요한네스 폰 슈타우피츠를 꼽을 수 있다. 그는 다년간 종교 개혁자인 루터의 장상이자 영적 지도자이며 훌륭한 신학자로 영향을 미쳤다. 의화에 대한 슈타우피츠의 입장은 루터에게 결정적인 영향을 주었다.

4. 인문주의 신학의 마지막 대변자들

인문주의 시기는 15세기 전체를 관통하며, 16세기 전반에 종교 개혁과 반동 종교 개혁이라는 커다란 사건을 맞이하면서 마감했다. 인문주의는 이탈리아에만 국한된 현상이 아니라 프랑스, 네덜란드, 독일, 영국에서도 있었다. 이 시기를 대표하는 뛰어난 인물로 에라스무스와 토마스 모어를 들 수 있다. 또한, 그들에게 상당한 영향을 미친 스승으로 존 콜렛을 들 수 있다.

1) 존 콜렛

존 콜렛은 1466년 런던 출신으로 옥스퍼드 대학과 캠브리지 대학에서 수학했다. 그는 성경과 교부들에 대해 깊은 관심을 갖고 연구했으며, 피코를 알게 된 후로 그의 작품들도 탐독했다. 1498년 사제품을 받은 후, 학문 연구에 매진하며 옥스퍼드 대학에서 성경을 강의했다. 그는 성경 연구를 위한 새로운 방법론을 도입함으로써 유명세를 탔다. 당시 그의 강좌에는 훗날 대표적 인문주의자가 될 에라스무스도 있었다. 또한, 토마스 모어는 콜렛을 자신의 영적 아버지로 둘 정도로 콜렛은 두 사람에게 깊은 영향을 미쳤다. 1504년 콜렛은 런던의 성 바오로 대학의 학장으로 후학을 양성했으며, 특히 이때 학생들이 고전어를 배울 수 있도록 조치하기도 했다. 그는 당시 여러 개신교 이단으로 상황이 복잡하던 시절에 성직자 회합을 소집해서 성직자들을 쇄신하기 위한 개혁 프로그램을 제안하기도 했다. 그러나 이로 인해 이단 논쟁에 휩싸이기도 했지만, 캔터베리 대주교의 도움으로 풀려났다. 콜렛은 1519년 세상을 떠났다. 그에게 있어서 특기할 점은 성경학자로서 새로운 성경 주석 방법론을 도입한 데 있다. 그는 성경 저자들이 사용한 문학 장르들에 대한 판단과 해석을 바탕으로 주석 방법론의 개요를 서술함으로써 성경 주석에 기여했다. 이는 현대적인 성경 문헌 비판과 유사한 방법으로 평가받는다.

2) 로테르담의 에라스무스

① 생애와 작품: 에라스무스는 1466년 로테르담에서 사제인 로저 제라르의 두 번째 사생아로 태어났다. 어린 시절인 12세에 네덜란드 엠마우스의 아우구스티누스 수도회에 입회했으며, 14세에 부모를 여의었다. 그는 학문을 연마하면서 고전 문학에 심취했다. 신학 공부를 마친 후, 그는 1492년에 사제품을 받고 같은 해에 캉브레의 대주교인 앙리 드 베르겐의 비서로 일하기 시작했다. 이때부터 그는 여러 가지 이유로 유럽 곳곳을 많이 여행했으며, 이 기회에 여러 인문주의자들과 교감하고 인문주의적인 견문을 넓혔다. 처음에 그는 성경 연구에 열정을 쏟으며 이를 자신의 소명으로 받아들였다. 그러나 그의 관심은 성경에만 머물지 않고 신학 분야로 옮겨져 『그리스도교 병사의 교본』을 집필하게 된다. 1509년 그는 영국으로 건너가 캠브리지 대학에서 신학을 가르쳤다. 이 기간에 토마스 모어의 조언을 받아 『우신예찬』을 집필했다. 1514년에는 스위스의 출판업자 프로벤의 요청으로 바젤로 옮겨 여러 해 동안 난해한 언어학적 작업에 전념하기도 했다. 이 과정에서 그는 성경, 교부들과 관련된 다양한 작품들을 출판했다.

1517년 루터가 종교 개혁을 시작하자, 그가 종교 개혁자라는 이유만으로 처음에는 그를 지지했다. 그러나 인문주의가 거부한 중세 사상의 한 요소인 이원론에 다시 불을 붙인 루터의 거친 바오로주의를 함께 공유할 수 없었기에, 점차 루터와 결별하게 된다. 결국, 그는 『자유 의지론』을 통해 자신의 견해를 표명하며 루터에게 강한 일격을 가했다. 그는 루터의 선택이 신학적이라기보다는 조화, 문명, 인류라는 보편적 가치들을 왜곡하는 심각한 위협으로 보았으며, 그런 루터의 반란을 거부했다. 1527년 프로벤이 세상을 떠난 후, 에라스무스는 네덜란드로 되돌아갔다. 1533년에는 『교회 일치 회복론』을 저술했고, 그로부터 3년 후인 1536년 바젤에서 생을 마쳤다.

② 사상: 그는 철학이 아니라 성경과 교부들의 가르침에 바탕을 둔 그리스도교 철학, 건전한 신학을 추구했다. 그가 『그리스도교 병사의 교본』을 비롯해 여러 작품에서 제시한 철학은 모든 이들, 심지어 주부와 농부까지도 이해할 수 있는 철학을 의미했다. 그는 이를 위해 외적인 허례허식이 사람들을 그리스도에게서 멀어지게 한다는 점을 지적하며, 낮은 수준의 신심 형태를 비판했다. 무엇보다도 그는 그리스도교 철학이 갖는 내적, 영성적 특징을 강조하며, 이를 살아가도록 신자들을 격려했다. 또한, 그는 『진정한 신학 방법』에서 그리스도께서는 세상에 대해 당신 자신을 보다 좋게 드러내는 방법을 제시했다고 소개한다. 그는 우리에게 그분의 생생하고도 참된 모습을 전해 주기 위해 노력했다. 그는 온유하고 겸손한 예수님, 선하심으로 승리하고 죽음을 통해 개선하신 예수님을 받아들이고 이를 사람들에게 전했다. 그는 예수님 안에서 참되고 순수한 분을 보았다. 따라서, 예수님은 그의 사상에서 중심축을 구성한다. 그는 그분께서 가난, 겸손, 사랑, 자기희생 가운데 사셨듯이 그분을 닮는 가운데 그렇게 살아가도록 권했다.

에라스무스는 사변 신학을 혐오한 반면, 성경 신학에는 큰 매력을 느꼈다. 훌륭한 인문주의자였던 그는 자신의 명확한 신학적 소명을 당시의 요청에 부합하는 새로운 토착화로 여겼다. 그는 그리스 저자들에 대한 연구에 사용한 문헌학적 방법을 성경 연구에 적용했다. 그가 계획한 새로운 신학은 단순히 주석적인 의도만을 갖고 있었다. 그는 스콜라 신학자들에 의해 사용된 주석 방법론을 개혁했다. 그는 본래적인 텍스트에 대한 정확한 인식이 모든 사변적 방법에 선행해야 한다고 보았다. 즉, 성경 주석은 텍스트에 대한 정확한 강독과 충실한 해석이 전제되어야 한다는 것이다. 이를 위해 그는 고전 언어들을 공부해야 한다고 가르쳤다. 이러한 선상에서 그는 새로운 신약 성경 비판본과 광범위한 『주해집』, 『주석집』, 『새로운 도구』, 『진정한 신학 방법』을 출간했다. 이는 많은 이들에게 도움을 주며 큰 성공을 거두었다.

3) 토마스 모어

토마스 모어는 1478년 런던에서 태어났다. 그는 옥스퍼드 대학에서 수학하던 중에 에라스무스를 알게 되었으며 그로부터 많은 영향을 받았다. 그는 1503년 24세의 나이로 국회의원에 선출되었으며 1523년에는 하원 의장에 임명되고 1529년에 총리가 되었다. 그러나 1532년 헨리 8세와 아라곤의 카타리나의 이혼 문제에 대해 가톨릭 교회의 입장에서 의견을 표명한 후 곧바로 해임되었다. 또한, 그는 헨리 8세가 선포한 '수장령'에 대한 서명을 거부함으로써 투옥되고, 그로부터 얼마 후인 1535년 7월 사형 선고를 받았다. 그는 의심할 여지없이 영국의 인문주의를 대변하는 가장 뛰어난 인물이다. 그는 여러 기회에 인문주의를 옹호하고 신학과 성경 연구에 대한 인문주의자들의 공헌을 강조함으로써 영국에서 인문주의가 꽃피울 수 있도록 했다. 반면, 루터에 대해서는 분명히 반대 입장을 표명했다. 런던탑에 수감된 뒤에는 영어권에서 가장 위대한 대화체 작품 중에 하나인 『시련에 대한 위로의 대화』를 집필했다. 기도와 시편에 대한 주해들 역시 그가 수감생활을 하던 시기의 작품이다.

그러나 토마스 모어의 사상이 집약된 작품은 무엇보다도 『유토피아』였다. 이는 정치 철학 작품으로 여기서 그는 영국 사회와 정치 체제에 대한 통렬한 비판과 인간의 충만한 자유를 효과적으로 보장할 수 있는 이상적인 국가 구조에 대한 비전을 제시했다. 그의 정치 계획에서 이상적인 국가는 '유토피아'라는 이름을 갖는다. 그것은 54개의 도시로 나뉜 섬으로서, 그 도시들은 도시 구조나 건축 구조가 모두 같다. 거기에 사는 주민들의 주요 활동은 농업이고 능력의 형태에 따라 구분된다. 모어가 제시한 이상적 도시의 모습에서 종교는 중요한 위치를 차지하지만 거기서는 어떤 특정한 종교에 대해 말하지 않고, 모든 사람의 마음에서 자발적으로 솟아나는 자연 종교에 대해 말한다. 모어는 유토피아에서 가장 근본적인 원리는 종교적인 관용이라고 가르쳤다. 그가 이 메시지를 가르쳤던 당시에는 한 세기 이상 유럽을 피로 물들게 했던 참혹한 종교 전쟁들이 발발하기 바로 직전이었다. 모어 시대의 종교적 관용이야말로 진정한 유토피아였던 것이다.

5. 근대 신심과 신학

스콜라 신학을 극복하고 신학을 쇄신하려는 문화적 분위기는 인문주의에서 자신의 주된 표현을 발견했으며, 이 선상에서 근대 신심도 드러난다. 이는 신학보다는 신비주의에 더 가까운 영성 운동이었다. 1400년대 중반부터 근대 신심 운동과 유명론 사이에는 견고한 동맹이 형성되고, 이로 인해 근대 신심은 독일의 여러 대학과 학자들에게 영향을 미쳤다. 근대 신심은 이미 토마스 아 켐피스가 14세기 말 저지대 국가에서 시작해서 유럽 전체, 특히 15세기 내내 독일에 퍼진 영성 운동에 부여한 정의이다. 이러한 신심은 모든 사변적이고 이론적인 것에 대해 거부 반응을 보이며, 정감적인 힘에는 자극을 부여하여 구체적인 체험과 경험된 영성에 대한 선호라는 의미에서 '근대적'이라 할 수 있다. 예컨대, 이는 참회에 대한 정의를 알기보다는 그것을 느끼기를 선호했다. 삶에서 멀리 떨어져 있고 과장된 사변에 대한 혐오는 신심가들로 하여금 신학으로부터 거리를 두고 일상의 삶 속에서 덕을 실천하도록 가르쳤다. 심지어 이들은 에크하르트의 사변적 신비주의마저 거부하고 고행과 적극적인 애덕 실천을 통해 하느님과의 내밀한 삶에 이르고자 했다.

1) 근대 신심의 시조인 게르트 그로테

게르트 그로테는 근대 신심의 시조로서 1340년 네덜란드의 데벤터에서 태어났다. 10세 때에 부모님을 여의고 고아가 되어 엑스 라 샤펠에서 초기 공부를 마쳤으며, 파리로 옮겨 공부를 계속했다. 그리고 1358년 문학부 석사 학위를 취득했다. 그는 젊은 시절 몇 년간 영적, 육체적 쾌락에 빠져 아주 방탕한 생활을 하기도 했다. 또한, 교회 내에서 요직에 오르기 위해 권모술수를 부리기도 했다. 그러나 결국 뤼스브뢰크의 영향을 받고 칼카르의 헨리코 에거의 조언에 힘입어 회심한 다음에는 세상을 등지고 수도 생활에 전념했다. 그는 평수사로 아른하임의

카르투시오 수도원에 입회해서 몇 년간 기도 생활에 전념했다.

근대 신심에 대한 입장을 정리한 그로테는 카르투시오 수도원을 떠나 자기 고향으로 돌아가 그곳에 2개의 공동체(공동생활 형제회, 자매회)를 창설했다. 이곳은 근대 신심을 실천하는 장(場)이었다. 1374년 데벤터의 집이 경건한 여인들에게 희사되었는데, 이들은 한 사람의 지도 아래 직접 손노동을 하면서 수도 생활과 비슷한 삶을 살아가기를 원했다. 이에 그는 공동체에 규범과 정통성을 부여하고 보살피며 베긴회 같은 이단 운동과 혼동되지 않게 했다. 여기에 더해, 친구인 라데베인스와 함께 근대 신심의 원칙에 따라 사는 또 다른 공동체를 설립했다. 1379년 그로테는 설교를 하기 위해 부제품을 받았으며, 생의 마지막 무렵에 데벤터와 인근 지방에서 근대 신심을 보급하고 설교와 사도직에 전념했다. 그는 1384년에 세상을 떠났다. 그가 씨앗을 뿌린 근대 신심은 공동생활 형제회와 자매회 그리고 빈데스하임 수도회의 아우구스티누스 의전수도회를 통해서 발전했다. 그리고 이 두 단체 덕분에 근대 신심은 유럽 전역에 널리 퍼져 나갔다. 근대 신심은 다음과 같은 세 가지 특징을 지닌다. 즉 세속적 특징, 그리스도 중심적 영성, 내면주의와 개인주의다.

2) 근대 신심의 표현인 『준주성범』

『준주성범』은 근대 신심 운동을 대표하는 작품으로 토마스 아 켐피스에 의해 집필되었다. 토마스는 1380년 쾰른 근처의 켐펜에서 태어나 고향에서 학업을 마쳤다. 그 후 12세에 데벤터로 이사했고 그곳에서 피오렌초 라데베인스의 지도 아래 학업을 지속했다. 피오렌초는 그를 근대 신심으로 인도해 주었다. 토마스는 당시 자신의 큰 형인 요한이 원장으로 있던 성 아그네스 산 의전수도회에 입회했으며, 그 후 1406년 서원을 발하고 1413년 사제품을 받았으며, 1448년 원장으로 선출되었다. 그리고 1471년 임종했다. 그가 일생을 통해 보여 준 성성으로 인해 그에게는 '가경자' 칭호가 주어졌다. 그는 수많은 작품을 썼는데, 그 가운데 『준주성범』, 『근대 신심 창설자의 생애』, 『대 게라르디의 생애』가 가장 뛰어나다.

토마스는 근대 신심의 융성함을 잘 보여 주는 인물이다. 그의 작품 『준주성범』은 이를 잘 입증한다. 『준주성범』은 그리스도교 종교 서적으로서는 성경 다음으로 수 세기 동안 많은 사람들의 양성에 가장 큰 영향을 미친 신심 서적으로 평가받는다. 이 작품은 4권의 책으로 구성되어 있다. 제1권은 세상과 헛된 지식에 대한 멸시, 자신을 극복하는 것, 마음의 참회를 통해 겸손과 내적 평화로 나아가는 것에 대해 다뤘다. 제2권은 그리스도의 십자가를 짊어지고 그분과 우정을 나누는 가운데 어떻게 많은 고통을 통해 하느님 나라에 들어가야 하는지 가르쳤다. 제3권은 내적 위로에 대하여 다뤘으며, 제4권은 거룩한 영성체를 위한 권고들을 제시했다. 토마스는 이 작품을 통해 그리스도에 대해 생각하는 것보다는 '닮는 것'에 우위를 두었다. 그는 이를 바탕으로 그리스도의 생애와 그분의 십자가를 신자들이 일생을 통해 간직하고 묵상해야 할 핵심 주제로 제시했다.

3) 근대 신심과 신학

공동생활 형제회 그룹에서는 탁월한 신학자가 배출되지 않았다. 신학보다는 신심에 주안점을 뒀기 때문이다. 하지만, 근대 신심은 독일에 보급되면서 어느 순간부터 독일의 여러 대학으로 퍼져 나갔다. 이렇게 해서 '근대 신심'과 '새로운 길'(유명론) 사이에 긴밀한 연합이 이뤄졌다. 이렇게 되면서 근대 신심을 규정지었던 중요한 특징 가운데 하나인 평신도적 요소가 거의 사라져 갔다. 또한, 경건함과 신심은 이제 새로운 사색의 대상이 되어 수도 생활이나 사제생활에 전념하는 이들에게 전적으로 유보되었다. 반면, 공동생활 형제회에 의해 실천된 '신심'과 '문화' 간의 결별은 근대 신심과 새로운 길 간의 결합으로 극복되었다. 이 둘 사이의 만남은 튀빙겐 대학에서 이뤄졌으며, 이는 특히 가브리엘 비엘과 그 후임자인 벤델린 슈타인바흐, 페터 브라운을 통해 실현되었다. 이들은 모두 공동생활 형제회와 같은 노선이었으며, 동시에 새로운 길과 근대 신심의 추종자였다. 근대 신심과 새로운 길 간의 연계는 초기 수십 년간 튀빙겐 대학의 특징적인 윤곽과 본성을 광범위하게 규정지었다. 성경과 교부들에 바탕을 둔 정감적이고 반(反)사변적인 신학은 그 대학에서 수학하던 학생들에게 사제직과 교계 제도를 둘러싸고 조직된 교회의 직무 수행에 필요한 것들을 제공했다.

제2장

종교 개혁과 반동 종교 개혁 시대: 16세기 신학

1. 종교 개혁의 여명에 선 교회와 신학

인문주의라는 휴지 기간이 지난 후, 마침내 신학은 기나긴 무감각 상태에서 깨어나 종교 개혁과 반동 종교 개혁에 결정적으로 기여하고 교회의 역사를 견인하는 요소가 되었다. 이 두 시대적 사건의 결정적 요인은 신학자들이었다. 그들은 종교 개혁에서 큰 역할을 한 루터, 칼뱅, 츠빙글리, 멜란히톤과 반동 종교 개혁을 위해 개최된 트리엔트 공의회를 주도한 가톨릭 신학자들이었다. 특히, 종교 개혁의 문을 연 루터는 서방 대이교 시대부터 예측하고 갈망해 온 모든 면에서의 본질적인 개혁을 실현하기 위해 이러한 개혁을 신학 영역으로 끌어들였으며, 무엇보다도 이를 신학적 물음으로 제기했다. 이는 의화, 믿음, 은총, 죄, 구원과 같은 근본적인 교리들에 대한 해석의 물음이었다. 이처럼 종교 개혁은 신학의 방법론이나 내용적인 면에서 거대한 신학적 지진이었다. 루터의 종교 개혁을 통해 교회사와 신학사에서는 새로운 결정적인 시대가 열렸다. 그것은 단순히 중세적인 정치, 종교, 문화, 철학, 신학 세계의 종언을 의미할 뿐 아니라 그리스도교와 고전 사상 사이에 새로운 만남과 종합을 이루려는 그리스도교적 인문주의를 통해 이룩된 품격 있는 시도를 거칠게 단절하는 것이기도 했다.

1) 종교 개혁의 원인들

무엇보다도 종교 개혁의 근거들은 중세 체제 그리고 그것을 지탱하던 근본적인 예법들의 해체, 곧 시대에 적절한 새로운 구조를 시의 적절하게 창안하지 못한 데에서 기인한다. 그나마 중세 말에 인간 중심적인 바탕 위에 새로운 그리스도교적 문화를 건설하려 했던 인문주의의 시도는 빈약한 결과만을 야기하며 어떤 측면에서는 상황을 더욱 악화시키기만 했다. 교회를 구성하는 구조와 교의, 관습을 철저히 개혁해야 한다는 필요성은 이미 서방 대이교 기간 동안 절실히 느꼈던 사안이었다. 이 논제는 바젤 공의회, 콘스탄츠 공의회, 피렌체 공의회에서 이미 다뤄졌다. 그때부터 새로운 교황들은 회의를 거듭하면서 교황권을 통해 프로그램을 확정짓기 시작했다. 이렇게 해서 교회 개혁이란 주제는 언제나 첫 번째 자리를 차지하게 되었다. 제5차 라테란 공의회(1512-1517년) 역시 개혁에 대해 논했다. 하지만, 이런 일련의 시도는 이렇다 할 결실을 맺지 못했으며, 이로 인해 교회에 대한 전반적인 개혁은 계속 미뤄져만 갔다.

교회 안에서 작동하지 않는 것은 수없이 많았다. 여기에는 무엇보다도 교황부터 시골의 본당 신부에 이르기까지 스캔들을 일으킨 성직자의 품행을 들 수 있다. 그리고 쾌락과 권력에 대한 멈추지 않는 광기, 과시하려 하고 공격적인 특권층 시스템도 만연해 있었다. 고위 성직자들이 사치스럽고 군주 같은 삶의 모습을 과시했던 반면, 낮은 계층에 속한 성직자들은 종종 아주 칠흑 같은 비참함 속에 살도록 강요받았다. 그러나 고위 성직자건 시골 본당 신부건 모두 육체적 쾌락에 쉽게 굴복당했다. 몇몇 지역에서는 본당 신자들이 사제들의 내연 관계를 스캔들의 근거로 삼을 만큼 상당히 퍼져 있었다. 또한, 대중뿐만 아니라 하층 성직자들 사이에서는 무지와 미신이 만연했다.

교회를 괴롭혔던 악은 사람들뿐만 아니라 구조 자체에서부터 생겨 나왔다. 특히 교회 통치를 맡았던 교황청의 구조가 그러했다. 로마 교황청은 점차 주교들로부터 모든 권한을 박탈하면서 교황의 손에 모든 것을 집중시켜 갔다. 또한, 15세기를 기점으로 추기경들과 그 밖에 교황청의 여러 구성원들에 대한 임명은 족벌정치의 폐해로 나타났다. 교회에서 수많은 악을 야기한 또 다른 원천적 구조는 성직록과 의전 사제 봉급에 대한 양도였다. 성직록은 교회에 대한 봉사에 상응해서 그에 합당한 이들에게 주어지지 않고 단순히 돈벌이를 위한 동기로 더 많은 사람들에게 넘겨지곤 했다. 심지어 여러 개의 주교직과 여타 교회 직무들이 소수의 사람들에게 집중되어 교회의 재산이 부당하게 사유화되기도 했다.

종교 개혁의 도화선이 된 또 하나의 부정적인 요소는 교권주의이다. 성직자들의 문화적 독점에 바탕을 두고 있는 교권주의는, 오랫동안 문화가 대수도원과 주교좌 학교들에 의해 독점적으로 소유되던 중세에는 그에 합당한 근거가 있었다. 그러나 근대로 들어와 문화가 평신도들에게도 역시 공공선(公共善)이 되는 상황에서 그러한 교권주의는 더 이상

용납될 수 없는 것이 되고 말았다. 당시 평신도들은 보다 큰 자유, 곧 신자로서의 자유와 보다 광범위한 교회생활과 시민사회 생활에 참여할 수 있는 권리를 요청했다.

마지막으로 이념적인 측면에서 권위의 원칙이 붕괴되는 사건이 발생했다. 세상에 대한 중세적 비전과 그리스도교 공화국 전체가 터해 있던 모든 권위가 위기를 맞이한 것이다. 철학에서는 아리스토텔레스의 권위가 위기를 맞이했으며, 신학에서는 위대한 박사들이, 천문학에서는 프톨레마이오스(천동설)의 권위가, 정치 분야에서는 교황과 황제의 권위가 위기를 맞았다. 새로운 영적, 시민적 질서를 창조하는 데 전통적인 권위들은 더 이상 충분하지 못했다.

2) 루터 이전의 독일의 정치적-종교적 상황들

종교 개혁의 중심에는 주요 활동가인 루터뿐만 아니라 독일도 있다. 루터가 불을 붙인 독일이라는 화로(火爐)에서 가연성 물질을 만났으며, 이는 더욱더 불을 타오르게 함으로써 종교 개혁이 사방으로 급속히 퍼져 나가게 했다. 루터가 1517년 비텐베르크 주교좌성당 현관에 95개 조항을 붙였을 당시, 처음에 그는 단지 가톨릭 교의에 관한 몇 가지 근본 사항들에 대한 신학적인 혁신만을 원했다. 당시 루터의 의도에는 교회론, 윤리 분야에서의 혁신을 원했지만, 교회의 근본적인 혁명, 독일 교회의 건설, 제국으로부터 독일 국가들의 분리와 같은 사안들은 포함되어 있지 않았다. 신학 혁명이 두 번째 단계로 들어서자 교회 개혁으로 바뀌고, 마침내 신성 로마 제국으로부터 독일 국가들의 독립에 대한 관심으로 모아졌다. 독일 종교 개혁의 원인을 규명하는 데 있어 독특한 점은 무엇보다도 그 개혁의 '민족적 특징'이다. 독일 백성과 군주들은 루터에게서 교회와 신성 로마 제국에 대한 자신들의 권리 요구를 대변하는 진정한 대변인의 모습을 발견했던 것이다. 루터가 제기한 소송이 승리를 쟁취하기까지는 2가지 조건이 필요했다. 하나는 '독일 민족의 불행'이고, 다른 하나는 독일 선제후들과 황제 사이의 '정치적 대립'이다.

1455년 마인츠의 디트리히 폰 에어바흐 대주교는 처음으로 독일 민족의 불만을 제기한 사람이다. 그는 교황청이 다양한 구실로 재산을 약탈해 가는 데 대해 불만을 토로했다. 이처럼 교황직에 대한 독일인들의 불만은 이때부터 계속 쌓여 갔다. 루터가 개혁을 성공하게 된 결정적인 계기는 독일 귀족 계급에서 찾을 수 있다. 루터는 1520년 제후들에게 "독일 민족의 그리스도인 귀족들에게 고함"이라는 메시지를 보낸 바 있다. 당시 독일의 제후들은 황제와 좋은 관계를 누리지 못했으며, 오토 1세와 프리드리히 1세 시대부터 권리와 특권을 위해 싸워 왔다. 따라서 루터가 교회의 사악함과 독일 민족의 불만에 맞서 전장(戰場)으로 내려왔을 당시, 독일 귀족들은 자신의 이익과 염원을 지지해 줄 용감한 변호사를 그에게서 찾았다고 볼 수 있다. 이로 인해 카를 5세가 루터를 교회를 분열시키는 완고한 공적 이단자로 단죄하고 제국의 영토에서 추방했을 당시, 독일 귀족들은 자신들의 영웅인 루터를 버려둘 수가 없었다. 이제 루터는 독일 귀족들이 황제에 대항해 일으킨 전투에서 최상의 카드로 떠올랐으며, 그들은 이 카드를 마지막까지 잘 활용했다. 이때부터 종교적인 문제와 정치적인 문제는 한 가지 문제로 다루어지기 시작했으며, 루터 개인의 신학 혁명은 독일 제후들의 군사적인 힘에 의해 가능하게 되었다.

3) 종교 개혁과 반동 종교 개혁이 지속된 기간

1517년 10월 31일 루터가 비텐베르크 주교좌성당의 현관에 95개조 반박문을 붙인 사건은 인문주의의 마지막이자 종교 개혁과 반동 종교 개혁의 서막을 알리는 사건이었다. 이제 라틴신학은 사변적, 체계적 신학에서 고백적, 논쟁적 신학으로 변했으며, 두 교회(가톨릭 교회, 복음교회)는 자신의 위치를 공고히 하는 방향으로 나아갔다. 종교 개혁과 반동 종교 개혁의 신학은 초세기 교회의 신학과 많은 면에서 공통점을 갖고 있다. 그 기원에서 보면, 성경이 우선이고 유일한 원천이었다. 또한, 초기 그리스도교 신학과 마찬가지로 당시의 신학은 적대자들의 공격으로부터 자신의 진리를 옹호하는 데 중점을 두고 있다. 그러나 그들이 맞서야 했던 적대자는 교회 밖의 적수가 아닌 다른 그리스도교 신앙을 고백하는 그리스도인이었다. 종교 개혁 신학자들과 반동 종교 개혁 신학자들이 시도하려 했던 작업은 상대방의 허물을 드러내고 자신의 입장에서 정통성을 입증하는 것이었다. 이 시기의 신학이 지속되고 마감된 시대를 정확히 구별하기란 쉬운 일이 아니다. 문명사와 철학사의 시대 구분으로 본다면, 프랑스 혁명(1789년)을 경계선으로 볼 수 있다. 그러나 종교 개혁과 반동 종교 개혁 시대를 세속화 시대로부터 구별하기 위해서는 중간 경계선을 설정해야 한다. 1648년은 이러한 목적에 부합하는 좋은 경계선이라 사료된다. 그 해에 30년 전쟁이 끝나고 베스트팔렌 조약이 체결됨으로써 세속화의 원칙이 인준되었기 때문이다. 30년간의 종교 전쟁이 종식되면서 고백신학 역시 쇠진했으며, 가톨릭 신학자들과 개신교 신학자들 모두에게 '세속화 시대'라는 어려운 시대가 도래했다.

2. 마르틴 루터

1) 생애

마르틴 루터는 1483년 11월 10일 독일의 아이슬레벤에서 태어났다. 1488년 그의 가정은 만스펠트로 이사했으며, 그는 그곳의 '트리비오'에서 초기 학업을 마쳤다. 그 후, 공동생활 형제회에서 학업을 계속했으며 1501년 에르푸르트 대학에서 수학하고 1504년 문학부 석사 학위를 취득했다. 1505년 곁에 있던 친구의 갑작스러운 죽음을 체험하며 수도자의 길을 걷기로 결심하고 아우구스티누스 수도회에 입회하게 된다. 그리고 신학을 공부한 후 1507년 사제품을 받았다. 1512년 박사 학위를 취득한 루터는 비텐베르크 대학에서 스승인 슈타우피츠의 성경 강의(시편, 로마서 등)를 물려받아 가르치기 시작했다. 1517년 그는 그 유명한 「95개 조항」을 인쇄해서 베텐베르크 성당 현판에 붙임으로써 교황의 권위에 대항하기 시작했다. 이로 인해 그는 자신의 장상들과 함께 여러 차례 교황으로부터 소환되었다. 교황은 독일의 카예타누스 추기경에게 특사 자격을 부여해 이 사건을 해결하도록 위임했다.

그러나 1518-1521년 루터는 이런 교황청의 태도에 격렬하게 반응했다. 그는 비타협적으로 거칠게 저항했으며, 1518년 4월 26일에 있었던 하이델베르크 토론회에 참석해서 자신의 '십자가 신학'을 분명히 진술했다. 1520년 루터 개혁의 마지막 단계가 드러나기 시작했다. 그 해 루터는 의화론을 최종적으로 완성했으며, 공개적으로 로마에 대한 반란을 선포했다. 특히, 그는 대중들이 이해할 수 있는 독어로 집필된 3개의 소품을 출간함으로써 자신이 추구하는, 분명하게 새로운 복음의 본질적인 핵심을 소개했다. 이렇듯 1520년은 신학적인 면이나 정치적, 교회적인 면에서 볼 때 그가 로마와 완전히 결별한 해라고 할 수 있다. 그해 교황은 칙서 「Exurge Domine」를 통해 루터가 주장했던 명제들을 단죄했다. 이에 루터는 비텐베르크 광장에서 『교회법전』과 교황의 칙서를 불사르며 이에 대응했다. 로마와 루터 간의 결별은 1521년에 열린 보름스 제국 회의에서 다시 한번 반복되었다. 결국, 당시 레오 10세 교황은 칙령 「Decet Romanum pontificem」를 통해 루터의 파문을 공식화했다.

1530년 카를 5세 황제는 오스만투르크의 침공에 직면해서 제국을 일치하기 위해 아우크스부르크에서 제국 회의를 소집했지만, 가톨릭 측과 루터파 간의 견해 차이만 확인할 수 있었다. 당시 루터파 측에서는 멜란히톤이 작성한 「아우크스부르트 신앙 고백」이 마련되었는데, 이는 루터적인 신앙에 대한 뛰어난 종합으로 평가받는다. 이 제국 회의에서 양측의 화해가 이루어지지 않음으로 인해 카를 5세는 다양한 형태로 타협을 시도했지만 별다른 성과를 거두지 못했다. 결국, 황제는 보편공의회 개최를 주장하며 교회의 일치를 도모했지만, '공의회 우위설'이 부활해서 자신의 입지를 위협할 것을 우려한 클레멘스 7세 교황의 반대로 그의 재위 동안(1523-1534년) 공의회는 개최되지 못했다. 공의회는 그의 후임자인 바오로 3세 교황이 1536년 트리엔트 공의회를 소집함으로써, 비로소 개최 준비에 들어가 1545년에야 시작했다. 이렇게 지체되는 동안, 루터의 종교 개혁은 완성되어 갔다.

1530년의 아우크스부르크 제국 회의 이후, 루터는 대학 강의, 설교, 새로운 작품 구상 같은 일상적인 일들로 돌아갔다. 그는 1531년 『아가 주해』를, 1535년에는 『갈라티아서 주해』를 집필했으며, 1534년에는 독어 성경 번역 작업을 마쳤다. 마침내 1537년 당시 새 교황인 바오로 3세는 보편 공의회를 소집했다. 이에 대해 루터는 23개 조항으로 응답하며 공의회 참석을 거부했다. 1535년부터 1545년까지 그는 10개의 작품들을 집필했으며, '창세기 강의'를 끝으로 학술 활동을 접었다. 1542년 그는 친구인 니콜라우스 암스도르프를 복음 신앙의 첫 번째 주교로 축성했다. 그리고 마침내 1546년 아이슬레벤에서 세상을 떠났다.

2) 사상

① 신학의 개혁: 종교 개혁의 아버지로서 루터의 종교 개혁의 주된 관심은 신학, 곧 신학적 학문의 본성과 방법론, 즉 그 근본 주제들에 대한 개혁이었다. 그의 신학적 개혁을 이해하려면 그의 영성적, 지적, 철학적, 신학적 양성을 염두에 둬야 한다. 그의 영성적 양성은 공동생활형제회와 아우구스티누스회에 바탕을 두고 있다. 당시 이 수도회들은 '근대 신심'을 따르고 있었다. 근대 신심은 개인적, 신비적 특징을 강하게 띠고 있다. 반면, 그의 지적, 철학적, 신학적 양성은 오캄의 유명론적 노선에서 이루어졌다. 이는 스콜라 신학에 상반된 노선으로, 하느님의 절대적 권능과 연관된 극단적인 주의주의적 노선이었다. 루터가 지향했던 '신학의 복원'은 한편으로 자신의 스승인 오캄의 신학적 방법론에 대한 분명하고도 총체적인 결별과 근대 신심과의 연계점들에 대한 거부를 통해 이루어졌다. 그는 원천, 즉 오직 성경으로 돌아가기 위해 근대성이 표방한 2가지 궤도(새로운 길, 근대 신심)을 포기했다. 그러나 사실 그의 신학의 이면에는 이 2가지가 깊이 스며 있으며, 그의 신학적 주제에서 다양하게 표현되었다.

루터가 표방한 모든 신학적 개혁은 그가 1513년 체험한 소위 '탑 체험'에서 출발한다. 그는 이때 로마서 1장 17절을 읽고 의화의 본질에 대한 조명을 받았다. 그는 이 구절에 새로운 해석을 가하면서, 의화는 전혀 인간의 업적이 아니라 오직 하느님의 절대적인 은총에 기인한다는 점을 깨달았다. 그는 이 점을 자신의 신학에 있어 핵심적 요소로 삼았다. 그리고 1515년『로마서 주해』를 쓰면서 이를 일련의 넓은 단계에 적용했다. 그로부터 3년 후, 그는 자신의 신학에 있어 해석학적 원리로 '십자가 신학'을 제시했다. 그는 이 십자가 신학을 신학의 한 장(章)이 아닌 "신학을 하기 위해 확정된 방법"으로 보았으며, 모든 신학적 언명의 중심에 있다고 보았다. 그는 십자가를 모든 교의적 자리를 읽어내는 원천적인 시점으로 제시했다. 이런 의미에서 루터의 신학은 '십자가 신학'이라고 할 수 있다. 여기에는 위 디오니시우스와 에크하르트의 부정 신학, 쿠사누스의 박학한 무지 등 부정 신학 계열의 주제들이 합류하고 있다. 그의 십자가 신학은 하느님의 겸손, 무능함, 나약함, 숨어 계신 하느님인 그리스도를 가장 우선적인 대상으로 삼는다. 그는 하느님의 자기비하적인 진행에서 독보적 장소는 그리스도의 십자가 사건으로, 하느님의 모든 행위는 이 사건을 기점으로 이해되어야 한다고 보았다.

② 오직 성경과 믿음만으로: '의화'와 '십자가 신학'은 루터의 신학적 개혁을 지탱하는 두 가지 기둥이다. 그것은 '오직 성경만으로'와 '오직 믿음만으로'라는 원칙이다. 루터에 따르면, 신학자가 의지할 수 있는 유일한 원천, 곧 그가 호소할 수 있는 유일한 권위는 '성경'이고, 계시된 진리를 인식할 수 있는 유일한 기관은 '믿음'이다. 루터는 '오캄의 면도날'

에 호소하는 가운데 교부들, 공의회들, 교회 교도권을 배제한 상태에서 성경만으로 유일한 권위로 인정했다. 그는 성경만이 모든 문제를 해결하기 위해 호소할 수 있는 유일한 법정이자 재판관으로 보았다. 그가 성경을 신학의 유일한 원천으로 삼은 근거는 4가지이다. 루터는 근본적으로 성서학자로, 당연히 그에게 가장 중요한 원천은 성경일 수밖에 없다. 그는 성경 강독자로서의 특별한 성경 주석 능력을 바탕으로 자신의 영역에서 다른 적대자들을 배제하려 했다. 그는 성경을 유일한 원천으로 선언하며, 자신에게 큰 걸림돌이 된 교회 교도권, 특히 로마 교황의 권위로부터 해방하고자 했다. 그의 십자가 신학은 어떠한 교회적, 인간적 권위의 중개를 허용하지 않고, 모든 관심을 오직 성경이 전해 주는 그리스도에게 집중한다.

루터는 탑 체험을 통한 의화의 신비에 대한 깨달음 이후, 하느님의 자비로운 권능과 믿음이 갖는 놀라운 효과를 강조했으며, 이와 동시에 인간 존재의 비참함과 그가 하는 모든 시도의 덧없음을 보여 주려 했다. 이렇게 해서 '오직 믿음만으로'는 루터 신학의 주된 모토가 되었다. 그에 따르면, 이성은 신학을 황폐화시키는 힘을 갖고 있다. 그래서 신학은 이성의 추론 과정이나 그 산물들과 같은 이성의 모든 침입을 크게 경계해야 한다고 말한다. 그가 오직 믿음만을 강조하고 이성을 배제하려는 데에는 다음과 같은 4가지 이유가 있다. 그가 받은 유명론적 양성은 신앙과 이성을 철저히 분리하게 했다. 루터는 구원 질서에서 이성이 아무것도 아니라는 깊은 확신을 갖고 있었다. 그는 이성이 단지 현재적인 것들에 대해서만 적절할 뿐 미래적인 것들에 대해서는 아무런 소용이 없다고 보았다. 십자가 신학은 영광의 신학을 거부한다.

③ 신학적 인간학: 루터는 오직 '성경'에만 근거한 신학적 인간학을 구축하기 위해 보다 실존적인 특징을 띤 성경의 스케마로 돌아갔다. 그의 인간학적 전망은 오직 인간과 하느님 사이의 관계에만 관심을 두는 인격적 전망이다. 그 관계는 인간 편에서 오직 교만, 탐욕, 비참, 죄, 절망만 드러나지만, 하느님 편에서는 비록 인간이 죄인으로 남을지라도 그를 의인으로 간주하면서 의화시킴에 따라 그분의 연민, 자비가 드러난다. 그러나 이러한 전망에서 인간의 모든 협력은 평가 절하되고 있다.

루터의 인간 이해에 있어 죄의 문제는 의화 문제와 함께 중심적 위치를 차지한다. 그는 죄야말로 의화를 통해서도 결코 제거될 수 없다고 보았다. 특히, 그에게 있어서 근본적인 죄는 다름 아닌 '원죄'였다. 그는 바로 이 원죄로부터 모든 악이 유래하며 인간을 지배한다고 보았다. 루터는 원죄로 인해 인간 본성 전체가 완전히 손상되었으며, 이러한 부패가 그의 후손 전체에게 전수되었다고 말한다. 이로 인해, 인간은 모든 부분에서 자율권을 갖고 올바로 실행할 수 없는 총체적 무능력에 처하게 된다. 루터는 원죄의 본질을 하느님의 뜻을 거스른 인간의 탐욕에 있다고 보았다. 그에게 있어 탐욕은 인간 존재로 하여금 끊임없이 자기 자신과만 관계를 맺게 하며, 그를 자기중심적으로 만들고 자신에게로 기울게 만드는 한에서 '불신' 자체를 의미한다고 지적했다. 문제는 이러한 탐욕과 불신이 세례를 통해 의화된 이후에도 여전히 인간에게 기세를 떨치고 있다는 데 있다. 그래서 루터는 의화된 인간은 의인이면서 동시에 죄인이라고 일관되게 주장했다. 이러한 선상에서 결국 루터는 인간에게서 자유 의지를 완전히 부정했다. 그는 이런 주장을 견지하기 위해 자주 아우구스티누스의 권위에 호소했다. 사실, 그가 자유 의지를 부인한 데에는 다음 2가지 근거를 바탕으로 한다. '오직 믿음에 의한' 의화에 대한 자신의 학술을 모든 반론으로부터 보호하기 위해서였다. 그리고 에라스무스로 대변되는 동시대의 인문주의에 대한 반작용 때문이다.

예정 교리와 관련해서도 루터는 이전의 전통적인 가톨릭적 노선에 반대되는 입장에 섰다. 그는 행실 없는 믿음 개념과 자유 의지에 대한 부인을 통해 예정이 논리적으로 하느님의 독보적인 업적이라고 보았다. 그래서 하느님은 어떤 사람들을 영원한 생명으로 예정하신 데 반해, 어떤 사람들을 영원한 죽음으로 단죄하신다는 결론을 내림으로써 이중 예정에 빠지고 말았다. 인간의 자유 의지에 대한 부인은 루터로 하여금 모든 것을 하느님의 의지에 전가하게 했다. 따라서 예정의 신비는 전에 비할 바 없이 더욱 어둡게 되고 말았다.

④ 그리스도론: 루터는 자신의 작품을 통해 지속적으로 그리스도께 대한 신심과 신뢰 그리고 사랑과 희망을 드러냈다. 그는 그리스도야말로 유일한 선이요 그밖에 모든 것은 헛되고 비참한 것일 뿐이라고 반복해서 외쳤다. 그러므로 이런 선상에서 루터는 그리스도만이 유일한 구세주이며, 오직 우리를 위해 강생하시고 십자가에 못 박히시고 죽고 부활하신 하느님의 아드님이신 그리스도께 대한 믿음만이 우리를 구원해 준다고 확신했다. 그래서 그는 그분의 십자가를 강조하는 십자가 신학을 발전시켰다. 루터의 십자가 신학은 필연적으로 그리스도 중심적이다. 그에 따르면, 그리스도는 하느님의 모습을 정반대의 방식으로 숨기면서 하느님의 다른 업적을 통해, 곧 영광의 신학이 아닌 십자가의 신학을 통해 간접적으로만 계시해 주신다. 이처럼 루터의 신학은 탁월하게

그리스도 중심적이지만, 그리스도의 인격보다는 그분의 업적에 보다 더 관심이 집중된다. 즉, 그리스도 그분 자체보다는 '우리를 위한'(pro nobis) 그리스도가 관심인 것이다. 루터의 그리스도론은 탁월하게 '십자가 중심적'이다. 그리고 십자가의 신비에 대한 이러한 관심은 루터로 하여금 그리스도의 생애, 인격과 관련된 모든 신비를 해석하도록 인도했다.

⑤ 교회론: 루터는 1520년 로마로부터 단죄받은 후부터 자신의 개혁을 신학에 대한 개혁에서 교회에 대한 개혁으로 확장하기로 했다. 즉, 그는 로마 교회로부터 파문되자, 현실적으로 새로운 교회를 창립하고 이를 자신의 의화, 구원 교리의 요청에 맞춰 구조화해야 할 필요성을 갖게 되었다. 비록 그는 교회론과 관련된 어떠한 작품도 집필하지 않았지만, 그는 분명 교회에 대한 자신만의 비전을 발전시켰다. 그의 교회론은 건설하는 측면보다는 파괴하는 측면에서 보다 빛나고 풍요롭다. 또한, 그의 교회론은 심층적으로 십자가 신학으로 조건 지어졌다. 그는 교회를 인류를 향한 하느님의 자비 가득한 계획에서 유래한다고 보았다. 좀 더 정확히 말해, 그는 교회를 육이 되신 하느님의 말씀이며 성령의 활동에서 유래한다고 말한다. 또한, 그는 동시에 교회를 성령의 피조물로 보았다. 루터는 다른 조직과 구분되는 교회의 주요 특징으로 '거룩함'을 꼽았다. 이는 루터가 강조하는 교회의 유일한 표지이기도 하다. 그는 교회의 가시성을 정초한 2개의 큰 징표를 들기도 했다. 그것은 하느님 말씀에 대한 설교와 세례이며, 성찬례 집전이다. 세례와 성찬례는 루터가 인정한 성사들이었다. 하지만, 그 역할은 교부들과 스콜라 신학자들이 인정한 구원의 도구인(道具因)이 아니다. 그것은 단지 상징적인 기능만을

가질 뿐이다. 이러한 선상에서 루터는 교회의 제도적인 장치를 최소한으로 축소했다. 루터의 '개혁'은 교회와 부차적으로 관련된 것이 아니라 교회의 본질 자체와 관련된다. 그는 가시적인 교회, 특히 교계 제도를 부정하고 영의 교회만을 강조했다.

3. 그 밖의 종교 개혁자들

루터로 인해 여러 세기에 걸쳐 지속적으로 아우성치던 불안한 종교 개혁의 화산은 마침내 폭발하고 말았다. 그리고 이는 전대미문의 폭발력과 더불어 솟구쳐 올랐다. 이로 인해 세속적인 구조들은 허공에 흩어졌으며, 교회를 비롯해 당시의 모든 종교, 문화, 문명 세계는 요동쳤다. 루터의 종교 개혁 이후, 그를 따르는 많은 제자와 모방자들이 생겨났다. 그들은 독일 전역, 독일과 인접한 나라, 특히 스위스, 프랑스, 저지대 국가, 영국, 스코틀랜드에서도 종교 개혁이란 말을 널리 퍼트렸다. 그리고 이러한 개혁의 흐름에는 이를 이끈 멜란히톤, 츠빙글리, 뮌처, 칼뱅이 있었다.

1) 멜란히톤

① 생애와 작품: 그의 정확한 이름은 필립 슈바르체르트로이다. 그는 1497년 바덴에 있는 브레튼에서 태어났다. 그는 17세에 하이델베르크와 튀빙겐에서 수학하고 문학부 석사 학위를 취득했다. 그로부터 1년 후 그는 비텐베르크 대학에서 그리스어 정교수로 가르치기 시작했다. 여기서 그는 루터의 동지가 되었으며, 루터는 그가 신학, 특히 교부학과

신약 성경을 전문적으로 공부할 수 있도록 격려했다. 멜란히톤은 1518-1519년에 루터의 사상을 받아들였다. 1519년에는 신학 학사 학위를 취득했으며, 1521년 『신학강요』를 출간했다. 그러나 이어지는 몇 년 동안 멜란히톤은 정치적, 신앙적 차원에서 혼란을 겪으며 자신의 지적인 입장을 재검토했다. 그리고 그때부터 많은 주요 사안에서 루터와 거리를 두었다. 그는 종교 개혁을 쇄신하고 농민들을 복음화를 위해 새로운 신앙 고백과 교회 조직에 대한 필요를 절감했으며, 이를 위한 새로운 바탕을 찾았다. 이렇게 해서 그는 철학, 곧 아리스토텔레스의 철학을 받아들였으며, 그의 지속적인 활동에 힘입어 이 철학은 일반 대학부터 신학 대학, 그리고 초등학교에 이르기까지 독일 개신교 교육 시스템을 떠받치는 근간이 되었다.

멜란히톤은 1530년 아우크스부르크 제국 회의 기간 동안 개신교의 주요 인사들에 의해 서명된 유명한 「아우크스부르크 신앙 고백문」을 기초했다. 루터의 사후(1546), 멜란히톤의 명성은 점점 더 커갔다. 그는 거의 개신교의 영적 지도자가 되다시피 했다. 그러나 그가 주장한 화해론은 지속적으로 가톨릭 측에 양보를 하게 만들었으며, 이는 그와 같은 신앙을 고백하는 동료들의 분노를 샀다. 결국, 이로 인해 그들은 멜란히톤을 변절자라고 비난했다. 멜란히톤은 1560년 임종했으며, 비텐베르크의 경당에 있는 루터의 무덤 곁에 안장되었다. 그는 수많은 철학 작품을 저술했으며, 이는 독일의 수많은 대학에서 주요 교과서로 사용되었다. 그는 교육적, 학문적 지도서와 스콜라학적인 교본으로 인해 '독일의 스승'이란 칭호를 얻었다.

② 사상: 멜란히톤은 평온하고 온건한 정신의 소유자로 대화와 만남을 위해 준비된 사람이었다. 처음에 그는 루터의 대담한 반(反)인문주의적 사상을 함께 공유했다. 그러나 그는 점차 그의 극단적 전망으로부터 거리를 두었으며, 루터와는 대조적으로 문화의 중요성, 철학과 윤리의 가치, 자유 의지와 선행의 가치를 재발견했다. 또한, 그는 아리스토텔레스의 철학이 지닌 진가를 인정하고, 신학을 위해 철학이 필요하고 유용하다는 점을 받아들였다. 멜란히톤의 사상은 3가지 점에서 루터의 사상과 구별된다. 멜란히톤은 인간의 본성적 능력에 대한 루터의 철저한 비관주의를 거부했다. 그는 자유 의지를 긍정하고 이를 "스스로 은총에 적용할 수 있는 기관"으로 정의함으로서 은총의 질서 안에서 자유 의지에 긍정적인 역할을 부여했다. 그는 전가(轉嫁)된 의화를 긍정적인 의화와 통합시켰다.

멜란히톤이 루터와 거리를 둠으로써 제시한 신학적 내용 중에서 주목할 만한 주제는 '이중 예정론'으로, 그는 이중 예정을 받아들일 수 없는 것으로 여기고, 하느님께서 죄인들에 대한 단죄를 미리 결정하실 수 없다고 강조했다. 만일 그렇다면, 하느님은 악의 원인이며, 이는 그분의 본질과 양립 불가하기 때문이다. 교회론과 관련된 멜란히톤의 사상은 루터의 축소주의적 개념을 공유했다. 그는 교회를 '하느님의 백성'으로 규정지었다. 그에 따르면, 여기에는 "거룩한 복음을 고백하고 이를 따르며 성사들을 잘 활용할 줄 아는 사람들"이 속한다. 그러므로 참된 교회를 구성하는 본질적 특징은 "복음에 대한 순수한 가르침"과 "성사들에 대한 올바른 사용"이다. 멜란히톤은 교회에 위임된 6가지 직무들을 언급했다. 그러나 이 직무들은 권력이 아니며, 교회의 유익을 위해 성령으로부터 유래하는 은사로 간주되어야 한다고 지적했다. 한편, 그는 교회의 가시성과 관련해서 루터와 거리를 두었다. 그에 따르면, 교회는 가시적이다. 왜냐하면 교회는 가시적인 징표들을 통해 다른 백성들과 구별되기 때문이다. 이러한 교회의 가시성은 가톨릭 교회의 가르침과 일맥상통한다. 성체성사와 관련해서도 그는 루터의 견해와 거리를 두었다. 루터는 성찬례에서 그리스도의 실제적인 현존이 일어난다고 주장한 데 반해, 멜란히톤은 상징적 현존에 대해 언급했다. 반면, '하느님의 2개의 왕국' 사상에 있어서는 루터와 의견을 같이했다. 특히, 그는 군주들이 국가뿐만 아니라 교회의 제반 일들을 감독해야 한다고 하며 그들에게 중요한 역할을 부여했다.

멜란히톤은 루터적인 스콜라 신학의 아버지로 평가받는다. 종교 개혁을 주도하고 이를 성공으로 이끈 당사자는 루터였지만, 그는 직관적이고 충동적이었으며 체계적인 사상가는 아니었다. 반면, 멜란히톤은 루터의 사상을 체계화했다. 이는 그가 1521년에 집필한 『신학강요』에서 잘 드러난다. 그는 신학을 하는 데 필수적인 도구인 철학을 회복하려 했고, 이 선상에서 아리스토텔레스 철학의 사용을 줄기차게 주장했다. 그리고 이 선상에서 『신학강요』를 통해 루터적인 스콜라 신학의 바탕을 제시했다. 이러한 그의 사상은 독일을 넘어 유럽 전역으로 퍼져 나갔다. 이러한 그의 사상은 특히 토마스 크랜머를 통해 영국에 광범위하게 유포되었다. 멜란히톤은 영국 성공회와 감리교단에도 큰 영향을 미쳤으며, 특히 의화와 선행 교리에 지대한 영향을 미쳤다. 루터파 교회와 관련해서, 그는 개신교 신학을 체계화 한 첫 번째 인물이자 가장 중요한 인물로 평가받는다.

2) 츠빙글리

① 생애와 작품: 종교 개혁은 스위스에서 츠빙글리에 의해 두 번째로 시작되었다. 유럽의 교차로인 스위스는 새로운 사상과 문화적, 종교적 발효제에 상당히 민감했으며, 16세기 종교적인 관점에서 보면 상당히 분열된 국가였다. 스위스에서 종교 개혁을 시작한 츠빙글리는 1484년 토겐부르크 산맥에 있는 빌트하우스의 가난한 농부의 가정에서 태어났다. 그는 빈 대학과 바젤 대학에서 수학했다. 에라스무스를 벗으로 둔 그는 종교 개혁을 시작하기 전에 스위스의 주요 인문주의자 가운데 한 사람으로 평가받았다. 그는 1506년 문학부 학위를 취득한 후, 서품을 받고 글라루스의 본당 신부로 활동을 시작했다. 한동안 군종 신부로 활동하기도 했으며 1518년에는 취리히 주교좌성당의 수석 사제로 임명되어 활동했다. 특히, 그는 이 시기에 신약 성경으로 장장 7년간 설교를 했다. 1519년 루터가 『교황의 권력에 대하여』를 출간하자 그의 지지자가 되었지만, 1520년 루터가 파문된 다음에는 그와 거리를 두었다.

그러던 중에 1522년 취리히의 주교위원회가 신자들의 혼란과 동요를 피하기 위해 츠빙글리에게 사순절 단식 의무에 대한 설교를 금지했는데, 이로 인하여 그에게 본격적인 기회가 찾아왔다. 당시 그는 단식에 대해 설교하며 『음식물의 선택과 자유』라는 책을 출간했다. 그리고 여기서 본격적으로 '그리스도인의 자유'를 언급하기 시작했다. 그로부터 얼마 후, 그는 성경에 호소하며 독신의 의무를 폐지할 것을 요청했다. 1522년 8월 19일 취리히의 의전수도회 소속 사제들은 성경의 원칙을 승인하고, 그때부터 오직 하느님의 말씀으로 설명할 수 있는 것만을 설교하기로 결정했다. 이에 츠빙글리 역시 그러한 입장에 서게 된다.

이와 함께 그는 일련의 개혁적인 사안들을 제시했으며, 이는 취리히에서 수용되었고 곧이어 콘스탄츠, 베른, 바젤에서도 받아들여졌다. 한편, 1525년 즈음해서 주요 개혁가들 사이에 미사성제와 성찬례의 유효성을 둘러싼 논쟁이 있었는데, 츠빙글리는 미사를 우상 숭배로 여기며, 이에 대한 폐지를 강력히 주장하고 성목요일에 처음으로 성찬례를 주님의 수난에 감사하며 기념하는 것으로 거행했다.

루터와 달리, 츠빙글리는 정치적인 수단, 더 나아가 군대의 힘을 통해 새로운 신앙을 퍼트리고 전파하고자 했다. 이에 오스트리아의 페르디난트 국왕의 영도 아래 동맹을 결성한 가톨릭 신앙을 따르는 5개 주 가운데 프리부르그 주와 발레 주는 츠빙글리의 군대에 맞서 전투를 벌였다. 1531년에 벌어진 이 카펠 전투에서 츠빙글리는 패배하고 부상당한 채 가톨릭 측에 생포되었으며, 결국 스위스 연맹을 배반한 반역자이자 이단자로 단죄됨으로써 사지가 찢긴 채 화형에 처해졌다. 그는 다양한 작품을 남겼으며, 그 가운데 성경 분야의 주저로『성경 주해서』를 들 수 있다. 신학 분야의 주저로는『참된 종교와 거짓 종교에 대한 해석』이 있다. 그의 작품 세계를 구성하는 중요한 강론 대부분은 1519-1526년 취리히 주교좌에서 행한 설교들이다.

② 사상: 루터와 마찬가지로 츠빙글리에게도 하느님의 말씀은 모든 사람을 비추는 참된 빛이며 성경은 신앙의 내용에 유일한 규범과 권위를 구성한다. 그에게 종교 개혁은 무엇보다도 '오직 그리스도의 복음만으로'라는 원칙에서 잘 드러난다. 그에 따르면, 복음은 교황이나 공의회, 신학자들의 중개 없이 그 자체로 해석되는 것이다. 그는 개혁을 구

체적으로 실현하는 방법을 미사와 연결 지었다. 이와 관련해서 츠빙글리가 제시한 새로움은 미사 전례에서 희생의 가치를 부인하고 미사에 대한 깊은 개혁을 이뤘다는 데 있다. 그에게 있어 미사는 절대 희생의 가치를 가질 수 없었다.

츠빙글리는 '순수 복음'으로의 회귀를 바탕으로 절대적인 그리스도 중심주의를 강조했다. 그러나 츠빙글리는 교회를 폐기하지 않았다. 그는 교회를 '그리스도의 살림꾼'이라 불렀다. 츠빙글리 신학의 중추는 그리스도론이었다. 그는 '오직 그리스도만으로'라는 명제를 제시했는데, 이는 오직 그리스도의 인격과 업적, 특히 그분의 십자가와 부활을 통한 인류의 구원을 의미했다. 또한, 츠빙글리는 교회에서 2가지 측면을 강조했다. 하나는 비가시적인 측면으로서 이는 선택된 이들을 포함한다. 다른 하나는 가시적인 측면으로서 이는 신앙을 고백하고 세례 받은 이들로 구성된다. 츠빙글리는 모든 형태의 교계 구조를 부인했다. 또한, 그는 칠성사 가운데 세례성사와 성체성사만 받아들였으며, 여기에 어떠한 도구적 원인을 부여하지 않고 순수 상징으로 간주했다. 이로 인해, 그는 성사적인 효과를 거부했다. 교회론과 관련해서, 그는 루터와 달리 하느님 나라는 하나이며, 그것은 교회와 동일시된다고 가르쳤다. 그는 신정일치주의적인 교회론을 펼쳤다. 그는 독립적이고 확고한 정치 지도자로서 정치 분야에서도 자신의 능력을 분명히 보여 주었다.

3) 장 칼뱅

① 생애와 작품: 츠빙글리와 뮌처를 통해 성공하지 못했던 신정정치적 의미의 교회 개혁은 장 칼뱅에 의해 실현되었다. 이런 의미에서 볼

때 칼뱅은 개신교 종교 개혁의 두 번째 위대한 주인공으로 평가받는다. 칼뱅 덕분에 종교 개혁은 구(舊)세계뿐만 아니라 신(新)세계의 새로운 국가들을 정복하면서 그 영향권을 상당히 넓힐 수 있었다. 칼뱅으로 인해 개신교는 네덜란드, 프랑스, 스코틀랜드, 팔츠 주, 헝가리를 비롯해 현재 미국의 많은 영토를 획득하게 되었다. 그는 분명하게 정돈되고 구조화된 사상적 특징과 출간 작품의 커다란 성공으로 인해 16세기의 모든 종교 개혁자 가운데 탁월한 위치를 차지한다.

장 칼뱅(본명은 장 코뱅)은 프랑스 누아용의 어느 유복한 가정에서 태어났다. 그는 파리 신학부에서 신학을 공부하고 오를레앙 대학에서 법학을 공부했다. 그는 여기서 루터파 신학자인 멜키오르 볼마르와 인연을 맺고 오래 친분을 유지했다. 1533년 말경 그는 갑작스러운 회심으로 부르게 될 회심 체험을 했다. 그 후, 그는 가톨릭 교회를 벗어나 종교 개혁자들의 이론을 수용했다. 그러나 이로 인해 그는 파리를 떠나 스위스의 바젤로 피신해야 했다. 여기서 그는 자신의 역작인 『그리스도교 강요』를 집필, 1536년에 출간했다. 그리고 같은 해에 여행하는 도중에 제네바에 잠시 머물 당시, 츠빙글리의 추종자인 설교자 파렐의 눈에 띄었다. 파렐은 그에게 스위스의 무지한 대중에게 복음을 설교할 수 있도록 간청했으며, 이에 칼뱅은 제네바에 머물며 충실히 복음을 선포하며, 제네바의 쇄신에 적극적으로 참여했다. 그러나 그 과정에서 그의 엄격한 스타일에 반감을 느낀 사람들로 인해 추방을 당하고 말았다. 그러나 그가 없는 상태에서 시의 쇄신이 지지부진해지자 시의회 의원들은 그를 찾아가 읍소하며 다시 부르게 된다. 그때부터 칼뱅은 제네바에 엄격한 규율을 세우고 그 도시를 교리의 편집 작업과 전문적인 전도사 양성의 중심지로 삼았다. 바로 이곳을 출발점으로 목자들과 설교자들이 종교전쟁이 참여하여 유럽 전역으로 퍼져 나갔다. 칼뱅은 모든 종류의 추정상 과실을 거슬러 엄격한 투쟁을 벌였다. 이 과정에서 그는 교황주의자들뿐만 아니라 자유사상가들까지 죄를 물어 사형을 선고했다. 이러한 그의 엄격한 통치는 20년 이상 이어졌다.

그는 새로운 공동체를 조직하고 양성했으며, 이를 통치했을 뿐만 아니라 많은 시간을 성경 연구에 할애하여 많은 주해서와 『규범집』을 집필했다. 칼뱅은 루터 신학이 제시한 주요 주제들을 받아들였다. 그는 신앙, 도덕에 관한 사안에서는 성경을 유일한 전거로 보았으며, 자유 의지가 박탈당한 인간을 철저히 부패한 것으로 보았다. 또한, 인간이 선행에는 완전히 무능하다고 보고, 오직 믿음을 통한 은총을 통해서만 구원이 가능하다고 주장했다. 그러나 루터가 죄인인 인간의 구원을 그리스도 안에서 자비의 하느님 안에서 찾아낸 데 반해, 칼뱅은 자신의 신학을 "하느님의 절대적 주권에 대한 인정" 위에 정초했다.

② 사상: 칼뱅은 『그리스도교 강요』에서 정통적인 방식으로 삼위일체 내의 세 신적 위격들을 구별하면서 상대적으로 한 분이신 하느님과 세 신적 위격들을 구별하면서 상대적으로 한 분이신 하느님과 세 분으로서의 하느님에 대해 다뤘다. 그는 하느님의 속성 가운데 특히 '하느님의 의지'를 강조했다. 그는 이 하느님의 의지가 절대적으로 지고하며, 존재하는 모든 것의 기원이라고 말했다. 그는 아우구스티누스의 가르침을 따라 본체에 있어서 하느님의 단일성을, 위격들에 있어서 그분의 복수성을 언급했다. 그리고 이 교리의 유효성을 재확인하기 위해 거의 배

타적으로 성경을 끌어들였다. 이로 인해 삼위일체 신비에 대한 그의 정식은 어느 정도 투박하고 부정확하다. 그는 삼위일체를 거스르는 오류 중에서도 특히 미카엘 세르베투스의 오류를 비판했다.

    칼뱅은 예수 그리스도야말로 참된 하느님이자 참된 인간으로서 우리의 구원이라는 유일한 목적을 이루기 위해 강생하셨다고 가르쳤다. 그는 특별한 방식으로 중개자이신 그리스도의 역할을 강조했다. 그에게 있어서 특별히 강조되는 교리는 의화와 예정이다. 그에 따르면, 인간은 믿음을 선물로 받기 전에 '단죄된 자들의 무리'에 속해 있었다. 원죄는 인간의 모든 부분을 부패시키고 죄의 마지막 열매들을 만들어 냈다. 인간은 이 상태에서 하느님과의 우정을 복원하기 위해 아무것도 할 수 없다. 오직 하느님만이 인간에 대한 연민을 품고 그에게 구세주 그리스도를 파견하심으로써 그를 구원하실 수 있는 것이다. 그리고 바로 그분에 대한 믿음만이 인간을 의롭게 할 수 있다고 칼뱅은 강조했다. 그러나 루터와 달리 칼뱅에게 있어 의로움은 순수 비본질적 사실로 단순한 죄책에 대한 전가(轉嫁)로 남지 않는다. 그에 따르면, 의화는 영혼의 일정한 성화를 불러일으킨다. 이러한 성화는 신자의 개인적인 삶과 시민으로서의 사회적인 삶 속에서 표현되어야 한다. 그럼으로써 인간의 삶 전체는 하느님의 영광에 대한 끊임없는 찬미가 되어야 한다.

    칼뱅은 의화와 구원의 유일한 원인이 하느님의 무한한 자비에 있다고 말한다. 그러나 그에 의하면, 단죄 역시 하느님의 지고한 뜻에 달려 있다. 그래서 그는 '이중 예정'(영원한 지복과 영원한 형벌을 향한 예정) 교리를 분명히 견지했다. 그는 이 이중 예정 교리로써 하느님의 통치권을 보존하고 동시에 선한 행실을 통해 획득한 공로로 인간이 자신의 구원을 성취하는 데 있어 총체적인 무능함을 말하려 했다. 이러한 이중 예정론은 구원에 대한 루터의 개념에서 유래하는 논리적 귀결이었다. 그러나 칼뱅은 루터에 비해 선택된 이들과 예정된 이들을 드러내는 확실한 표지인 선한 행위에 대한 완수를 통해 얻게 되는 의화의 논증적인 특징에 대해 상당히 강조했다. 이러한 이론으로부터 청교도주의가 지닌 전형적인 특징, 즉 엄격한 윤리생활이 나오게 된다. 이는 칼뱅의 모든 공동체를 특징짓는 표지로서, 그의 공동체는 자신의 중심에 죄인들, 이단자들, 자유로운 사상가들을 허용하지 않았다. 이 공동체의 구성원들은 전적으로 노동과 학문 그리고 상업에 전념했으며 아주 세심하게 윤리법과 시민법을 준수했다.

결론적으로 말해, 교회 안에는 구원과 의화를 위한 모든 원인인 예수 그리스도, 성령, 하느님의 말씀, 믿음, 성사들이 작동한다. 그러나 종교 개혁 이후의 스콜라 신학과 이어지는 19세기의 자유로운 프로테스탄티즘에 의해 활력을 잃고 변질된 칼뱅의 신학은 20세기 칼 바르트의 신정통주의를 통해 다시금 그 엄격함을 되찾았으며, 이와 함께 본래의 힘을 회복하게 된다.

4. 종교 개혁자들에 대한 가톨릭의 응답

종교 개혁은 교회 역사와 신학의 역사에 새로운 고랑을 만들어 놓은 시대적인 사건이다. 서방 세계를 포괄하던 거대한 라틴 교회는 이제 로마 가톨릭 교회와 개신교회로 갈라지고 말았다. 이로 인해 신학 역시 가톨릭 신학과 다양한 복음 신학으로 분화되었다. 로마 교회는 모든 최고 인재들과 더불어 혼신을 다해 이 가혹한 상처에 맞서 싸워야 했다. 로마 교회가 최우선적으로 해야 했던 일은 교회의 교도권을 보존하고 계시된 메시지를 완전무결한 상태로 보존하기 위해 종교 개혁에 맞서 싸우는 것이었다. 가톨릭 신학자들과 교회 교도권은 충만한 권위로 종교 개혁자들의 도발에 대응했다.

1) 신학자들의 응답

종교 개혁은 최초에는 거대한 신학적인 도전으로 다가왔다. 그것은 복음에 대한 새로운 해석에 근거해서 신학자들이 제기한 것으로, 이에 대한 그들의 해석은 방법론적인 면에서나 내용적인 면에서 전통 신학을 심각하게 흔들어댔다. 신학자들이 심혈을 기울였던 주된 주제는 개신교 신학자들이 제기한 문제들로, 여기에는 믿음과 성사, 교회와 의화, 죄와 은총, 예정의 본성, 선행의 역할, 신학의 원천들, 그리고 신학의 방법론 등이 있었다. 이에 대해 가톨릭 신학자들이 주도한 논쟁적인 작업은 다양한 이유로 어려움을 겪었다. 근본적인 어려움은 적대자의 애매모호함에서 유래했다. 개신교 신학자들은 신학자이자 개혁자라는 이중적인 모습으로 자신을 드러냈으며, 따라서 그들의 신학적인 혁신은 개혁 자체를 목적으로 삼고 있었다.

또한, 가톨릭 논객들이 사용했던 주요 수단인 '신학적 토론'과 '논술'은 당시로서는 이미 시대에 뒤떨어진 것이었다. 학문적인 신학 토론은 광장에서 진리를 규명하는 데에는 별 도움이 되지 못했다. 오히려 소품, 자잘한 에세이, 선언 등이 물려든 청중들에게 광범위하고, 박학한 논술보다 훨씬 효과적이었다. 논쟁에 가담한 신학자들은 루터와 멜란히톤처럼 박식하고 신랄한 신학자들과의 대결에서 그들의 공격을 버텨내기 힘들었다. 또한, 당시 새롭게 제기된 문제들로 인해 스콜라 신학은 거의 예상하지 못한 작업에 부딪힘에 따라 가톨릭 측의 논객 신학자가 수행해야 할 과제는 더욱더 어려워질 수밖에 없었다. 끝으로, 종교 개혁을 받아들인 국가의 특징은 가톨릭 측 논객 신학자들의 과제를 더욱 어렵게 만들었다. 특히, 루터는 독일의 진정한 영웅으로 거듭났으며, 대중은 그의 뒤를 따랐다. 루터의 반대편에 서서 로마 교황청을 옹호하는 사람은 거의 찾아볼 수 없었다. 루터를 상대한 가톨릭 측 논객들은 국민적인 차원으로 번진 열정적인 종교 개혁 운동에 봉착해야 했다. 이 모든 어려움을 염두에 둔다면, 기존의 가톨릭 교회를 옹호하기 위해 가톨릭 신학자들에 의해 이루어진 거대한 작업들, 특히 독일에서 진행된 작업은 더욱 소중하다고 할 수 있다. 또한, 트리엔트 공의회에 의해 준비된 영역은 아주 중요하고 값진 작업이 아닐 수 없다. 당시 독일 가톨릭 교회에는 약 260명의 논객 신학자들이 있었다. 종교 개혁에 맞대응하는 이러한 논쟁은 급격히 독일 국경을 넘어 교황이 머무는 이탈리아에도 파고들었다.

① 독일 가톨릭 신학자들의 논쟁
ㄱ) 요한네스 에크: 당시 가장 눈에 띄는 가톨릭 측의 논객으로 요한네스 에크를 들 수 있다. 그는 1486년 슈바벤 지방의 에크 출신으로, 종교 개혁이 일어날 당시 잉골슈타트 대학의 교수로 활동하고 있었다. 그는 1517년 『오벨리스크』라는 작품을 통해 루터에 맞서 공개적으로 논쟁을 벌였다. 그는 이 작품을 통해 전대사와 관련된 95개 조항뿐 아니

라 루터의 가르침이 내포된 다른 사안들에 대해서도 공격했다. 이에 대해 루터는 『아스테리스크』(1518년)를 통해 응답했다. 이에 에크의 요청에 따라 그 유명한 라이프치히 논쟁이 1519년에 이루어졌다. 그 후, 에크는 의화, 고해성사에 대한 몇 가지 작품들을 집필한 후, 1521년 출간된 멜란히톤의 논쟁작인 『신학총론』에 대항하는 『루터를 반대하는 공통편람』을 출간했다. 그의 작품은 99쇄나 출판되었으며 여러 언어로 번역될 정도로 대단한 성공을 거두었다. 그는 본당 신부들이 강론 준비를 위해 개신교 관련 서적들에 의존하자, 독어로 된 5권의 강론집을 집필했다. 그리고 빌헬름 4세를 위해 독어 성경을 출간했으며, 방언을 바탕으로 원전에 충실한 구약 성경을 번역하기도 했다. 그는 1543년 잉골슈타트에서 임종했다.

ㄴ) 요한네스 코클레우스: 그는 1479년 뉘른베르크 근교의 벤델슈타인에서 태어났다. 페라라에서 학업을 마치고 1520년 문학부 마스터 학위를 취득했다. 코클레우스 역시 처음에는 루터에 대해 우호적인 태도를 가졌다. 그러나 1520년부터 루터의 저작들이 출간되어 그의 본심을 알게 되면서 둘의 관계는 적대적으로 변했다. 코클레우스는 신학자라기보다 언어학자이자 인문주의자였다. 그는 루터와 멜란히톤을 상대로 방어적이며 공격적인 지성적 전선을 형성했다. 그래서 그는 에라스무스에게 루터에 대항해서 전투에 개입할 것을 집요하게 설득했으며, 자신도 로체스터의 대주교인 존 피셔와 함께 이 작업을 수행했다. 또한, 그는 개신교 측의 선제후국 군주들이 가톨릭 측으로 되돌아오기를 희망하며, 여러 권의 책을 집필해서 군주들에게 헌사하기도 했다. 더 나아가, 그는

루터파로 인해 위험에 빠진 여러 도시들을 위해 글을 썼다. 또한, 그는 여러 책들을 번역 소개했으며, 그와 관련해서 영국인과 스코틀랜드인들을 위한 적절한 책들을 집필하기도 했다. 영국의 헨리 8세가 교회에 위협이 되자, 조카 둘을 영국으로 보내 상황을 파악하기도 했다. 그리고 공의회에 참석하게 될 미래의 교부들을 위해 자신의 작품들과 다른 사람들의 작품들을 인쇄하기도 했다. 그가 쓴 『마르틴 루터의 행적과 작품에 대한 해설』은 늦었지만, 상당한 반향을 일으켰다. 그는 가톨릭 교회를 유지하기 위해 마지막 한순간까지 일생을 불사르며 저술 활동에 전념했다.

ㄷ) 토마스 무르너: 그는 1475년 오베르네에서 태어나, 15세에 슈트라스부르크에서 프란치스코회에 입회했다. 파리와 프라이부르크에서 공부하고 신학 박사 학위를 취득하고 바젤 대학에서 교회법과 시민법으로 박사 학위를 취득했다. 다재다능한 천재인 그는 시인으로서도 철학, 신학과 관련된 논문의 저자로서도 역량 있는 사람이었다. 1520년 종교 개혁이 시작될 무렵, 그는 슈트라스부르크에 있었지만, 루터의 가장 강렬하고 굳건한 적대자가 되어 즉시 싸움터에 뛰어들었다. 당시 그는 루터에 대항해서 32개의 논술을 출간했으며, 그중에 「무르너 박사가 쫓아낸 미치광이 루터에 대하여」를 썼다. 그러나 이로 인해 그는 도시에서 추방되고 말았다. 그는 가톨릭 측의 리더가 되어 1526년 가톨릭 주(州)들을 대표해서 바덴 회의에 참석했다. 그는 종교 개혁자들에 맞서 가장 격렬한 공격적인 작품인 『루터적 복음교회 도둑과 이단적인 달력』을 썼다. 그는 1537년에 임종할 때까지 설교를 통해 논쟁주의자로서 지속적

으로 활동했다.

② 이탈리아 신학자들의 논쟁

ㄱ) 카예타누스: 1518년 독일 도미니코회 총회에서 루터를 이단이 의심되는 자로 로마에 고발하자, 당시 레오 10세 교황은 카예타누스 추기경에게 루터를 아우크스부르크로 소환해서 그를 교정하고, 만일 이를 거부할 경우 체포해서 로마로 압송하도록 명한 바 있다. 이에 카예타누스는 그해 10월 12일 루터를 만났다. 그러나 그는 이 논쟁에 휘말리려 하지 않았다. 그는 단지 루터가 그 동안 해오던 행동을 중지하고 더 이상 논쟁을 하지 않겠다는 다짐을 얻어내려 했다. 그는 루터에게 며칠간 숙고할 시간을 허락했지만, 루터는 그 기회를 이용해 아우크스부르크로 도망가 자신의 벗인 선제후 프리드리히 3세 곁에서 안전을 보장받았다. 로마로 돌아온 카예타누스는 대사와 관련해서 「망자들에게 허락된 전대사에 대하여」를 집필했다. 그는 이를 통해 루터에 대항한 해결책을 제시하려 했다. 또한, 그는 루터의 『교황의 권력에 대하여』에 대해 『신적 제도인 로마 교황직에 대하여』를 집필했다. 그리고 『믿음과 행실에 대하여』를 통해 믿음의 확실함과 행실의 가치에 대한 논쟁을 다시 취해서 다뤘다.

ㄴ) 지롤라모 세리판도: 그는 1493년 나폴리에서 태어났다. 그는 아우구스티누스회에 입회했으며, 1438년에는 수도회의 수석 부총장에, 1539년에는 총장에 선임되었다. 그는 총장으로서 자신의 수도회가 중대한 위기에 직면했음을 자각했다. 이 상황에서 그는 종교 개혁적인 교

설들을 주저하지 않고 단죄함으로써 은총, 의화, 예정에 대한 아우구스티누스의 개념들을 더욱 확고히 옹호했다. 그는 다양한 작품을 통해 레겐스부르크 제국 회의(1541년)의 대담에서 루터에 의해서도 서명된 바 있는 이중 의화 교설을 옹호함으로써 양측의 화해를 도모하기도 했다. 그는 바오로 3세 교황으로 하여금 교회 분열을 치유할 수 있는 유일한 희망인 공의회를 소집하도록 촉구했다. 그리고 공의회 제1회기(1545-1549년)에 참석해서 모든 신학 교령을 작성하는 데 참여했다. 비오 4세가 교황으로 선출된 후, 세리판도는 공의회를 재개하고 교회의 개혁을 이루기 위해 1560년 교황과 긴 대화를 나누었다. 그는 공의회의 총비서로서, 그리고 공의회가 재개된 후에는 추기경으로서 의화에 대한 토론에서「의화에 관한 교령」을 작성하는 과정에서 중요한 역할을 수행했다. 그는 1563년 3월 17일 트리엔트에서 임종했다.

2) 교도권의 응답: 트리엔트 공의회

1517년 루터에 의한 종교 개혁이 시작된 이래 약 20년간 토론과 논쟁, 대화 그리고 제국 회의가 있었지만, 어떠한 긍정적 결과를 도출해내지 못했다. 이제 보편 공의회를 개최하는 것만이 개혁과 화해를 위한 유일한 길로 드러나기 시작했다. 이는 1530년 개최된 아우크스부르크 제국회의를 전후로 해서 종교 개혁자들과 가톨릭 신학자들 양측에서 요청된 것이다. 그래서 1536년 카를 5세 황제와 바오로 3세 교황의 압력 아래 만토바에서 전체 공의회를 소집하기로 결정했다. 이로써 장대한 공의회 준비가 즉시 착수되었다. 가톨릭 신학에서 중세와 근대 사이의 분수령은 실제적으로 트리엔트 공의회에 의해 이루어졌다. 인문주의자들에 의해 이룩된 신학 쇄신의 시도는, 가톨릭 신학자들과 종교 개혁자들에게 트리엔트 공의회와 더불어 결정적으로 다양한 색조를 띠었다. 루터 이후에 가톨릭 신학자들 역시 죄가 지닌 무게의 엄중함, 인간 본성의 부패, 은총의 필요성, 대체 불가한 그리스도와 성령의 구원 행위를 진지하게 고려해야 했다. 그럼으로써 가톨릭 신학자들은 유명론자들의 의심과 인문주의자들의 잘못된 희망에서부터 교회의 영성적, 문화적 삶에 새로운 도약을 이루어 줄 새로운 확실함을 향해 나아갈 수 있었다.

① 공의회의 단계들: 바오로 3세 교황이 1536년 반포한 칙서 「*Ad Dominici gregis curam*」에 의해 만토바에서 소집된 공의회는 그로부터 9년이 지난 후에야 비로소 작업을 할 수 있었다. 그 과정에서 애초에 염두에 뒀던 만토바나 제2의 도시로 선정한 비첸차에서 진행하지 않는 것으로 결정했다. 개최 장소가 트리엔트로 선정된 것은, 이 도시가 개신교 대표들을 보다 환대할 수 있는 곳으로 여겨졌기 때문이다. 그러나 그들은 참석하지 않았다. 결국, 공의회는 개신교도들의 불참 속에서 여러 특사들을 통해 교황이 주재하는 가운데 가톨릭만의 모임이 되고 말았다. 여기에는 의결권을 가진 주교들과 자문권을 가진 신학자들이 참석했다. 참석한 주교들과 신학자들은 다양한 신학 학파들 출신으로 그 학파들을 대변했다. 공의회는 1545년 12월 13일이 되어서야 시작될 수 있었다. 당시 공의회에는 31명의 주교들만 참석했으며, 이들 또한 대부분 이탈리아의 주교들이었다. 공의회의 작업은 네 시기에 걸쳐 진행되었다. 두 번은 바오로 3세 치세 때 진행되었는데, 첫 번째 시기는 트리엔트(1545-1547년)에서, 두 번째 시기는 볼로냐(1548-1549년)에서 진행되었다. 세

번째 시기의 율리오 3세 교황 치세에는 다시 트리엔트(1551-1552년)에서, 네 번째 시기의 바오로 4세 교황 치세 때에도 트리엔트(1562-1563년)에서 진행되었다. 공의회는 마지막인 제25회기와 더불어 폐막했다. 1564년 1월 26일 비오 4세 교황이 칙서 『Benedictus Deus』를 공포하면서 추인한 공의회 결정 사항들에 관한 해석과 실행은 추기경 회의에 위임되었다. 공의회의 여러 교령과 법규들은 1917년까지 교회법의 근간이 되었다.

② 공의회에서 다뤄진 주제들

ㄱ) 성경과 전승: 공의회에서 풀어야 했던 첫 번째 매듭은 그리스도교 신앙의 원천들과 관련이 있다. 즉, 그것은 신적 계시가 어디에 있으며 그것을 어떻게 알 수 있는가를 규정하는 것이었다. 루터가 로마 교회의 주장을 격퇴하기 위해 계속 주장했던 주제는 '오직 성경만으로'였다. 그러나 공의회는 이 극단적 원칙을 승인하지 않았다. 공의회는 성경과 전승을 그리스도교 신앙에 적법한 원천으로 선언했다. 특히, 공의회는 신·구약과 관련해서 정경(正經)의 정확한 수를 확정하는 데 몰두했다. 더 나아가 공의회는 모든 신자들에게 계시의 원천에 다가갈 수 있는 권리를 승인해 주었다. 그러나 동시에 공의회는 개별 신자들의 해석은 규범이 될 수 없으며, 이 사안과 관련해서 권위 있는 해석을 할 수 있는 권리는 교회 교도권에 속한다고 언급했다.

ㄴ) 초본성적 인간학: 가장 중요한 회기로 꼽히는 제5회기와 제6회기에서 공의회는 루터의 신학적 인간학을 떠받치는 3가지 근본 조항(원

죄, 의화, 믿음)을 과장된 것으로 고발함과 동시에 이를 이단적인 것으로 단죄했다. 공의회는 원죄가 위중한 결과를 초래했다는 점을 인정했지만, 그렇다고 인간 본성을 완전히 부패시킨 것은 아니라고 선언했다. 또한, 공의회는 4가지 원인이라는 아리스토텔레스의 고전적 틀에 의지해서 보다 정확히 의화가 어떻게 구성되어 있는지 정의했다. 여기에 더해, 공의회는 구원의 질서에서 믿음의 중요성을 재확인했다. 하지만, 공의회는 의화가 믿음 안에서 끝나는 것이 아니라 선한 행실 가운데 드러나고 완성된다고 지적했다. 아울러, 공의회는 루터가 제시한 믿음처럼, 과도하게 주관주의적이고 개인주의적인 개념과 같은 잘못된 믿음의 개념이 지닌 위험을 거슬러 경고했다.

ㄷ) 성사들: 공의회는 믿음의 기초들(성경과 성전)을 보증하고 의화의 신비를 명확히 하면서, 오랫동안 상당히 공을 들여 성사들에 대한 교리에 전념했다. 그럼으로써 성사의 본성과 역할, 수를 규정했다. 공의회는 제7회기에서 13개 항목을 통해 성사 일반에 대한 가톨릭 신앙의 근본 자료를 제시했다. 또한, 공의회는 여러 회기를 통해 성사 일반에 대해 다룬 후, 각 성사의 본성과 역할, 직무에 대해 규정했다. 성찬례와 관련해서, 공의회는 빵과 포도주가 그리스도의 몸과 피로 완벽하게 변형되는 것을 가리키기 위해 '실체 변화' 개념을 최고로 적절한 개념으로 선언했다. 그리고 이러한 그리스도의 현존은 단지 미사 동안만 그리고 영성체 때에만 이루어진다고 하는 종교 개혁자들의 가르침을 단죄했다. 또한, 공의회는 세례 이후 죄에 떨어진 사람들에게 고해성사가 필수적이라고 선언했다. 공의회는 성품성사를 다루는 가운데 진정한 속죄 희생

제사라는 미사의 본성을 규정하기도 했다.

ㄹ) 교회: 트리엔트 공의회는 교회론과 관련된 구체적인 주제들을 많이 논하기는 했지만, 어떠한 교회론 관련 문헌도 작성하지 않았다. 공의회가 이룩한 전체 작업을 고려해 보건대, 공의회는 분명 교회에 대한 고유한 전망을 갖고 있었다. 트리엔트적인 교회는 창조주인 그리스도와 성령에 집중된 교회론을 표방했다. 이 교회론은 칠성사라는 구원의 거대한 수로를 맡고 있는 보관자이자 관리자로 규정되는 한에서 교회를 구원의 보편 성사로 본다. 이 전망에서 교회는 신인적(神人的) 실재를 내포하며, 교회의 가시적 부분은 거룩함, 공번됨, 단일함이라는 표징으로 특징지어진다. 마지막으로 이 교회론은 종교 개혁자들의 개인주의, 주관주의, 신비주의, 변덕에 반대되는 교회론으로서 질서와 교계를 강조한다. 루터와 칼뱅의 비가시적인 교회라는 케리그마적 모델에 대해, 공의회는 교회를 그리스도의 몸으로 제시하는 육체적인 모델을 대립시켰다. 마지막으로 공의회는 성모님과 성인들, 교회의 중개적 역할을 강조함과 동시에 모든 것을 인류의 유일한 구세주이신 그리스도께 종속시키며, 인간적 협력과 중개의 다수성을 수반한 '공번된' 교회론적 전망을 제시했다.

③ 트리엔트 공의회의 중요성: 트리엔트 공의회는 교회 역사상 가장 중요하고 결정적인 한 장을 장식한다. 이 공의회는 교회에 상당한 교의적, 영성적 힘을 불어넣었다. 그럼으로써 교회가 헤아릴 수 없이 많은 함정에 빠져들거나 쓰러지지 않은 채, 근대를 가로질러 건너갈 수 있게

해 주었다. 또한, 공의회는 개신교 종교 개혁에 가톨릭적인 개혁을 대립시켰지만, 이 개혁은 단순히 중세로의 회귀가 아니라 조직을 근대화하고 영혼들을 배려하기 위한 것이었다.

트리엔트 공의회는 보편적인 차원에서 교회 자신의 가치와 역할, 선교 임무에 대한 자의식을 회복시켜 주었다. 공의회가 초기에는 방어적이었던 데 반해, 개최 기간 내내 그리고 폐막 이후의 교회는 재정비되고 힘과 사명을 자각하게 되었다. 이 공의회는 교의적인 차원에서 혁신적인 공의회가 아니었으며 그럴 수도 없었다. 공의회에 참석한 교부들의 유일한 염원은 가톨릭 교회의 순수성과 영혼 구원에 큰 해를 끼치는 오류들을 제거하고 이단들을 척결하기 위해, 성경의 가르침과 사도적 전승과 다른 공의회들과 교부들의 일치된 견해를 본받는 데 있었다. 그러나 동시에 이 공의회는 실천적, 사목적 차원에서 철저히 혁신적인 공의회였다. 실제로 공의회는 머리에서 지체에 이르기까지 본질적인 개혁을 이루어냈다.

공의회의 결정 사항들을 이론에서 실천으로 옮기고, 이러한 개혁을 구체적으로 실현한 공로는 특히 비오 5세 교황에게 있다. 그러나 비오 5세 이후 1500-1600년대에 재위한 모든 교황들도 트리엔트 공의회에 의해 결정된 개혁을 열렬히 실행에 옮겼다. 개신교 종교 개혁자들이 예견하지 못했을 뿐더러 분명 원치도 않았던 놀라운 결과가 로마 교황청을 중심으로 일어났다. 그것은 교황직과 교황청을 약화하는 대신, 오히려 강화시키는 결과를 초래한 것이다. 이제 모든 가톨릭 교회는 로마를 중심으로 더욱 강하게 뭉쳤다. 모든 것이 로마에 의해 조직되고 추진되었으며 결정되었다. 교황 대사들은 지역 교회에서 가톨릭 개혁의 중심 역할을 수행했다. 교회의 로마적 특징은 로마를 공번됨의 신학적 주요 중심지로 만들고, 여러 세기 동안 누려오던 특권을 파리에서 제거하면서 최종적으로 강화되었다. 파리 대학은 그간 신학 박사 학위를 수여한 유일한 대학이었으나, 15세기 후반부터 로마는 사방에서 찾아온 사제들이 양성되는 수많은 대학들의 중심지가 되었다.

트리엔트 공의회는 교회에도 신학에도 대단히 중요했다. 가톨릭 신학이 공의회 이후 제시한 거대한 생명력은 의심할 바 없이 공의회의 결실이다. 공의회의 목적은 교회의 교의적 유산인 교리들을 재확인하는 것이었다. 그것은 신앙의 원천들이 지닌 총체성에 대한 옹호라는 이유에서 중요했다. 그 신앙의 원천이란 성경, 전승, 교부들, 공의회들을 말한다. 공의회는 가톨릭 신학자들로 하여금 '구원의 진리'와 관련된 지극히 풍요로운 모든 유산을 보존하는 과제를 수행하도록 호소하면서 신학적 탐구에 새로운 자극을 주었다. 신학이 트리엔트 공의회로부터 끌어낸 가장 큰 이득이라면, 그것은 공의회가 교회의 모든 기구에서 일으켜 세운 거대한 생명력과 활력, 역동성과 열정일 것이다. 공의회는 교회의 모든 구성원에게서 대단한 정열을, 신앙과 선교적인 열정을 갖는 대단한 정열을 흔들어 깨웠다. 신학 또한 바로 이러한 가톨릭 영성의 부흥으로 커다란 유익을 가져올 수 있었다. 가톨릭 신학은 두 세기 동안의 위기 이후 마침내 꽃피어났으며, 제2의 스콜라 신학과 더불어 신학의 역사에서 중요한 새로운 페이지에 흔적을 남길 수 있었다. 트리엔트 공의회에 의해 일어난 거대한 신학적 열기는 새로운 신학의 형태에 생기를 불어넣어 주었다. 이 신학에서는 더 이상 하느님의 말씀과 계시된 진리에 대한 연구가 단순한 사변이 아닌 삶을 통한 체험으로 드러났다. 이렇게 해서 십자가의 요한과 아빌라의 데레사의 신비 신학, 그리고 프랑수아 드 살과 피에르 드 베륄의 영성 신학이 탄생하게 된다.

5. 트리엔트 시대의 가톨릭 신학: 스콜라 신학의 쇄신

이 시대에는 교회 전반에 걸친 광범위하고도 체계적인 재정비가 이루어졌으며, 신학적 성찰에 대한 보다 심도 깊은 재생, 열렬한 선교 확장, 성직자들뿐 아니라 그리스도교 신도 전반에 걸친 영성 생활과 전례 생활의 괄목할 만한 성장이 이루어졌다. 트리엔트 시대는 교회사, 신학사 측면에서 빛나는 시대였다. 가톨릭 교회는 이전보다 젊고 강하고 생기차게 변했다. 이 모든 새로운 힘들은 공의회 이전에는 개혁을 통해 자발적으로, 그러나 조화롭지 못하고 혼란스러운 상태 속에서 이루어졌으나, 공의회 이후에는 교회 쇄신의 실현을 향해 정상적으로 진행되었다. 이 작업에 가장 중요한 역할을 한 수도회는 예수회였다. 교황청은 반동 종교 개혁의 지적, 사목적 과제들을 일종의 조직된 군대인 예수회를 통해 자유로이 운용했다. 그뿐만 아니라 1600년에는 이미 전 세계에 널리 퍼진 새로운 수도회들이 353개에 달했다. 가톨릭 문화에서 트리엔트 시대는 중세 그리스도교의 황금기인 13세기에 비견될 만큼 찬란하다. 모든 문화 영역에서 그 절정에 오르지 않은 분야가 없을 정도였다.

1) 신학적 부흥의 중심지: 살라망카와 로마

인문주의 시대에는 신학 학위들을 수여할 자격이 주어진 많은 대학들이 설립되었으며, 그런 흐름에 맞물려 신학의 독일화가 쾰른, 라이프치히, 프라이부르크, 마인츠, 튀빙겐 등을 중심으로 이루어졌다. 이렇듯 종교 개혁이 단순히 우연하게 일어난 사건은 분명 아니다. 그것은 신학적인 개혁으로서 무엇보다도 독일에서 시작되었다. 이 사건에는 불가피하게 반동이 뒤따르게 되었는데, 그것은 가톨릭 신학의 중심이 독일 북부에서 남부 라틴 국가, 특히 스페인과 이탈리아로 옮겨가게 되었음을 의미한다. 프랑스는 소르본 대학 덕분에 약 3세기 동안 그리스도교 전체에서 빛을 비추는 신학적 등대 역할을 했지만, 서서히 쇠퇴해 변방으로 뒤처지게 되었다. 이제 무게의 중심은 남부, 즉 이탈리아와 이베리아 반도로 옮겨 갔다. 보다 활동적이고 창조적인 신학의 중심지이자 진정한 트리엔트 신학의 등대는 '살라망카'와 '로마'였다. 살라망카는 거대한 스페인 제국에서 가장 명성이 높은 대학의 본거지였다. 거기에서 많은 종교 재판관들과 신학자, 법률가들이 배출되었다. 그 대학은 도미니코회 회원들과 가르멜회 회원들이 이끌었다. 살라망카 학파에서 도밍고 데 소토, 멜키오르 카노, 도밍고 바녜스 같은 당대 최고의 학자들이 배출되었다. 한편, 공의회 이후, 전에 비할 바 없이 가톨릭 신앙의 중심지가 된 로마는 가톨릭 신학의 창조적 중심지이자 전진 기지가 되었다. 여러 나라의 성직자 양성을 목적으로 설립된 로마 교회의 여러 콜레지오에서는 벨라르미노, 수아레스, 바스케스처럼 상당히 고명한 당대 최고의 신학자들이 가르쳤다.

2) 토미즘의 승리

트리엔트 신학은 제2의 스콜라 신학이라 불린다. 그것은 본질적으로 토마스적인 스콜라 신학이다. 이 시대는 토미즘의 황금시대라고 말할 수 있다. 트리엔트 공의회 이전에 많은 대학의 지배적 신학 노선은 유명론을 바탕으로 한 '새로운 길'이었다. 그러나 공의회를 통해 신앙에 견고한 이성적 바탕을 부여하는 요청은 유명론에 종지부를 찍었으며, 다시금 커다란 토미즘적 노선에 관심을 갖게 했다. 토미즘은 실재론적 특징, 그리고 신앙과 이성 사이의 조화 교리를 통해 그리스도교 신비들에 신빙성과 합리성을 줄 수 있었다. 토마스의 가르침에 터한 큰 신뢰를 증거하기 위해 비오 5세 교황은 그를 교회 학자의 반열에 올렸다. 그의 『신학대전』은 교과서로서 점차 페트루스 롬바르두스의 『명제집』을 대체해 갔다. 도미니코회와 가르멜회의 모든 교수들은 토마스의 충실한 제자들이었다. 여기에 더해, 예수회원들 역시 전체적으로는 토미즘을 발전시켰다. 다른 한편, 토미즘의 부흥 이상으로, 트리엔트 시대는 아우구스티누스로의 의미심장한 회귀가 이루어진 때이기도 하다. 종교 개혁자들은 다양한 신학적 주제에서 아우구스티누스의 입장에 호소했기 때문이다. 그 시대의 가톨릭 신학자들 역시 그의 사상으로 되돌아갔다. 특히, 바이우스, 몰리나, 얀세니우스 등이 그러했다.

3) 트리엔트 신학의 주요 특징들

앞서 살펴본 사실로부터 트리엔트 신학이 지닌 라틴성과 토미즘적 특성을 발견할 수 있다. 지리적으로 보면, 트리엔트 신학은 지중해적 신학으로서, 특히 스페인적이다. 또한, 구체적으로 그것은 스콜라 신학으로서, 좀 더 정확히 말해 토마스 신학이다. 방법론적인 면에서 보면, 트리엔트 신학은 루터가 비난하던 '영광의 신학'으로 회귀했다. 또한, 트리엔트 신학은 '논쟁 신학'이다. 그것은 늘 개신교의 위기로부터 제기된 신학적 문제들과 경쟁해야 했다. 바로 이런 논쟁적 성격에서 트리엔트 공의회가 내포한 한계와 결함들, 곧 과도한 공격성과 부족한 사변이 유래한다. 트리엔트 신학은 종종 건설적인 것에 대한 논의보다는 적대자의 파멸을 지향하며 신앙의 확실함에 몰두했다.

그러나 트리엔트 신학은 다음과 같은 이중적인 문화적 폐쇄성으로 인해 수난을 받아야 했다. 하나는 '논쟁'으로 인한 것이고, 다른 하나는 '스페인성'으로 인한 것이다. 트리엔트 시대는 새로운 것이 주는 위험으로 인해 두려움에 떨었고, 이 거룩한 두려움은 신학에도 문화적 장벽을 쌓게 했다. 두 번째 폐쇄성은 '스페인성'과 연결되어 있다. 스페인의 신대륙 정복은 광범위한 문화적 정복이기도 했다. 이 과정에서 복음화 자체가 스페인화의 도구 역할을 수행했다. 이로 인해 스페인이 품에 안은 여러 민족이 그리스도교 메시지를 적절하게 토착화하여 새로운 문화와 신학을 창출하는 것을 방해했다.

트리엔트 신학은 본질적으로 인간 중심적 신학이다. 그것은 인문주의가 제시하는 과도한 인간 중심주의와 개신교가 주장하던 인간적 비관주의 사이에서 중도 노선을 표방한 온건한 인간 중심주의를 말한다. 다른 한편, 신학을 포함한 모든 트리엔트적인 가톨릭 문화는 강력하게 천상을 지향한, 진정한 총체적 인문주의인 새로운 그리스도교 인문주의를 분명하게 효과적으로 입증했다. 그리고 이 선상에서 하느님께 영광을 드리기 위해 노력하는 가운데 현세 도시의 건설을 위해서도 노력했다.

4) 실증 신학과 영성 신학의 발전

트리엔트 시대는 사변 신학의 부흥뿐 아니라 공의회의 역사나 성인

전과 같은 새롭고도 중요한 분야를 육성했으며, 실증 신학의 커다란 발전을 가져왔다. 또한 트리엔트에서 천명한 계시의 원천, 즉 성경과 전승에 대한 개신교 교리와의 논쟁은 공격받은 교회 제도들을 옹호하게 하고 역사 신학을 발전시키게 하는 계기로 작용하였다. 교회 교부들에 대한 지식은, 에라스무스가 감수한 교부 작품들을 완전하게 출판함으로써 확장되었다. 트리엔트 공의회에서 굴리엘모 시를레토는 그리스 교부들의 바티칸 사본들로 작성한 증거 자료를 제출했다. 『비오 성무일도서』라 명명된 이 책에서는 처음으로 '교회의 교부들'이란 용어가 사용되었다. 또한, 소르본 대학의 교수 마게랭 드 라 빙녜는 「거룩한 교부 도서 전집」을 통해 200명 이상의 고대와 중세의 저자 작품들을 출판했다. 또한, 공의회를 둘러싼 싸움은 메를랭과 크라베가 감수한 『고대 공의회들의 회의록』 전체를 출간하도록 자극했다. 그뿐만 아니라 바르톨로메 데 카란사가 저술한 『공의회들의 역사에 대한 개요』 또한 많이 사용되었다. 역사적인 탐구는 마티아스 플라치우스가 쓴 『진리의 증인들 목록』과 『마그데부르크 세기사』를 통해 간접적으로 촉진되었다. 이에 대응해 가톨릭 측에서는 『교회 연대기』를 출간하면서 보다 학문적인 차원에서 역사를 탐구했다. 또한, 성인 공경에 대한 개신교 측의 이의 제기는 성인전 연구를 쇄신하도록 했다.

 트리엔트 시대에 가장 주목할 만한 새로움은 스페인의 신비 신학과 프랑스의 영성 신학의 탄생이었다. 마지막으로, 트리엔트 시대에 생겨난 신학의 또 다른 분야로 '선교 신학'을 들 수 있다.

6. 살라망카 학파

1) 살라망카 대학의 기원과 중요성

중세 전기의 스페인은 서방 그리스도교의 밝게 빛나는 등대 가운데 하나였다. 그러나 이슬람 세력이 이베리아 반도를 점령하자, 점차 그리스도교 문화는 질식되었으며, 스페인은 침묵을 강요받았다. 이런 상황에 반전의 계기가 된 것은 12세기로, 이베리아 반도 내의 그리스도교는 본격적으로 시작된 재정복 운동으로 인해 영성적, 문화적 도약을 이루게 된다. 당시 톨레도는 아리스토텔레스를 재발견하고 그의 작품들을 라틴어로 번역하는 가운데 중요한 학술 중심지로 변모했다. 여기에 더해, 14세기 말에 살라망카 대학이 설립됨으로써 스페인 신학의 새로운 시대가 열리게 되었다. 당시 스페인 신학의 쇄신은 여러 학자들을 통해 이루어졌지만, 이는 무엇보다도 '살라망카 학파'의 진정한 창시자인 프란치스코 데 빅토리아의 공이 컸다.

16세기의 살라망카는 그리스도교 신학의 최고 중심지였으며, 이러한 위상은 트리엔트 공의회 시대 내내 그러했다. 공의회의 참석자 가운데 66명이 살라망카 학파 출신이었다. 이 시대에는 살라망카뿐만 아니라 이베리아 반도 전체가 경이로움의 도가니였다. 당시 스페인에서는 수많은 신학자들이 우후죽순처럼 솟아나왔다. 살라망카 대학만이 아니라 알칼라, 사라고사, 바르셀로나, 바야돌리드, 발렌시아, 코임브라 대학 역시 걸출한 신학자들을 배출했다. 16세기 가톨릭 신학은 다음과 같은 이유로 스페인 신학이 되었다. 문화적 이유로는 16세기는 스페인 문화의 황금기로서, 신학은 문화적 발효, 새로운 도약, 이념들을 발견했기 때문이다. 정치적 이유로는 1500년대의 스페인은 광활한 식민 제국에 힘입어 강력한 세속적 권력을 누렸으며, 신학 연구 역시 장려, 증진되었기 때문이다. 종교적 이유로는 유럽 북부의 상당수 국가가 개신교로 넘어간 후, 가톨릭 신앙의 미래는 이제 이탈리아, 프랑스, 특히 강력한 스페인의 충실함에 달려 있었기 때문이다. 지극히 가톨릭적인 스페인은 트리엔트 공의회 동안 로마 교회의 아주 견고한 방패막이 되어 주었다. 당시 스페인 신학 세계를 비춰 준 으뜸가는 별들로는 빅토리아, 카노, 데 소토, 수아레스, 바녜스, 몰리나, 아빌라의 데레사, 십자가의 요한을 들 수 있다.

2) 프란치스코 데 빅토리아: 살라망카 학파의 창시자

① 생애와 작품: 그는 1483년 스페인 북부의 빅토리아에서 태어났다. 소년 시절에 도미니코 수도회에 입회해서 1506년 서원을 하고 파리로 가서 신학을 공부했다. 그는 그곳의 생자크 도미니코 연구소에서 토미즘 부흥에 가장 큰 역할을 한 장 페나리오로부터 사사받고, 1522년 신학 석사 학위를 취득했다. 스페인에 귀국한 후, 그는 바야돌리드의 성 그레고리오 대학에서 3년간 강의한 후, 1526년부터 살라망카 대학의 수석 정교수가 되어 20년간 활동하며 명실공히 역사상 가장 큰 신학 학파인 살라망카 학파를 만들었다. 그는 1546년 임종했다. 그는 장차 살라망카 학파를 주도할 대가들, 예컨대 카노, 만초, 두델라, 데 소토, 바론 등을 가르친 위대한 스승이었다. 또한, 그는 약 300년 동안 신학 교과서로 사용되어 오던 『명제집』 대신 토마스의 『신학대전』을 신학 대학의 교과서로 사용하기 시작했다. 그 후, 1532년부터 그의 제자인 데 소토

가 이 모델을 따랐으며, 점차 이베리아 반도 내의 대학 모두가 이를 따랐다. 당시 국왕, 귀족들, 주교들, 신학자들은 모두 온갖 종류의 문제들에 대한 빅토리아의 견해를 듣기 위해 당대 학계의 최고 학자인 그를 찾아왔다고 한다. 우리에게 전해지는 그의 작품은 『신학 강좌』가 유일하며 이는 그의 논문 모음집이다. 여기에는 15개의 강좌가 있는데, 그중 현재 13개만 전해 온다.

② 사상: 빅토리아는 토마스의 『군주 통치론』에서 영감을 받아, 한편에는 교회와 교황에게 속한 권력을, 다른 한편에는 국가에 속하는 권력을 정확하게 고정시켰다. 또한, 루터에 대항한 『후(後) 교회 권력』에서 그는 교회 권력이 교회 친교의 종합에 있지 않다고 지적했다. 그는 교회 권력이 그리스도께서 통치권을 허락하신 몇몇 사람들에게 있다고 보았다. 그에 따르면, 세속 권력은 자연법에 기초하며, 교회 권력은 신법에 기초한다. 한편, 『교황과 공의회 권력』에서 빅토리아는 공의회 우위설주의자들을 거슬러 공의회에 대한 교황의 우위를 확언했다.

국가와 시민 권력의 기원과 본성에 있어서, 빅토리아는 『시민 권력』을 통해 4가지 인과율에 대한 아리스토텔레스의 고전 스케마에 호소하는 가운데 그러한 주제들에 대한 대답을 제시했다. 그에 따르면, 국가와 정치권력의 기원은 자연적이며, 궁극적으로는 신적이다. 왜냐하면, 그것은 하느님에게서 유래하기 때문이다. 자연은 하느님에게서 유래하고, 국가의 본성은 완전한 사회가 되는 데 있다. 한편, 그는 국가와 마찬가지로 정치권력의 기원을 궁극적으로 하느님에게서 찾을 수 있는 것으로 보았다. 그래서 그는 이러한 본성을 지닌 권력을 사람들의 동의에 의해 폐지할 수 없다고 못 박았다.

또한, 빅토리아는 원주민들의 권리를 옹호하기 위해 다양한 기회에 논쟁을 통해 이를 공개적으로 주장했다. 그는 원주민들의 권리에 대해 합리적이고 체계적인 증명을 국제적인 권리, 곧 '만민법'이라는 틀 안에서 처음으로 제시했다. 그에 따르면, 이 국제법 역시 자연에 그 기원을 둔 자연법에서 유래한다. 그는 이 만민법과 아메리카의 원주민들이 자주적이고 독립적인 진정한 국가로 간주될 수 있는 수준의 문명, 법, 산업, 상업을 갖추고 있다는 사실을 바탕으로 신세계 정복과 원주민들에 대한 스페인 지배의 정당성에 문제를 제기했다. 심지어 그는 이 문제와 관련해서 당시까지 교황이 선사한 것에 귀속되는 권리의 가치도 부인했다. 그는 어떠한 이유로도 그들에 대한 정복을 정당화할 수 없으며, 그들의 재산을 강탈하는 것도 정당화할 수 없고, 그들에게 그리스도교 신앙을 받아들이라고 강제할 수도 없다고 주장했다.

3) 도밍고 데 소토

① 생애와 작품: 도밍고 데 소토는 1495년 세고비아에서 태어나 알칼라 대학과 파리 대학에서 공부하고 알칼라 대학에서 교수로 활동했다. 그 후, 도미니코회에 입회해서 1525년에 수도서원을 발하고, 살라망카 대학에서 교수로 활동했다. 그는 스승인 빅토리아를 도와 토미즘이 부흥하는 데 크게 기여했다. 카를 5세의 신학 자문을 맡았으며, 트리엔트 공의회에 참석해 「의화에 관한 교령」과 「원죄에 관한 교령」을 작성하는 데 크게 공헌했다. 또한, 1552-1560년까지 살라망카 대학 신학부의 정교수로 재직했다. 그는 일생을 통해 다양한 신학, 철학 작품들을

집필했다.

② 사상: 소토는 탁월한 철학자이자 최고의 법률가이며 윤리 신학자이고 뛰어난 교의 신학자였다. 그는 빅토리아와 더불어 스페인의 신학적 르네상스와 법률적 방향 지도에 상당히 결정적인 기여를 했다. 그는 빅토리아와 함께 법철학 분야의 창시자 가운데 한 사람으로 평가받는다. 그는 『법과 정의』에서 제반 사물의 본성에 의해 설정된 것을 자연법으로, 인간의 의지에 의해 질서 지어진 것을 실정법으로 제시했다. 또한, 그는 '만민법'을 자연법과 실정법 양쪽에 연계시켰다. 트리엔트 공의회 제1회기에 작성된 『은총과 본성』에서 소토는 물리적 사전운동이 아닌 객관적인 윤리적 선결(先決)로서의 은총의 본질적 효과에 대해 주장했다. 그는 세풀베다와 라스 카사스 사이에 있었던 스페인 정복의 적법성 문제를 둘러싼 논쟁에 개입해서 중요한 역할을 담당했다. 세풀베다는 본성적으로 노예로 태어난 사람을 무기로 복종하는 것은 정당하다고 주장한 데 반해, 라스 카사스는 그 누구도 본성적으로 노예인 사람은 없으며, 복음을 전하기 위해 무력을 사용하는 것은 결코 정당하지 않다고 주장했다. 소토는 이 문제를 해결하기 위한 의장 역할을 했으며, 여기서 빅토리아가 제시한 해결책과 유사한 방향으로 결정했다. 마지막으로, 소토는 『하느님 사랑에 대한 논술』의 저자이기도 하다. 이 책은 중세적인 특징을 띤 수덕적인 작품으로, 그는 여기서 그리스도의 수난을 관상하도록 격려했다.

4) 후안 데 산 토마스

① 생애와 작품: 후안 데 산 토마스는 1589년 리스본에서 태어났다. 그는 코임브라 대학과 루뱅 대학에서 신학을 수학했다. 1610년에는 도미니코회에 입회했으며, 사제품을 받은 후, 1620년부터 팔렌시아 대학에서 신학을 가르쳤다. 1625년부터는 알칼라 대학에서 교수로 활동했으며, 펠리페 4세 국왕의 공식 고해 사제로 임명되기도 했다. 1644년 프라하에서 세상을 떠났다. 그의 모든 작품은 토마스와 연관된다. 그는 『신학대전』을 깊이 연구하고 광범위한 주해서를 집필했다. 또한, 토마스의 사상을 종합적으로 제시한 『신학 강좌』, 『철학 강좌』를 집필했다.

② 사상: 그는 제2기 스콜라학 시대를 완벽하게 대표하는 인물로, 그 시대를 뛰어넘어서 토마스의 사상을 가장 잘 설명한 주석가이다. 그의 작업은 주로 토마스의 사상에 대한 조직적인 체계와 그것이 갖는 영속적인 가치를 입증하고 뛰어난 해석을 추구한 데 있다. 근대와 현대의 토미즘에서 드러나는 다양한 경향들에 대한 그의 영향은 상당히 심층적이고 결정적이다. 무엇보다도 그는 아리스토텔레스적-토마스적 실재론을 다시 제안했다. 또한, 그는 지식을 다루면서, 형이상학을 모든 인간적인 앎의 대상의 질적 차원에서나 그것이 바탕을 두는 원리적인 차원에서 모두 정점에 두었다. 그는 토마스의 신비주의 사상을 연구, 발전시키기도 했다. 이는 특히 그의 『성령의 선물』에 제시되어 있다. 그에 따르면, 신비적 인식은 신앙의 빛 안에서 선행하고 사랑의 강렬함을 바탕으로 하는 초개념적 인식이다.

7. 예수회원들의 신학

트리엔트 시대에는 교회의 개혁, 가톨릭 문화의 쇄신, 신학의 부흥을 위해 많은 수도회들이 협력했다. 그 가운데 가장 강력한 쇄신을 주도했던 수도회는 예수회였다. 이냐시오에 의해 창립된 이 수도회는 바로크적 스콜라 신학을 주도했으며 더 나아가 선교 분야에서 탁월한 성과를 이뤄냄으로써 교회의 외연 확장에 혁혁한 공을 세우고 오늘날 가톨릭 교회가 전 세계에 걸친 공번된 교회로 성장하는 데 결정적인 역할을 수행했다.

1) 바로크적 스콜라 신학

바로크적 스콜라 시대는 트리엔트 공의회 시대 전체를 가리키는 말로, 바로크적 스콜라학은 16세기 스페인 예수회 신학자들이 주도했던 철학적, 신학적 노선을 가리킨다. 이 신학의 특징으로는 논쟁적, 승전적, 반근대적, 윤리적, 선교적이다. 바로크 신학은 오직 가톨릭 신자들을 위해 만들어진 가톨릭 신학이다. 이는 트리엔트 공의회를 통해 장엄하게 축성된 신학적 입장 위에 견고히 뿌리를 내리고 있었다. 바로 이 트리엔트 신학이야말로 가톨릭 교회의 신앙을 구하고, 그 신앙을 다양한 사안들에 대해 당시 르네상스의 주제들의 요청에 적용함으로써 교회의 신앙을 현대화했으며, 새로운 세계의 수많은 민족들에게 신앙을 전할 수 있었다.

2) 바로크적 스콜라 신학의 아버지인 프란치스코 수아레스

① 생애 및 작품: 수아레스는 1548년 스페인 남부의 그라나다에서 태어나 13세부터 이미 살라망카 대학을 다녔으며, 16세에 예수회원이 되어 철학, 신학을 공부하고 1572년 사제품을 받았다. 그 후 1593년까지 스페인의 여러 대학에서 가르쳤으며, 1597년부터 1615년까지 포르투갈의 코임브라 대학에서 가르쳤다. 그는 이 과정에서 다양한 신학 논쟁에 뛰어들어 해결사 역할을 했으며, 당대를 비롯해 후대 신학에 상당한 영향을 미친 작품들을 집필했다. 그는 1617년 리스본의 예수회 수도원에서 임종했다. 그는 근대 신학자들 가운데 가장 많은 작품을 저술한 학자 가운데 한 사람으로 손꼽히며, 그의 작품들은 전반적으로 신학적, 철학적인 면에서 상당히 중요하다. 그의 작품은 모두 23권으로 이루어진 전집으로 출간되어 오늘날까지 전해 온다.

② 형이상학적 사상: 수아레스는 자신의 철학 작업을 통해 토마스의 사상과 근대 사상을 종합하고자 했다. 그는 『형이상학 토론집』에서 신학과 아리스토텔레스로부터 벗어난 형태로, 스콜라 철학에서 토론된 모든 질문들의 완전한 체계적인 첫 번째 논술을 제시했다. 그는 토마스의 사상에 머물렀지만, 몇 가지 개별적인 사안들과 관련해서는 그와 거리를 두고 자신만의 독자적인 사상을 제시했다. 예컨대, 토마스는 본질과 존재 현실태를 실제적으로 구별했지만, 수아레스는 본질과 존재 간의 이러한 구별을 거부하고 본질과 존재를 유한적 존재를 함께 구성하는 두 요소가 아니라, 동일한 존재를 이해하기 위한 상이한 두 가지 방식으로 보았다. 또한, 수아레스는 질료와 형상 간의 관계와 관련해서 이 두 요

소를 물질적 실재를 구성하는 동일한 본질을 지닌 2개의 원리가 아닌 서로 독립된 2개의 실재로 보았다.

③ 법철학: 수아레스는 법학 분야에서도 위대한 인물로 평가받는다. 그는 자신의 작품 『법과 입문』에서 자신만의 고유한 법철학을 제시했다. 그는 자연법과 시민법, 만민법에 관한 문제들을 시대의 요구와 현실적 감각을 바탕으로 심도 있게 다루었다. 그는 이러한 분야에서 자신의 스승인 빅토리아보다 훨씬 광범위하고 체계적인 사상을 제시했다. 그는 시민 사회의 기원과 관련해서 사회의 자연적 기원에 대한 고전적인 명제를 다시 제시했지만, 이러한 사회를 '정치 국가'라고 표현한 최초의 인물이다. 빅토리아와 마찬가지로 수아레스 역시 정치 권력을 공동체에 직접 귀속했다. 그러나 그는 사회가 이 권력의 첫 번째 원천은 아니라고 보았다. 그 근원적인 원천은 이 권력을 있게 한 분, 즉 하느님이라고 그는 말한다. 마지막으로, 국제법 분야와 관련해서 이 법의 근본 원칙을 설정했다. 그 원칙이란 인류의 상대적인 정치적 통일을 말한다. 수아레스는 인류와 관련된 정치 기구 그리고 주권을 지닌 독립 국가들 간의 관계에 대해 언급했다. 그는 결정적으로 국제법 철학의 기초들을 세웠다.

④ 교의 신학
ㄱ) 삼위일체론: 수아레스는 인간이 삼위일체의 존재를 지성이나 천사들의 지성을 통해 입증할 수 없다고 전제한 상태에서, 성부와 성자와 성령은 동일한 양태로 하느님이시며 위격인 한에서 서로 실제로 구별된다고 말했다. 무엇보다도 그는 기존의 삼위일체 관련 용어들에 새로운

의미를 부여함으로써 삼위일체의 신비를 재구성했다. 또한, 그는 세 신적 위격의 실체적 양태들을 부성(父性), 자성(子性), 수동적 기출(受動的 氣出)이라는 세 관계 안에서 규명했으며, 이 양태들이 세 가지 실존적 관계들의 기원이 되지만, 동시에 이 관계들은 신적 본성의 본질적인 존재를 전제로 한다고 지적했다. 그는 위격들을 상대적 자립체로 보았으며, 이 자립체들은 절대적인 신적 실체로 구성된 완전체들이라고 말했다. 이들은 본질에서 완전하므로, 그러한 신적 실체로부터 실제로 구별되지는 않는다. 이러한 완전체들은 각 위격에 고유하지만, 그렇다고 각 위격들 간의 본질적인 불평등을 내포하지는 않는다.

ㄴ) 그리스도론: 수아레스의 그리스도론에 있어서 가장 독창적인 점은 그리스도에게 있어 인성과 신성을 통합하는 단일한 신적 인격의 형언할 수 없는 신비에 대한 설명이다. 그는 이 신비를 명료하게 설명하기 위해 본질적 양태들의 이론에 호소했다. 또한, 그는 그리스도의 강생을 시간 속에서 시작하고 새로운 실제적 종점을 갖는 실제적인 새로운 행위로 보았다. 그는 이 행위를 '합일', 곧 그리스도의 인성의 산출을 동반하고 뒤따르는 능동적 결합으로 제시했다. 또한, 그는 그리스도 안에서 위격적 존재의 결합은 인성의 존재와 말씀의 존재 사이의 결합으로 구성되어 있다고 지적했다. 강생의 목적과 관련해서 수아레스는 강생이 창조의 완성을 목적으로 한다는 스코투스의 주장과 죄로부터의 구원이라는 토마스의 주장 사이에서 중립적 입장을 취했다. 즉, 그는 하느님을 영광스럽게 해 드리는 것이 첫 번째 목적이며, 인간 구원을 두 번째 목적으로 제시했다.

ㄷ) 초본성적 인간학: 수아레스는 인간의 가치가 원죄 이후에도 유지되는 본질적으로 완전한 인간 본성의 상태, 자유의 능력, 은총 작용의 효과를 강조했다. 그는 인간의 본성을 초본성적 은총을 향한 순종 능력으로 보았다. 그는 이 능력을 물리적이고 적극적인 능력, 곧 어떤 최종적인 양태의 덧붙임 없이 인간 본성 자체와 동일시되는 능력으로 이해했다. 한편, 그는 죄를 단순한 은총의 결핍으로 은총을 죄의 용서와 동일시하는 기존의 입장에서 벗어나, 은총의 상실과 내적 무질서라는 두 가지 요소를 도입해서 죄의 개념을 설명했다. 이에 따라, 죄로부터의 의화도 죄에 대한 용서, 은총의 수여라는 두 가지 계기로 나눴다. 16세기 말에 신학계를 떠들썩하게 했던 바녜스와 몰리나 간의 은총 논쟁에서, 처음에 수아레스는 몰리나의 '중간지'(scientia media) 개념을 받아들이지 않았지만, 얼마 안 되어 확신에 차서 몰리나의 옹호자로서 논쟁에 개입했으며, 몰리나의 이론을 '합의주의'(congruismus)로 조정했다.

ㄹ) 교회론과 성사론: 수아레스는 교회를 "그리스도께 대한 믿음을 고백하는 이들의 정치적 또는 윤리적 단체"로 규정했다. 그리고 이 단체의 일치를 보존하고 복음화의 증진을 위해 최고 권력인 교황이 요구된다고 지적했다. 그는 주교들이 사도가 아니며 주교로서 사도의 계승자들이고 그 관할권을 교황으로부터 받는다고 말했다.

성사론과 관련해서, 수아레스는 『신학대전』을 주해하면서 후대에 전형적인 신학 교본이 될 성사론의 구조를 제시했다. 그는 성사에는 표징, 표징을 통해 주어지고 표현되는 성화, 신적 제도 이렇게 3가지 요소가 필요하다고 지적했다. 그리고 일정한 성화를 선사해 주는 것을 성화의 본질적 요소로 보았다. 한편, 마리아론에 대한 수아레스의 기여 역시 중요하다. 그는 『동정 마리아 문제』를 통해 이 분야를 체계적으로 구조화해서 처음으로 제시한 인물이다. 교회 역사가들은 그를 근대 마리아론의 창시자로 평가한다.

ㅁ) 후대에 미친 영향과 그의 사상에 대한 평가: 수아레스의 동시대 사람들은 그를 일컬어 '또 다른 아퀴나스'로 부를 정도로 그를 높이 평가했다. 트리엔트적 스콜라 신학은 수아레스를 통해 완전한 표현으로 제시되었다. 그의 사상은 그 즉시 성공을 거두었으며, 후대에도 지대한 영향을 미쳤다. 그는 철학과 신학에서 모두 독창적이며 유기적인 종합적 사상을 제시했으며, 여기에는 '수아레스주의'라는 이름이 붙여졌다. 이에 따라 '수아레스 학파'가 형성되어 약 200년간 가톨릭 신학에 큰 영향을 미쳤다.

수아레스의 사상이 지닌 중요성과 가치는 17-19세기 수많은 철학자들과 신학자들, 교회 교도권에서도 광범위한 인정을 받았다. 바오로 5세 교황은 1607년 10월 2일 반포한 칙서를 통해 그를 "탁월하고 경건한 신학자"로 칭한 바 있다. 교회는 그를 '우수 박사'(doctor eximius)로 부른다. 교황 알렉산데르 7세는 그를 높이 평가하면서 "근대 신학자들의 왕"으로 칭하기도 했다. 베르나레지(A. Bernareggi)는 그를 16-17세기 스콜라 신학의 부흥기에 꽃핀 신학자 가운데 가장 완벽하고 권위 있는 천재라고 평가한 바 있다. 또한, 그라브만(M. Grabmann)은 그의 신학적 박학함과 날카로운 통찰력이 토마스를 연상케 하며, 이와 동시에 그가 보여 준 내적 생활에 대한 깊은 혜안이라는 면에서 보면 보나벤투라를 닮았다고 평하기도 했다. 우리는 그에게서 구원된 인간의 본성 안에서 은 총이 일으키는 효과와 본성에서 드러나는 초본성적 실재의 승리에 대한 경이로운 다성 음악(多聲音樂)을 보게 된다. 수아레스의 신학이 보여 주는 바로크 양식은 그리스도교적인 인문주의이며, 신비적 인문주의이자 정통 인문주의이다.

3) 로베르토 벨라르미노

① 생애와 작품: 논쟁 신학만을 고려한다면, 트리엔트 직후 시대에 예수회 학파를 드러낸 가장 빛나는 인물은 논쟁 신학을 체계화 한 벨라르미노이다. 벨라르미노는 1542년 이태리 중부 토스카나 지방의 몬테풀치아노의 고명한 가문에서 태어났다. 그는 1560년 18세에 예수회에 입회해서 로마와 루뱅에서 수학한 후 1570년 사제품을 받았다. 그리고 다시 루뱅에서 학업을 계속하고 학위를 취득했으며 교수로 활동했다. 1576년부터는 로마 콜레지오로 옮겨가 교수 활동을 했으며, 이때부터 본격적으로 개신교에 대항한 논쟁 신학을 본격적으로 심화하고 많은 성과를 올렸다. 그러나 1588년 건강 문제로 인해 12년간의 교수 활동을 접고 은퇴했으며, 그 후 역작 가운데 하나인 『논쟁들』 집필에 집중했다. 1595년에는 나폴리 관구의 관구장으로 선임되어 활동했으며, 1599년에는 클레멘스 8세 교황에 의해 추기경에 서임되었다. 또한, 은총 논쟁을 위한 교황청 산하 위원회 소속으로 활동하며, 이 문제에 대한 해결을 위해 최선을 다했다. 1602년에는 카푸아의 대주교로 임명되기도 했다. 그러나 바오로 5세 교황은 그를 교황청으로 불러 여러 부서(성무성성, 금서성, 주교성, 포교성성)에서 활동하며 보편 교회를 위해 봉사하도록 했다.

그는 말년에, 베네치아 공화국과 관련된 성무 정지 사건과 갈릴레오 사건에 대한 해결을 위해 노력했다. 마침내 그는 1621년 성 안드레아 수련 수도원에서 임종했다.

벨라르미노 역시 많은 작품을 집필했는데, 그 가운데 『이단자들에 대항한 그리스도교 신앙 논쟁 토론집』은 로마에서 강의하던 시절에 마련된 결실로, 16세기 가톨릭 논쟁 신학을 대표하는 종합서로 평가받는다. 이 작품은 트리엔트 공의회의 교령 전체를 바탕으로 작성되었으며, 신학 영역 전체를 다루고 있다. 이는 세 권으로 구성되어 있으며, 1권에서 성경과 전승을, 2권에서 성사론을, 3권에서 은총론과 의화론이 소개되어 있다.

② 교의 신학

ㄱ) 성경과 전승: 그는 『토론집』 1권에서 루터의 주장을 면밀하게 분석한 다음, 신앙의 원천으로서의 성경의 단일성과 신자 스스로 성경을 충분히 해석할 수 있다는 루터의 주장을 비판했다. 첫 번째, 그는 계시를 성경과 동일시하는 것은 불가능하다는 점을 보여 주었다. 하느님의 말씀은 성경에 선행하며 성경으로부터 제외될 수도 있기 때문이다. 둘째, 그는 성경이 계시의 유일한 원천은 아니라는 점을 분명히 했다. 이는 트리엔트 공의회에서 성경과 전승에 관한 교령을 통해 분명히 선언된 바 있다. 벨라르미노는 이러한 선상에서 성경과 전승의 관계를 올바로 제시하고자 했다. 그는 성경과 전승은 병행하는 2개의 원천이 아니라 서로 긴밀히 연결되어 있다고 지적한다.

ㄴ) 교회와 교황: 벨라르미노는 특히 교회론을 심혈을 기울여 연구했다. 그는 교회의 신비를 규정하기 위해 정치적인 모델을 활용했다. 이는 가시적인 교회를 부정하는 개신교도들에 맞설 수 있는 효과적인 모델이기 때문이었다. 그는 교회를 다음과 같이 정의했다. "교회는 적법한 사목자들, 특히 로마 대사제의 관할권 아래 유일하고 동일한 그리스도교 신앙 고백과 동일한 성사들의 친교를 나누는 일치된 사람들로 구성된 사회이다." 특히, 그는 교회의 교계 구조를 정당화하고 교회 구성에 교황과 주교들의 역할을 옹호하기 위해 이 모델을 활용했다. 한편, 현세적 일들에 대한 교황와 권력과 관련해서 벨라르미노는 극단적인 2가지 견해를 거부하고 중간 해결책을 제시했다. 그에 따르면, 교황은 현세적인 사안들에 있어 그 어떠한 직접적 권력을 갖지 않고 영적인 사안들에 대해서만 권력을 갖는다. 그러나 어떤 경우 영적인 권력으로 현세적인 일에서 최고 권력을 '간접적으로' 행사한다. 그는 교회와 교황의 영적 권력과 국가와 군주의 세속적인 권력을 분명히 구별했다.

ㄷ) 영성 신학: 그는 영성 신학에도 조예가 깊었다. 적어도 그는 작품의 양적인 면에서 당대의 영성가들에 비해 탁월한 위치를 차지한다. 그는 줄기차게 영성 생활의 제반 문제에 천착하면서 난해하기 그지없는 이 분야에서 뛰어난 능력을 발휘했다. 특히, 그는 로마에서 예수회 신학생들의 영성 지도에 헌신하는 과정에서 영성과 관련된 다양한 작품을 집필했다.

ㄹ) 교리 교습: 이는 벨라르미노의 작품 가운데 상당한 성공을 거둔

분야이다. 그가 집필한 『간략한 그리스도교 사상』이란 교리서는 어린아이들을 위한 집필한 교리서로 아이들에 의해 직접 편집되었다. 그리고 『그리스도교 사상 해설』이란 교리서는 사제들과 교리교사들을 위해 작성된 안내서이다. 이 중에 『간략한 그리스도교 사상』은 사목적인 측면에서 상당히 높은 평가를 받은 것으로, 클레멘스 8세 교황은 이를 장엄하게 승인하고 많은 주교와 사제들에게 교리 교습의 표본으로 적극 추천했다. 심지어 우르바노 8세 교황은 1933년 동방 선교에 이 교리서를 사용하도록 추천했으며, 1742년 베네딕토 14세 교황은 이 교리서에 찬사를 보내며 전 세계에 널리 퍼져서 사용되길 원했다. 역사적으로 이 교리서는 8개 국어로 번역되어 340쇄 이상 출판되었으며, 현대로 들어와 비오 10세 교황의 교리서가 등장하기 전까지 교회 내에서 가장 많이 사용된 공식적인 교리 교과서였다.

③ 그에 대한 평가: 벨라르미노가 17-18세기의 교리, 영성, 신학에 미친 영향은 대단하며, 특히 교회론에 미친 영향은 지대하다. 그의 교회론은 토착화된 교회론에 대한 웅대한 모범으로, 가톨릭적인 전통에 따라, 특히 개신교가 심각하고 위험하게 왜곡한 여러 신앙의 진리와 관련해서 교회에 대한 사상을 밝히 드러내는 데 큰 역할을 했다. 그의 교회론은 이후 약 300년간 가톨릭 교회의 교회론에 바탕이 되었다.

4) 페트루스 카니시우스
① 생애와 작품: 카니시우스는 1521년 네이메헌의 돈독한 가톨릭 신앙 집안에서 태어났다. 젊은 시절 법대에서 법학을 공부했으며,

1543년 쾰른에서 이냐시오의 초기 동료인 르페브르 신부를 만나 영신수련을 하며 크게 회심하고 예수회에 입회했다. 1546년 사제품을 받았으며, 그 후 교수이자 논객 신학자, 설교자로 경이로운 활동을 이어 갔다. 1547년 그는 오토 트루흐네스 추기경의 추천으로 트리엔트 공의회에 참석해서 동료들과 함께 성사 교령 초고를 만들기도 했다. 그는 독일의 잉골슈타트 대학에서 교수, 학장으로 활동했다. 또한, 장래 황제가 될 페르디난트 대공의 요청으로 오스트리아의 빈에서도 설교를 했다. 또한, 빈 대주교로부터 후계자가 될 것을 요청받았지만 거절했으며, 그의 부탁으로 1554년 유명한 교리서인 『그리스도교 사상 전집』을 집필하기도 했다. 1559년에는 개신교 논객인 마티아스 플라치우스의 『마그데부르크 세기사』가 출간되자, 비오 5세 교황은 이에 맞설 수 있는 작품을 집필하도록 카니시우스에게 부탁했다. 이렇게 해서 1583년 그의 역작인 『하느님의 말씀에 대한 부패한 2권의 해설서』가 출간되었다.

1556년 그는 예수회 독일 관구장으로 선임되어 14년간 활동했다. 이 기간 동안 예수회는 독어권의 여러 나라에서 경이로운 속도로 퍼져 나갔다. 이 과정에서 3개의 새로운 관구와 많은 학교가 신설되었으며, 많은 수련소와 학생 수도원, 선교사 양성소도 설립되었다. 1580년부터는 스위스의 여러 주를 돌며 순회 강연을 했으며, 이로 인해 많은 이들이 가톨릭 신앙으로 회심했다. 카니시우스는 1597년 임종했으며, 1864년 비오 9세 교황에 의해 시복되고, 1925년 비오 11세 교황에 의해 시성됨과 동시에 교회 학자로 선포되었다.

② 사상: 카니시우스는 젊은이들을 가르친 최고의 교육자이자 열정

적인 사제이고 강력하고 현명한 조직가이자 매력적인 설교자였다. 그의 사상은 주요 작품들, 특히 앞서 언급한 2권의 작품에 잘 담겨 있다. 특히, 『그리스도교 사상 전집』은 걸작으로 평가받았으며, 후대에 큰 영향을 미쳤다. 소위 대(大)교리서로 불리는 이 작품은 젊은 학생들을 위한 탁월한 교리서이다. 그는 이를 바탕으로 어린아이들을 위한 『최소(最小) 교리서』, 중간 연령대의 청소년들을 위한 『소(小) 교리서』를 만들었다. 이 교리서들은 그의 생존 시에만 이미 200쇄 이상 인쇄되어 유럽 전역에 큰 영향을 미쳤다. 『그리스도교 사상 전집』은 두 부분으로 나뉘는데, 제1부는 신덕, 망덕, 애덕, 여러 성사를 다뤘고, 제2부는 그리스도교적인 의로움에 대해 다뤘다.

8. 은총 신학

트리엔트 시대에 개신교 신학은 '의화 신학'으로, 가톨릭 신학은 '은총 신학'으로 불릴 수 있다. 공의회는 제6회기에서 은총과 죄인에 대한 '법정적 의화'(개신교 측의 명제)가 같지 않다고 선언했다. 공의회의 가르침에 따르면, 죄인에 대한 의화는 그리스도를 통해 받는 하느님의 선행(先行) 은총을 통해 이루어진다. 또한, 인간은 이 은총을 받을 만큼의 공로를 얻지는 못하지만, 이 은총을 위해 자신을 준비해야 한다고 가르쳤다. 트리엔트 시대에 형성된 은총론의 3가지 주요 흐름은 은총에 대한 아우구스티누스의 가르침에 대한 다음과 같은 상이한 해석에서 유래한다. 아우구스티누스의 은총론에 대한 비관적 해석으로, 원죄 이후 인간의 자유 의지는 모든 능력을 잃어버렸다고 본 노선, 자유 의지의 모든 협력을 은총의 물리적 운동에 종속시킨 바녜스의 온건한 해석, 은총 작용에 대한 자유 의지의 기여를 강조한 몰리나의 해석이 그렇다.

1) 미셸 바이우스

① 생애와 작품: 바이우스는 1513년 벨기에의 맬랭에서 태어났다. 그는 루뱅에서 수학하고 1550년 박사 학위를 취득했으며, 1551년부터 일생을 성서학 교수로, 학장으로 활동했다. 1563년에는 국왕의 신학자 자격으로 트리엔트 공의회 마지막 회기에 참석하기도 했다. 그는 활동 중에 은총과 인간 본성 간의 관계에 대해 고찰한 여러 편의 소논문을 발표했는데, 여기에 담긴 그의 사상은 급속히 신학 논쟁으로 번져서 그의 사상에 대한 단죄로 이어졌다. 그의 사상에 대한 첫 번째 비판은 살라망카 대학에서 시작되었다. 그리고 본격적으로 그의 사상에 대한 탄핵은 1560년 소르본 대학에서 진행되었고, 1564년 알칼라 대학과 살라망카 대학에서도 그에 대한 탄핵이 있었다. 결국, 그에 대한 탄핵은 1567년 교서 「*Ex omnibus afflictionibus*」를 통해 승인되었다. 그 후에도 그는 1569년, 1580년에 계속해서 단죄되었다. 그는 이러한 교도권의 결정에 순종했지만, 얼마 후 얀세니우스는 그의 사상에서 영감을 받아 새로운 이론을 제시함으로써 향후 약 150년 동안 이어지게 될 얀세니즘이라는 엄청난 후폭풍을 마련하게 된다.

② 사상: 바이우스의 사상적 배경은 루뱅 대학으로, 당시 이곳은 유명론이 한창 꽃을 피우고 있었다. 바이우스의 사상은 인문주의자들의 긍정적 방법론과 유명론자들의 형이상학적 축소주의의 결합이 빚어낸

산물이라고 할 수 있다. 그가 집중적으로 연구한 주제들은 의화, 죄, 자유 의지, 공로, 선행, 은총, 본성 같은 것이다. 그는 하느님의 은총이 갖는 우위를 보존하려 했지만, 은총을 본성화(本性化)하는 오류를 범하고 말았다. 그는 구원 역사의 흐름에 따라 인류를 세 가지 상태로 구별했다. 본래의 의로움의 상태, 죄의 상태에 처한 인류의 상황, 의화된 이후의 상태. 그리고 이 전망에서 그는 인간의 자유 의지를 부정했다. 그는 선과 악 가운데 하나를 선택할 능력이 주어진 '순수 본성'을 인간에게서 부인했다. 결국, 그는 2가지 인류의 상태만 허용했다. 하나는 성령에 의해 인도되는 인류로서, 그 상태에 있는 인간은 선을 행할 수 있다. 다른 하나는, 원죄로 인해 침몰한 인류의 상태로, 여기서 인간은 오직 악만 행할 수 있다. 이렇듯, 그에게서 자유 의지는 은총의 노예가 되든지, 아니면 죄의 노예가 될 수밖에 없다.

③ 평가: 그는 스콜라 신학자들의 사변적 방법에 대해 극도의 적대감을 갖고 있었다. 이로 인해, 그는 위대한 스콜라 신학자들이 이룩한 중요한 연구 결과들을 존중하지 않았으며, 아우구스티누스적인 고풍주의(古風主義)로 돌아갔다. 후대의 학자들, 특히 얀센은 그를 위(僞) 아우구스티누스주의라며 신랄하게 비판했다. 또한, 드 뤼박은 그의 사상이 펠라기우스주의와 루터주의의 혼합물이라고 평가하기도 했다. 바이우스는 인간 본성에 과도한 권리와 능력을 부여했다는 면에서 볼 때 펠라기우스와 공통점이 있고, 이로 인해 본래의 의로움의 상태에서는 은총이 더 이상 무상적(無償的)이지 않고 필수적인 것으로 변질되게 만들었다. 그러면서도 선조들이 원죄를 범한 이후, 인간 본성이 완전히 부패했으

며, 자유 의지도 없다고 극단적으로 몰아갔다. 이런 면에서 바이우스는 루터와 공통점을 갖는다. 그의 사상 체계에서 초본성적 은총은 심각하게 변질되고 말았다. 교의적인 면에서 보면, 바이우스의 '본성주의'는 펠라기우스의 본성주의와 동일하다. 16세기 말에 바이우스의 이단적 아우구스티누스주의가 단죄된 후, 두 그룹의 토미스트들은(살라망카 학파, 예수회 학파) 은총 문제를 중대한 신학 주제로 받아들여 두 가지 노선에서 발전시켰다. 이 두 그룹은 특히 은총과 자유 의지 간의 관계에 대한 토마스의 사상을 둘러싸고 상이한 해석을 내놓았다.

2) 도밍고 바녜스

① 생애와 작품: 바녜스는 1528년 스페인의 바야돌리드에서 태어났다. 1542년부터 살라망카 대학에서 수학했으며, 1546년 그곳에서 도미니코회에 입회했다. 그 후, 1548년부터 1552년까지 살라망카 학파 대가들의 지도로 살라망카 대학에서 신학 공부를 마쳤다. 그리고 그로부터 오랫동안 교수 생활과 학문 연구에 헌신했다. 한편, 그는 아빌라에 체류하던 1561년부터 1569년까지 예수의 데레사의 영적 지도 신부로서 가르멜 수도회의 개혁을 위해 적극 데레사를 동반했다. 그는 아리스토텔레스의 주요 작품을 비롯해 토마스의 『신학대전』에 대한 수준 높은 주해서를 남겼다.

② 사상: 바녜스는 토마스의 작품들을 권위 있게 해설한 위대한 주석가 가운데 한 사람이다. 그는 토마스의 신학 사상을 심화하고 명확히 하는 데 몰두했다. 그는 당대 토미스트들에 비해 혁신가라기보다는 토

마스의 충실하고도 확실한 해석가로 평가받는다. 그가 신학사에서 주목을 받는 것은 무엇보다도 몰리나 신부에 맞서 벌인 '은총 논쟁' 때문이다. 그 발단은 다음과 같다. 1582년 바녜스가 살라망카 대학의 많은 동료들로부터 종교 재판소에 회부된 일이 있었다. 그가 고발된 것은 공로(meritum)와 선행 은총(gratia praeveniens)에 대한 학설 때문이었다. 이 고발은 10년간 이어졌으며, 1589년부터 바녜스는 피의자에서 고발자의 입장으로 선회하게 된다. 포르투갈의 종교 재판소가 그에게 몰리나의 문제작인 『자유 의지의 은총 선물들과의 조화』를 검열하라는 책임을 맡겼기 때문이다. 1594년 봄을 기점으로 몰리나와 바녜스 사이에는 치열한 신학 전쟁이 벌어졌고, 이는 결국 예수회 회원들과 도미니코회 회원들 간에 '은총 논쟁'이라는 집단적인 논쟁으로 비화하고 말았다.

바녜스의 학설에서 독창적인 부분은 물리적 선행 운동에서 드러난 본성과 은총 간의 관계에 대한 것이다. 그는 이를 바탕으로 구원을 향한 예정은 예측되는 공로들 이전에 이루어진다고 보았다. 그에 따르면, 오직 물리적 선행 운동만이 은총과 의화 양자 모두의 절대적인 무상성을 보존할 수 있다. 그는 인간 구원을 향한 하느님의 선결(先決)은 개인적 공로와 별도로 하느님에 의해 결정되어 있다고 보았다. 또한, 그는 하느님이 인간의 자유 의지를 움직이지만 인간 본성에 부합한 방식으로 하신다고 지적했다. 이러한 그의 설명에서 신적 움직임의 효력은 본성 질서에서든 은총 질서에서든 인간의 자유에는 어떠한 위험도 되지 않는 것으로 드러난다. 이러한 그의 입장은 온전히 토마스와 가톨릭 교회의 입장과 일치한다.

3) 루이스 데 몰리나

① 생애와 작품: 몰리나는 1535년 스페인의 쿠엥카에서 태어났다. 1553년 예수회에 입회해서 수련을 받고 포르투갈의 코임브라 대학에서 수학하고 박사 학위를 취득했다. 그 후, 그는 1592년까지 코임브라 대학, 에보라 대학 등 주로 포르투갈의 당대 최고 대학에서 교수 활동을 했다. 또한, 그는 토미즘과 관련된 주요 작품을 집필했다. 그러나 은총 논쟁의 촉발로 인해 1593년 스페인으로 돌아갔으며, 1600년에 임종했다.

그의 주요 작품은 『자유 의지와 은총 선물들, 신적 예지, 섭리, 예정, 영벌 간의 화합』(약칭 『화합』)이란 책으로, 그는 이를 통해 어떻게 하느님의 은총, 예지, 섭리, 예정의 결정들 그리고 영벌이 인간의 자유 의지를 손상하지 않은 채 그대로 놓아두는지를 보여 주었다. 그러나 이 책은 많은 논란을 불러 일으켰으며, 바녜스를 중심으로 한 도미니코회 학자들은 '은총 논쟁'을 통해 여기에 소개된 몰리나의 사상을 격렬하게 공격했다. 결국, 그는 1594년 스페인의 종교 재판소에 고발되고 말았다. 이 밖에도 그는 토마스의 『신학대전』에 대한 다양한 주해서 등을 집필했다.

② 사상: 몰리나의 주요 사상은 문제작인 『화합』에서 자유 의지와 하느님의 지식, 의지, 섭리, 예정 간의 관계를 다루었다. 여기서 그가 제시한 주요 학설은 2가지로, 하나는 우리의 자유 의지에 대한 하느님의 협력이고, 다른 하나는 중간지(scientia media)이다. 우선, 그는 이중 원인 이론을 통해 하느님의 협력 개념을 설명했다. 그에 따르면, 구원을 위해 요청되는 초본성적 행위들은 신적 원인과 인간적 원인에 의해 이루어진

것이다. 그러나 하느님에 의해서는 제1능동인으로서, 자유 의지에 의해서는 제2능동인으로서 둘 사이의 협력을 통해서 이루어진다. 또한, 그는 하느님께서 도움과 협력을 제공하고자 하는 인간에게 '중간지' 개념을 도입해서 그의 행위들을 아신다고 설명했다. 그는 하느님의 지식과 관련된 기존 개념(순수지, 가능지)에 이 중간지를 덧붙임으로써 인간의 자유 의지에 여백을 제공하고자 했다. 그는 이 개념과 더불어 예정을 인간의 공로를 염두에 두는 하느님의 결정으로 소개했다. 그리고 이를 "예측되는 공로들 이후"라는 말로 표현했다. 그에 따르면, 사람들이 구원으로 예정되거나 영벌로 예정된 것은 "물리적 선행 운동"을 통해서가 아니라 신적 지식이 영원으로부터 알고 있는 창조된 의지들의 자유로운 행동을 통해서이다.

4) 은총 논쟁에 대한 교황청의 개입

하느님의 은총과 인간의 자유 의지 간의 관계에 있어 은총을 절대적으로 강조한 바녜스와 인간의 자유 의지를 위해 중간지를 도입해서 하느님의 지식에 한계를 둔 몰리나 사이에는 격렬한 논쟁이 이어졌고, 이는 결국 예수회 학자들과 도미니코회 학자들 간의 집단적인 논쟁으로 번졌다. 양측은 서로를 종교 재판소에 고발했으며, 논쟁은 점점 혼미한 양상으로 치달았다. 결국, 교황청은 사안의 위중함을 직시하며 여러 추기경과 신학자들로 구성된 위원회를 만들어 이를 검토하도록 위임했다. 위원회는 1597년부터 1607년까지 집중적으로 이 사안을 연구했으며, 이를 바탕으로 바오로 5세 교황은 바녜스와 도미니코 회원들, 몰리나와 예수회원들의 이론이 이단적이 아니라고 판결함과 동시에 양측 모두 서로에 대한 비판과 고소를 멈추도록 명했다. 이러한 교황청의 결정으로 신학에는 2가지 결과가 촉발되었다. 우선, 교회는 이 판결과 더불어 신학적 다원주의에 대한 적법성을 인정했다. 다른 하나는, 초본성적 질서에서 인간 인격의 존엄성에 대한 존중과 보존이 이루어졌다.

9. 스페인의 신비 신학

1) 스페인 신비 신학의 중요성과 특징들

1500년대는 스페인이 패권을 쥐던 시기였다. 이 시기 동안 스페인은 영성 분야에서 특히 주목할 만하다. 당대뿐만 아니라 현대까지도 영향을 미치는 위대한 영성가들이 많이 등장했으며, 이들로부터 막대한 양의 수덕 신비 신학 작품들이 쏟아져 나왔기 때문이다. 이냐시오, 예수의 데레사, 십자가의 요한과 같은 가톨릭 교회의 대표적인 신비가들이 이때 활동했다.

스페인 신비주의의 주요 특징은 다음과 같은 3가지이다. 스페인 신비주의는 탁월하게 '그리스도 중심적'이다. 그리고 무엇보다도 그리스도의 인성, 수난하고 십자가에 못 박혀 돌아가신 그분의 인성에 초점이 맞춰져 있다. 그리스도의 인성은 사변보다는 그분을 따르고 사랑하도록 인간을 초대한다. 스페인 신비주의는 트리엔트 공의회에서 시작된 광범위한 가톨릭 개혁 운동의 일부분이다. 스페인 영성은 반동 종교 개혁이라는 강한 각인을 갖고 있다. 이러한 스페인 교회의 개혁은 자신을 교회의 수호자로 자처한 펠리페 2세의 적극적인 후원과 더불어 이루어졌다. 이러한 반동 종교 개혁적 특징은 이미 그 이전에 아랍 세력에 대항해 800년 동안 이루어진 국토 재정복 운동을 배경으로 한다. 이러한 운동은 자연히 '가톨릭 신앙'을 중심으로 스페인을 통일하게 했으며, 이로 인해 스페인 신비주의에는 투쟁적이고 기사적인 정신이 깊이 스며들어 있었다. 그리고 이러한 정신으로 인해, 당시 스페인의 신비가들은 그 누구보다도 수덕적이고 사도적이며 선교 지향적이었다. 그리스도를 위해 영혼들을 재정복하는 것이 그들의 이상이었다.

2) 스페인 신비 신학의 대표적 인물들: 이냐시오, 예수의 데레사, 십자가의 요한

① 이냐시오

ㄱ) 생애: 이냐시오는 1491년 스페인 바스코 지방의 명문가에서 태어났다. 어린 시절부터 기사 교육과 궁정 교육을 받으며 자랐으며, 나헤라 공작을 위해 장교로 복무하기도 했다. 그러나 1521년 프랑스 군대에 맞선 팜플로나 전투에서 중상을 입은 후 새로운 여정으로 들어서게 된다. 당시 그는 병상에서 치료하는 동안 형수의 권유로 신심 서적들을 읽고 크게 회심을 했다. 그리고 1523년 이스라엘을 순례한 후, 신학 공부에 전념했다. 그는 바르셀로나와 살라망카에서 공부한 데 이어 파리에서도 공부했으며, 특히 파리에서 함께 뜻을 나누게 된 동료들을 만나게 된다. 이냐시오는 그들과 함께 서원을 하고 1537년 사제품을 받은 후 교회를 위해 봉사하고 자신의 영적 가족을 수도회로 탈바꿈하기 위해 로마에 정착했다. 결국 1540년 교황청의 승인을 받아 예수회가 탄생했다. 예수회원들은 가톨릭 교회 내에서 가장 견고한 수도회가 되어 많은 회원을 거느리게 되었다. 이들은 종교 개혁에 맞서 가톨릭 교회를 수

호하기 위해 다방면에서 투쟁하는 가운데 교회 내적으로는 영성적, 학문적 쇄신을 이끌어냈고 외적으로는 극동 지방과 신대륙에 대한 선교를 통해 교회의 외연을 크게 확장했다. 그는 1609년 바오로 5세 교황에 의해 시복되었고 1622년 그레고리오 15세 교황에 의해 시성되었다.

ㄴ) 작품들과 사상: 이냐시오는 『예수회 회헌』, 『영신 수련』, 『영적 일기』 등을 집필했다. 비록 작품의 수는 몇 안 되지만, 모두 상당히 중요한 가치를 갖고 있다. 그 가운데 특히 『영신 수련』은 현대까지도 막대한 영향을 미치며, 수많은 영혼들에게 하느님께 나아가는 데 큰 도움을 주고 있다. 『영신 수련』은 네 개의 주간으로 나눠 인류를 향한 하느님의 구원 역사를 묵상하도록 초대한다. 1주간에는 인간 존재의 목적과 그가 행동하는 데 필요한 원리와 기초를 제시하고 죄에 대해 묵상하도록 했다. 2주간에는 세상, 악마, 육체에 대항하는 전쟁에서 모든 사람이 당신을 따르도록 부르시는 왕이신 예수님이 소개되고 있다. 3주간에는 그리스도의 수난을, 4주간에는 그리스도의 부활을 묵상하도록 초대한다. 여기에 더해, 이냐시오는 수덕과 신비, 영성 심리, 기도하는 다양한 방법들에 대한 다양한 해설과 규칙을 제시했다. 한편, 『영적 일기』에는 이냐시오 영성의 신비적 특징이 더 잘 드러나 있다. 그의 영성은 본질적으로 "만사에서 하느님을 발견한다"는 모토에 따라, 일상적으로 느끼는 하느님의 현존에 있다. 그의 영성은 탁월하게 하느님 중심적이며, 그리스도 중심적이다. 이냐시오는 이러한 작품들을 통해 교회를 쇄신하고 생명력을 불어넣으며, 그 영역을 확장하는 데 결정적으로 기여했다.

② 예수의 데레사

ㄱ) 생애: 예수의 데레사는 1515년 스페인의 아빌라에서 태어났다. 어린 시절에 기품 있는 부모로부터 신심 깊은 교육을 받고 자란 데레사는 무어인들의 땅에서 순교하기 위해 남동생과 가출할 정도로 열심이었다. 그녀는 아버지의 반대를 무릅쓰고 1535년 아빌라의 강생 가르멜 수녀원에 입회해서 1537년 서원을 발함으로써 가르멜 수녀가 된다. 그러나 얼마 후 중병에 걸려 1538년 수녀원을 잠시 떠나 치료를 받고 돌아왔다. 그러나 병은 더욱 악화되어 3년간 전신 마비 상태를 감수해야 했다. 그 후, 기적적으로 병이 치유되었으며, 성심을 다해 수도 생활, 특히 기도 생활에 정진했다. 1554년 수난하시는 그리스도와의 은총 가득한 만남을 체험했으며, 1556년 '영적 약혼'으로 불리는 결정적인 회심의 은총을 받은 후부터 하느님에 대한 많은 신비 체험을 하기 시작했다. 데레사는 자신이 하느님으로부터 받은 사랑과 은혜에 보답하기 위해 1562년 원회규의 정신에 따라 기존의 가르멜 수녀원을 철저한 고독과 침묵, 봉쇄와 고행을 바탕으로 개혁한 '성 요셉 수녀원'이라는 첫 번째 맨발 가르멜 수녀원을 세웠다. 이러한 창립은 임종하기까지 20년간 이어져, 그는 스페인 내에 17개의 맨발 가르멜 수녀원과 남자 맨발 가르멜 수도원 2개를 창립했다. 데레사와 같은 영적 이상을 공유한 남자 가르멜은 단기간 내에 급성장해서 많은 우여곡절 끝에 마침내 1585년 기존의 원 가르멜로부터 독립된 관구로 승격했으며, 1588년 맨발 가르멜 수도회라는 새로운 수도회로 창립되었다. 데레사는 1572년 11월 18일 강생 수녀원의 원장으로 있던 시기에 십자가의 요한으로부터 성체를 받아 영할 때 영적 여정의 절정인 '영적 결혼'의 은총을 받았다. 데레사

는 지극히 남성 중심의 사회인 16세기 스페인에서 하느님과 교회를 위해 한 여인으로서는 감당하기 어려운 많은 일을 해낸 선각자였다. 데레사는 1582년 알바데토르메스에서 세상을 떠났다. 그 후, 1614년 바오로 5세 교황에 의해 시복되었으며 1622년 그레고리오 15세 교황에 의해 시성되었고 1970년 바오로 6세 교황에 의해 교회 학자로 선포되었다.

ㄴ) 작품과 영성: 예수의 데레사는 하느님에 대한 깊은 신비 체험을 비롯해 완덕을 향해 나아가는 영성 생활 전반에 대한 깊은 통찰을 자신의 주요 작품에 담아 많은 영혼들이 손쉽게 하느님께 나아가도록 초대했다. 주요 작품으로는『자서전』,『완덕의 길』,『영혼의 성』,『창립사』,『서간집』이 있다.『자서전』은 영적 지도 신부에게 익명으로 하는 비밀스러운 고백처럼 쓰인 작품이다. 여기서 데레사는 어린 시절부터 일생에 걸쳐 자신을 인도한 하느님의 자비에 대해 이야기했다. 전체 작품은 40장으로 구성되어 있다. 1장-10장에서는 데레사 자신의 어린 시절에 대해 회상하고 있고, 11장-22장에서는 기도의 단계에 대해 심도 있게 소개했다. 그리고 23장-31장에서는 자신이 경험한 다양한 신비 체험에 대해 소개했으며, 32장-40장에서는 하느님에 대한 응답으로 교회에 봉사할 새로운 개혁 가르멜인 성 요셉 수녀원 창립의 역사에 대해 전했다.

『완덕의 길』은 창립한 성 요셉 수녀원의 제자 수녀들이 기도에 대해 가르쳐 달라는 부탁으로 데레사가 집필한 작품이다. 1562년에서 1565년 사이에 쓰였으며, 이 작품을 감수한 바녜스가 종교 재판소 검열을 염려하며 수정하도록 요청함으로써 수정, 보완되었다. 그래서 이 작품은 제1판본인 에스코리알 본과 제2판본인 바야돌리드 본, 이렇게 2가지 판본으로 전해 온다. 이 작품은 42장으로 구성되어 있으며, 크게 세 부분으로 나뉜다. 1장-17장에서 데레사는 기도의 여정에 들어선 이들이 수련해야 할 세 가지 덕, 순수한 사랑, 이탈, 겸손에 대해 심도 있게 설명했다. 그리고 18장-25장에서는 구송 기도와 정신 기도에 대해 설명하고, 26장-42장에서는 「주님의 기도」를 해설하는 가운데 기도와 관련된 다양한 문제에 대한 해답을 제시했다.

『영혼의 성』은 데레사의 영성을 집약하는 백미(白眉)로 꼽힌다. 원 가르멜 장상들의 반대로 톨레도 가르멜 수녀원에 감금되어 있던 1577년에 쓰인 작품으로, 그는 이를 통해 인간이 하느님과의 완전한 사랑의 합일이라는 완덕의 정상에 이르기까지 거쳐야 하는 영적 여정 전체를 소개했다. 그에 따르면, 영적 여정에서 인간이 자신의 노력으로 도달하는 수덕적 단계는 1궁방에서 3궁방까지이다. 반면, 4궁방부터 7궁방까지는 하느님의 은총이 주도권을 쥐고 여정을 인도하는 신비적 단계이다. 데레사는 이 작품에서 각 궁방의 특징과 그에 해당하는 기도 단계를 심도 있게 설명했다.

③ 십자가의 요한

ㄱ) 생애: 십자가의 요한은 1542년 스페인 중부의 폰티베로스에서 태어났으며, 그로부터 몇 년 후 메디나델캄포로 이사해서 살았다. 그리고 그곳에서 수학하고 1563년 가르멜 수도회에 입회했다. 서원을 발한 후, 그는 살라망카 대학에서 철학과 신학을 공부하고 1567년 사제품을 받았다. 그리고 그해 예수의 데레사와의 만남을 통해 1568년 첫 번째 맨발 가르멜 수도원인 두루엘로 수도원의 창립 멤버가 되었다. 이때부

터 그는 맨발 가르멜 회원들의 리더로서 많은 일을 해 나갔다. 1569년부터 1571년까지 파스트라나 수도원에서 수련장으로 후배들을 양성했으며, 알칼라에 학생 수도원을 설립하고 원장이자 양성 담당자로 활동하며, 알칼라 대학에서 학문을 심화했다. 1571년부터 1577년에는 데레사의 요청으로 아빌라에 머물면서 그녀가 원장으로 있던 강생 수녀원의 지도 신부로 수녀들을 위해 일했다. 그러나 1577년 겨울, 개혁 운동을 방해하던 가르멜 회원들은 그를 납치, 톨레도로 이송해서 이듬해 8월까지 감옥에 가두고 협박과 회유를 했다. 이때 그는 고통 속에서 깊은 신비 체험을 했으며, 1578년 8월에 감옥을 탈출한 후 스페인의 안달루시아 지역에서 생활하며 틈틈이 이를 작품으로 써내려 갔다. 그렇게 해서 영성사에서 주옥같은 작품으로 평가받는『가르멜의 산길』,『어두운 밤』,『영혼의 노래』,『사랑의 산 불꽃』이 탄생했다. 1588년 맨발 가르멜 수도회가 정식으로 승인을 받은 후, 십자가의 요한은 부총장으로 선임돼서 봉사했으며, 이와 함께 세고비아 수도원을 창립하고, 그곳의 원장으로도 봉사했다. 그러나 초대 총장인 도리아 신부와의 개혁 노선의 차이로 인해, 그는 모든 직책을 박탈당하고 새로 신설된 멕시코 관구로 유배를 떠나야 했다. 그러나 떠나기 직전, 병이 깊어지면서 결국 1591년 우베다 수도원에서 임종했다. 그 후, 1675년 클레멘스 10세 교황에 의해 시복되었으며 1726년 베네딕토 13세 교황에 의해 시성되고 1926년 비오 11세 교황에 의해 교회 학자로 선포되었다.

ㄴ) 작품과 영성: 십자가의 요한의 작품들은 토마스의 스콜라학적 바탕 위에 그 자신의 하느님에 대한 체험이 가미된 신비 작품들이다.

『가르멜의 산길』에는 「어두운 밤」이라는 시(詩)에 대한 신학적 해설이 담겨 있다. 십자가의 요한은 1582년부터 1584년 사이에 그라나다 수도원에서 이 작품을 집필했다. 이 작품은 크게 3권으로 나뉜다. 그는 1권에서 영혼이 거쳐야 하는 '어두운 밤'의 의미를 설명했다. 그는 1권에서 인간을 구성하는 요소 가운데 하위 부분에 속하는 '감각들'의 정화에 대해 다뤘다. 이어서 2권과 3권에서는 영혼이 거쳐야 하는 능동적인 밤 가운데 영혼의 상층 부분에 속하는 지성, 기억, 의지를 어떻게 정화해야 하는지 자세히 설명했다. 그에 따르면 영혼의 주요 능력인 지성, 기억, 의지는 대신덕인 신덕, 망덕, 애덕을 통해 정화될 수 있다. 이어서 요한은 3권 후반부를 시작으로 인간이 갖는 4가지 대표적인 정념들에 대해 설명하며, 영적 진보를 위한 정념들(기쁨, 고통, 희망, 두려움)의 정화 방법에 대해 심도 있게 제시했다. 그러나 여러 가지 여건으로 인해 실제로는 기쁨에 대한 정화만 다룬 채 작품은 미완으로 끝난다.

『어두운 밤』역시 『가르멜의 산길』과 마찬가지로 십자가의 요한이 톨레도의 감옥에서 어두운 밤을 체험하고 작성한 「어두운 밤」이라는 시(詩)에 붙인 영성적인 해설서이다. 『어두운 밤』이 제시하는 실제 내용은 사랑에 빠진 여인이 어떻게 어두운 밤에 자기 집에서 몰래 빠져나왔는지, 즉 인간이 어떻게 자신에게서 이탈(離脫)하고 정화될 수 있는지만 다뤘다. 십자가의 요한은 여기서 '수동적 정화'에 대해 다뤘다. 『영혼의 노래』는 앞의 두 작품에서 제기된 문제, 즉 왜 인간이 '어두운 밤'을 거치는 수덕적인 노력을 해야 하는가 하는 문제에 대한 해답을 제시했다. 그것은 사랑하는 임이신 하느님과 온전한 사랑의 일치를 이루려는 데 있다. 그래서 십자가의 요한은 이 작품을 통해 사랑의 완성을 향해 여행을 떠나는 인간의 여정에 대해 전했다. 『영혼의 노래』는 39개의 연으로 된 이 서정시를 영성적으로 해설한 작품이다. 시의 전체적인 흐름은 '신부'로 상징되는 인간 영혼이 '신랑'이신 하느님을 찾아 여행을 떠나 유랑을 하며 느낀 사랑의 애절함이 깊어가는 과정 그리고 마침내 사랑하는 임을 만나 그분과 사랑을 나누며 만끽하는 사랑의 기쁨과 평화에 대해 전하고 있다.

10. 프랑스 영성

1) 기원과 중요성 그리고 특징들

프랑스에는 12세기부터 베르나르두스, 기욤 생티에리, 성 빅토르의 리카르두스 같은 중요한 신비가들이 있었다. 그러나 사변 신학의 득세로 인해 신비 신학은 쇠퇴하고 말았다. 그 후, 17세기 전반에 프랑스 신비주의가 새롭게 부활하게 된다. 이러한 현상이 일어나게 된 데에는 무엇보다도 이 시기에 프랑스의 국력이 신장했으며, 16세기 말에 수십 년 동안 스페인 신비가들의 주요 작품들과 라인 플라멩코 신비가들의 주요 작품들이 불어로 번역되어 자극제가 되었기 때문이다. 이와 함께 프랑스 내의 다양한 수도회들의 창립과 개혁이 이루어지면서 거대한 영성적인 기류가 생겨나기 시작했다. 그 가운데서도 프랑스적인 영성의 새로운 면모를 보여 준 것은 사제들의 모임, 즉 오라토리오회, 선교회, 생 쉴피스회, 유드회 등의 창립이었다. 프랑스 교회의 영성은 이들을 바탕으로 성숙되어 갔다. 또한, 여기에 더해 포르루아얄의 귀족들처럼 수도원에 은거하며 살던 신심 깊고 교양 있는 평신도들, 성사회, 쿠엥의 은수 자회처럼 경건한 모임들이 활성화되었고, 이들에 의해 다양한 영성 서적들이 만들어져 영성적인 발전에 기여했다. 프랑스 영성은 하느님을 향한 극단적인 초월적 개방과 준비를 향한 정신과 마음의 정화와 조명에 대해 깊이 파고들었다. 이 전망에서 특히 포기, 고통받고자 하는 겸손한 사랑으로 이해된 초연함, 하느님에 대한 온전한 의탁 등이 강조되었다. 그러나 탄탄한 조직 신학을 기반으로 꽃피운 스페인 신비주의와 달리, 프랑스의 영성은 효과적인 조직 신학의 지원을 받지 못했을 뿐만 아니라 오히려 조직 신학의 지위마저 박탈하려는 경향을 보였다. 이는 프랑스 영성 신학의 본질적인 약점으로 작용하며, 얀센주의와 같은 이단이 생겨나게 하는 빈약한 배경이 되기도 했다. 프랑스 영성을 본격적으로 발전시키고 후대에 지대한 영향을 미친 두 인물은 성 프랑수아 드 살과 베륄 추기경이다. 이들의 뒤를 이어 뱅상 드 폴, 샤를 드 콩드랑, 장 자크 올리에, 생시랑, 루이 랄레망, 루이 샤르동 같은 걸출한 인물들이 프랑스의 영성적인 맥을 이어 갔다.

2) 프랑수아 드 살

① 생애: 프랑수아 드 살(프란치스코 살레시오)은 1567년 토르네스 성에서 태어났다. 1582-1588년 파리에서 학업을 마쳤으며, 그 기간 중에 그의 생애에 결정적인 영향을 미치게 될 사건을 경험하게 된다. 약 6주간 동안 계속된 절망의 체험, 그리고 하느님의 섭리로 그 절망에서 해방된 체험은 그 후 일생을 통해 주님을 온전히 따르게 되는 계기가 되었다. 파리에서 학업을 마친 그는 이태리의 파도바 대학에서 법학 박사 학위를 취득했다. 사보이아로 돌아온 그는 샤블레 선교회에서 3년

간 일했으며, 1597년 제네바 교구의 보좌 주교로 이어서 1602년에는 교구장에 임명되어 교회를 위해 본격적으로 봉사하기 시작했다. 1602년에는 젝스 지방의 종교 문제를 논의하기 위해 외교적 사명을 띠고 파리에 파견되기도 했다. 또한, 그는 프랑스 교회의 쇄신을 위해 일하던 신비가 그룹, 즉 마담 아카리, 예수의 마리아, 보비예르의 마리아, 베륄과 만나 여러 면에서 영향을 주고 받았다. 무엇보다도 프랑수아는 1604년 디종에서 잔느 드 샹탈과 만난 이후로 줄곧 그를 영적으로 동반했으며, 1610년 방문회를 창립하는 데 결정적인 역할을 했다. 그는 방문회 수녀들을 위해 『신애론』을 써서 헌정했다. 이 수녀회는 17세기 후반에 160개의 수녀원에 6,000여 명의 수녀에 이를 정도로 발전했다. 프랑수아 드 살은 1622년 임종했다. 그는 1662년 알렉산데르 7세 교황에 의해 시복되었으며 1665년 같은 교황에 의해 시성되었다. 그리고 1877년 비오 9세 교황에 의해 교회 학자로 선포되었다.

② 작품과 영성: 프랑수아 드 살은 영성사에 길이 남을 주옥같은 작품들을 남겼다. 『신애론』, 『신심 생활 입문』이 그렇다. 『신애론』은 프랑스어로 된 첫 번째 신비 신학 작품으로, 거기에는 마담 아카리, 잔느 드 샹탈, 프랑수아 드 살 자신의 영적 체험이 담겨 있다. 12권으로 구성된 『신애론』은 영혼과 기관들(1권), 신적 사랑의 천상적 탄생(2권), 사랑의 진보와 완성(3권), 사랑의 퇴락(4권), 사랑의 근본적 행위들(감사, 자비심, 기도, 5-6권), 사랑의 절정들(탈혼과 사랑의 죽음, 7권), 하느님의 뜻과 명령, 의견, 영감을 따르는 것으로서의 사랑(8권), '거룩한 무관심'으로서의 사랑(9권), 사랑의 근본 계명(10권), 애덕의 근본 덕(11권), 사랑의 실천을 위

한 방법들(12권)을 심도 있게 다뤘다. 반면, 프랑수아 드 살은 『신심 생활 입문』을 통해 모든 사람이 성성(聖性)을 향해 부름을 받았다는 점, 특히 세속 한가운데 살아가는 많은 평신도들이 자신이 처한 삶의 자리, 즉 가정과 직장에서 자신의 소명을 충실히 살아감으로써 성성에 이를 수 있다는 진리를 가르쳤다. 그는 역사상 처음으로 평신도 영성을 본격적으로 가르친 인물로 평가받는다. 프랑수아 드 살의 영성은 잔느 드 샹탈의 방문회를 통해, 그리고 무엇보다 자신이 쓴 주옥같은 작품들에 힘입어 후대에 많은 영향을 미쳤다. 19세기 중반의 돈 보스코는 1859년 프랑수아 드 살의 영성을 바탕으로 살레시오 수도회를 창립하기도 했다.

3) 피에르 드 베륄

① 생애: 베륄은 1575년 프랑스 트로예 근처의 세릴리에서 태어나 7세에 아버지를 여의고 어머니 슬하에서 교육을 받았다. 그는 8세 때 동정 서원을 했으며 종교적 조숙함이 남달랐다. 그는 파리의 부르고뉴 콜레지오에서 시작해서 클레르몽 콜레지오의 예수회원들과 함께 수학했으며, 소르본 대학에서도 공부했다. 당시 그는 신비가인 마담 아카리를 알게 되었고 몇몇 영성 작품의 저자인 캉펠드의 브누아와 돔 보쿠쟁도 만나며 영적인 자극을 받았다. 그는 돔 보쿠쟁의 요청으로 1597년 자신의 첫 작품 『내적인 희생에 대한 논술』을 출간했다. 1599년 사제품을 받은 그는 베르덩의 예수회 수도원에서 피정을 하던 중 자신의 소명을 발견하게 된다. 그것은 혼신을 다해 좋은 사제들을 양성함으로써 프랑스 성직계를 복원시키는 일이었다. 그러나 이 계획을 실행하기 전에 먼저 영성을 통해 프랑스 교회를 쇄신하기 위해 맨발 가르멜 수도회를 도입

하는 데 전력을 기울였다. 그는 이를 위해 직접 스페인에서 7개월간 머무르기도 했다. 마침내 1604년 그는 스페인 가르멜 수녀들을 프랑스로 초청함으로써 이들은 프랑스 맨발 가르멜 수녀원의 기원이 되었다. 그러나 수녀원이 어느 정도 안착하자 그는 스스로 가르멜 수녀들의 장상으로 자처하고 프랑스적인 가르멜을 토착화했다.

그는 1608년 프랑스 성직자들의 성화를 목표로 사제들로 구성된 오라토리오회를 창설했다. 이는 이미 이태리에서 오라토리오회를 설립해서 이끌어가던 성 필립보 네리의 모범을 따른 것이다. 이 수도회는 1613년에 교황청으로부터 정식 승인을 받았다. 그러나 이 수도회의 확장은 예수회원들과의 갈등을 야기했다. 이에 베륄은 훈계적인 성격의 작품 『예수님의 위대함과 상태에 대한 논술』을 집필했다. 그러나 예수회와의 관계는 점점 악화되어 갔다. 생의 말년에 그는 정치 영역에서도 활동했다. 이 분야에서의 성공에 힘입어 그는 1627년 추기경에 서임되었다. 그러나 그로부터 2년 후인 1629년 갑자기 세상을 떠나고 말았다.

② 사상: 피에르 드 베륄은 프랑스를 대표하는 영성가로 평가받는다. 그의 영성은 그리스도 중심적이며, 특히 아가페적 육화 강생에 바탕을 둔 하느님 중심주의적 영성이라고 할 수 있다. 그는 하느님을 사랑으로 정의하며, 이 사랑께서 삼위일체 세 위격을 통해 위격화되고 인류를 구원하기 위해 성자 안에서 작음과 가난, 인간적인 낮은 지위를 취해서 이 아래로 내려오신다고 말한다. 그는 인문주의에 조예가 깊었으며, 특히 피코 델라 미란돌라의 사상을 바탕으로 인간에 대한 수준 높은 개념을 갖고 있었다. 그에 따르면, 인간은 우주의 사제가 되도록 하느님에

의해 창조된 놀라운 소우주(小宇宙)이다. 그러나 인간은 죄로 인해 그 사제직이 쇠퇴하고 말았다. 그분을 흠숭하는 이러한 그의 사제직은 최고 사제이신 예수 그리스도께로 넘어갔다. 그분은 존재론적으로, 인식론적으로 흠숭이 완전하게 완성되는 지점이다. 모든 그리스도의 제자들, 특히 사제들은 특별한 방식으로 그분의 사제적 존재됨에 참여한다. 베륄에 따르면, 그들의 영성은 흠숭자의 영성이자 모든 것에서 예수님과 성모님의 모범을 닮는 가운데 기도와 포기, 하느님의 종이 됨, 고통, 십자가 안에서 완성된다. 베륄은 예수님의 생애에 대한 각각의 모든 '상태'에서 흠숭자로서의 그분의 완전한 태도를 설명하고 그 상태를 열거했다. 그럼으로써 사제이신 그리스도의 다양한 모습을 닮는 가운데 우리의 사제직을 복원하도록 초대했다. 베륄이 추구했던 것은 초대 교회에 중요시되던 사제직을 본래 그 모습대로 회복하는 것이다. 즉, 그는 사제직의 권위와 빛 그리고 거룩함을 회복하고자 했다. 그는 오라토리오회를 통해 이를 구현하고자 했다. 이러한 그의 영성적인 열정은 오라토리오회 이후 17세기에 설립된 재속 수도회들, 예컨대 설교 사제회, 생 쉴피스회, 유드회 등을 통해 발전했다. 학파를 형성하지 못했던 프랑수아 드 살과 달리, 베륄은 역량 있고 뛰어난 일단의 제자 그룹을 키웠으며, 이들을 통해 그의 영성은 프랑스 교회 전역으로 퍼져 나갔다. 그 가운데 두드러진 영성가로 샤를 드 콩드랑과 자크 올리에를 들 수 있다.

11. 바로크 시대의 개신교 스콜라 신학과 신비 신학

바로크 시대의 개신교 세계에서 종교 사상의 발전은 가톨릭 교회의 발전과 맥을 같이 하며, 정통 신학으로 불리는 스콜라 신학과 신비주의 신학으로 발전했다. 이러한 사조는 근대에 자유주의 신학의 발전과 그에 대한 반동으로 신정통주의가 발전하는 데 있어 중요한 배경이 된다.

1) 개신교 스콜라 신학

바로크 시대의 개신교 신학을 스콜라학적이라고 말하는데, 이는 이 신학을 주도한 신학자들이 아리스토텔레스의 철학 원리와 방법론을 활용해서 신학을 발전시켰기 때문이다. 그들은 믿음에 대한 루터의 사상을 재생산하고 보급하기 위해 루터적인 아리스토텔레스주의를 발전시켰다. 이미 종교 개혁 초기에 루터의 개혁 동료이자 책사인 멜란히톤은 아리스토텔레스의 사상을 심도 있게 연구하고 이를 동료들에게도 권했다. 이러한 그의 입장은 17세기 개신교 신학에 널리 퍼져 일반화되었다. 당시 개신교 신학자들은 트리엔트 공의회 이후 가톨릭 신학자들의 모델을 따르는 가운데 루터, 칼뱅의 사상에 체계적인 표현을 불어넣고 적대자들로부터 이 사상을 옹호하려 했다. 개신교 스콜라 신학은 가톨릭 신학과 동일한 철학적 바탕을 취함으로써 형태뿐만 아니라 내용에 있어서도 가톨릭 신학과 상당히 비슷해져 갔다. 그래서 17세기의 신학자들은 종교 개혁자들과 달리 하느님을 알고 계시를 수용하기 위한 이성의 선천적인 성향을 인정했다.

그러나 개신교 신학자들과 가톨릭 신학자들 사이에는 신학의 자리들(loci theologici)과 관련해서 상당한 차이를 보였다. 가톨릭 신학자들에게 있어서 그 주요 자리는 성경과 전승(사도들의 구전적 가르침, 교부들의 가르침, 공의회들의 가르침, 중세 교도권의 가르침)이다. 반면, 개신교 신학자들에게 있어서 원천은 오직 성경과 루터의 사상밖에 없었다. 그들에게 루터가 제1의 신학의 자리가 된 것은 그가 종교 개혁의 시조이자 이 새로운 교회의 시조이기 때문이다. 그러므로 정통주의 근본 신학이 추구한 목적은 신학의 제1원천으로서의 대체 불가한 루터의 역할을 입증하는 것이다. 개신교 스콜라 신학 전체는 논쟁적이었으며, 모든 논쟁의 매듭은 루터와 그의 권위를 중심으로 선회했다. 이 전망에서 루터의 업적은 그리스도의 업적에 비유되었다. 그러므로 개신교 스콜라 신학의 특징은 지극히 '루터적'이다. 또한, 이 신학은 정치적인 주제들에 대해서도 관심을 보였다. 이는 종교 개혁 이후의 시기에 정치적인 환경에서 종교를 규정해야 할 필요성에서 기인한다. 신성 로마 제국 황제의 통치 아래 있는 모든 지역은 어떤 제후와 함께 있는지 명확히 결정해야 했으며, 이는 합법적인 신앙에 대한 승인의 기초가 되었다. 더 나아가, 신학은 지역 제후들의 신학이기도 했다. 그들은 사목자가 가르쳐야 할 것이 무엇인지 정확히 알고 싶어 했다. 그들은 그 지역 교회의 공식적인 영주들이고 최고의 주교들이었기 때문이다. 정통주의 신학에서 가장 두드러진 인물로 요한네스 게르하르트, 요한네스 크벤슈테트를 들 수 있다.

2) 개신교 신비주의

신비주의는 히브리 사상과 이슬람, 힌두교에서도 꽃피웠으며, 스페인과 프랑스의 위대한 가톨릭 신비주의 전성기에는 개신교에서도 꽃이 피었다. 바로크 시대 개신교 신비주의의 가장 두드러진 인물은 발렌틴 바이겔과 야콥 뵈메였다.

① 발렌틴 바이겔: 바이겔은 1533년 드레스덴 근처의 작은 마을인 하인에서 태어나 라이프치히와 비텐베르크에서 수학하고 루터교를 받아들였다. 30세에는 초파우의 교회를 맡아 일생을 그곳에서 사목했다. 그는 사목과 함께 특히 기도에 매진해서 높은 영성에 도달했다. 그에게 있어서 중요한 것은 오직 한 가지, 즉 영혼과 하느님의 관계였다. 그는 '마음'이라는 내면의 책을 가장 완전한 책으로 보았다. 그는 하느님과 친교를 이루기 위한 유일한 수단으로 '기도'를 꼽았다. 그리고 기도를 위해서는 사변이 아니라 침잠과 침묵이 필요하다고 보았다. 그에게 있어서 기도는 인간을 가시적인 사물들로부터 비가시적인 세계로 들어 높이는 일종의 훈련이었다. 바이겔은 아우구스티누스의 하위 이성과 상위 이성 간의 구별을 바탕으로 인식을 하위의 눈과 상위의 눈으로 구별했다. 그는 이 둘 가운데 특히 상위의 눈에 주목해서 참된 인식에 대해 설명했다. 그에 따르면, 상위의 눈은 순수하고 비어 있으며, 사물의 본질을 보게 해 준다. 그것은 하느님의 눈으로 보는 것이다. 마지막으로, 바이겔 역시 여타 신비가들과 마찬가지로 하느님에 대한 인식의 부정적 특성을 강조했다.

② 야콥 뵈메: 뵈메는 개신교 신비가들 가운데 가장 널리 알려진 인물로, 특히 후대의 독일 관념론자들에게 지대한 영향을 미쳤다. 그는 1575년 슐레지엔 지방의 알트-자이덴베르크에서 태어나 젊은 시절 다양한 경험을 했다. 25세가 되던 1600년 그는 독특한 신비 체험을 한 바 있다. 이에 그는 자신이 받은 환시를 기록해서 1612년 『서광』이라는 작품으로 출간했다. 그러나 이로 인해 그는 많은 어려움에 부닥치고 말았

다. 자신이 속한 교회의 리히터 목사가 그를 이단과 주술, 마귀에 사로잡힌 사람으로 고발함으로써 큰 곤욕을 치러야 했으며, 심지어 고향을 등져야 했다. 드레스덴의 신학자들 회의에서도 그는 단죄되었다. 그는 1624년에 세상을 떠났다.

그러나 후대의 학자들은 그를 일컬어 바로크 시대에 독일의 가장 위대한 종교 사상가로 평가했다. 그에 따르면, 뵈메는 신비가로서, 그의 표현은 사변적이거나 합리적이지 않고, 언제나 매우 경험적이고 실존적이며 활력으로 가득 차 있다. 뵈메에 따르면, 참된 언어는 '감각적 언어'로, 그것은 최초의 모든 민족들이 공통으로 갖고 있던 언어이다. 그는 자신이 본 환시를 표현하기 위해 신플라톤주의 철학, 특히 쿠사누스의 이론과 점성술, 연금술, 파라켈수스의 마술에 의지했다. 그는 하느님이 이성의 구분에서 벗어나, 플로티누스의 일자(一者)와 같이 실재 전체를 통합하는 원리가 되고, 쿠사누스가 가르친 것처럼 모든 반대되는 것들이 일치하는 중심이라고 보았다. 실재의 기원이 되는 원리인 로고스가 제거된 뵈메의 신비주의에서는 이성의 위치를 의지가 차지하며, 특히 사랑의 갈망이 그 자리를 차지한다. 실제적인 것의 질서 전체의 근원에는 갈망이 있으며, 이 갈망으로부터 의지를 통해 삼위일체의 신적 질서와 자연의 피조물적 질서가 나온다고 그는 말한다. 뵈메 역시 여타 신비가들과 마찬가지로 하느님에 대한 인식 불가능성과 형언 불가능성을 강조했다. 뵈메에게 사물들에 대한 참된 지식을 주는 유일한 형태의 앎은 철학도 신도 아닌 주술이다. 그는 주술이 철학의 스승이며 어머니라고 말한다. 그는 주술이야말로 최고의 신학이라고 보았다. 왜냐하면 신앙은 주술에 기초하고 그 기초 위에 있기 때문이다. 그는 오랫동안 개신교 정통 신학자들에 의해 거부됐다. 그러나 뵈메는 스피노자와 같은 독일 관념론자들에 의해 광범위하게 복권되었으며 그들에게 상당한 영향을 미쳤다.

12. 16-17세기의 선교 신학

트리엔트 공의회를 전후로 한 가톨릭 교회 개혁의 시대에는 다른 어느 시대에 비할 바 없이 선교에 대한 열정이 두드러졌다. 이는 당시 교회 구성원들의 종교적 열정과 쇄신에서 유래한 자연스러운 표현이었다. 16세기는 위대한 선교의 세기라고 할 수 있다. 당시 선교사들은 아메리카에서 극동 아시아까지 세계적인 차원에서 곳곳에 복음을 선포했으며 사도 시대에 비견될 만한 큰 성공을 거두었다. 한 세기도 지나지 않아 남아메리카의 주민 전체가 신앙을 받아들였으며, 인도와 필리핀 그리고 일본에서 많은 개종자들이 나왔다. 그러나 이렇듯 위대한 선교 활동이 순조롭게 이루어진 것만은 아니다. 여기에는 스페인과 포르투갈의 정치적 욕망, 복음보다 황금을 더 갈망하던 정복자들의 탐욕 같은 비(非)복음적인 인간적 요소들이 혼재되어 있었다. 선교에 대한 열정은 종종 모험심과 정복 정신으로 물들고, 권력과 부에 대한 만족할 줄 모르는 탐욕으로 더럽혀지곤 했다. 여하튼, 이렇게 아메리카와 아시아에서의 복음화가 이루어진 시기에 복음화와 관련된 다양한 문제들이 신학적으로 성찰되었고 이는 자연스레 선교 신학의 탄생으로 이어졌다. 선교 신학은 유럽의 주요 학문 중심지에서 태동한 것이 아니라 훌륭한 신학적 소양을 갖춘 열성적인 선교사들에 의해 이루어졌다. 16-17세기에 선교 활동이 주로 전개된 곳은 아메리카와 아시아였다. 이들 지역의 정치적, 문화적 상황은 상당히 달랐다. 아메리카는 스페인과 포르투갈의 지배에 종속되고 스페인화 되었다. 반면, 인도, 중국, 일본 같은 광활한 제국들이 통치하던 아시아는 스페인과 포르투갈 정복자들의 영향을 거의 받지 않았기에, 아메리카에서처럼 정치적, 문화적 식민지화를 강행할 수 없었다. 그래서 아메리카와 아시아에서의 선교 활동과 선교 신학은 서로 다른 길을 갔고 복음의 토착화에 있어서도 서로 다른 답을 내놓았다.

1) 아메리카에서의 선교 신학

라틴 아메리카는 현대에 이르기까지 유럽 스콜라 신학을 자양분 삼아 발전했다. 제2차 바티칸 공의회에 이르러서야 비로소 신학적 쇄신이 일어나고 해방 신학을 비롯해 일련의 새로운 신학들이 생겨났다. 엔리코 두셀(E. Dussel)은 라틴 아메리카 신학의 역사를 다음의 5단계로 나눴다. 정복에 대한 예언자적 신학, 식민지 그리스도교 신학, 식민지 해방에 대한 실천적-정치적 신학, 방어적인 신식민지 신학, 새로운 그리스도교 신학 등이다. 선교 신학을 발전시킨 선각자적인 인물로 바르톨로메 데 라스 카사스, 호세 데 아코스타, 안토니오 데 비에이라를 꼽을 수 있다.

① 바르톨로메 데 라스 카사스

라스 카사스는 16세기 선교 신학을 대표하는 가장 위대한 인물이다. 그는 토마스와 빅토리아의 사상을 기초로 견고한 신학적 양성을 받아 정치적, 문화적, 사회적 관점에서나 종교적 관점에서 원주민들의 권리를 용감하게 방어했다. 그는 1484년 스페인 남부 세비야에서 태어났다. 그는 서인도 첫 원정 후인 1502년에 그곳으로 갔다. 그리고 1507년 유럽으로 돌아와 사제품을 받고 이듬해 다시 제2의 고향인 서인도로 갔다. 그 후, 1510년 코르도바의 페드로 신부를 비롯한 몇 명의 도미니코회 수사들이 라 에스파뇰라라는 섬에 도착했는데, 이들은 그 섬의 원주민들이 처한 괴로운 삶과 극심한 감금 상태에 충격을 받아 1511년 성탄절에 많은 인사들 앞에서 원주민들의 권리를 옹호하는 강론을 한 적이 있었다. 당시 그곳에는 라스 카사스도 있었으며, 이 강론으로 인해 그는 깊은 회심을 하게 된다. 그는 이때부터 원주민들에 대한 학대를 중단하고 그들의 권리를 옹호하기 위해 일생을 바쳤다. 그는 1516년 스페인으로 돌아가서 공권력을 강하게 비판하고 학자들과 법률가들, 식민지 관료들과 왕실에게 원주민들에 대한 처우 개선을 촉구했다. 당시 왕실의 실권을 쥐고 있던 시스네로스 추기경은 그를 전폭적으로 지지하며, 그에게 '원주민들의 보호자'라는 칭호를 부여했다.

1522년 아메리카로 돌아온 라스 카사스는 도미니코회의 회원이 되어 철학과 신학, 특히 토마스의 사상을 바탕으로 원주민들을 위한 선교 신학을 발전시키기 시작했다. 1527년부터 그는 『서인도 역사』를 집필했다. 그러나 그의 후원자인 시스네로스 추기경이 세상을 떠나고 즉위한 카를 5세 황제는 그를 신뢰하지 않았다. 그는 이에 굴하지 않고 원주민들의 권리를 옹호하기 위해 14번이나 대서양을 건너 스페인을 찾았다. 1542년에는 「서인도의 파괴에 대한 간략한 보고서」를 작성했으며, 1년 후에는 원주민들의 조건에 대해 좀 더 호의적인 새 법률을 승인받았다. 그는 치아파스의 주교로 임명되어 원주민들을 위해 보다 많은 일을 할 수 있었다. 그는 1547년 최종적으로 스페인으로 귀국했으며, 1550-1551년에 원주민들에 대한 착취를 정당화 한 세풀베다와 논쟁을 벌인 적이 있다. 당시 귀족과 대부분의 성직자들은 세풀베다의 편이었지만, 그는 빅토리아의 사상을 바탕으로 논쟁에 맞서 승리했다. 그 후, 그는 죽을 때까지 많은 작품을 집필했다. 그는 비오 5세 교황에게 원주민들을 위한 청원서를 쓴 지 얼마 후인 1566년 마드리드에서 세상을 떠났다.

라스 카사스의 선교 사상에서 드러나는 독창성은 복음화하는 사람이 아니라 복음화되는 사람에게서 출발하여 선교 신학을 구축했다는 데 있다. 그는 복음화하는 사람의 의무보다 복음화되는 사람의 권리를 강조했다. 그는 이러한 혁명적 방법론을 통해 스페인인과 포르투갈인들이 신대륙 영토의 정복과 무력을 사용한 신앙에 대한 강요, 그리고 원주민들과 회교도들의 노예화를 정당화하려는 모든 논거를 비판하고 거부했다. 그는 가난한 이의 가치 위에 자신의 선교 신학을 정립했다. 그는 원주민들을 성경에서 말하는 '가난한 이'로 보았다. 그는 원주민들의 빈곤이 정복자들의 끝없는 착취의 결과임을 잘 알고 있었다. 그래서 그는 서인도 평의회에 보낸 마지막 비망록에서 스페인이 얻어낸 모든 것, 금은보화는 모두 훔친 것이라고 결론 내렸다. 그는 원주민들의 해방을 정의의 조건이며, 주님의 요구라고 보았다.

② 호세 데 아코스타

호세 데 아코스타는 1540년 스페인의 메디나 델 캄포에서 태어나 12세에 예수회에 입회했다. 1559-1567년에 알칼라 대학에서 수학했으며, 1566년에 사제품을 받고 로마 콜레지오에서 교수로 활동하도록 요청받았지만 이를 거절하고 선교사로 일생을 헌신했다. 그는 1572년 페루에 선교사로 파견되어 3년 후에는 리마에서 교수로 활동했으며, 예수회 페루 관구장에 선임되어 봉사하기도 했다. 그는 여러 관구를 설립해서 선교에 박차를 가했다. 그는 1582-1585년에 개최된 리마 공의회에서 신학자로서 중요한 역할을 수행했다. 그는 공의회 문서들을 편집하고 원주민 언어 전문가들과 함께 그들을 위해 교리서를 발간했으며, 『서인도 신부들을 위한 고해집』 출간을 위해서도 협력했다. 1587년에는 교황 식스토 5세에게 지역 공의회의 기록 문서에 대한 승인을 받고 『리마 공의회』를 출간하기도 했다. 스페인으로 돌아간 후, 그는 살라망카 수도원 원장으로 봉사하다 1600년에 세상을 떠났다. 그는 신학, 선교학, 설교학, 민속학, 광물학, 인간학 등 다방면에 저술을 남겼다. 그는 2권의 저서로 인해 명성을 얻었다. 우선, 『신세계의 자연과 야만인들에 대한 복음 선포 또는 서인도의 구원을 위한 노력』으로 이는 이론적 선교학의 방대한 종합서로 평가받는다. 다른 하나는 『서인도의 자연사와 정신사』로, 이는 신대륙 원주민들의 역사, 지리, 관습, 풍습에 관해 집대성한 7권의 백과사전이다.

　원주민들에 대한 아코스타의 견해는 라스 카사스보다 훨씬 부정적이다. 그는 원주민들이 야만적이고 거칠며 나태한 사람들로서, 짐승들처럼 강요하지 않으면 거의 희망이 없고, 결코 인간화되어 하느님의 자녀들이 누리는 자유에 도달하지 못할 것이라고 비판했다. 그는 『서인도의 구원을 위한 노력』에서 야만인들을 3종류로 분류했다. 올바른 이성에서 너무 멀리 있지 않은 이들로서, 여기에는 아시아 민족들이 속한다.

올바른 이성에서 더 멀리 있지만 상당한 자질을 갖춘 이들로서, 여기에는 멕시코인과 페루인이 속한다. 짐승과 비슷한 이들로서, 신대륙에는 여기에 속하는 이들이 많다고 그는 보았다. 그는 이를 바탕으로, 두 번째 범주와 세 번째 범주에 속하는 야만인들을 군사적인 힘을 동원해 복음화하도록 주장했다. 따라서, 아코스타는 평화로운 방법을 선호하지만 상황에 따라서는 무력 사용이 불가피하다고 보았다. 하지만, 아코스타는 스페인인들이 서인도에 대해 주장하는 정복의 권리를 부정한다는 점에서는 라스 카사스와 뜻을 같이했다. 그는 서인도의 정복이 법률적으로 근거가 없다는 것 외에도, 그 정복이 실행되는 데에 따른 야만성을 고발했다. 그러나 그는 라스 카사스와 달리, 정복이나 원주민들에 대한 착취를 신학적으로 정당화하려 했다.

③ 안토니오 비에이라

포르투갈인 안토니오 비에이라는 브라질 역사상 가장 유명한 예수회원이다. 그는 분명 17세기에 선교 신학과 관련해서 가장 대표적이고 독창적인 사상가 중에 한 사람으로 평가받는다. 비에이라 역시 상기 두 사람과 마찬가지로 원주민들의 권리를 위해 용감하게 싸우고 자신의 동족이 저지른 폭력과 억압을 단죄했다. 그러나 그의 신학적 견해는 라스 카사스보다 아코스타에 훨씬 가깝다. 그가 브라질의 원주민들 사이에서 선교 활동을 시작한 것은 1652년부터였다. 그는 빠른 속도로 조직적으로 복음화 지역을 넓혀 갔다. 이에 1653년 포르투갈의 국왕은 그를 브라질 선교 지역 전체의 순시관으로 임명하고, 원주민들에 대한 지도 권한을 예수회원들에게 부여했다. 비에이라는 선교 활동 중에 많은 어려움을 겪었지만, 자신이 지닌 특권을 활용해서 가장 거칠고 위협적인 부족들을 복음화하는 데 성공했다. 1658년에는 10만명 이상의 원주민들을 대표하는 많은 족장과 계약을 맺고 그들의 자유를 보장해 주기도 했다. 그러나, 비에이라가 원주민들의 권리를 지지하자, 식민 통치자들은 분노하여 벨렘의 예수회 학교를 약탈하고 비에이라를 비롯해 선교에 투신하던 사제들을 붙잡아 포르투갈로 송환했다. 1667년 그는 종교 재판소에 회부되어 단죄받고 여러 해 동안 감옥생활을 해야 했다. 석방된 후, 그는 포르투갈에 실망하여 로마의 교황청과 스웨덴의 크리스티나 여왕에게 도움을 요청해서 사면을 받았다. 그 후, 1675년에 포르투갈로 되돌아왔으며, 1681년에는 브라질에 정착해서 원주민들을 위한 다양한 일에 헌신하다가 1697년 세상을 떠났다.

비에이라의 선교 신학을 이해하려면 16세기 말부터 시작된 포르투갈의 메시아적 사상의 흐름을 알아야 한다. 당시 포르투갈에서는 '신(新)요아킴주의'가 번성했는데, 이는 피오레의 요아킴의 메시지에서 시작하여 포르투갈에 영광과 행복의 시대를 예견한 사상이었다. 귀족들과 상인들 사이에서는 신대륙의 발견으로 인한 커다란 도취감이 있었고, 이는 인류 역사상 그리스인이나 로마인도 이루지 못한 사건이라고 보았다. 1641년 비에이라는 리스본에서 이 사상을 접하고 이 메시아적이고 천년 왕국적인 사상에 깊이 공감했다. 따라서, 그의 신학은 포르투갈적인 그리스도교적 메시아주의의 장엄함을 바탕으로 하고 있다. 그의 신학 전체를 통합하는 원리는 메시아적 원리, 곧 포르투갈을 통하여 하느님 나라가 이룩된다는 데 있었다. 그에게 있어서 포르투갈 왕국은 진행 중인 하느님 나라와 동일시되었다. 이 선상에서 포르투갈의 왕은 하느님에 의해 직접 선택되어 이 소명을 완수하도록 부름받은 인물로 여겨졌다. 비에이라는 포르투갈인들이 하느님을 믿어야 할 뿐만 아니라 자신의 신앙을 전파할 의무가 있다고 보았다. 그는 포르투갈의 역사가 구원의 역사이며, 거룩한 역사라고 해석했고, 포르투갈이 아시아, 아프리카, 아메리카에 신앙을 전파하는 못자리라고 보았다. 포르투갈의 정복에서는 모든 이들이 복음의 봉사자로 간주되었다. 그는 소수의 선교사들이 아니라 포르투갈 백성 전체가 복음화의 의무를 갖는다고 보았다.

2) 아시아에서의 선교 신학

아시아에서는 사도 시대부터 그리스도교가 전파되었고, 특히 인도에서 좋은 결실을 거둔 바 있다. 16세기로 들어와 그리스도교가 아시아에서 더 넓고 깊게 세력을 확장한 것은 신대륙 발견 이후 스페인과 포르투갈이 새로운 땅을 분배한 이후의 일이다. 아시아 선교의 위대한 사도는 프란치스코 하비에르이다. 그는 1542-1552년 사이에 말루쿠 제도를 복음화 한 다음, 일본에서도 성공적으로 신앙을 전파했다. 그 후, 그는 중국 선교에도 큰 관심을 가졌지만 광둥 앞의 산첸 섬에서 임종함으로써 그 뜻을 이루지는 못했다. 복음화에 있어서 선교사들이 아시아에서 직면한 도전은 아메리카에서 겪었던 것과는 많이 달랐다. 그것은 그 지역 민족들의 수준이 아메리카 원주민들보다 훨씬 높았기 때문이다.

① 알렉산더 발리냐노

발리냐노는 하비에르에 의해 시작된 일본 선교를 본궤도에 올려놓은 인물로 평가받는다. 그는 1539년 이태리 키에티의 귀족 가문 출신으로 파도바와 로마에서 법학을 공부한 후, 1566년 예수회에 입회했다. 1570년 사제품을 받고 3년 만에 예수회 소속 동양 선교지 전체를 관할하는 순시자로 임명되어 활동했다. 그는 1574년부터 시작해서 1579년까지 인도, 마카오, 일본의 선교지를 순시하며 선교 활동에 대해 면밀히 분석했다. 그리고 다음과 같은 조치를 단행했다. 즉, 일본인들의 관습과 풍습에 온전히 적응하고, 언어를 깊이 연구하며 원주민 출신 성직자를 양성해야 한다는 것이다. 이러한 그의 결정은 이후 선교의 역사와 방법론에 있어서 중요한 이정표가 되었다. 이러한 그의 견해는 그가 집필한 『일본 선교사들을 위한 예식서』에 반영되어 선교사들을 위한 지침이 되었다. 이는 선교 활동을 유럽의 전통에서 해방시켜 그 지역의 전통 안으로 들어가게 하고자 한 발리냐노의 의지를 담고 있다. 그는 선교 방법을 근본적으로 개혁했다. 즉, 선교지에서 그리스도교 이전의 문화를 파괴하는 방법에서 그 문화에 적응하는 방법으로 선회했으며, 그 문화에서 그리스도교와 병립 가능한 모든 것을 존중했다. 그는 일본 선교에 있어서 신적인 것과 인간적인 것, 종교와 예의를 구별하면서, 다른 한편으로는 불교를 거짓된 종교로 비판했다. 그러면서도 선교사들에게 불교의 수도승들을 모범으로 제시했다. 그는 적응 정책의 길을 열고, 두 곳에 신학교와 지역 성직자 양성을 위한 수련소와 선교사들을 위한 언어 학교를 세워서 선교의 기반을 마련했다. 그 후, 1582년 인도 관구장으로 임명되어 인도로 가게 된다. 그는 중국 선교를 위해 중국에 마태오 리치를 파견한 바 있다. 그는 1606년 마카오에서 세상을 떠났다.

② 마태오 리치

중국 선교는 마태오 리치와 긴밀히 연결되어 있다. 발리냐노의 제자인 그는 발리냐노가 제시한 적응 방법을 중국 선교에 적용했다. 그는 1552년 마체라타에서 태어나 1571년 예수회에 입회했다. 그는 신학을 공부하고 사제품을 받은 후, 1577년 동인도와 고아로 파견되었다. 1583년에는 미켈레 루제리와 함께 중국 선교를 위해 파견되었다. 그는 효과적인 선교를 위해 불교의 승복으로 갈아입고 선교를 했다. 그는 발리냐노의 격려를 받고 1583년 중국어 공부를 했으며, 마침내 중국 문화와 역사에 전문가가 됨으로써 매우 권위 있는 스승으로 존경받게 된다. 그는 1595년 중국어로 『천주실의』를 출간해서 중국 복음화에 박차를 가했다. 또한, 그는 중국에서 선교의 성패가 황제의 신앙 수용 여부에 달려 있다고 판단, 온갖 장애와 위험을 극복하고 1601년 베이징에 도착해서 신종 황제를 알현했다. 곧이어 황제의 환심을 사게 되어 황궁 근처에 살며 복음을 전함으로써 중국 상류층에서부터 복음을 전할 수 있었다.

그는 자신의 『일기』에서 선교 활동을 위한 적응 방법을 소개하며, 중국 문화에 들어가게 위한 3가지 길로 유교, 도교, 불교를 제시했다. 특히, 그는 중국 전통 윤리를 따르는 인간 본성의 개념으로 유교를 복음 선포를 위한 토대로 삼았다. 이 과정에서 그가 직면한 가장 큰 어려움은 중국어에서 그리스도교의 중요한 교의적 진리들을 표현하기 위한 적절한 단어들을 찾아내는 데 있었다. 그는 너무 세밀한 부분으로 들어가지 않은 상태에서 적합하다고 판단되는 단어들, 예컨대 '천'(하늘), '상제'(가장 높은 군주), '천주'(하늘의 주님) 등을 선별해서 신앙의 진리들을 담았다. 이는 그가 살아생전에는 전혀 문제시되지 않았다. 그러나 그의 저서들이 일본으로 건너가게 되면서 중국 출신의 신부들과 교리교사들 사이에서 문제가 되었다. 왜냐하면, 그 용어들은 그들이 신자들에게 사용을 금지한 표현들이었기 때문이다. 이에 그들은 중국 전체의 선교를 책임진 시칠리아의 니콜라 롱고바르디에게 의문을 제기했다. 결국, 롱고바르디는 마태오 리치가 토착화한 용어들을 금지시켰으며, 이 문제를 수도회 총장에게 보고했다. 그러나 당시 예수회 총장은 마태오 리치의 선교 방법이 옳다고 판단함으로써 롱고바르디를 단죄하게 된다. 마태오 리치는 1610년 세상을 떠났다.

③ 로베르토 데 노빌리

예수회원인 로베르토 데 노빌리는 발리냐노와 리치가 적용한 선교 방법을 인도에 적용함으로써 큰 성공을 거뒀다. 그는 1577년 이태리의 몬테풀치아노 출신으로 20세에 로마에서 예수회에 입회했다. 그는 신학생으로 양성 과정 중에 선교에 대한 부르심을 느끼고 인도 선교사로 파견되고자 하는 원의를 장상에게 청한 바 있다. 결국, 그는 사제품을 받은 후, 인도의 고아 지방으로 파견되어 그 지방의 마두레 선교지에서 평생을 머물며 복음화에 투신했다. 그는 인도 문화와 사회에 대한 이해를 바탕으로, 힌두인들에게는 힌두인이 되고, 브라만들이 사용하는 표현 방법과 언어로 복음을 전하려 했다. 그래서 브라만 복장을 하고 구루의 생활 방식을 따라 살았다. 그는 이 방법을 통해 큰 결실을 얻었다. 그러나 그리스도교를 이교와 혼합시킨다고 비난한 선교사들로 인해 그는 선교지를 떠나야 했다. 곧이어 이 문제는 로마 교황청에 보고되었고 바오로 5세 교황은 고아 주교와 크란가노르 주교를 고아에서 종교 재판에 회부했다. 이 재판은 처음에 데 노빌리를 완전히 반대하며 시작되었지만 마지막에는 그를 지지하는 쪽으로 기울었다. 교황청에서는 이 문제를 깊이 숙고한 후, 후임자인 그레고리오 15세 교황에 의해 데 노빌리의 선교 정책을 지지하는 쪽으로 결정하게 된다. 이렇게 해서 그는 다시 마두레에서 선교할 수 있었고, 그가 은퇴할 당시 개종한 신자의 수는 4,000명에 이르렀으며, 그 가운데 브라만이 26명이었다. 그는 은퇴 후 말리아푸르에서 80세까지 살다가 세상을 떠났다.

제3장

합리주의와 세속화 시대

1. 신학의 고립과 위기

1) 역사적, 정치적, 종교적, 문화적 환경

근대 신학의 역사는 30년 전쟁이 끝난 1648년부터 프랑스 혁명이 시작된 1789년까지이다. 이 시기는 정치적으로 그리스도교 공화국이 최종적으로 붕괴된 시기이다. 이 붕괴는 유럽에서 민족 국가들이 확립되면서 시작되고 개신교 종교 개혁과 그 후의 종교 전쟁으로 인해 심화되었다. 여러 민족과 국가 사이에서는 새로운 관계들이 형성되고 민족과 국가에 대한 새로운 이해 방식이 생겨났다. 이 시기에 절대 왕정이 끝나고 민주주의가 시작되었다. 경제적 관점에서 보면, 이 시기는 산업이 발전함에 따라 수공업과 농업 노동에서 기술적, 산업적인 노동으로 급속히 전환되었다. 이에 따라 부르주아 계층의 권력이 상승하고 귀족과 성직자의 권력이 쇠퇴했다. 과학적 관점에서 보면, 이 시기는 과학이 대단한 승리를 거둔 시기이다. 경험적이고 물리적, 수학적인 지식이 득세했으며, 모든 자연 과학과 수학이 급성장하고 새로운 실재들이 발견되었으며, 새로운 법칙들도 만들어졌다. 종교적 관점에서 보면, 이 시기는 가톨릭과 개신교 사이에 치열한 전쟁이 끝나고, 상호 관용의 시대가 시작한 때이다.

중세 말에 시작되고 인문주의 운동에 의해 강화된 문화 전파는 더욱 강력하게 추진되었다. 이 시대에 지식은 귀족층뿐만 아니라 부르주아 계층에까지 확산되었다. 교육이 보편화 되었으며, 문화적 관점에서 뚜렷이 합리주의적인 시대로 접어들었다. 이 시대는 '계몽주의'와 '세속화'로 점철된 시대라고 할 수 있다. 세속화를 통해 근대와 중세가 완전히 단절되고 말았다. 물론 중세와의 단절은 있었지만, 그리스도교는 지속되었다. 그러나 세속화 시대에는 그보다 훨씬 심각한 결말을 맞게 된다. 즉, 그리스도교 신앙 자체가 단절되기 시작했다. 이러한 단절은 철학과 신학의 분리를 초래했고, 이 선상에서 완전히 자율적인 자연 신학이 세워져 성경에 전혀 의존하지 않고 합리적 개념과 절차를 통해서만 하느님을 다루게 되었다. 이 시대의 자연 신학은 문화적 영향과 변화에서 매우 큰 영향을 받았다. 그래서 합리주의자들의 '교조주의적 입장'은 점차 경험주의자들의 회의론적 입장으로, 그리고 칸트주의자들의 불가지론적 입장으로 바뀌게 되고, 포이어바흐, 마르크스, 엥겔스, 콩트, 니체 등의 무신론을 준비하게 된다.

2) 근대성

'근대성'은 강한 문화적, 사변적 의미를 내포하는 정의이다. 그래서 근대성은 세계, 특히 인간 세상을 이해하는 특별한 한 방법을 뜻한다. 근대성의 본질 문제를 처음 제기한 사람은 헤겔이다. 그는 근대성을 주관성과 동일시하고, 다시 주관성을 자유와 동일시했다. 그는 근대의 특징을 정의하면서 '주관성'을 '자유'와 '성찰'로 설명했다. 그에 따르면, 주관성은 행위의 자율성과 비판의 권리를 뜻한다. 그러나 하느님을 도외시하는 세속화와 근대성은 불가피하게 자기 자신에게 맡겨져 있다. 그래서 근대성은 이성과 자유의 전능함을 믿으며, 자신을 현양하고 자신을 기만하는 경향이 있다. 헤겔의 근대성 개념은 학파를 이루고, 그 후 학자들 대부분은 서로 다른 뉘앙스와 강조점을 두는 가운데 이 개념을 취했다. 계몽주의와 세속화로 특징 지어진 근대에는 '인간 중심주의'가 점차 '자기중심적'으로 바뀌어 갔다. 이는 세속화된 인간 중심주의로서, 여기서 인간은 스스로가 자신의 모든 생각과 행위에 대한 책임을 지닌 행위자로 느끼게 되었다. 이 과정에서 '근대성'은 개혁의 주창자들이나 트리엔트 공의회가 의도했던 하느님 중심적 방향이 아니라 그 반대 방향, 즉 이성과 주체성의 방향, 인간 중심적인 방향으로 가고 말았다. 이러한 의미에서, 근대성은 인문주의의 연속이지만, 더 이상 종교적인 인문주의가 아닌 완전히 세속화된 인문주의라고 할 수 있다. 그러므로 근대성의 진정한 정체성은 '세속화'라고 하겠다.

3) 신학의 위기

베스트팔렌 평화 조약(1648년)부터 빈 회의(1814년)에 이르는 시기에 가톨릭 신학은 거의 잠들어 있었다. 가톨릭 교회는 절대주의적 민족 국가들에 대해 방어적인 입장을 취하면서 점점 더 로마적이 되고 현상 유지에 급급했다. 교도권의 엄격한 통제를 받았던 신학은 근대성과 대면하는 것을 피했으며, 개신교와 계몽주의적 부르주아 계층에 맞서 내부적인 합리화에 집중했다. 또한, 장족의 발전을 이룬 과학과 철학에 직면해서 신학은 거의 무력해지고 마비되기에 이르렀다. 이 시기에 신학자들의 관심사는 근대성과 대화하기보다 자신의 입장과 학설을, 다른 신앙을 믿는 이들의 공격으로부터 방어하는 데 있었다.

신학이 이처럼 근대성에서 멀어진 결과, 불가피하게도 신학은 문화계와 사회로부터 고립되고 심각한 정체성의 위기를 겪게 되었다. 이 시기에 모든 이들이 받아들이고 복종하는 유일한 지침은 '이성'이 되고 말았다. 이렇게 문화와 사회에 이성의 왕국, 곧 철학과 과학의 왕국이 세워졌다. 이제 모든 주요 문제들을 해결하기 위해 신부와 신학자가 아니라 철학자와 과학자를 찾게 되었다. 계몽된 이들의 눈에 비친 신학은 신화와 미신으로 이루어진 공허한 사변에 불과했다.

이처럼 신앙을 거부하는 문화 세계에서는 신학자들이 좋은 신학을 일구기 어렵다. 그래서 그들은 단지 바로크 시대에 축적된 풍부한 신학적 유산을 되풀이하고 전수하기만 했다. 일반적으로 가톨릭 신학자들은 토마스적인 스콜라학을 선호했으며, 개신교 신학자들은 루터적인 스콜라학을 선호했다. 한 마디로, 이 시대의 신학은 교회 역사상 가장 빈곤한 신학 가운데 하나로 평가받는다.

4) 연구의 중심지들: 대학, 학술원, 신학교

이 시대에도 각 대학은 계속해서 신학 연구의 주된 중심지 역할을 했다. 종교 개혁으로 생겨난 종파 분열은 대학의 신학 연구에도 상당한 영향을 미쳤다. 당시의 종파적 특성에 따라, 군주들이나 주교들에 의해 구체적인 목적을 위해 설립된 대학들은, 그 설립 목적에 따라 종파 간의 분쟁 속에 자리를 잡았다. 트리엔트 공의회 이후, 신성 로마 제국의 영토 내에서 대부분의 신학부 교수좌는 예수회원들에게 맡겨졌다. 철학 교수좌 역시 그러했다. 당시 예수회원들이 따랐던 학문적인 방향은 아리스토텔레스-토마스적인 노선이었다.

신학 연구는 신학교에서도 이루어졌다. 그러나 신학교에서의 교육과 연구는 다양한 분야들을 심화하지 못했다. 신학교들은 단순히 사제직 지원자들에게 좋은 본당 신부를 양성하기 위해 필요한 지식을 전해 주는 것에 국한했다. 이 시기에는 학술원들이 많이 설립되었다. 학술원들은 대학이나 신학교 같은 공부 중심지가 아니라 연구 중심지였다. 그러나 학술원들의 연구 분야는 자연 과학, 철학, 역사학이었으며 신학은 아니었다.

5) 신학적 암흑기의 신학자들과 운동들

비록 신학적으로 암흑기라고 할 수 있지만, 이 시기에도 많은 영향을 미친 걸출한 인물들이 없진 않았다. 그 가운데 가장 큰 관심을 일으키고 끝없는 논쟁을 촉발한 인물로 얀세니우스를 들 수 있다. 그 밖에 말브랑슈와 파스칼을 들 수 있다. 윤리 신학에서는 알폰소 데 마리아 리구오리가 두드러진다. 그는 자신의 『윤리 신학』을 통해 윤리 분야를 쇄신하고 집대성했다. 또한, 이 시기에 역사 신학, 성경 신학, 사목 신학이 생겨났다. 이 시기에 개신교 신학은 가톨릭 신학보다 더 빈곤했다.

2. 얀세니우스와 얀세니우스주의

루터와 칼뱅 이후, 은총과 자유 의지, 예정에 대한 문제는 가톨릭 신학자들 사이에 긴급히 해결해야 할 문제로 부상했다. 루터와 칼뱅은 하느님의 주도권을 극단적으로 강조함으로써 사실상 인간의 모든 기여를 무효로 만들었으며, 자유 의지를 부인하고 이중 예정을 주장했다. 트리엔트 공의회는 이런 사안들에 대해 가톨릭 교회의 입장을 공식적으로 표명했다. 공의회는 원죄 이후에도 여전히 인간 본성은 본질적으로 선하고 자유 의지를 갖고 있으며 믿음과 성화 은총이 필요하다는 점을 재확인했다. 반면, '신적 협력'에 대한 바녜스와 몰리나 간의 기나긴 논쟁은 아무 결론을 내지 못한 채 끝나고 말았다. 이렇게 해서 은총과 예정 간의 관계에 대한 논쟁은 끝나는 듯했지만, 실상은 그렇지 못했다. 그보다 훨씬 더 좋지 않은 문제가 얀세니우스를 통해 시작되었다.

1) 얀세니우스의 생애와 작품들

얀세니우스는 1585년 네덜란드 북부의 아코이 출신이다. 그는 위트레흐트와 루뱅에서 수학했다. 특히, 그는 바이우스의 열렬한 추종자인 야곱 얀슨과 생시랑의 아빠스 장 뒤베르지에로부터 영향을 받았다. 그는 1619년 루뱅 대학에서 신학 박사 학위를 취득했고 1630년부터 그곳에서 성경을 가르쳤다. 1635년에는 이프르의 주교로 임명되어 활동했지만 1638년에 임종하고 말았다. 얀세니우스는 여러 작품을 집필했지만, 그를 신학사에서 주요 인물 반열에 오르게 한 것은 『아우구스티누스』였다. 이 책은 3권으로 구성되어 있으며 그의 사후 2년 만에 출간된 유작이다. 이 작품은 놀라운 성공을 거두었으며, 후에 얀세니우스주의로 불리게 될 운동의 탄생에 결정적인 기폭제가 되었다. 얀세니우스는 22년간 아우구스티누스의 작품들을 끊임없이 강독하면서 이 작품을 만들었다.

2) 얀세니우스의 사상

얀세니우스가 은총과 예정에 대해 주장한 학설들의 기원에는 이성과 신학의 관계에 관한 그의 개념이 자리한다. 그는 한편으로 이성을 모든 이단의 모태로 간주하며 배격하고, 스콜라학 시대의 모든 합리주의를 배격했다. 이와 함께 그는 '기억', 곧 전승에 호소하며, 거의 배타적으로 아우구스티누스에게만 의존했다. 그는 신적 신비를 통찰하기 위해서는 2가지 방법이 필요하다고 보았다. 인간적 추리들을 통한 통찰로, 여기에는 많은 오류의 위험이 뒤따른다. 열렬한 사랑에서 나오는 통찰로, 인간은 이를 통해 참된 그리스도의 진리를 통찰할 수 있다. 첫 번째 방식으로 인식된 진리들은 까다롭고 메마르며, 사색을 통해 지탱되며, 천박하고 무익하다. 반면 두 번째 방식으로 인식된 진리들은 깊은 맛을 간직하고 있으며, 그 진리들이 생겨나는 애정의 심연까지 회귀한다.

얀세니우스의 신학적 성찰은 전적으로 구원에 이르는 은총의 역할에 집중되어 있다. 그는 구원 역사를 세 단계로 나눠 각 단계가 갖는 특수함에 준해 은총과 인간 본성의 관계를 세심하게 연구했다. 첫 번째 단계, 곧 흠 없이 깨끗한 본성 상태에서의 아담은 자신에게 당연히 거의 자신의 능력으로 본성이 자신의 목적에 도달하는 데 필수 불가결한 은총의 도움을 받아 구원과 관련된 사안을 자유로운 결정으로 스스로 결단할 수 있었다. 두 번째 단계에서의 인간은 타락한 이후의 상태이다. 여기서 선(善)을 향한 그의 자율적 능력은 완전히 상실되고, 따라서 선을 위해 참되고 충만한 의미의 책임 있는 결정을 내릴 수 없으며, 행위에서도 종교적, 윤리적 가치를 향한 어떠한 방향 정립도 할 수 없다. 세 번째 단계는 그리스도의 오심과 더불어 열린다. 그분은 수난과 죽음을 통해 우리의 죄를 없애 주시고 하느님과 화해를 이루셨다. 그러나 얀세니우스는 이러한 그리스도의 행위가 갖는 구원적 효과를 오직 예정된 이들에게만 국한했다. 그는 칼뱅의 가르침을 따르는 가운데, 하느님은 사람들의 공로 이전에 이미 어떤 사람들을 지옥으로, 다른 사람들을 천국으로 예정하셨다고 주장했다. 따라서 그리스도는 오직 천상으로 예정된 사람들만을 위해 돌아가셨고, 오직 그들에게만 은총도 주어진다고 보았다. 이런 예정 개념에서 그리스도교 신자의 자유는 더 이상 하느님의 자유 안에서 그리고 자유와 사랑 앞에서 내적 자유로 이해되지 않고, 오히려 많은 경우 외부의 강압에 시달리는 자유로 이해될 뿐이다.

3) 『아우구스티누스』에 대한 단죄

그의 사후 2년만에 출간된 『아우구스티누스』는 은총 논쟁을 촉발시켰다. 그 누구도 아무런 사전 준비 없이 이를 받아들이지 않았으며, 특히 루뱅 대학에서는 더욱 그러했다. 무엇보다도 진보적인 인본주의적 신학을 전개했던 예수회원들은 인간의 자유를 부정하고 운명론적인 결정론적 인간관을 제시한 얀세니우스의 주장에 대해 적대적이었다. 그러나 그에 반대한 예수회원들의 주장은 격렬한 반론을 일으켰으며, 이로 인해 루뱅 대학에서는 얀세니우스주의자들과 반(反)얀세니우스주의자들로 양분되고 말았다. 논쟁이 점차 격화되어 프랑스 전역으로 번지자, 결국 교황청은 이 사안에 개입하고 말았다. 당시 우르바노 8세 교황은 교서 「*In eminenti*」(1643년)를 통해 얀세니우스의 『아우구스티누스』를 단죄했다. 그러나 얀세니우스의 추종자들은 이를 받아들이지 않았다. 얀세니우스의 대표적 추종자인 앙투안 아르노는 『얀세니우스를 위한 첫 번째 변호』를 출간해서 교황의 교서를 거부하며, 이를 기만으로 치부했다. 이에 후임 교황인 인노첸시오 10세는 「*Cum occasione*」를 공포해서 다시 한번 얀세니우스의 작품을 단죄했다. 교황청은 이를 통해 인간이 원죄를 지은 이후에도 여전히 실제로 자유로운 존재로 남아 있으며, 은총의 도움 없이도 윤리적으로 선한 행위를 할 수 있고 그리스도께서는 모든 이를 위해 돌아가셨다는 사실을 강하게 확인했다.

4) 끊이지 않는 얀세니우스 논쟁

그러나 교서 「*Cum occasione*」는 기대했던 것과 달리 얀세니우스 문제를 끝내지 못했고, 오히려 새로운 사건의 발단이 되었다. 이 사건으로 인해 프랑스 신학자들뿐만 아니라 프랑스 교회 전체가 분열될 정도로 주교단 전체는 서로 충돌했다. 아르노를 비롯한 얀세니우스의 추종자들은 이 교서가 반포된 이후, 이 교서에 의해 단죄된 명제들이 오류를 내포하고 이단적이라는 점을 인정했지만, 거기에는 얀세니우스의 사상이 내포되어 있다는 점은 인정하지 않았다. 이렇게 해서 더욱 격렬한 논쟁이 일어났으며 당시 신학을 주도하던 소르본 대학은 아르노의 주장을 단죄하고 그에 동조하던 교수들을 대학 당국에서 제명했다. 이러한 단죄는 그와 그를 추종하던 자들에게 타격을 주었다. 하지만, 이 판결이 그들에게 치명타를 주지는 못했다. 왜냐하면, 어느덧 얀세니우스주의의 씨앗이 프랑스 교회 전반에 뿌리를 내린 상황이었기 때문이다. 더욱이 당시 영성의 중심인 포르루아얄과 블레즈 파스칼의 마음속 깊이 자리를 잡기도 했다.

결국, 후임 교황인 알렉산데르 7세는 2개의 교서를 공포함으로써 이 논쟁이 개입해야 했다. 우선, 그는 「*Ad sanctam*」(1656년)을 통해 전임 교황의 교서를 재확인하며 얀세니우스를 단죄했다. 그러나 프랑스 국회는 이런 교황청의 개입에 오랫동안 반기를 들며 저항했다. 그리고 얀세니우스주의자들은 다시 한 번 더 '법률 문제'와 '사실 문제'를 구별하며 도피처를 찾고자 했다. 이에, 교황은 또 다른 교서 「*Regiminis apostolici*」(1665년)를 공포해서 얀세니우스를 반복해서 단죄했다. 그러나 이 새로운 교서는 상황을 더욱 악화시키고 말았다. 교서가 반포되자마자 4명의 주교들이 아르노와 포르루아얄의 편을 들면서 계속 '법률 문제'와 '사실 문제'를 구별했기 때문이다. 이에 1667년 1월에 교황은 교서에 반대하는 자들의 재판을 담당할 재판소를 설립하기 위한 위원회를 조직했다. 그러나 이 위원회의 활동은 교황의 갑작스러운 서거로 인해 중단되고 말았다. 그의 후임자인 클레멘스 9세 교황은 프랑스 교회를 거의 두 개로 분열시킨 얀세니우스 문제를 해결하기 위해 최선을 다했다.

결국 클레멘스 9세는 양편 모두의 마음에 드는 방안을 제시함으로써 소위 '클레멘스의 평화'로 불리는 타결점을 구축하게 된다. 여기에는 자국의 일치를 원했던 프랑스의 태양왕 루이 14세가 논쟁의 조정과 양편의 화해를 위해 적극 활동했던 것도 일조했다. 장기간에 걸친 협상 끝에 결국 얀세니우스를 지지했던 4명의 주교와 그들의 관할 성직자들 편에서 알렉산데르 7세가 공포한 규정에 서명함으로써 마침내 합의에 이르게 된다. 이에 국왕은 국무 평의회의 법령 포고를 통해 얀세니우스의 『아우구스티누스』와 관련된 교황령의 엄격한 준수를 명하고, 앞으로 논란이 되는 문제의 저작 출판을 금했으며, 상호간의 고발도 금지시켰다. 교황의 교서는 프랑스에서 아주 만족스럽게 수용되었으며, 루이 14세는 교회 일치를 회복한 것을 기념하기 위해 화폐를 발행하기도 했다.

그러나 18세기 초부터 얀세니우스주의로 인한 갈등이 다시 불거지기 시작했다. 당시 『양심의 문제』라는 제하의 소품이 출간되었는데, 이 작품은 얀세니우스의 책에 담긴 진술들에 대해, 교회가 제공한 해석을 단지 외적으로만 받아들인 성직자들을 사면할 수 있는지에 대해 집중적으로 다뤘다. 이에 따라 루이 14세의 요청에 의해 클레멘스 9세는 교서 「*Vineam Domini*」(1705년)를 발표하면서, 얀세니우스주의자들에 의해 요청된 '경의를 표하는 침묵'이 순종은 아니라는 점, 교회는 얀세니우스의 교설뿐만 아니라 이 교설을 옹호하는 사람들도 단죄할 수 있는 권리를 갖는다는 점을 지적했다. 같은 해에 프랑스 성직자 모임은 이러한 교황의 교서를 받아들이도록 공표했지만, 로마의 교령들은 프랑스의 전통에 따라 모든 주교들이 이를 인정했을 때에만 비로소 강제적인 효력을 가질 수 있다고 주장했다.

얀세니우스주의자들에 대한 소송은 아르노의 후계자인 아스카니오 케넬로 인해 활발하게 진전되었다. 그는 1699년 얀세니우스주의의 주요 원리를 담은 『다섯 구절에 대한 윤리적 성찰과 함께 하는 신약 성경』을 출간해서 커다란 반향을 일으켰다. 그러나 이는 로마에 고발되어 1708년 당시 교황에 의해 단죄되고 말았다. 그러나 이러한 단죄는 갈리아주의로 인해 기대만큼의 효과를 거둘 수 없었다. 프랑스 국회는 그 책을 단죄한 교령을 교황청이 프랑스 교회의 자유와 권리를 침해한 것으로 여겼기 때문이다. 이로 인해, 케넬 사태는 상당히 지연되고 프랑스 주교단 내에 새로운 분열을 촉발했다. 결국, 루이 14세는 이를 수습하기 위해 보다 강력한 개입을 교황청에 주문했다. 이에 당시 클레멘스 11세 교황은 1713년 9월 8일 헌장 「*Unigenitus*」를 공포해서 케넬을 다시 한 번 엄격하게 단죄했다. 또한, 교황은 이 헌장 반포 5주년에 즈음해서 교서 「*Pastoralis officii*」를 반포해서 앞서 반포한 헌장의 내용을 재확인했다. 결국, 당시 파리의 교구장인 드 노아이 주교를 비롯해 몇몇 주교들은 공의회를 통해 「*Unigenitus*」를 받아들였고, 공의회는 이 헌장을 거스르는 모든 언사와 작품을 금지했으며, 이에 대항하는 모든 상소도 무효임을 선언함으로써 이 문제를 일단락 지었다. 이로 인해, 결국 프랑스 국회도 이 헌장을 인정하고 그 선언을 등재하게 된다. 이로써 헌장 「*Unigenitus*」는 프랑스 내에서 국가적인 차원에서도 효력을 발하게 되었으며, 얀세니우스주의는 급속히 쇠퇴하고 말았다. 1754년 옥세르의 카일뤼 주교의 죽음과 더불어 마지막 남은 얀세니우스주의자 주교는 사라졌다.

3. 위대한 호교론자들

세속화 시대로 접어들면서 논쟁의 전선은 다른 곳으로 옮겨 갔다.

세속화된 인간은 마치 하느님이 존재하지 않는 것처럼 처신했다. 새로운 문화적 맥락에서 이성에 의한 이의 제기와 공격들로부터 신앙을 보호하는 것이 그리스도교 신자와 신학자에게 가장 우선적인 목표가 되어 갔다. 이렇게 해서 호교 시대가 도래했다. 1600-1700년대의 새로운 호교론자들은 비신자들, 자유주의자들, 이신론자들, 계몽주의자들, 무신론자들의 공격에 맞서 그리스도교 신앙의 타당성과 합리성을 옹호했다. 이를 위해 새로운 호교론이 필요했으며, 이는 근대 호교론을 창시한 블레즈 파스칼과 니콜라 말브랑슈를 통해 제시되었다.

1) 블레즈 파스칼

① 생애와 작품: 파스칼은 1623년 클레르몽 페랑에서 태어났다. 조숙한 학생이던 그는 대부분의 공부를 스스로 해 냈으며, 12세가 되던 해에는 혼자서 유클리드 기하학의 32번 공리를 깨우치기도 했다. 16세에는 『원추 분할에 대한 논술』을 작성했으며, 18세에는 아버지의 계산을 도와주기 위해 처음으로 계산기를 고안하기도 했다. 1646년 초 파스칼은 자신의 생애에서 중대한 결과를 초래하게 될 사건을 경험하게 된다. 그의 아버지가 얼음판에서 미끄러져 대퇴부가 탈구되는 일이 일어났는데, 당시 그는 아버지를 치료하기 위해 얀세니우스주의를 추종하던 외과 의사 2명을 부르게 되었다. 그들은 그의 아버지를 치료하는 과정에서 파스칼과 다양한 신학 문제들에 대해 토론하면서 그에게 얀세니우스주의를 전파했다. 그 후, 그는 『아우구스티누스』를 접한 후 얀세니우스주의를 향해 결정적으로 회심했다. 1647년 그는 2차례에 걸쳐 데카르트를 만났다. 그 역시 얀세니우스주의자였다. 1648년 파스칼은 누이 재클

린, 생시랑의 추종자들과 만나 교제했으며, 그들은 파스칼을 얀세니우스주의의 요람인 포르루아얄 수녀원의 신비주의로 인도했다. 그러나 그는 아버지의 임종 이후로 얼마간 세속에 빠져 살기도 했다.

1654년 11월 23일 그는 신비적인 체험을 통해 이 위기를 극복할 수 있었다. 그날 밤 그는 일종의 신비적 현시를 체험했으며, 이를 기억하기 위해 『비망록』을 작성했다. 그 후, 파스칼은 영성 생활에서 커다란 진보를 이루게 된다. 이 회심 이후로 그는 다시 포르루아얄 수녀원과 보다 깊은 관계를 갖게 된다. 1656년 파스칼은 당시 얀세니우스주의 입장에서 파문의 위협을 받던 아르노를 돕고 예수회원들의 공격으로부터 얀세니우스주의를 옹호해 달라는 요청을 받게 된다. 이에 그는 『프로방샬』을 집필해서 익명으로 유포했다. 또한, 같은 해에 자유사상가들을 거슬러 『그리스도교 호교론』을 집필하고자 했다. 그러나 갑자기 세상을 뜨는 바람이 이 작품은 세상에 빛을 보지 못했다. 이 작품의 단편들은 그의 사후 『팡세』라는 제하에 책으로 출간되었다. 파스칼은 1662년에 세상을 떠났다.

② 파스칼의 호교론: 파스칼은 그리스도교 신앙의 신비들이 갖는 합리성을 분명히 하기 위해 인간 조건으로부터 시작했으며, 나아가 인간 수수께끼가 오직 그리스도교 계시 안에서 해결될 수 있음을 보여 주었다. 그는 이성의 능력만으로는 인간 수수께끼라는 모순에서 벗어날 수 없음을 계속 지적했다. 또한, 신앙의 원리들이기도 한 '마음의 원리들'만이 바라는 설명을 제공할 수 있다고 보았다. 데카르트를 비롯한 합리주의자들의 방법에 대해 파스칼은 감성적 방법을 대비시켰으며, 명석판

명한 개념들과 이성의 정밀함에 대해서는 마음의 열렬함을 대비시켰다. 사실, 파스칼의 호교론은 본질적으로 인간학적이며, 그리스도론적이다. 그것은 출발점에서 보면 인간 수수께끼에서 출발하지만, 그에 대한 해결책이 그리스도를 통해 해결된다. 그의 호교론적 여정은 다음의 세 단계로 제시된다. 명백히 모순된 인간 존재의 수수께끼를 냉혹하게 묘사한다. 철학자들과 다른 종교들을 통해 제시된 해결책들을 철저히 숙고하고 오류를 찾아낸다. 인간 수수께끼에 대한 그리스도교적 해결책이 갖는 장점과 유효성을 제시하고 검증한다.

③ 인간 수수께끼의 현상학: 파스칼은 자유사상가들의 허황된 확신들이 근거가 없다는 점을 입증함으로써 그리스도교 호교론을 위한 첫발을 내디뎠다. 그는 인간의 비참함이 무한을 향해 개방되었지만 결코 만족할 줄 모르는 그의 능력과 결코 목적에 이를 수 없는 도약에서 기인한다고 보았다. 파스칼에게 있어서 인간 수수께끼는 불일치와 악으로 환원되며, 이런 의미에서 인간은 진정 괴물과 같은 존재라고 말한다. 그러나 이러한 인간의 괴수성은 인간 내면의 신적인 것과 긴밀히 연결되어 있다. 왜냐하면, 하느님은 인간에게 복음을 가져다주실 만큼 그렇듯 가치 있는 존재로 그를 평가하시기 때문이다. 그래서 파스칼은 인간이 천사도 그렇다고 짐승도 아니라고 정의한다.

그러나 파스칼은 인간 수수께끼에 대해 철학자들과 다른 종교들을 통해 제시된 해결책들을 비판적으로 검토했다. 그에 따르면, 철학자들은 인간의 신비를 밝혀내는 데 무능하다. 또한, 그리스도교 이외에 만족할 만한 답을 줄 수 있는 종교를 찾지 못했다고 고백한다. 파스칼은 인간 수수께끼의 궁극적이고도 완전한 해결은 그리스도로부터 온다고 말한다. 그에 따르면, 그리스도는 인간의 모든 모순과 이율배반의 화해점이시다. 파스칼에게 그리스도는 모든 것의 중심이자 인간과 하느님, 모든 것의 근거이자 의미이다. 오직 그리스도만이 위대함과 비참함을 동시에 지닌 인간의 모순을 명백히 해명해 줄 수 있다.

파스칼은 중개자인 바오로, 아우구스티누스적인 표상을 사용해서 인류 앞에서 그리스도를 통해 이룩된 이중적 중개를 강조했다. 그분은 객관적 차원에서 볼 때 중개자이시다. 그분은 인간에게 살아계신 하느님과 하느님에 따른 인간의 참된 모습을 인간에게 계시해 주시기 때문이다. 나아가 그분은 주관적 차원에서도 중개자이시다. 그분은 하느님께 자신을 개방하는 인간에게 존재를 지탱케 하는 견고한 지지점을 선사해 주시기 때문이다. 인간은 십자가에 못 박히신 그리스도 안에서 자신을 발견하고 실현한다. 그분 안에서 죄가 취해졌지만 동시에 그 죄는 사해지고 사랑 안에서 극복되었다. 거기서 우리의 허물이 알려지고 용서받고 은총을 통해 극복되었다.

2) 니콜라 말브랑슈

① 생애와 작품: 말브랑슈는 1638년 파리에서 태어났다. 그는 16세에 마르쉬 기숙사에 입학해서 아리스토텔레스주의자의 지도를 받으며 철학을 공부했다. 이어서 그는 신학 공부를 위해 소르본 대학으로 진학해서 공부했다. 1660년에는 오라토리오회에 입회했다. 1664년 서품을 받을 무렵 어느 서점에서 데카르트의 유작인 『인간론』을 접한 후로 데카르트의 사상에 심취되어 그의 사상 연구에 전념했다. 그리고 마침내 뛰

어난 학자로 명성을 얻었다. 그는 학문 연구를 통해 자신의 사제 성소를 실현했다. 그러나 이로 인해 많은 논쟁에 휘말려 고초를 겪기도 했다.

그는 다양한 작품을 집필했는데, 그 가운데 『본성과 은총에 대한 논술』은 보쉬에, 페넬롱, 특히 아르노의 유보를 이끌어냈다. 1686년에는 퐁테넬에 맞서 기회 원인주의를 지지하고 1693년 『레지스에 대한 대답』을 출간했다. 한편, 베네딕도회 회원인 라미 신부는 말브랑슈에게 정적주의를 옹호해 달라는 부탁을 한 적이 있었다. 그러나 그는 정적주의와 관련된 모든 논쟁을 피하면서 『하느님 사랑에 대한 논술』을 집필해서 그를 비판했다. 생의 마지막 몇 달을 남기고 말브랑슈는 그리스도교적인 덕행과 사제적인 신심을 실천함으로써 모든 사람의 귀감이 되었다. 그는 1715년 파리에서 세상을 떠났다.

② 호교론: 말브랑슈 사상의 주요 특징으로 데카르트에 대한 대화적 입장, 아리스토텔레스와 스콜라 철학에 대한 비판, 기회 원인주의를 들 수 있다. 그는 데카르트 이후 가장 중요한 프랑스 철학자로 손꼽힌다. 그는 철학과 과학에 조예가 깊었지만, 그럼에도 그가 우선적으로 염려한 분야는 그리스도교였다. 그의 전 생애는 실존적으로 예수 그리스도와 연결되며, 그는 우리를 위해 십자가에서 돌아가신 그분과 신비적으로 합일하게 해 주는 영성 생활에 전념했다. 그의 지적 작업 전체에서 가장 중요한 목표는 근본적으로 파스칼이 지향한 목표와 같았다. 즉, 그는 자유사상가들, 회의론자들, 불가지론자들, 무신론자들의 공격에 맞서 그리스도교의 진리를 분명히 드러내고자 했다. 그는 가톨릭 교회의 교의를 옹호하기 위해 자신이 살던 시대의 과학, 철학과 조화를 이루는

주제들을 제시하려 노력했다. 말브랑슈는 인간 본성, 그리고 윤리적, 지적 가능성과 관련해서 파스칼보다 훨씬 더 긍정적인 개념을 견지했으며, 오직 이성만으로도 인간을 하느님께 인도할 수 있다고 믿었다. 이처럼 그는 이성이 신앙의 신비와 이루는 조화에 바탕을 두고 그리스도교의 진리를 논증하려 했다.

③ 철학적 아우구스티누스주의: 말브랑슈는 아우구스티누스의 전망과 깊이 조화를 이루는 인간, 세계, 하느님에 대한 전망을 견지했다. 그 역시 아우구스티누스와 마찬가지로 육체에 대한 영혼과 영의 절대적인 우위를 주장하는 이원론적인 개념을 갖고 있었다. 그의 인간학적 전망에 따르면, 인간의 모든 행위는 영혼으로부터 유래하며, 따라서 감각적 인식을 포함한 모든 인식은 영혼에 그 기원을 두고 있다. 그러나 감각적 인식은 육체의 일정한 움직임에 부합하면서 이루어진다. 말브랑슈가 지적 인식의 기원에 대해 제시하는 설명은 본질적으로 아우구스티누스적이다. 그는 관념의 기원 그리고 그 본성과 관련해서 데카르트를 비롯해 그의 추종자들과 오랜 논쟁을 벌였다. 말브랑슈에 따르면, 하느님 안에 있는 관념들은 영원한 것으로서 데카르트가 주장하듯이 창조된 것이 아니다. 또한, 그는 여기서 더 나아가 우리 인식이 절대적인 확실함을 향유하는 것은 하느님 안에서 관념들과 제1원리들을 보기 때문이라고 지적했다. 그래서 그는 우리 정신이 비록 유한하지만, 그럼에도 무한함에 대한 관념을 가질 수 있다고 보았다. 말브랑슈는 무한함에 대한 이러한 관념 위에서 하느님의 존재에 대한 존재론적 증명을 구축했다. 또한, 그는 모든 형태의 능동인을 하느님에게 유보했다. 이 선상에서 피조물에

대한 하느님의 작용은 직접적이고 총체적이며 보편적인 것으로 간주된다. 이처럼 그는 모든 작용이 하느님 안에 있고 하느님에게서 유래한다고 지적했다. 그는 특정한 상황과 환경에 맞는 효과들을 일으키시는 분은 다름 아닌 하느님(기회 원인주의)이라고 보았다.

④ 신학 사상: 말브랑슈는 인식론적 존재론과 형이상학적 기회 원인주의를 통해 하느님의 전능하심, 그리고 천사와 인간을 포함한 모든 피조물이 그분의 주도권에 온전히 복종해야 함을 드러내고자 했다. 이는 그의 모든 신학적 사색, 특히 은총 신학에서 큰 반향으로 드러난다. 말브랑슈가 더욱 관심을 갖고 다룬 신앙의 진리로는 삼위일체의 신비, 말씀의 육화 신비, 은총의 신비 등이다. 그는 성부에게 권능을, 성자에게 지혜를, 성령에게 사랑을 그 고유한 속성으로 할당했다. 그리고 하느님의 말씀을 창조된 세계의 원형으로 소개했다. 한편, 사랑이 고유한 속성이신 성령은 사랑의 원천이시며, 우리 마음 안에 그 사랑을 부어 주신다고 그는 말한다. 말브랑슈의 그리스도론은 스코투스적인 특징을 간직하고 있다. 그는 강생의 이유와 관련해서 스코투스처럼 아담이 죄를 짓지 않았어도 그리스도의 강생이 그대로 실현되었을 것으로 보았다. 그에 따르면, 강생의 가장 큰 역할은 창조 업적을 완성으로 이끄는 가운데 하느님께 최고의 영광을 드리는 데 있다. 이러한 말브랑슈의 강생 신학은 교회 개념으로 연장된다. 그에 따르면, 교회는 이 지상에서 인간을 새롭게 탄생시키고 가르치는 그리스도의 업적을 지속한다. 또한, 은총과 관련해서 그는 은총을 창조 은총과 구원 은총으로 구분했다. 아담에게 허락된 창조 은총은 정신을 비추었으며(빛의 은총), 그리스도를 통해 선사

된 구원 은총은 인간의 의지를 건드리며 마음의 회개를 일으킨다고(기쁨의 은총) 그는 말한다. 그러나 그의 은총론에는 논란의 소지가 있다. 그는 기회 원인주의로 그리스도의 행위를 약화시켰으며, 탐욕과 은총 사이의 병행론을 통해 은총의 힘과 가치를 축소했다. 그럼에도 여전히 그의 은총 개념은 아우구스티누스의 은총 개념에 상당히 근접해 있다.

4. 정적주의

정적주의는 스페인의 미겔 더 몰리노스에 기원을 두지만, 그것이 발전되고 격렬한 논쟁이 벌어진 곳은 1600년대 말의 프랑스였다. 바로크 시대의 프랑스는 베륄, 프랑수아 드 살 등 걸출한 영성가들을 통해 수준 높은 영성 문학을 발전시켰다. 그리고 이러한 수덕적, 신비적 바탕 위에서 정적주의 운동도 발전했다. 그러나 이는 상당히 격렬한 논쟁을 야기했다.

1) 미겔 데 몰리노스

몰리노스는 1628년 스페인의 무니에사 출신이다. 그는 고향에서 학업을 마치고 발렌시아에서 학업을 계속했으며 예수회원들이 운영하는 성 바오로 콜레지오에서 신학 박사 학위를 취득했다. 1652년 사제품을 받은 후 약 10년간 전교 설교사이자 고해 사제로 활동했다. 그 후, 1663년에 프란치스코 시몬의 시복 절차를 위해서 자신의 주교와 함께 로마를 방문했는데, 이때 인생의 큰 전환점을 맞게 된다. 이때부터 그는 로마에서 기도 방법을 가르치면서 영성가로서 명성을 얻었다. 그는 로마에서 포기의 영성을 발견하고 그와 관련된 작품들을 읽고 성찰한 후, 1675년 자신의 주요 작품인 『영적 안내서』를 출간했다.

그에게 있어서 내적 생활의 기초는 '하느님에 대한 사랑'과 '영혼의 평화'였다. 그리고 '안내'의 목적은 영혼이 관상에 보다 쉽게 도달할 수 있는 방법을 가르치는 데 있었다. 그는 자신을 하느님의 손에 수동적으로 맡기는 것을 관상으로 보았다. 『영적 안내서』라는 이 작품은 일련의 반대, 특히 예수회원들의 반대를 일으켰다. 이에 그는 얼마간 교황 인노첸시오 11세와의 친분을 이용해서 위기를 모면할 수 있었다. 교황은 1681년 그를 반대하는 사람들의 작품들을 금서 목록에 올리게 했다. 그러나 얼마 안 있어 그의 사상이 내포한 교의적인 오류들에 대한 지적이 힘을 받게 되면서 결국 그와 그의 추종자들은 감옥에 갇히고 말았다. 몰리노스는 1685년 정적주의라는 명목으로 종교 재판소에 고발되었고, 1687년 9월 3일 자신의 오류를 공개적으로 철회하고 무기형을 선고받았다. 같은 해 11월 19일 인노첸시오 11세 교황은 몰리노스의 사상을 단죄하는 교서 「천상의 목자」를 반포했다. 몰리노스는 1696년 말 감옥에서 세상을 떠났으나, 그의 사상은 특히 이탈리아 정적주의에 크게 영향을 미쳤다. 정적주의가 단죄된 것은 무엇보다도 인간의 수덕적인 노력의 가치를 전혀 인정하지 않고 극단적으로 은총의 활동만을 강조한 데 있었다. 여기에 더해 이 사조는 모든 교회적, 세속적 권위를 거부했다.

2) 마담 귀용

프랑스에서의 정적주의 운동은 주로 마담 귀용으로 알려진 '잔느 마리 부비에'라는 인물을 중심으로 발전했다. 마담 귀용은 1648년 프랑스의 몽타르지 출신으로 어린 시절부터 방문회 수녀가 되기를 원했지만, 가족의 반대로 결국 1664년 훨씬 연상의 부자인 자크 귀용과 결혼해야 했다. 그러나 남편이 일찍 세상을 떠나자, 마담 귀용은 애덕과 신심 활동에 전념했다. 이와 함께 프랑수아 드 살, 베륄 추기경, 십자가의 요한의 작품들을 탐독하고 바르나바회 소속 프랑수아 라 콩브 신부의 영적 지도를 받으며 신비 기도를 시작했다. 그녀는 스위스, 이탈리아를 여러 번 여행했으며, 그 기회에 자신의 영성과 기도 방법을 열정적으로 보급했다.

1685년 마담 귀용은 첫 작품인 『짧고 쉬운 기도 방법』을 출판하고, 1688년에는 『아가 주해』를 출간했다. 1686년 파리에 도착한 그녀는 당시 세도가인 마담 드 맹트농의 도움을 받아 상류사회와 궁정의 사교 모임에 들어가게 된다. 그러나 이로 인해 그녀에게는 불행이 시작되고 말았다. 1688년 마담 귀용은 페넬롱을 알게 되었는데, 그는 귀용의 영성에 대해 큰 존경심을 갖고 그녀를 적극 후원했다. 그리고 많은 사람들이 마담 귀용을 따르기 시작했다. 이에 질투를 느낀 마담 드 맹트농은 마담 귀용의 가르침을 반대하던 보쉬에의 개입을 부추겼다. 이때부터 정적주의를 둘러싸고 보쉬에와 페넬롱 간에 힘겨운 충돌이 시작되었다. '순수한 사랑'이라는 주제를 둘러싼 이 논쟁은 예기치 못한 큰 파장을 촉발했다. 결국, 이 논쟁은 인노첸시오 12세 교황이 교서 「*Cum alias ad apo stolatus*」를 공포해서 페넬롱을 단죄함으로써 종결되었다. 대립의 원인이 됐던 마담 귀용도 이단이라는 혐의를 받았으며 오랜 시련을 겪은 후, 강제로 모(Meaux)에 있는 방문회 수녀원에 은거해서 살아야 했다. 그리고 신비적인 가르침을 다시 시작했다는 거짓 고소로 인해 뱅센느 감옥에 투옥되고 다시 바스티유 감옥으로 이송되었으며, 옥살이를 하다가 1703년에야 겨우 풀려났다. 그녀는 좋지 않은 건강 상태에도 불구하고 영적 왕래를 지속했으며, 결국 1717년 블로아에서 생을 마감했다.

3) 프랑수아 드 페넬롱

페넬롱은 프랑스 정적주의 논쟁의 열쇠를 쥐고 있는 인물이다. 그러나 그는 이 문제만이 아니라 주교로서 영성가로서 교육자이자 신학자로서 지닌 뛰어난 소양으로 인해 교회사와 신학사에서 자주 거론되는 인물이다. 그는 1651년 프랑스 페리고르 귀족 가문에서 태어났다. 어린 시절 훌륭한 인문 교육을 받았으며, 1668년부터 1675년까지 파리의 뒤 플레시 콜레지오와 생 쉴피스 신학교에서 철학과 신학을 공부했다. 그뿐만 아니라 트롱송의 영향을 받아 여러 신비가들을 깊이 알게 되었다. 1675년 사제품을 받았고 그때부터 뛰어난 설교가로 명성을 얻었으며 궁정과도 관계를 가졌다. 또한, 보쉬에를 통해 상류사회 사람들의 그룹에 합류하게 된다. 1679년 파리의 대주교인 아를레는 그를 누벨 가톨릭과 개혁 베네딕도 수도원(라 마들렌 드 트레넬)의 원장으로 임명했다. 그는 1685년에 형제회 그룹과 함께 포아투, 생통쥐의 전교 책임을 맡기도 했다. 더 나아가 다양한 영성 서적을 집필했다. 그는 훌륭한 교육자로서 명성을 얻기도 했다. 1693년에는 프랑스 아카데미의 회원으로 선임되는 영광을 얻었다. 그리고 마침내 바로 그해 마담 귀용과 만나게 된다. 페넬롱은 비록 그녀의 표현이 투박하기는 해도 깊은 영성을 지니고 있다고 보았으며, 그녀를 영적으로 지도하기 시작했다. 1695년에는 캉브레의 주교로 임명되어 보쉬에로부터 직접 주교로 축성되었다. 그러나 마담 귀용과 페넬롱이 쓴 작품들과 더불어 정적주의 논쟁이 불거지면서 페넬롱은 이 문제의 당사자로 곤욕을 치러야 했다. 보쉬에가 의장인 이 문제를 검토한 위원회는 1695년 그녀의 교설을 34개 항목으로 성문화하고 정적주의를 단죄했다. 결국, 페넬롱은 이 위원회의 결정문을 받아들였다. 보쉬에의 요청에 따라 루이 14세는 페넬롱을 캉브레로 귀양 보냈으며, 문제가 됐던 페넬롱의 작품『내적 생활에 대한 성인들의 금언 설명』은 1699년 3월 12일 인노첸시오 12세 교황의 교서「*Cum alias ad apostolatos*」를 통해 단죄되었다. 이에 페넬롱은 교황의 결정에 대한 충만한 순명을 드러냈다.

정적주의의 폭풍이 지나자, 페넬롱은 평온을 되찾았다. 자신의 교구로 좌천된 그는 교구 사목과 관리 그리고 학업에만 전념했다. 1704년 보쉬에가 임종한 이후, 페넬롱은 얀세니우스주의의 가장 확고부동한 적대자가 되었다. 또한, 그는 자유주의자들에 맞서 가톨릭 신앙을 수호했다. 사실, 신학자로서의 페넬롱은 트리엔트 공의회 이후 스콜라 신학의 엄격함, 정밀함, 체계화로부터 멀리 떨어져 있었다. 그러나 그는 신비적 전통 체험으로 자신의 교설을 드러낼 줄 알았다. 신학자로서의 그는 그 누구와도 비교할 수 없을 만큼 영혼들을 인도했으며, 훌륭한 지도자이자 존경스러운 설교자였다. 그는 1715년 64세로 임종했다.

4) 자크 베니뉴 보쉬에

보쉬에는 프랑스 문화의 황금 세기로 일컬어지는 17세기 프랑스 교회에서 가장 뛰어난 인물로 평가받는다. 그는 1600년대 후반 프랑스에서 일어난 모든 신학적, 종교적 현안에서 주요한 역할을 맡았다. 그는 모든 문화적, 정치적, 종교적, 신학적 전선에 개입해서 어떤 형태로든 무질서와 혼란, 이단을 야기할 수 있는 모든 것에 대해 비판하고 단죄하며, 교회의 질서와 정통성을 수호했다. 그는 1627년 디종 출신으로 디종과 파리에서 수학했고, 1652년 사제품을 받은 후 메츠 주교좌 의전 사제단에 배속되어 활동했다. 그 후, 1659년 파리로 옮겨 설교자로서 활발한 활동을 하고 큰 성공을 거두었다. 1669년에는 콩돔의 주교로 임명되었으며, 동시에 루이 14세의 아들인 황태자의 개인 교사가 되기도 했다. 1681년부터는 모(Meaux)의 주교로 임명되어 활동했으며, 국가의 고문 자격으로 1600년대의 마지막 수십 년간 프랑스 역사에 활기를 불어넣는 모든 정치적, 종교적 현안에 적극 참여했다. 그는 단순히 자기 교구 내의 여러 일들보다는 보편 교회와 관련된 모든 문제에 전념했다. 특히, 그는 소위 '갈리아 문제'에서 결정적인 역할을 했다.

프랑스 교회는 이미 15세기부터 프랑스 내에서 로마 교황청의 개입을 제한하고 프랑스 교회의 자율과 독립을 추구하려는 경향이 강했다. 보쉬에가 활동하던 당시의 갈리아주의는 단순히 루이 14세의 교회 정치에 관한 것이었다. 그러나 보쉬에는 여기서 한 발 더 나아가 1682년 개최된 프랑스 성직자 총회를 바탕으로 프랑스 교회에 대한 광대한 자율권을 주장하기에 이르렀다. 이 총회는 4개 조항을 바탕으로 프랑스 교회의 자유에 권리 요구를 공식화했다. 또한, 루이 14세는 주교 후보들을 천거할 권리를 주장했다. 그러나 이에 대해 인노첸시오 11세 교황은 교서를 통해 왕권 문제에 관한 총회의 모든 결정을 기각하고 무효를 선언했다. 갈리아 문제의 열기가 뜨겁던 상황은 보쉬에의 생애 마지막 시기에 속하며, 이 시기에 정적주의도 큰 문제로 부각되어 프랑스 교회를 괴롭혔다. 이에 보쉬에는 1694-1695년 이시 회의에 참석해서 정적주의 문제를 해결하는 데 앞장섰다. 그는 당시 문제가 된 페넬롱의 작품 『내적 생활에 대한 성인들의 금언 설명』을 고발하고 논쟁 끝에 교황청으로부터 그의 단죄를 이끌어내는 데 주도적인 역할을 했다. 또한, 그는 얀세니우스주의 논쟁이 다시 불거지자 이를 거슬러 강력한 웅변과 논리로 무장하고 이에 대처했다. 그는 1704년 세상을 떠났다.

보쉬에는 신학자이기 이전에 교회의 사람이었다. 그의 최대 관심사는 언제나 신앙이었고, 이는 판단과 행동의 유일한 기준이었다. 그는 이웃에게 선을 베풀기 위해 궁정에서의 영향력을 활용했다. 그리고 성직록을 충분히 마련해서 가난한 사람들을 위해 자선을 베풀었다. 그러나 왕권의 과도한 신정(神政) 개념은 그로 하여금 군주제에 대해 상당히 유연한 태도를 견지하게 했으며, 이런 사고가 그의 갈리아주의의 밑바탕에 있었다. 신학적인 면에서 그는 전통에 충실한 인물이었다. 그는 젊은 시절부터 교부들, 특히 아우구스티누스 연구에 전념했다. 그의 신학 사상은 강론, 역사 신학, 정치 신학, 에큐메니즘 영역에서 잘 드러난다.

우선, 그는 모든 시대에 걸쳐 교회의 위대한 설교가들 반열에 드는 사람이다. 그는 담대하게 그리고 주저하지 않고 왕과 귀족 그리고 부자와 권세가들에게 가난한 사람들을 향해 지녀야 할 그들의 의무를 일깨웠다. 한편, 역사 신학과 관련해서, 그는 역사 신학의 창시자인 아우구스티누스의 견해를 충실히 따랐다. 그는 이 선상에서 『세계사에 대한 담화』를 집필했으며, 여기서 인류 역사에 대한 본질적인 정보들을 제시하고 신앙의 빛을 통해 역사에 대한 총체적인 이해를 도모했다. 역사에 대한 그의 개념은 지극히 정통적이었다. 그는 역사 내에서 이루어지는 인간 활동을 보다 적절하고 구체적으로 제시함으로써 지나치게 가혹한 아우구스티누스적인 이중 예정론을 완화했다. 그에 따르면, 하느님은 인간의 활동과 덕, 심지어 그가 범하는 잘못과 악습을 통해서도 이 세상을 통치하신다. 또한, 그는 『성경 말씀들로부터 길어 낸 정치』라는 작품을 통해 정치 신학을 제시했다.

종교 전쟁이 끝나고 관용의 시대가 도래하면서 신학에서도 새로운 시대가 열렸다. 논쟁은 점차 대화를 향해 나아갔으며, 이를 통해 잃어버린 일치를 회복하려는 첫 번째 시도들이 모색되었다. 보쉬에는 에큐메니즘 문제를 사변적 차원뿐만 아니라 실천적 차원에서도 시도한 인물이다. 그는 『개신교 교회의 다양함에 대한 역사』를 통해 개신교의 분열된 이유를 탐색했으며, 이를 바탕으로 개신교와 가톨릭 간의 대화를 도모했다. 실천적인 차원에서 보면, 보쉬에와 라이프니츠는 17세기 말 개신교와 가톨릭의 일치를 도모한 인물로 손꼽힌다. 당대의 대표적 사상가이자 양쪽 교회를 대변하는 인물인 이 두 사람은 교회의 일치를 위해 뜻을 모았다. 하지만, 실질적으로는 그리 큰 결실을 얻지 못했다. 양측 모두 자신들의 입장을 포기하지 않았기 때문이다. 결국, 이들의 관계는 단절됐고 교회 일치에 대한 시도는 실패하고 말았다. 당대 프랑스 교회를 대표하는 최고의 성직자이자 탁월한 설교가이고 호교론자이자 신학자였던 보쉬에는 위대한 자신의 스승인 아우구스티누스와 여러 면에서 닮았다. 그 역시 아우구스티누스처럼 대담하고 쉼 없이 교회의 일치를 위해 그리고 모든 면에서 신앙의 순수함을 지키기 위해 마지막까지 혼신의 노력을 다했다.

5. 제3기 스콜라 신학의 사변 신학과 역사 신학

시기적으로 17세기 중반부터 18세기 중반에 걸쳐 있는 제3기 스콜라 신학은 12-13세기의 제1기와 16-17세기의 제2기에 비해 강력한 힘도 창의력도 많이 부족했다. 어찌 보면 이 시기는 사변 신학이 저물어가는 황혼기라고 말할 수 있다. 이 제3기 스콜라 신학이 보여 주는 두드러진 점은 유산으로 물려받은 학문적 결실들을 보존하고 체계화하며, 백과사전식으로 종합한 데 있었다. 이 시기의 신학은 트리엔트 공의회 이후의 신학자들과 학파를 통해 해석된 것들 위에, 그 공의회를 통해 정식화되고 견지된 철회 불가한 교의적 대원칙들을 재확인하고 전통을 엄격히 보존하려 했다. 또한, 특정한 주석과 논술들 속에 산재한 모든 신학적 사변의 조직적인 체계화 작업을 완성했다. 한 마디로, 이 시대의 스콜라 신학자들은 백과사전적 형태로 신학을 했다. 이 시기를 대표하는 사변 신학자로 빌뤼아르, 제르디, 가차니가를, 역사 신학자로는 드니 프토, 루이 토마생을 꼽을 수 있다.

1) 사변 신학

① 샤를-르네 빌리아르: 빌리아르는 1685년 아르덴느의 르방에서 태어나 대부분 그곳에서 살다가 1757년 그곳에서 운명했다. 그는 1701년 도미니코회에 입회해서 1708년 사제품을 받았고, 그 후 수도회 내에서 원장, 관구장 등 다양한 장상 소임을 맡아 봉사했다. 그뿐만 아니라 그는 학자로서 철학, 신학을 연구하고 가르쳤다. 그는 18세기 전반기에 당대 최고의 토미스트로 평가받는다. 그는 도미니코 수도회 총

회에 참석한 장상들의 요청에 따라 『신학대전』에 대한 방대한 주석서(19권)를 집필했다. 그리고 이를 다시 6권으로 압축, 종합하기도 했다. 그는 이를 통해 『신학대전』과 관련해서 후대에 있었던 다양한 논쟁을 통해 제기된 문제들, 특히 개신교 관련 문제들과 얀세니우스 문제 등을 다룸으로써 토마스의 사상을 현대화하고자 했다. 특히, 그가 집필한 『신학개요』는 20세기 초까지 토마스 학파에 지대한 영향을 미쳤다.

② 지아친토-시지스모도 제르디: 제르디는 1718년 사보이아의 사모엥에서 태어났다. 15세에 바르나바회에 입회한 후 볼로냐에서 수학했다. 사제품을 받은 후 철학과 신학을 강의했으며, 특히 토리노 대학 교수로 발탁되고 사르데냐 왕국의 왕자의 개인 교사로 임명되어 활동했다. 마침내, 교황 비오 6세는 그를 디본의 명의 주교로 임명하고 이듬해에는 추기경에 서임했다. 그 후, 그는 금서성과 포교성성 장관을 역임하기도 했다. 그는 1802년 로마에서 임종했다. 제르디는 과학, 철학, 윤리 신학 등 다방면에 많은 작품을 집필한 사상가였다. 그는 18세기 가톨릭 철학 분야에서 가장 독특한 인물로 평가받는다. 그는 토마스의 사상을 복원했으며, 종종 그를 인용하고 해설했다. 그러나 그는 아우구스티누스적이면서도 플라톤적인 색채를 띤 토미즘, 말브랑슈와 토마생의 토미즘을 선호했다. 그는 이를 통해 신앙의 진리를 보다 효과적으로 설명하고 옹호했다. 그는 기본적으로 호교론자였다. 그는 자신의 『종교 연구 입문』을 통해 본격적인 호교론을 펼쳤다. 그의 사상적 성찰의 근본 대상은 하느님이었다. 그는 하느님의 존재를 견지하기 위해, 무한 개념 또는 절대적으로 완전한 존재 개념을 통해 존재론적인 증명을 제시했다. 또

한, 그는 "하느님 안에서 만물을 바라본다"는 말브랑슈의 유명한 주장을 명료하게 설명하려 했다. 한편, 그는 윤리에 바탕을 둔 질서 개념을 제안했는데, 이러한 질서의 특수하고도 근본적인 경우가 바로 윤리 질서였다. 마지막으로, 제르디는 다양한 작품을 통해 로마좌의 수위성을 옹호했다.

③ 피에트로 마리아 가차니가: 가차니가는 1720년 이탈리아 북부의 베르가모에서 태어났으며, 1737년 도미니코회에 입회하여 볼로냐에서 수학했다. 그리고 여러 신학원에서 철학과 신학을 가르쳤다. 1759년 오스트리아의 황후 마리아 테레지아는 그를 발탁해서 빈에서 20년 이상 토마스의 신학을 가르치도록 배려했다. 그는 1799년 비첸차에서 임종했다. 그의 주요 사상은 주요 저작인 다음 2권에 담겨 있다. 『빈 대학의 신학 강좌』, 『자신의 익명의 고발자에 대항한 도미니코 회원 가차니가 신부의 온건한 공격』이 그것이다.

2) 역사 신학

이 시기에 사변 신학이 쇠퇴했던 데 반해, 역사 신학은 상당히 발전했다. 무엇보다도 역사 신학은 바로크 시대에 체계화되었다. 자신의 신앙에 대한 정통성을 입증하기 위한 주요 논증에는 언제나 성경이 제시되었지만, 여기에 역사도 추가되었다. 그래서 마그데부르크의 『세기별 교회사가』가 출간되었고, 여기에 맞서 체사레 바로니오가 『교회 연감』을 제시해서 대응했다. 세속화와 합리주의 시대에 역사 신학은 보다 발전된 신학 탐구 영역으로 자리잡았는데, 이러한 경향에 촉매 역할을 한 것은 얀세니우스의 『아우구스티누스』였다.

역사 신학의 발전에는 여러 수도회 소속 학자들이 기여했다. 이들의 역사 연구에 힘입어 19세기 역사학의 기준으로서의 규범인 '원천들'이라 불리게 될 작품들이 발굴되고 번역, 출간되었다. 이러한 원천들로는 고대의 고전 작품들, 교회 교부들의 작품들, 라틴·그리스·동방 전례 텍스트, 법 역사의 원천들, 여러 공의회와 수도회들의 역사적인 원천들, 교황들과 성인들의 생애와 관련된 문헌들, 고대 교회의 고고학적 출처와 관련된 문헌들, 성경 텍스트 번역본들이 있다.

이 소중한 작업에는 특히 생 모르 수도회가 크게 기여했다. 이 수도회는 17-18세기의 학자들을 총망라하는 거대한 조직으로 발전했으며, 그 중심에는 생 제르멘 데 프레 아빠스가 있었다. 특히, 이 작업을 체계적으로 조직한 실질적 인물은 뤽 다세리 신부였다. 그리고 그의 후임으로 장 마비용, 베르나르 드 몽포콩, 토마 블랑팽이 아우구스티누스의 작품들을 비롯해 수많은 교부 문헌을 정리했다. 그리고 이런 방대한 문헌을 바탕으로 프토, 토마생은 본격적인 역사 신학을 발전시켰다.

① 드니 프토: 프토는 1583년 프랑스의 오를레앙에서 태어나 그곳과 파리에서 수학했다. 그리고 소르본 대학에서 신학을 공부하고 전공으로 교부학을 연구했다. 그는 1605년 예수회에 입회했으며, 1610년 사제품을 받았다. 그 후, 여러 대학에서 수사학을 비롯해 신학을 가르쳤다. 1645년부터 임종한 1652년까지는 도서관을 담당하면서 작품 집필에 전념했다. 그는 역사 기술, 교부학, 신학에 많은 작품을 남겼다. 그의 주요 작품은 『이성적인 시간』으로, 그는 여기서 역사 기술을 위한 주요 원칙

들을 제시했다. 또 다른 주요 작품으로 방대한 신학 주제들을 담은 『교의 신학』이 있다. 그는 이를 통해 성경과 가톨릭 전통 같은 권위 있는 원천에 의해 드러나는 가톨릭 사상을 체계적으로 제시했다. 그는 건전한 철학의 도움을 받아야 좋은 신학을 할 수 있다는 신념 아래, 철학을 적절히 활용했다. 그래서 『교의 신학』 도입부에서 토마스가 신학의 본성 그리고 신학자가 철학을 사용하는 방식과 관련해서 가르친 원리들을 시대의 필요에 맞게 적용하면서 이를 자신의 방식으로 새롭게 제시했다. 그는 『교의 신학』을 통해 신학의 역사에서 중요한 단계를 지적했다. 그는 절도 있는 사변, 그리고 풍부한 역사로 양육된 실증 신학으로 향하는 길을 열어놓았다. 이러한 그의 사상은 현대의 여러 신학자, 예컨대 모랭, 토마생, 뉴먼, 묄러, 쉐벤, 레농을 비롯해 로마 학파의 여러 신학자들에게 상당한 영향을 미쳤다.

② 루이 토마생: 토마생은 프토와 함께 역사 신학, 실증 신학의 창시자로 평가받는 인물이다. 그는 1619년 엑상 프로방스에서 태어나 14세에 오라토리오회에 입회했다. 그는 소뮈르에서 신학을 공부하고 1643년 사제품을 받았다. 그 후 소뮈르 대학을 비롯해 여러 곳에서 철학, 신학을 가르쳤다. 특히 그는 드니 프토와 로앵의 실증 신학 방법론을 받아들여 자신의 신학 연구와 가르침에 광범위하게 적용해서 크게 성공했다. 1654년에는 장상들의 명으로 생 말루와, 파리에서도 신학을 가르쳤다. 생의 말년에는 얀세니우스주의자들, 갈리아주의자들에 맞서 다양한 논쟁을 하기도 했다. 그리고 1695년 파리에서 76세의 나이로 임종했다. 그의 주요 작품으로 『교의 신학』이 있는데, 그는 이를 통해 프토

가 다룬 내용과 방법론을 충실히 따랐다. 또한, 그는 『*Prolegomena*』에서 자신의 신학적 비전을 제시했다. 이는 프란치스코 학파의 신학적 비전에 더 근접했다. 그는 정신뿐만 아니라 마음으로 신학을 해야 한다고 보았으며, 이러한 신학적 태도를 바탕으로 그리스 교부들과 라틴 교부들을 총망라하는 일련의 교부들의 방대한 증언을 제시했다. 그는 신학 작업을 위한 필요한 도구들을 분석하고 아우구스티누스가 탁월하게 사용한 플라톤 철학을 그 첫 자리에 두었다. 또한, 그는 신학자들이 아우구스티누스의 인도 아래 학문, 예술, 문학, 역사, 고고학 등을 활용하도록 권했다. 그는 하느님에 대한 논술에서 말브랑슈의 많은 견해를 자신의 것으로 수용했으며, 말브랑슈 이상으로 하느님을 인식하기 위해 인간이 소유한 본성적인 성향을 강조했다. 그리고 하느님을 '절대적 존재'로 보고 신학을 발전시켰다.

6. 윤리 신학의 발전

1) 알폰소 데 리구오리 이전의 윤리 신학

① 교의 신학과 윤리 신학의 분리: 윤리 신학이 교의 신학에서 분리된 것은 트리엔트 공의회 이후의 일이다. 17세기 1/4분기에 윤리는 대부분의 저자들에게 따로 속하는 분야였다. 특히, 이는 직접적이고 지속적으로 교의에 영향을 받는 것으로 간주되었다. 윤리의 자주성이 처음 요청된 것은 빅토리아의 프란치스코를 비롯해 그의 제자들인 살라망카 학파의 학자들을 통해서였다. 빅토리아는 자신의 수업에서 윤리와 법에 대한 문제들을 교의적인 주제들로부터 구별해서 따로 다루었다. 이렇게

해서 토미즘 내부에서부터 점차 교의 신학과 윤리 신학 사이에 단절이 이루어지기 시작했다.

그러나 윤리가 하나의 독립된 분야로 형성되는 데 중요한 역할을 한 그룹은 예수회 학자들이었다. 예수회는 『면학 규정』(1584년)에서 양심과 관련된 여러 경우에 대한 사목적 배려를 고려해서, 특히 윤리 분야에 '대과'(사변적 분야)와 '소과'(실천적 분야)를 구별했다. 이러한 분리는 사변 신학으로부터 일반적이면서도 필수적인 요소들을 끌어냄으로써 도덕률의 기초를 세우기 위함이었다. 그럼으로써 계명의 순서에 따라 구체적으로 윤리적인 내용을 제시하고자 했다. 이로 인해 특수 윤리 분야가 형성되었다. 윤리가 교의로부터 결정적으로 분리된 것은 16세기 말에 출간된 『고해 사제들의 교과서』를 통해서였다. 여기에 더해 프란치스코 데 톨레도의 『문제와 의심들』, 발레리우스 레이날두스의 『속죄 법정의 실천』 같은 유명한 윤리 신학 교과서들은 이러한 분리를 결정적인 것으로 만들었다.

② 요한 아초르의 『윤리 지침서』: 예수회원인 요한 아초르가 쓴 3권으로 된 『윤리 지침서』(1600-1611년)는 윤리 신학의 발전에 결정적으로 기여했다. 이 작품의 출발점은 "선과 악의 경계선으로서의 양심"이었다. 그는 이 작품을 다음의 네 부분으로 나누어 체계적으로 제시했다. 계명, 칠성사, 검열, 교회의 형벌, 사면, 삶의 신분과 최종 목적. 이는 윤리적인 주제들에 대한 새로운 구분으로서, 덕에 기초를 두고 있으며 전통적인 내용을 대신하는 것이다. 아초르가 제시한 이 네 가지 분야는 『신학대전』 제2부 제1편의 7가지 내용에 대한 연구에 선행한다. 그는

『윤리 지침서』 제2권에서 인간적인 행위에 관한 연구를 통해 토마스에게서는 드러나지 않는 '양심'에 대해 심도 있게 다뤘다. 이러한 그의 작품은 당시 교회 내에 많은 반향을 일으키며 크게 성공했다.

③ 결의론과 개인주의: 17세기 아초르의 연구 성과를 바탕으로 곳곳에서 사제 양성과 고해성사를 위한 윤리 신학 관련 교과서들이 많이 출간되었다. 특히, 고해 사제들이 사용할 수 있는 새로운 윤리에 대한 정립은 구체적으로 다양한 경우에 있어서 윤리적인 식별 작업을 가능케 했다. 이렇게 해서 소위 '결의론'(casistica)이 생겨났다. 이 노선을 대변하는 대표작은 안토니오 디아나의 『해결집』을 들 수 있다. 여기에는 양심과 관련된 2만 가지 경우와 그에 대한 해결책이 제시되어 있다. 그러나 이런 결의론적 해결책은 한 가지 경우에 오직 하나의 만족할 만한 해결책밖에 없었다. 사실, 결의론의 발전은 역사적, 문화적으로 정당화되었다. 당시 역사적, 문화적 맥락의 중심에는 '개인주의'가 있었으며, 그 철학적 뿌리는 오캄의 유명론이었다. 개신교와 가톨릭 모두 이러한 개인주의적 발전을 무의식중에 받아들였다. 윤리 역시 이러한 요청과 연결되어 있으며, 언제나 더욱 개인과 개인의 문제, 개인적인 양심의 요구를 고려했다. 또한, 트리엔트 공의회가 성직자에게 위임한 사목적인 사명, 즉 고해성사 실천에 대한 주장은 개인적인 양심의 우위를 통해 받아들여진, 전체적인 분위기를 접하게 된다. 이렇게 해서 결의론은 교회 내에서 대세로 굳어지게 되었다. 그러나 이로 인해 윤리 신학은 그 정신이 변질되고, 점차 실천, 즉 고해성사의 순수한 기술로 바뀌는 경향을 띠고 말았다.

④ 양심, 자유, 윤리적 결단: 결의론적 윤리는 양심에 대한 논술을 적절하게 근본 윤리 안으로 도입시키고 거기에 첫 번째 자리를 유보했다. 결의론적 윤리에서 결정적인 것은 양심의 역할에 있었다. 인간 행위의 내용은 환경과 상황에 따라 다양하고 변화하며 개인적이므로, 법이 불변하고 일반적인 데 반해, 양심은 법을 해석하는 역할을 수행해야 한다고 보았다. 그럼으로써 허용된 것과 금지된 것 사이에 명확한 경계를 규정하려 했다. 이런 의미에서 윤리학자들의 주된 과제는 이러한 작용에서 양심을 도와주는 것으로 축소되었다. 그러나 양심이 법과 자유 사이에서 임의적으로 행동하도록 고양된 이후, 데카르트적인 의심으로 가득 차고 자유가 주어진 근대적인 양심은 더 이상 윤리 신학자가 자신의 과제를 수행하는 데 용이한 것이 되지 못했다.

⑤ 주요 경향들: 법이 의심스럽거나 불확실한 경우, 양심은 어떻게 처신해야 하는지에 대한 문제를 둘러싸고 윤리 신학자들 사이에서는 다양한 논쟁이 일어났으며, 그 대답 역시 다양했다. 그 대답은 크게 안전 제일주의, 확실 개연설, 균형적 개연설, 개연설로 나뉜다. 이 체계들 간의 차이점은 자유에, 그리고 양심에 어느 정도 여백을 허용하는가 하는 점에 있었다.

2) 알폰소 데 리구오리

① 생애와 작품: 알폰소는 1696년 나폴리 근처의 마리아넬라에서 태어났다. 나폴리 대학에서 수학했으며 1713년에 법학 박사 학위를 취득했다. 그 후, 10년간 법률가로 활동하다 중요한 소송에 패소하면서 실

의에 빠졌으나, 기도로 극복했으며 또한 신비 체험을 했다. 이에 사제가 되기로 결심하고 오라토리오회에 입회했다. 1726년 사제품을 받고 선교 활동에 전념했다. 이 과정에서 사목적인 이유로 윤리 연구에 전념하게 됐다. 1730년 친구인 토마스 팔코이아가 카스텔라마레 교구의 주교가 되자 그곳으로 거처를 옮겨 활동했으며, 1731년 여자 구속주회를 창립하고, 이듬해인 1732년 남자 구속주회를 창립했다. 1762년 교황 클레멘스 13세는 그를 나폴리의 산타 아가다 데이 고티 교구의 주교로 임명했다. 이에 그는 13년간 이 교구를 돌보며 교회를 개혁하고 자선사업에 전념했다. 1775년 병을 얻어 주교직을 사임했으며, 1787년 노체라에서 임종했다. 그 후, 1816년 비오 7세에 의해 시복되었고, 1839년 그레고리오 16세에 의해 시성되었으며, 1871년 교회 학자로 선포되었다. 알폰소는 대단히 많은 작품을 저술했다. 대중적인 『지극한 영원』, 『마리아의 영광』을 비롯해 수덕적 작품, 신비적 작품, 교의적 작품 등을 썼다. 그중에서 그의 대표작으로 『윤리 신학』을 들 수 있다. 그는 이를 통해 개연설을 바탕으로 한 윤리 신학의 전망을 제시했으며, 여기에 교황의 무류성, 마리아의 원죄 없는 잉태에 대한 논설도 실었다. 이러한 그의 윤리 신학적 작업은 향후 윤리 신학의 방향에 결정적인 영향을 미쳤다.

② 사상: 윤리 신학에서 그의 공로는 무엇보다도 얀세니우스주의자들, 엄격주의자들과 반대로 윤리에서 이성의 역할을 강조한 데 있다. 또한, 그는 양심의 역할도 강조했다. 그는 이러한 자신의 윤리 신학적 견해를 펼치기 위해 성경과 교부들의 논거를 적극 활용했다. 또한, 그는 결의론적인 방법론을 따랐다. 한편, 그는 방임주의와 엄격주의 사이에

서 정확히 중도를 유지하면서, 얀세니우스의 강력한 적대자로 활동했다. 그는 내적 확신과 객관적 진리에 대한 진실한 추구가 지닌 가치를 강조했지만, 언제나 "의심스러운 법은 구속력이 없다"는 개연설 원칙을 유지했다.

알폰소의 윤리 신학 체계를 구성하는 근본 규칙으로는 다음의 세 가지를 들 수 있다. 법을 향한 견해가 분명 좀 더 개연적인 것으로 드러난다면, 우리는 절대적으로 그 견해를 따라야 하며, 따라서 자유를 향한 그와 상반된 견해를 받아들일 수 없다. 만일 자유를 향한 견해만이 개연적이거나 법을 향한 견해만큼 개연적이라면, 단지 개연적이라는 사실만으로 그 견해를 따를 수는 없다. 여기에는 행동의 정직함에 대한 윤리적인 확신이 요청된다. 동등한 2개의 개연적인 견해가 갈등 속에 있을 경우, 자유를 바탕으로 한 견해는 법을 바탕으로 한 견해와 동등한 개연성을 누리므로, 이는 행동을 금하는 법의 존재에 대해 상당한 의심을 제기한다.

알폰소는 윤리적 체계에서 진리의 우선권, 이성과 양심의 우선적 역할, 인간 자유의 존재를 강조했다. 즉, 그는 복음, 인간 인격의 품위, 이성의 요청들의 권리를 인정했다. 그에 따르면, 윤리 신학은 영혼들의 구원을 향해, 곧 모든 사람의 성화를 향해 질서지어져 있다. 알폰소는 윤리 신학을 통해 법적인 최소함 그 이상으로 사람들을 완덕으로 인도하고자 했다. 그는 가톨릭 교회의 대표적인 윤리 신학자로, 1787년 그의 사후부터 20세기 초까지 그의 대표작인 『윤리 신학』에 대한 출판본이 59번이나 나왔으며, 그의 사상에 대한 100가지 이상의 교본과 보급을 위한 요약본이 출판되었다. 제2차 바티칸 공의회 이후 윤리 분야에서 혁신적이라고 여겼던 경향이 고갈되어 가면서 알폰소의 윤리 신학은 확실한 기준으로 다시 부상하고 있다. 그의 윤리적 가르침은 그의 시대 뿐만 아니라 오늘날까지도 교회가 제기한 요청에 잘 부응하고 있다.

3) 베네딕토 14세

① 생애: 베네딕토 14세 교황은 1675년 볼로냐에서 태어났다. 13세에 로마에서 수학했으며, 1694년 교회법과 신학의 박사 학위를 취득했다. 1701년 추기경회의의 변호사가 되었으며, 1708년 신앙의 촉진자로 임명받았다. 직무 수행 기간에 비오 5세 교황 등 여러 인물의 시성 과정을 잘 준비했으며, 이 과정에서 『하느님의 종들의 시복과 진복자들의 시성에 대하여』라는 유명한 작품을 발표했다. 클레멘스 11세 교황은 그를 발탁해서 교황청의 요직을 맡겼다. 1727년 베네딕토 13세 교황은 그를 라벤나의 대주교로 임명했다. 1731년 클레멘스 12세 교황은 그를 볼로냐의 교구장으로 임명했다. 클레멘스 12세의 사후, 람베르티니는 교황으로 선출되어 베네딕토 14세라는 이름을 갖게 된다. 그 후, 18년간 교황으로 활동하며, 다방면에서 큰 업적을 남기고 1758년 임종했다. 그는 최초의 '근대적인 교황'으로 평가받는다. 그는 처음으로 근대주의로부터 여러 가지 긍정적인 측면들을 수용하고 이를 교회의 다양한 정책에 반영했기 때문이다. 그는 천성적으로 도량이 넓었으며 계몽주의와 자유주의 같은 시대의 징표에 민감했다. 그는 이런 사조들에 개방적인 정책을 취하며, 거기서부터 다양한 긍정적인 요소들을 받아들였다. 그는 신정 시대가 저물었다는 점을 정확히 이해했다. 그래서 다양한 면에서 개방적이고 관대한 자세로 보편 교회 사목에 임했다.

② 사상: 베네딕토 14세는 교황좌에 오르자마자 「*Ubi primum*」란 중요한 회칙을 반포했다. 이는 전 세계 모든 주교들에게 보낸 편지로서, 그는 이를 통해 무엇보다 전 세계 주교들의 최고 과제인 사목에 관해 다양한 주제를 나눴다. 그에 따르면, 주교들의 첫 번째 과제는 좋은 사목자들을 양성하고 성직 후보자들을 모아 육성하는 것이다. 그래서 베네딕토 14세는 어떤 후보자도 서둘러서 서품을 주지 말도록 권고하고, 성직자들의 양성을 위해 설립된 신학교는 어디서든 초기부터 그들을 신심을 바탕으로 양성할 수 있어야 한다고 강조했다. 또한, 교황은 사목자들이 의무를 적절하게 수행할 수 있도록 주교들이 자기 자리에 머물고 자신이 맡은 교구의 여러 교회를 방문하도록 명했다. 그뿐만 아니라 교황은 모든 형태의 어려움과 필요에 따라 주교들이 교황청에 신뢰를 갖고 도움을 청하도록 했다. 그리고 전 세계 보편 교회의 수장인 교황의 직무 수행에 있어 직접적인 협력자들인 주교들이 있어야 한다고 지적하며, 그들의 충만하고도 대체 불가한 협력을 호소했다.

베네딕토 14세는 많은 사안과 다양한 분야에서 절대 지워지지 않을 많은 흔적을 남겼다. 예컨대, 전례와 신심을 개혁했으며, 금서 목록에 나와 있는 미사의 실천을 개정하고, 트리엔트 공의회 형태대로 계약되지 않았다 하더라도 혼합 결혼의 유효성을 인정한 것 등이 그렇다. 또한, 그는 신중한 준비 기간을 거친 후, 1753년에 헌장 「*Sollicita ac provida*」를 반포했다. 여기서 그는 금서 목록에 올리기 전에 신중하게 책들을 검토할 것과, 특히 저자의 좋은 이름을 염두에 둬야 하고, 교회와 신자들의 유익도 고려해야 한다고 지적했다. 그리고 이 과정에서 저자에게 변호할 수 있는 기회를 줘야 한다고도 지적했다. 또한, 그는 교서 「*Ex omnibus*」(1756년)와 함께 얀세니우스주의 문제에 개입해서 '신앙의 규칙'인 유명한 교서 「*Unigenitus*」가 내포한 가치를 다시 한 번 더 추인했다. 또한, 그는 중국 의례 논쟁과 인도의 말라바르 전례 문제에도 개입했다. 그는 교서 「*Ex quo singolari*」(1742년)를 통해 중국의 의례를 단죄했으며, 「*Omnium sollicitudinum*」(1744년)을 통해서는 말라바르 전례를 단죄했다. 반면, 동방 그리스도교에 대해서는 개방적인 모습을 보였다. 특히 그는 동방 교회의 성찬례 거행에서 발효된 빵의 사용을 허용했으며, '신경'을 고백할 때 '필리오케'를 생략할 수 있도록 했다. 그러나 베네딕토 14세 재위 기간 동안 예수회에 대한 단죄와 폐지라고 하는 가슴 아픈 사건이 있었다. 또한, 그는 많은 회칙을 반포했는데, 이는 교회 교도권의 활동과 신학 작업에 중요한 역할을 수행하는 도구가 되었다. 베네딕토 14세 교황을 기점으로, 특히 비오 9세 교황 이후부터 회칙은 신학에서 가장 권위 있는 교도권의 행사방식으로 자리매김했으며, 동시에 신학의 주요 원천 가운데 하나가 되었다.

7. 개신교 신학의 경건주의와 계몽주의

세속화 시대의 신학은 상당히 빈곤했으며 이러한 지적 가난함이 더욱 가중되어 갔다. 가톨릭 신학이 세속화의 유혹에 굴복하기보다 화려한 격리에 자신을 가두었다면, 개신교 신학은 근대성이라는 세이렌의 유혹에 자신을 내어 맡기기 시작했다. 근대성에 대한 이러한 양보로 인해 19세기의 신학적 자유주의 시대에는 상당히 심각하고 회복할 수 없을 만큼 격차가 벌어지게 된다. 18세기의 개신교 신학은 서로 상반된 노선, 즉 경건주의와 계몽주의로 분화되어 발전했다.

1) 경건주의

경건주의는 객관적인 면에 대항해서 일어난 종교의 주관적인 면에 대한 역반응이다. '경건주의'란 말은 라틴어 '경건'(pietas)이란 말에서 유래한 것으로, 1670년 필립 스페너에 의해 창시된 종교 집단을 규정하던 별명이다. 그 후, 이 용어는 대중적인 말이 되었으며, 요아킴 펠러의 단시(短詩)에 나오는 "누가 경건주의자인가? 하느님의 말씀을 연구하고 그 말씀대로 거룩하게 사는 사람이라네."라는 시의 구절로 인해 그 용어가 간직한 나쁜 의미를 벗을 수 있었다. 이러한 경건주의 운동은 17세기 초부터 저지대 국가, 프랑스, 스위스, 스페인 등에 있었다. 그러나 사실 경건주의는 상당히 독일적인 현상이었으며, 좀 더 정확히 말해 루터주의 노선에서 일어난 현상이었다. 이 사조는 짧은 시기 동안 많은 분파를 만들고 교파를 형성했다. 이는 독일을 넘어 스위스, 영국, 저지대 국가를 비롯해 스칸디나비아 반도의 여러 나라로 퍼져 나갔다. 경건주의를 대표하는 인물로는 요한네스 아른트, 필립 스패너, 아우구스트 프랑케, 니콜라우스 친첸도르프, 엠마누엘 스베덴보리가 있다.

① 요한네스 아른트: 아른트는 독일 북부 지역에서 활동한 매우 활력이 넘치는 루터파 목사였다. 그는 자기 교파의 신자들에게 루터의 전망 안에서 독일 가톨릭 신비주의를 접하게 해 주었다. 그는 인간이 믿음에 의한 의화를 통해 두 번째 탄생을 하게 되고, 내적 인간의 탄생인 '신비적 합일'을 통해서는 쇄신에 이른다고 보았다. 또한, 그는 만일 그리

스도교가 참된 종교라면, 그리스도의 가르침은 '경건의 실천'을 통해 인간의 삶 안에서 형태를 취해야 한다고 가르쳤다. 최근의 연구는 아른트를 경건주의의 시조로 본다. 후대 사람들은 그의 발자취를 따라 날카로운 스콜라 신학과 엄격한 교의로 인해 위협을 받는 루터주의를 쇄신하기 위해 노력했다.

② 필립 스페너: 1635년에 태어난 스페너는 성장 시기에 청교도 신심 서적과 아른트의 작품에 심취했다. 스트라스부르크의 루터파 신학대학에서 공부했으며, 1666년 프랑크푸르트의 루터파 교회에서 선임 목사로 활동했다. 그는 루터의 사상에 대한 연구를 통해 그의 사상이 심각하게 변질되었다는 결론에 이르고, 진정한 루터의 사상을 회복하기 위해 전념했다. 이를 위해 그는 자신이 사목하던 신자들에게 경건심을 불어넣고자 1670년부터 매주 토요일마다 '경건 동료회' 모임을 주도했다. 또한, 그는 개혁이 필요한 큰 개신교 교회 내에 작은 공동체들을 설립해서 교회에 활력을 불어넣었다. 1675년 스페너는 『경건한 소원』을 비롯해 여러 작품에서 교회 부패의 심각성을 질타했으며, 교회의 쇄신을 위해 다음 6가지를 제안했다. 하느님의 말씀을 더 보급할 것, 신자들의 보편 사제직에 대한 실천 수행, 이론보다는 실천에 우위를 둠, 신학 논쟁에 대한 축소, 경건의 실천이라는 의미에서 신학 연구 개혁, 영혼들의 치유로 고무되는 사람들을 내적 생활로 나아갈 수 있도록 용기를 주는 설교로의 전환이 그러하다. 이러한 그의 제안은 기존의 교단 내에서 폭넓게 수용되어 교회 개혁의 기폭제가 되었다. 그러나 동시에 전통주의 신학자들의 적대적 반응도 있었다. 결국, 그는 1690년 베를린으로

옮겨 교회 참사장으로 활동했다. 그는 1705년 임종 때까지 설교자로, 영성 작가로 왕성하게 활동함으로써 독일을 넘어 여러 나라에 경건주의 운동을 전파했다.

③ 아우구스트 헤르만 프랑케: 프랑케는 1663년 뤼베크에서 태어나 에르푸르트와 키엘 그리고 라이프치히에서 신학을 공부하고 목회자이자 교수로 활동했다. 그는 뤼네부르크에서 교수로 활동하던 중 갑작스러운 회심 체험을 했다. 그 후, 그는 교리 교사가 되었다. 또한 1689년에는 스패너와 함께 드레스덴에서 몇 달을 보낸 후 라이프치히로 옮겨가 경건주의를 기존의 '성경 애호회'와 접목시켰다. 그러나 이는 정부로부터 격렬한 반응과 금지를 촉발했다. 결국, 그는 할레로 가서 1695년 설립된 허름한 학교를 근거로 삼아, 이를 거대한 학교로 발전시켰다. 그리고 이 학교를 중심으로 독일 전역에 경건주의 개혁 운동을 펼쳐나갔다. 그는 이 운동을 통해 사람들의 변화를 도모했고, 이와 더불어 세상의 변화를 지향했다.

④ 니콜라우스 루트비히 친첸도르프: 친첸도르프는 1700년에 태어나 비텐베르크에서 루터적 정통주의 노선에 따라 법학을 공부했다. '심정(心情)의 종교'라는 이상에 사로잡힌 그는 1722년 신앙 때문에 조국에서 쫓겨나 돌아다니는 모라비아파 망명자들이 피신할 수 있도록 자기 영내에 받아들였으며, 거기서 이른바 '쇄신된 형제단'(헤른후트 형제단)을 창설했다. 1734년 그는 교회 국가에 들어가게 된다. 1737년 모라비아파 형제들의 주교로 서임되었으나, 분리주의라는 비난을 받으며 작센 지

방에서 쫓겨났다. 그는 이를 기회로 형제단을 확장하기 위해 아메리카, 인도를 여행했다. 그는 1760년 작센에서 임종했다. 그의 신학은 루터의 십자가 신학에서 끌어온 요소들로 구성된 지극히 그리스도 중심적 사상이었다. 그는 공동체적인 차원에 강조점을 두었으며, 경건주의에 에큐메니즘적인 차원도 부여했다. 그의 경건주의는 18세기 들어 계몽주의에 실망한 많은 영성가에게 영감을 주었다. 그의 사상은 훗날 괴테, 헤르더, 노발리스, 슐라이어마허 등 여러 대가에게 깊은 영향을 미쳤다.

⑤ 경건주의에 대한 평가: 18세기 개신교의 경건주의는 성경의 의미에 대한 설교를 심화하고 교훈적인 문학과 종교적인 시를 육성했으며, 성경과 그 독서를 전파하고 성미술과 음악에도 관심을 기울였다. 경건주의에 의해 활기를 띠게 된 신심으로부터 파울로 게르하르트, 안젤루스 실레지우스, 그리고 개신교의 가장 뛰어난 음악가인 바하와 헨델이 나오게 되었다. 경건주의 신학은 상당히 실천적인 신학이자 구약과 신약의 신학으로 특징지어진다. 경건주의와 더불어 새로운 교회 개념이 시작되었다. 그들에 따르면, 성직자들만이 아니라 평신도들도 교회의 능동적 구성원들로서 다양한 역할을 수행하며, 심지어 사제적 역할도 수행한다. 경건주의자들은 희생과 포기를 중시하며, 십자가를 사랑하고 십자가에서 돌아가신 그리스도의 모범을 따르는 삶을 살아가도록 초대했다. 경건주의는 본질적으로 루터파 정통 신학에 대한 반작용으로 생겨났으며, 더욱 올바른 신앙의 실천을 중시하는 요구에서 나온 반작용이다. 반면, 정통 신학에 맞서 계몽주의가 제시한 것은 이성의 요구에 따라 생겨난 것이다.

2) 신학적 계몽주의

① 계몽주의란 무엇인가: 경건주의가 주로 독일에 국한된 현상이라면, 계몽주의는 유럽 전역에, 그리고 세계적으로 영향을 미친 현상이었다. 계몽주의는 먼저 철학적 성격을 띤 광범위한 운동이지만, 정치, 교육, 법률, 과학, 문화, 신학, 특히 개신교 신학에 깊은 영향을 미쳤다. '계몽주의'라는 이름은 '이성의 빛'에 대한 전적인 신뢰에서 나온다. 그 빛은 정신을 어둡게 하고 제한하는 무지와 신비의 어둠을 밀어내고, 보편적인 교육을 통하여 이성의 훈련을 교육함으로써 사람들을 더 선하고 행복하게 만들 수 있다는 것이다. 계몽주의는 인문주의적 문예 부흥의 문화에 의해 시작된 철저한 '인간 중심주의'의 완성이다. 이는 인간이 하느님으로부터, 그리고 모든 종교적 권위로부터 온전히 자율적이 되는 것이다. 계몽주의는 새로운 '메시아 사상', '새로운 시대'를 설교한다. 그 안에서 인간은 자신의 본성에 부합해서 살아감으로써 충만한 실현에 이를 수 있다고 말한다.

인간 본성의 선성에 대한 이러한 근본적 신뢰와 원죄 개념을 배제한 인간학적 낙관주의를 바탕으로, 계몽주의는 그리스도교적 가치들을 종교와 무관하게 세속화했다. 그러므로 계몽주의는 유일한 구원 메시지의 보편성을 세계 시민주의와 새로운 인류의 보편주의로 대체했다. 그 새로운 인류는 인간 이성에 힘입어 지리적, 민족적 한계를 넘어 인간을 세계 시민으로 선포한다. 이제 이 세상의 통치자는 교황이나 왕이 아니라 '철학자'이다. 계몽주의는 철학자들이 지배하는 문화적 풍토이며, 그들이 계획을 실행하고 부과하는 세상이다. 이성에 대한, 그리고 과학에 대한 무한한 신뢰와 유토피아적 낙관주의, 그리고 매우 뚜렷한 합리주의

외에, 계몽주의를 특징짓는 것은 분명한 반(反)전통주의적 노선이다. 전통에 대한 반감은 특히 종교, 정치, 법률에서 드러난다. 계몽주의의 비판이 지향한 표적은 전통적 질서의 수호자인 교회와 군주제였다. 이들을 물리치기 위해 즐겨 사용한 무기는 '역사 비판'이었다. 그들은 역사적 분석을 통하여 사회, 종교, 국가의 자연적 기원을 찾았다. 이를 통해 그들이 부인하려 했던 대상은 이러한 제도들의 신적 기원이다.

② 계몽주의의 기원들: 계몽주의의 발전에 기여한 사건들은 많다. 우선, 문예 부흥을 들 수 있다. 그것은 인간의 자율에 간섭할 수 있는 모든 것, 특히 권위의 원리에 맞서 투쟁하고 자연 연구에 관심을 기울여 갈릴레이의 과학이 생겨나게 했다. 다음으로 종교 개혁은 권위의 원리에 대한 투쟁을 종교 영역으로 확장했다. 마지막으로 영국 혁명에서 권위의 원리에 대한 투쟁은 정치적 영역으로 옮겨가게 된다. 데카르트의 합리주의 역시 명석판명한 개념을 요구함으로써 계몽주의의 토양을 준비했다. 그러나 계몽주의가 발전하게 된 가장 중요한 사건은 18세기의 눈부신 과학 발전이다. 철학자들은 과학자들과 같은 놀라운 결과를 거두기 위해 과학의 방법을 형이상학 연구에 적용하려 했다. 18세기로 들어서자 과학에 대한 관심이 모든 이들을 지배했고 궁정, 성, 거실, 수도원, 신학교, 대학은 물론 모든 영역에서 그러한 관심이 스며들었다. 정부의 주도로 파리, 베를린, 런던, 토리노, 빈 등 유럽의 주요 도시에서는 과학원들이 설립되었으며 지질학, 발생학, 조직학, 비교 해부학, 화학 같은 분야들이 발전했다. 이 시기에 많은 발견이 이루어졌으며, 이로 인해 과학은 모든 이들의 관심을 불러일으켰다. 과학 분야에서 이룩한

탁월한 성과로 인해 진리 탐구에 있어서 과학적인 방법론만이 유일하고 타당한 방법으로 여겨졌다. 진리를 탐구하는 방법은 더 이상 신학, 형이상학이 아닌 과학에 속하는 것으로 간주되었다.

③ 계몽주의와 신학: 계몽주의는 인간 지식의 세속화가 가장 많이 진행된 단계이다. 이러한 지식은 이미 완전히 이성의 지배 아래 있게 된다. 그에 따르면, 이성 외에는 다른 인식의 원천이 없고 다른 진리도 없다. 인간의 지성은 이미 완전한 자율을 누리고, 누려야 하며, 오직 자신의 증거 앞에서만 허리를 굽혀야 하는 것으로 간주되었다. 이러한 전망에서 종교는 단순히 인간 이성의 산물로 여겨졌다. 계몽주의의 여신인 이성은 강력한 여신으로, 종교보다 훨씬 생생한 의미를 갖는다. 그리고 종교 역시 계시 종교가 아닌 자연 종교만이 타당하다. 또한, 자연 신학의 영역에서도 계몽주의적인 이성은 자신에게 명백하게 보이지 않는 것, 예컨대 하느님의 섭리와 자유를 거부했다. 그래서 계몽주의적인 이성은 유신론에서 이신론(理神論)으로 넘어가게 된다.

3) 영국의 계몽주의

계몽주의는 유럽 전체에 영향을 미친 현상이지만 그 시작은 영국이었다. 영국에서는 과학자들과 신학자들 간에 대화가 시작되었고, 종교적인 관용의 이름으로 신학자들에게 신앙과 그리스도교의 요구들을 축소하고 이성과 과학에 점점 더 많은 것을 양보하도록 했다. 이렇게 해서 영국의 계몽주의는 신학자들의 호의적이고 지나치게 관대한 용인에서 비롯되었다. 17세기 후반 영국의 신학자들은 본질적으로 그리스도교의 신경(信經)과 일치하는 철학적 종교를 설립하려 했다. 그래서 그들은 이성적 그리스도교를 찾아내야 했고, 그래서 모든 사람에게 공통된 것을 찾아야 했다. 여기서 이신론(理神論) 논쟁이 시작되었다. 이신론이라는 단어는 16세기에 처음 사용되었으며, 초자연적 계시와 초자연적 신비 개념을 거부하는 신 개념을 지칭한다. 이신론은 세상의 원인인 인격적인 하느님에 대해 다루지만, 인간의 운명과 그 역사에는 무관심한 하느님 개념을 가리킨다. 그러므로 이신론에는 교의(敎義)가 없으며, 하느님께 복종하고 그분을 흠숭하며, 의롭고 선한 사람이 되는 것 외에 다른 형태의 예배가 없는 종교가 되고자 한다. 이 종교는 인간이 이성의 힘만으로 도달할 수 있는 것이기에, 모든 종교에 담겨 있는 종교적, 윤리적 원리들만 인정하며, 모든 종교의 공통된 기초를 건설하려 한다. 이러한 이신론은 특히 17-18세기 영국, 프랑스, 독일의 사상가들 사이에서 널리 확산되었으며, 신학적 관점에서는 영국 계몽주의의 가장 대표적인 운동으로 평가받는다.

① 체베리의 허버트: 허버트는 1583년 영국의 이튼-온-세번에서 태어났다. 그는 1608-1616년 유럽을 여행하고, 1619-1624년 파리의 대사가 되었다. 1629년에는 체베리 남작으로 임명되었다. 영국 내전 당시에는 기회주의적인 계략 탓에 의회는 그를 1642년에 투옥하게 되었다. 그 후 정치에서 물러나 1648년에 세상을 떠났다. 이신론 논쟁을 일으킨 허버트의 작품은 『진리론』(1624년)이다. 그가 이 작품에서 설정한 목표는 진리의 확실한 기준을 찾는 데 있었다. 그러나 그것은 이성의 진리를 의미했다. 즉, 그가 추구하려 한 것은 자신의 주장을 독립적으로 제시하고

자유롭게 철학을 하며, 어떤 당파도 섬기지 않고 아무 보상 없이 진리를 찾는 것이었다. 그는 그리스도교가 다른 종교들과 공존할 수 있음을 보여 주려 했다. 이를 위해서는 계시된 신앙이 구원을 위해 필수불가결한 조건이라는 특성을 부인해야 했고, 인간의 구원을 위해 객관적으로 필요한 모든 것을 보편적인 섭리 안에서, 곧 인간 본성 안에 이미 새겨져 있는 가톨릭 교회의 5가지 신앙 조목 안에서 찾아야 했다. 그는 계시가 이성에 의해 도달된 종교적 인식을 강화해 줄 수 있다는 것을 부인하지는 않았지만, 그러한 계시는 이성의 법정 앞에 나타나야 한다고 보았다.

② 존 로크: 로크는 1632년 라잉턴에서 태어나 옥스퍼드 대학에서 수학했다. 그는 처음에 철학을 공부하다 실망하고 경험 과학, 특히 의학 연구에 전념했고, 뒤에 다시 열정적으로 철학에 몰두했다. 그는 찰스 2세 통치 시절에 옥스퍼드 대학에서 교수직을 잃고 유배를 가기도 했다. 1689년에는 고향에 돌아와 얼마간 정치 생활에 참여했다. 그 후, 오츠로 물러나 그곳에서 1704년에 세상을 떠났다. 로크가 살아 있던 1700년대에 이신론 제1세대는 그에게 의지했지만, 정통주의 논객들은 그를 불신앙의 원천으로 보았다. 그러나 그들은 곧바로 로크 사상을 이신론적으로 이용했으며, 그를 호교론적으로 이용할 수 있다고 보았다. 그는 그리스도교 신앙과 성경에서 오직 순수한 이성의 한계 안에 포함되는 것만을 받아들이고자 했다. 그는 『인간 오성론』에서 하느님의 실존을 이성으로 입증하고, 계시의 가능성도 받아들였다. 그는 신앙과 계시에서 합리성을 지닌 것만을 받아들이려 했다. 『성경에 전해지는 그리스도교의 합리성』에서 그는 그리스도교의 외적 증거들을 내적 증거들로

변화시키려 했다. 즉, 이성을 지닌 모든 인간에 의해 진리로 인식될 수 있는 증거들을 찾으려 했다. 특히, 그는 성경 전체가 기적적인 방식이 아니라 합리적이고 우리 모두의 지성적 기준에 부합하는 방식으로 이해될 수 있음을 입증하려 시도했다. 로크는 그리스도교의 교의를 마음에 탐탁지 않게 여겼지만, 그럼에도 계시의 권위와 중요성을 부인하지 않았다. 로크의 학설은 처음부터 의심스러운 것으로 간주되었고, 그 당시의 많은 이들에게 그는 매우 위험한 인물로 간주되었다.

③ 매튜 틴달: 틴달은 1656년 비어 페러즈에서 태어나 옥스퍼드 대학에서 법학을 공부했다. 그는 영국 이신론의 최고 권위자로, 자신의 가장 중요한 논쟁 저서인 『창조만큼 오래된 그리스도교, 또는 자연 종교를 재발간한 복음』에서 이신론을 논리정연하게 제시했다. 틴달은 이 책에서 그리스도교가 자연 종교와 일치하며, 따라서 그리스도교 이전의 모든 종교는 그것이 자연 종교라는 점에서 이미 그리스도교적이라고 주장했다. 그러므로 복음은 영원한 자연법칙을 다시 표현한 것에 불과하다고 그는 보았다. 그에 따르면, 자연 종교는 하느님을 믿고 그에 따르는 의무들을 수행하는 것이다. 그리스도교는 자연 종교에 비해 참으로 새로운 것을 전혀 계시할 수 없었다. 따라서 계시를 믿는다는 것은 어리석을 뿐만 아니라 해로운 일이다. 왜냐하면, 거기에서 오류와 미신이 나오기 때문이다. 인간의 본성이 언제나 동일하다고 본 그의 이론은 타락과 원죄에 대한 그리스도교 교의와 상충한다. 그는 원죄 교의를 부조리하다고 보았다. 이러한 그의 견해는 영국에서 폭넓은 반응과 수많은 논박을 불러일으켰다. 그는 1733년 옥스퍼드에서 세상을 떠났다.

4) 프랑스 계몽주의

영국에서 발생한 계몽주의는 곧 영국 해협을 건너 유럽의 여러 나라로 전해졌다. 18세기 중반에 가장 먼저 영국의 계몽주의를 적극적으로 수용한 나라는 프랑스였다. 프랑스의 계몽주의는 피에르 베일로부터 시작했다. 베일은 자신의 기념비적 작품인 『역사적, 비판적 사전』을 통해 선입견을 고발하며, 선입견이야말로 무지와 다른 모든 악의 첫째 원인이라고 지적했다. 또한, 그는 선입견이 실현되는 3가지 형태, 즉 출생의 선입견인 다양한 형태의 특권, 정치적 선입견인 절대주의, 종교적 선입견인 미신을 반박했다. 영국의 이신론자들은 인간이 세상과 자신을 정복하기 위해서는 무엇보다도 먼저 미신에 대한 예속에서 벗어나야 한다고 보았다. 이러한 작업은 그리스도교의 본질적 요소를 신학적-교회적인 상부 구조로부터 분리해서 실증적 종교들의 합리적 요소를 찾는 방향으로 나아가야 한다고 그는 지적했다. 그러나 이러한 이신론자들의 주장은 결국 종교적인 회의주의로 넘어가게 되고, 여기서 다시 다양한 무신론의 형태에 도달하게 된다. 이신론자들은 자연 안에서 우주의 놀라운 질서를 만들고 보존하는 최고의 건축가인 하느님을 발견하고 흠숭한다. 그러나 이런 하느님은 더 이상 그리스도교에서 믿는 하느님이 아니다. 그런 하느님은 자연 안에 있으며 더 이상 구원 역사에는 계시지 않는다. 그런 하느님은 자연 과학자와 생물학자에 의해 분석된 경이로움에 있으며, 인간이 자신의 운명을 스스로 돌보도록 내버려 두는 하느님이다. 프랑스 계몽주의에서 종교는 인간적 영역으로 환원되는 경향이 있다. 그리고 이런 이신론의 논리적인 귀결로 무신론이 등장한다. 그것은 종교적인 것에서 오직 순전히 은유로 축소된 하느님의 이름과 개념만을 보존하는 종교인 것이다. 프랑스 계몽주의자들은 종교적, 신학적인 문제들을 매우 생생하고 꾸준하게 토론했다. 그들은 영국 계몽주의자들의 이신론을 적극 수용했으며, 이를 바탕으로 교회와 그리스도교를 더 강하게 비판했다.

① 피에르 베일: 베일은 1647년 피레네 중부 카를라의 어느 개신교 가정에서 태어났다. 칼뱅파 목사인 아버지의 영향으로 신학을 공부했지만, 22세에 개신교 신앙을 버리고 가톨릭에 귀의했다가 훗날 다시 개신교로 돌아갔다. 그는 1676-1681년에 개신교 학교에서 가르치기도 했다. 그러나 프랑스 내에서 개신교에 대한 탄압으로 인해 네덜란드의 로테르담으로 이주해 비교적 평온하게 살면서 가르쳤다. 말년에는 『역사적, 비판적 사전』을 집필하는 데 전념했으며, 1707년 로테르담에서 세상을 떠났다. 베일은 백과사전적인 박학함과 철학적, 종교적인 모든 교의에 대한 비판이라는 측면에서 프랑스 계몽주의의 전형적 인물이라고 할 수 있다. 그의 작품 『역사적, 비판적 사전』은 이신론자들과 계몽주의자들, 무신론자들의 문화적인 무기고로 활용되곤 했다. 그는 여기서 특히 윤리가 종교로부터 자율적이라는 점을 강하게 주장했다.

② 볼테르: 볼테르는 1694년 파리에서 태어났다. 1727년 기사 드 로앙과의 불화로 바스티유 감옥에 갇힌 적이 있으며, 이로 인해 프랑스를 떠나 영국으로 가서 근 3년을 머물렀다. 여기서 그는 사상적으로 많은 영향을 받았다. 그는 로크와 뉴턴으로부터 현실에 대한 현상학적이고 회의적인 시각을 얻게 되었고, 이는 그의 사상에 있어 가장 두드러진

특징 가운데 하나로 자리잡게 된다. 그는 1734년 영국에서의 경험을 바탕으로 『영국인들에 대한 편지』를 출판했으며, 이는 구제도(舊制度)에 큰 타격을 주었다. 결국, 그는 프랑스 의회로부터 단죄되었지만, 이로 인해 그는 큰 명성을 얻게 되었다. 그는 스위스와 프랑스를 오가며 다양한 작품을 집필해서 계몽주의를 전파하는 가운데 당대의 모든 철학자들로부터 인정받는 스승으로서 정치적, 종교적 광신주의에 반대하고 관용을 수용하는 운동을 주도했다. 말년에 『관용에 관한 논고』(1763년), 『철학 일기』(1764년)를 출간했으며, 1778년 파리에서 세상을 떠났다.

볼테르는 프랑스 계몽주의의 최고 지도자로 평가받는다. 그는 종교사상적인 면에서 프랑스 이신론의 가장 권위 있는 대변자이다. 그는 이신론을 다음과 같이 정의했다. 즉, "이신론은 모든 연장된 존재자들, 식물, 감각하는 존재들과 숙고하는 존재들을 창조하고, 그들의 종(種)을 영속시키며, 잔인하지 않게 죄악을 벌하고, 선하게 덕스러운 행동들을 갚는, 선하고 능력 있는 최고 존재의 실존을 굳건하게 확신하는 사람의 견해이다." 볼테르에게 있어 이신론은 유일한 참된 종교였다. 그는 참된 종교에 대해 다음과 같이 설명했다. 그것은 가장 단순한 종교, 더 많은 도덕과 더 적은 교의를 가르치는 종교, 사람들에게 부조리한 것을 강요하지 않으면서 그들을 더 정의롭게 만들려고 노력하는 종교이다. 또한, 그것은 우리에게 불가능한 것, 모순된 것, 신에게 모욕적이고 인류에게 해로운 것을 믿도록 강요하지 않는 종교, 최소한의 상식을 가지고 있다는 증거를 보이는 사람에게 외적인 단죄로 위협하지 않는 종교이다. 그리고 그것은 하느님에 대한 흠숭, 정의, 관용, 인간성을 가르치는 종교이다. 결국, 볼테르가 바라본 참된 종교에서 그리스도교는 배제되고 있으며, 그는 자연 종교를 참된 종교로 보았다. 그래서 이렇게 말했다. "읽어야 하는 유일한 복음은 하느님의 손으로 기록되고 하느님의 인장으로 봉인된 자연이라는 위대한 책이다. 고백해야 하는 유일한 종교는 하느님을 흠숭하고 정직한 인간이 되는 종교이다." 그는 한 번도 존재한 적이 없고 한 번도 실천된 적이 없는 추상적 자연 종교의 이름으로 순수한 이성의 한계를 넘어서는 모든 것, 특히 가톨릭 교회와 그 많은 제도와 교리에 맞서 힘껏 싸웠다.

③ 장-자크 루소: 루소는 1712년 스위스의 제네바에서 태어났지만, 대부분의 삶은 프랑스에서 보냈다. 그는 파리에서 '백과전서파'를 알게 되었으며, 처음에는 악보 필사로, 나중에는 베네치아 주재 프랑스 대사의 비서로 생계를 이어 갔다. 그는 1750년 디종 학술원에서 개최한 경연에 참가해 『학예론』으로 수상한 적이 있다. 이는 모든 계몽주의자들과 합리주의자들의 지지를 받으며 그를 일약 명사의 반열에 올려놓는 계기가 되었다. 그 후, 1762년에 그는 『에밀』과 『사회 계약론』을 발표했는데, 이 두 작품은 정치적, 종교적 직권자들의 적대감을 불러일으켜, 결국, 그는 프랑스를 떠나 스위스, 영국으로 피신해야 했다. 그러나 흄과의 불화로 인해 영국을 떠나 다시 프랑스로 귀환했으며, 『고백록』을 집필한 후 1778년 에르므농빌에서 세상을 떠났다.

루소의 계몽주의 사상은 독창적이며 풍요롭다. 계몽주의 운동은 그에게서 절정에 이르렀다. 그는 사상의 독특함으로 인해 그 운동보다 위에 있었으며, 새로운 문화적 시기, 곧 낭만주의 시대의 선구자가 되기도 했다. 그는 자신의 주저인 『에밀』과 『사회 계약론』에서 종교에 대해 다뤘다. 그는 전자에서 종교를 개인적 요구에 따라 만들어진 본성적 제도로 보았으며, 후자에서는 사회적 요구에 따라 만들어진 사회적 제도로 보았다. 루소는『에밀』에서 인간이 본성적으로 선하고 사회가 그를 타락시켰다고 말하며, 교육자의 임무는 소년들에게 인간의 마음이 무엇인지 알게 하는 것이라고 단언했다. 그는 이들에게 제시해야 할 종교는 인간이 자신에 대해 지닌 의식으로부터, 내적 빛에 문의함으로써 얻어지는 자연적으로 나오는 종교이다. 그는 이러한 자연 종교적 사상에『사회 계약론』의 시민적 종교를 첨가했다. 이는 자연 종교의 계약적 차원을 가리킨다. 계약에 기초한 사회 안에서 시민의 종교는 인간의 종교만큼 그리고 계약 자체만큼 보편적인 것이 될 수 있어야 한다. 그뿐 아니라 계약은 종교적 행위가 된다. 그러나 시민적 종교는 그리스도교가 국가의 종교가 되어야 한다거나 공화국이 그리스도교적이 되어야 한다는 것을 의미하지 않는다. 그는 일생을 통해 그리스도교에 맞서 싸웠던 볼테르와 달리, 자연 종교와 그리스도교 간에 조화가 가능하다고 보았다. 하지만, 그는 복음을 초자연적인 질서에서 분리하고 그리스도교의 근본적인 측면들을 단순한 본성의 차원으로 옮겨 놓았다. 그의 사상 체제는 신비주의와 감상주의를 통해 펠라기우스주의를 온전히 실행하는 것으로, 그는 그리스도교 정신을 자연주의적으로 변질시켰다.

5) 독일의 계몽주의

계몽주의는 영국과 프랑스에서 독일로 전해졌지만, 독일에서는 고유한 특성을 지니며 발전했다. 특히, 독일의 계몽주의는 이성의 능력과 주장들을 절대화함으로써 그리스도교와 불가피하게 갈등을 빚지 않고,

오히려 신앙과 이성, 철학과 계시를 조화시키려 했다. 계몽주의는 근대가 시작될 때 '신학문'에 의해 지구-인간 중심적인 개념이 해체됨으로써 유럽인이 맞이한 위기를 극복하려는 시도에서 생겨났다. 이는 영국의 종교 사상에 의해 준비되었고, 독일에서는 '물리-신학'(fisio teologia)을 통해 발전했다. 이런 전망에서 독일의 계몽주의는 새로운 의미를 내포하게 되었다. 즉, 독일의 계몽주의는 성경을 기초로 하고 신플라톤주의와 신비주의의 요소들로 풍요로워진 물리-신학을 구축하는 가운데 특수한 초월적 신앙으로, 한편으로는 계몽주의적인 이성주의의 반대편에 섰으며, 다른 한편으로는 또한 계몽주의 시대 전체에 저항하면서 나름대로 그 시대의 일부가 되었다. 독일에서의 이러한 물리-신학은 낭만주의, 각성 운동, 관념론에 자리를 내 주게 된다.

① 크리스티안 토마시우스: 토마시우스는 1665년 라이프치히에서 태어나 라이프치히 대학에서 법학을 공부했으며, 프랑크푸르트로 옮겨 공부해서 1679년 박사 학위를 취득했다. 그 후, 라이프치히에서 변호사와 교수로 활동했으며 『신적인 법률 제도들』을 집필했다. 그는 여기서 자연법 사상의 노선에서 신학으로부터 법학의 독립적인 기초를 보장하려 했다. 그러나 이런 혁신적 시도는 학계와 교계의 반감을 불러일으켰으며, 이로 인해 할레로 옮겨가 살았다. 1693년 그는 할레 대학교의 학파를 변화시키는 데 결정적으로 기여했으며, 경건주의 개혁 운동의 주요 인물인 프랑케와 우호적인 관계를 맺었다. 이 둘은 사상적으로는 달랐지만 공통된 목표와 관심을 공유했고, 이로 인해 상호 간에 적잖은 영향을 미쳤다. 그는 1728년 할레에서 세상을 떠났다.

그는 다양한 작품을 집필했는데 그 가운데 중요한 작품은 『자연법과 이민족들의 법의 기초』이다. 그는 인식론에서 초기 계몽주의의 특징대로 혁신적 요소와 전통적 요소를 종합했다. 또한, 그는 서로 대조적인 2가지 윤리적인 경향을 제시했으며, 이는 계몽주의의 윤리 발전에 매우 중요한 것으로 평가받는다. 그는 인간 조건의 본성적 기초로 '합리적 사랑'을 제시했다. 그에 따르면, 어떤 인간도 덕스러울 수 없다. 왜냐하면 그는 교만, 음욕, 탐욕에 사로잡혀 있기 때문이다. 그는 이러한 인간의 무능력과 관련해서 하느님의 은총이 인간 편에서 선한 부분의 근원이 된다는 점을 결합시켰다. 이러한 그의 계몽주의 윤리는 훗날 신학적 윤리로 발전하게 된다.

② 크리스티안 볼프: 볼프는 독일 계몽주의의 대표적 인물이다. 그는 1679년 브레슬라우에서 태어났다. 브레슬라우와 예나에서 수학했으며, 1702년 라이프치히에서 철학으로 박사 학위를 취득했다. 그는 『미분 대수학 논문』을 계기로 라이프니츠와 우정을 맺었으며, 그의 소개로 1706년 할레 대학교에서 수학을 가르쳤다. 이 시기에 그는 계몽주의에 심취했으며, 이러한 자신의 사상을 『합리적 사고들』에 담아 널리 전했다. 이로 인해 종교계의 반발을 샀으며, 마침내 프로이센 왕 프리드리히 1세의 개입과 더불어 학문 활동을 금지당하고 프로이센을 떠나야 했다. 결국, 그는 마르부르크로 피신했으며, 후계자인 프리드리히 2세 시절인 1740년에 다시 할레로 돌아와 국왕의 보호를 받으며, 1745년에 임종할 때까지 교수 활동을 했다.

그는 합리주의적 특징을 띤 전통 철학과 그 시대의 과학 발견들을 강력하게 종합한 인물이다. 그는 철학을 논리학, 존재론, 우주론, 경험적 심리학, 합리적 심리학, 자연 신학, 윤리철학 이렇게 7분야로 나눴으며, 이후 대부분의 사람들은 그의 이러한 구분을 따랐다. 그는 형이상학을 일반 형이상학(존재론)과 특수 형이상학(우주론, 심리학, 변신론)으로 나눴는데, 이 역시 중요한 구분으로 평가받는다. 그의 철학은 본질적으로 라이프니츠의 선상에 있다. 스승인 라이프니츠와 마찬가지로, 그는 충족 이유율, 예정 조화, 낙관주의를 바탕으로 실재를 설명했다. 하지만, 그는 단순한 실체로서 모든 실재의 본질적 구성 요소인 단자 개념을 포기하고 충족 이유율을 배중률로 환원했다. 그의 사상에서 가장 큰 특징은 하느님에 대한 형이상학적 인식을 포함한 형이상학 영역에서 확실성을 얻을 수 있는 이성의 능력에 대한 신뢰였다. 볼프는 하느님의 실존에 대해 우주론적, 존재론적, 신학적인 여러 논거를 제시했지만, 무엇보다 '사물의 우연성'에 기초한 고전적 증명을 선호했다.

③ 요한네스 세믈러: 세믈러는 1725년 독일의 자펠트에서 태어났다. 알트도르프와 할레에서 신학 교수로 활동했으며, 1791년 할레에서 세상을 떠났다. 그는 성경 주석 전문가이자 자유주의 사상가라고 할 수 있다. 그는 2가지 전제를 기초로 새로운 성경 해석학 이론을 제시했다. 그 전제란 다음과 같다. 첫째, 히브리 백성에게 주어진 특수한 계시 외에 모든 종교에는 보편적 계시가 있다는 것이다. 둘째, 성경이 역사적, 문화적으로 조건 지어졌다는 것이다. 그의 성경 해석학에 있어서 기본은 하느님 말씀과 성경의 말씀을 구별하는 데 있었다. 세믈러에게 있어서 신학은 신심의 관점에서 전수된 그리스도교 자료를 비판적이고 자유

롭게 연구하는 것이다. 그에 따르면, 참된 그리스도교는 '도덕적 종교'와 내적 종교에서 실현되며, 그러한 종교로서는 종교 공동체도, 교도권도, 교리 문헌도 필요하지 않다. 다만, 공적인 종교는 하느님 백성을 위해 보존되어야 한다. 그는 신약 성경은 오직 그리스도교 교리의 불완전한 초기 형태만을 제시해 주며, 그리스도교는 이 형태를 넘어 성장해야 할 과제를 안고 있다고 보았다. 세믈러를 통해 구-개신교 신학에서 신-개신교 신학으로의 역사적 전환이 일어났다.

④ 고트홀트 레싱: 레싱은 1729년 독일의 카멘츠에서 태어났다. 라이프치히 대학에서 신학을 전공했으며, 1752년 석사 학위를 취득했다. 그는 특히 문학적 재능이 뛰어났다. 그는 철학자, 신학자, 극작가로서 특출했으며, 풍부한 개성의 측면에서 볼 때 볼프를 포함한 여타 독일 계몽주의자들보다 훨씬 뛰어났다. 그는 문학적으로 뛰어난 철학 작품에서 계몽주의가 표방한 공통적인 요소들을 제시했다. 그러나 레싱만의 고유한 특징들도 드러나는데, 이는 그를 계몽주의 밖에 그리고 그 위에 있게 한 중요한 요소로서 그를 낭만주의의 선구자가 되게 했다. 그는 특별한 '역사적 감각'을 바탕으로 종교 영역에서 인류의 삶이 취해 온 모든 개별적 형태에 가치를 부여했다. 특히 그는 종교와 관련해서 영원한 요소와 시간적, 역사적 요소를 구별했다. 그는 여러 복음서를 비롯해 그리스도의 생애에서 드러나는 역사적 요소들의 가치를 낮게 보았다. 그에게 있어 신앙의 결단과 영원한 구원은 역사적 사건에 의존되어 있지 않았다. 그는 복음서에 담긴 진리들은 순전히 전수된 우연적인 역사적 진리들이므로, 보편적 가치를 지닐 수 없으며, 따라서 형이상학적 개념 체계를

정립하는 데 사용될 수 없다고 말한다. 여기에 더해, 그는 그리스도교가 같은 시대의 종교들에 비해 성공을 거둔 것은 예수의 첫 추종자들이 주도한 엄격한 윤리적, 실천적 삶의 개혁 때문이라고 보았다. 그 후, 히브리인들 사이에서 그리스도교가 단순한 히브리 종파로 축소되지 않기 위해 새로운 교리에 밀교적이고 카리스마적인 특성을 부여해야 할 전술적 필요성이 생겨나게 되면서, 그리스도교는 신학적-교의적 체계로 변모했다는 것이다. 또한, 레싱은 복음서를 해석함에 있어 비신화화의 해석 원리를 적용했다. 이렇게 해서 종교와 철학 간에는 신앙이 생겨난 본래의 역사적 토양에서 벗어나 점진적으로 그 토양과 관념들을 비판적으로 설명하기 위한 자율적인 이성의 숙고에 초점을 맞추어 가는 차별화 과정을 거치게 되었다. 이러한 레싱의 사상은 훗날 자유주의 개신교 신학에 깊은 영향을 주었다. 우리는 그의 성경 해석 방법론에서 20세기 중반에 꽃을 피우게 될 불트만의 비신화화 작업보다 200년이나 앞선 그의 독특한 신학적인 감각을 엿볼 수 있다.

8. 철학자들의 자연 신학

근대는 철학이 신학으로부터 결정적으로 분리되고 완전히 갈라서기를 바랄 뿐만 아니라, 철학이 신학에 대해 절대적인 우위에 있기를 꿈꾼 시대였다. 신학이 주인이고 철학이 시녀이던 시대는 끝났다. 근대에는 이 두 분야의 위치가 바뀌었다. 근대처럼 철학이 엄청나게 발전하고 그에 비해 신학이 아주 빈약했던 시대는 없었다. 그런 점에서 합리주의와 계몽주의 시대는 철학자들의 시대라고 할 수 있다. 철학과 신학의 관계,

신학적 주제들을 철학자들이 다루고 근대 문화에서 철학자들의 목소리가 큰 비중을 갖게 됨으로써, 우리는 근대가 마감되어가는 시점에서 주요 철학자들의 신학 사상을 살펴볼 이유를 발견하게 된다.

1) 신학의 세속화

① 자연 신학의 자주성: 플라톤과 아리스토텔레스 시대부터 신과 신적 실재들에 대한 담론(신학)은 언제나 철학자들의 주된 메뉴였다. 신학은 철학 연구의 마지막 단계이며 결론 단계였다. 그리스도교와 더불어 이러한 철학적 신학은 계시된 신학에 통합되었다. 이는 토마스가 철학과 신학의 두 가지 절차와 지식을 명확히 구별했을 때도 여전히 남아 있었다. 이러한 철학적-신학적 지식의 단일함이 결정적으로 끝난 것은 근대 철학의 아버지로 불리는 데카르트를 통해서였다. 그는 철학을 신학과 완전히 구별되는 지식으로 보았다. 그를 비롯해 근대 철학자들은 이성의 능력에 대한 신뢰를 지지하는 한에서 신학적 체계에 발을 들여놓고 그들의 지적 자산 모두를 신학 영역에 투자했다.

② 자연 신학의 세속화: 철학자들의 신학은 계시를 완전히 도외시하는 자연 종교의 신학이며 세속화된 신학이다. 그러나 철학자들의 하느님에 대한 담론은 신학자들의 담론과 매우 유사했다. 실상 하느님과 관련된 모든 중요한 문제들에 대해, 근대 초기의 철학자들은 신학자들과 본질적으로 동의했다. 그러나, 이러한 조화는 플라톤주의가 경험주의와 과학적 계몽주의에 길을 내주면서 무너지고 말았다. 18세기에는 경험주의와 계몽주의가 우세했으며, 신학의 세속화가 이루어지면서 신앙의 합

리성에 대한 철저한 거부, 초자연적 계시에 대한 완전한 불가능성, 반종교성, 그리고 마침내 무신론에 이르게 되었다. 결국 이 시대에는 신앙의 이해가 아닌 신앙의 부인에 이르게 되었고, 하느님과 그분 말씀에 대한 부인에 이르고 말았다. 근대 철학자들의 철학적 신학은 비-신앙과 무신론을 향해 급격히 하강했다. 이러한 흐름은 교의 신학에도 적잖은 피해를 주었다. 결국, 교의 신학은 계몽주의 시대에 자연 신학으로부터 비판과 조롱을 받으며 대학에서 쫓겨나고 말았다. 이 시대의 대세인 '세속화'는 혁명을 낳았고, 혁명은 새로운 인간, 즉 하느님이 배제된 인간을 낳고 말았다. 결정적인 이 한 걸음은 신학을 인간학으로 분해한 포이어바흐와 '신의 죽음'을 선포한 니체에 의해 이루어졌다.

③ 인식론의 조항: 데카르트와 그 이후의 모든 철학자들에게 1차적인 문제는 더 이상 형이상학적 문제가 아니라 인식론적 문제였다. 만일 진리의 인식 문제에 대해 긍정적으로 말할 수 있다면, 하느님과 그분의 실존 그리고 그 본질과 속성에 대해서도 말할 수 있다. 반면 이에 대해 부정적으로 말한다면, 더 이상 하느님에 대해 말할 수 없게 된다. 근대 철학의 자연 신학의 분수령은 근대 철학의 주요한 두 체계인 합리론과 경험론 사이에서 나뉘었다. 이러한 "인식론적 조항"으로 인해 신학자들의 계시된 신학과 철학자들의 자연 신학 사이의 균열은 점점 더 깊어갔다. 데카르트에서 칸트에 이르는 근대 철학의 흐름은 2개의 주요 흐름으로 구성되어 있다. 그것은 합리주의(데카르트, 스피노자, 라이프니츠)와 경험주의(로크, 흄)이다. 그리고 이 흐름의 중간에 비코의 역사적 플라톤주의가 있다.

2) 17-18세기의 위대한 철학자들과 주요 철학적 경향들

① 합리주의: 근대는 이성에 대한 제한없는 신뢰로 시작했다. 과학과 형이상학의 영역에서 이성의 능력을 찬양하는 이러한 사상적 경향을 합리주의라 한다. 합리주의는 다음과 같이 주장한다. 인식의 문제가 존재의 문제보다 우선한다. 이성의 인식은 인식론적 문제에 대한 긍정적 해답이다. 개념과 판단의 명석판명함이 진리의 기준이다. 귀납법은 철학적 논증의 방법이다. 합리주의자들은 이러한 전제로부터 시작해서 실재를 해석했는데, 그 해석은 언제나 형이상학적 특징을 띠었다. 그들은 연역적 방법을 바탕으로 하느님의 실존과 사물들이 그분으로부터 기원한다는 사실을 증명했다. 또한, 영혼과 육체의 관계도 귀납적으로 논증했다. 그들은 윤리에 있어서 사랑으로 하느님을 관조하며, 이성의 힘으로 본능과 정념들을 이기는 것을 행복이라고 보았다.

ㄱ) 르네 데카르트: 데카르트는 1586년 라에의 소 귀족에 속한 가문에서 태어났다. 푸아티에에서 법학 박사 학위를 취득했으며, 1618년 군대에 입대해서 30년 전쟁 초기에 참전했다. 그 후, 파리로 돌아와 베륄 추기경의 권고대로 과학을 연구했다. 그는 수학과 물리학에 뛰어난 재능을 보였으며, 후에는 점차 철학에도 관심을 가져, 『방법서설』에서 새로운 철학 방법을 제시하기도 했다. 그는 1650년 세상을 떠났다.

그의 철학적 탐구에 있어 1차적인 목표는 모든 의문, 불확실, 오류를 제거하고 절대로 의심할 수 없는 진리 위에 근거를 세울 수 있는 새로운 방법을 찾는 것이었다. 이것이 방법적 회의의 방법으로, "나는 생각한다. 그러므로 나는 존재한다."라는 의심할 수 없는 진리로 귀결되었다.

이는 데카르트에게 주된 문제가 인간과 세상을 인식하고 변화시킬 수 있는 인간의 능력임을 의미했다. 수학과 기하학에 매료된 그는 추상적이고 보편적인 인식, 이성의 인식, 영혼에 천부적으로 있는 인식만이 유일하게 타당한 인식이라고 보았다. 이런 합리적 인식은 보편적인 것과 필연적인 것을 대상으로 하며, 따라서 사물들의 변할 수 없는 참된 본성을 파악할 수 있는 것이다. 이렇게 해서 형이상학이 가능하게 된다. 즉, 하느님을 알 수 있고 영혼의 불멸을 입증할 수 있는 것이다.

이런 근본 원칙을 설정한 데카르트는 플라톤과 아우구스티누스의 발자취 아래 인간의 본질이 '영혼'임을 입증하고, 자신의 불완전성과 완전의 개념으로부터 하느님의 실존을 입증했다. 특히, 그는 "나는 생각한다."라는 명제에 내포된 의미들을 숙고하면서 하느님의 실존을 입증했다. 인간은 자신의 불완전함을 발견하게 되는데, 이는 인간이 이미 '완전'에 대한 개념을 소유하고 있지 않다면 이룰 수 없는 발견이기 때문이다. 데카르트는 이런 개념이 스스로 완전한 상위 존재인 하느님에게서 온 것으로 보았다. 이러한 신 존재 증명은 우리 안에 있지만, 우리가 스스로 만든 것일 수 없는 진리에 기초한 아우구스티누스의 증명을 풀어 쓴 것이다. 그러므로 데카르트에 따르면, 신적 존재는 실존하고, 지극히 완전하며 무한하고 자유롭다. 그에게 있어서 하느님의 가장 큰 완전함은 자유에 있다. 최고로 자유롭고 전능하신 하느님은 영원한 진리의 창조주이시며, 세상의 창조주이시다. 그분은 무로부터 세상을 창조하셨고, 당신의 섭리로 세상을 통치하신다.

데카르트는 근대 사상에 막대한 영향을 미쳤다. 그에게서 시작된 근대의 고유한 특징인 '주관성'은 긴 과정을 거쳐 피히테의 '절대적 인식'

과 헤겔의 '절대적 관념'에 이르게 된다. 데카르트의 내면주의와 플라톤주의는 1600-1700년대의 프랑스 신학자들, 영성가들(베륄, 아르노), 호교론자들(말브랑슈, 보쉬에)에게 큰 공감을 얻었다.

ㄴ) 바뤼흐 스피노자: 근대 합리주의의 두 번째 거장으로 스피노자를 들 수 있다. 그는 엄격하게 기하학적으로 논증된 강력한 형이상학 체계의 창시자이다. 그는 1632년 네덜란드의 암스테르담에서 태어났다. 그는 유다계 포르투갈인으로 성경과 랍비들의 가르침을 공부했으며, 철학과 개신교 신학도 연구했다. 그는 자유로운 성경 해석으로 인해 1656년 이스라엘 공동체에서 파문되었다. 결국, 그는 레이든으로 옮겨가서 생계를 위해 망원경과 현미경 렌즈를 만드는 일에 종사하며, 자신의 사상을 담은 다양한 작품을 집필했다.

그의 철학 체계 전체의 기초는 실체에 대한 정의였다. 그에 따르면, 실체는 "자신 안에 있고 자신을 감지하는 것"이다. 그러므로 실체는 유일하며 하느님과 동일시된다. 하느님과 세상은 오직 하나의 사물이며, 하나의 실재이다. 그는 하느님을 능산적(能産的) 자연으로, 세상을 소산적(所産的) 자연으로 명명했다. 스피노자는 실체(하느님)에 의해 산출된 사물들을 '양상들'이라 불렀다. 또한, 그는 세 가지 형태의 인식(부적합한 인식, 적합한 인식, 직관적 인식)을 제시했다. 그는 인간이 실체가 아닌 하나의 양상이므로 자유롭지 않다고 보았다. 그는 인간이 실체의 관점에서 사물들이 실제로 어떠한지 인지함으로써 정념들로부터 해방되는 가운데 참된 인식, 참된 행복에 도달할 수 있다고 말한다.

그는 두 종류의 종교, 곧 백성의 종교와 철학자의 종교를 구분했다.

백성의 종교는 법에 대한 순종으로 이루어져 있는데, 여기서 법은 히브리 법 또는 성경에 들어 있는 다른 법을 말한다. 무지한 백성은 법에 순종함으로써 정념들을 지배하고 자유를 얻을 수 있다. 철학자에게 있어 유일한 종교는 철학이다. 스피노자는 그것만이 진리에 이르는 유일한 길이라고 말한다. 그는 종교가 법에 대한 순종을 강요함으로써 사람들을 지배하려는 데 반해, 철학은 진리를 인식함으로서 그렇게 한다고 지적했다. 이러한 차이로부터 그는 다음의 2가지 결론을 이끌어냈다. 첫째, 철학이 신학의 시녀인가 하는 문제를 제거한다. 둘째, 사상의 자유이다. 결론적으로, 스피노자는 종교에 대해 다음과 같은 개념에 이르렀다. 첫째, 그는 초자연적 계시를 완전히 배제하는 가운데 종교를 철학적 신앙으로 축소했다(자연 종교). 둘째, 그는 자연 종교에서 '법'만을 강조하고 예식과 신화를 무시하는 가운데 지나치게 자연 종교를 단순화했다. 스피노자는 하느님의 초월성을 범신론적 자연의 생명 안에 흡수함으로써 더 이상 종교적 관계, 즉 서로 구별되는 인격들인 인간과 하느님의 관계를 위한 형이상학적 공간을 남겨 두지 않았다.

ㄷ) 고트프리트 빌헬름 폰 라이프니츠: 라이프니츠는 합리주의의 노선을 대변하는 마지막 대가이다. 그는 매우 순수한 신플라톤주의 형식이면서 위 디오니시우스와 쿠사누스의 신플라톤주의 체계처럼 뚜렷한 그리스도교적 노선과 같은 형이상학 체계를 만들었다. 그의 사상 체계에는 하느님의 초월성, 창조, 섭리, 자유, 영혼의 불사성 같은 그리스도교의 기본 진리들이 자리하고 있다. 라이프니츠의 사상은 창조주의적이며, 영성주의적이다. 또한, 그는 철저한 낙관주의자로서 악을 선의 작은

그늘로, 우주의 완전성을 위해 필수적인 것으로 여겼다.

라이프니츠는 1646년 라이프치히에서 태어났다. 그는 라이프치히 대학에서 철학을 공부하고 예나 대학에서는 법학을 공부했다. 그러나 그가 관심을 가졌던 것은 철학과 수학이었다. 그는 미적분 계산법을 발견하고 계산용 자를 창안하는 가운데 그 시대의 가장 유명한 수학자로 자리 잡았다. 프랑스에서는 보쉬에 주교와 함께 교회 일치를 위해 노력하기도 했다. 1676년에는 하노버 공작의 사서이자 고문으로 일했지만, 공작의 사후에 직책을 잃고 빈곤한 삶을 살다가 1716년에 세상을 떠났다.

라이프니츠의 철학은 데카르트의 이원론, 스피노자의 범신론, 영국 경험주의에 대한 반작용으로 나타났다. 그는 존재들의 단일성과 하느님의 초월성을 주장했으며 경험주의에 대해 지성적 인식의 우선성과 절대적 독창성을 주장했다. 그는 물리적 세계의 원초적 요소가 연장이 아니라 힘, 에너지라고 보았다. 또한, 만물의 본래적인 형이상학적 원리는 '단자'(單子)라고 말했다. 그에 따르면 모든 단자는 우주의 거울이고, 다른 단자들과 더불어 반영의 관계를 갖는다. 단자들은 하느님의 무한하고 지극히 완전한 단자로부터 창조된 세상의 더 작고 불완전한 단자에 이르기까지 위계적 질서에 따라 배치되어 있다. 그러나 이 모든 것은 영적 질서에 속한다. 라이프니츠가 바라본 우주는 온전히 영적인 우주였다.

그는 『변신론』에서 모든 형태의 범신론을 반박하고 하느님의 초월성과 자유를 강력하게 단언했다. 또한, 그는 하느님은 가능하다면 존재해야 하는 특전을 지닌 유일한 존재라는 명제를 바탕으로 일종의 변형된 존재론적 증명을 제시했다. 더 나아가, 그는 세상의 창조를 '감전'(感電) 개념으로 설명했다. 그에 따르면, 세상은 감전에 의해 하느님으로부터 유래한다. 하느님만이 1차적인 단위 내지 본래의 단순한 실체이며, 창조된 모든 단자들은 그 산물로서, 말하자면 신성의 지속적인 감전에 의해 생겨난다. 그리고 그 감전은 매번 본성의 수용력에 의해 제한된다. 또한 그는 세상 창조와 관련해서, 이 세상은 가능한 최선의 세상이라고 말했다. 그는 이런 특별한 낙관주의의 근거를 피조물을 향한 하느님의 사랑에 두었다. 당시의 과학 발견들은 라이프니츠를 경탄하게 했으며, 그를 낙관적이게 했다. 그는 이 모든 것이 하느님의 영광과 종교의 진보에 기여할 수 있다고 확신했다.

② 경험주의: 경험주의는 합리주의와 함께 계몽주의 형성에 기여했다. 그 후 잠시 관념론에 밀려났다가, 관념론이 쇠퇴하자 다시 정점에 이르고 20세기에는 신실증주의와 언어 분석학의 형태로 다시 번성했다. 합리주의가 이성에 엄청난 능력을 부여한 데 반해, 경험주의는 경험의 근본적 역할을 주장했다. 경험주의자들에 따르면, 인간 이성은 경험의 세계를 넘어서는 어떤 진리에도 도달할 수 없다. 합리주의자들은 만물의 원리(하느님, 실체, 단자)로부터 출발해서 물질세계의 우연적이고 유한한 실재를 향해 내려갔다. 하지만, 경험주의자들은 이를 불가능하고 부조리한 것으로 간주했다. 경험주의자들은 자연 신학이 불가능하며 종교도 지극히 불합리하다고 보았다. 이러한 경험주의는 영국 철학자들의 지지를 받았다. 경험주의는 17세기 베이컨과 홉스에게서 시작되어 로크를 통해 발전하고 흄에게서 극단적 결론에 이르게 된다.

ㄱ) 데이비드 흄: 흄은 1711년 에든버러에서 태어났다. 부모님은 그가 변호사가 되기를 바랐지만, 주로 철학과 정치에 관심을 가졌다. 그는 베이컨과 로크가 받아들인 경험주의적 입장을 극단적으로 이끌어 갔다. 흄의 철학에 있어서 근본 원리는 경험주의적으로 해석된 내재성의 원리이다. 그에 따르면, 인식의 유일한 원천은 감각적 경험이며 그 경험의 대상은 외적 실재가 아닌 그 표상이다. 이러한 원리를 기초로 흄은 표상 또는 인상이 인간 인식의 최종 자료이며, 인간이 부딪혀 멈추어야 하는 한계와 넘어설 수 없는 장벽이라고 주장했다. 즉, 인상들을 넘어 사물이 있을 수 있는지, 어떤 사물이 있을 수 있는지는 말할 수 없다는 것이다. 그는 이를 바탕으로 경험주의를 현상주의로 바꿨으며, 결국에는 그 스스로도 전적인 회의주의 속에 갇혔다.

흄은 정신이 어떻게 단편적 자료에서 사물, 실체, 사람들의 표상이 되는 개념을 수집하는지 설명했다. 이는 환상의 결합 법칙에 의해 이루어지는데, 이 결합에는 유사성에 의한 결합, 인접성에 의한 결합, 인과성에 의한 결합이 있다. 흄은 인과성의 결합에는 객관적 가치가 없다고 보았으며, 이를 바탕으로 자아의 실체성, 세상의 객관성, 하느님의 실존 증명 가능성을 부인했다. 즉, 그는 인간 이성이 어떤 확실성에도, 어떤 진리에도 도달할 수 없다고 보았다. 결국, 그는 이를 바탕으로 하느님에 대한 모든 존재 증명의 타당성을 반박하고, 하느님 개념에 대한 객관적 가치 자체를 의문에 부쳤다. 흄에 따르면, 하느님도, 종교도 감정과 환상의 산물이며, 따라서 인간 의식은 비합리적이고 임의적인 표현들이고 합리성이 전혀 없다. 흄은 『종교의 자연적 역사』에서 행복에 대한 인간의 갈망, 불행에 대한 그의 두려움, 죽음에 대한 공포가 종교를 만들었다고 비판했다. 이 과정에서 신(神) 개념이 형성되고, 인간은 자신의 운명이 신에게 달려 있다고 생각하면서 공경과 기도로 그 신을 대한다는 것이다. 결론적으로, 흄은 한편으로 종교의 자연적 기원을 인정했다. 왜냐하면, 인간의 본능 자체가 종교적 존재가 되게 하기 때문이다. 다른 한편, 그는 종교의 모든 상징적 표현들이 합리적 가치를 갖고 있지 않다고 보았다.

③ 역사적 플라톤주의: 오랜 교회의 역사에서 그리스도교 철학과 신학은 언제나 플라톤주의를 추종했다. 그러나 비코 이전까지 플라톤주의는 언제나 물리적 실재와 인간 실재의 우연성과 다수성을 설명하기 위한 형이상학 체제로 이해됐다. 반면, 비코는 "영원한 이상적 계획" 이론으로 역사적 플라톤주의를 만들었다. 영원한 이상적 차원은 역사의 영역 안에 외관상 무질서하고 혼란스럽게 발생하는 인간적 사건들의 연속 전체를 포괄하고 이끄는 영원한 원형이다.

ㄱ) 잠바티스타 비코: 비코는 1668년 나폴리에서 태어났으며, 예수회원들에게 배우면서 역사와 철학에 특별한 관심을 갖고 여러 철학자들의 작품을 읽었다. 1699년 나폴리 대학에서 수사학 교수좌 경연에서 수상했으며, 그 후 라틴어로 짧은 시들과 소네트들을 쓰며 두각을 드러냈다. 1710년에는 『이탈리아인들의 지극히 오랜 지혜에 관하여』를 출판해서 더욱 유명해졌다. 그는 마지막 20년을 자신의 주저인 『민족들의 본성에 관한 새로운 학문의 원리들』을 집필했으며, 1744년 나폴리에서 세상을 떠났다.

비코가 제시한 인식론에 있어서 근본적인 통찰은 "참된 것은 사실이다"라는 명제로 표현된다. 그는 참된 것을 사실과 동일시했다. 그에 따르면, 어떤 사물을 참으로 알기 위해서는 그것을 만드는 방법을 알아야 하고, 이 방법을 알려면 그것을 만들 수 있어야 한다. 이러한 진리의 기준으로부터 다음 3가지 결과가 도출된다. 확실성과 진리의 구분, 하느님만이 모든 사물의 진리를 알 수 있다는 점, 인간 안에서 인식은 3가지 형태로 나타난다는 점이 그것이다. 비코는 수학 이외에 참된 것과 사실이 일치할 수 있는 유일한 연구 영역으로 '역사'를 꼽았다. 그는 역사의 학문성을 확립하기 위해 『새로운 학문』을 집필했다. 그는 이데아계에 관한 플라톤의 이론을 역사에 적용함으로써 이 중요한 목표를 이룰 수 있다고 믿었다. 플라톤은 자연학, 즉 물질계의 학문을 만들기 위해 이 이론을 사용했다. 그러나 비코는 인간 세계의 학문을 만들기 위해 이를 사용했다. 인간적 사건들의 세계는 영원한 이상적 계획의 실행으로서 이해될 수 있다. 비코의 『새로운 학문』은 인간의 역사 안에서 드러나는 인간의 정신 철학을 담고 있다. 그 학문은 사실들을 제공하는 '문헌학'과 사실들의 진리를 탐구하는 '철학'의 결합을 요구한다. 역사에 대한 비코의 설명에서 근본적 요소는 '행위자', 역사적 단위인 '진로', 역사적 법칙인 '반복'이다. 데카르트주의가 지배하던 시대에 비코는 자연 과학에 대한 큰 관심 앞에서 역사 연구의 중요성을 주장하고, 문명의 원리와 발전을 사변의 대상으로 취했다.

플라톤주의에서 초월(하느님)은 입증될 필요가 없으며 처음부터 전제되듯이, 비코에게서도 하느님(섭리)은 그의 모든 역사 해석과 재구성의 시초에 전제된 것으로 드러난다. 하느님은 영원한 이상적 계획을 설정하는 섭리이다. 역사의 모든 시대는 그 차원으로 흘러간다. 비코는 특히 한 시대에서 다른 시대로, 한 진로에서 다른 진로로 건너가는 결정적 순간에 현존하는 하느님의 섭리를 강조했다. 그는 참된 역사를 "하느님의 섭리에 대한, 성찰된 거룩한 신학"으로 불렀다. 또한 그는 민족들의 역사를 그리스도교 이전 주기와 그리스도교 주기로 나누고, 그 각각을 다시 거인들, 영웅들, 인간들이라는 세 시대로 다시 구분했다. 그의 역사관은 종교적, 그리스도교적, 가톨릭적이다. 그의 사상은 하느님의 섭리에 대한, 성찰된 거룩한 신학으로 평가받는다. 비코의 역사 해석학은 독창적이며 매우 흥미롭다. 하지만 거기에는 동방의 주요 문명들(힌두교, 불교)에 의미를 부여해야 하는 풀리지 않는 큰 문제를 안고 있다.

9. 칸트와 신학

이마누엘 칸트는 개신교 철학자이다. 첫째, 그는 본성의 세계와 은총의 세계, 철학과 신학, 이성과 신앙, 종교와 그리스도교의 대립에 관한 루터의 신학적 입장들을 철학적으로 이론화했다. 이 대립들은 칸트가 말한 현상과 물자체, 순수 이성과 실천 이성, 철학과 신학 사이의 대립으로 확인된다. 둘째, 칸트가 지난 두 세기 동안 개신교 신학에 미친 영향은 플라톤이 교부들의 신학에, 아리스토텔레스가 스콜라 학자들의 신학에 미친 영향에 비견될 정도로 막대하다. 이렇듯 현대 개신교 신학에 지대한 영향을 미친 칸트의 주장은 2가지로 집약된다. 첫째, 신앙을 이성에 종속시키고 이로써 이성을 위하여 신앙을 배제하며, 그 결과로 신학에서 이성을 통과하지 못한 모든 것을 배제해야 한다. 둘째, 인간 정신의 인식 능력에는 한계가 있다. 칸트의 비판적 인식론에서 인간 정신은 물자체(物自體)의 경계 앞에서 멈춰야 하고 현상 세계를 탐색하는 것으로 만족해야 한다. 그래서 칸트는 교의 신학의 이론적 가치를 완전히 부인했다. 그는 교의 신학에는 자신의 학설을 정당화하기 위한 이성적 도구가 없으며, 자연 신학에는 순전히 실천적이고 윤리적인 역할만 남아 있다고 보았다.

칸트는 1724년 독일의 쾨니히스베르크의 어느 가난한 수공업자 집안의 아들로 태어나 경건주의적 경향이 강한 루터파에 따라 종교 교육을 받았다. 젊은 시절 칸트는 프리드리히 학교에서 최고의 인문 교육을 받았다. 1746년 철학을 전공한 후, 과학 특히 물리학을 연구했다. 그러나 후에는 철학에 전념하여 특별한 재능을 드러냈다. 그는 플라톤의 직관주의와 아리스토텔레스의 추상주의에서 벗어나 새로운 인식 이론을 창안했는데, 그것은 인식을 주관적 요소들(형상과 범주들)과 객관적 요소들(감각의 자료들)의 종합으로 보는 것이었다. 이러한 새로운 인식 개념은 칸트에게 실재에 대한 새로운 시각을 제시하게 해 주었다. 즉, 선험적 종합의 과정을 통하여 인간 지성 앞에 열리는 세상은 세상 그 자체가 아니라 외관상의 세상, '현상'의 세상이라는 것이다.

깊은 인식론적 혁신에도 불구하고, 칸트는 언제나 형이상학이 인간 지식의 최고 표현이라고 보았다. 그의 가장 큰 갈망은 건전한 형이상학으로 기존의 퇴화되어 형이상학을 교체하는 것이었다. 그런 점에서 칸트가 집필한 『비판』들의 목표는 형이상학을 파괴하는 것이 아니라 "순수 이성 비판에 따른 체계적 형이상학"을 세우는 것이다. 그는 계몽주의 문화의 지평 안에서 하느님을 지키는 것이었고 이와 더불어 계몽주의

자체를 지키는 것이었다.

1) 「감각적 세계와 지성적 세계의 형태와 원리들에 관하여」

칸트의 신학 문제에 대한 입장은 1770년에 쓴 논문 「감각적 세계와 지성적 세계의 형태와 원리들에 관하여」에 분명하게 언급되고 있다. 여기서 그는 다음과 같은 2가지 주장을 제시했다. 실제적인 것을 인간 정신에 의해 인식되고 파악되는 것으로 축소할 수 없다. 왜냐하면, 우리 이성의 한계를 사물들 자체의 가능성의 한계로 부과하는 것은 부당하기 때문이다. 하느님은 파악될 수 없다. 인간은 감각적 직관만을 지니고 있고 지성적 직관은 지니고 있지 않기 때문이다.

2) 『윤리학 강요』

칸트는 하느님에 대한 인식 문제를 『윤리학 강요』에서 더 비중 있게 다뤘다. 그는 윤리의 발전이 "저절로 하느님에 대한 신앙으로 이끈다."라고 말하며, 철학적 관점에서 신앙을 이해했다. 즉, 그는 계시에 대한 신뢰가 아니라 이성의 사용에서 나오는 신뢰를 말했다. 그는 이성의 실천적 사용에서 생겨나는 신앙, 윤리에 기초한 신앙은 인식적 가치를 지닌다고 보았다. 이 선상에서 그는 전통적인 하느님의 속성들이 윤리적 의미로 이해된다고 주장했다. 결국, 칸트는 『윤리학 강요』에서 신학이 윤리에 완전히 종속되며, 신학이 윤리로 해체된다는 이론을 제시했다. 그는 이러한 해체가 신학을 정초하기 위해 필수적이라고 판단했다.

3) 『순수 이성 비판』

칸트는 지금까지 언급한 이론들을 1780년대 집필한 『순수 이성 비판』과 『실천 이성 비판』에서 보다 깊이 있게 고찰했다. 그는 『순수 이성 비판』에서 인간의 사변적 인식 능력에 대한 검토를 바탕으로 하느님은 이러한 인식 범주에 들어가지 않으며, 따라서 인식될 수 없음을 보여 주었다. 그에 따르면, 과학적 인식은 현상 세계만을 지배한다. 그 인식은 실제 세계인 물자체에 스치기는 하지만 그 안으로 들어가지는 못한다. 칸트는 전통적인 신 존재 증명을 3가지 유형(존재론적 증명, 우주론적 증명, 목적론적 증명)으로 나눴다. 그는 존재론정 증명은 관념적 질서로부터 실제적 질서로 부당하게 건너가기 때문에 유지될 수 없다고 보았다. 우주론적 증명과 목적론적 증명 역시 이와 유사한 오류를 범한다고 그는 지적했다. 즉, 이 증명들은 인과율의 원리와 목적성의 원리가 현상의 영역에서만 유효한 것인데도 물자체의 영역에 적용하기 때문에 부당하다는 것이다. 그래서 칸트는 하느님에 대한 존재 증명을 검토하면서 '순수 이성'은 현상들의 세계에서만 가치를 갖는다는 결론을 내렸다. 그 세계를 넘어서는 것은 순수한 이성적 차원에서는 입증할 수도 없고 인정할 수도 없다는 것이다. 다른 한편, 그분이 존재한다는 것은 순수 이성의 영역 밖에 있기 때문에 부인할 수도 없다. 과학, 철학 등은 초감각적인 것에 대해 결코 반대 증거를 제시할 수 없기 때문이다. 그러나 칸트는 이러한 개념들이 순수 이성의 영역에서도 자신의 역할을 한다고 지적한다. 즉, 그것은 '규제적'으로 사용될 수 있고 '가능성'의 표현이기도 하다. 그에 따르면, 이러한 개념들은 '규제적 용도'를 갖는다. 이들은 지성을 경험의 세계 전체에 더 큰 단일성을 부여하는 역할을 하는 어떤 목적으로 향하게 하기 때문이다. 둘째, 이 개념들은 어떤 '가능성', 정확히 말해 현상들 자체의 한계를 초월하는 어떤 사물의 가능성을 가리켜 보인다. 그는 경험에 기초한 사고가 한계에 부딪히는 이곳이 순수 이성을 바탕으로 한 철학의 정점이라고 말한다. 이 지점이 바로 경험 영역의 문제로부터 출발해서 복음의 진리에 대한 전망을 열어 주는 곳으로, 흔히 이를 '교의 신학적 서언'이라 일컫는다.

4) 『실천 이성 비판』

칸트는 이성의 실천적 역할을 인정했다. 그래서 그는 실천 이성에게 사변적 이성의 틀 안에서는 풀 수 없는 주요한 문제들에 대한 대답을 물었다. 그는 『실천 이성 비판』에서 최고 입법자이며, 보상을 하는 하느님의 실존이 윤리 생활의 최고 보증으로서 요구됨을 보여 주었다. 즉, 그는 인간이 지닌 도덕성의 논거를 바탕으로, 도덕적 지향에 적합한 인과성의 기초가 될 수 있는 최고 본성을 인정하는 한에서 세상 안에서 최고선이 있을 수 있다고 보았다. 그런데 최고선은 하느님의 실존을 조건으로 할 때에만 가능하므로, 하느님의 실존과 의무를 분리할 수 없다고 그는 지적한다. 즉, 하느님의 실존을 인정하는 것이 윤리적으로 필요하다는 것이다. 이러한 도덕성의 논거에는 사변적 가치는 없고 실천적 가치만 있다. 그것은 도덕이 순전히 임의적인 것이 되지 않기 위해서 우리의 권리와 의무, 그리고 법의 준수에 대한 정당한 갚음을 보증하는 최고 존재를 필요로 한다는 것을 보여 준다. 이처럼 칸트에게 있어 하느님의 실존에 대한 수용은 논리적인 것이 아니라 도덕적인 것이다. 사실, 칸트는 종교를 파괴하기 위하여 이성의 간계를 이용하는 무신론자들의 공격으로부터 종교적 영역을 보존하기 위한 호교론적 의도를 갖고 순수 이성의 한계와 도덕적 논증을 통해 하느님의 실존을 입증했다. 즉, 그는 신앙과 지식을 분명히 구별함으로써 종교도 보존하고 계몽주의도 보존하려 했다.

제4부

현대 신학

도입

　현대는 19-20세기를 가리키며, 정확히는 1789-1989년까지의 시기이다. 이는 역사적으로 프랑스 혁명에서 소련의 해체 사이의 시기를 의미한다. 이 틀 안에는 현대 세계 속에 깊이 새겨진 중요한 정치적, 문화적, 전쟁적, 과학적, 종교적, 경제적, 기술 공학적 사건들이 농축되어 있다. 이 두 세기가 흐르면서 인간이 처한 환경은 완전히 변했다. 나누어진 세계로부터 공동의 정치 조직(UN)의 지도 아래, 그리고 대중 매체의 보편적 제국 아래 지구 전체는 통합되었다. 종교 영역에서는 한층 더 큰 무게와 반향을 지닌 사건들, 곧 제1차 및 제2차 바티칸 공의회가 개최되었고, 교회 일치 운동과 선교 운동이 이어졌다. 반면, 개별 국가들의 독립을 쟁취하기 위한 국가 간 서열과 지구라는 행성 전체에 대한 정치적, 경제적 지배를 위한 대륙과 세계의 패권을 두고 다투는 지속적인 전쟁의 대립으로 인해, 기초부터 흔들리는 세계에서 그리고 국가들과 대륙 전체를 노예화한 괴물 같은 이데올로기들(나치즘, 파시즘, 공산주의)로 인해, 기본적인 도덕적 가치들과 원리들이 흔들리고 사라짐으로써 영적으로 메마른 세계에서 교회와 신학의 행보는 쉽지 않았다. 그럼에도 불구하고, 그리스도의 교회는 그러한 파도에서 오는 충격을 잘 견뎌 냈고, 마침내 끔찍한 폭풍우로부터 3천 년기의 새벽을 벅찬 희망을 품고 바라볼 수 있을 정도로 성공적으로 빠져나올 수 있었다. 신학자들도 자신들의 작업을 통해 이러한 성공에 기여했다.

제1장

프랑스 혁명으로부터 제1차 세계 대전까지

1789-1918년의 시기에 역사의 위대한 장면들은 무수히 많다. 동시에 과학과 기술이 획득한 성공도 실로 엄청나고 놀랍다. 이 모든 것을 고려해 보았을 때, 결국 19세기는 부르주아의 세기로 부를 만하다. 이 시기에는 문화 차원의 본질적 동질성이 두드러진다. 도처에서 심층적으로 세속화된 과학주의적, 실증주의적, 내재주의적 문화가 지배하며, 인간의 운명은 온전히 이러한 역사의 테두리 내에서 좌우되었다. 서양 철학은 이러한 내재주의적이고 낙관주의적인 역사관의 해석자가 되었다. 이 시기의 문화는 19세기의 신학자들을 고통스러운 양자택일의 상황으로 몰아갔다. 즉, 믿을 수 없고 까다로운 상대자와 대화함으로써 대단히 신랄하고 수용할 수 없는 것들에 대한 양보의 위험을 무릅쓰거나, 아니면 단호하고도 결연히 반대함으로써 신학의 일차적 과제를 포기해야 했다. 개신교 신학자들은 대화의 패를 움켜쥠으로써, 마침내 커다란 패배

를 끌어안고 그리스도교의 정체성 자체를 포기하도록 강요받은 데 반해, 가톨릭 신학자들은 거부와 논쟁의 패를 쥐었지만, 그 어떠한 긍정적 결실도 맺지 못하고, 더 나아가 근대 세계를 적대시하는 태도를 취하고 말았다. 하지만 프랑스 혁명 이후, 개신교 신학자들의 제1보는 근대성과의 대화가 아니라 비판과 거부였다. 그것은 낭만주의를 향한 걸음이었다.

1. 낭만주의 시대의 신학

1781년 칸트가 『순수 이성 비판』을 출간한 지 몇 년 후부터 그의 작품은 독일 문화 전체의 중심으로 자리 잡게 되었으며, 특히 1700년대 말에는 그의 영향력이 정치학에서 문학과 종교에까지 이르고 매우 다양한 영역에까지 미치게 되었다. 이제 그의 사상은 모든 철학적 논의의 필수 참조점이 되고, 사유의 근본 문제들에 대한 젊은 세대의 접근로가 되었다. 칸트는 데카르트보다 한층 더 근대 의식을 육화시킨 사상가로서, 데카르트보다 더 세계, 인간, 역사를 "마치 신이 없는 듯이" 이해한, 충만히 세속화된 철학자였다. 현상 세계에서 '물자체'에 대한 불가지론을 명확히 규명한 그의 사상은 1700년대 말부터 1800년대 초반의 독일 개신교 신학자들에게 커다란 도전으로 다가왔다. 그의 이론에 의하면, 철학적 신학의 가능성과 교의 신학의 가능성은 부정되고 말았기 때문이다. 도대체 어떻게 신학을 구축할 수 있을까? 이에 대한 대안은 2가지로 압축된다. 하나는 칸트를 비판하고 『순수 이성 비판』의 논리를 배격하는 것이며, 다른 하나는 칸트의 견해를 바탕으로 새로운 신학의 길을 모색하는 것이다. 당시 낭만주의자들은 칸트를 비판하고 그의 사상과 반대되는 방향으로 나아갔다. 반면, 관념론자들은 칸트와 함께하며 그와 같은 방향으로 나아갔다.

1) 낭만주의

낭만주의는 특히 독일에서 발전하고 18세기 말과 19세기 초에 프랑스, 영국, 이탈리아에 급속히 확산된 복잡한 문화 예술 운동을 일컫는다. 이 운동은 계몽주의 정신과 방법에 대한 반동, 그에 따른 이성의 도를 넘는 주도권에 대한 거부, 그와는 반대로 감정, 열정, 본능, 자유, 자발성에 대한 옹호, 생명, 역사, 전통, 계시, 무한, 자연 등의 관념을 중시하는 태도로 특징 지어진다. 낭만주의가 지닌 특성 가운데 다음의 6가지가 두드러진다. 거인주의, 예술적 천재의 예언주의, 자연의 감흥, 소속감을 보장하는 요소인 전통, 문화적이고 종교적인 공동 유산으로 특징지어지는 자기 종족적 부류에 대한 소속감, 한 민족의 정신이 충만히 펼쳐지는 장(場)이자, 인류 전체의 운명의 담지자로서 자신의 위대성의 거울인 역사가 그러하다. 낭만주의의 최대 개진자들 가운데 일부는 바로 이런 관념의 틀 안에서 그리스도교 계시에 대해 자신들의 해석과 신학을 작업해 냈다. 신학에서 낭만주의자들의 기획은 낭만주의의 목표를 깨달음의 용어로 표현하는 것이었다. 낭만주의 신학의 대표적 개진자들로는 헤르더, 노발리스, 야코비, 슐라이어마허 등을 들 수 있다.

2) 요한 헤르더

요한 헤르더는 1744년 동방 프로이센 모룽겐에서 태어났다. 그는 쾨니히스베르크에서 칸트를 스승으로 모시고 신학을 공부했다. 그는 리가에서 설교자로 여러 해를 보낸 다음, 프랑스로 바이마르로 갔으며 괴테에 대한 관심이 커서 바이마르 정권의 궁정 설교자로 지내면서 죽을 때 (1803년)까지 그곳에 머물렀다. 그는 다양한 분야에 많은 작품을 남겼다. 그는 독일 문화 황금기의 대표적인 문인 가운데 한 사람으로 평가받고 있다.

헤르더 사상의 중심에는 '인류'와 '역사' 개념이 자리잡고 있다. 왜냐하면, 세계 내 하느님의 현존은 인류의 역사를 통해서 점점 더 규정적이지만, 결코 결정적이지는 않은 형식으로 점진적으로 전개되기 때문이다. 그는 자신의 작품 『하느님』에서 스피노자의 영향을 받아 세계 내에서 하느님의 현현을 본다고 언급했다. 그리고 이를 '역사의 경과' 속에서 포착하고자 했다. 또한, 그는 계몽주의의 역사적 이해에 대한 결함을 개탄하며 고발했다. 이 때문에 그는 2번씩이나 역사 철학 관련 작품을 집필했다. 여기서 그는 중세 세계를 긍정적으로 평가했다. 그에 따르면, 역사는 특히 '전통'을 의미한다. 인류 역사는 결과적으로 전통들로 점철된 방대한 한 폭의 그림이며, 그 안에서 '종교'는 특별한 가치론적 위상을 차지한다. 그는 계시는 종교와 내밀하게 엮여 있다고 말한다. 그는 인간이 역사 속에 있으며, 이는 의심할 여지 없이 가능한 한 가장 직접적인 방식으로 인간이 하느님의 계시에 참여하는 것을 의미한다고 보았다. 그는 인간의 역사적 움직임은 이성의 행위와 말을 통해 표현된다고 언급했다. 그러므로 이성과 계시 사이에는 어떠한 대립도 있을 수 없다. 그것들은 모두 유일한 하느님의 선물로서 결코 반대될 수 없다.

칸트의 사상으로 인해 협소하던 신학의 여백은 헤르더로 인해 즉시 확장되었다. 헤르더는 낭만주의를 통해 그와 계몽주의를 극복하려 했다. 헤르더는 인간의 영혼 안에서 직관, 감정, 신앙, 생생한 경험과 같은 새로운 영적 에너지들을 발견했다. 그리고 이를 바탕으로 그는 새로운 신학을 전개했다. 그는 신학의 대상이 계시이며, 그리스도교 신학자에게 있어 계시란 예수 그리스도를 의미한다고 지적했다. 그는 그리스도교와 신학을 위해 중요한 점은, 복음서들이 이야기하는 '계시 사실들'이 분명히 일어났고, 사도들은 이를 자발적으로 인정했다는 점이다. 헤르더의 낭만주의적 신학은 본질적으로 온갖 형태의 사변 신학을 적극 배제하는 '이야기 신학'이다.

3) 슐라이어마허

① 생애: 슐라이어마허는 1768년 브레슬라우에서 태어났다. 그는 베를린 대학에서 신학을 공부하고, 도브나 백작의 가정교사로 지냈는데, 이 백작은 그에게 슐레겔을 소개시켜 주었다. 슐라이어마허는 바로 슐레겔을 통해서 낭만주의의 영향을 받았다. 1806년 그는 베를린을 떠났다가 나폴레옹 점령기에 되돌아왔으며, 피히테와 함께 독일 국수주의의 가장 열렬한 옹호자가 되었다. 나폴레옹의 실각 후에는 베를린 대학에서 다시 교편을 잡았고, 그곳에서 20년 이상 신학부 학장직을 맡으며, 학문 활동을 했다. 그는 방대한 철학적, 신학적 작품들을 집필했다.

슐라이어마허는 19세기에 가장 매력적이고 영향력 있는 인물 가운데 한 사람으로, 후대 개신교 신학, 심지어 가톨릭 신학에도 지대한 영향을 미쳤다. 그는 종교 철학의 아버지이며, 해석학의 창시자이다. 그는 무엇보다도 "신학의 인간학적 전환"을 구현한 인물이다. 이러한 전환으로 인해, 계시에서 하느님의 말씀 안에서 우위는 더 이상 말씀하거나 계시하시는 하느님이 아니라 그분의 계시와 말씀에 귀 기울이는 인간에게 돌아갔다. 신학자로서 그가 선호한 주제들은 성경, 신앙, 그리스도교, 계시, 종교 등으로, 그는 합리주의, 낭만주의, 비판주의, 관념론 등의 계기들이 함께 녹아 있는 전망을 바탕으로 이 주제들을 다뤘다. 이렇게 해서 그는 '개신교 자유주의 신학' 운동의 기원이 되었다.

② 종교의 본질: 그의 최대 공로 가운데 하나는 종교를 철학이나 도덕으로부터 구별하고, 이성이나 의지가 아닌 '감정'에 맡김으로써 종교의 본질을 규정한 데 있다. 그는 종교 철학의 합리주의에 대립하여 형이상학적 경험과는 본질적으로 다른 종교적 경험의 본원성과 특수성을 복권시켰다. 그에 따르면, 종교에서 무한자와 맺는 관계는 직접적 관계이다. 종교는 무한자와 접촉하는 주체적 양식이다. 종교의 기관은 사변, 추론, 의지가 아닌 '감정'(Gefühl)이다. 그래서 슐라이어마허는 종교적 감정은 무한자와 관계를 맺을 수 있는 유일하고 진정한 방식이라고 선언했다. 그는 종교란 인간 안에서 그리고 모든 특수자들 안에서 무한자를 "무한자의 영상, 흔적, 표현"을 보는 것이라고 말한다. 그가 종교에 대해 갖고 있던 개념은 다음 2가지 명제가 잘 표현해 준다. 먼저, 종교성은 학문도 아니고 행위도 아니며, 감정과 직접적 자의식에 대한 규정이다. 또한, 여러 상이한 종교적 현현(顯現)들 안에서 공통적이면서 이 현현들이 다른 모든 감정들로부터 구별되게 해 주는 것, 다시 말해 종교성의 본질의 불변은 우리가 하느님께 의존하고 있음에서, 즉 우리가 그분과 맺고 있는 관계를 의식한다는 사실에서 성립된다. 그는 절대자에 대

한 근본적 의존의 감정이 종교의 종적 특수성이라고 말한다. 그는 감정을 이성과 의지 사이에 위치하는 방대한 크기의 기관으로서, 경험(Erlebnis), 즉 우리 존재의 뿌리들에 관계되는 생생한 경험이자, 개념화될 수 없음에도 불구하고 강하게 지각되고 포착되는 경험이라고 말한다. 그는 종교적 경험이 생생한 경험의 특성을 지니고 무한자 앞에서 자신의 유한성을 자각하고, 그분께 의존하고 있음을 느끼는 데에서 성립된다고 보았다. 한 마디로, 그는 바로 이 '의존의 감정'에서 종교가 성립된다고 언급했다. 인간이 의존성을 자각하는 순간, 그는 경건해지며 자신과 하느님의 관계를 의식하게 된다. 그 앞에서 우리가 절대적으로 의존적임을 느끼게 되는, 우리 실존의 원리인 타자(他者)는 바로 하느님이다.

그러므로 하느님은 대상화된 형식으로 주어지지 않는다. 오히려 하느님은 경건한 감정 안에서 함께 규정하는 요소를 의미한다. 따라서 하느님에 대한 의식은 감정 안에 포함된 채로 남으며, '하느님'이라는 표상의 표현은 가장 직접적인 자기 성찰인 자기 자신에 대한 감정의 표현 외에 다른 것이 아니다. 이처럼 그는 인간의 의식 안에서 하느님을 이해함으로써 인간학적 신 이해를 제시했다. 슐라이어마허는 감정 개념을 통해 종교를 정의하는 데 만족하지 않고, 종교와 그리스도교 최고의 가치를 드러내는 일에 몰두했다.

③ 그리스도론: 근본적으로 인간 중심적이고 강하게 주관적인 그의 신학적 전망에서 가장 많이 희생된 부분은 그리스도론이다. 그가 그리스도교를 규정하는 주관적 기준은 그리스도론에도 적용되었다. 그에 따르면, 경건한 의식이 그리스도교적이라는 것은 이 의식이 그리스도와

연관된다는 것을 의미한다. 계시는 감동하여 남들에게 전하게 되는, 그리고 이런 식으로 종교적 개인으로부터 하나의 종교 유형, 일종의 경건함, 하나의 종교 공동체, 하나의 교회가 솟아나는 어떤 개인의 감정적 자극이다. 다른 모든 이에게 각인하고, 자기 영의 효력을 위해 일하는 이 주도적인 개인이 바로 그리스도이다.

2. 개신교 자유주의 신학

19세기 후반의 개신교 신학은 슐라이어마허와 헤겔이 설계한 노선을 따라 움직이며, 그리스도교와 신학을 근대 문화 세계와 화해시키는 방향으로 기울었다. 이 시기의 복음주의 신학자들에게 영감을 준 위대한 스승은 바로 슐라이어마허와 헤겔이었다. 당시 근대주의 사조와 긍정적인 관계를 확립하는 방법에는 주로 2가지 길이 있었다. 하나는 신앙을 감정(급진적 의존 감정)과 연결시켜, 그것을 이성의 공격으로부터 보호하려는 슐라이어마허의 길이고, 다른 하나는 신앙을, 이성을 향한 이월의 한 국면으로 간주하며 신앙을 이성에 예속시키는 헤겔의 길이었다. 슐라이어마허는 신학에서 신앙의 본래적 성격을 지키려고 했지만, 헤겔은 신앙을 이성의 우주적 운동 속에 편입시키려고 했다. 헤겔은 슐라이어마허의 '절대적 의존 감정' 속에서 객관성에 대한 거부를 보았으며, '의존'이라는 용어 자체에 자유롭고 독립적인 정신에 대한 총체적 거부가 담겨 있다고 보았다. 반면, 슐라이어마허는 '사변'에 영예를 돌리며 거기에 확실한 신앙의 토대를 둘 수 없다고 지적했다. 그에 따르면, 헤겔의 사상은 새로운 형태의 영지주의일 뿐이다.

이렇게 해서 19세기 중반의 복음주의 신학에 제시된 가능성은 2가지, 즉 헤겔과 함께 그리스도교 안에서 보편적이고 합리적인 진리를 추구하거나, 아니면 슐라이어마허와 함께 복음을 문화로부터 고립시킬 위험을 무릅쓰고 그 복음을 종적 특성 속에서 자율적인 출발점으로 삼는 것이다. 이 2가지 상반된 신학적 노선에 두 가지 상이한 신학 학파가 기원을 두고 있다. 헤겔의 노선을 추구한 학파는 자유주의 신학을 대변했으며, 슐라이어마허의 노선을 추구한 학파는 '중재의 신학'으로서 고전 정통주의에 더 가깝고 더욱 교회적 의미로 정향되어 갔다.

1) 주요 갈래

① 중재의 신학: 중재의 신학은 슐라이어마허의 제자들에 의해 도입되었다. 이는 새로운 노선이 아니라 헤겔과 슐라이어마허 전통의 부분적 요소들을 그리스도교 전통과 결합함으로써, 구원될 수 있던 것을 구원하려는 시도이다. 중재의 신학을 개진한 신학자들은 그리스도교 신앙과 근대의 내재적 합리성 사이의 불길한 분리를 피하기 위해 자신들이 할 수 있는 모든 것을 다했다. 하지만 그들에게는 슐라이어마허와 같은 비범한 신학적 자세가 부족했다. 결국 이 노선은 쇠퇴해지고 보수적이 되고 말았다.

② 자유주의 신학: 이 노선의 신학은 19세기 후반 개신교 신학의 주류로 자리잡았다. 이 신학의 특성은 계몽주의의 직계로 합리주의가 매우 강화되었다는 데 있다. 따라서, 이 교의 진리의 궁극적 척도는 더 이상 성경이 아니라 이성과 다양한 철학적, 과학적, 역사적 구현들이었다.

그래서 이성과 합치되지 않는 것으로 드러나는, 성경에 나오는 모든 내용은 참될 수 없으며, 이는 신화에 불과하다고 말한다. 이 신학의 공통분모는 그리스도교가 초자연적 계시가 아닌 인간 본질의 진정한 실현이라는 데 있다. 이 과정에서 그리스도론은 예수론으로 변형되고 말았다. 자유주의 신학에 따르면, 예수는 신격화된 인간일 뿐이다(슈트라우스). 그리고 그분은 단지 "인간의 위격 속에 하느님과 더불어 하느님 앞에서 사는 거룩한 삶이라는 메시지를 담지하고 있다."(하르낙) 또한, 신학적 주장들은 윤리적 제언들로 번역되고 예수의 설교에 대해서조차 오로지 도덕적이고 사회적인 가치만으로 인정될 뿐이다(리츨). 또한, 이들은, 예수가 세상 속에 그 어떤 새로운 가르침도 도입하지 않았다고 말한다(하르낙). 그들은 고대 교회의 가르침들이 그리스도교를 헬레니즘화한 결실로 보았다. 또한, 그리스도교를 문화로부터 가를 수 없고, 사실상 서구 문화와 긴밀하게 연결된 종교 현상으로 보기도 했다(트뢸치). 자유주의 신학자들의 주요 작업 영역은 '역사 편찬학' 분야였다. 그리스도교의 진리는 그들에 의해 역사학의 척도들을 통해 규칙적으로 결정되었다. 자유주의 신학에서 교의 신학 전체는 점점 더 불확실해지고 인위적이며 혼란스러워졌다. 결국, 이로 인한 반발로 카를 바르트를 필두로 신(新)정통주의가 일어나고 말았다. 자유주의 신학의 주요 대표자로는 슈트라우스, 리츨, 하르낙, 트뢸치, 캘러 등을 들 수 있다.

2) 슈트라우스

① 생애와 작품: 엄밀히 말해, 자유주의 신학자들의 계보는 '슈트라우스'와 더불어 시작된다. 그는 극도로 급진적인 사상가로서, 신학적 탐

구를 역사의 장으로 옮기고, 이를 신학 작업의 지배적인 문제로 삼았다. 그럼으로써 그는 개신교 자유주의 신학에 주도적 동기뿐만 아니라 그리스도교 진리를 객관적으로 검증 가능한 역사적 진리로 환원했다. 그는 1808년 루트비히스부르크에서 태어나 튀빙겐에서 철학, 신학을 공부했다. 1835-1836년 튀빙겐의 복습 교사 시절, 그는 『비판적으로 작업된 예수의 생애』를 출간함으로써 독일에서 일약 가장 유명한 신학자가 되었다. 하지만 그는 보수주의 계층의 반대로 인해 교수로 임명되지 못했다. 이로 인해 그는 더욱 교회와 교의로부터 멀어졌으며, 종교와 그리스도교에 대해 더욱 집요하게 공격적인 태도를 보였다. 1848년에는 정계에 입문했지만, 역시 허사였다. 1864년에는 독일 국민을 염두에 두고 두 번째 『예수의 생애』를 출간했지만, 이 또한 그리 성공적이지 못했다. 결국, 그는 자신의 사상의 종합인 『옛 신앙과 새로운 신앙』 출간을 마지막으로 작품 활동을 마감했다. 그는 1874년 루트비히스부르크에서 임종했다.

② 사상: 그의 사상은 기본적으로 첫 작품인 『예수의 생애』에 담겨 있다. 그는 이 책에서 복음서들이 신화들로 구성되어 있으며, 신앙의 그리스도를 관념화한 표상으로 만들어 내려 한다는 것을 입증하려 했다. 이 책은 논리학, 자연과 역사의 일반 법칙들에 일치되지 않는 것은 모두 비역사적인 것으로 배격하는, 상당히 과장된 합리주의의 척도들을 근거로 쓰인 그리스도의 생애에 관한 작품이다. 그는 이런 기준에 바탕을 두고 복음서들이 역사적 원천으로는 부적절하다고 비판하며 배제했다. 또한, 그는 예수 자신도 하나의 '신화'에 불과하다고 폄하했다. 슈트라우스

에 따르면, 예수는 개념의 세계가 아니라 '표상'의 세계에 속하며, 영상으로 표현된 형이상학적 관념이고, 그의 가치는 '설화적 사실'에 있지 않고 표상된 관념에 있다. 그는 예수 신화가 메시아에 대한 기대와 역사적 예수의 예외적인 인품에 기원을 두고 있다고 보았다.

슈트라우스는 역사적 진리는 물론, 초자연적인 질서에 속하는 것들, 곧 예수의 업적(기적)을 가리키는 것들, 특히 그의 위격에 관한 것들까지도 모두 제거한다. 더욱이 그는 그리스도의 신성과 그의 수난과 죽음의 구원적 가치마저도 부정하고, 오직 예수-신화의 의미만 구해냈다. 그는 예수의 모습에서 인류의 변증법적 역사, 곧 인간의 본성과 신적 본성의 화해를 목표로 삼는, 그러나 지금은 소외 상태에 있는 역사를 인정한다. 슈트라우스에 의해 묘사된 그리스도의 모습에 대한 해석에서 신앙과 역사의 분열은 그보다 더 급진적이고 완전할 수 없었다. 그는 그리스도교와 종교를 막론하고 하느님을 거슬러서도 거의 노골적으로 적개심을 드러냈다.

슈트라우스는 마지막 작품인 『옛 신앙과 새로운 신앙』에서 철학 사상의 근본 노선들, 곧 4가지 주요 질문에 응답하는 것으로 구성된 체계를 간결하게 종합했다. "우리는 아직도 그리스도인인가?"라는 질문에 그는 부정적으로 답했다. "우리는 아직도 종교를 갖고 있는가?"라는 두 번째 질문에 대해서는 종교가 의존적 감정으로 이해된다는 단서 아래 긍정적으로 답했다. "우주를 어떻게 이해할 것인가?"라는 세 번째 질문에 대해 그는 물질주의에 대한 신앙 고백으로 답했다. 마지막으로, "우리 삶을 어떻게 규제하는가?"라는 네 번째 질문에 대한 답변에는 그의 도덕적 가르침이 담겨 있다. 그가 제시한 삶의 목적은 공감의 원리를 활용한 우리 인간성의 충만한 이행을 통해서 질서 잡힌 사회생활을 실현하는 것이다.

3) 폰 하르낙

① 생애와 작품: 폰 하르낙은 1851년 발틱 해 연안의 도르파트라는 도시에서 태어났다. 그는 도르파트와 라이프치히에서 신학을 공부했고, 1873년 고대 영지주의 텍스트에 대한 논문으로 박사 학위를 취득했다. 1879년 기센 대학, 1886년 마르부르크 대학, 1888년 베를린 대학의 교수로 활동했으며 1890년에는 프로이센의 과학 아카데미 회원으로, 1905-1921년에는 베를린 도서관의 총괄 책임자로 지냈다. 또한, 1911년 빌헬름 황제 학회의 초대 회장을 역임했다. 그는 1930년 6월 10일 임종했다. 그의 주요 작품으로는 『교의사 교본』, 『그리스도교의 본질』, 『첫 3세기 동안의 그리스도교 선포와 선교』 등이 있다.

② 사상: 하르낙이 일관되게 추구한 목표는 그리스도교를 헬레니즘화의 무게로부터 해방하는 데 있었다. 그는 고대 교회의 역사를 신학의 심장으로 보았다. 그에게 있어서 고대 교회사는 신학의 고유한 '영역'이었다. 고대 교회사의 중요성은 원시 그리스도교라는 고정점에서부터 출발할 수밖에 없다는 사실에 있다. 그는 교회사를 다루는 방식이 교회의 미래를 결정한다고 보았다. 무엇보다도, 그는 교의의 역사를 기술하면서, 교회의 설정, 교리와 아무런 공통점도 없던 그리스도의 복음이 어떻게 교회의 전례 실천과 교리 교육에 편입되기에 이르렀는지를 보여 주고자 했다. 또한, 그는 역사적 탐구를 통해, 만일 복음이 오늘날까지도

그 효력을 보존하려면, 교의와의 동일시로부터 해방되어야 한다는 명제의 증거를 제시하고자 했다. 하르낙이 주장한 핵심적 명제는, 교의가 복음을 당시의 헬레니즘 문화의 철학 개념으로 번역함으로써, 그것을 이해 가능한 것으로 만들려던 고대 교회의 시도에서 유래한다는 것이다. 그는 이를 바탕으로, 그리스 정교회에서는 교의가 오로지 예배와 전례에 의해서만 생생하게 유지되는 이해할 수 없는 유물이 되어 버렸고, 로마 가톨릭 교회에서는 교의가 교황의 절대적 권위에서 정점에 달하는 교회의 위계적 성사 구조 속에 매몰되었으며, 개혁 교회에서는 복음으로 되돌아가 그리스도인들의 삶과 생각 속에서 복음의 우위를 복권시킴으로써 교의를 결정적으로 제거했다고 보았다. 그러나 이후 종교 개혁에서 탄생한 교회들 자체도 결국에는 교의의 올가미에 다시 걸려들고 말았다고 그는 지적했다. 그는 이를 근거로 종교 개혁이 부활해야 한다고 주장했다.

하르낙은 예수 그리스도 안에서 신적 계시의 충만함을 인식하는 신학의 근본 과제를 강조했다. 그러나 역사적 탐구를 통해 그가 추구한 이 신학적 가치는 의심스러운 결과를 얻고 말았다. 왜냐하면, 그는 다른 자유주의 신학자들과 마찬가지로 신학에서 주요 '빛'이 '이성의 빛'이 아니라 '신앙의 빛'이라는 사실을 망각했기 때문이다. 결국, 그가 역사적 탐구를 통해 얻은 결과는 그 실제에 있어서 헤겔이 철학적 사변을 통해 얻은 결과와 다를 바 없다. 하르낙은 그리스도교의 헬레니즘화와 관련해서 그 가치를 알아보지 못했다. 그는 그리스도교의 헬레니즘화를 부정적으로 평가함으로써 불트만의 '비신화화', 틸리히의 '초신화화', 사신 신학자들의 '비종교적 그리스도교'에 활짝 문을 열어 주었다.

4) 캘러

① 생애와 작품: 마틴 캘러는 1835년 노이하우젠에서 태어났다. 그는 쾨니히스베르크, 하이델베르크, 할레, 튀빙겐에서 신학을 공부했다. 그는 예수의 삶과 인물에 관한 탐구에 관심을 갖고 연구하면서, 『역사적 예수와 성경 역사의 그리스도』를 집필했다. 그는 1860년 할레 대학, 1864년 본 대학에서 교수로 활동했다. 특히, 그는 할레에서 신약 성경과 교의사에 관해 비판적 탐구 작업을 했다. 그의 주저로는 『그리스도교적 가르침의 학문』, 『역사적 예수와 성경 역사의 그리스도』 등이 있다.

② 사상: 그는 '의화' 개념에서 출발해 교의 신학을 전개했다. 그는 자신의 교의 신학에서 의화와 화해 사이에 긴밀하고 심층적인 유대를 설정했다. 그는 의화를 개별적인 죄인에게 적용된 하느님과 맺어진 화해의 성취로 이해했다. 그는 주석적 탐구에 기초해서 화해에 대한 순수 대상적 관점이나 주관적 개념을 둘 다 극복하려 했다. 한편, 그는 예수라는 인물을 역사적 탐구의 도식에 자리매김할 수 있다고 자처하는 이들을 거슬러 이의를 제기했다. 그는 그러한 견해가 그리스도교 신앙을 통째로 편견을 갖고 판단하는 어리석은 자만이라고 보았다. 그는 복음서들 안에는 정당하게 비판의 체로 걸러지는 예수에 대한 귀중한 역사적 기록들이 분명 담겨 있다고 언급했다. 그리고 이는 오직 신앙 고백의 형식 아래에서만 마주치게 된다고 지적했다. 이러한 켈러의 확신은 신정통주의 신학자들(바르트, 브루너, 고가르텐 등) 사이에 폭넓은 동의를 얻었으며, 개신교 자유주의 신학을 극복하는 데 결정적인 방식으로 기여했다. 인간 중심주의에 의해 사상이 지배되던 시대에, 캘러는 의화되고

성화된 인간 존재라는 사상을 성경과 종교 개혁의 하느님 중심적이고 그리스도 중심적인 사상 속에 편입시키려 시도했다.

3. 유럽 가톨릭 신학: 프랑스 혁명부터 제1차 바티칸 공의회까지

1) 힘겨운 재각성

가톨릭 신학 분야에서도 프랑스 혁명부터 제1차 세계 대전까지의 시기에 신학의 현대화와 쇄신이 있었다. 이는 다음과 같은 3가지 노선으로 발전했다. 전통의 비호(호교론자들과 전통주의자들), 근대주의(로스미니, 헤르메스, 루아지) 및 개신교(묄러와 뉴먼)와의 대화 모색, 신학의 철학적 기초에 대한 쇄신 작업(신스콜라학과 신토마스주의). 또한, 이 시기에 개최된 제1차 바티칸 공의회(1869-1870년)는 가톨릭 가르침의 현대화 노력에 있어 중요한 전기가 되었으며, 신학자들의 활동에도 주목할 만한 영향을 미쳤다.

2) 호교론자들: 샤토브리앙, 드 매스트르

1789년 프랑스 혁명이 모든 신학교를 일소해 버린 이래, 프랑스에서 신학 탐구와 교회 학문의 복원 작업은 상당히 더디고 힘겹게 이루어졌다. 프랑스에서는 1842년까지 그 어떤 고등 교회 학문 기관도 없었고, 성직자의 지적 양성은 신학교의 일부로 축소되었다. 신학교에서 대다수의 교수들은 발라의 『리옹 철학』, 플로테의 『철학의 기본』, 베일리의 『신학』처럼 시대에 뒤떨어진 텍스트를 주해하는 데 머물렀다. 더욱이, 혁명으로 인해 사제 성소가 급감해서 사목을 위한 사제들의 수가 많이 부족했다. 이로 인해 19세기 말 프랑스 교회의 지적 부흥 작업 현장에서 프랑스 성직자들의 모습은 거의 찾아볼 수 없었다. 결국 이 시기에 성직자들은 유식한 평신도들에게 자리를 양보해야 했다. 프랑스 교회의 교부들은 이 시기에 샤토브리앙, 드 매스트르, 드 보날드 같은 인물을 발견하게 된다. 당시 프랑스 교회가 문화적인 차원에서 필요로 했던 것은 교회를 파괴하기 위해 못할 것이 없던 계몽주의적이고 자코뱅적인 문화에 직면해서 자신의 명예를 회복하는 것이었다. 계몽주의자들과 백과전서파들의 거짓을 폭로하기 위해서는 가톨릭 교회의 가르침이 지닌 아름다움과 풍부함 등을 밝혀 줄 가톨릭 측의 유능한 변호인들과 총명한 저술가들이 필요했다. 저명한 호교론자들인 샤토브리앙, 드 매스트르, 드 보날드가 바로 이 일을 해냈다. 새로운 호교론의 무기는 정교하고 박식한 사변들보다는 역사적 증거, 곧 인간적, 사회적, 문화적 차원에서 여러 세기를 거치며 가톨릭 교회가 축적한 대단히 위대한 공로들이어야 했다.

① 샤토브리앙: 그는 1768년 생-말로에서 태어났다. 젊은 시절 파리에서 당대 최고의 문인들과 교류했으며 콩드의 군대에 가담해서 혁명군에 맞서 전투에 참전하기도 했다. 그 후, 영국으로 건너가 1797년 물질주의적 영감으로 가득 찬 『혁명에 관한 논설』을 출간했다. 여기서 그는 로마 교회를 고발하면서 인류를 원시적 삶의 행복으로 초대했다. 1798년 그는 어머니의 별세로 인해 깊은 내면의 위기를 느끼며 회심하게 된다. 1800년에는 프랑스로 돌아와 자신의 걸작인 『그리스도교의 진수』를 집필했다. 이는 폭발적인 호응을 불러일으켰으며, 이런 문학적 성

공은 곧 정치적 성공으로 그를 인도했다. 나폴레옹은 즉시 샤토브리앙을 로마 대사관 비서로 임명했다. 그 후, 그는 스웨덴 대사가 되고, 로마 대사가 되어 활동했다. 그는 1848년 임종했다. 그가 출간한 『그리스도교의 진수』는 당시 피폐했던 프랑스 교회의 상황을 고려한다면 하나의 혁명이었다. 그는 문학을 통해 그리스도교의 아름다움을 복원하는 데 성공했다. 그는 경험이 풍부한 박식한 사상가로, 종교가 사회생활을 위해 필수 불가결하다고 주장했다. 샤토브리앙은 19세기 후반 가톨릭 문학의 웅장한 쇄신의 초석을 마련했다.

② 드 매스트르: 그는 1753년 샹베리의 사법관 집안에서 태어나 토리노에서 법학을 공부하고 1774년 사법관이 되었다. 그러나 지적 호기심과 신비주의로 인해 프리메이슨에 가담해서 20년간 활동했다. 그러나 프랑스 혁명이 일어나자 스위스로 피신하여, 한동안 반혁명적인 시골 생활에 파묻혀 지내며 『프랑스에 관한 고찰』을 집필했다. 러시아 프리메이슨들의 반가톨릭적 선전과 예수회 학교 덕분에, 그는 혼합된 계몽주의에서 오는 가톨릭 교회의 위험을 깨닫고 『페테르스부르크의 저녁』을 집필하며 프리메이슨을 단죄했다. 그 후, 1802-1817년에는 사르데냐 왕의 대사로서 페테르스부르크에 머물다 조국으로 돌아와 법무장관에 임명되었다. 그는 생의 후반에 교황과 가톨릭 교회를 지지하는 가장 역량 있는 옹호자로 활동했으며, 1821년 타계했다.

드 매스트르는 가톨릭 신앙을 옹호할 소명을 받았다고 느꼈다. 그는 샤토브리앙, 드 보날드와 함께 혁명주의자들의 가르침에 반대하는 가톨릭 교회의 최대 대변자로 활동했다. 그도 샤토브리앙처럼 역사적 차원에 근거를 두고 호교론을 펼쳤다. 그는 사회를 규제하는 원리들을 읽어 내고, 그 원리들이 사회적 재앙과 전쟁 속에서 피와 불의 인호들로 각인되어 있음을 발견했다. 이로 인해 그의 작품들은 때로 음울하고 극적인 색채를 띠게 된다. 그는 최선의 통치 형식은 하느님으로부터의 세상 통치에 상응하는 군주제라고 보았다. 또한, 그는 갈리아주의를 맹렬하게 공격하고 대체 불가한 교황의 역할을 옹호했다.

3) 전통주의와 맹신주의: 라므네, 보탱

이 시기에 호교론보다는 교회의 적대자들이 토대로 삼았던 이성을 공격함으로써 교회를 방어하려 했던 이들이 있었다. 라므네, 보탱, 보네티가 그 당사자로, 이들은 이성을 불신하고 신앙과 전통의 가치를 드높이고자 했다. 이러한 그들의 입장을 '전통주의' 또는 '맹신주의'라고 부른다. 전통주의는 신적 계시로부터 받아들여 시대의 경과 속에서 인류에게 전해진 진리들을 함축하며, 맹신주의는 그것을 수용하는 인식적 역량, 곧 신앙을 규정한다. 두 노선 모두 형이상학과 도덕 영역에 관한 문제들에 대해 반박할 수 없는 결정적인 판단을 내리려는 합리주의와 계몽주의의 자만에 대해 반대했다. 라므네, 보탱, 보네티는 인간을 원시적으로 그리고 권위적으로 계시된 진리의 수동적 수용에 인간을 복속시키기 위해 합리주의, 계몽주의, 그리고 개별 이성의 자율성을 주장하는 다른 모든 개념 방식들을 공격했다.

① 라므네: 그는 1782년 생-말로에서 태어났다. 젊은 시절 심각한 영적 위기를 겪었으며, 파스칼의 『팡세』를 읽고 가톨릭으로 귀의했

다. 그리고 생 쉴피스 교회의 사제들과 만나면서 사제 성소를 얻었다. 1816년 사제품을 받았고 1817년 『종교 문제에 대한 무관심에 관한 논설』을 집필했다. 그는 이 책에서 무신론, 이신론, 상대주의, 계몽주의, 개신교를 도덕적이고 시민적인 무질서의 모든 원인이라고 공격했다. 그는 이 작품의 제2권에서 가톨릭적 특성을 지닌 엄격한 '전통주의' 입장의 이론적 동기들을 명료화했다. 또한, 그는 이 작품에서 '공통 감각' 또는 '보편적 동의' 이론을 유일한 확실성의 척도로 제시했다. 그에 따르면, 확신할 수 있는 유일한 진리는 "모든 이가 동의할 수 있는 진리"이다. 또한, 그는 교회가 믿어야 하는 것을 고정시키는 "언제나, 어디서나, 모든 이가"라는 원리를 인식 일반에 적용했다.

라므네는 프랑스에서 교회 관련 연구 쇄신의 절박성을 날카롭게 경고했다. 그래서 그는 새로운 연구 중심, 즉 학교, 공동체를 조직해야 한다고 강조했다. 실제로 그는 1828년 동생 장 마리와 함께 라셰스네 숲 속에 그러한 학교와 공동체를 세웠다. 그리고 여기서부터 1800년대의 프랑스 가톨릭 신학을 주도한 주요 인물들이 생겨났다. 로르바셰르와 블랑은 일반 역사와 특히 교회사 연구에 투신했으며, 모리스 드 게랭은 일상 언어들을, 보레와 드 케르탕기와 올레롱은 극동 언어들을 연구했다. 그는 이 제도를 안정화하고 지속시키기 위해 성 베드로회를 창설했다. 이 수도회의 설립 목적은 학문 연구, 교육, 사명에 있었다. 1829년부터 라므네는 군주주의자에서 공화주의자로, 열렬하게 자유주의적 권리를 주장하는 사상가로 변했다. 그는 전통주의 입장을 포기하고 몬탈랑베르와 함께 합리주의와 그들이 창간한 「라브니르」에서 옹호하는 자유 가톨릭주의 입장들과 결탁했다. 그는 1834년 「한 신앙인의 넋두리」에서 산업화의 희생자들과 교회가 자신을 억압하는 자들을 거슬러 투쟁할 것을 주장하고, 국가로부터 분리될 것을 요구했다. 결국, 그레고리오 16세 교황은 회칙 「Singulari nos」를 통해 그를 단죄했다. 그러나 라므네는 단죄를 받아들이지 않았으며, 가톨릭 교회를 떠났다. 그는 1838년 『백성의 책』을 출간했는데, 이는 새로운 사회적 그리스도교에 대한 일종의 대중 입문서였다. 그는 1848년 제헌의회 의원으로 선출되어 정치가로 활동하다가 1854년 파리에서 타계했다. 그는 비중 있는 지성인이자 역량 있는 저술가로, 방대하고 우주적인 규모의 기획들을 전망하는 역동적인 활동가였다. 그의 맹렬하고 충동적인 기질로 인해 돌발적인 행위가 자주 그의 명상의 평온함과 침착한 사고를 흔들었다. 하지만, 그가 보여준 풍부한 역량은 그가 당대의 그의 열광자들에게 끼친 깊은 영향을 설명해 준다.

② 보탱: 그는 1796년 파리에서 태어났다. 그는 소르본 대학에서 공부했으며, 1817년부터 스트라스부르 대학 인문학부 철학 강좌를 맡아 활동했다. 그는 여기서 독일 관념론을 발견했으며 칸트, 야코비, 셸링, 헤겔의 사상을 알게 된다. 이는 그의 사상에 직접적인 영향을 미쳤다. 그 후, 중병에 걸려 잠시 교수 활동을 접었으며, 교회를 떠나기도 했다. 그러나 가톨릭 신앙으로 귀의한 그는 '교회 국가'를 받아들였다. 그는 1828년 사제품을 받았고 교회의 쇄신을 위해 온전히 헌신했다. 그러나 그의 신학적 소양은 그리 깊지 못했다. 그는 1833년 2권으로 된 『그리스도교 철학』을 출간했다. 그러나 여기에 담긴 맹신주의적 명제들로 인해 그는 로마와 심각한 문제에 봉착하고 말았다. 또한, 그가 제시한 그리스

도교 철학은 온전히 신앙과 계시에 예속되어 있었다. 그는 인식 비판에 대한 칸트의 결론을 극복하기 위해 인간 인식 전체에 대한 종합을 제시했는데, 여기에는 '계시'가 인식 비판의 핵심 열쇠로 드러나고 있다. 그는 여하한 모든 철학 개념도 거부하면서, 철학적 종교라는 환상적 괴물에 그리스도교 철학의 진리를 대립시켰다. 심지어 그는 자연적 진리들을 알기 위해서도 계시가 필요하다고 주장했다. 이런 극단적인 주장의 위험을 간파한 스트라스부르의 주교는 그의 단죄를 교황청에 건의했다. 결국, 그는 '그리스도교의 증명 가능성에 관한 명제들'에 서명해야 했다. 그러나 그는 스트라스부르를 떠나 쥘리로 가서 자신의 신학 학파를 결성했다. 훗날 그는 파리 대교구의 총대리를 역임했으며, 1867년 비로플레에서 임종했다.

4) 독일 합리주의자들: 헤르메스, 프로샴머

19세기 독일 교회의 상황은 비교적 좋은 편이었다. 그것은 당시 문학과 예술 분야에서 절정에 달한 독일의 문화적 분위기 때문이었다. 가톨릭의 신학 연구도 이런 분위기에 편승해서 상당히 발전했다. 독일 가톨릭 신학이 부흥하게 된 또 다른 요인은 당시 가톨릭계 대학들이 직면한 우호적인 상황에 있었다. 당시 독일의 가톨릭계 대학들과 신학교들은 활기로 가득 찼다. 넓게는 비오 7세 교황의 주도적인 노선 아래에서 독일 교회의 지적 생활을 쇄신하려는 운동이 이어졌다. 란츠후트, 뮌스터의 학자들은 사도적이고 실천적인 교육학적 작업에 헌신했으며, 본, 마인츠, 튀빙겐, 뮌헨, 빈의 학자들은 더욱더 과학적이고 교의적이며, 이론적인 작업에 헌신했다. 당시 독일 가톨릭 신학자들이 직면했던 문제는 본질적으로 다른 유럽 여러 나라의 신학자들이 직면했던 것과 같았다. 즉, 백과전서파들과 프랑스 혁명이 유럽 대륙 전체를 침략하며 가톨릭을 그 토대에서부터 파괴하려 했던 합리주의와 계몽주의의 공격으로부터 가톨릭 신앙을 옹호하는 것이었다. 이를 위해 프랑스에서는 전통주의, 맹신주의로 돌아섰던 데 반해, 독일에서는 근대주의 사조와 대화하고 신앙의 교의들에 대한 완전한 합리성을 입증하려 했다. 이것이 바로 헤르메스, 귄터, 프로샴머가 했던 작업이다. 이에 그들의 가르침에는 반(半) 합리주의라는 이름이 주어졌다.

① 헤르메스: 그는 1775년 드라이어발트에서 태어나 1792년 뮌스터에서 수학과 신학을 공부했다. 1798년 사제품을 받았으며, 그 후, 뮌스터의 바오로 김나지움에서 가르쳤다. 1807년부터는 뮌스터 대학교의 신학 교수로 활동했다. 이어서 『그리스도교 신학 입문』을 출판했다. 1820년부터는 본 대학에서 강의했으며, 1831년 그곳에서 타계했다. 그의 주저로는 유작인 『가톨릭 교의 신학』이 있다.

헤르메스는 근대의 불신앙을 거슬러 평생 투쟁했다. 그는 독일 철학에 해박했으며, 이를 바탕으로 칸트와 피히테를 공격했다. 그는 이성에 대한 실증적인 개념을 지니고 있었다. 그는 신앙 안에서 2개의 차원, 곧 인식의 차원과 마음의 차원을 구별했으며, 이 가운데 마음의 차원만이 초자연적이라고 보았다. 헤르메스의 교의 신학 전체는 반(半) 합리주의적인 기초 신학에 의해 인도되었다. 그는 어떤 교의도 부정하지 않았지만, 이를 모두 상징적으로 해석하고 인간 중심주의적 의미로 환원했다. 그는 상당한 교육학적 기질과 개인적인 매력, 그리고 쾰른의 대주교인

슈피겔의 도움을 받아 지적인 젊은이들로부터 열광을 불러일으켰다. 헤르메스주의의 본거지는 본, 쾰른, 트리어, 브레슬라우 등이다. 하지만, 그가 과장된 도덕주의와 칸트적 반(半) 합리주의에 지나치게 양보했다는 점, 종교를 초자연적인 삶을 통해서가 아니라 이성으로 정복해야 할 교리로 본 점, 교회 전통과 역사를 통한 교의의 발전을 존중하지 않았다는 점은 명백한 허점으로 드러난다. 결국, 그의 사후 그레고리오 16세 교황은 위원회를 구성해서 헤르메스의 저술들을 검토하게 했으며, 위원회는 헤르메스의 작품 전체를 금서 목록에 올려야 한다고 결론내렸다. 교황은 이를 바탕으로 1835년 9월 26일 칙서 「*Dum acerbissimas*」를 통해 그의 사상을 단죄했다. 또한, 제1차 바티칸 공의회는 교의 헌장 「*Dei Filius*」를 통해 다시 한번 헤르메스의 신앙에 관한 오류들의 단죄를 재확인했다. 결국, 현대 사상을 도입해서 신학을 쇄신하려 했던 헤르메스의 시도는 실패했다.

② 프로샴머: 그는 1821년 라티스본 근교의 일코벤에서 태어났다. 그는 1841년 뮌헨 대학에서 공부하고 1847년 사제품을 받았다. 1850년부터 교의사 강의로 학술 활동을 시작했다. 그는 교의 신학 이외에도 자연 과학, 생물학, 심리학 등을 연구했으며, 이를 바탕으로 새로운 철학-신학 체계를 설계했다. 1855년부터는 뮌헨 대학에서 강의를 하게 되었다. 1858년 그는 『철학 입문과 형이상학 개요. 철학의 혁명을 위하여』를 출간했는데, 여기서 중세 철학, 특히 토마스의 인식론과 '신학의 시녀'로서의 철학의 위상을 신랄하게 비판했다. 또한, 1861년에는 『학문의 자유에 관하여』를 통해 과학적 탐구를 위한 자유의 권리를 천명하고, 과학

이 교회의 권위에 복종해야 하는 의무를 비난했으며, 금서 목록 위원회의 심의 절차를 비판했다. 결국, 비오 9세 교황은 서한 「*Gravissimas inter acerbitates*」를 통해 그를 단죄하고 성무를 정지시킴과 동시에 교수 활동도 중지시켰다. 그러나 그는 이에 아랑곳하지 않고 점점 더 개신교 자유주의적인 사상에 근접해 갔다. 1868년에는 『그리스도교와 근대 자연 과학』을 출판했는데, 그는 여기서 교회의 신앙, 신학, 실천이 예수의 종교를 광범위하게 왜곡했으며, 이를 인간적-역사적 이론 장치로, 다시 말해 지배를 향해 기우는 하나의 제도로 변질시켰다고 비판했다. 그는 예수가 초자연적인 진리나 신비를 선포하지도 않았고, 교회를 창설하지도 않았다고 보았다. 1877년 그는 『세계 전개 과정의 근본 원리인 환상』을 통해 훗날 샤르댕이 제시한 것과 비슷한 여러 가지 주제를 제시하는 우주관을 펼쳤다. 그는 1893년 바드 크로이트에서 세상을 떠났다. 그는 그리스도교 신앙과 근대 과학이 서로 대립적인 세력이 아니라, 둘 다 인간에게 유익한 것임을 이해하려 노력했다. 프로샴머와 더불어, 제1차 바티칸 공의회 이전에 근대 문화와 가톨릭의 가르침 사이에 다리를 놓으려던 반(半) 합리주의자들에 의해 수행된 시도는 끝나고 말았다.

5) 튀빙겐 가톨릭 학파: 드라이, 묄러

튀빙겐 학파는 1817년 드라이에 의해 창설되었다. 이 학파는 완전하게 전통과 일치하는 노선을 견지하는 가운데 신학의 쇄신을 지향했다. 이 학파의 학자들은 개신교의 근본적인 입장들과 비판적으로 조우하며, 근대적이면서도 전통적인 새로운 신학적 종합을 제언하고, 전례와 양성을 쇄신하려는 대담한 계획을 세웠다. 이들은 다음과 같은 장점을 갖고 있었다. 첫째, 교리들을 살아 있는 하나의 유기체로 이해하는 전통, 둘째, 다른 그리스도교 종파들과의 대화. 여기에 속한 학자로는 드라이, 히르셔, 묄러, 슈타우덴마이어, 쿤 등이 있다.

① 드라이: 그는 1777년 10월 16일 킬링겐에서 태어났다. 1801년 사제품을 받았으며, 그 후 엘방겐 대학에서 교의 신학과 교의사를 강의했고, 튀빙겐 대학으로 옮겨가 강의했다. 그는 이곳을 바탕으로 가톨릭 신학의 쇄신을 주도했으며, 이를 넘어서 모든 영역에서 가톨릭 교회를 쇄신하고자 했다. 그는 「신학 계간지」를 공동 창립해서 지속적으로 논문을 발표했으며, 무게 있는 다양한 작품을 집필했다. 그는 1846년 은퇴했으며, 1853년 튀빙겐에서 세상을 떠났다.

역사가들은 드라이를 일컬어 "근대 기초 신학의 창시자"로 평가한다. 실상, 그는 호교론을 보다 심층적으로 그리스도교의 진리성에 대한 합리적 증명의 차원으로 끌어올렸다. 그가 호교론을 통해 추구했던 목표는 그리스도교의 신앙과 계시에 대한 합리적 여백을 확보하고, 그리스도교 신학의 철학적인 바탕을 마련하는 것이었다. 결국, 드라이가 호교론을 통해 추구한 것은 본질적으로 안셀무스와 토마스처럼 신학의 주요 목적을 구성하는 "이해를 추구하는 신앙"이었다.

② 묄러: 묄러는 1796년 이거스하임에서 태어났다. 엘방겐 대학과 로텐부르크 신학교에서 신학을 공부하고 1819년 사제품을 받았다. 그리고 1838년 만 42세로 일찍 세상을 떠나기까지 20년 동안 후대에 상당한 영향을 미치게 될 역작들을 집필했다. 그는 19세기 초반 독일 가톨

릭 신학을 가장 빛낸 인물로 평가받는다. 묄러의 신학적 관심은 전적으로 '교회론'에 모아져 있었다. 그는 『교회 안에서의 단일성』, 『상징』 같은 명작을 통해 가톨릭적인 교회관을 독창적으로 제시했다. 그의 교회론은 제2차 바티칸 공의회에서 제시될 교회론에 근접하는 것으로, 공의회보다 약 130년 앞서 현대적인 교회론을 제시한 선각자라고 할 수 있다.

우선, 묄러는 그리스도교 신앙이 성령 안에서 하느님의 생명, 곧 사랑인 생명의 교환에 대한 믿음이라는 원리에서 출발한다고 보았다. 그는 이런 선상에서 교회 안에 살아 계신 성령은 각자의 신앙이 오로지 모두의 만남 안에서만 조명되고 풍요로워지는 방식으로 교회가 믿는 것을 그 안에 생생하게 보존해 주신다고 보았다. 또한, 묄러는 '전승'이 사도들로부터 시작하며 설교된 복음 속에서 성립된다고 말했다. 더 나아가, 그는 이러한 전승이 첫 그리스도교 공동체의 구성원들에 의해 수용된 복음이라고 언급했다. 따라서, 전승은 교회 안에서가 아니라면 결코 이해될 수 없다. 그는 이를 바탕으로 성경과 전승의 관계를 검토하는 가운데, 성경을 거룩한 전승의 일차적 구성원으로 표현했다.

또한, 묄러는 성령을 교회 통치에 있어 단일성의 기초로 보았다. 왜냐하면, 교황, 주교를 비롯해 목자들의 권위가 성령에 있으며, 주교의 직무 자체가 성령론적 계기 덕분에 발생하기 때문이다. 그는 이를 바탕으로, 공동의 권위(관구장 대주교, 총대주교) 아래 주교들에게 맡겨진 다양한 지역 교회들의 통합과 보편적 권위(교황) 아래 이루어지는 교회 전체의 통합도 어떤 구조적 요구들의 결과를 넘어, 성령론적 계기의 결과라고 말한다.

묄러는 이러한 전망을 바탕으로 『교회 안에서의 단일성』에서 강한 성령론적 색채를 띠는 교회론을 펼쳤다. 그리고 『상징』을 통해서는 형체적인 모델을 바탕으로 강한 그리스도 중심적, 성사적 교회론을 제시했다. 이처럼 그는 교회의 삼위일체적 토대에 입각해서 영적이고 성령론적인 내면성에 관한 비전을 제시하면서, 동시에 외적인 요소, 특히 사제직과 위계질서 그리고 영적 요소 간에 존재하는 생생한 관계를 정식화했다. 묄러를 비롯해 그의 영향을 받은 튀빙겐 학파 학자들은 교회의 신학적이고 초자연적인 숙고의 장(場)을 개방함으로써 현대 교회론에 초석을 놓았다.

6) 영국 가톨릭 신학의 부흥: 뉴먼

영국에서 가톨릭 신앙인들은 3세기 동안 경멸받고 박해받으며 비합법적인 삶을 살도록 강요받았다. 이런 열악한 상황 속에서 그들은 정치적, 문화적 영역에서 전혀 비중을 차지하지 .못했다. 영국 가톨릭 교회의 문화적 부흥은 1830년 이후 옥스퍼드 대학(뉴먼에 의해)과 로마의 영국 기숙사(와이즈만에 의해)에서 시작되었다. 이 가운데 뉴먼의 역할은 지대했다. 그래서 여기서는 뉴먼에 대해서만 다루기로 한다.

① 생애와 작품: 헨리 뉴먼은 1801년 런던에서 태어나 런던 근교의 얼링 기숙사 학교에 다녔다. 그는 사춘기에 종교적 위기를 겪으며 신앙을 재발견했고 1816년 옥스퍼드 대학에서 수학했다. 그 후, 1825년 영국 국교회에서 사제품을 받았다. 1833년부터 그는 친구들과 함께 영국 국교회의 쇄신을 도모하기 위해 '옥스퍼드 운동'을 전개하면서 다양한 토론을 비롯해 소책자들을 집필, 출간했다. 그러나 이런 일련의 성찰을

통해 그는 1839년 마침내 영국 국교회가 진정한 교회가 아니라는, 따라서 자신이 잘못된 길을 걷고 있었다는 성찰에 이르게 된다. 이는 그가 그리스도론의 대이단(大異端) 세기인 4세기 로마의 대응을 연구하면서 커 갔다. 결국, 그는 1845년 가톨릭으로 개종하고, 1847년 우르바노 대학에서 신학을 공부했다. 그리고 사제품을 받고 오라토리오회에 입회했다. 1852년 아일랜드의 주교들은 뉴먼에게 더블린에 가톨릭 대학 창설 책임을 맡겼다. 이에 그는 옥스퍼드 대학과 케임브리지 대학에 버금가는 대학을 세우기 위해 헌신을 다했다. 그러나 보수적인 주교들은 그의 개방적이고 자유로운 대학 설립을 이해하지 못하고 결국 이 프로젝트를 무산시키고 말았다. 결국, 뉴먼은 이 프로젝트에서 손을 떼고 영국으로 돌아가 『대학의 이념』이라는 작품을 집필했다. 그 후, 1879년 레오 13세 교황은 뉴먼을 추기경에 서임하며 그간의 그의 노고를 치하했다. 그는 1890년 버밍엄의 에지스배턴에서 세상을 떠났다. 그는 다양한 장르에 주옥같은 많은 작품을 남겼다. 장르로 보면, 설교, 시, 소설, 신학 논고, 서간집, 자서전적 저술로 분류할 수 있다.

② 사상: 뉴먼은 19세기의 가장 불편하고 애매한 인물 가운데 한 사람으로, 평생을 영국 국교회 측으로부터는 물론 가톨릭 측으로부터도 공격받았다. 그의 업적은 매우 상반된 평가를 받는다. 누군가는 그를 실천과 행동의 선구자로 본 데 반해, 누군가는 그를 근대주의적 사상의 기초를 놓은 사람으로 깎아내리기도 했다. 그러나 제2차 바티칸 공의회 이후 그는 점점 더 주목과 관심의 대상이 되었으며, 그가 남긴 공헌은 더욱 분명하게 드러나고 있다. 그의 신학적 관심은 크게 2가지로 집중

된다. 하나는 신앙의 합리성과 교의의 발전에 관련된 인식론 주제이며, 다른 하나는 교회의 본성과 직무들에 관한 교회론 주제이다.

③ 교회와 그 직분: 뉴먼은 트리엔트 공의회 이후 스콜라학의 사회적, 사법적 도식으로부터 거리를 둔 자유로운 교회론을 발전시켰다. 무엇보다도 그는 교회론적 모델에서 묄러가 수십 년 전에 제시한 바 있는 성령론적 차원을 전면에 부각했다. 그는 「복음의 본질적 요소들」에서 '예언적 직무'와 '주교 직무'를 구별하고 이를 '예언적 전통'과 '주교 전통'이라는 2개의 전통과 연결했다. 그리고 이 중에서 '예언적 전통'을 더 중요하게 보았다. 또한, 그는 이 2개의 전통의 원천은 인류의 구세주이자 교회의 창설자이신 그리스도라고 말한다. 이뿐만 아니라 그는 교회와 하느님 나라를 구별하는 가운데 제2차 바티칸 공의회의 비전을 앞서 제시했다. 여기에 더해, 그는 교회 안의 평신도에게 문화 영역에서 특별한 소명과 역할을 돌림으로써 수동적 책임을 넘어 능동적 책임을 분명하게 인정하고 강조했다. 이 역시 제2차 바티칸 공의회의 비전을 앞서 제시한 그의 독창적인 공헌이다. 그래서 심지어 이브 콩가르는 이렇게 그의 사상을 격찬했다. "뉴먼은 제2차 바티칸 공의회를 준비했다기보다 오히려 선포했다고 말해야 할 것이다."

④ 교의의 발전: 뉴먼은 「그리스도교 교의의 발전에 관한 논고」에서 '교의의 발전' 문제를 심도 있게 다루며, 특히 교의 발전의 정당성과 필요성 그리고 그 발전의 진정성과 척도들에 대해 제시했다. 이어서 그는 교의 발전의 진정성에 대해 탐구하며, 어떤 것이 진정한 교의 발전인지

물었다. 그는 이에 대해 이미 교부들이 이단들을 거슬러 제시한 '사도 계승'을 척도로 언급했다. 그리고 여기서 한 걸음 더 나아가 그 전통이 필연적으로 로마 교회의 권위와 연결된다는 점을 입증했다. 뉴먼은 진정한 교의 발전이 실현되려면 이 발전을 보증하는 살아 있고 무류적인 교도권이 필요하다고 언급했다. 이는 결국 교회의 무류성을 가리키는 것이며, 교회의 무류성의 가시적 표지인 로마 교회의 무류성, 더 나아가 교황의 무류성을 시사하는 것이기도 하다.

4. 19세기 이탈리아 신학의 쇄신 노력

이탈리아에서도 19세기 신학 연구의 부흥은 매우 더디고 힘에 부치는 것이었다. 이러한 부흥은 그레고리오 16세 교황(1831-1846년)에 이르러서야 시작되었다. 교회 학문의 쇄신을 위해서는 2가지 길에 호소할 수 있었다. 하나는 자기 시대의 철학 및 과학과 대화하는 것이며, 다른 하나는 옛 스콜라학, 특히 토마스의 천재적 사상으로 되돌아감으로써 위대한 가톨릭 전통을 복원하는 것이다. 이탈리아 교회는 이 2가지 길을 모두 시도했는데, 로스미니가 첫 번째 길을, 로마 학파의 여러 신학자들이 두 번째 길을 시도했다.

1) 로스미니

① 생애와 작품: 안토니오 로스미니는 1797년 로베레토에서 태어났다. 장성해서 파도바 대학에서 수학했으며, 그곳에서 1822년 신학 및 교회법으로 박사 학위를 취득했다. 1827년에는 사제품을 받았으며, '카

리타스 수도회'를 창립했다. 이 수도회는 훗날 '로스미니회'라고 불리게 된다. 그는 교회 쇄신에 관해 『사회정의에 따른 헌법』과 『거룩한 교회의 다섯 상처』를 집필한 적이 있는데, 이것이 문제가 되어 금서 목록에 오르기도 했다. 이로 인해 여러 가지 불행을 겪은 그는 스트레사로 물러나 철학과 신학 연구에 전념했다. 그에 대한 공격은 1855년 그가 죽은 후에도 이어져, 1887년 교황청은 교령 「Post obitum」를 통해 그의 작품들, 특히 그의 유고집에서 뽑은 40개의 명제를 단죄했다. 로스미니는 대단히 많은 작품을 집필했지만, 그 가운데 상당수는 그의 사후에 출판되었다. 그의 작품은 크게 철학, 신학, 수덕 신학 분야로 나뉜다.

② 사상: 로스미니가 지성적 작업을 통해 추구한 목표는 철학과 신학, 그리고 당시 위기를 겪고 있던 가톨릭 문화의 심층적인 쇄신이었다. 좀 더 구체적으로 말해, 그는 오류와 투쟁하고 '진리'를 체계로 전환시키며, 학문의 튼튼한 기초가 될 수 있는 철학을 구축하고, 신학에 도움이 되는 철학을 구축하고자 했다. 그는 철학, 신학, 사목, 전례에 대한 성찰을 통해 계몽주의, 비판주의, 그리고 프랑스 혁명 이후 새롭게 발생하던 새로운 문화적, 사회적, 정치적 계기들을 고려하여 위대한 가톨릭 전통을 '근대화'하려 했다. 물론, 전례와 사목 분야에서 그가 제안한 일부 해결책은 당시로서는 너무 진취적이었기 때문에 이해받지 못하고 배척된 측면이 있다. 하지만 전체적으로 그의 업적은 철학과 신학의 쇄신을 통해 그리스도교와 근대 세계의 만남을 실현하려는 대단히 눈부시고 용감한 시도였다.

로스미니가 실현하려 했던 철학의 쇄신은 무엇보다도 '인식론'에 관한 것이었다. 그는 인식의 기원에 존재 관념과 자신에 대한 근본적 감정을 배치함으로써 새로운 길을 제시했다. 그는 최소한의 선험(타고난 존재 관념)에 기초해서 우리의 모든 인식에 대해 설명했다. 존재 관념에 관한 최초의 구체적 '종합'은 주체와 관계되어 '자의식' 속에서 발생한다. 이 종합은 우리가 그것을 통해 직접적으로 우리 자신의 몸을 "우리와 하나인 것으로" 지각하는 "근본적 감정"을 통해 발생한다. 두 번째 종합은 사물들과 관련된다. 이렇게 해서 우리에게는 '타자 의식'이 형성된다. 사물들에 대한 인식에서 로스미니는 두 계기, 곧 직관의 계기와 단언의 계기를 구별했다. 그는 직관이 단언보다 선행한다고 보았다. 또한, 그는 제2기 스콜라학의 관례에 따라, 로스미니는 형이상학에서 '존재론'과 '자연 신학'이라는 2가지 학문을 구별했다. 그에 따르면, 존재론은 존재를 인간이 그 보편적 속성들 속에서 인식한 그대로 연구하는 데 반해, 자연 신학은 그것이 하느님 안에서 실현된 대로 연구한다. 자연 신학과 관련해서, 로스미니는 하느님의 실존, 본성, 속성들, 작용들을 연구했다. 우선, 그는 많은 방식을 도입해서 하느님의 실존을 증명하려 했다. 이 가운데 특히 그는 '존재론적 논증'을 통해 하느님의 실존을 증명했다.

한편, 신학적 인간학과 관련해서, 로스미니는 『초자연적 인간학』을 통해 자신의 사상을 제시했다. 그는 이 책의 제1권에서 초자연적 종교 영역을 철학, 자연 신학, 계시 신학으로 구별하는 가운데 정의했다. 그는 초자연적 종교를 특징짓는 으뜸 요소로, 하느님 자신이 인간의 정신을 신성과 내밀하고도 실재적으로 결합하는 가운데 그 안에서 실제로 작용하시는 데 있다고 말한다. 그는 이 실제적인 하느님의 작용이 다름 아닌 은총이며, 이것이 인간 의지의 동의와 함께 드러나는 것이 '신앙'이라고 보았다. 반면, 그는 제2권에서 본래의 의로움의 상태에 있는 인간 조건에 대해 다뤘다. 그리고 제3권에서 그는 오늘날의 인간, 즉 '본성상 죄인인 인간'에 대한 신학적 성찰을 제시했다.

2) 로마 학파와 신스콜라학의 발단

19세기 중반에 로마의 여러 대학, 특히 그레고리오 대학에 속하면서 토마스의 사상을 통해 근대주의의 오류들에 맞서며, 교회 교도권의 입장에서 교황의 권한을 강화했던 일단의 신학자, 철학자들을 일컬어 '로마 학파'라고 부른다. 로마 학파는 '신스콜라학'과 '신토마스주의' 운동에 중요한 한 획을 그었다. 신스콜라학의 공식적인 발단은 레오 13세 교황이 반포한 회칙 「영원하신 아버지」이다. 그러나 그 이면에는 피아첸차, 나폴리, 로마에서 있었던 신학자들의 헌신적인 노력이 있었다.

스콜라학의 가치는 이 스콜라학을 교부학과 나란히 '신학의 자리'로 설정한 16세기 스페인의 멜키오르 카노에 의해 결정적으로 축성되었다. 그러나 제2기 스콜라학과 제3기 스콜라학을 거치면서 점차 쇠퇴해 가고 말았다. 반면, 이런 흐름에 맞서 1800년대 중반에 일부 역량 있는 이탈리아 학자들(대부분 예수회원들)이 반기를 들고 일어났다. 그들은 스콜라학이 어느 시대에나 타당한 가치를 지닌 사상으로서, 철학 영역에서 모든 형식의 근대 철학을 대적할 수 있고, 신학 영역에서 거룩한 학문에 그리스도교의 신비들을 이해하고 표현할 수 있는 유용한 도구들을 제시할 수 있다고 확신했다. 이렇게 해서 그들을 중심으로 스콜라학의 위대한 스승들, 특히 토마스의 사상에 대한 복원과 현대화라는 거대한 작업이 시작되었다.

슈미딩거에 따르면, 신스콜라학, 즉 제4기 스콜라학은 다음과 같은 특징을 갖는다. 첫째, 진정한 가톨릭 신학, 철학의 가능성을 오직 교회의 고전적 전통, 특히 13세기의 복원 속에서 고찰한다. 둘째, 그것은 철학이 오직 신학의 시녀로서만 받아들여져야 한다는 원리를 실천한다. 셋째, 근대 철학과 일반적으로 근대의 정신적 삶을 개신교에 의해 산출된 그릇된 길로 배격한다. 넷째, 그것은 인간의 본성을 오직 은총을 통한 구원의 관점에서 바라보지만, 이것이 20세기의 은총 신학을 향해 진일보했다는 것을 의미하는 것은 아니다. 이러한 노선을 제시한 신스콜라학은 역사가들로부터 많은 비판의 대상이 되기도 했다. 신스콜라학은 철학을 신학으로부터 분리했는데, 이는 흠이라기보다 오히려 공로로 보아야 한다. 신스콜라학은 신앙과 이성 사이의 경계선을 분명히 그었고, 초자연적 질서를 위한 신앙의 필요성을 주장했다. 하지만 과학 영역뿐 아니라 형이상학 영역에서도 이성의 가치와 역량을 선포하기도 했다.

가톨릭 신학으로서의 신스콜라학은 교회 교도권(특히 교황)을 돕는 지지와 협력 작업을 펼쳤다. 로마 학파의 신학자들은 당대의 도전들, 특히 교회와 그리스도교를 거슬러 던져진 도전들을 깨닫고, 교도권의 도움을 받아 지혜롭고 용감하게 그에 대해 응수했다. 이들은 당시 더욱 심각해져 가던 문화의 속인화와 사회의 비그리스도교화라는 전체적인 세속화에 맞서 투쟁했다. 이들은 제1차 바티칸 공의회의 여러 문헌을 비롯해서 비오 9세, 레오 13세, 비오 10세 교황이 반포한 수많은 회칙들을 마련해 주었다.

3) 토마스 부흥 운동의 단초

이탈리아에서 토미즘의 부흥은 비교적 길고 복잡한 역사를 갖고 있다. 토미즘의 횃불은 19세기 초 빈첸초 부체티와 그의 제자들을 통해 피아첸차의 알베로니 학원에서 피어났다. 그들은 토마스에 대한 연구에서 두각을 드러냈다. 그들은 성 마차로의 철학 학교에서 토미즘에 대해 알았으며, 그의 철학적 가르침을 알베로니 학원에서 사변 신학에도 활용한 것이었다. 토미즘 부흥에 결정적인 역할을 했던 인물은 부체티의 두 제자, 즉 세라피노 소르디와 도메니코 소르디 형제였다. 그들은 예수회에 입회해, 가톨릭 문화 세계를 밝히 비추고자 어둠 속에 잠겨 있던 토미즘의 횃불을 높이 치켜들었다. 그중에 형인 세라피노 소르디 신부는 예수회의 여러 기숙사에서 교육과 저술 활동을 통해 그리고 저명 인사들과의 만남을 통해 토미즘을 전파했다. 반면, 도메니코 소르디는 나폴리에서 제법 성과를 올렸다. 특히 그는 나폴리에서 훗날 신토마스주의의 기둥이 될 마테오 리베라토레와 카를로 쿠르치 같은 제자들을 가르쳤으며, 토마스 철학의 저명한 복원자인 가에타노 산세베리노와 협업을 했다.

피아첸차와 나폴리 이후, 로마는 1850년경 토미즘 부흥의 최대 중심지로 떠올랐다. 예수회 로마 관구에서 발행하던 「치빌타 카톨리카」지를 통해 신토마스주의자들은 지속적으로 논문을 기고하면서 토마스의 사상을 복원하기 위해 지속적으로 노력했다. 이 잡지는 신스콜라학의 효과적인 대변자 역할을 했다. 제1차 바티칸 공의회 시절, 그레고리오 대학의 마테오 리베라토레는 특히 철학 방면에서 작업했으며, 『철학 정초』를 통해 토마스주의자 세대 전체를 형성했다. 그 외에도 조반니 페로네,

카를로 파살리아, 요한 밥티스트 프란첼린, 토마스 칠리아라 등이 로마 학파의 명성을 빛내는 데 일조했다.

5. 제1차 바티칸 공의회부터 비오 10세까지 교회 교도권의 가르침

19세기 가톨릭 신학의 부흥은 제1차 바티칸 공의회와 비오 9세 교황 및 그 후임자들의 교리 관련 활동과 실증적으로 얽혀 있다. 제1차 바티칸 공의회는 신학적 성찰의 일부 결과들을 수집하고 가톨릭 신학의 새로운 정복을 향하여 힘차게 재천명했다. 교도권과 신학 사이의 이런 은혜로운 상호 교환은 레오 13세와 비오 10세 교황 때에도 그대로 이어졌다. 당시의 역대 교황들이 반포한 문헌들은 그 시절의 신학적 입장을 반영했으며 동시에 신학자들로 하여금 다양한 신학적 주제들에 대한 신학적 성찰을 가속화하도록 촉구했다. 19세기 후반기에 교회 교도권의 가르침을 주도했던 비오 9세, 레오 13세, 비오 10세 교황의 가르침을 간략히 살펴보기로 하자.

1) 비오 9세

비오 9세(재위 1846-1878년) 교황은 교회의 교의적 유산 기탁에 상당히 기여했다. 그가 신앙의 유산을 옹호하고 그 발전을 위해 보장한 직무상 개입은 크게 3가지였다. 성모님의 원죄 없으신 잉태 교리 규정, 회칙 「얼마나 큰 관심으로」에 대한 반포, 제1차 바티칸 공의회 개최가 그러하다. 그의 직무상 개입은 당시 교회를 위협한 합리주의, 계몽주의, 세속주의, 공산주의 등으로부터 신앙을 옹호하기 위해서였다. 그의 직무상 개입은 방어적인 성격을 더 지니고 있는데, 이는 전임자인 그레고리오 16세의 노선을 그대로 계승한 것이다.

① 성모님의 원죄 없으신 잉태 교리 규정: 비오 9세의 첫 번째 위대한 교도권 행사는 성모님의 원죄 없으신 잉태 교리에 대한 규정이었다. 그는 신학자와 추기경들로 구성된 위원회를 구성하여 이 진리의 규정을 위한 가능성과 기회를 철저히 검토하도록 했다. 그는 1849년 회칙 「*Ubi primum*」를 통해 주교단의 자문을 구하고, 603명의 주교들 가운데 546명으로부터 우호적인 답변을 들었다. 그리고 이를 바탕으로 그에 대한 교의 규정을 선포했다. 이에 대해, 프랑스 마리아론의 선두인 니콜라(A. Nicolas)는 마리아가 그것으로 충만한 그리스도의 은총이 여성을 종교적 질서의 '죄'로부터, 도덕적 차원의 '경멸'로부터, 사회 질서 속에서의 '예속'으로부터 해방시킨다는 사실을 통해 "여성 명예 회복의 특수한 원리"임을 전한 바 있다.

② 회칙 「얼마나 큰 관심으로」에 대한 반포: 비오 9세는 1864년 12월 8일 회칙 「얼마나 큰 관심으로」와 여기에 첨가된 「오류 목록」을 반포했다. 그는 이 회칙을 통해 역대 교황들이 언제나 신앙인들에게 참된 신앙을 교육하고, 가톨릭 종교와 시민 사회의 토대를 파괴하려는 자들의 '거짓된 견해들'과 '위험천만한 주술들'로부터 그들을 보호했다는 점을 피력했다. 이어서 교황은 「오류 목록」에 담긴 80개의 명제들을 세 부류로 나눠 제시했다. 첫 번째 부류는 신앙에 반대되는 주요 이데올로기적 체계들을 담고 있다. 두 번째 부류는 교회와 그것이 관계를 맺고 있는 국

가 및 사회와 관련된 오류들과, 그 자체로 본 시민 사회와 관련된 오류들의 목록을 담고 있다. 세 번째 부류의 오류들에 대해서 교황은 오직 그리스도의 신성을 부정하는 오류만 지적하고, 다른 것들에 대해서는 진리, 정의, 종교의 적대자들에 의해 전파된 불경건한 가르침들이라 언급했다. 한편,「오류 목록」의 80개 명제들은 그 길이와 비중이 각기 다른 10개의 장(章)에 분배되어 있다.

③ 제1차 바티칸 공의회 개최: 비오 9세는 이미 1849년부터 보편 공의회를 열어야겠다는 생각을 하기 시작했다. 그는 본질적으로 가톨릭교회의 삶의 중심이 계시의 근본적 가르침에 입각할 수 있도록 만들고자 했다. 여기에 더해, 마지막 보편 공의회 이후로 세월이 흐르는 가운데 세상에서 일어난 심층적인 변화에 적응하기 위한 교회의 법제화에 너무도 절실한 적응들을 전개하려는 지향이 교회 내에서 생겨났다. 비오 9세는 이러한 사안들과 관련해서 카테리나, 비차리, 라이사흐, 파네비앙코 추기경과 상의한 후, 1865년 공의회 소집을 위한 첫걸음을 내디뎠다. 1867년 7월 7일 교황은 그간 5개 위원회를 통해 준비된 제언서들의 채택을 승인한 후, 공의회의 첫 번째 선언을 공표했다. 그러나 1868년 7월 29일 공식적으로 공의회를 소집할 것이라고 관련 성성에 고지했다. 이는 칙서「*Aeterni patris*」의 반포로 이어졌다. 그리고 이를 통해 공의회에 참석할 권리를 가진 모든 이들에게 개최될 보편 공의회에 참석하도록 명했다. 결국, 이렇게 해서 1869년 12월 8일 성 베드로 대성전에서 많은 인사들이 참석한 가운데 제1차 바티칸 공의회가 개최되었다. 당시 주교, 추기경, 동방 교회 총대주교들은 모두 합쳐 1,000명을 조금

넘었지만, 임석 주교들은 774명이었다.

　연구하고 작업해야 할 많은 주제들이 4명의 '대의원들'에게 맡겨졌으며, 그들은 공의회 교부들에게 수많은 논의용 교령들의 초안을 제시했다. 그러나 이탈리아 정부 측으로부터의 갑작스러운 교황령 및 로마 시 점령(1870년 9월 20일) 사건으로 인해, 불행히도 대의원들에 의해 준비된 방대한 계획 가운데 겨우 최소 부분만 논의되고 승인될 수밖에 없었다. 하지만 이 소수의 작업은 특히 교회론(교황의 수위권과 무류권)과 기초 신학(신앙과 이성의 관계 등)에 있어서 대단히 중요한 성과로 남았다. 우선, 헌장 「하느님의 아드님」이 1870년 4월 24일 승인되었는데, 공의회는 이를 통해 범신론, 물질주의, 근대 합리주의에 대해 하느님, 계시, 신앙에 관한 가톨릭 교리, 곧 기초 신학의 논설들에 대한 튼튼한 기초를 보증하는 전망을 대립시켰다. 이어서 공의회는 1870년 7월 18일 헌장 「영원하신 목자」를 승인했다. 공의회는 이를 통해 로마 교황의 수위권과 그의 교도권 행사에 있어서 무류성을 신앙의 진리로 규정했다.

　수위권 교리에서는 3가지 요점을 확인할 수 있다. 사도단과 교회에 대한 베드로의 수위권 규정, 이러한 수위권이 로마 성좌에 오른 그 후계자들에게 전수된다는 규정, 베드로와 그 후계자들이 지닌 권한의 본성과 적용을 정확한 언어로 명료화함이 그것이다. 한편, 로마 교황의 무류성 교리는 다음과 같이 정식화되었다. 즉, 로마 교황이 사도좌에서 발언할 때, 곧 모든 그리스도인들의 목자요 스승으로서 자신의 직무를 수행하는 데 사도적 최고 권위를 갖고 신앙과 도덕에 관한 교리를 보편 교회가 고수해야 할 것이라고 결정한다면, 교황은 베드로에게 약속하신 하느님의 도우심에 힘입어 무류성을 누린다는 것이다. 예수 그리스도께서는 당신의 교회가 신앙과 도덕에 관한 교리를 규정지을 때 이 무류성을 지니길 원하셨다고 공의회는 천명한다.

교회는 제1차 바티칸 공의회를 통해 자연과 인간 이성을 존중하면서도 초자연적인 가치들을 재확인했으며 본질적으로 반(反)얀세니즘적인 신심을 향한 자극을 일으켰다. 또한, 신학에서는 교도권의 역할을 강화했고, 이를 바탕으로 교회의 구조와 권위를 강화했다. 그러나 동시에 근대 세계를 향한 비타협과 불신의 태도를 드러냄으로써, 근대 문화가 지닌 긍정적인 측면들을 수용하는 데 걸림돌이 되기도 했다.

2) 제1차 바티칸 공의회의 교회론

역사적으로 볼 때, '교회'가 보편 공의회 주요 안건이 된 것은 제1차 바티칸 공의회가 처음이었다. 교회는 이 공의회를 통해 비로소 자신의 본성, 기능, 구조, 과제들을 명확히 규정하기 위한 논의를 시작했다. 그러나 불행히도 이탈리아 군대의 갑작스러운 로마시 점령으로 인해 본래 논의하려던 안건들 가운데 최소한의 내용만 2개의 헌장을 통해 반포되는 데 그쳤다. 그러나 정식 문헌으로 공표되진 않았지만, 당시 준비된 초안들 중에는 교회론과 관련된 중요한 내용을 담고 있다. 그중에 하나가 「그리스도의 교회」라는 초안으로 교회론에 있어서 상당히 중요하다. 여기에는 교회에 대한 정의를 위해 숙고해야 할 핵심적인 내용들, 특히 20세기 중반에 이르러서야 본격적으로 논의되고 정리될 주제들이 담겨 있기 때문이다. 이 초안은 10개의 짧은 장(章)으로 구성되어 있다. 이 문서는 전체적으로 그간 전통적으로 소중히 여겨 온 '사회' 개념을 포기하고 '몸', 특히 '신비체' 개념을 바탕으로 교회를 정의했다. 그리고 이를 바탕으로 신비체의 주요 속성들을 제시했다. 특히, 초안은 교회를 '가시적인 사회'로 언급하며, 이를 구성하는 3가지 구조적 요소들(신앙 교육, 성사들에 대한 직무, 신앙인들의 통치)을 지적했다. 또한, 공의회는 이 초안을 통해 '교회의 무류성'에 대해 많은 부분을 할애해서 다뤘다. 이에 따르면, 이 무류성은 어느 특정인의 것이 아니라 그리스도인 한에서 그리스도의 신비체의 천품이고 특전이다. 공의회는 교회 이전에, 교회 바깥에, 교회 위에 교황의 무류성은 존재하지 않으며, 그 반대도 마찬가지라고 언급했다. 실상, 교황의 무류성은 교회의 무류성 자체라고 공의회는 지적했다. 무류성은 성령이 그리스도의 교회에 베푸는 선물이고, 바로 그 선물이 보이는 표지를 획득할 수 있도록 성령은 특별한 카리스마, 곧 특별한 도움을 주는데, 그것은 로마 교황이 '성좌에서' 교회 전체의 이름으로 신앙과 도덕에 관련된 일들에 대해 말할 때, 오류에 떨어지지 않게 하려는 데 있다고 공의회는 말한다. 제1차 바티칸 공의회의 교회론적 성찰에서 교황의 권한과 카리스마에 대한 규정은 가톨릭 교회의 2천 년 전통을 완벽하게 반영하고 있다. 하지만 주교직에 대한 명시적인 성찰은 드러나지 않았다. 훗날 제2차 바티칸 공의회는 이에 대한 작업을 하게 된다.

3) 레오 13세와 「영원하신 아버지」

레오 13세(재위 1878-1903년) 교황은 토마스와 스콜라 신학에 대해 해박했으며, 근대주의가 교회에 던진 사회-정치적 도전뿐만 아니라 종교적, 철학적, 이데올로기적 도전에도 민감했던 교황으로 평가받는다. 그는 긴 재위 동안, 교회를 위협하던 위험들을 방어하는 데 그치지 않고,

무엇보다 성직자와 신자들의 문화적 수준을 제고하고, 철학, 신학, 성서학 연구를 증진하며, 사회 구조들을 그 내면에서부터 변화시켜 그 속에 그리스도교적 혼을 불어넣는 작업을 기획했다. 결국, 레오 13세가 의도했던 것은 본질적으로 근대 세계를 다시 그리스도교화하는 것이었다. 이는 그가 착좌한 지 얼마 안 되어 반포한 회칙 「*Inscrutabili Dei consilio*」에서 분명하게 제시되고 있다. 19세기 말의 사회-문화적 상황은 교회에 엄중했다. 특히, 실증주의, 진화론, 관념론, 마르크스주의, 생기론, 허무주의가 득세하며 모두 하느님 없는 인본주의를 주장하는 방향으로 기울고 있었다. 이러한 사조들은 모두 교회를 인류의 진보와 진정한 문명 실현에 있어 최대의 장애물로 간주했다. 이는 유럽의 모든 나라에서 프리메이슨에 의해 촉발된 반(反)성직주의의 폭발을 낳았다. 이렇듯 그리스도교에 적대적인 상황에서 근대주의를 배격하지 않고 새로운 그리스도교 문명을 창안한다는 것은 분명 대단한 용기를 필요로 하는 일이었다. 그러나 레오 13세는 이런 거대한 작업을 하기에 적합한 용기와 정신을 갖춘 인물이었다.

① 사회 교리: 레오 13세는 회칙 「새로운 사태」를 통해 '사회 사상'을 탁월하게 제시했다. 그는 이 문헌을 통해 자본과 노동, 전통과 진보, 영적 영역과 현세적 영역의 관계에서 새로운 종합을 시도하는 가운데 가톨릭 사회 활동의 기초를 놓았다. 회칙은 우선 노동자 문제에 대한 역사적 고찰과 더불어 시작하는 가운데 이 문제의 중요성을 부각시켰다. 이어서 그는 사회주의가 제시하는 사회 문제들에 대한 해결책을 비판적으로 검토하고 배격했다. 또한, 교황은 교회의 일, 국가의 일, 그리고 개별

시민들의 일을 효과적으로 살펴보는 가운데 가톨릭 교회의 해결책을 제시했다. 또한, 교황은 국가의 필요성에 대해 언급한 후, 국가가 실현해야 할 공동선의 실현과 같은 일반적 과제들을 지적했다. 「새로운 사태」는 훨씬 후대의 회칙인 「인간 생명」과 함께 교회 교도권에서 가장 잘 알려진 문헌이다. 이 회칙은 현대의 역대 교황들에 의해 지속적으로 재론되고 현대화될 정도로 사회 문제와 관련해서 현대 교회의 핵심적인 입장이 담긴 중요한 문헌으로 평가된다.

② 회칙 「영원하신 아버지」와 토마스주의의 천명: 레오 13세는 자신의 첫 번째 회칙인 「*Inscrutabili Dei*」를 통해 그리스도교 문명의 복원을 위해 건전한 그리스도교 철학을 복원해야 한다는 전망을 제시한 바 있다. 선출 초기부터 레오 13세는 토마스에게 특권을 주는 교회의 학문 연구 쇄신 계획을 구상했다. 이러한 그의 계획은 여러 협력자들의 도움을 통해 '회칙'이라는 장엄한 형태를 통해 표현되기로 결정되었고, 그렇게 해서 1879년 「영원하신 아버지」가 반포되었다. 이 회칙은 신학자 마테오 리베라토레가 준비한 초안을 바탕으로 로마의 성 토마스 학원 책임자인 몬시뇰 보칼리가 준비하였고, 교황의 최종 검토와 더불어 반포되었다. 레오 13세는 이 회칙을 통해 토미즘을 바탕으로 한 신학의 쇄신과 이를 통한 그리스도교 문화의 부흥에 관한 원대한 비전을 제시했다. 이러한 그의 비전은 본질적으로 18세기 이래로 상실했던 영역에서 가톨릭 교회를 복권시키려는 사목적 염려에서 나온 것이다. 회칙 「영원하신 아버지」가 맺은 결실들은 가톨릭 철학과 신학을 위해 풍부하고 지속적이었다. 무엇보다 '신토마스주의'라고 불리는 방대하고 힘찬 철학적 운동

이 생겨났는데, 이는 토마스의 진정한 사상의 발견과 더불어 20세기 전반기 동안 가톨릭 신학의 쇄신과 부흥을 위해 크게 기여했다. 그밖에 다른 의미심장한 결실로는 교황청립 성 토마스 학원(안젤리쿰)의 설립, 이탈리아를 비롯해 여러 나라에서 토마스 사상에 대한 연구를 위해 헌정된 많은 학원들의 설립, 칠리아라 추기경에게 위촉된 토마스의 작품들에 대한 비판본인 '레오판' 간행을 들 수 있다.

4) 비오 10세와 근대주의의 위기

신학과 관련하여, 비오 10세 교황의 교황직(재위 1903-1914년)은 근대주의의 위기와 연결된다. 근대주의는 20세기 초에 가톨릭 교회에서 전개된 종교적 사상 운동이다. 근대주의 위기는 반세기 전에 있었던 '개신교 자유주의'와 비슷한 방식으로 전개되었으며, 그리스도교의 기원 연구에 비판적 방법을 적용함으로써 시작되었다. 그러나 이는 엄청난 규모로 확산되었다. 가톨릭 근대주의의 대변자들에게 공통적인 특징은 신약 성경에 담긴 계시의 핵심 내용들을 문화와 '근대' 정신의 가변적 형식들과 조화시키려는 염려였다. 근대주의의 주요 대변자로는 프랑스의 르루아와 루아지, 영국의 티렐, 이탈리아의 부오나유티이다. 근대주의에 대한 가톨릭 교회의 반응은 기민하고 단호했다. 1903-1907년 근대주의자들의 수많은 작품들이 「오류 목록」에 올랐다. 성서 위원회는 성경 비판에 관한 일부 명제들에 반대하는 입장을 취했다. 이어서 교령 「*Lamentabili*」가 나왔고, 두 달 뒤에 비오 10세는 회칙 「*Pascendi Dominici gregis*」를 공표했다. 또한, 교황은 1910년 자의 교서 「*Sanctorum antistitum*」를 통해 '반근대주의 선서'를 명했다. 이 문헌들 가운데 특히 회칙 「*Pascendi*

Dominici gregis」는 근대주의를 '모든 이단들의 종합'으로 단죄했다. 왜냐하면, 신앙을 감정으로, 교의를 역사로, 교회를 신비스러운 공동체로 환원시키는 상대주의, 주관주의, 불가지론, 역사주의 등 근대 사상의 모든 오류가 근대주의 안에 합류해서 담겨 있기 때문이다. 이 회칙은 근대주의에 맞서 스콜라 철학과 신학 교육을 대립시킬 필요성과 더불어, 신학교와 가톨릭계 대학의 신학부 교수들에 대한 한층 더 공개적인 통제와 서적 검열을 강조하며, 각 교구에서 '부단한 경계'를 하도록 권고했다.

회칙 「*Pascendi Dominici gregis*」는 보수주의 진영으로부터 열렬한 환영을 받았다. 그러나 독일 가톨릭 교수들은 자신들을 개신교 동료들보다 낮은 지위에 두는 반근대주의 선서를 배격했다. 그러자 성좌는 신학부에서 가르치던 독일 교수들에게 서약의 짐을 면제해 주었다. 그러나 거의 도처에서 가톨릭 충성주의가 우위를 차지했고, 이 복종은 거의 일반화되어 나중에는 근대주의의 위기가 단지 몇몇 개인의 문제라는 인상마저 낳게 되었다.

6. 제1차 바티칸 공의회와 제1차 세계 대전 사이의 가톨릭 신학

제1차 바티칸 공의회(1870년)부터 제1차 세계 대전의 끝(1918년)에 이르는 50년이 가톨릭 신학계에 그리 찬사를 보낼 만한 시기는 아니었다. 이 시기에 신학의 역사에서 족적을 남긴 인물은 극소수에 지나지 않는다. 이 시기의 신학은 초기 신스콜라 신학으로부터 신토마스주의의 전성기로 넘어가는 과도기적 국면을 맞게 된다. 제1차 바티칸 공의회 이전에 이미 중요한 걸음을 내딛은 가톨릭 신학의 부활은 대체로 토마스주의와 일치하며, 그것으로부터 기인하는 것이었다. 특히, 이러한 노선은 회칙 「영원하신 아버지」를 통해 더욱 확장되었다. 이는 토마스 사상에 대한 새로운 연구를 촉발했으며, 제2차 세계 대전 이후에 일게 될 가톨릭 신학의 위대한 부흥의 국면에서 심층적이고 결정적으로 꽃피웠다. 한편, 19세기 초반의 반(半) 합리주의자들(헤르메스, 귄터)에 의해서 근대 철학의 원리들, 방법들, 이론들과의 동화를 통해 시작된 신학의 쇄신에 대한 시도들이 활기를 되찾았다. 따라서 19세기 말부터 20세기 초반 가톨릭 교회 내에는 두 조류, 즉 신스콜라 학자들의 조류(쉐벤, 비요, 가르데일)와 근대주의자들의 조류(루아지, 르 루아, 티렐, 무리)가 있었다.

1) 교회 학문들의 발전

19세기 중반 이후에 가톨릭 신학이 새롭게 발전하게 된 데에는 다음과 같은 배경이 자리한다. 즉, 교황 권위의 강화, 토마스 사상의 복권, 성서적, 교부적 원천으로의 회귀, 증대된 선교 활동, 사회 문제들의 발전 등이 자리하고 있다.

① 역사 연구: 제1차 바티칸 공의회부터 제1차 세계 대전까지 이르는 이 과도기에는 다양한 교회 학문이 발전했다. 이 시기에는 교회, 공의회, 교황, 교의, 전례 등에 대한 역사라는 학문적 작품들을 편찬하기 위해서, 그리고 그리스 교부학과 라틴 교부학, 그리고 스콜라학의 새로운 비판본들을 준비하기 위한 방대한 작업들이 개별적으로든 집단적으로든 착수되었다. 여기에는 바티칸 박물관을 학자들에게 개방하겠다는 레오 13세 교황의 결단도 한몫했다.

그리스 교부학과 라틴 교부학 분야에는 미뉴의 수집본이 있다. 그의 라틴 교부학 총서는 무려 222권에 이르고, 그리스 교부학 총서는 161권에 이른다. 그밖에도 기억해야 할 학문적 성과로 풍크의 『사도 교부 작품집』과 바덴헤버의 방대한 『고대 교회 문학사』가 있다. 교회사 분야에서 중요한 작품으로는 뒤셴의 『교황들』, 헤펠레의 『공의회사』, 파스토르의 『중세 말부터의 교황사』, 데니플과 에를레가 편찬한 『중세 문학과 교회사 서고』가 있다. 프랑스 학자들이 편찬한 다양한 분야의 대사전들도 비교할 수 없이 소중한 연구 자료들이다.

② 성경 연구: 19세기 말, 성경에 관한 학문적 연구는 더 이상 피할 수 없는 절실한 요구가 되었다. 개신교 자유주의(벨하우젠, 하르낙) 성경 주석학의 오류들과 가톨릭 근대주의(루아지)가 사실상 그리스도교의 토대 자체를 무너뜨리려고 위협했기 때문이다. 이 심각한 일탈에 대응하기 위해 일부 가톨릭 신학자들은 모든 수단을 활용해서 역사-비판적 연구에 착수했다. 성경 연구의 초기에는 쉴피스 회원인 비구루의 『성경 교본』과 『다국어 성경』이 두드러졌다. 그러나 이 시대의 가장 탁월한 성서학자는 단연 라그랑주였다. 그는 성경 연구와 성경 운동에 전반적으로 자연적 측면, 초자연적 측면, 인간적인 것과 신적인 것 사이의 정당한 균형을 도입함으로써, 한편으로는 개신교 주석학의 과도한 자연주의를 피했고, 다른 한편으로는 가톨릭 주석학의 과도한 초자연주의도 피했다. 또한, 그는 개신교 자유주의 주석학의 기초에 있던 반(反)초자연주의적 편견을 배격하면서도, 그곳에서 가령 문학 유형 이론과 같은 비판적 탐구의 도구들은 받아들였다. 그의 작품 가운데 중요한 것으로는 4복음

서들에 대한 주해서들과 로마서, 갈라티아서에 대한 주해서, 그리고 『역사적 방법: 특히 구약 성경에 관하여』 등이 있다. 이뿐만 아니라 그는 유명한 성서학 잡지인 「성서지」(*Revue biblique*)를 창간했으며, 이 잡지를 통해 46년 동안 무려 200개에 가까운 논문을 발표했다.

2) 신스콜라 학자들: 쉐벤과 비요

① 쉐벤: 마티아스 요셉 쉐벤은 1835년 독일의 메켄하임에서 태어났다. 1852년부터 로마의 그레고리오 대학에서 공부하고 철학, 신학에 2개의 박사 학위를 취득하고 독일로 돌아갔다. 그 후, 쾰른 신학교의 교수로 임명되어 활동을 시작했다. 제1차 바티칸 공의회에 의해 촉발된 논쟁 시기 동안 쉐벤은 언제나 교회 교도권의 편에 서 있었고, 이를 위해 『1869년의 보편 공의회』를 집필했다. 또한, 1873년에는 헤르더 출판사를 통해 기념비적 작품인 『가톨릭 교의 신학 교본』(3,000페이지, 전3권)을 출간했다. 이에 못지않은 역작으로 『그리스도교의 신비들』이란 작품도 출간했다. 그는 일생 동안 여러 학술지를 통해 1천여 편의 논문을 게재했다. 쉐벤은 1888년 53세의 나이로 세상을 떠났다. 요한 바오로 2세 교황은 독일 가톨릭 신학자들의 이름을 거명하며 쉐벤을, 알베르투스 마뉴스, 쿠사누스, 묄러에 이어 4번째 자리에 올렸다.

쉐벤은 초자연적인 것을 그 온전한 순수성과 아름다움 안에서 신학 사상의 중심에 옮겨 놓았다. 또한, 그는 당시로서는 여전히 가톨릭 신학을 짓누르던 무거운 합리주의적 유산을 타파하고자 노력했다. 그의 역작 『그리스도교의 신비들』은 계시 진리를 9가지의 근본 주제를 통해 종합적인 파노라마로 제시한 탁월한 '대전'(Summa)이라고 할 수 있다. 그는 그리스도교를 비난하던 합리주의자들과 실증주의자들을 거슬러 그리스도교의 신비들에 대해 아무것도 두려워할 것이 없다는 점을 입증했다. 그는 이러한 신비들을 연구함에 있어 '신앙의 유비' 원리에 호소했다. 쉐벤에 따르면, 그리스도교 신비의 본질적인 구성 요소는 2가지이다. 그 어떠한 피조된 지성의 능력도 넘어가는 진리, 유비적인 개념을 통해 포착되고 표현될 수 있는 진리가 그것이다. 쉐벤은 이 작품의 마지막 부분에서 신앙과 이성 간의 관계를 토마스의 노선에 따라 명쾌하게 해결했다.

② 비요: 루이 비요는 1846년 메츠의 시르크에서 태어났다. 그는 블루아 신학 대학에서 신학을 공부하고 1869년 사제품을 받은 후 예수회에 입회했다. 라발, 앙제 등에서 교의 신학을 가르쳤으며, 토마스의 사상을 증진시키기를 원하던 레오 13세 교황의 원의에 따라, 1885년 로마의 그레고리오 대학에서 25년간 교의 신학을 가르쳤다. 1910년에는 교황청의 자문관으로 임명되어 활동했으며, 1911년 비오 10세 교황에 의해 추기경에 서임되었다. 그러나 '악시옹 프랑세즈' 운동에 대해 그가 공개적인 지지 발언을 하면서 그는 1927년 비오 11세 교황에 의해 단죄받고 추기경직 사임을 종용받았다. 그러나 그는 기꺼이 순명하면서 사표를 제출하고 로마 근교의 갈로로에 있는 예수회 수련소로 은퇴해서 지내다가 1931년 임종했다.

심원하고 풍부한 신학적 연구 결실들을 발표한 비요는 사변 신학에서 빛나는 족적을 남겼다. 그의 업적은 교의 신학 전 분야에 두루 걸쳐 있다. 그는 당대 최고의 스콜라 학자들 가운데 가장 탁월한 인물로 평가받는다. 그는 신학적 논설들을 쇄신하는 데 토마스의 철학을 잘 활용했으며, 근대주의와 자유주의의 오류들을 대적하는 데도 최선의 노력을 기울였다. 그는 토마스 사상에 관한 한 가장 열렬한 제자 가운데 한 사람이었다. 그는 토마스의 형이상학 중에서도 특히 유비 이론, 현실태와 가능태의 구별, 본질과 존재 사이의 실재적 구별을 최대한 활용했다. 그는 '본질'과 '존재'의 구별에 큰 비중을 두었다. 그의 작품 가운데 하나인 『그리스도의 교회』는 제2차 바티칸 공의회에 이르기까지 교회론 분야의 고전으로 간주되었다. 그는 이 작품에서 사회적, 사법적 구도에 따라 벨라르미노적 유형의 교회론을 제시했다. 그는 이 전망에서 교회의 객관적 구조와 제도적 요소를 심도 있게 연구했다.

3) 근대주의자들: 루아지, 르 루아

① 근대주의의 위기: 근대주의는 가톨릭 세계 전체를 위협하며, 광범위하고 힘차게 치솟는 커다란 불과 같았다. 이 사조는 19세기 말에서 20세기 초에 특히 프랑스, 영국, 이탈리아에서 발생했으며, 그리스도교에 대한 역사적 진화론적 해석을 목표로 설정한 몇몇 신학 조류들을 가리키기 위해 더욱더 협소한 의미를 갖게 되었다. 근대주의는 성경과 교의의 해석에서, 그리고 교회의 사법적, 제도적, 전례적 구조들에 대한 평가에서 역사주의, 주관주의, 불가지론, 상대주의, 진화론, 상징주의 등을 무비판적으로 수용했다. 신학을 쇄신하고 신앙과 근대 문화 사이에 화해를 확립한다는 공동의 목적을 달성하기 위해, 근대주의자들은 각각 자신의 탐구 분야에서 그때그때마다 다양한 방법을 제시하고 영적이며, 종교적인 경험에 기초해서 작업했다. 따라서, 그 어떤 근대주의의

체계나 근대주의 학파도 존재하지 않았다. 다만, 특히 '주체성'의 원리와 결합함으로써 근대성과 화해하는 것과 같은 어떤 근본적 목표들을 공유하는 일군의 인물들이 있을 뿐이다. 독일에서는 주로 '반(半) 합리주의'가 있었다면, '근대주의'는 주로 프랑스에서 있었던 현상이다. 프랑스에서는 1800년대 말 문화적 맥락 전체가 근대주의 방향으로 나갔다.

② 알프레드 루아지: 이 시기에 가톨릭 영역에서 역사 비판을 그리스도교 진리 탐구를 위한 신학적 방법으로 사용한 성서학자로 알프레드 루아지를 들 수 있다. 그는 1857년 앙브리에레에서 태어났다. 샬롱 신학 대학에서 공부하고 1879년 사제품을 받았다. 1881년부터 신학 연구를 하면서 동시에 동양학을 전공했다. 그는 1882년부터 앵스티누 카톨리크에서 히브리어 교수로 1889년부터는 구약 성경 교수로 활동하기 시작했다. 그러나 그의 역사 비판적 성경 해석으로 인해 1892년부터 강의가 금지되기 시작했다. 1893년 그는 「성경 교육」에서 성경에 대한 학문적 주석의 필요성을 선언하는 논문을 발표했다. 이로 인해 주교들은 그를 학교에서 해임했다. 또한, 그 해에 레오 13세의 회칙 「*Providentissimus Deus*」가 공표되면서 그의 신학적 방법이 의문에 부쳐졌다. 교황은 그에게 성경 공부를 포기하도록 명했지만, 루아지는 지속적으로 학술 활동을 이어 갔다. 결국 1903년 교황청은 루아지의 작품 5권을 「오류 목록」에 올렸다. 또한 1907년 교황청은 교령 「*Lamentabili*」를 통해 그의 명제 65개를 단죄했다. 1908년 루아지는 결정적으로 파문되었다. 1932년 그의 모든 작품이 「오류 목록」에 올랐으며 루아지는 1940년 파리에서 세상을 떠났다.

그의 성경 주석은 과학적이라는 구실 아래 실제로는 과도하게 합리주의적이고 불가피하게 초자연적인 것을 부정하는 척도들로부터 영감을 받았다. 예컨대, 그는 자신의 주저 『공관 복음서들』에서 복음서들을 성장하고 형성되어 가던 과정에 있는 교회의 산물로 제시했다. 더 나아가, 그는 예수의 수난과 부활 이야기의 역사성에 대해 이의를 제기했다. 그에 따르면, 그분의 부활은 역사적 사실이라기보다 그리스도교 신앙 유산의 일부이다. 또한, 그는 예수가 어떤 새로운 종교, 새로운 교회의 설립을 원하지 않았고 그 개혁자이기를 원한 것도 아니라고 보았다. 루아지는 예수가 단지 가깝고도 임박한 하느님 나라의 선포자일 뿐이라고 보았다. 하지만, 비록 그는 그리스도의 업적을 통한 교회의 신적 제정을 부정하고 교회 자체를 우연적인 현상으로 정의했음에도 불구하고, 하르낙과는 대조적으로 교회가 그리스도교의 본질에 있어서 구성적인 요소를 표상한다고 주장했다.

③ 에두아르드 르 루아: 그는 1879년 파리에서 태어났다. 그는 에콜 노르말 쉬페리외의 과학부에서 공부했으며, 철학, 특히 종교 철학에 큰 관심을 보였다. 그는 1895년 수학 박사 학위를 취득했으며, 3년 뒤에는 과학 박사가 되었다. 1909년 생-루이의 특수 수학 교수로 임명되었으며, 1921년 베르그송의 뒤를 이어 '콜레주 드 프랑스'의 철학 강좌를 맡았다. 그는 1945년 프랑스 학술원 회원이 되었으며, 1954년 파리에서 임종했다.

르 루아는 당대 실증주의와 과학주의에 가하던 비판에 적극 동조하던 과학자이자 철학자였다. 그에 따르면, 과학은 인식이 아니라 배타적으로 실천적 관심에 부응한다. 따라서 그는 결정적으로 철학만이 이론적 가치를 지닌다고 보았다. 그는 인식론과 세계관에서 베르그송의 입장을 자신의 것으로 삼았다. 그에 따르면, 종교적 진리에 도달하기 위해서 향해야 하는 것은 직관적 사고, 곧 도덕적 삶에 고유한 직접적인 영적 경험이다. 그는 여러 작품에서 '교의'에 집중했다. 그의 견해로는, 교의의 기능은 그 본질이 지성적 의미에 있는 것이 아니라, 그 실천적 계명, 신앙인의 행위에 대한 규제에 있다. 그에 따르면, 그리스도인은 교의를 오로지 삶으로써만 입증해야 하고 또 입증할 수 있다. 이 점에서 르 루아는 제2차 바티칸 공의회 이후에 많은 신학자들에 의해서 제언될 '정통 실천'이라는 척도를 반세기 전에 선취한 셈이다.

4) 근대주의에 대한 가톨릭 신학의 반응

앞서 언급했듯이, 근대주의는 교회에 있어 방대한 규모의 대형 화재였다. 비록 즉각적으로 수그러들었다고 해도, 그 불길을 모른 체할 수는 없었고, 특히 그 이유들을 오해해서는 안 되었다. 실상, 근대주의자들이 제기한 소청(所請)들은 무시되어서는 안 된다. 특히, 프랑스에서 복음서들의 역사성, 교의들의 타당성, 기적들의 신빙성, 신앙과 역사, 자연과 초자연의 관계, 교회의 권위, 신학적 방법론 등과 연관된 문제들은 교도권에 충실하면서도 새로운 문제 의식과 시대의 징표에 주목하는 가톨릭 신학자들 측으로부터 중요한 연구 대상이었다. 이 모든 문제에 대한 분석을 위해 그랑메송, 루셀로, 가르데일, 마레샬 등이 주목할 만한 기여를 했다.

우선, 레옹스 드 그랑메송은 오류에 대한 단죄만으로는 충분하지 않다고 주장하며, 적절한 실증적 작업 도구들을 제시해야 한다고 보았다. 종교 심리학 문제들과 성서 비판학 문제들에 대해 개방적이었던 그는 티렐, 루아지, 르 루아가 연구한 결실을, 그 오류를 걸러내는 가운데 활용할 줄 알았다. 아브루아즈 가르데일 같은 경우, 그는 호교론의 일차적 과제가 신앙에의 지성적 유착의 절대성을 현명하게 정당화하는 논거들을 합리적으로 제시하는 데 있다고 보았다. 한편, 피에르 루셀로는 신앙에 대한 심리학적, 신학적 문제들을 논하는 가운데 종교 생활에서 '본성적으로 타고난' 인식을 부각시켰다. 그는 '신앙의 현관들'의 신빙성에 대한 확실한 판단이 신앙 자체의 행위와 일치된다고 주장했다. 조셉 마세샬은 칸트 철학과 토마스 사상 사이에 교량을 놓음으로써, 근대주의가 해결할 수 없었던 스콜라학의 부족함을 극복하고자 했다. 근대주의의 위기 덕분에 프랑스 가톨릭 신학은 실증적 발전에 이르렀다. 이러한 발전을 주도한 신학자들은 근대주의를 가톨릭 신학의 성장을 위한 위기이자 도전으로 받아들이며, 이를 바탕으로 시대의 징표를 읽고 응답하고자 했다.

제2장

제1차 세계 대전에서 제2차 바티칸 공의회까지

1. 근대성의 위기와 신학자들의 대답

제1차 세계 대전부터 제2차 바티칸 공의회가 개최된 1960년대에 이르기까지의 50년은 가톨릭 신학, 동방 정교회 신학, 복음주의 신학에 있어서 충분히 단일한 여정을 드러내 준다. 이러한 여정은 외부에서 볼 때, 무엇보다도 전체주의들, 이데올로기들로 특징지어지며, 내부에서 볼 때, 교회 일치적인 대화, 특별한 창조성, 수많은 천재적인 인물들의 출현으로 특징지어진다. 교회 역사상 제1차 세계 대전부터 제2차 바티칸 공의회에 이르기까지의 50년만큼 신학적으로 풍부하고 비옥한 시기는 거의 없었다.

과거 그 어느 때보다 이 시대의 신학은 자신을 둘러싼 세계에 대해 주목했다. 이로써 이 시대의 신학은 '응답하는 신학'이 되었으며, 새로운 철학적 언사들과 방법론 그리고 인류에 의해 제기된 다양한 새로운 문제에 주의를 기울였다. 이 시기에 과학 기술은 경이로운 정복을 이룩했으며, 이를 통해 놀라운 힘을 보여 주었다. 라디오, 텔레비전, 인공위성, DNA, 컴퓨터 등 그 이전에는 전혀 상상할 수 없던 발명과 발견을 통해 인류는 번영을 구가했다. 그러나 이는 동시에 한층 더 직접적으로 새로운 문제, 특히 기술 통제 문제와 실업 문제를 야기했다. 여기에 더해, 이 시기는 정치 분야에서 전체주의를 비롯해 이와 관련된 이데올로기들에 의해, 지구 전체가 얽혀 들어 간 제2차 세계 대전을 비롯해 이 전쟁으로 인한 비극적이고 가공할 만한 파괴, 식민주의의 종말, 소비에트 세계와 아메리카 세계라고 하는 2개의 블록 간의 대립, 공산주의 체제와 자유주의 체제라는 두 체제 간의 철저한 대립에 의해 지배되었다. 이 모든 정치적인 사건들은 신학자들로 하여금 그에 대해 작업하도록 압박했다.

1) 문화적 지평: 근대 문화의 시대적 위기

근대 문화가 중대한 위기를 맞게 된 사실은 니체의 '사신'(死神) 선언을 통해 분명히 지적된 바 있다. 그러나 폭력적이고 극적인 방식으로 위기를 증폭시킨 사건은 제1차 세계 대전이었다. 잔인하기 그지없는 4년 간의 대학살은 합리주의, 계몽주의, 관념론, 실증주의가 인류의 미래를 위해 설정한 유토피아적 구조물들을 산산조각내고 말았다. 이제 인류의 미래는 어둡고 불확실하다. 당대의 저명한 학자들은 수많은 기념비적인 작품들을 통해 이러한 위기에 대한 증거와 징후들, 위기의 기원과 원인에 대한 분석, 책임자들에 대한 고발을 심도 있게 진행했다.

과르디니는 자신의 작품 『현대 세계의 종말』을 통해 기술의 비정상적인 발전은 권력에 대한 파우스트적인 의지의 결과라는 사실을 보여 주었다. 현대 문화는 신의 죽음을 선언했으며, 실망만 안긴 신적 속성들, 전지(全知), 특히 전능을 자신에게 부여했다. 그리고 이 순간부터 인간은 권력을 향한 의지를 소유하게 되었다. 현대인은 자유의 문화를 발전시키는 가운데, 무엇보다도 자연의 자원들을 소유하고 최대한 이용하기 위해 더욱 진보한 기술을 연구하면서 자연 세계에 직면해서 자신의 힘을 펼쳤다. 그리고 개인적으로나 사회적으로 인간을 지배하기 위해 권력을 사용했다. 더욱이, 문화적인 위기는 문화의 핵심 자체를 타격할 정도로 그 가치들을 깊이 파고들었다. 영원한 가치들은 사라지고 오직 도구적인 가치들만이 남았다. 이 모든 정신적인 격변의 근원에는 가치들의 절대성에 대한 상실이 자리한다.

2) 철학적 지평: 현상학, 실존주의, 언어 분석학

현대 문화를 관통한 치명적이고 심각한 시대의 위기와 관련해서 처음으로 숙고한 철학자들은 조직적인 학자들로서, 이를 계획하고 수호한 사람들이다. 그들은 실재에 대한 비전을 제시했는데, 이는 현존하는 문화적인 위기를 그대로 보여 주는 거울과 같다. 그것은 실재에 대한 절망적인 비전으로, 실존주의라고 불린다. 정신분석학과 구조주의는 이에 대한 반향을 제시했다. 또한, 그러한 비전을 제시한 것으로는 언어 분석학과 현상학이라 불리는 단조로운 철학도 있다. 반(反)형이상학적 날인을 간직한 이 모든 철학은 철학적인 지평에 대한 한계를 규정했으며, 신학자들은 제1차 세계 대전에서 제2차 바티칸 공의회에 이르기까지 이 한계 내에서 작업해야 했다.

① 에드문트 후설과 현상학: 후설은 아주 중요한 새로운 연구 방법인 '현상학'을 완성했다. 새로운 철학 사조들을 비롯해 그에 선행하는 여러 철학 사조들은 이 방법을 광범위하게 사용했으며, 이 방법은 신학 작업에 중요한 계기가 되었다. 그는 1859년 오스트리아의 프로스니츠 출신이다. 1876년부터 1883년 사이에 라이프치히 대학, 베를린 대학, 빈 대학 등에서 수학, 철학을 공부했으며, 빈 대학에서 변분 계산에 관한 논문으로 박사 학위를 취득했다. 1887년부터 1901년 상에 할레 대학 재직 시절에 그는 수리 철학, 논리 철학의 문제와 씨름했으며, 더 나아가 흄의 철학을 연구하면서 인식론, 형이상학, 윤리학 등 철학의 전반적인 문제와 씨름했다. 1900-1901년에는 그의 현상학에 있어 초석이 된 『논리 연구』를 출간했으며, 이 성과를 인정받아 1901년 괴팅겐 대학에 교수로 초빙되어 1916년까지 재직했다. 그리고 1913년 두 번째 주저인 『순수 현상학과 현상학적 철학의 이념들』을 출간했다. 그 후, 1916년 신칸트 학파의 리더인 리케르트의 후임으로 프라이부르크 대학에 정교수로 초빙되어 1928년 퇴임할 때까지 그곳에서 활동했으며, 1938년 프라이부르크에서 세상을 떠났다.

'현상학'이란 용어는 이미 헤겔이 자신의 주요 작품에 『정신 현상학』이란 제목을 붙임으로써 공식적으로 축성한 바 있다. 그러나 '현상학'을 여하한 모든 철학적 탐구에 본질적인 요소로 장려하고 현상학적 방법의 목적과 규칙을 엄격하게 확정한 사람은 후설이다. 현상학적 방법은 자기 자신을 드러내는 제반 사물을 진정한 출현(현상) 속에서 향하는 방법을 말한다. 후설에 따르면, 현상은 즉각적이고 최종적인 자료이며, 물자체에 대한 물음이 제기될 수 없다. 현상이 물자체라고 말할 수 있으며,

실제로 후설과 그의 추종자들에게 현상을 연구한다는 것은 실재가 지성에 제시하는 바로 그것을 연구함으로써, 거기서부터 본질적인 내용을 규명하는 것을 의미한다. 이를 위해서는 '에포케'(판단 중지)가 필수적이다. 요컨대, 검토 중인 현상과 관련된 모든 사전 인식을 중지해야 한다는 것이다. 그에 따르면, 인식된 세계(형상 세계) 너머에 외적인 세계 역시 존재한다. 이 새로운 방법론은 20세기의 많은 철학자들에 의해 열렬히 수용되고 폭넓게 활용되었다.

후설은 '궁극적인 문제들'을 새롭고 보다 확실한 방식으로 대면하기 위한 도구로 현상학을 연구했으며, 이를 신학적 문제, 특히 궁극적인 문제들 중에서도 근본적인 위치를 점유하는 하느님 문제에 관해 토론하기 위해 필연적으로 이 현상학을 활용했다. 그는 신학을 두 부류로 구별했다. 첫 번째 신학은 하느님과 신적 사정에 대한 인식을 다루며, 인간 정신의 본성적 빛을 활용한다. 이는 자연 신학을 말한다. 두 번째 신학은 하느님의 말씀에 대한 신앙의 수용에 바탕을 둔 신학이다. 후설은 고전적인 특징을 지닌 철학적 신학, 즉 물자체 그리고 외적인 세계에 대한 단순한 의식에 바탕을 둔 철학적 신학을 거부했다. 다시 말해, 그는 스콜라적인 전통에 기반을 둔 유신론에 대해서는 의견을 달리했다. 무엇보다도 그는 "하느님에 대한 본질적으로 순수한 현상학적 의미"에 대한 발견을 제안했다.

현상학은 2종류로 나뉜다. 후설은 실재의 순수 본질들을 규정하려는 의도로 현상학적 방법을 관념에 적용했다. 그러나 그 후 하이데거와 셸러는 현상학을 관념이 아닌 실재 자체, 특별한 방식으로 인간에게 적용했다(실존 분석). 그러므로 후설의 '노에시스'적 현상학을 '현상학 A'라고 부르며, 하이데거와 셸러의 역사적, 사실적 현상학을 '현상학 B'라고 부른다. 신학적 탐구에서는 이 두 현상학 모두를 사용할 수 있다. 에디트 슈타인은 삼위일체와 천사들에 대한 연구에서 현상학 A를 어떻게 구현할 수 있을지 입증했다. 현상학 A뿐만 아니라 특히 현상학 B는 신학에 있어서 필수 불가결하다. 현상학적 방법을 통해 죄, 은총, 인간의 왕국, 희망, 인간의 해방에 대한 정보를 충분히 얻을 때, 이러한 실재들에 대해 논할 수 있기 때문이다. 그래서 이런 실재들을 심도 있게 연구하려면, 인간에 대한 적절한 현상학을 사용해야 한다. 또한, 성사, 전례, 상징에 적절한 의미를 부여하기 위해서는 그에 적절한 현상학이 필요하다. 그러므로 현상학 B는 신학에서 제일 중요한 위치를 차지한다. 현상학 B는 신학자의 모든 연구를 포괄하는 거대한 해석학적 순환의 출발점을 대변한다.

② 마르틴 하이데거와 신학: 제1차 세계 대전은 1800년대 사상가들이 바라보는 세계에 대한 낙관적인 전망을 무너뜨리고 말았다. 그럼으로써 계몽주의자들과 관념론자들, 실증주의자들의 환상과 유토피아에 종지부를 찍었다. 인간 본성이 만들어낼 수 있는 재앙에 대한 갑작스러운 인식은 다시금 삶의 의미에 관해 묻게 했고, 실존과 역사의 가치에 대한 새로운 해석을 하도록 부추겼다. 이렇듯 근본적으로 다시 숙고하는 전망 안에 실존주의가 자리하고 있다. 실존주의는 근본적으로 다음과 같은 특징을 갖는다. 현상학적 방법, 인간학적 출발점, 인간의 다양한 차원들을 통합하려는 시도 등이다. 이러한 방법은 신학을 위해서도 상당히 중요하다. 실존주의의 시조는 하이데거이며, 무엇보다도 그의

실존주의는 신학계에 광범위한 영향을 미쳤다.

하이데거는 1889년 독일의 메스키르히에서 태어났다. 1909년 김나지움을 졸업하고 예수회에 입회했지만 14일 만에 그만두고, 프라이부르크 대학에 입학하여 신학 공부를 하다가, 2년 후 철학으로 전공을 바꿔 1913년에 철학 박사 학위를 취득했다. 1914년 제1차 세계 대전이 발발하자 독일군에 징집되어 군 복무를 한 후, 1918년 프라이부르크 대학에 돌아와 에드문트 후설의 조교로 활동했다. 1923년 마르부르크 대학으로 자리를 옮겨, 2년 후에 정교수로 임용되었고, 1928년 후설의 후임으로 지명받아 프라이부르크 대학으로 돌아오게 되는데, 이때 교수 자격을 받기 위해 제출한 논문이 세기의 명저로 꼽히는 『존재와 시간』이다. 1933년 정권을 장악한 나치당이 프라이부르크 대학 총장인 묄렌도르프를 해임시키자, 하이데거는 그의 후임으로 프라이부르크 대학 총장에 취임했다. 그는 이 시기를 전후로 나치에 협력하면서 그의 생애 최대의 오점을 남기게 된다. 1945년 독일이 제2차 세계 대전에서 패망한 후, 프라이부르크로 진주한 프랑스군 사령부는 하이데거에게 나치 협력의 죄를 물어 공식적인 활동을 일체 금지시켰다. 그러다가 1951년 활동 금지 조치가 해제되면서 다시 프라이부르크 대학의 강단으로 돌아왔으나, 불과 한 학기 만에 교수직을 사임하고 은퇴를 선언한다. 이후 프라이부르크의 자택과 토트나우베르크에 지은 오두막집을 오가면서 연구와 저술 활동에 몰두하였다. 그는 1976년 프라이부르크에서 세상을 떠났다.

하이데거는 마지막 여러 작품에서 하느님에 대한 문제를 반복해서 언급했다. 그러나 그것은 단지 존재가 어떤 방식으로든 하느님과 동일시될 수는 없다는 주장을 강조하기 위해서 그렇게 했다. 그는 철학과 종교 간의 여하한 모든 관계를 배제했다. 그는 종교적인 신앙 주제가 철학의 권한에 속하지 않는다고 보았다. 그는 존재와 존재자 간의 차이를 상기하면서, 철학은 성(聖)의 차원을 강조하고 하느님과의 만남이 가능한 본질적인 공간을 자유롭게 허용하는 데 기여해야 한다고 보았다. 그러므로 하이데거에게는 무신론도 유신론도 없다. 그에게 모든 것은 개방되어 있다.

하이데거는 신학이 고유한 학문성을 선사받았다는 사실을 허용했다. 그러나 그는 이것이 경험 과학의 객관적 학문성, 철학의 사색적 학문성과는 아무 관계가 없다고 보았다. 그에 따르면, 신학은 신앙 가운데 정체를 드러낸 학문, 곧 믿는 바에 대한 학문이다. 그래서 하이데거는 철학과 신학의 모든 종류의 혼합과 일치를 배제했다. 철학은 존재와 연관되는 데 반해, 신학은 신적 계시와 연관되기 때문이다. 하이데거에 의해 이루어진 철학과 신학의 분명한 단절이 특히 독일에서 신학자들 사이에 많은 추종자들을 갖게 하는 데 방해가 되지는 못했다. 불트만은 계시된 말씀을 이해할 수 있게 해 주는 유일한 정당한 철학을 하이데거의 실존주의라고 보았다. 그뿐만 아니라 바르트, 브루너, 틸리히, 니버도 하이데거의 실존주의에 대해 불트만과 같은 입장을 견지했다. 그의 실존주의는 모든 사람, 특히 신학자들에게 빛을 전해 준 현상학이다.

③ 비트겐슈타인의 신실증주의, 언어 분석학과 신학: 독일에서 실존주의가 발전했던 시기에 오스트리아에서는 신실증주의가 태동했으며, 곧이어 언어 분석학으로 발전했다. 신실증주의는 과학, 수학, 객관적이고 검증 가능한 언어, 자연, 경험적 실재, 물질세계에 중요성을 부여했

다. 신실증주의는 오직 자연에 대해서만 관심을 갖고 그 현상들을 객관적으로 묘사하며, 그 법칙의 가치를 규정했다. 신실증주의의 요람은 '빈'(Wien), 좀 더 정확히 말해 '빈 학파'였다. 이 학파의 설립자이자 주요 대변자는 모리츠 슐리크이며, 그 중요한 일원으로는 비트겐슈타인, 카르납, 라이헨바흐를 들 수 있다.

신실증주의는 본질적으로 영국 경험주의의 고전 이론들을 언어 분석에 적용하는 데 있다. 신실증주의가 표방한 근본적인 조항들은 다음과 같다. 첫째, 철학적인 문제들은 오직 언어 분석을 통해 해결될 수 있다. 둘째, 오직 실험적 또는 사실적 명제들, 곧 경험적으로 검증 가능한 명제들만 의미를 부여받는다. 셋째, 미학적 명제들, 윤리적 명제들, 종교적 명제들처럼 형이상학적 명제들은 인식 내용들을 갖지 않기에 그 명제들은 의미가 없다. 신실증주의는 형이상학의 비합리성, 종교의 비합리성을 주장했다. 신실증주의는 본질적으로 무신론적이다. 그러나 비트겐슈타인은 신실증주의를 받아들였음에도 불구하고 결코 무신론자가 아니었다.

비트겐슈타인은 1889년 오스트리아의 빈에서 태어났다. 그는 주로 과학 교육을 받았으며, 베를린 대학에서 공학을 전공하고 맨체스터 대학에서는 항공학을 배웠다. 1912년부터는 케임브리지 대학에서 순수 수학을 배우기 시작했다. 1913년부터는 논리 철학과 관련된 글을 쓰기 시작했고 1930-1947년에는 케임브리지 대학에서 철학을 가르쳤다. 그는 1951년 세상을 떠났다. 그의 사상은 일생에 걸쳐 깊이 발전했다. 그래서 그의 사상적 특징에 따라 '첫 번째 비트겐슈타인', '두 번째 비트겐슈타인'이라 부른다. 첫 번째 시기에 그는 신실증주의자였으며, 두 번째 시기에는 언어 분석학의 시조로 이 분야에 기초를 놓았다.

첫 번째 시기의 비트겐슈타인은 철학적 탐구에 분명한 언어적 방향성을 부여해야 할 필요성에 대해 처음으로 언급했다. 이 시기의 그는 철학적인 문제들은 오직 언어에 대한 논리적인 분석을 통해서만 해결될 수 있다고 보았다. 또한, 오직 실험적, 사실적 명제들만 의미를 갖는다고 주장했다. 이러한 선상에서 그는 형이상학, 윤리, 미학, 종교 명제들은 인식적인 내용이 없으므로 아무런 의미가 없다고 보았다. 이러한 그의 사상이 담긴 『논리 철학 논고』는 신실증주의의 복음이 되었으며, 빈학파를 비롯해 영미권의 많은 대학에서 폭넓게 받아들여졌다. 두 번째 시기의 비트겐슈타인은 언어 개념과 완벽한 언어를 구성하려는 과신을 포기했다. 그리고 교의적, 형이상학적 특징을 띠지 않는, 의미론적 질서에 대한 일련의 성찰에 대해 만족스러워했다. 이러한 성찰은 현상학적 형태의 분석으로, 그는 이를 통해 언어에 의해 성취된 다양한 역할과 언어적인 유희의 다양성에 주목했다.

비트겐슈타인이 『논리 철학 논고』와 『철학적 탐구』를 통해 제시하려 했던 것은 윤리, 종교, 형이상학을 파괴하려는 게 아니라 무엇보다도 윤리적, 종교적, 형이상학적 실재들의 고상한 품격에 맞지 않는 언어의 굴레로부터 윤리, 종교, 형이상학을 구해내려는 것이었다. 그는 과학의 언어로 언급될 수 있는 것과 이 언어로 언급될 수 없는 것 사이에 경계선을 분명히 긋고자 했다. 그에 따르면, 과학은 세상을 그 지평에 두고 있으며, 그 목적은 이 세상의 현상들을 정확히 계산하는 데 있다. 반면, 세상의 의미는 그 바깥에 있어야 한다. 그는 인간의 삶에서 가장 중요한 것은 과학적인 담화가 아니라, '신비'에 속한다. 신비의 첫걸음은 이 세상이 한계를 지니고 있으며, 따라서 그것이 우연적이라는 사실을 의식하는 데 있다. 그는 이러한 전망에서, 시간과 공간 속에서 삶의 수수께끼에 대한 해결책은 이 시간과 공간 바깥에 있음을 의식하는 데 있다고 말한다. 그리고 하느님을 믿는다는 것은 삶의 의미에 대한 문제를 이해하는 것이며, 그것은 또한 이 세상의 제반 사실이 전부가 아니라고 보는 데 있다고 힘주어 말했다. 이처럼 그는 언어 분석학을 통해 마지막에는 신앙의 신비에 이르렀다. 비트겐슈타인이 20세기 신학에 미친 영향은 결코 하이데거보다 적지 않다. 사신(死神) 신학을 주도했던 신학자들은 카르납, 러셀, 아이어를 통해 첫 번째 시기의 비트겐슈타인에게서 영감을 받았다. 반면, 20세기 후반의 거의 모든 신학자들은 두 번째 시기의 비트겐슈타인에게서 영감을 받아 자신들의 신학을 재정립했다.

3) 종교적 지평: 세속화, 무신론, 대화

20세기의 중심 국면에서 종교적인 지평을 특징짓는 요소들은 세속화, 무신론, 에큐메니즘적 대화이다. 여기서 에큐메니즘적 대화에 대해 관심을 가진 이들은 같은 그리스도교 신앙을 갖는 그리스도인들이지만, 더불어 모든 종교에 속한 신자들 또한 이 대화에 엮여 있다. 그럼으로서 이제 이 대화는 종교 간의 대화로 확장되었다. 전체주의와 새로운 철학으로 점철된 이 시대는 세속화, 무신론, 대화의 시대이기도 했다.

① 세속화: 세속화란 하느님을 고려하지 않은 채, 자연과 역사에 내재한 법칙과 힘만을 고려한 지적, 실천적 태도를 말한다. 세속화는 근대성을 드러내는 중요한 지표이다. 17세기를 기점으로 세속화는 근대의

모든 신학을 그림자처럼 따라다녔다. 제1차 세계 대전 이후, 서방 사회의 세속화는 계속해서 큰 보폭으로 진행되었다. 처음으로 세속화의 개념과 본성, 그 기원과 원인에 대해 주의 깊게 연구한 인물은 고가르텐이었다. 그는 이 현상에 잘 규정된 신학적 함의(含意)를 부여했다. 그에 따르면, 세속화는 인간의 성숙을 가리킨다. 세속화는 인간으로 하여금 자신의 삶, 자신의 삶의 형태와 진행 그리고 고유한 세계 형태에 대해 책임을 지는 능력을 갖게 해 준다. 고가르텐은 '세속화'와 '세속주의'를 적절하게 구별했다.

세속화 개념에는 다음 두 요소가 있다. 하나는 긍정적 요소이고, 다른 하나는 부정적 요소이다. 부정적 요소는 제반 사물들에 대한 해석과 사용 그리고 역사의 구성에 있어서 여하한 모든 고차원적, 초본성적, 신적 권력에 대한 배제를 말한다. 총체적인 문화 현상으로서의 세속화는 속(俗)을 위해 어느 정도는 점차 성(聖)을 배제했다. 이러한 세속화는 현대 문화의 전형적인 현상이다. 현대 문화는 신 중심의 거룩한 전망에서 세속적이고 인간 중심적인 전망으로 이행했다. 이렇듯 근본적인 전망의 변화가 일어난 원인들은 다양하다. 우선, 먼 원인으로 그리스도교를 들 수 있다. 그리스도교는 창조 교의와 더불어 세상을 비신화(非神話)했다. 둘째, 실제적인 원인으로 근대성을 들 수 있다. 셋째, 데카르트의 연구를 비롯해, 그 후 이어진 근본적으로 내재주의적인 특징을 띤 철학을 들 수 있다. 넷째, 총체적인 세속화의 도래에는 19세기 과학자들도 한몫했다. 세속화에 대한 신학적 성찰은 다음과 같은 3가지 주요 형태를 띤다. 급진주의 신학(사신 신학), 엄밀히 말하는 세속화 신학의 형태, 세속 신학의 형태가 그러하다.

② 무신론: 제1차 세계 대전 이후 세계에서 가장 막강한 국가인 소련에서 무신론이 국가의 종교로 고양된 바 있다. 그 후, 무신론은 소련의 정치권 안에 있는 모든 국가에게 부과되었으며, 이에 무신론은 서방에서도 군중 사이에 널리 퍼진 현상이 되고 말았다. 자크 마리탱에 따르면, 무신론은 다음과 같은 형태로 나뉜다. 소극적인 절대적 무신론, 적극적인 절대적 무신론, 실천적 무신론, 위(爲) 무신론. 무신론과 비슷하지만, 개념적으로 구분되는 태도로 '종교적 무관심'과 '불경함'을 들 수 있다.

근대 무신론의 본격적인 출발점은 인간학적 전환이 이루어진 16세기 인문주의와 르네상스를 통해 시작되었다. 당시 문화는 자신의 무게중심을 하느님에서 인간으로 이전시켰으며, 광범위한 세속화 과정을 거쳤으므로, 얼마 후 인간은 자신을 위해 하느님에게 속한 모든 호칭에 대한 권리를 스스로 주장한다. 그 결과 하느님으로 불리는 견디기 힘든 경쟁자를 제거하리라는 것은 필연적으로 예견된 사실이다. 이러한 인간학적 전환은 근대 무신론의 시조로 불리는 포이어바흐가 "하느님이 인간을 창조한 게 아니라, 인간이 하느님을 창조했다"는 명제로 논리적인 완성에 이르렀다. 무신론이 공개적으로 근대 세계에 들어오게 된 것은 프랑스 혁명을 통해서였다. 프랑스 혁명의 세계관에서 하느님은 그 왕좌에서 추방되었으며, 그분과의 관계 역시 종교에서 치명적인 타격을 입게 되었다. 무신론에는 수많은 형태가 존재한다. 그중에서 주요 형태로는 다음을 들 수 있다. 인간학적 무신론, 사회-정치적 무신론, 의미론적 무신론이 그것이다. 무신론의 확산은 교회 교도권의 실제적인 염려로 떠올랐다. 그래서 비오 11세 교황을 기점으로 그 이후 이 주제와 관련해서 매우 중요한 몇 가지 문헌들이 공표되었다. 그중에서도 특히 비오 11세의 회칙 「하느님이신 구세주」와 제2차 바티칸 공의회 헌장인 「기쁨과 희망」(사목 헌장)을 들 수 있다.

③ 대화: 1950년대 즈음해서 가톨릭 교회와 신학은 근본적으로 전략을 수정하기로 결정했다. 즉, 논쟁, 거부, 단죄라는 전략에서 '대화'라는 전략으로, 또한 '존중'과 '이해'라는 전략으로 이행했다. 사실, 20세기 초반부터 이미 에큐메니즘적인 대화가 있었다. 또한, 마르틴 부버의 공로에 힘입어 대화 철학이 발전했으며, 이는 교회의 전략적 변화에 영향을 미쳤다. 그러나 무엇보다도 가톨릭 교회와 신학을 참된 대화의 길로 인도해 준 사람은 바오로 6세 교황으로, 그는 회칙 「주님의 교회」를 바탕으로 그에 관한 구체적인 계획을 제시했다. 제2차 바티칸 공의회는 이러한 바오로 6세의 가르침을 받아들여, 논쟁과 단죄라는 전통적인 방법을 모든 수준에서 대화의 방법으로 대체하도록 권고했다. '대화'라는 주제는 제2차 바티칸 공의회의 거의 모든 문헌에서 다뤄졌다. 그리고 이러한 공의회의 가르침은 교회에 광범위하게 수용되었다.

4) 1915-1965년: 신학적 흐름의 구체화와 계층화

이 시기에 가톨릭 교회는 토마스에 대한 재발견, 중세의 여타 다른 위대한 학자들의 재발견, 그리고 교부들의 재발견을 통해 신학적 쇄신의 결실들을 따내기 시작했다. 반면, 개신교 신학 분야에서의 쇄신은 개신교의 순수한 원천으로의 회귀, 특히 루터에로의 회귀, 그리고 여기에 더해 실존주의, 인격주의와 같은 새로운 철학적 도구들을 사용하여 자유주의 개신교를 극복함으로써 이루어졌다. 또한, 동방 정교회 신학은 교부들로의 회귀, 특히 비잔틴 시기 교부들로의 회귀를 통해 새로운 활력을 갖게 되었다.

1915-1960년의 50년 동안 개신교 신학은 4명의 위대한 지도자, 즉 신정통주의의 흐름을 선도한 바르트, 비신화화 흐름을 선도한 불트만, 세속화 흐름을 선도한 본회퍼, 그리스도교의 신비들에 대한 존재화를 선도한 틸리히를 중심으로 발전했다. 같은 시기에 가톨릭 신학에서는 2가지 구별되는 주요 노선이 나타났다. 하나는 토마스의 사상에서 영감을 받은 노선이고, 다른 하나는 아우구스티누스의 사상에서 영감을 받은 노선이다. 아우구스티누스적인 노선의 주요 대변자는 과르디니, 드뤼박이 있으며, 토마스 사상의 노선에 있는 신학자들은 무수히 많다. 그러나 이들은 토마스의 사상에 부여한 상이한 해석에 따라 서로 다른 노선을 표방한다. 이를 대표하는 3가지 주요 노선으로 전통적 토미즘(가리구-라그랑주, 파렌테, 피올란티, 콜롬보, 셰뉘, 콩가르, 다니엘루), 초월적 토미즘(라너, 로너간), 미학적 토미즘(발타사르)을 들 수 있다. 반면, 샤르댕은 완전히 자주적인 선상에서 움직였다. 마지막으로, 동방 정교회 신학의 발전을 주도한 인물로 불가코프, 로스키, 플로로프스키, 에브도키모프가 있다.

2. 1915-1965년의 개신교 신학

제1차 세계 대전 이후 개신교 신학의 위대한 쇄신을 이룬 시조이자 창시자는 칼 바르트이다. 1900년대 초반 20년간 모든 독일 개신교 학파를 지배한 하르낙과 트뢸치의 '자유주의 신학'에 대항해 처음으로 효과적으로 대응해 나선 것은 그의 공로이다. 그는 1919년에 출간한 『로마서 강해』에서 이성을 통해 하느님의 말씀에 재갈을 물리려는 모든 시도를 강력하게 고발했다. 그는 이를 통해 개신교 신학에 지대한 반향을 일으키며 결정적인 방향 선회를 끌어냈으며, 개신교 신학을 이성주의적인 변질에서 복음주의적 정통 신학, 즉 루터와 칼뱅의 순수한 사상으로 되돌려 놓았다. 이러한 이유로, 바르트는 이 신학 운동에 '신(新)정통주의' 또는 '위기 신학' 또는 '변증 신학'이라는 이름을 부여했다. 이 운동의 시초에 부르너, 불트만, 틸리히, 고가르텐도 이를 받아들였다. 그러나 이 그룹은 얼마 가지 못해 여러 분파로 나뉘며 다양한 신학적 사조의 기원이 되었다. 여러 학자들의 견해에 따르면, 현대 개신교 신학은 크게 다음과 같이 나뉜다. 바르트의 신정통주의, 불트만의 비신화화 신학, 본회퍼의 세속화 신학, 틸리히의 신학의 존재론화, 에벨링과 푹스의 해석학, 니버의 정치 신학 등이 그러하다.

1) 칼 바르트: 신정통주의

칼 바르트는 1886년 스위스의 바젤에서 태어났다. 그는 자유주의 신학자들의 지도 아래 신학을 공부했으며, 스위스의 어느 지방에서 11년간 사목한 후, 독일의 괴팅겐 대학, 뮌스터 대학, 본 대학에서 개혁 신학을 가르치기 시작했다. 그러나 1919년 『로마서 강해』 출간을 기점으로 자유주의 신학을 포기하고 새로운 신학적 전망을 제시했다. 그는 이 새로운 신학을 처음에 '위기 신학'으로 불렀으며, 좀 더 후에는 루터와 칼뱅의 사상을 복원하는 한에서 '신(新)정통주의'로 불렀다. 이 신학은 하느님 말씀의 절대적인 우위를 요구했다. 따라서, 이성, 철학, 과학, 종교에 대한 신앙의 우위를 요청했다. 그러나 그는 나치즘에 대항함으로써 독일에서 쫓겨나 다시 스위스로 돌아가 죽을 때까지 바젤 대학 교수로 활동했다. 그는 1948년 암스테르담 에큐메니즘 회의에 적극 참여하고 에큐메니즘 운동에 효과적으로 기여하기도 했다. 그는 1968년 바젤에서 세상을 떠났다. 그의 주요 작품으로는 『교회 교의학』, 『로마서 강해』, 『이해를 추구하는 신앙』, 『교의학 요약』 등이 있다.

① 방법론: 바르트는 자유주의 신학을 신랄하게 비판했다. 특히 그는 키에르케고르의 『로마서 강해』로부터 영감을 받았으며, 자연 종교와 그리스도교 계시, 철학과 성경 간의 무한한 질적 차이를 강하게 주장했다. 그는 이러한 차이를 강조하기 위해 인간이 "예"라고 말하는 모든 것에 대해 하느님의 "아니오"를 제시하는 변증법에 호소했다. 그러나 여기서 더 나아가, 그는 인간을 향한 하느님의 "예", 즉 그분의 호의, 사랑, 자비에 주목해야 한다고 보았다. 그는 이를 자신의 『이해를 추구하는 신앙』에서 제시했으며, 여기에 더해, 오직 유비 방법을 통해 인간은 계시의 내용을 이해할 수 있다고 지적했다. 그에 따르면, 이를 가능하게 하는 유비는 '신앙의 유비'이다. 그는 자신의 역작 『교회 교의학』에서 신앙의 유비 방법을 활용해서 계시의 모든 측면을 체계적으로 해석했다.

② 신학의 대상: 바르트에게 교의 신학의 대상은 '하느님의 말씀'이다. 그는 '하느님의 말씀'이란 표현을 통해 하느님의 총체적인 '자기 현시'를 의도했다. 바르트에 따르면, 신적인 자기현시는 계시, 성경, 설교

라는 3가지 형태를 취한다. 복잡하면서 지극히 단순한 실재인 하느님의 말씀은 그 형태에 있어서 훈화, 작용, 신비로 드러난다. 그는 하느님의 말씀을 신학의 대상으로 삼았지만, 그렇다고 해서 그가 그러한 분야에 대한 고전적인 정의로부터 거리를 두려 했던 것은 아니다. 그는 이를 통해 교의 신학의 하느님이 성경의 하느님, 즉 특정한 역사적 사건들 속에서 그리고 예수 그리스도 안에서 탁월하게 당신을 드러내신 하느님임을 강조하며, 신학의 고유한 특징을 한층 더 잘 규정하려 했다.

③ 예수 그리스도: 바르트는 신학의 대상을 하느님의 말씀과 동일시하는 가운데 자신의 신학에 그리스도 중심적 방향성을 부여했다. 바르트에 따르면, 그리스도론의 출발점은 "말씀이 육이 되셨다"는 명제의 주체, 곧 신성(神性)에 있다. 그는 그리스도의 하강, 즉 '케노시스'(kenosis)를 드러내는 요소인 그분의 '육'(caro)을 분석하면서, 그리스도께서 취하신 인성은 바로 '살'이라는 것, 곧 우리와 똑같은 죄스러운 살이자 오히려 '죄'라고 말한다. 그는 이 사실을 강생의 특징적 요소로 간주했다. 하느님은 그리스도 안에서 당신 자신을 계시하면서 동시에 감추신다. 이는 바르트 사상의 근본 명제이다. 그는 구원 역사에 있어서 모든 것이 하느님에게서 출발한다는 사실을 바탕으로, 동정녀로부터의 탄생에서 기적과 부활 그리고 승천에 이르기까지 성경에 예수에 관해 말한 모든 것을 모았다.

④ 죄인에 대한 선택과 의화: 바르트에게 죄인에 대한 선택, 의화, 예정의 중심에는 예수 그리스도가 자리하고 있다. 바르트가 바라본 예

정에 관한 제1명제는 예수 그리스도가 예정의 주체인 동시에 대상이라는 것이다. 그에 따르면, 그분은 자신의 이중적인 본성으로 인해 선택하는 주체인 하느님이신 동시에 선택된 인간이시다. 그러므로 바르트에 의하면, 이중 예정의 참된 의미는 무엇보다도 하느님께서 예수 그리스도 안에서 인간에게 지복과 영원한 생명을 선물로 주신 동시에 당신 스스로 인간에게 유보된 거부, 배척, 죽음을 취하셨다는 점이다. 하느님께서는 친히 인간이 받아야 할 배척을 취하셨으며, 인간을 위해서 이를, 행복을 선택하셨다. 하느님은 우리의 배척, 죄, 죽음을 당신 스스로 그리스도 안에서 받아들이심으로써 우리가 하느님의 영광을 유산으로 받을 수 있게 하셨다. 예정에 대한 바르트의 재해석에서는 기존의 이중 예정이 더는 인류의 두 부류와 관련되지 않으며, 무엇보다도 그리스도와의 관계성 안에서 논의된다. 그분은 선택된 분인 동시에 거부된 분이다. 그러나 그분은 거부되심으로서 이제 죄와 죽음은 극복되었고 인류는 구원을 얻고 하느님과 화해하게 되었다. 이렇게 해서 영원한 죽음을 향한 인류의 예정은 극복되었다. 우리 모두는 예수 그리스도 안에서 단죄되었으며, 또한 그분과 더불어 구원된 것이다.

2) 헬무트 틸리케

많은 독일 개신교 신학자들은 바르트와 브루너 사이에서 중도적인 입장을 취하려 했다. 그 가운데 대표적으로 헬무트 틸리케를 들 수 있다. 그는 1908년 부퍼탈에서 태어나, 에어랑겐과 본에서 수학하고 1932년 철학으로, 1934년 신학으로 박사 학위를 취득했다. 그 후, 1936년부터 에어랑겐 대학과 하이델베르크 대학에서 교수로 활동했다.

그러나 나치로 인해 제2차 세계 대전을 전후로 학문 활동을 금지당한 바 있다. 그는 1945년부터 튀빙겐 대학에서 조직 신학 교수로, 1954년부터는 함부르크 대학에서 교회사 교수로 활동을 시작했다. 1974년에 은퇴했으며 1985년에 세상을 떠났다.

틸리케 역시 바르트와 브루너처럼 자유주의 개신교 사상의 노선에 대해 공개적으로 반대했으며, 그리스도교 신앙과 하느님의 말씀이 이성에 예속될 수 있는 모든 형태를 거부하고, 더 나아가 가톨릭 신학자들에게 상당히 중요한 본성 신학도 거부했다. 그러나 그는 신앙과 이성, 은총과 본성, 하느님과 세상의 관계를 이해하는 방식에 있어서 바르트가 제시한 양자택일이라는 엄격한 대립 명제로부터 거리를 두었다. 그럼으로써 브루너와 비슷한 입장을 취했다. 한편, 틸리케는 『신학적 윤리』를 통해 그리스도교 신앙이 어떻게 신자로 하여금 자신을 이해하고 이 세상에서 살아가도록 도와줄 수 있는지 보여 주고자 했다. 그리고 이를 위해 우리 시대를 살아가는 사람들이 제기한 요청과 문제에 대답하고자 했다. 틸리케에게 현재의 상황을 평가하는 척도는 언제나 루터의 의화 사상이었다. 그에 따르면, 우리의 구원은 전적으로 하느님의 자비에 달려 있다. 한스 위르겐 퀘스티에 따르면, 틸리케는 고유한 신학적 체계를 제시하지는 않았다. 그러나 그는 중요한 신학적 개념들을 대중화하고 변형한 위대한 인물이다. 그는 복잡하기 그지없는 신학적, 철학적 추론들을 단순한 방식으로 정식화하는 자신만의 방식을 발전시켰다.

3) 루돌프 불트만: 신약 성경의 비신화화

불트만은 1884년 비펠스테데에서 태어나 튀빙겐 대학, 마르부르크 대학에서 신학을 공부하고 박사 학위를 취득했다. 그리고 마르부르크 대학에서 신약학과 교회사 분야 교수로 활동했다. 1921년 그는 『공관복음 전승사』를 출간했는데, 여기서 신약 성경 연구 분야에 양식 비평 방법을 도입했다. 1926년에는 『예수』를 통해 실존주의라는 해석의 열쇠로 예수의 모습과 메시지를 소개했다. 이어서 1941년에는 『신약 성경과 신화』를 통해 비신화화(非神話化) 선언을 제시했다. 이는 세계적인 반향을 일으켰으며, 사신(死神) 신학으로 이어졌다. 말년에 불트만은 실명으로 고통받다가, 1976년 마르부르크에서 세상을 떠났다.

① 신약 성경의 비신화화: 불트만은 '비신화화' 또는 '탈신화화'를 통해 모든 형태의 신화적, 형이상학적 상부 구조로부터 성경 본문을 해방하고자 했다. 그럼으로써 성경 본문이 담고 있는 참된 신앙의 의미를 규명하려 했다. 불트만이 보기에 신화적, 형이상학적 사고방식은 신약 성경 본문의 구성을 지배하고 있다. 성경 본문에서 세상은 3개의 층(천상, 지상, 지옥)으로 나뉜다. 그는 현대인에게 있어 세계에 대한 신화적 개념, 구세주와 구원에 대한 종말론적인 표상들은 이미 극복되었다고 보았다. 따라서 현대인들에게 복음의 본질적인 메시지를 전해 주려면 비신화화 작업이 요청된다고 말한다. 그의 견해에 따르면, 현대인이 자신에 대해 갖는 실존적 자기 이해를 활용함으로써 이 작업을 수행할 수 있다.

② 그리스도와 그분의 메시지: 현대적인 기준에 따라 신약 성경을 재해석하기 위한 요청에서 생겨난 비신화화 작업은 그리스도론 분야에서 중요한 결과들을 도출하게 된다. 그는 비신화화 작업을 통해 그리스

도의 모습에서 비범하고 초자연적인 것, 즉 저자들의 신화적 사고방식의 열매라고 판단되는 모든 것을 배제했다. 그리고 그리스도께서 공생활 기간 동안 이루신 수많은 기적뿐만 아니라, 동정녀로부터 탄생, 부활, 승천을 비신화화했다. 그럼으로써 불트만은 그리스도로부터 초자연적이고 신성한 존재성뿐만 아니라 기적을 배제했고, 심지어는 그리스도의 역사적 실존성에 대해 의심하기까지 했다. 결국, 그는 예수의 생애와 인품에 대해 우리는 아무것도 알 수 없다고 보았다. 불트만은 예수 그리스도와 관련해서 그분의 메시지, 곧 케리그마만을 인정했다. 그에 따르면, 그리스도의 업적은 본질적으로 설교, 정확히 말해 하느님과 인간의 관계를 이해하는 새로운 방식인 하느님 나라를 선포한 데 있다. 이러한 그의 그리스도에 대한 해석에는 다음과 같은 2가지 요소가 기저에 깔려있다. '비신화화'와 '실존주의'가 그것이다. 특히, 그는 실존주의야말로 그리스도교의 역사적 현상, 예수 그리스도의 모습과 행적을 이해하는 데 가장 적합한 올바른 철학이라고 보았다. 이제 이러한 전망에서 그는 그리스도를 구세주가 아닌 계시자로 제시했다. 즉, 그분은 인간에게 새로운 실존 형태를 계시해 주셨다는 것이다. 그 계시의 내용은 인간이 하느님께 우리의 모든 생각과 원의를 온전히 복종하는 "하느님을 향한 존재"라는 데 있다. 불트만은 구원적 사실은 객관적으로 증명 가능하고 인식될 수 있는 과거의 사건이 아니라고 말한다. 최고의 구원 사실인 예수 그리스도 안에서 인식될 수 있는 것은 단지 상대적으로 중요하지 않은 인간의 운명뿐이다. 이 운명에서 하느님의 구원적 개입이 일어나는 것은 말씀을 통해 선포되어야 한다. 그러므로 구원 사건은 오직 선포로서만, 즉 오직 '케리그마'로서만 만날 수 있다고 불트만은 지적한다. 그는 그리스도교적인 케리그마는 신앙을 향한 초대, 곧 하느님의 개입 앞에서 신앙의 순종을 향한 초대라고 보았다.

③ 불트만의 제자들과 비신화화 논쟁: 불트만은 광범위한 제자 그룹을 두었다. 많은 학자들에게 문제가 되었던 것은 불트만이 비신화화 작업을 통해 최소한의 용어들로 축소한 여러 복음서와 그리스도의 인물 됨이 내포한 역사적 밀도였다. 이 사안을 둘러싼 논쟁은 1953년 10월 어느 회의에서 케제만을 통해 시작되었다. 당시 그는 역사의 그리스도와 신앙의 그리스도를 엄격하게 가르는 것은 불가능하며, 여러 복음서의 역사적 차원은 불트만이 수용하려 했던 것보다 훨씬 더 크다는 점을 주장했다. 불트만은 이 토론에 개입했고, 결국 1959년 7월 25일 하이델베르크 회의에서 자신의 사상을 한층 더 명확히 제시했다. 그러나 이는 또 다른 논쟁을 촉발하고 말았다. 1964년 케제만은 『역사의 예수에 대한 논쟁에서 막다른 골목』을 통해 지난 10년간 있었던 논쟁을 결산했다. 이에 불트만은 1965년 『믿음과 이해』를 통해 의미심장한 결론을 제시했다. 여기서 제시된 그의 입장은 본질적으로 변하지 않았다. 그러나 이런 일련의 논쟁 과정에서 그의 제자인 케제만, 푹스, 보른캄, 콘첼만, 에벨링, 판넨베르크를 통해 그리스도의 인물됨이 지닌 역사적 밀도, 신앙의 그리스도와 역사의 그리스도 간의 불가분리성이 재확인되고 수용되었다. 불트만의 제자들은 연속성과 객관적 단일함이라는 용어를 통해 역사의 예수와 교회의 케리그마 사이에 다시금 교량을 놓았다. 교회의 그리스도론적 케리그마는 역사적인 예수의 행동과 말씀을 통해 암묵적 그리스도론을 명료하게 했다. 결국, 불트만 학파의 신학자들은 신학을 위

한 역사적 요소가 지닌 중요성을 재확인했다.

4) 본회퍼: 세속화 신학

① 생애와 작품: 본회퍼는 1906년 브레슬라우에서 태어났다. 16세 때 목사가 되기로 결심하고 튀빙겐 대학, 베를린 대학에서 신학을 공부했다. 1927년 「성인의 통공: 교회 사회학에 관한 교의 신학적 연구」로 박사 학위를 취득했다. 1928년에는 바르셀로나 개신교 공동체의 대표로 활동하기 시작했으며, 그로부터 몇 년 후 베를린 대학에서 자유 교수로 활동을 시작했다. 1933년 히틀러가 정권을 잡고 나치즘을 표방하자, 본회퍼는 히틀러 사상의 반(反)그리스도적, 비인간적 특징을 감지하고, 1933년 2월 그에 대해 공개적으로 반대 선언을 했다. 그해 10월 그는 런던에 있는 독일 복음공동체로 옮겨 나치즘에 대항하기 위해 개혁 교회들을 독려했다. 1935년 그는 바르트의 초대로 핀켄발데 신학교에서 지도하기 위해 독일에 재입국했다. 본회퍼는 신학생들과 함께 공동체 생활을 하면서 약 2년간 헌신적으로 직무를 수행했다. 그러나 1937년 히믈러의 명으로 핀켄발데 신학교는 폐쇄되고 말았다. 1939년 그는 미국에서 일련의 강좌 초청을 받고 미국으로 갔다. 그러나 하선하기 전에 독일에서 전쟁이 발발했다는 소식을 듣고 즉시 독일로 돌아왔다. 그리고 매부인 한스 폰 도나니의 소개로 레지스탕스 운동에 가담했으며, 나치 체제에 맞서 벡 장군과 카나리스 제독이 주도한 계획에 함께 참여했다. 그러나 그는 1944년 베를린에서 체포되어 반역죄와 매국 행위로 기소되어 베를린 근교의 테겔 군사 형무소에 감금되고 말았다. 1945년 그는 부헨발트 포로수용소로 이감되었으며, 마침내 그해 4월 39세의 나이로

플로센부르크 강제 수용소에서 교수형에 처해졌으며 그의 머리는 불태워졌다. 그는 혼란의 시대에 살아 있는 독일의 양심이라 불릴 만큼 대표적인 개신교 인물로 평가받는다. 1965-1975년 10년 동안 그리스도교의 세속화와 관련된 그의 사상은 특히 앵글로색슨계 여러 나라에서 큰 성공을 거뒀다. 이러한 그의 주장은 그리스도교에 대한 종교적 강독에서 세속적 강독이라는 신학의 결정적 전환을 촉발했으며, 급진주의 신학, 사신 신학, 정치 신학의 기원이 되는 가운데 신학계에 커다란 각인을 남겼다. 그의 사상이 담긴 주요 작품에는 『윤리학』, 『저항과 복종』이 있다.

② 복음의 세속화: 신학에 대한 본회퍼의 가장 독창적인 기여는 '세속화'에 있다. 이는 중세 말기에 뿌리를 둔 현상으로, 교회에 대한 국가의 자주성, 신학에 대한 철학의 자주성, 윤리와 종교에 대한 정치의 자주성을 말한다. 사실, 세속화는 인간의 자주성과 성숙을 전반적으로 긍정한다. 세속화에 직면한 신학과 교회의 태도는 언제나 철저한 거부와 공개적인 싸움 그리고 명백한 단죄였다. 세속화는 적(敵)그리스도로서, 교회는 이에 대항해서 자신을 확고히 방어하고 맞서 싸워야 하는 것으로 간주되었다. 이는 본회퍼가 자신의 초기작인 『윤리학』에서 제시한 입장이었다. 그러나 그의 태도는 『옥중 서간』에서 근본적으로 바뀌었다.

그는 수감된 동안 자신을 무신론자라고 고백한 수많은 사람들과 만나 대화하며 그들이 하느님과 그리스도 그리고 교회를 거부한 이유를 접하게 되자, 세속화에 대해 철저히 다시 생각하게 된다. 그리고 세속화를 더 이상 부정적인 방식으로 평가하지 않고 긍정적으로 바라보기 시작했다. 그는 인간의 진정한 성숙과 잘못된 유아기적 하느님 개념의 짐으로부터 인간을 해방시키는 것이 진정한 복음화라고 보았다. 이제 이 지점에서 그는 복음과 그리스도의 모습에 대해 '세속화된 강독'을 하도록 제안하게 된다. 그는 복음과 불가분리적으로 연결된 듯이 보이는 종교적인 언어와 지평을 포기하는 용기가 필요하다고 보았다. 그에 따르면, 종교적 개념들을 비종교적인 의미로 해석할 필요가 있다. 이는 현대인이 대면해야 하는 불가피한 요청인 것이다.

본회퍼는 만일 교회가 복음의 가치와 이해 가능성을 온전히 보존하고 싶다면, 모든 종교적인 전제 조건을 서둘러서 포기해야 한다고 말한다. 이를 위해 그는 사도 바오로의 모범을 따를 것을 제안했다. 그에 따르면, 사도 바오로는 그리스도의 제자가 되는 데 필수적인 조건으로서 할례를 거부하는 용기를 지녔다. 오늘의 교회는 세상이 성숙한 나이에 이르렀음을, 그리고 하느님께서 이를 원하셨다는 것을 받아들여야 한다. 이처럼 성숙한 나이를 향한 세상의 진화는 하느님에 대한 잘못된 비전으로부터 이 세상을 말끔히 정리해 주고, 성경이 전하는 하느님을 향한 길을 열어 준다. 성경의 하느님은 당신의 무능함을 통해 이 세상에서 당신의 권능과 공간을 얻는다. 이 지점에 세속적인 해석을 집어넣어야 한다고 그는 말한다. 그는 성경의 개념들에 대한 비종교적, 즉 세속적 해석을 구현하는 것이야말로 신학자의 과제라고 강조했다. 신학의 세속화에 대한 본회퍼의 계획은 그가 죽은 지 약 20년 후 로빈슨을 비롯해 유럽과 미국의 여러 신학자들의 업적을 통해 '사신 신학' 또는 '급진주의 신학'을 통해 다시 연구되고 완성되었다.

③ 그리스도 중심주의: 본회퍼의 세속화 신학을 규정하는 근본적

인 특징에는 2가지가 있다. 즉, 그리스도 중심주의와 '타인들을-위한-인간'이신 예수 그리스도가 그것이다. 본회퍼에게 그리스도론은 상당히 중심적인 주제였다. 그는 그리스도론에 있어서 중요한 2가지 방법론적 기준을 제시했다. 첫째 기준은 그리스도론이 하느님 아드님의 강생이 어떻게 이루어졌는가라는 주제를 다루어서는 안 된다는 것이다. 둘째 기준은 그리스도론이 '누구', 곧 그리스도의 인격을 다루어야 한다고 보았다. 그는 이를 바탕으로, 그리스도론의 대상은 역사의 그리스도 전체에 대한 인격적이고 존재론적인 구조에 있다고 주장했다. 그는 그리스도의 생애를 구성하는 세 가지 국면(강생, 수난, 부활)에 대한 밀도 깊은 분석을 통해 인간과 세상을 향한 각 국면이 내포한 의미를 탁월하게 제시했다. 본회퍼에 따르면, 그리스도는 인간으로 하여금 최종적 실재의 첫째, 즉 준(準)최종적 실재가 되게 하셨다. 그것은 최종적 실재를 영원히 덧입는 가운데 진지하게 취해진 실재를 말한다. 본회퍼는 최종적 실재의 자격으로 그리스도께서 준최종적 실재에 대해 수행하신 모든 역할을 종합하기 위해 '대리'(Stellvertretung)란 용어를 사용했다. 본회퍼는 '대리' 개념을 최종적으로 규정하는 가운데, 그것은 다른 사람들을 위해 자신의 생명을 온전히 선사하는 데 있다고 말했다. 이 '대리' 개념은 예수 그리스도를 가장 잘 특징짓는 요소이자 그분을 여타 모든 역사적 인물로부터 구별 짓는 요소이다. '대리'는 '타인들을-위한-사람'이 된다는 것을 의미한다.

5) 해석학적 신학: 푹스와 에벨링
① 해석학과 신학: 신학은 해석학과 더불어 탄생했으며, 해석학은

신학과 더불어 탄생했다고 말할 수 있다. 해석학과 신학은 결국 같은 것이다. 더욱이 신학의 다양성은 오직 해석학적 열쇠의 다양성에 의존한다. 고대 해석학에서 모든 관심은 본문에 집중되었고 해석의 규칙은 오직 본문과 그 본문을 쓴 저자의 의도와 연관되어 있었다. 하지만 새로운 해석학에서는 이미 슐라이어마허와 더불어 본문(대상)에서 해석자(주체)로 그 관심이 이동된다. 이러한 혁신은 해석자인 인간이 역사성을 통해 혼합된다는 사실, 곧 그가 역사적 존재이며, 따라서 변화한다는 사실을 발견함으로써, 따라서 그는 대상에 직면하여 본성적으로나 문화적으로 순수 관객 또는 적어도 부분적인 관찰자의 자격으로 있다고 절대 주장할 수 없다는 사실을 발견함으로써 일어났다. 이에 따르면, 인식은 해석하는 것이자 이해하는 것임을 알아듣는 바로 그 순간 생겨난다. 이를 발견한 학자는 딜타이였다. 그는 새로운 해석학을 역사학에 대한 인식 이론으로 만들었다. 이를 위해 그는 생생한 경험을 역사 인식의 주요 구성 요소로 취했다.

이어서 하이데거가 딜타이의 사상을 취했다. 그는 해석학에 실존적인 분석, 곧 현존재(Dasein), 즉 인간의 근본적인 구조에 대한 분석을 수행할 과제를 부여했다. 철학 분야에서 새로운 해석학의 주요 이론가는 가다머이다. 그는 특히 해석학을 언어에 대한 연구로 이해했다. 그에 따르면, 언어는 다양한 역사적, 문화적 지평들, 다양한 전통들을 연결해 줄 수 있는 유일한 교량이다. 가다머에게 전통 개념은 대단한 중요성을 띤다. 새로운 해석학에 의해 제기된 문제, 곧 역사적 인식의 본질과 특징에 관한 문제는 신학에 상당히 많은 영향을 미친다. 왜냐하면, 성경을 비롯해 신학이 토대하고 있는 근본적인 문헌들은 본질적으로 역사적인 문헌들이기 때문이다. 그래서 몇몇 학자들은 새로운 해석학의 원리를 신학에 적용하려 시도했다. 그 가운데 이를 명시적이고 체계적인 방식으로 신학에 적용한 사람은 푹스와 에벨링이었다. 푹스는 해석학을 신앙 언어에 대한 학문으로 이해했으며, 에벨링은 이를 하느님 말씀에 대한 학문으로 이해했다.

② 에른스트 푹스: 푹스는 1903년 독일의 하일브론에서 태어났다. 그는 튀빙겐 대학에서 신학을 공부하고 1931년 마르부르크 대학에서 박사 학위를 취득했다. 그러나 1933년 나치의 압박으로 강단을 떠나야 했다. 그 후, 1947년 다시 강단으로 돌아와 1970년까지 마르부르크 대학, 튀빙겐 대학에서 가르쳤다. 1983년 세상을 떠났다. 푹스는 스승인 불트만으로부터 해석학적인 문제와 역사 비평 방법이 신학에 필수 불가결하다는 사실을 배웠다. 그러나 그는 기존의 학자들처럼 단순히 주석을 하는 기술에만 집착하지 않고, 무엇보다도 역사적인 앎으로서의 인식과 주석에 내재된 문제들을 다루는 해석학을 추구했다. 그는 불트만이 제시한 원리들을 3가지 측면에서 수정했다. 우선 하느님의 영광에 대해 강조했다. 또한 그리스도의 역사적 인격에 회귀했다. 그리고 인간의 불확실함과 자기 결정 개념에 대해 불트만이 제시한 전제를 거슬러서, 인간이 하느님의 말씀으로부터 유래했으며, 그 자유가 이 말씀을 향하고 있음을 강조했다. 불트만은 언어 이해에 있어 하이데거를 첫째 자리에 둔 데 반해, 푹스는 언어 개념을 통해 언어를 특히 존재의 고유성으로 여긴 후기 하이데거로부터 영감을 받았다. 그에 따르면, 원초적인 언어는 존재의 언어이다. 푹스는 언어에서 경청(傾聽)의 차원을 강조했

다. 또한, 하느님 말씀에서 '신현적'(神顯的) 밀도뿐만 아니라 '성사적' 밀도를 강조했다. 푹스는 성서적, 신학적 차원에서 언어에 대한 참된 그리스도론적 개념에 도달했다. 왜냐하면, 언어의 진정성은 예수의 사랑에 대한 강론과 상응해서 실현되기 때문이다. 그럼으로써 해석학은 신앙의 언어에 대한 학문이 된다.

③ 게르하르트 에벨링: 에벨링은 1912년 베를린에서 태어나 1938년 신학 박사 학위를 취득했다. 그는 본회퍼의 동료로서 그와 마찬가지로 '고백 교회'에 가입해서 공동체에서 봉사활동을 했다. 1946년 자유 교수 자격을 획득하고 튀빙겐 대학에서 교회사 분야의 정교수로 활동했다. 또한, 1954년부터는 조직 신학을 강의하기도 했다. 미국에서는 방문 교수로 많은 활동을 했다. 그는 불트만의 제자였지만, 스승의 입장과는 거리를 두었다. 그가 중요하게 여긴 것은 하느님 말씀에 우위를 두는 것이었다. 그는 계시에 대한 '언어적 사건'에서 출발해서 실존에 대해 묻고 가능한 한 모든 역사적 자기 이해를 문제화했다. 그는 케리그마가 '언어적인 사건'으로서, 그 내용에 대한 변함없는 이해와 결과를 보존하려면 끊임없이 쇄신되어야 한다고 보았다. 그 역시 불트만, 본회퍼처럼 오늘날 그리스도교의 설교는 현실 세계와 동떨어진 언어로 말하고 있다는 사실을 잘 알았다. 그래서 복음의 메시지를 효과적으로 선포하기 위해 다음과 같은 2가지 목표를 추구했다. 케리그마의 언어적 차원의 범위를 정하는 것, 설교 언어에 대한 깊은 쇄신을 이루는 것이 그것이다. 그는 신앙과 이성, 철학과 신학, 존재론과 계시론, 본성과 초본성 간의 관계라는 고전적인 문제를 언어적인 열쇠로 다시 읽으려 시도했으며 이는

그가 현대 신학계에 남긴 공헌이다.

6) 폴 틸리히: 신학의 존재론화

① 생애와 작품: 폴 틸리히는 20세기 개신교 신학을 대변하는 대표적 인물이다. 그는 1886년 독일 북부의 슈타로지들에서 태어났다. 그는 튀빙겐 대학에서 철학을, 할레 대학에서 신학을 공부하고 박사 학위를 취득했다. 1912년에 복음교회의 목사로 안수받았으며, 1차 세계 대전에 군목으로 참전하기도 했다. 종전 후, 그는 베를린 대학에서 교수 활동을 시작했으며, 1924년 마르부르크 대학에서, 1929년부터는 프랑크푸르트 대학에서 교수로 활동했다. 1933년 히틀러가 권력을 잡자, 그는 강단에서 쫓겨나고 말았다. 니버 형제들의 도움으로 그는 미국으로 이민을 가서 그곳의 유니언 신학 대학에서 교수 자리를 얻을 수 있었다. 그는 이곳에서 새로운 경험을 바탕으로 현대인의 열망, 이상과 조화를 이루는 그리스도교를 재정립해야 할 필요성을 절감했다. 그리고 이 지향으로 『조직 신학』을 집필하기 시작했다. 시간이 지나자 틸리히의 사상은 많은 추종자를 얻기 시작했으며, 제2차 세계 대전 종전 후에는 미국에서 가장 찬사를 받는 영향력 있는 신학자가 되어 있었다. 1955년 하버드 대학은 그에게 "학문의 경계에서 개척자로 연구하는 학자들" 가운데 한 자리를 제시했다. 틸리히는 이 초대를 받아들여 유니언 신학 대학에서 20여 년간의 교수 생활을 뒤로 하고, 하버드 대학의 신학 교수로 활동을 시작했다. 그는 이 최고의 대학에서 5년간 활동했다. 그리고 1960년 시카고 신학 대학교로 옮겨서 세상을 떠날 때까지 그곳에서 가르쳤다. 1962년 독일 출판가 협회 의장은 그에게 '평화상'을 수여했다.

그는 1965년 시카고에서 세상을 떠났다. 그는 현대 신학에 영향을 미친 걸작을 많이 집필했다. 그 가운데 주요 작품으로 『조직 신학』을 들 수 있는데 이는 진정한 '신학 전집'으로 40년에 걸쳐 완성한 역작이다.

② 경계선상의 신학: 틸리히는 자신의 자전적 작품에 『경계선상에서』라는 제목을 붙여, 이 표현을 통해 사상가로서 자신의 입장을 제시하려 했다. 그의 사상은 경계를 따라 끊임없이 움직이는 자의 신학이다. 이는 통시적(通時的) 의미에서 그렇다. 다시 말해, 그의 신학은 두 시대와 두 문화 사이, 구(舊) 유럽과 미국 사이에서 제시하는 사상이다. 이런 점에서 그는 '접경', '경계'의 예언자라고 할 수 있다. 그가 말하는 '경계'란 구별과 대립의 장소이면서 동시에 대비와 중개의 장소로 이해된다. 틸리히는 과학과 신앙, 철학, 종교와 신학, 이성, 계시 같은 모든 두 전선과 대화하기 위해 경계선을 선택했다. 그래서 그는 자신의 신학을 호교 신학으로 규정 지었다. 그것은 무엇보다 다른 영역에 있는 대화 상대자의 요청과 질문에 응답하기 위해 탐색한다는 의미를 담고 있다. 그는 이런 선상에서 현 시대의 영성적, 문화적 상황에 적절한 대답을 제시하려 했다. 그래서 그는 자신의 신학을 '응답하는 신학'이라 부르기도 했다. 그는 오늘날의 현대인들이 제기하는 물음에 대해 그리스도교적인 응답을 제시함에 있어 전대미문의 언어를 활용하여 전통적인 종교적, 신학적 언어에 대한 깊고 본질적인 차원에서 개정 작업을 시도했다.

③ 상관관계 방법론: 틸리히에 따르면, 경계선상에서 신학 작업을 하는 사람에게 가장 적합한 방법은 '상관관계 방법론'이다. 상관관계 원

리는 틸리히의 사상에서 최고의 해석학적 원리이자 해석을 위한 가장 중요한 규범이다. 그가 말하는 '상관관계'란 용어는 3가지 방식으로 이해된다. 첫째, 통계표에서 드러나는 일련의 두 가지 자료 간의 '조응'을 가리킨다. 둘째, 서로 연관된 극점(極點)에서 드러나는 2가지 개념의 내적 의존성을 암시한다. 셋째, 제반 사물 또는 사건 간의 실제적인 내적 의존성을 가리킨다. 틸리히의 실재는 상호관계 속에 지극히 복잡하면서도 탁월하게 엮인 그 무엇이다. 그런데 다른 모든 것에 대해 절대적인 우위를 누리는 상관관계가 있다. 그것은 하느님에서 인간으로 수직적인 차원에서 실재를 교차시키는 상관관계이다. 이처럼 틸리히는 두 가장자리를 연결해 주는 전체적인 해석학적 방법으로서 상관관계 원리를 활용하며, 상호 내적 의존 가운데 실존적인 문제들과 신학적인 대답들을 통해 그리스도교 신앙의 내용들에 대한 해명을 시도했다. 따라서 하느님의 응답은 인간의 물음과의 관계 안에 존재하며, 인간의 물음은 하느님의 가능한 응답과의 관계 안에 존재한다. 틸리히에 따르면, 인간이 제기하는 물음에 대한 대답은 오직 하느님 안에서만 찾을 수 있다.

7) 오스카 쿨만: 구원 역사 신학

① 생애와 작품: 오스카 쿨만은 1902년 스트라스부르크에서 태어났다. 스트라스부르크의 신학 대학과 파리의 소르본 대학에서 신학을 공부했으며, 1938년부터 바젤과 파리에서 신약 성경 신학 교수로 활동했다. 당시 그는 에큐메니즘에 많은 관심을 갖고 활동하는 가운데, 교회 일치를 촉진하는 데 가장 열정적인 인물이었다. 그는 이를 위해 바젤에 자비를 들여 50여 명의 학생들이 기숙할 수 있는 학교를 세웠다. 또한,

그는 바오로 6세 교황의 개인적인 초대를 통해 참관인 자격으로 제2차 바티칸 공의회에 참석하기도 했다. 당시 그는 에큐메니즘적인 맥락에서 여러 문헌을 작성하는 데 효과적으로 기여했다. 그는 신약 성경 신학과 관련된 다양한 작품을 출간했다. 주요 작품 중에는 『그리스도와 시간』, 『신약 성경의 그리스도론』 등이 있다.

② 해석학적 방법론: 쿨만은 「복음적인 전통 형성에 대한 최근 연구」를 통해 자유주의 학파의 역사 비평 방법을 비판하며 그 한계를 고발했다. 그리고 그 대신 양식사적 방법론을 제시했다. 그러나 이 역시 효과적이기 위해서는 신앙에 의해 견지되어야 한다. 그래서 그는 전승의 역사를 검토하려 한다면, 연구를 시작하기에 앞서 복음서에 담겨 있는 주님이신 그리스도를 만나야 한다고 지적했다. 이어서 그는 자신의 '역사구원적 방법론'을 제안했다. 이는 그리스도교 계시에서 역사적, 구원론적 측면들은 필수 불가결한 원리에 바탕을 둔다는 것이다. 이 방법론은 문헌학, 고고학, 비평학 등 다양한 역사 분야의 연구 결과를 활용한다. 쿨만에 따르면, 이 방법은 계시를 바탕으로 역사적인 변천 사건들을 조직화하는 원리이다. 그가 이 방법을 위해 정한 최고의 규칙은 우선적으로 경청하기 위해 모든 전제, 전(前)이해, 편견으로부터 해방된 상태에서 성경 본문에 접근해야 한다는 것이다. 이 규칙으로부터 다음과 같은 2가지 중요한 해석학적 귀결이 유래한다. 첫째, 사건들에 대한 중립적인 분석과 다른 사람들이 그에 대해 부여하고 전수된 해석들에 대한 올바른 재생이 필수적이다. 둘째, 신앙의 해석을 더욱 철저히 받아들이기 위해 개인적인 신앙의 행위가 필요하다. 쿨만은 이런 해석학적 원칙을

바탕으로 성경 신학을 발전시켰다. 그의 성경 신학은 다음과 같은 4가지 명제로 구성되어 있다. 첫째, 구원 역사는 그리스도교 메시지의 본질에 속한다. 둘째, 구원 역사의 형성은 신적인 계시를 통해 이루어진다. 셋째, 그리스도는 구원 역사의 중심이시다. 넷째, 사도 교회와 사도 후 교회는 서로 다른 방식으로 구원 역사에 속한다.

③ 그리스도교 메시지의 본질인 구원 역사: 이는 쿨만의 신학을 특징 짓는 가장 중요한 명제이다. 이는 그리스도가 역사의 중심이시라는 것을 의미한다. 이 명제는 그가 불트만과 벌였던 토론에서 나온 결실이다. 불트만은 계시의 역사적 요소가 그리스도교 메시지의 본질과 관계가 없다고 보았다. 쿨만은 이러한 불트만의 주장에 맞서 다양한 논증을 제시하며, 그의 견해를 단호히 거부했다. 쿨만은 이런 자신의 주장을 뒷받침하는 논거로 존재론적 특징을 띤 논증과 일련의 역사적 논증을 제시했다. 그의 존재론적 논증은 다음과 같다. 즉, 계시의 본질에서 그 바탕을 배제할 수는 없다. 오히려 계시의 바탕은 역사적인 사건들이다. 따라서 이러한 사건들은 계시의 본질을 구성한다는 것이다. 쿨만은 계시가 역사적 사건과 그에 대한 해석에서 유래하는 결과라고 주장했다. 그리고 그중에서 특히 '역사적 사건'을 더 중요하게 보았다. 또한, 그 사건에 대한 해석을 규정하는 사건이 케리그마를 구성한다고 보았다. 이러한 해석은 성경 시대라는 틀 안에서 언제나 새로운 사건들이 점차 재해석되어 간다는 사실을 통해 추인된다. 쿨만은 역사적인 주제들은 '예수'라는 하나의 주제로 수렴된다고 보았다. 사도들을 비롯해 첫 두 세기의 교회 전체는 예수의 설교와 사건들에 대해 구원적인 가치를 부여했다.

쿨만은 역사와 신화의 관계가 불트만이 제시한 것과 정확히 반대된다는 점을 잘 보여 주었다. 그는 구약 성경이 신화들을 이스라엘의 역사에 긴밀하게 결부시킴으로써 역사화했다고 말한다. 또한, 이 선상에서 신약 성경은 모든 신화들을 유일한 역사적 사건인 예수의 죽음과 그에 연관되어 즉시 일어난 일련의 사건들에 종속시켜 그 이상으로 나아갔다고 보았다. 그래서 신화들은 역사적-구원론적 진술에 사용하기 위해 쓰였으며, 그중심에는 역사적으로 통제 가능한 사건이 있었다고 쿨만은 주장했다.

④ 구원 역사의 중심이신 예수: 쿨만은 자신의 작품 『그리스도와 시간』과 『역사에서 본 구원의 신비』에서 예수 그리스도를 구원 역사의 중심으로 제시했다. 그에 따르면, 첫째, 이는 그리스도께서 지극히 중요한 지점, 곧 구원 역사를 구성하는 모든 지점들에게 가치와 의미를 부여해 준다는 것을 말해 준다. 구원 역사를 구성하는 모든 시대는 그리스도의 십자가와 부활을 향한다. 둘째, 그리스도께서 중심이시라는 언명은 그분이 역사의 마지막이 아니라는 것을 의미한다. 다시 말해, 그것은 아직 거쳐야 할 여정의 일부가 우리에게 남아 있음을 의미한다. 중심은 끝이 아니다. 그것은 승리의 시작이지만 완성도 아니다. 시작과 완성 간에는 간격이 존재한다. 이 간격은 현재라는 시간, 우리의 시간에 상응한다. 쿨만은 중심의 이중적인 의미를 해명하기 위해 2가지 이미지를 사용했다. 첫 번째 의미는 선(線)이라는 이미지를 통해 묘사된다. 두 번째 의미는 결정적인 전투의 이미지를 통해 묘사된다.

8) 아메리카적인 사회-정치 신학

미국에서 신학자들은 순례자들의 시대부터 양성되어 왔다. 그들은 17세기부터 목사들을 양성하기 위해 신학교를 설립했다. 당시 신학교에서는 무엇보다도 성경, 윤리 등을 가르쳤지만, 교의에 대한 교육은 부족했다. 이처럼 시초부터 미국의 신학은 눈에 띄게 실천적인 노선을 취했다. 한편, 사회적 책임에 대한 의식은 여러 개신교 공동체에서 늘 살아 있었지만, 특히 미국 혁명 기간과 노예제 폐지를 위한 갈등의 시기에 강하게 일어났다. 그 후, 새로운 산업화의 도래와 함께 더욱 첨예화된 사회, 정치적 문제들이 생겨났다. 바로 1800년대 말에 '사회 복음'이란 이름 아래 그 유명한 신학 운동이 탄생했다. 이 운동의 지도자들은 일종의 새로운 그리스도교적인 중요성을 추구했다. 그들은 내전 이후 반세기 동안 이어진 미국의 산업 확장에 수반된 인간의 비참함, 난폭함, 불의에 경악했으며, 이를 개선하기 위해 실제 현장에 뛰어들었다. 이 운동을 주도한 인물 가운데 신학적으로 출중한 두 명의 인물이 있다. 한 사람은 사회 복음의 진정한 이론가인 발터 라우센부쉬이고, 다른 한 사람은 신앙의 사회-정치적 중요성에 보다 견고하고 깊은 신학적 바탕을 마련해 준 라인홀드 니버이다.

① 발터 라우센부쉬: 라우센부쉬는 1861년 미국으로 이민 온 독일의 루터파 목사 아우구스트 라우센부쉬의 아들로, 뉴욕의 로체스터에서 태어났다. 그는 젊은 시절 신비로운 영감을 받아 회심함으로써 목사가 되기로 결심했다. 25세에 뉴욕의 두 번째 독일 침례교회의 목사가 되어 비참하게 살아가는 이민자들과 노동자들의 거주지인 '헬스 키친(Hell's Kitc hen)' 지역에서 11년간 사목했다. 이 지역에 대한 체험은 그로 하여금 생의 마지막까지 그리스도교의 메시지를 사회적인 상황과 관계 안에서 해석하려는 복음 설교가로 남게 해 주었다. 그는 성서 신학적 개념을 통해 이 상황을 이해하고 그곳에 빛을 비추며 복음으로 이 상황을 바꾸기 위해 노력했다. 그는 1891년 유럽에서 9개월을 보내며 영국 국교회의 사회 활동을 연구하고, 독일에서 성경 주석과 신학을 새롭게 공부했다. 당시 그는 자유주의 신학자들로부터 신학을 배웠다. 그 후, 다시 미국으로 돌아온 그는 1897년 고향인 로체스터 신학 대학에서 신약 성경 주석을 가르쳤다. 그리고 5년 후, 로체스터 침례 신학 대학에서 교회사 교수로 활동을 시작했다. 1907년에는 『그리스도교와 사회 복음』을, 1909년에는 『사회 질서의 그리스도교화』를 출간하고 대단한 성공을 거두었다.

그는 1900년대 초반에 '사회 복음' 사상과 정치적, 사회적 차원에서 그리스도교 메시지에 중요성을 부여한 초창기 인물 가운데 한 사람이다. 이러한 그의 사상은 '하느님 나라' 개념과 긴밀히 연결되어 있다. 그의 사상에서 하느님 나라는 이미 이 세상에서 충만한 실현을 향해 나아가므로, 복음은 필연적으로 사회적인 중요성을 내포한다. 이러한 그의 사상에는 다음과 같은 4가지 근본 요소가 자리한다. 첫째, 신비적 요소로, 이는 그가 하느님과 맺는 생생하면서도 깊은 관계에 대해 알려 준다. 둘째, 성경 해석과 죄, 의화, 구원 교리에 대한 신학적 연구의 자유적인 요소. 셋째, 역사적 요소로, 이는 사회 문제에 대한 그의 작품들은 그가 얼마나 복음의 역사적 반향을 깊이 있게 연구했는지 보여 준다. 넷째, 사회적 요소로, 이는 그가 사회적, 정치적, 경제적 문제에 대해 보여 준 관심과 신자들 편에서 사회적 책임을 짊어져야 한다는 호소에서 잘 드러난다. 라우셴부쉬가 사회 복음 운동을 통해서 이루려 한 모든 것, 예컨대 타락한 자들에 대한 구원, 젊은이들에 대한 교육, 가난하고 연약한 자들에 대한 사목적인 돌봄, 성경 연구, 교회 일치, 정치 개혁, 산업 시스템의 재조직, 국제 평화 등은 지상에서 하느님 나라를 구현하는 것과 직접 연결된다. 그는 교회가 지향해야 할 최고 목적이 바로 이런 의미에서 하느님 나라를 실현하는 것이라고 주장했다.

② 라인홀드 니버: 니버는 1892년 미주리 주의 라이트 시에서 미국으로 이민 온 독일인 부모에게서 태어났다. 그는 엘름허스트 대학, 에든 신학 대학, 예일 디바인 스쿨에서 공부하고, 그곳에서 1915년 문예학부 석사 학위를 취득했다. 루터파 교회의 일원인 그는 목회자의 길로 들어서 베델 복음교회에서 13년간 목회 활동을 했다. 그 후, 1928년 뉴욕의 유니언 신학 대학의 종교 철학 부교수로 임명되고, 1930년 사목 신학 교수가 되어 활동했다. 그는 당시 세계 대공황으로 촉발된 세계적인 위기의 상황을 목격하며, 그리스도교 신앙과 현대 세계와의 관계에 관해 깊이 성찰했고, 이를 다양한 작품에 담아냈다. 한편, 그는 미국 사회당에 가입해서 활동하기도 했다. 그러나 1940년 이 당에서 탈당했다. 왜냐하면, 반(反)나치 전쟁에 직면해서, 그는 고립주의와 사회적 평화주의를 주창한 이 당의 당론에 반대했기 때문이다. 그는 미국적인 '자유주의자들' 편으로 옮겨 갔으며, 전쟁 당시 강하게 반(反)나치주의적이었듯이, 그 후 이어지는 시기에도 강하게 반(反)공산주의적 입장을 취했다. 그는 1960년부터 1968년까지 프린스턴 대학에서 객원 교수로 활동했으며, 1971년 매사추세츠 주의 스톡브리지에서 세상을 떠났다.

3. 1915-1965년의 가톨릭 신학

제1차 세계 대전부터 제2차 바티칸 공의회에 이르기까지 이 시기는 가톨릭 신학에서 명망 높은 인물들과 비범한 작품들로 인해 풍요로운 시기로 평가된다. 19세기에 시작되었으며, 레오 13세 교황에 의해 자극된 쇄신의 촉발로 가톨릭 신학은 마침내 풍부하고 완숙한 열매를 맺기 시작했다. 가톨릭 신학이 발전된 데는 다음과 같은 원인들이 있다. 토마스에 대한 재발견과 신플라톤주의에 대한 연구, 성경과 교부들에 대한 연구, 전례 운동이 그러하다. 가톨릭 신학의 발전을 위해 크게 기여한 수도회로는 예수회와 도미니코회를 들 수 있다. 이 두 수도회로부터 신학 발전에 큰 공헌을 한, 거의 모든 위대한 신학자들이 배출되었기 때문이다. 예수회로부터 다니엘루, 라너, 샤르댕, 폰 발타사르가 배출되었다. 그리고 도미니코회로부터 가리구-라그랑주, 셰뉘, 콩가르가 배출되었다. 또한 재속 사제 역시 소중한 기여를 했는데, 특히 이탈리아에서는 파렌테, 피올란티, 콜롬보가 그러하며, 이탈리아계 독일인인 과르디니가 그러하다. 이 시기를 주도한 인물들을 신학적 노선에 따라 2가지 주요 노선으로 나눌 수 있다. 하나는 아우구스티누스에 의해 영감을 받은 노선(과르디니, 드 뤼박)이며, 다른 하나는 토마스에 의해 영감을 받은 노선이다. 여기에 속한 노선의 학자들이 훨씬 많았으며, 이 노선은 다시 전통적 토미즘(가리구-라그랑주, 셰뉘, 파렌테, 콩가르), 초월적 토미즘(라너, 로너간), 미학적 토미즘(폰 발타사르)으로 나뉜다. 반면, 샤르댕은 자주적인 노선으로 분류된다.

1) 아우구스티누스적 경향: 로마노 과르디니, 드 뤼박

① 로마노 과르디니: 과르디니는 1885년 베로나에서 이탈리아인 부모로부터 태어났다. 4살 무렵 독일 주재 이탈리아 영사인 아버지를 따라 독일의 마인츠로 이주해서 대학까지 모든 학업을 독일에서 마쳤다. 젊은 시절 자신의 소명을 발견하기까지 많이 고뇌했으며, 뮌헨 근교의 베네딕도회 소속 어느 수사의 도움으로 내적 회심을 하게 된다. 그 후, 그는 프라이부르크 대학과 본 대학에서 신학을 공부하고 1910년 사제품을 받았다. 몇 년간 사목을 경험한 후, 그는 본 대학, 브레슬라우 대학에서 교수 활동을 시작했다. 1923년에는 문화부 장관으로부터 베를린 대학에서 "가톨릭적인 세계 비전"을 강의하도록 초대받았다. 이 강좌는 크게 성공해서, 과르디니는 그 이후 짧은 시간에 베를린 대학에서 가장 탁월한 인물로 성장하게 된다. 그러나 히틀러가 정권을 장악한 이후, 1939년에 교수 활동을 접어야 했다. 그 후, 그는 가톨릭 학생 단체('쾩보른')의 전담 사제로 활동을 이어 갔다. 나치 정권 붕괴 후, 그는 교수 활동에 복귀해 튀빙겐 대학, 뮌헨 대학에서 가르쳤으며, 1952년 독일 출판계의 평화상을 수상하기도 했다. 그는 1968년 세상을 떠났다. 그는 대략 100권의 작품과 100개의 논문을 남겼다.

그는 신앙의 관점에서 자연과 역사, 종교와 문학, 전례와 예술 등 현대의 수많은 주제들을 다뤘다. '그리스도교 신앙', 특히 '가톨릭적인 세계 비전'은 이렇듯 광범위한 신학적 성찰을 하나로 묶어 주는 단일함이다. 그러나 사상가로서의 그는 체계적이지 않다. 그는 철학, 신학, 문학 분야와 관련된 헤아릴 수 없이 많은 주제를 썼지만, 그것은 언제나 일관적이지 않고 우연한 기회에 작성되었다. 그가 제시한 관점은 가톨릭적인 관점에서 실재에 대한 통일된 해석을 넘어서, 현대적이며 현실적인 강독이었다. 그는 토미즘의 틀 밖에서 움직이는 가운데 현대 문화, 사상과 지속적인 접촉을 유지하고자 노력했다. 이를 통해 그리스도교 메시지에 지극히 현대적인 표현을 부여하는 데 성공했다. 그럼으로써 그 메시지를 20세기를 살아가는 헤아릴 수 없이 많은 대중들에게 실제적이고 소중한 의미로 소개했다. 그래서 그를 우리 시대의 가장 위대한 교육자로 부른다.

과르디니는 셸러를 통해 현상학을 알게 되었다. 현상학은 제반 사물의 본질적인 구조들을 명료하게 해 준다. 그는 현상학을 활용해서 살아 있는 실재에 대한 근본 짜임새를 이해하고자 했다. 과르디니에 따르면, 이 근본 짜임새는 '양극'으로 구성된다. 그는 살아 있는 모든 실재 그리고 특히 인간의 삶은 대립자들이라는 실재에 지배된다는 점에 주목했다. 그는 자신의 작품 『대립』에서 대립자들의 체계를 조직적으로 소개했다. 이 체계는 여덟 쌍의 양극적 요소로 구성된다. 그는 이를 2개의 그룹(범주적 대립자 그룹, 초월적 대립자 그룹)으로 나눴다. 범주적 대립자들은 경험내적 대립자들과 초경험적 대립자들로 구분된다. 이 복잡한 계열들은 범주적, 경험내적 대립자들(행위-구조, 무형-형태, 개별성-전체성), 초경험적, 범주적 대립자들(생산-배치, 기원-규칙, 내재-초월), 초월적 대립자들(유사함-구별, 단일함-복수성)로 정리된다. 과르디니는 이 여덟 쌍의 대립자들이 모든 실재의 근본 구조를 이룬다고 보았다. 그러므로 그의 철학에서 모든 실재는 대립자들로 복잡하게 얽혀 있는 구조물이다. 그는 세계 비전을 통하여 대립자들에 대해 완벽하게 인지하고자 했다. 그러나 과르디니에 따르면, 세계에 대한 이 총체적인 전망은 사실상 인간 이성에는 막혀 있다. 왜냐하면 인간 이성은 치유될 수 없을 만큼 편파성으로 병들어 있기 때문이다. 그는 이 병을 치유할 수 있는 유일한 치료제로 '계시'를 제시했다.

과르디니의 대표작은 『주님』이란 작품이다. 이 작품은 주님이신 그리스도의 생애를 다룬 게 아니라 과르디니의 신학 사상 전체, 그의 사상 모두를 집약한 '대전'(大典)이다. 그의 사상 전체는 예수 그리스도를 중심으로 선회한다. 그의 양극(兩極) 체계는 대립자들 간에 균형을 이루어 주는 상위점을 요청한다. 그 지점이 다름 아닌 예수 그리스도이시다. 그리스도인 실존 신학은 바로 이 주님께 기초를 두고 있다. 그는 이 작품에서 사변적이라기보다는 관상적인 그리스도론을 발전시켰다. 예컨대, 그는 탄생부터 승천에 이르기까지 그리스도의 생애에 이어진 모든 주요 사건 앞에서 조심스러운 관심과 사랑의 태도, 주의 깊은 경청의 자세를 견지했다. 그는 그리스도에게 적용할 수 있는 방법론에서 역사적 방법론, 심리학적 방법론을 배제했다. 왜냐하면 이 두 방법론으로는 그분의 신성(神性)이 퇴색되기 때문이다. 마지막으로, 과르디니는 자신의 그리스도 중심적인 사상 전체를 밀도 깊게 종합하며 끝맺었다. 그가 이 작품을 통해 제안한 독특한 명제는, 그분의 생애에서 2가지 국면을 구별해야 한다는 것이다. 첫 번째 국면에서 예수는 무혈(無血)의 방식으로, 곧 이스라엘 백성 편에서 신뢰와 더불어 당신의 메시지를 열렬히 받아들이고 하느님 나라의 도래를 실현하도록 제안했다. 두 번째 국면은 예수께서 유혈(流血)의 방식으로, 곧 당신의 생명을 희생하여 인류의 구원을 실현하도록 결정하신 순간에 시작된다. 그가 제시한 이 2가지 국면은 하느님께서 메시아와 그분의 메시지를 거부한 데 대해 유다인들과 인류 전체에 내린 벌을 이해하게 해 주며, 다른 한편으로 십자가의 길이 '하느님-인간'이신 분의 자유로운 결정에 의한 결실이라는 점을 한층 더 분명히 보여 준다.

마지막으로, 과르디니는 20세기 전반에 발전한 인격주의의 최고 대변자 가운데 한 사람으로 평가받는다. 그는 『세계와 인격』을 통해 이 분야에 크게 기여했다. 그는 여기서 인격을 다음 3가지 관점, 즉 그 자체로, 타인들과의 관계 안에서, 하느님과의 관계 안에서 제시했다. 그는 '그 자체로 본 인격'이 4가지 요소(형상, 생명, 심리, 실체)로 구성된다고 말한다. 그 자체로 본 인격은 탁월한 존재론적 완전함을 향유하는 실재이다. 사실, 인격은 2가지 방향(타인, 하느님)에서 자신을 초월한다. 과르디니는 타인들과의 관계 안에서 인격을 연구하며, 이 관계는 인격이 오직 '대화적 관계' 곧 '나와 너'의 관계로 이해될 때에만 비로소 인격의 실현에 긍정적이며, 이를 위해 기여하게 될 것임을 보여 주었다. 또한, 그는 인격을 하느님과 맺는 관계로 고려하면서, 그가 하느님과 맺는 이 관계가 여타 다른 모든 관계보다 훨씬 더 중요하고 근본적임을 보여 주었다. 또한, 과르디니는 인간이 하느님과 더불어 맺는 '나와 너'의 관계는 그리스도의 하느님과 더불어 맺는 관계를 함께 완성하는 것을 지향한다고 언급했다. 참되고 최종적인 '너'는 성부이시다. 성부께 진정 '너'라고 말씀하시는 분은 성자이시다. 그러므로 그리스도인이 된다는 것은 그리스도의 실존성 안으로 들어가는 것이기도 하다. 그리스도 안에서 다시 태어난 인간은 성부께 '너'라고 말씀드린다. 인간은 그리스도가 아니라 성부께 궁극적이고 최종적인 의미에서 '너'라고 고백한다는 것이다.

② 드 뤼박

ㄱ) 생애와 작품: 드 뤼박은 1896년 캉브레에서 태어나 고등학교를 졸업한 후 예수회 리옹 관구에 입회했다. 제1차 세계 대전에 참전했으며, 중상을 입고 제대했다. 그 후 계속해서 신학을 공부했으며 특히, 교부들과 토마스 연구에 전념했다. 1927년 사제품을 받았으며, 그로부터 2년 후 리옹-푸르비에르 신학부에서 종교사 강의를 시작했다. 1927년에는 자신의 첫 작품인 『가톨리시즘』을 출간했다. 제2차 세계 대전 당시에는 인종, 종교, 당파를 넘어 동포들을 위해 헌신했다. 그 후, 1946년 『초본성』을 출간했다. 그러나 이로 인해 비오 12세 교황은 '누벨 테올로지' 운동에 대해 경계하며 회칙 「인류」를 통해 이를 단죄했다. 물론 이 단죄가 직접 드 뤼박을 겨냥한 것은 아니지만, 그럼에도 수도회 장상들은 그가 교수직을 중단하도록 권했다. 결국, 그는 그 명에 순종하고 학문 연구에 매진했다. 그가 교수직에 복귀한 것은 요한 23세 교황을 통해서였다. 요한 23세는 그를 제2차 바티칸 공의회에 공식적인 전문 신학자로 초대했다. 이에 그는 공의회에 적극 참여했으며, 이 기간 중에 헌장 「인류의 빛」(교회 헌장), 「기쁨과 희망」(사목 헌장) 등의 문헌 작성에 결정적으로 기여했다. 공의회 이후, 그는 공의회 문헌들에 대한 가장 권위 있고 적극적인 해석가가 되었다. 그는 가톨릭 전통을 보존하기 위해 다니엘루, 발타사르와 함께 「친교」라는 잡지를 창간했고, 국제 신학 위원회의 위원으로 활동하기도 했다. 1983년 요한 바오로 2세 교황은 그를 추기경에 서임했다. 그는 1991년 파리에서 세상을 떠났다. 그는 생전에 50여 권의 단행본과 수백편의 논문을 통해 다양한 부류의 주제들을 다뤘으며, 이를 통해 현대 가톨릭 신학 발전에 지대한 공헌을 했다.

ㄴ) 사상: 드 뤼박은 자신의 첫 작품인 『가톨리시즘』을 통해 자신의 해석학과 보편성이 내포한 독특함을 비롯해 자신이 관심을 갖는 학문 분야에 대한 비전을 제시했다. 그는 이 작품과 더불어 가톨릭 교의의 사회적 차원을 검토하며 무엇보다도 창조와 구원의 차원이 단일하다는 점을 보여 주고자 했다. 이 작품은 3부로 구성되어 있으며 각 부는 가톨릭 사상의 본질적인 측면을 해당 분야에서 규명했다. 그는 1부에서 가톨릭 사상의 사회적인 차원, 2부에서 역사적인 차원, 3부에서 내적이고 초월적인 차원을 고찰했다. 한편, 그의 두 번째 작품인 『초본성』은 그의 신학을 정초하기 위한 방법론적 원리들을 충분히 보여 주었다. 그는 이 작품을 통해 당시 통용되던 '초본성' 개념을 비판했다. 그에 따르면 이 개념은 지나치게 외면적인 개념이다. 그는 이 개념을 한층 더 교부 전통과 스콜라 전통에 부합하는 것으로 간주되는 새로운 개념으로 대체하길 제안했다.

그는 신학적 방법론과 관련해서 '역사적 방법론'을 취했다. 그는 이른바 '결론들의 신학'에 본능적인 반감을 느꼈다. 그에 따르면, 매번 추상적인 과정을 거칠 때마다 구체적인 실재에는 전혀 도달할 수 없다고 한다. 그는 신앙의 객관성 안에서 신비, 곧 살아 있는 실재를 보았다. 그것은 하느님, 그리스도, 교회라는 실재를 말한다. 따라서 드 뤼박은 이를 이해하기 위한 가장 적절한 방법은 역사적으로 검토하는 것이라고 주장했다. 왜냐하면 신적, 교회적, 영적 실재들은 역사적인 실재 안에서 그 형체를 취하기 때문이다. 그는 모든 옛 전통의 참된 정신을 재발견하기 위해 역사에 머물렀다.

또한, 드 뤼박은 '신비'를 신학의 고유한 대상이자 건축학적 원리로 보았다. 그는 이 표현을 통해 구원 역사에서 인간을 만나러 오는 실재를 가리키고자 했다. 그것은 다름 아닌 구원 역사에서 인간을 향해 자신을 열어젖히는 하느님의 사랑이라는 감춰진 신비를 말한다. 그는 그리스 교부들, 특히 오리게네스와 위 디오니시우스를 잘 알았고 이를 바탕으로 부정 신학을 소중히 여겼다. 이런 선상에서 그는 신비가 본질적으로 이해 불가능하다고 주장했지만, 그것이 이성의 완전한 희생을 초래하는 것은 아니라고 보았다. 그의 사상에서는 오히려 이러한 탐구가 금지되지 않을 뿐만 아니라 요청되며 그 노력이 헛되지 않을 것임을 시사하는 부분들이 많다.

드 뤼박은 교회론과 관련해서도 다양한 작품을 통해 깊은 신학적 성찰을 제시했다. 특히 『가톨릭시즘』에서 교회의 성사적 차원, 역사적 차원, 영성적 차원을 강조했다. 또한, 『교회의 역설과 신비』에서 교회가 지닌 역설적 특징을 강조했다. 그는 교회가 전체적인 개념들 속에서 추상적으로 종합될 수 없는 서로 상반된 측면들에 의해 구성된 하나의 역설이라고 설명했다. 교회의 특징 가운데 드 뤼박이 가장 강조한 것은 모성(母性)이다. 그는 『교회에 대한 묵상』에서 교회의 모성과 관련된 2가지 측면을 제시했다. 하나는 신자 편에서 지녀야 하는 자녀적인 신심이고, 다른 하나는 자녀를 향한 교회의 무한한 선함이다.

2) 토마스의 흔적 안에서의 신학: 가리구-라그랑주, 셰뉘, 콩가르

19세기 말부터 레오 13세 교황의 주도로 토마스를 바탕으로 한 새로운 신학적 발전이 이루어지기 시작했다. 레오 13세의 제안은 많은 가톨릭 학자들에 의해 수용되었다. 그리고 이때를 기점으로 토마스의 비판본인 「레오 판본」이 출간되고 다양한 언어로 번역되기 시작했다. 반세기 동안 이어진 토마스에 대한 열렬한 연구 이후, 토마스의 철학과 신학은 온전한 광채를 발하며 새롭게 등장했다. 유능한 학자들이 순수한 토마스 철학을 연구하고 재구성함으로써 도처에서 조금씩 성장했으며, 특히 프랑스(마리탱, 질송, 세르틸랑주, 셰뉘, 포레스트)와 벨기에(메르시에, 드 불프, 레이메케르), 독일(만서, 마우스바흐, 그라브만, 에를레), 이탈리아(마스노보, 파브로, 반니 로비기)에서 눈에 띄게 성장했다. 특히, 이 중에서 마리탱과 질송 그리고 파브로의 공이 크다.

20세기, 제2차 바티칸 공의회 이전의 가톨릭 신학자들 대부분은 이처럼 쇄신된 토미즘을 끌어들임으로써 자신의 신학을 구성했다. 이러한 신학 학파를 '전통적 토미즘'이라 부른다. 전통적 토미스트 집단은 신학자들 가운데서도 상당히 비중 있는 인물들이다. 그 분야의 고명한 학자로는 가리구-라그랑주, 셰뉘, 콩가르, 파렌테, 피올란티, 콜롬보가 있다. 프랑스 신학자들이 특히 문화, 노동, 역사 세속 분야에서 제기된 새로운 신학적 쟁점들을 하느님 말씀의 빛으로 해명하기 위해 토미즘을 활용했다면, 이탈리아 신학자들은 그리스도교 신앙의 최고 신비들을 둘러싼 궁극적인 해명을 구하기 위해 전념했다. 한 가지 염두에 둘 것은, 프랑스의 전통적 토미스트들은 모두 도미니코회의 회원들로서, 이들은 모두 다 파리 근교에 있는 유명한 솔수아르 수도원에서 운영하는 신학대학 출신이라는 점이다. 그곳은 20세기 초 수십 년 동안 가장 탁월한 중세 신학자이자 토미스트인 가르데일, 망도네, 롤랑 고슬랭이 활동했던 것이다. 특히, 셰뉘에 힘입어 솔수아르에서는 신학적 가르침에 깊은 쇄신이 일어났으며, '시대의 징표'에 아주 민감하기 시작했다. 그리고 상당한 역사적, 인간학적 밀도를 획득했다.

① 가리구-라그랑주

ㄱ) 생애와 작품: 가리구-라그랑주는 1877년 오흐에서 태어났다. 타르브에서 학업을 마친 후, 보르도에서 의학을 전공했다. 그러나 의대에서 2년을 공부한 후 도미니코회에 입회했다. 1902년 사제품을 받고 솔수아르에서 신학 공부를 마치고 소르본 대학에서 철학을 보완했다. 1905년부터 그는 솔수아르에서 철학을 가르쳤으며, 이즈음부터 가르데일의 지도 아래 토마스의 사상을 깊이 연구했다. 1909년부터는 30년간 로마의 안젤리쿰에서 교의 신학과 영성 신학을 강의했다. 1922년에는 므동에서 자크 마리탱, 레사 마리탱과 함께 '성 토마스 서클'을 설립했다. 이 서클은 프랑스에 토미즘을 보급하는 데 지대한 공헌을 했다. 또한, 1923년에는 『성 토마스와 십자가의 성 요한에 따른 그리스도교 완덕과 관상』을 출간했는데, 이는 그를 영성 신학의 위대한 석학의 반열에 올려 주었다. 1955년 그는 교황청 신학 자문위원으로 위촉되어 활동했다. 당시 요한 23세 교황은 그를 제2차 바티칸 공의회 준비 위원으로 임명했지만, 건강의 악화로 인해 중도에 그만두어야 했다. 그는 1964년 로마에서 세상을 떠났다.

ㄴ) 사상: 그는 근대주의로 인한 위기 이후, 그 누구보다도 계시 사실과 토마스의 철학적 실재론 간의 견고한 종합을 이루어 낸 석학이다. 그가 토마스 철학이라는 도구를 통해 구축한 신학적 건축물은 대단한 가치를 갖는다. 그는 자신의 주저인 『공통 감각과 존재 철학, 그리고 교

의 정식들』을 통해 근대 철학의 내재주의에 반대되는 입장을 취하며, 인간 인식의 지향적 특징과 객관성을 입증했다. 그리고 이를 바탕으로 형이상학을 재구성했으며, 현상 세계로부터 절대자를 향해 나아갔다. 그는 이를 『하느님, 그분의 존재와 본성』에서 완성했다. 특히, 그는 여기서 흄과 칸트의 불가지론에 대항해서 싸웠다. 신학 분야에서 그의 가장 주목할 만한 작품은 『계시론』이다. 그는 이 작품을 통해 그리스도교 호교론을 구축했다.

신학의 역사에서 가리구-라그랑주는 특히 영성 신학의 발전에 크게 기여했다. 이는 그의 영성 작품인 『내적 생활의 세 단계』를 통해서 이루어졌다. 이 작품은 신학 분야에 부차적인 자리가 아닌 제대로 자리매김된 영성 신학의 위치를 보장해 주었다. 그는 신학을 영성 생활에 의존하는 것으로 보았다. 그리고 이 영성 생활은 그 최종 목적으로 관상을 지향하게 한다는 것이다. 1917년 그가 안젤리쿰에서 영성 신학 강좌를 시작했을 당시에는 수덕적인 길과 신비적인 길이라는 성성(聖性)을 향한 2가지 길의 이론이 신학계에 지배적이었다. 그러나 이는 잘못된 신비에 대한 과도한 관심을 거슬러 일어난 반작용으로, 17세기에 생겨난 이론이다. 이 이론에 따르면, 관상은 현시와 사적 계시처럼 예외적인 현상으로 결코 원해서는 안 되는 것으로 간주되었다. 그러나 가리구-라그랑주는 『토마스와 십자가의 요한에 따른 그리스도교 완덕과 관상』에서 그런 전통적인 가르침을 강하게 공격했으며 다음의 사실을 입증했다. 즉, 신앙의 신비들에 대한 주입적 관상은 성성(聖性)을 향한 정상적인 길에 속하며, 그리스도교적인 삶의 충만한 완성에 윤리적으로도 필수적이라는 것이다. 이러한 그의 사상에서 유래한 결과는 혁신적이었다. 영성 신학은 오직 수덕 생활만으로 만족해야 했던 저평가된 그리스도교적인 범주를 배제하고 성성(聖性)을 보편적인 부르심으로, 곧 관상과 신비 생활을 향한 부르심으로 공포했다. 이러한 그의 이론은 초기에 상당히 강한 반발을 불러 일으켰지만, 후에는 보편적으로 수용되었고, 특히 공의회 헌장 「인류의 빛」(교회 헌장)을 통해 모든 교회 구성원들의 보편적 성화 소명이라는 개념으로 받아들여졌다.

② 마리 도미니크 셰뉘

ㄱ) 생애와 작품: 셰뉘는 1895년 수아시-쉬르-세느에서 가난한 농부 가정에서 태어났다. 그는 교구 신학교에 입학해서 사제 성소의 꿈을 키우던 중, 수도 생활에 부르심을 느껴 1913년 도미니코회에 입회하게 된다. 로마의 안젤리쿰에서 철학, 신학을 공부했으며, 특히 가리구-라그랑주로부터 토마스에 대한 가르침을 받았다. 1920년 박사 학위를 취득한 후, 그는 솔수아르의 신학 대학에서 교수로 활동하기 시작했다. 그는 그곳에서 당대 최고의 토미스트들과 함께 토미즘의 쇄신을 연구했다. 특히, 그들과 함께 역사적인 방법론을 적용함으로써 토마스와 중세 여러 사상가들에 대한 연구의 쇄신을 도모했다. 이러한 토미즘에 대한 쇄신의 관심은 현재로도 이어졌다. 이러한 그의 신학적 성찰과 노력은 『신학 학파』라는 작품을 통해 출간되었다. 그러나 이는 교회 당국의 관심을 불러일으켜, 결국 1942년 「금서 목록」에 오르기도 했다. 그러나 여기서 그가 제시한 '역사적 방법론'은 그로부터 정확히 20년 후 공의회에서 받아들여졌으며, 모든 신학 연구에 이 방법론이 사용되었다. 제2차 세계 대전 후, 셰뉘는 1953년까지 소르본 대학에서 강의했다. 그리고

그 후 어느 라틴 아메리카 주교의 개인 신학 전문가 자격으로 공의회의 여러 문헌 편찬 작업에 참여했다. 특히, 그는 헌장 「기쁨과 희망」(사목 헌장) 편찬에 기여했다. 그는 생의 말년까지 열정적으로 저술과 강연에 전념했으며, 1990년 파리에서 임종했다. 그의 작품 세계는 방대하며, 크게 두 분야, 즉 역사적 특징을 갖는 작품 군과 이론적 특징을 갖는 작품 군으로 나눌 수 있다. 이 가운데 『13세기 학문으로서의 신학』, 『성 토마스 아퀴나스 연구 입문』 등이 두드러진다.

ㄴ) 사상: 셰뉘는 공의회 이전에 이미 신학의 쇄신을 주장했다. 그가 추구한 것은 여러 세기 동안 엄격하고 추상적인 틀 속에 갇혀 있던 하느님의 말씀에 대한 해석을 해방하는 데 있었다. 그는 이를 위하여 하느님의 말씀을 역사적, 사회적 실재에 근접시키고 연결했으며 시대의 징표, 즉 정치적, 경제적, 문화적, 종교적 차원에 대한 구체적인 인간적 문제들에 민감하게 대응하도록 했다. 그는 이러한 신학의 과제를 이루려면 무엇보다도 '자료'를 취해야 한다고 보았다. 그는 지속적이고 분해될 수 없는 두 단계 또는 두 작용에 대해 주장했다. 첫 번째는 자연 그대로의 계시 단계, 초본성의 단계를 말한다. 두 번째 단계는 동화 작업 또는 구성 작업을 향한 이성에 있어서 육화된 초본성의 단계를 말한다.

그가 자신의 신학을 구축함에 있어 취한 해석학적 열쇠는 '강생의 신비'였다. 그는 시대의 징표들이 언제나 강생의 신비라는 빛으로 해석되어야 한다고 보았다. 그는 강생을, 강력하고 충만한 의미에서 하느님의 말씀 편에서 구체적인 인간 실재를, 개별적이고 사회적인 역사적 실재를 문화적이고 종교적이며 경제적이고 정치적인 실재를 취한 사건으로 이해했다. 셰뉘는 강생을 세상과 역사에 대한 강독으로 안내하는 신비로 받아들이며, 노동 신학, 문화 신학, 유물론적 신학이라 불리는 신학의 새로운 분야들을 구축하는 데 결정적으로 기여했다.

한편, 셰뉘는 『시대의 징표』라는 작품을 통해 그리스도인이 염두에 둬야 할 시대의 징표를 자연적 징표, 인습적 징표, 역사적 징표로 나눈 후, 시대의 징표를 역사적 징표와 동일시했다. 그는 이 시대의 징표들은 세상에서 반향되어 드러나는 복음적인 호소인 한에서, 현저한 신학적인 가치를 갖는다고 보았다. 그런데, 이 시대의 징표는 역사적인 징표인 한에서, 즉 인간의 자유로운 주도권과 연결된 한에서 명료하지 않다고 말한다. 즉, 그것은 하느님을 향해 정신적인 상승으로 방향 지어질 수 있으며, 그 반대로 방향 지어질 수도 있다는 것이다. 결론적으로, 셰뉘에 따르면, 신학의 근본 과제는 복음의 메시지를 현대 세계 안에 육화하는 데 있다. 또한, 그 세계는 본질적으로 역사적인 세계로, 문화, 기술, 경제, 세속화로 점철된 세계를 말한다. 이제 이러한 육화는 필연적으로 시대의 징표를 통해 이루어진다. 여기서부터 신학자가 시대의 징표를 주의 깊게 살피는 탐색가가 되어야 할 긴급한 필요가 드러난다.

셰뉘는 시대의 징표 신학을 넘어, 무엇보다도 근대 정신이라고 하는 비옥한 토양에서 솟아나는 새로운 말씀의 씨앗들에 대해 주의 깊게 깨어 있는 청자(聽者)가 되고자 했다. 그는 1930년대 이후로 교회와 세상의 삶을 특징지은 모든 굵직한 사건에 적극 함께 했다. 그는 가톨릭 노동 청년회, 선교 운동, 전례 쇄신 운동, 노동 사제 운동, 에큐메니즘 운동, 공의회, 누벨 테올로지, 여성 운동, 해방 운동 등에 가담했다. 그는 이를 통해 자신이 몸담고 살았던 환경과 경험한 사건 속에서 이 강생을 구현하고자 노력했다.

③ 이브 콩가르

ㄱ) 생애와 작품: 콩가르는 도미니코회 회원으로 셰뉘의 제자이자 마리탱과 질송의 절친한 벗이다. 그는 이들의 도움에 힘입어 토마스의 철학적, 신학적 사상을 더욱더 효과적이자 생기 있게 만들었다. 그는 토마스의 가르침에 충실하면서도 우리 시대의 영적, 종교적, 교회적 필요에 늘 관심을 가졌으며, 제2차 바티칸 공의회의 위대한 주역이자 입안자 가운데 한 사람이다. 그는 계시 헌장, 교회 헌장, 사목 헌장의 본문 작성에 깊이 관여했다.

그는 1904년 프랑스의 스당에서 태어나 파리 교구의 대신학교에서 철학과 신학을 공부했다. 스승인 마리탱의 인도로 고등학교 시절부터 성 토마스 서클에 참여하는 가운데 토마스의 사상에 매료되었다. 결국, 그는 1925년 도미니코회에 입회해서 수련기를 보낸 후, 솔수아르 신학대학에서 학업을 다시 시작했다. 1930년 사제품을 받은 후, 그는 신학 박사 학위를 취득했으며, 솔수아르에서 교회론 교수로 학문 활동을 시작했다. 1937년부터는 「*Unam Sanctam*」 전집을 창간해서 주요 작품 출간을 시작했다. 그러나 제2차 세계 대전이 발발하자 군대에 소집되어 전쟁에 참가해야 했다. 그는 전쟁 중에 포로가 되어 근 5년간 독일군의 통제 아래 포로 생활을 해야 했다. 해방된 후, 그는 조국과 교회를 위해 영성 쇄신 작업에 열렬히 참여했다. 이 과정에서 『진정한 교회 개혁과 잘못된 교회 개혁』(1950년)을 집필했는데, 이 작품으로 인해 누벨 테올로지 운동에 연루되어, 그로부터 근 10년간 혹독한 고초를 감수해야 했다. 당시 그는 모든 강의와 출판을 금지당했으며, 솔수아르를 떠나 이스라엘로 발령받아 가야 했다. 그가 완전히 복권된 것은 요한 23세 교황을 통해서였다. 교황은 그를 복권시켰을 뿐만 아니라 제2차 바티칸 공의회의 주요 입안자 가운데 한 사람으로 임명했다. 또한, 1964년 도미니코 회는 그를 수도회의 '신학 석학'으로 임명했다. 1994년 요한 바오로 2세 교황은 그를 추기경에 서임했다. 그 이듬해인 1995년 6월 그는 세상을 떠났다. 그가 남긴 주요 작품으로는 『교회의 신비에 대한 소묘』, 『평신도 신학을 위한 지표』, 『사제직과 평신도』, 『나는 성령을 믿나이다』 등이 있다.

ㄴ) 사상: 콩가르의 사상에 있어 핵심은 교회론에 있다. 우선, 콩가르는 교회에 대한 연구와 에큐메니즘적인 배려를 통해 교회와 성경 그리고 성전의 관계를 검토했다. 성경의 절대적 우위와 관련해서, 그는 루터와 칼뱅이 요구한 권리 주장에 대해 폭넓게 허용했지만, 이와 동시에 교회와 전승이 수행하는 중요한 역할들을 보존해야 한다고 보았다. 한마디로, 그에 따르면, 성경과 전승은 하느님의 원의와 은총을 통해 교회 안에서 내적이고 객관적인 규칙을 드러내며, 이는 당신의 충실함에 따라 보관소로서 교회에 맡겨진 것이다.

다음으로, 콩가르는 교회를 특징짓는 4가지 특징들(거룩함, 단일함, 보편성, 사도성)의 의미를 규명했다. 또한, 그는 자신의 기념비적 작품인 『평신도 신학을 위한 지표』를 통해 교회 내에서 평신도가 처한 상황을 명확히 진단하고 그의 고유한 역할을 규정하며, 평신도 신학의 바탕을 제시했다. 그에 따르면, 평신도가 수행해야 하는 과제들은 세상과 직접 연관된다. 콩가르는 평신도의 고유한 과제가 세상을 축성하는 데 있다고 말한다. 그는 『메시아적인 백성』에서 교회의 정치적 과제들에 대한 담화를 취하는 가운데 이 주제를 완성했다. 그리고 이 작품을 통해 "세상에 대한 축성"이 실현될 수 있도록 몇 가지 중요한 기준들을 제안했다.

20세기에 가톨릭 교회가 이룩한 교회론의 발전은 콩가르의 공헌이 큰 몫을 차지한다. 그의 공로는 교회론과 관련한 몇 가지 큰 공백을 메워 주었다는 데 있다. 특히, 그는 교회의 특징들을 규정하고, 전승과 성경 사이에 존재하는 관계를 분명히 했으며, 교회의 다양한 구성원들, 그 중에서도 특히 평신도의 위치를 자리매김하고 그들의 과제를 규정했으며, 에큐메니즘 원리들을 입안했다. 이러한 그의 태도는 그로 하여금 공의회 헌장 「인류의 빛」(교회 헌장)의 주요 입안자가 되게 해 주었다.

3) 샤를 주르네

① 생애: 샤를 주르네는 전통적인 토마스의 사상 가운데 신학 분야의 탁월한 해석가 가운데 한 사람이다. 그는 이 분야의 첫 번째 반열에 드는 인물로, 이는 특히 그가 교회론 분야에서 성취한 공헌에 기인한다. 그는 제2차 바티칸 공의회 이전에 끊임없이 토마스를 바탕으로 교회론을 체계화했다. 20세기 최고의 가톨릭 교회론 학자인 콩가르 역시 주르네의 강의를 들은 제자로서, 그에게서 많은 것을 배웠다. 그는 1891년 스위스의 제네바에서 태어났다. 프리부르 신학 대학에서 공부하고 1917년 사제품을 받았다. 1924년부터 1970년까지 프리부르 신학 대학에서 교의 신학 교수로 활동했다. 그는 1926년 프랑수와 샤리에와 함께

학술지 「새것과 옛것」을 창간해서 이를 통해 수많은 논문을 발표했다. 1965년 바오로 6세 교황은 그를 추기경에 서임했다. 그는 제2차 바티칸 공의회 마지막 회기에 참석하기도 했다. 그는 1975년 로마에서 임종했다.

② 사상: 신학자로서 그의 명성은 교회론과 연관된다. 그의 교회론 사상은 대표작인 『강생하신 말씀의 교회』에 집약되어 있다. 이 작품은 4권으로 구성되어 있다. 제1권에서는 교회가 세상 안에서 일으키는 즉각적인 능동인에 대해, 즉 성사적인 권한과 관할권적인 권한에 대해 다루었다. 제2권에서는 그리스도와 인간의 모습에 대해 연구했다. 제3권은 공백으로 남아 있다. 여기서 그는 교회의 목적에 대해 언급하려 했으며, 이는 그의 다른 작품인 『교의 신학』에서 제시되었다. 마지막으로, 제4권에서 그리스도가 오시기 이전의 준비 상황에서 존재한 교회, 그리고 최종적으로 완성될 교회에 관해 설명했다.

그는 이러한 전망에서 교회의 기원에 대한 연구와 교회론을 시작했다. 그리고 이를 위해 교회의 실현을 가능케 한 다양한 능동인을 분석했다. 그는 이 능동인을 '삼위일체 하느님'으로 보았다. 더 나아가, 그는 이를 바탕으로 형상적이고 질료적인 이중적 원인 아래 교회의 형상인에 대해 연구했다. 또한, 그는 교회에 속하는 2가지 방식을 구별했다. 하나는 완전한 방식으로, 이는 세례 받은 이들이 속하는 방식을 말한다. 다른 하나는 초기 방식으로, 이는 교회에 속하기를 열망하지만 아직 세례를 받지 않은 이들, 죄인들, 갈라져 나간 형제들이 속하는 방식이다. 주르네는 교회와 의견을 달리하는 그리스도인들의 상황을 깊이 숙고하고 자리매김하려 노력했다. 그에 따르면, 교회의 구성원이 된다는 것은 그리스도의 지체가 된다는 것과 같은 말이다. 그는 갈라져 나간 거룩한 여러 지체의 교회를 "형성 중에 있는 교회"로 보았다. 콩가르는 주르네의 『강생하신 말씀의 교회』는 20세기 최고의 교회론 작품이라고 평가한 바 있다.

4) 에리히 프르치바라

① 생애와 작품: 에리히 프르치바라는 '존재의 유비'라는 토마스 사상의 기반 위에 철학적, 신학적, 신비적으로 견고한 자신의 학문 세계를 구축했다. 그는 이 체계를 통해 아우구스티누스, 토마스, 이냐시오의 유산을 칸트, 키에르케고르의 현대 사상과 더불어 접목하는 가운데 더욱 풍요롭게 재해석해서 제시했다. 그는 1889년 카토비체(당시 독일령)에서 태어났다. 20세인 1908년 예수회에 입회해서 네덜란드의 발켄부르크에서 철학을 공부했다. 1913-1917년에는 오스트리아의 펠트 교회 소속 콜레지오에서 음악 책임자로 활동했다. 1917년 그는 발켄부르크로 돌아와 1921년까지 신학 연구에 매진했다. 그 후, 학술지「시대의 목소리」를 통해 두 세계 대전 사이 중간기에 독어권 여러 나라에서 가장 영향력 있는 가톨릭 사상가 가운데 한 사람으로 자리 잡았다. 그러나 1951-1971년 그는 건강의 악화로 인해 무르나우(바이에른 주)에 살며 학문에 매진했다. 그는 여류 작가 게르트루드 폰 르 포트와 신학자 폰 발타사르와 우정을 맺고 교류했다. 폰 발타사르는 그를 자신의 스승이자 20세기 최고의 신학자로 평가한 바 있다. 그의 주요 작품에는 『존재의 유비』(3권), 『그리스도교』(8권), 『인간 유형론적 인간학』 등이 있다.

② 사상: 프르치바라는 예수 그리스도와 그분의 교회를 통해 이 세상과 역사 안에서 하느님의 현존에 대한 생생한 감각을 갖고 이를 표현했다. 그에 따르면, 이러한 하느님의 현존은 피조물들의 자주성과 역동성에 전혀 해를 입히지 않으며, 오히려 이를 강화시켜 준다. 그는 '존재의 유비' 정식을 바탕으로 자신의 모든 철학적, 신학적 사상을 종합했다. 그는 이 정식을 통해 가톨릭 사상의 근본 진리에 다음과 같은 색채를 부여했다. 즉, 내재적 초월성은 피조물의 가치를 전혀 손상하거나 축소하지 않으며, 오히려 이를 보존하고 강화한다는 것이다. 그리고 이를 바탕으로 하느님과 인간 사이에 상호 관계성과 양극성이 동시에 존재한다고 언급했다. 한편에는 하강하는 하느님의 사랑(신적인 극)이 있으며, 다른 한편에는 하느님을 열망하는 가운데 인간적인 대립을 극복하고 이겨 내는 인간의 향수(갈망)가 있다. 인간은 자신의 노력만으로는 모순을 극복할 수 없고, 평화와 행복 속에서 통합되는 가운데 회복될 수도 없다. 이는 오직 하느님의 은총에 의해 선사될 수 있을 뿐이다.

그는 이 '존재의 유비'와 더불어 "언제나 더욱더 큰" 하느님의 편에 서 있었다. 그에 따르면, 그분은 절대자를 이해하려는 유한한 사고의 모든 헛된 시도를 통해 더욱더 이해 불가한 분으로 드러난다. 1930년대에 '존재의 유비'라는 정식을 통해 제시된 프르치바라의 주장은 가톨릭 진영뿐만 아니라 특히 개신교 진영에서 광범위한 토론과 격렬한 논쟁의 중심에 있었다. 바르트는 프르치바라가 제시한 '존재의 유비'를 적(敵)그리스도의 발명품이라고 하며 그를 격렬히 비난하는 가운데 이 정식을 '신앙의 유비'에 대립시켰다. 이때부터 "유비에 대한 거대한 전투"가 시작되었으며, 여기에 가톨릭 신학(폰 발타사르, 질송, 하머, 부이야르, 큉)과 개신교 신학(브루너, 본회퍼, 틸리히, 판넨베르크, 마샬)을 대표하는 모든 저명한 인물이 참여한 바 있다.

5) 초월적 토미즘: 카를 라너, 버나드 로너간

① 카를 라너

ㄱ) 생애와 작품: 카를 라너는 1904년 프라이부르크 임 브라이스가우에서 태어났다. 고등학교 졸업 후 예수회에 입회했다. 그는 칸트와 마레샬에게서 깊은 영향을 받았다. 1929-1932년 네덜란드의 발켄부르크에서 신학을 공부하고 1932년 사제품을 받았다. 이어서 곧바로 프라이부르크 대학에서 철학을 연구했다. 여기서 하이데거를 만나 영향을 받았다. 라너는 이곳에서 호네커의 지도 아래 박사 학위 논문을 작성했다. 그러나 호네커는 그의 논문을 승인하지 않았다. 결국 그는 1936년 인스부르크 대학으로 옮겨가 그곳에서 교부들의 언명에 따라 그리스도의 상처 입은 옆구리에서 나온 교회의 기원에 대한 논문으로 박사 학위를 취득했으며, 이듬해 교수 자격을 획득했다. 그러나 나치 정권의 박해로 인해 티롤 지방에서 추방된 그는 빈 교구청과 사목 연구소에 피신했으며, 거기서 강의를 이어 갔다. 전후, 그는 풀라흐에 있는 예수회 대학에서 교의 신학 강의를 시작했으며, 1949년 다시 인스부르크의 정교수가 되었다. 그의 명성은 제2차 바티칸 공의회와 더불어 국제적으로 크게 떨치기 시작했다. 요한 23세 교황의 명에 따라 그는 공의회의 전문 신학자로 공의회에 참석해서 다양하기 공헌했다. 또한, 바오로 6세 교황은 그를 국제 신학 위원회의 위원으로 임명했다. 1964년 그는 과르디니의 뒤를 이어 강의하기 위해 뮌헨 대학으로 이전했으며, 1967년에는 뮌스터

대학 교수가 되었다. 1966-1976년까지 라너는 공의회의 원리들을 보급하기 위해 노력했으며, 새로운 운동들(세속화, 무신론, 마르크스주의)에 각별한 관심을 갖고 대화하며 개입했다. 이 시기 동안 라너는 명실공히 가장 영향력 있는 신학자로 자리매김했다. 1980년대 들어 뮌헨에서 교수 활동을 접은 그는 인스부르크로 돌아갔으며, 그곳에서 1984년 세상을 떠났다. 그는 왕성한 작품 활동을 했다. 그의 작품은 거의 4,000여 권에 이르고, 그의 연구는 신학의 전체 분야를 아우른다. 그는 교의 신학에서 윤리 신학, 사목 신학, 수덕 신학을 아울렀으며 모든 종류의 문제, 특히 과학, 기술, 사회학, 정치에 의해 제기된 모든 새로운 문제들을 다루었다. 대표작으로 『세계 내 정신』, 『말씀의 청자』, 『신학 교과서』(16권), 『그리스도론』, 『신학과 교회를 위한 어휘사전』, 『세상의 성사』 등이 있다.

ㄴ) 사상: 라너의 신학은 '초월 신학'으로 불린다. 그는 범주적 형태의 선험적 조건들을 초월적 형태의 선험적 조건들과 구별했다. 초월적 형태의 선험적 조건은 인간의 인식 가능성, 행동 가능성, 다른 경험에 대한 가능성과 관련된다. 즉, 그것은 범주적 경험 가능성의 조건이다. 칸트가 수평적인 차원에서 초월성을 허용한데 비해, 라너는 마레샬의 초월 철학의 차원에서 수직적인 선상에서 초월성도 허용했다. 인간 경험의 초월적 차원은 무한함에 대한 유한한 정신의 개방성을 의미한다. 라너는 『말씀의 청자』에서 초월적 선험에 대한 깊이 있으면서도 상당히 구체적인 연구를 제시했다. 여기서 그는 현상학적, 초월적 방법론을 바탕으로 하느님을 향한, 그리고 그분의 가능적 계시를 향한 인간의 구성적 개방성을 분명히 드러냈다. 그는 『말씀의 청자』를 통해 3가지 근

본 명제를 제시했다. 첫째, 정신은 인간 본성과 관련된다. 둘째, 인간은 정신적 본성에 힘입어 하느님과 지속적인 '친교' 속에 있을 뿐만 아니라 인간을 향한 하느님의 준비된 상태를 받아들일 수 있는 상황에 있다. 셋째, 계시에 대한 기다림은 지극히 정확한 방향을 취해야 한다. 그는 이러한 명제들을 바탕으로, 하느님의 계시가 이루어지는 실제적인 장소를 인간으로 보았다. 그런데 인간은 본성상 정신이며, 시간과 공간 안에 육화된 자유인 한에서의 정신인 인간은 본성상 역사이며 역사성이므로, 가능한 신적 계시의 장소는 필연적으로 인간의 역사라고 라너는 말한다. 그러므로 인간은 역사 안에서 인간적인 말을 통해 이루어지는 하느님의 우연한 역사적 계시에 귀를 기울여야 하는 존재자로 드러난다.

한편, 라너는 칸트가 이룩한 철학의 인간학적 전환을 신학에 적용할 것을 제안했으며, 실제로 그렇게 적용해서 자신의 신학적 인간학을 구축했다. 그것은 계시 자체가 탁월하게 인간 중심적인 의미를 갖기 때문이다. 계시의 궁극적이고 정점이 되는 순간은 인간적인 형상으로 하느님이 드러난 사건이다. 라너는 여러 기회에 그리스도교의 메시지를 인간학적 언사로 풀어낼 수 있는 가능성을 입증했다. 그는 신학의 어떤 분야도 인간학으로부터 배제될 수 없으며, 모든 교의 신학적 명제는 신학적 인간학의 명제로 이해될 수 있다고 주장했다. 이렇듯 라너에 의해 제안되고 구체화된 신학의 인간학적 전환은 많은 분야에서 거대하고 위중한 당혹감을 불러일으켰다. 그러나 라너는 인간을 신학의 중심에 두는 것이 계시를 배반하는 것이 전혀 아니라는 점을 주장하며, 이 모든 비난을 강력히 거부했다. 그는 인간 중심적 신학에서 비로소 하느님 중심적 신학이 이루어진다고 보았다.

이처럼 라너는 직접적으로 인간에게 영향을 미치는 신비를 검토하며, 신학에서 인간학적 전환을 실현했다. 그 신비는 다름 아닌 '은총'이다. 그는 이 은총이 정확히 말해 그리스도의 은총이라고 말한다. 그는 이 은총이 인간의 초본성적 존재됨을 구성하는 근본적 본질이라고 언급하며, 이를 바탕으로 은총을 '초본성적 실존 은총'으로 불렀다. 라너의 모든 신학적 주제들은 이 은총의 신비를 중심으로 선회한다. 그는 은총의 통교를 통한 구원의 보편성이란 명제를 열정적으로 방어했다. 그리고 은총이 인간 편에서 인식과 사랑 속에서 이루어지는 삼위일체 하느님에 대한 실제적인 이해와는 별개로 이미 작용한다고 주장했다. 라너는 그런 상황에서, 곧 그것을 모른 채, 은총 중에 있는 이들을 규정짓기 위해 '익명의 그리스도인'이란 표현을 도입했다.

교회론과 관련해서, 라너는 교회를 세상 안에 드러난 하느님 은총의 표징이자 종말론적 역사와 사회의 차원 그리고 모든 인류 전체를 통해 하느님의 은총과 더불어 실현된 구원의 차원에서 드러난 구체적인 역사적 표명으로 규정했다. 그는 교회에 대한 성사적 개념을 갖고 있었다. 그에 따르면, 교회는 첫 번째 성사이자 성사성의 충만함을 간직한 실재이다. 따라서 교회는 모든 개별 성사가 유래하는 '제1피유비항'이라고 보았다. 교회의 성사성 사상은 그로 하여금 교회의 존재론적 구성 문제를 새로운 용어로 제시하게 했으며, 이 문제는 제2차 바티칸 공의회 이후 상당히 현실적인 사안이 되었다. 만일 교회를 성사성의 윤곽 아래 숙고하고 구원의 보편적 표징으로 정의한다면, 개별 교회나 지역 교회도 충만한 자격과 함께 교회라고 불릴 권리를 갖는다. 이미 공의회 문헌에는 지역 교회의 교회론에 대한 첫 번째 소묘가 담겨 있다. 공의회 이후,

이 주제를 구체화하는 데 기여한 사람이 바로 라너였다. 그는 제2차 바티칸 공의회의 가르침을 주해하며, 보편 교회에 속하는 모든 것은 지역 교회에 대해서도 말할 수 있다는 점을 입증했다. 그에 따르면, 지역 교회는 보편 교회를 역사화하면서 보편 교회를 구체화한다. 그리고 보편 교회의 본질에 참여한다. 이 밖에도 그는 교회에 가시적으로 속하지 않는 사람의 구원 문제를 심도 있게 고찰했다. 그리고 '익명의 그리스도인' 이론을 통해 은총과 구원의 보편성을 보장하려 했다. 그러나 이 진리를 주장하면서도 "교회 밖에는 구원이 없다"는 원칙에 의해 설정된 확실한 교의 진리를 절대 포기하려 하지 않았다. 그는 그리스도가 언제나 은총의 유일한 원천으로 남아 계시며, 익명의 그리스도인들에게도 교회는 유일한 성사이자 은총의 전달자임을 잘 알고 있었기 때문이다.

② 버나드 로너간

ㄱ) 생애와 작품: 로너간은 1904년 캐나다의 오타와 근교의 버킹엄에서 태어났다. 1922년 예수회원이 되었으며, 1926-1930년 옥스퍼드 대학에서 철학, 문학, 과학을 공부한 후, 그레고리안 대학에서 신학을 공부했다. 이어서 13년간 몬트리올과 토론토에서 교의 신학을 가르쳤다. 또한, 1953-1965년 그레고리안 대학에서도 강의를 했다. 1969-1974년에는 국제 신학 위원회 소속 위원으로 활동했다. 그는 1984년 미국의 피커링에서 세상을 떠났다. 그의 작품은 몇 권 되지 않지만, 질적인 면에서 두드러진다. 그의 작품은 독창적인 것으로서, 신학의 내용적인 면이 아닌 형식적인 면, 원칙적인 면, 방법적인 면을 철저히 숙고해서 제시했다. 주요 작품으로는 『작용 은총』, 『말씀: 성 토마스에게 있어

서 말씀과 관념』, 『통찰』, 『신학 방법』, 『전집』이 있다.

ㄴ) 사상: 로너간은, 신학자가 하느님의 말씀을 수집하고 심화하며 방어하고 전하는 과제를 충만하게 수행하기 위한, 모든 행위에 대해 숙고하는 가운데 신학적 인식론에 결정적으로 기여했다. 이는 8가지 근본적인 작용, 즉 탐구, 해석, 역사, 변증법, 기초, 교의, 체계, 전달을 포함하는 광범위하고도 복합적인 방법론이다. 그는 신학자를 위해 어떤 기준이나 진리 또는 정통성이 아니라 단순히 '진정성'을 규정했다. 그의 인식 사상에서 규범은 대상이 아니라 주체 자신으로부터 주어진다. 그는 신학적 방법론의 쇄신을 바탕으로, 초월 철학의 요청들에 따라 인도된 인식론의 총체적인 개정을 제안했다. 그에 따르면, 인식은 인식하는 주체의 내면성을 바탕으로 이해된다. 그것은 우리의 의식적인 행동과 역동적인 구조에 주의를 기울이며, 그 용어와 기초적인 관계를 결정한다. 이러한 맥락에서 볼 때, 그가 말하는 인식의 규범은 주의를 기울이고, 이해하고, 책임을 지고, 내면화하는 데 있다. 더 나아가, 그는 내면성으로부터 신학자들이 하는 작업의 유효성, 그리고 신학적인 범주들을 통제하기 위한 기준을 끄집어냈다. 이 기준이 바로 진정성이다. 또한, 로너간은 교의들의 불변성, 교회의 무오류성을 공개적으로 언급했다. 그는 이를 초월 형이상학에 바탕을 두고 주장했다.

6) 문학가, 예술가, 과학자를 위한 신학: 샤르댕, 발타사르

① 테이야르 드 샤르댕

ㄱ) 생애와 작품: 샤르댕은 1881년 프랑스의 사르세나에서 태어나

1899년 18세에 예수회에 입회했다. 수련기를 마친 후, 영국의 저지에서 철학을 공부했으며, 카이로의 예수회 학교에서 교사로 활동했다. 1908-1912년 헤스팅에서 4년간 신학을 공부하던 중 자신의 과학적 재능을 계발하게 되었다. 이후, 그는 종교적인 사실들을 과학적으로 분석하기 시작했으며, 그와 동시에 과학적인 사실들을 종교적으로 이해하려 노력했다. 1911년 사제품을 받은 후 프랑스 콜레지오에서 학업을 이어가던 중, 1914년 제1차 세계 대전이 발발하자 학업을 중단하고 위생병으로 참전해야 했다. 종전 후, 그는 학업을 계속해서 1922년 소르본 대학에서 자연 과학 박사 학위를 취득했다. 그 후, 그는 파리 가톨릭 연구원에서 지질학을 가르쳤으며, 이듬해인 1923년 중국 중앙 지역의 고고학 발굴 책임을 맡아 파견되었다. 그는 파견되어 활동하던 중에 구석기인 발견이라는 놀라운 결과를 얻었다. 그리고 이듬해 유럽으로 돌아와 진화 개념에 바탕을 둔 우주 비전에 대해 많은 강연을 하기 시작했다. 그러나 강연 주제로 인해 수도회 장상들은 순수 과학적 탐구와 관련된 지적 활동 외에는 공적인 강연을 금지했다. 그 후, 1927년부터 그는 태평양 지역에서 프랑스 과학 탐구의 실질적인 대표로서 파견되어 활동했다. 제2차 세계 대전 기간에는 중국에서 고립된 시간을 가졌다. 이 시기에 그는 자신의 대표작인 『인간 현상』을 집필했다. 1946년 프랑스에 돌아왔지만, 그는 강연이나 출판을 통해 자신의 사상을 유포하지 못하도록 금지 당하고 말았다. 그러나 과학 분야에서는 그의 업적을 인정하는 분위기였다. 결국, 그는 프랑스 과학 아카데미의 회원을 추대되었다. 그러나 1950-1955년에 뉴욕에서 마지막 유배 시기를 보내며 과학자들의 남아프리카 파견대를 조직했다. 그 와중에 1955년 세상을 떠나고 말았다.

그의 주요 작품으로는 『인간 현상』, 『인간 출현』, 『신의 영역』, 『물질의 심장』 등이 있다.

ㄴ) 사상: 샤르댕은 우주의 현상에 대한 재구성을 통해 완벽한 우주 비전을 제시하고자 했다. 그는 이 비전에서 과학 자료들이 철학적 원리들, 신학적 진리들과 연결되며, 그럼으로써 모든 것을 포괄하는 지식, 과학적 철학적 신학적인 거대한 종합을 이루고자 했다. 그는 이처럼 과학과 신앙의 종합을 이루기 위해 '진화의 원리'를 활용했다. 그는 이 진화가 절대적으로 유효하다고 보았다. 그에 따르면, 처음에 구별되지 않은 원초적 덩어리에서 원자들이 생겨났고, 원자들로부터 분자들이 생겨났으며, 복잡한 성장을 통해 최고로 복잡한 분자들이 생겨났다. 이런 복합적인 분자들로부터 예기치 못한 여러 특징들이 등장했는데, 이는 후에 생명의 특징들을 갖게 된다. 여기서 내면적 요소, 의식적 요소가 '배아'의 형태로 출현했는데, 샤르댕은 이를 '내면'이라 불렀고, 이는 시초부터 물질 안에 있었다고 보았다. 여기서 좀 더 나아가 '생명의 문턱'을 넘어간 물질은 '생명 영역'이라는 새로운 영역을 조직하게 된다. 이 영역은 헤아릴 수 없이 많은 방향으로 분화되고 확장되었다. 이 선상에서 언제나 더 복잡한 조직체들이 출현하고, 마침내 최고의 조직체들이 등장하게 되었다. 이 지점에서 진화는 전체적인 구조의 복잡화라는 기존의 길과 다른 새로운 길을 선택하게 된다고 샤르댕은 말한다. 즉, 점진적인 두뇌화, 그리고 신경계가 두뇌를 감싸는 현상으로 이행한다는 것이다. 그럼으로써 새로운 형태의 실재, 즉 성찰, 또는 정신이라는 실재, 즉 '인간'이 출현하게 된다. 샤르댕은 바로 인간을 통해 이 세상에 '정신'이 출

현하게 되었다고 말한다. 인간의 의식, 성찰, 정신은 오늘날 진화가 도달하게 된 최고로 완벽한 수준이다. 그러나 샤르댕은 이러한 인간의 변화는 현재의 인간이 아직 최고 수준에 이른 것이 아니라는 점을 깨닫게 해 준다고 보았다. 그는 인류가 완전한 신비체를 실현하려면 한층 더 집중된 통일 구조를 가져야 한다고 보았다. 여기서 그리스도 또는 하느님은 제반 정신들의 최종적인 통일을 가능케 할 '오메가 포인트'가 되신다.

이런 샤르댕의 사상은 인간 중심적이다. 그리고 하느님 중심적이기도 하다. 그에 따르면, '복합성-의식'의 법칙 자체는, 우주의 내면화 과정이 인간에게서 멈추지 않고 궁극적으로 더 깊은 영적 내면화에 이르기까지, 의식들이 최고로 통일될 때까지 나아간다. 그리고 이것은 궁극적으로 모든 의식과 정신의 합치점인 하느님 안에서만 실현된다. 그래서 하느님은 오메가 포인트이신 것이다. 샤르댕은 오메가 포인트가 단지 과학적인 탐구의 선상에서만 마지막에 출현한다는 점을 지적하면서 이 점을 분명히 설명했다. 실재에 있어서 하느님은 알파 포인트이시다. 그분은 진화의 시작점, 아니 진화의 밖에 계신 분, 영원히 현존하는 분이시다.

한편, 샤르댕에게서도 하느님 존재에 대한 논증이 드러나고 있다. 그는 진화 법칙과 때로는 활동 법칙에 근거해서 그분의 존재를 입증했다. 그는 주목하길, 인간이 도래하기 전까지 진화 과정은 오직 자연법칙에 의해서만 이끌려졌다. 그러나 인간의 출현과 함께 진화 과정은 자연의 손에서 인간 자신의 손으로 옮겨가게 되었다. 이제 진화는 인간이 뜻한 바에 달려 있게 되었다. 이러한 자신의 책임을 자각하는 인간은, 진화를 위해 봉사하기에 앞서, 그러한 봉사가 과연 수고할 만한 것인지 알고자 한다. 이렇듯 인간은 결정적인 물음 앞에 직면해 있는 것이다. 그런데 사고(思考)의 단계에 이른 생명은 그 구조상 언제나 더욱더 높은 곳을 향해 나아가려는 요청이 없으면 지속될 수 없다. 그러므로 인간은 나아가기 위한 동기들을 진보의 도상에 두었다. 그러나 인간은 그렇게 하기 위해 사랑에 의해 자극을 받아야 한다. 그는 하느님이 존재한다는 조건 아래에서만 사랑에 의해 자극받을 수 있다. 이렇게 해서 그는 하느님의 존재를 입증했다.

샤르댕의 우주에 대한 비전은 그리스도교 영성에 대한 깊은 수정을 촉발했다. 기존의 그리스도교 영성은 특히 세상으로부터의 도피를 기본으로 해 왔다. 그런데 샤르댕의 사상에서 이러한 기조가 흔들리고 있음을 보게 된다. 샤르댕에 따르면, 하느님은 당신의 계획에 따라 진화 법칙을 통해 인간에게 우주의 완성을 이룩할 책임을 위임하셨다. 이러한 전망에서 샤르댕의 영성을 지배하는 원리는 활동, 노동, 직업에 초점이 모아짐을 보게 된다. 그는 노동의 가치를 강조했다. 그에 따르면, 노동을 통해 이루어지는 하느님과의 친교라는 근본 원리의 빛 아래 그리스도교적인 덕행들은 새로운 의미를 얻게 된다. 그는 특히 '순수함'의 경우를 들어 이를 분명히 보여 주었다. 순수함은 모든 것 안에서 모든 것 위에서 추구된 하느님의 사랑이 우리의 삶 속에 부어 주시는 올바름이자 충동을 말한다.

② 한스 우르스 폰 발타사르

ㄱ) 생애와 작품: 발타사르는 1905년 스위스의 루체른에서 태어났다. 젊은 시절에 취리히 대학, 빈 대학, 베를린 대학에서 수학했으며,

1928년 독일 문학으로 박사 학위를 취득했다. 그리고 이듬해인 1929년 예수회에 입회했다. 수련기를 마친 후, 그는 풀라흐의 예수회 대학에서 프르치바라의 지도 아래 철학, 특히 토미즘을 공부했다. 그 후, 프랑스의 리옹에 있는 예수회 대학으로 가서 신학을 공부했다. 여기서 20세기 신학을 주도하게 될 다니엘루, 드 뤼박, 부이야르 등을 만나 학문적인 영향을 주고 받았다. 또한, 여러 문학가들도 알게 되었다. 이런 일련의 만남과 우정을 통해 그는 문학과 예술에 대한 관심을 키워 갔다. 그리고 이를 신학과 연계하는 작업을 해 나갔다. 무엇보다도 그의 생애에서 큰 영향을 미친 것은 이냐시오의 『영신수련』을 통해 이룬 그리스도와의 만남이었다. 그는 이 작품에서 신학의 근본 구조를 찾았다. '영광'이란 그의 조직 신학의 근본 주제는 이냐시오의 모토인 "보다 큰 하느님의 영광을 위하여"에서 취한 것이다. 사제품을 받은 후, 그는 바젤 대학의 학생들을 담당했으며, 바르트와의 만남을 통해 서로 영향을 주고받았다. 또한, 그는 바젤에서 신학 사상에 결정적 영향을 미치게 될 또 다른 인물, 신비가 아드리엔 폰 슈파이어를 만났다. 그는 폰 슈파이어와의 만남을 통해 신비 신학에 대한 전망을 갖게 된다. 1948년 그는 새로운 영성 생활 형태에 자신을 충만히 봉헌하고 더 자유롭게 학업에 정진하기 위해 총장의 관면을 얻어 예수회를 나왔다. 1952년에는 『성벽을 무너뜨리다』를 출간했는데, 이는 신랄한 논쟁을 촉발하고 말았다. 이를 비롯해 여러 가지 이유로 그는 제2차 바티칸 공의회에 초대받지 못했다. 그러나 교회 개혁과 현대화에 대한 그의 사상은 공의회 기간 중에 광범위한 동의를 얻어냈으며, 많은 공의회 문헌에 영향을 미쳤다. 또한, 공의회 이후에는 경솔한 개혁의 모습들을 목도하면서 공의회의 순수한 의도가 왜곡되는 것을 막기 위해 강의 집필 등 다방면에서 노력했다. 1961년 그는 기념비적인 신학 대전을 집필하기 시작했다. 이 작품은 3부작으로 『영광』, 『하느님의 드라마』, 『하느님의 논리』로 나뉜다. 여기에 더해, 그는 「친교」 잡지를 창간해서 교회 내에서 생생하고 현실적인 신학적 사색을 증진했다. 이런 일련의 공을 치하하기 위해 1984년 요한 바오로 2세 교황은 그에게 국제 학술상을 수여했고, 1988년에는 그를 추기경에 서임했다. 그러나 안타깝게도 1988년 서임식 이틀 전에 세상을 떠났다.

ㄴ) 사상: 발타사르는 20세기에 가장 독창적인 가톨릭 신학자 가운데 한 사람이다. 그의 사상은 2가지로 집약된다. 첫째, 계시에 대한 해석 원리로서 '아름다움'의 초월적 개념을 선택했으며, 이를 바탕으로 '미학적 신학'을 구축했다. 둘째, 공의회 이전에는 진보주의자, 개혁주의자의 입장에 있었던 반면, 공의회 이후에는 '전통주의자'의 선두에 섰다. 그는 전례 운동, 에큐메니즘 운동, 성경 운동, 신학 운동에 내재된 위험과 애매모호함을 강력하게 고발했으며, 특히 익명의 그리스도교 사상, 비신화화, 세속화에 대한 공의회의 해석에 결정적으로 기여했다. 그는 우리 시대의 문제들을 깊은 애정과 함께 과거의 유산에 연결할 줄 아는 감수성을 지녔다.

그는 자신의 3부작을 통해 신적 계시에 대한 완전하고도 철저한 틀을 제시하려 했다. 이를 위해 그는 삼중적인 초월의 길(아름다움, 선성, 진리)을 거쳤다. 그리고 이 중에 '아름다움'에 우선순위를 부여했다. 그리고 이를 작품으로 표현하기 위해 하느님의 빛과 말씀을 받아들이기 위해 인류가 거쳐 온 모든 진로와 하느님과 그분의 자기 계시 주제가 인류의 사상사에서 취한 모든 형태를 세심하게 탐색했다. 그는 이러한 전망에서 철학에 접근했다. 근본적으로 발타사르의 신학은 호교적이며, 대화적이다.

그는 '아름다움'을 바탕으로 하느님의 존재와 말씀에 접근했으며, 이 과정에서 현상학적 방법론을 활용했다. 이 방법을 취한다는 것은 주체에 대한 대상의 우위를 인정하며, 모든 이해의 형태에 대한 객관적인 가치를 선언한다는 것을 의미한다. 그래서 그는 형태의 객관성, 따라서 개념들의 객관성을 끊임없이 강조했다. 그에 따르면, '현상학적으로' 출현하는 것은 '존재론적으로' 있는 것이다. 그러므로 출현 형태와 형태 그 자체 간에는 불가분리적인 관계가 존재한다. 이처럼 그의 미학적 이해에 있어 핵심적 열쇠는 '형태'(Gestalt)라는 개념이다. 그는 이 '형태'는 절대적 실재를 표현하는 것으로, 자신으로부터 출발해서 이를 계시하지만, 그 자신에게 그리고 표현되는 심연에 그대로 남는다고 말한다. 그러므로 '형태'는 그 자체 안에 거하는 다양한 부분과 요소들의 총체를 의미한다.

발타사르에게 있어 '아름다움'은 그 정수(精髓) 속에 선과 진리의 가치들을 담고 있다. 또한, 그는 토마스와 마찬가지로 존재에 대한 유비적인 개념을 갖고 있었다. 그러나 그는 최소한의 유비만을 말했으며, 하느님의 내재성과 초월성을 강조했다. 그리고 '유비'보다는 '하강 운동'(katalogia)에 대해 말하기를 선호했다. 그는 이를 통해 하느님의 궁핍, 하강, 자기 비움에 대해 말했다. 또한, 존재와 하느님을 향한 접근을 위해 그는 '영광'과 '사랑'이라는 개념을 요청했다. 영광은 하느님의 자기 현시로서, 이는 그 자체로 언제나 사랑의 날인을 간직한다. 무엇보다도 그가 말하는 영광은 하강운동을 통해 드러나는 하느님의 영광을 말한다. 하느님은 인류에게 내려오심으로써, 비천해지심으로써, 절멸되심으로써 영광스럽게 되신다. 사랑, 영광, 십자가는 발타사르의 신학적 미학을 정의하는 세 가지 이름이다.

그의 신학을 구성하는 건축학적 원리는 예수 그리스도이다. 그의 신학은 특별히 더 그리스도 중심적인 특징을 띤다. 하느님의 영광, 사랑, 십자가는 그리스도 안에서 충만하게 드러나기 때문이다. 그런데 그가 보기에 그리스도를 특별히 구별 짓는 지배적인 요소는 '순명'이다. 강생하신 아드님께서는 십자가의 죽음에 이르기까지 순명하신 아드님으로 계시된다. 또한, 발타사르는 순명과 십자가 이상으로, 지옥에 내려가신 그리스도의 신비에 대해 강조했다. 그는 이 신비가 그리스도께서 인류가 범한 죄의 결과들까지도 온전히 나누셨음을 의미한다고 보았다. 발타사르는 이러한 그리스도론의 바탕 위에 삼위일체의 신비에 대한 새로운 해석을 제시했다. 그는 삼위일체의 신비가 그리스도를 통해 우리에게 온전히 계시되었음에 주목했다.

7) 장 다니엘루: 역사 신학, 문화 신학, 종교 신학

① 생애와 작품: 장 다니엘루는 역사, 문화, 종교와 같은 복잡하고 난해한 분야들을 복음의 빛으로 해석함으로써 그 분야들이 제시한 기대에 부응한 천재적인 예수회원이다. 그는 1905년 프랑스의 노일리-쉬르-세느에서 태어났다. 그는 소르본 대학에서 학업을 마치고 24세에 예수회에 입회했다. 1938년에 사제품을 받았으며, 1941년에 파리로 소임을 받아 가서 잡지「연구」출간에 전념했다. 그리고 니사의 그레고

리우스의 신학과 신비 신학을 주제로 박사 학위를 썼으며, 이 논문으로 1943년 파리 가톨릭대학에서 박사 학위를 취득했다. 또한, 그는 소르본 대학에서 문학 박사 학위를 취득했다. 그는 그해부터 파리 가톨릭대학에서 교수 활동을 시작했다. 1961년에는 그 대학의 학장에 임명되었으며, 1962년에는 제2차 바티칸 공의회의 전문 신학자로 임명되어 공의회에서 활발하게 참여했다. 그 후, 1972년에 프랑스 아카데미 회원으로 선출되었다. 그러나 1974년 갑작스레 임종하고 말았다. 그는 광범위한 작품을 남겼으며, 이를 크게 역사 연구서와 신학 연구서로 나눌 수 있다. 그 가운데 대표적으로 『플라톤주의와 신비 신학』, 『오리게네스』, 『알렉산드리아의 필론』 등을 들 수 있다.

② 사상: 다니엘루는 20세기 프랑스 가톨릭 사상의 가장 중요한 대변자 가운데 한 사람이다. 그는 새로운 시대의 요청에 대해 신앙을 통해 응답했다. 특히, 다양한 대화로 사람들에게 신앙에 대한 심오한 성찰을 불어넣어 주었다. 그는 시대의 징표에 주의를 기울였으며, 그리스도교 사상의 기원에 대해 깊이 연구하고, 공의회 문헌들의 교의적인 편집에 적극적이었다. 또한, 공의회 이후에는 교회와 신학의 쇄신을 위해 헌신했다. 특히, 그는 공의회 이전부터 교회와 세상 간의 관계에 대한 쇄신을 부르짖었다. 이러한 그의 기여 가운데 가장 중요한 공헌은 그리스도교 사상의 기원에 관한 역사, 비그리스도교 종교들의 구원적인 가치, 역사 신학과 연관된다.

그는 그리스도교의 역사 연구를 통해 유다계 그리스도교가 복잡한 현상으로서, 그 가운데 에비온주의적 노선만이 이단적이고, 예루살렘적인 노선을 비롯해 넓은 의미에서 유다계 그리스도교는 거대한 교회에 있어서 이질적이지 않다고 보았다. 그는 이를 통해 그리스도교가 다양한 사상과 문화의 틀 안에서 자신을 육화시키고 형체를 취할 수 있는 능력을 갖고 있음을 입증했다. 그는 비그리스도교 종교들과 관련해서 그러한 종교들이 하느님과 인류 사이에 체결된 계약들을 간직한 그룹인 한에서 그 종교들의 구원적인 역할을 소중히 평가한 초기 인물들 가운데 한 사람이다.

신학 분야에서 그가 크게 기여한 것은 역사의 신비와 관련된다. 그는 구원 역사 신학에 열정적으로 전념했다. 그는 역사 안에서 하느님의 개입은 영원한 계획에 따라 실현된다고 보았다. 그에 따르면, 이러한 계획은 살아 계신 하느님이 영광을 받으시고, 인간이 구원되는 것을 그 목적으로 한다. 이 계획의 존재는 시간에 의미와 가치를 선사해 주며, 이 계획의 실현은 구원 역사를 구성한다. 그는 설명하길, 역사에 대한 하느님의 계획에 대한 이해는 성경의 예언을 통해 인간에게 통교되었다. 또한, 그리스도를 통해 일련의 신적인 업적들이 정점에 이른다고 보았다. 그리스도는 역사의 중심이며 역사를 열어젖히는 열쇠인 것이다. 그분은 역사의 목적이며 시작이시다. 따라서, 그리스도의 두 가지 본성을 정의한 칼케돈 공의회의 가르침은 모든 역사 신학을 비춰 준다. 그리고 이러한 선상에서 그는 그리스도께서는 은총을 선사하시는 가운데 인간에게 역사의 궁극적인 의미를 실현할 가능성을 선사해 주신다고 보았다.

③ 누벨 테올로지: 20세기 전반에 교회 내에서는 전통적인 토미즘, 초월적인 토미즘을 통해 많은 신학자들이 대단한 열정으로 신학에 새로

운 활력을 불어넣어 주었다. 그러나 현대 세계를 비롯해 새로운 철학들과 더욱더 개방적인 대화를 가지려는 요구는 계속 잠재되어 있었다. 그러나 이는 결국 1940년대에 '누벨 테올로지' 운동을 통해 솟아올랐다. 시방쥐의 시대 구분에 따르면, 누벨 테올로지에 관한 논쟁은 두 시기로 나뉜다. 첫 번째 시기는 1938-1946년으로, 이 시기에 셰뉘, 샤를리에 같은 도미니코 회원들의 작품이 출간되면서 누벨 테올로지 운동이 시작되었다. 그러나 이들은 로마의 신학자들(가네베, 부아예, 코르도바니)에 의해 비판받았다. 두 번째 시기는 1946-1950년에 해당되며, 이때 논쟁이 더욱 격화되었다. 이는 특히 도미니코회 신학자들(라부르데트, 가리구-라그랑주)과 리옹-푸르비에르 학파를 주도했던 예수회원들(다니엘루, 드 뤼박, 부이야르, 폰 발타사르) 사이에서 진행되었다. 이에 교황청은 1942년에 개입해서 이 운동이 내포한 위험을 강조했다. 또한, 파렌테 주교는 그해 「로세르바토레 로마노」지에 기고한 논설을 통해 누벨 테올로지를 단죄했다. 당시 교황청에 의해 단죄된 이 운동의 출판물은 셰뉘의 소품인 「신학 학파로서의 솔수아르」(1937년)와 샤를리에의 「신학 문제에 대한 논술」(1938년)이다. 셰뉘는 자신의 작품을 통해 현대 신학에서 일어난 발전의 증거를 제시했다. 그에 따르면, 이러한 진보는 거룩한 학문에 역사와 발전의 의미를 통합시키는 방향으로 나아갔다는 것이다. 그리고 여기에 더해 신학이 시대와 연대해야 한다고 주장했다. 한편, 샤를리에는 여기서 한 걸음 더 나아가 "결론들에 대한 신학"으로 규정된 스콜라 신학을 격렬하게 고발했으며, 이와 함께 "쇄신 신학"을 옹호했다. 결국, 셰뉘와 샤를리에의 이 작품들은 금서 목록에 올랐으며, 이와 함께 누벨 테올로지의 발전은 종결된 것처럼 보였다.

그러나 제2차 세계 대전이 끝난 후, 누벨 테올로지의 새로운 국면이 시작되었다. 그 중심에는 리옹 근교의 푸르비에르 언덕에 자리한 예수회 신부들로 구성된 리옹 신학 연구소가 있었다. 여기에 소속된 다니엘루, 부이야르, 폰 발타사르, 드 뤼박은 "교부들로의 회귀"를 기치로 신학 연구 쇄신에 박차를 가했다. 그리고 이를 위해 교부 문헌 번역 전집으로 유명한 『그리스도교 원천』과 그에 대한 연구서 전집인 『신학』이 출간되기 시작했다. 이러한 그들의 쇄신을 위한 노력은 다니엘루의 소논문 「종교 사상의 현재 방향들」을 통해 계획적인 표현을 갖게 되었다. 거기서 다니엘루는 전망을 확장하고 신학을 풍요롭게 하기 위해 현대 세계를 향한 최대한의 개방을 요청했다. 그러나 바니에부의 논문이 등장하면서 전통 신학자들은 단호히 반발하기 시작했다. 도미니코회의 라부르데트는 「리뷰 토미스트」지에 실은 논문에서 '누벨 테올로지'의 위험을 고발했다. 특히, 그는 드 뤼박과 부이야르를 상대주의라고 비난하고, 다니엘루가 조직 신학을 평가절하했다고 비난했다. 또한, 같은 해에 가리구-라그랑주 역시 「안젤리쿰」지에 개제한 논문 「누벨 테올로지는 어디로 향하는가?」를 통해 누벨 테올로지를 신랄하게 비판하며, 그 운동이 근대주의로 회귀하는 것은 아닌지 비난했다. 결국, 이 논쟁은 현대의 주요 가톨릭 신학자들 사이에 급속히 퍼지고 말았다. 이에 1950년 비오 12세 교황은 회칙 「인류」를 통해 누벨 테올로지의 위험들에 대해 주의하도록 경고하고 전통 신학의 가치를 재확인했다.

이 회칙은 신학의 쇄신을 위해 성경과 교부들로 돌아가려는 경향을 승인했다. 반면, 교의들이 내포한 영속적 진리를 의문에 부치는 다양한 오류들을 단죄했다. 그러나 이 회칙은 동시에 새로운 사상의 형태들이 가능한 한 그리스도교 교의에 동화될 수 있도록 권고했다. 더 나아가, 현저한 획일주의의 순간에 신학적 다원주의가 정당하며 적절하다고 보았다. 회칙 「인류」에 대한 수용과 평가는 상당히 다르게 나타났다. 그러나 오늘날에는 당시 이 회칙이 '누벨 테올로지' 운동을 과소평가했음을 인정해 가는 상황이다. 하지만, 이 회칙으로 인해 '누벨 테올로지' 운동에 연루된 학자들은 고초를 겪어야 했다. 셰뉘, 드 뤼박, 콩가르는 교수직에서 해임되고 활동 중심지로부터 멀리 떠나야 했으며, 신학계 역시 위축되는 분위기였다. 그러나 요한 23세 교황으로 인해 이러한 분위기는 근본적으로 바뀌고 말았다. 교황은 그들을 모두 복권했을 뿐만 아니라 공의회의 전문 신학자들로 임명함으로써, 공의회를 통한 현대 교회의 쇄신에 큰 역할을 하도록 배려했다.

4. 제2차 바티칸 공의회와 신학

1) 요한 23세와 공의회 소집

제2차 바티칸 공의회는 현대 교회에 있어서 중대하고 획기적인 사건이다. 이 공의회는 오랜 신학의 여정에 있어서 마지막 도착점이면서 동시에 새로운 여정의 출발점이 된다. 이 공의회를 소집한 당사자는 요한 23세 교황이었다. 이는 그가 보편 교회의 수장으로서 재임 기간 중에 하려 했던 다음과 같은 4가지 핵심적인 일들 가운데 하나였다. 그것은 보편 공의회 소집, 로마 교구 시노드, 교회 법전의 개정, 동방 교회 법전의 편찬이었다. 요한 23세 교황은 선출된 직후인 1959년 1월 25일 성 바오로 대성전에서 공식적으로 제2차 바티칸 공의회를 소집했다. 교황은 이 공의회가 온전한 의미에서 보편 공의회가 되도록 했다. 가톨릭 신자만이 아니라 동방 정교회와 개신교까지 아우르는 모든 그리스도인들이 참여하게 하려 했던 것이다. 실제로 공의회를 소집하는 과정에서 교황은 동방 정교회의 여러 총대주교들과 개신교 여러 분파 책임자들에게 자신의 뜻을 전하며 그들을 공식적으로 초대했다. 이에 각 교파에서는 대표들을 보내서 교황에게 화답했다.

교황은 공의회의 주요 의제로 교회의 내부적인 쇄신과 세상의 문제들에 대한 개방을 제시했다. 그는 회칙「베드로의 주교좌」에서 공의회를 개최하는 목적은 가톨릭 신앙을 촉진하고 그리스도교 백성의 풍습을 유익하게 쇄신하며, 교회 규율을 우리 시대의 필요에 따라 현대화하는 데 있다고 명시적으로 언급했다. 마침내 1961년 12월 25일 제2차 바티칸 공의회가 장엄하게 시작되었다. 공의회에는 2,500명의 교부들이 투표권을 갖고 참석했다. 명실공히 이 공의회는 교회사 전체에서 가장 보편적인 공의회였다. 다섯 대륙 모두의 주교단이 참석했기 때문이다. 아메리카는 956명의 주교들이 참석했고, 아시아는 300명 이상을 파견했으며, 아프리카는 379명을 파견했다. 초기에 공의회의 진행은 난항을 거듭했다. 무엇보다도 진보주의자들과 보수주의자들 간의 대립 때문이었다. 이로 인해 작업은 상당히 더딜 수밖에 없었다. 회의에서는 진보주의자들이 다수였지만, 편집된 본문들은 주로 전통주의적 성향의 전문가들에 의해 준비된 것도 문제였다. 이로 인해 제1회기에서 논의를 위해 회의장에 가져온 5개의 본문들은 모두 승인을 받지 못했다. 공의회의 작업은 다음 해인 1963년 9월 8일에 다시 진행되었다. 그러나 그 바로 전인 6월 3일 요한 23세가 갑자기 임종하고 말았다. 이로 인해 콘클라베가 소집되었고, 조반니 바티스타 몬티니가 바오로 6세 교황으로 선출되었다. 이제 공의회의 명운은 바오로 6세에게 달려 있었다.

2) 바오로 6세, 공의회의 인도자

신임 교황은 첫 라디오 연설을 통해 자신의 재임 기간에 공의회를 가장 우선적으로 처리하겠다는 뜻을 밝혔다. 제2회기가 시작되기 전, 1963년 초에 교황의 요청으로 이루어진 공의회의 규칙 변경 가운데에는 대단히 중요한 사항이 있었다. 공의회의 전체 진행을 진행자단에서 교황이 맡아 직접 이끄는 것으로 변경된 것이다. 바오로 6세는 이를 근거로 방관자가 아닌 주무자로서 공의회 전체를 직접 이끌어갔다. 이렇게 해서 1963년 9월 29일 공의회 제2회기가 시작되었다. 바오로 6세는 공의회 제2회기 개막 연설에서 공의회의 목적을 다음과 같이 4가지로 압축해서 분명히 공포했다. 교회의 본성을 교리적으로 설명하는 것, 교회의 내적 쇄신, 그리스도인 일치의 증진, 교회와 현대 세계 간의 대화가 그것이다.

공의회는 처음 세 회기 동안(1962-1964년) 내내 「교회에 관하여」 다루었고, 마침내 탁월한 교회론 본문인 교회 헌장 「인류의 빛」을 도출해 냈다. 준비 위원회에서 작성한 초안을 기초로 제1차 회기에서 검토했을 당시, 이 문헌은 승인되지 못했다. 결국, 오랜 조정 과정을 거쳐 이 문헌은 제3차 회기를 마감하는 1964년 11월 19일 초안이 투표에 부쳐졌고, 2,134표의 찬성과 10표의 반대를 받았다. 이틀 후에 교회 헌장 「인류의 빛」은 공식적으로 장엄하게 승인되었다. 제2회기 마감에 즈음해서 공의회는 전례 헌장과 사회 매체 교령을 반포했다. 제3회기를 끝맺는

1964년 11월 21일 공개회의에서는 「인류의 빛」과 함께 「동방 교회들」, 「일치의 재건」이 승인되었다. 이 중에 특히 일치 교령은 비오 11세와 비오 12세의 임기 중에 되풀이하여 단죄된 일치 운동을 긍정적으로 평가하며 그에 대한 적극적인 동참을 촉구한 것으로, 「인류의 빛」 다음으로 중요하다. 제4회기는 1965년 9월 14일 시작되었다. 이 회기에서도 다양한 의안들이 다뤄졌으며, 다음과 같은 5개의 교령과 3개의 선언들이 승인되고 반포되었는데, 바로 「주님이신 그리스도」, 「완전한 사랑」, 「온 교회의 열망」, 「사도직 활동」, 「사제품」, 「교육의 중대성」, 「우리 시대」, 「인간 존엄성」이다. 공의회는 1965년 12월 8일 베드로 광장에서 장엄한 폐막 미사 그리고 교황의 폐막 교령 낭독과 함께 끝났다.

3) 공의회의 가르침

4차례의 긴 회기 동안의 작업으로 이루어진 많은 결실은 4개의 헌장, 9개의 교령, 3개의 선언에 집약되었다. 무엇보다도 제2차 바티칸 공의회는 본질적으로 교회론적 공의회였다. 이 공의회는 교회가 자신에 대한, 그리고 자신의 사명에 대한 이해를 '현대화'하기 위하여 소집된 것이다. 이것이 바로 공의회를 소집한 요한 23세의 뜻이었다. 그는 공의회가 단죄하는 것이 아니라 모든 사람들의 일종의 공통된 유산이 된 교리를 명확히 하기 위한 것이고, 이를 현시대에 이해되고 받아들여질 수 있게 제시하기 위한 것이라고 천명했다.

ㄱ) 전례 헌장 「거룩한 공의회」: 이 헌장은 연대순으로 말해서 공의회의 첫 번째 헌장이다 이 문헌은 1920년대에 시작된 전례 쇄신의 결실

을 담은 소중한 문헌이다. 이 헌장은 전례의 근본적 단일성을 옹호하면서도, 다른 한편으로 개별교회들에게 다양한 민족들의 가치, 전통, 문화를 반영하는 언어와 예식들을 사용하도록 격려했다. 그리고 성사 거행에서 말씀의 현존을 (각 지방의 언어로) 더욱 강조하여, 전례 거행에 하느님 백성이 더 활기차게 참여하도록 했다.

ㄴ) 계시 헌장「하느님의 말씀」: 이 헌장은 계시의 신적 기원, 역사적 본성, 구원론적 목적을 제시했다. 이 헌장에서 새로운 요소 가운데 하나는 성전의 '발전'을 인정한 것이다. 그리고 이를 바탕으로 구원 경륜의 역사 안에서 성전의 중요성을 강조했다.

ㄷ) 교회 헌장「인류의 빛」: 이 헌장은 제2차 바티칸 공의회 전체의 주된 본문이며 중심축이다. 이 헌장은 교회의 신비, 하느님의 백성, 교회의 교계 제도, 특히 주교직에 대해 제시했다. 또한, 평신도, 수도자의 정체성과 소명에 대해서도 제시했으며, 교회의 보편적 성화 소명에 대해 언급했다. 그리고 순례하는 교회의 종말론적 성격과 이 교회가 천상 교회와 누리는 일치에 대해서도 논했다. 그리고 마지막으로 복되신 천주 성모 마리아에 대해서도 논했다. 공의회가 묘사한 교회의 새로운 모습에는 트리엔트 공의회 이후의 교회론이 주목하지 않았거나 간과한 친교적, 카리스마적, 문화적, 교회 일치적 측면들이 크게 부각되었다. 공의회는 가톨릭 전승의 풍요로운 교회론적 유산 전체를 아름답게 종합하고, 이를 모든 이가 이해할 수 있는 평이한 언어로 명확하고 깊이 있는 문헌들로 확정했다. 특히, 공의회는 교회의 비가시적 차원과 가시적 차

원, 역사적 차원과 초월적 차원을 모두 적절하게 부각시키고, 성경과 성전, 교황의 수위권과 주교단의 단체성, 카리스마와 제도, 교계와 하느님 백성 사이의 관계 등 대단히 중요한 문제들을 결정적으로 규명했다.

ㄹ) 사목 헌장 「기쁨과 희망」: 이 헌장은 교회가 현대 세계와 맺어야 할 관계에 대해 제시했다. 사목 헌장은 두 부분으로 나뉜다. 제1부에서는 근본적인 문제들을 다뤘으며, 제2부에서는 "몇 가지 긴급 과제"를 다뤘다. 공의회 본문은 현대 세계가 직면한 다양한 불균형과 모순들, 그리고 위기들을 진단했다. 그리고 제1부에서 4가지 주요 주제들, 즉 인간, 정치 공동체, 우주 안에서 인간의 활동, 현대 세계 안에서 교회의 사명에 대해 대답했다. 이어서 몇 가지 "긴급 과제"를 연구하는 제2부에서 공의회는 가정, 문화, 노동, 평화에 대해 검토하고 대답을 제시했다. 사목 헌장은 전체적으로 매우 훌륭한 본문으로, 거기에는 그리스도교적 '실천'에 대한 많은 가르침이 들어있다. 이 헌장은 평신도 가톨릭 신자가 "세상의 빛과 소금"이 되도록 그의 손에 쥐어 준 소중한 안내서라고 할 수 있다. 공의회는 이 문헌의 작성에 콩가르의 유명한 저서 『평신도 신학을 위한 지표』를 폭넓게 이용했다.

ㅁ) 일치 교령 「일치의 재건」: 공의회는 일치 운동에 관한 교령을 통해 일치 운동의 선성(善性)을 인정하고 가톨릭의 관점에서 그 기본 원칙들을 규정했다. 그뿐 아니라 가톨릭 교회는 바로 이 순간부터 스스로 일치 운동을 이끌고, 이를 가장 열성적으로 촉진하는 역할을 하게 된다고 말할 수 있다. 공의회는 이 교령을 통해 다른 교회들도 구원의 진정한

도구로서 역할을 지니고 있음을 인정했다. 그리고 일치를 회복하는 길로 다음의 4가지 길을 제시했다. 대화의 길, 개혁의 길, 전통들의 다원성의 길, 1차적 진리들과 2차적 진리들을 구별하는 길이 그것이다.

ㅂ) 비그리스도교 선언 「우리 시대」와 종교 자유 선언 「인간 존엄성」: 공의회는 이 두 선언을 통해 비그리스도인들과 어떤 종교도 고백하지 않는 이들을 어떻게 대해야 할지에 대한 대답을 제시했다. 선언 「우리 시대」에서 공의회는 모든 종교들을 긍정적으로 평가하고, 「인간 존엄성」에서는 종교 자유의 온전한 권리를 인정했다.

4) 제2차 바티칸 공의회에서 신학자들의 역할

1900년대 전반기에 활발히 활동했던 가톨릭 신학자들의 위대함이 온전히 드러난 것은 공의회를 통해서였다. 이들은 공의회의 주요 제작자이자 주역이었다. 공의회 기간 중에 이들의 존재는 매우 두드러졌다. 공식적, 개별적 전문 신학자들의 수가 200명을 넘었다. 공의회 작업에서 신학자들의 기여는 본질적이고 항구하며 결정적이었다. 공의회 모든 본문 작성이 그들에게 맡겨졌으며, 이 본문들은 그 후에 공의회 교부들에 의해 승인되었다. 결국, 제2차 바티칸 공의회 신학은 그곳에 참여한 신학자들, 구체적으로 파렌테, 콜롬보, 드 뤼박, 콩가르, 다니엘루, 라너, 라칭거, 셰뉘 등의 신학이라고 말할 수 있다. 공의회 이전 수십 년 동안 활발하게 이루어진 가톨릭 신학의 부흥은 공의회에서 그 최상의 결실을 맺었다. 제2차 바티칸 공의회에서 신학은 교도권에 탁월하게 봉사했다. 즉, 신학은 개념과 양식과 표현들을 만들어 주면서 온전히 교도권에 기여했다. 신학자들의 슬기로운 공헌에 힘입어 제2차 바티칸 공의회는 교회의 신비에 관한 영역에서 현대화할 수 있었다.

제3장

제2천 년기 말의 신학: 쇄신과 토착화

1. 비오 11세부터 요한 바오로 2세까지 교황 교도권의 가르침

1) 비오 11세

비오 11세 교황은 '회칙'이라는 이름의 교황 서한들로 자신의 교도권을 행사했다. 그는 재위 기간(1922-1939년) 동안 30여 편의 회칙을 썼다. 이는 신학, 도덕, 교육, 정치, 사회, 선교 등 여러 영역의 주제들에 관한 것이었다. 그는 첫 회칙 「하느님의 신비로운 계획」에서 제1차 세계 대전에서 승리한 세력들에게 민족들 사이의 형제적 관계를 권고했다. 또한, 스톡홀름과 로잔에서 열린 교회 일치 회의들에서는 불분명한 통합의 양식들을 경계하면서 신앙 안에서 일치를 촉구했다. 토마스 아퀴나스 시성 600주년에는 그를 '학문들의 인도자'로 선포했다.

윤리의 영역에서 비오 11세는 그리스도교 혼인에 관한 회칙 「정결한 혼인」을 반포해서 큰 반향을 불러 일으켰다. 여기서 교황은 부부의 정결을 길게 다루며, 피임을 단호하게 단죄했다. 또한, 사회, 정치 분야에서 3개의 중요한 회칙을 반포했다. 「사십 주년」, 「간절한 근심」, 「하느님이신 구세주」가 그것이다. 회칙 「사십 주년」은 레오 13세 교황의 「새로운 사태」 반포 40주년을 기념하여 반포된 것으로, 레오 13세의 가르침을 재확인하며 그간 제기된 여러 문제에 대한 대답을 시도했다. 교황은 이 문헌을 통해 사유 재산권을 옹호했다. 또한, 협동조합주의에 대한 긍정적 의견을 피력했지만, 균형 잡힌 형태를 제시했다.

비오 11세가 재임하는 기간 동안 유럽에서는 민족주의가 폭발했고 나치즘, 파시즘, 공산주의 같은 전체주의 정권들이 형성되었다. 교황은 우익과 강한 정부들에 공공연히 공감을 보였으며, 히틀러와 협약을 맺고 스탈린과도 합의하려 했다. 그러나 원리와 이념들에 있어서는 단호하고 확고한 입장을 취했으며 나치즘에 대해서나 공산주의에 대해 분명한 단죄를 내렸다. 이러한 교황의 가르침은 회칙 「간절한 근심」과 「하느님이신 구세주」를 통해 제시되었다. 교황은 「간절한 근심」을 통해 나치즘에 반대하며, 이를 단호하게 단죄했다. 사실, 이 회칙을 먼저 촉진한 것은 독일 주교단이었다. 이들은 풀다의 주교회의에서 회칙을 통해 독일 교회의 상황에 개입해 줄 것을 교황에게 요청했다.

한편, 회칙 「하느님이신 구세주」는 공산주의에 관한 것이다. 교황은 이 회칙을 통해 공산주의를 단호하게 단죄했다. 그리고 공산주의가 범한 오류와 악행에 대한 치유책으로 인간 인격과 사회에 대한 가톨릭 교리를 제시했으며, 마지막에 그리스도인들에게 공산주의자들과 협력하는 것을 단호하게 금했다. 비오 11세는 임기 말년에 계속해서 인간의 권리를 주장하며 좌익과 우익 양편의 전체주의 이념들에 맞서 싸웠다. 그는 1939년 세상을 떠났다.

2) 비오 12세

① 생애: 비오 12세 교황은 '시대의 표지'에 주의를 기울이고 그리스도의 영원한 말씀을 언제나 새로운 상황에 적용하기 위해 교도권을 행사했으며, 이를 통해 공의회 준비에 크게 기여했다. 그는 교의적 문제들보다는 윤리, 법률, 사회 문제에 관심을 기울였다. 그래서 그의 교도권은 주로 실천 신학을 다뤘으며, 매우 윤리적이고 사회적인 성격을 띠었다. 그가 이러한 방향을 강조하게 된 데에는 교황직을 수행하는 기간에 보여 준 일련의 사회의 상황도 영향을 미쳤다. 비오 12세의 모토는 "새로운 사물이 아니라 새로운 방식으로"였다. 그는 오늘의 세상이 마땅히 자랑스럽게 여기는 가치들과 지상적 실재들을 희생하지 않으면서도, 다른 한편으로는 그것들에 그리스도교적인 기초를 보증하기 위해 교황으로서 자신의 교도권을 수행했다. 그는 자신의 연설, 라디오 메시지, 회칙을 통해 수백 번에 걸쳐 이러한 가르침을 제시함으로써 이를 후대에 유산으로 남기려 했다.

비오 12세의 가장 훌륭한 가르침은 다양한 회칙에 담겨 있으며, 그 가운데 기조적인 회칙으로「교황직」을 들 수 있다. 또한, 교회를 그리스도의 신비체로 정의하는「그리스도의 신비체」, 성경 연구에 관한「성령의 영감」, 재속회에 관한「성령의 영감」, 거룩한 전례에 관한「하느님의 중개자」, 선교에 관한「복음 선포자들」, 몇 가지 위험한 신학 조류에 관한「인류」, 하느님의 어머니 마리아에 관한「찬란한 왕관」, 독신과 사제의 덕에 관한 「거룩한 동정 생활」, 라디오, 영화, 텔레비전에 관한 「놀라운 발견」, 교황과 그가 임명한 주교들의 순명에 관한 「사도들의 으뜸」이 있다. 사회 교리에 관해서는 회칙들 외에도 비오 12세의 성탄 라디오 연설들이 중요하다.

② 사상: 우선, 성경 해석에 관한 비오 12세의 가르침은 「성령의 영감」에 담겨 있다. 그의 가르침은 다음과 같은 면에서 혁신적이다. 먼저 성경 연구자들은 대중 라틴말 성경에 만족할 수 없고 모든 고대의 원천들을 사용해야 하며, 그곳에서부터 성경과 고대 번역본의 최종 비평판을 만들어야 한다. 또한, 본문 비평의 모든 자원을 사용해야 한다. 그리고 학자들은 문학 양식과 문학 유형, 그리고 계시의 '인간적 측면'에 주의를 기울여야 한다. 이 회칙은 성경 운동을 위해 긍정적인 지침을 제공하는 가운데 수십 년 전부터 진행되던 성서적 부흥을 크게 자극했다.

한편, 비오 12세가 반포한 회칙 「인류」는 교회 안팎으로 큰 반향을 불러일으켰다. 이는 특히 이 회칙이 '누벨 테올로지'를 단죄했으며, 이로 인해 당대 신학을 주도하던 콩가르, 드 뤼박, 다니엘루, 셰뉘 등에게 큰 타격을 주었기 때문이다. 그러나 이 회칙은 단순히 부정적인 것만을 지향하지 않았다. 회칙은 그릇된 평화주의, 다원 발생설, 자유로운 주석, 상황 윤리, 내재주의, 상대주의, 실존주의를 단죄하는 데 그치지 않고, 신학자가 해야 할 일에 대한 몇 가지 중요한 지침들도 제시했다. 또한, 회칙은 신학적 다원주의가 합법적이고 적절하다는 점을 인정했다. 여기에 더해, 회칙은 신학자들의 자유와 그들이 교도권에 대해 갖는 관계에 대해 언급했다.

교회론과 관련해서 비오 12세는 「그리스도의 신비체」를 통해 교회의 본성과 교회 안에서 평신도의 역할에 관한 깊은 성찰을 제시했다. 그는 이를 위해 전통적 사회 개념을 버리고 성서적인 '신비체' 개념을 사용했다. 또한, 그는 교회의 그리스도론적 본성을 부각시키고 교회를 육화의 연장이며 지속으로 제시했다. 교황은 신비체인 교회에 속하는 가시적인 표지로 세례를 들었다. 또한, 교황은 교회의 가시성에 대해 설명한 다음, 그 위계적 구조를 제시했다. 그리고 이를 바탕으로 교황, 주교, 신부, 신자의 역할과 의무를 고찰했다. 더 나아가, 교황은 각 개별 직업들의 특수한 의무를 검토하고 언급하면서 평신도들의 의무에 대해 상세히 제시함으로써 평신도 신학의 기초를 놓았다.

한편, 비오 12세는 자신이 받은 교육에 따라 사변 신학보다 실천 신학, 특히 윤리 신학에 많은 관심을 가졌다. 그는 윤리 신학의 발전에 기여했다. 그는 상황 윤리에 맞서 윤리의 기본 원리들을 다시 강조했다. 비오 12세의 공헌은 특히 특수 윤리의 영역에서 두드러졌다. 그는 과학, 의학, 기술의 발전으로 인하여 인간과 그리스도인의 양심에 제기되는 모든 새로운 문제들에 개입할 기회를 놓치지 않았다. 교황은 여러 기회에 무장과 무기 사용, 인구 폭발과 산아 제한에 관한 교회의 입장을 분명히 밝혔다. 예컨대, 1958년 혈액학자들에게 한 연설에서 비오 12세는 피임약의 사용에 대해 그것이 치료적 기능일 때에는 합법적이지만, 의도적으로 임신을 피하기 위해 사용하는 것일 때에는 불가하다는 점을 분명히 밝혔다.

사회 교리에 관한 비오 12세의 가르침은 매우 중요하고 영구적인 메시지의 성격을 띤다. 그는 자신의 임기 동안 다양한 기회에 정치적, 사회 경제적 질서에 대한 실천적 지침을 제시했다. 정치 영역에서 매우 중요한 것은 1955년 있었던 제10차 국제 역사학회에서 행한 연설이다. 여기서 교황은 국가와 교회의 관계에 대해 분명한 교회의 입장을 밝혔다. 또한, 그는 1947년 성탄 라디오 연설에서 그리스도인들이 하느님을 부인하고 인간을 짓밟는 당파와 권력에 어떤 식으로든 협력함으로써 자신의 신앙을 버리는 위험을 경고했다. 또한, 그들이 공산당에 가입하거나 어떤 식으로든 돕는 것에 대해서도 경고했다.

3) 요한 23세

① 생애: 요한 23세 교황은 1881년 베르가모의 작은 마을인 소토일몬테에서 태어났다. 12살에 베르가모 신학교에 입학해 공부하고, 신학 박사 학위를 취득한 다음, 사제품을 받았다. 1905년에는 교구장 비서로 일했으며, 베르가모 신학교에서 교수로도 활동했다. 제1차 세계 대전이 발발하자 참전했으며, 전역 후에는 신학교의 영성지도, 가톨릭 청년회 지도 신부로 활동했다. 1925년에는 주교로 임명되었으며, 1934년에는 대주교로 승품됨과 동시에 튀르키예와 그리스의 교황 사절로 임명되어 활동했다. 이어서 1944년에는 프랑스 교황 대사로 임명되었으며, 1953년 베네치아 대주교 겸 추기경에 서임되었다. 그리고 마침내 1958년 교황으로 선출되었다. 요한 23세는 많은 이들이 생각하듯이 과도기의 교회 수장으로 남아 있지 않고, 그 누구도 예상치 못한 제2차 바티칸 공의회를 소집함으로써 교회의 현대화에 박차를 가했다. 그러나 안타깝게도 그는 공의회가 개최된 지 얼마 후, 1963년에 세상을 떠나고 말았다.

② 사상: 요한 23세는 언제나 선교에 대한 큰 애정을 갖고 있었다. 이러한 선교 정신은 그의 기조적인 회칙인 「베드로의 주교좌」에서 잘 드러난다. 그는 이를 회칙 「목자들의 으뜸」에서 다시 명시적으로 다루었다. 그는 이 회칙에서 민족들의 복음화에서 어떤 결과들에 도달했는지를 지적하고, 선교 국가들에서 성직자 모집과 양성에 관하여 따라야 할 새로운 길들에 대해서도 언급했다. 뿐만 아니라 선교지의 지역 교계와 지역 성직자가 절대적으로 필요함을 강조하고 선교 사업에서 평신도의 중요성을 상기했다. 선교 의무의 보편적 성격에 대한 요한 23세의 고찰은 제2차 바티칸 공의회의 선교 교령에서 계속 반복되고 있다.

사회 교리와 관련해서, 요한 23세가 반포한 회칙 「어머니요 스승」은 가장 중요한 위치를 차지한다. 이 회칙은 레오 13세 교황의 「새로운 사태」와 비오 11세 교황의 「사십 주년」에 담긴 내용을 완성하고 쇄신했다. 또한, 교황은 현대 세계의 중요한 사회, 경제, 정치 문제들에 대해 권위있게 발언했으며, 특히 산업 세계의 변화, 산업 세계와 농업 세계의 불균형, 발전한 민족들과 발전 중인 민족들 사이에서 벌어지는 격차, 경제 문제의 국제적 차원과 이것이 불가피하게 평화에 미치는 영향, 인구 문제에 대해 유권적으로 개입했다. 공권력과 관련해서, 그는 발전을 위해 공권력이 필요함을 언급하면서도 동시에 '보조성의 원리'를 강조했다. 그는 또한 "사회 관계의 증대"에 대해서도 언급했다. 「어머니요 스승」에 담긴 풍부한 가르침은 공의회의 사회적 교도권에 담기게 된다.

한편, 요한 23세는 「지상의 평화」를 통해 「베드로의 주교좌」에서 다루었던 평화 문제로 다시 돌아왔다. 그는 이 회칙에서 평화의 4가지 중추를 분명히 설정했다. 그것은 진리, 정의, 사랑, 자유로서, 모든 사람들

특히 그리스도인은 이것들을 옹호하고 촉진해야 한다고 교황은 말한다. 또한, 그는 여기서 비오 12세가 1939년에 전쟁에 대해 경고했던 바를 상기하기도 했다. 평화에 관한 메시지를 담고 있는 이 마지막 회칙은 그가 교회와 인류에게 남기고 싶었던 진정한 영적 유언과 같은 것이었다.

4) 바오로 6세

바오로 6세 교황은 매우 학식 있는 인물이자 우아한 문학가였으며, 영적인 사람이고 대화에 열린 인물이었다. 또한 교회와 세상, 문화와 사회의 문제들에 대해 민감했다. 그는 공의회가 보수주의자들과 진보주의자들 사이의 논쟁으로 치닫던 1963년 교황으로 선출되었다. 그는 착좌한 후, 회칙「주님의 교회」를 반포함으로써 확고하게 공의회의 목표들을 설정했다. 그는 자신의 임기 동안 공의회를 이끌고 잘 끝마쳤을 뿐만 아니라, 공의회에서 제정한 원칙들을 혼신을 다해 이론적 차원에서 실천적 차원으로 옮겨놓았다. 임기 마지막에 그를 가장 괴롭힌 것은 특히 신학자들이었다. 그들은 때로 자신의 작업과 규율에서 더 많은 자유를 요구했으며 지나친 주장을 내세우기도 했다. 그들은 스콜라 신학을 중단하고 서둘러 '실천의 신학들'을 만들었다. 특히, 정치 신학(메츠)과 해방신학(구티에레스, 보프)이 여기에 속한다. 이러한 신학들은 새로운 방법과 언어를 도입한 것은 물론, 그리스도교의 핵심적 신비들, 특히 그리스도론과 삼위일체론, 그리고 교회론의 신비들이 담고 있는 근본 내용까지 변조했다. 또한, 교황의 무류성에 이의를 제기한 자도 있었고(한스 큉), 기초 윤리의 원리들이 지닌 가치를 부인한 자도 있었다(커린).

1978년 7월 29일 어느 강론에서 그는 자신의 교황직을 요약하며, 자신이 반포한 주요 교도권의 문헌들을 두 부류로 나눈 바 있다. 첫째 부류는 정통 교리를 옹호하기 위한 문헌들이며, 두 번째 부류는 인간 생명을 옹호하기 위한 문헌들이다. 첫 번째 부류에는 다음과 같은 문헌들이 있다. 「주님의 교회」, 「신앙의 신비」, 「사제 독신 생활」, 「복음의 증거」, 「부성적 자애」, 「그리스도인의 기쁨」, 「현대의 복음 선교」, 「하느님 백성의 신경」 등이다. 반면, 두 번째 부류에 속하는 문헌은 다음과 같다. 「민족들의 발전」, 「인간 생명」 등이 그러하다. 이 가운데 「주님의 교회」와 「인간 생명」은 바오로 6세의 교도권을 떠받치는 주요한 두 기둥이다. 이 중에 「인간 생명」은 큰 논란을 불러 일으켰다. 거기서 교황은 인간 성의 문제, 산아 제한 문제, 생명의 문제를 심도 있게 다뤘다. 이러한 문제들은 시대적으로 볼 때, 더 이상 교회가 피할 수 없는 문제였다. 교황은 원칙적으로 출산을 조절할 필요성에 대해서는 동의했지만, 윤리를 기술로 해소하지 않고자 자연적이 아닌 수단들을 사용하는 데는 반대했다. 즉, 교황은 출산을 조절하기 위한 수단으로 피임을 사용하는 데 대해 분명하게 거부했다. 그러나 적지 않은 가톨릭 학자들은 매우 강하게 반대 의사를 표시했다. 한스 큉 같은 경우는 교황이 오류를 범할 수 있음을 입증하기 위하여 「인간 생명」을 근거로 들기도 했다. 그러나 「인간 생명」 25주년을 맞아 1993년 미국 덴버에서 열린 세계 회의에서 전문가들은 이 회칙이 예언적이고 용기 있는 것이었음을 인정했으며, 20세기의 성 혁명으로 인한 많은 일탈들을 물리치기 위한 타당한 기준점으로 추천했다.

바오로 6세가 반포한 「현대의 복음 선포」 역시 중요한 위치를 차지한다. 공의회 이후 선교 활동에서 새로운 변화가 일어났으며, 선교사들은 복음화보다 인간적 진흥에 훨씬 더 많은 공간을 할애하기도 했다. 그러나 교황은 이 회칙을 통해 선교사들이 범한 중대한 오류를 비판하면서, 복음화가 인간적 진흥보다 절대적으로 우선함을 강조했다. 또한, 그는 이 회칙을 통해 복음화를 문화와 연관시키는 본질적인 관계들에 대해 깊이 다뤘다. 복음화는 개인들뿐만 아니라 백성과 민족들에 연관되고, 따라서 다양한 문화와 관련되기 때문이다. 마지막으로, 오베르와 같은 학자들은 바오로 6세의 교황 임기를 두 시기로 구분했다. 첫 시기는 1968년까지이고, 두 번째 시기는 1968년부터 선종 때까지이다. 그들은 교황이 첫 시기에 진보주의자들 편에 있었던 데 반해, 두 번째 시기에는 보수주의자들 편으로 건너갔다고 본다. 그러나 바오로 6세는 진보주의자도 보수주의자도 아닌, 위대한 '가톨릭 전승'의 충실하고 열정적인 수호자였다. 대화의 교황인 바오로 6세는 교회를 현대 문화와 갈라놓는 장벽을 허물고자 했고, 그의 교도권은 교회보다 훨씬 더 넓은 영역을 지평으로 삼았다.

5) 요한 바오로 2세

① 생애: 요한 바오로 2세 교황은 1920년 폴란드 남부의 바도비체에서 태어났다. 1942년 당시 비밀리에 운영하던 지하 신학교에서 신학 공부를 하고 1946년 사제품을 받았다. 그 후, 로마의 안젤리쿰에서 십자가의 성 요한으로 박사 학위를 취득했다. 로마에서 학업을 마친 후, 그는 어느 시골의 본당 신부로 일하며, 루블린 신학 대학에서 윤리 신학을 가르쳤다. 그는 1958년 9월 29일 비오 12세에 의해 주교로 서임되었으며, 그 후 1962년부터 1965년에 있었던 제2차 바티칸 공의회에 참석

해 「인간 존엄성」과 「기쁨과 희망」을 완성하는 데 기여했다. 이러한 공로를 인정받아 바오로 6세는 그를 크라쿠프의 대주교로 서임했다. 그리고 1978년 34일 만에 갑자기 서거한 요한 바오로 1세의 뒤를 이어 교황에 선출되었다.

요한 바오로 2세는 역대 교황 가운데 가장 많은 여행을 하며, 전 세계 신자들과 소통한 교황이다. 또한, 그는 1522년 하드리아노 6세 교황 이후 처음으로 비(非)이탈리아인으로 교황좌에 올랐다. 그는 1981년 튀르키예 출신 청년 메흐메트가 쏜 총탄에 맞아 생사의 갈림길에 서기도 했다. 그러나 요한 바오로 2세는 자신을 저격했던 암살자에 대한 사면을 요청하며, 친히 하느님의 사랑을 실천했다. 그는 말년에 많은 병으로 고통을 받다가 2005년 84세의 나이로 임종했다.

② 사상: 요한 바오로 2세의 교도권은 회칙, 교황 교서, 교황 권고, 담화, 수요일 알현 때의 연설, 사도좌 정기 방문 때의 연설, 교황청의 여러 성들의 문헌 등을 포함하는 광범위한 영역에 걸쳐 있다. 그 가운데 그 내용과 가치에 있어 가장 중요한 것은 회칙이다. 그는 다음과 같은 회칙들을 반포했다. 「인간의 구원자」, 「자비로우신 하느님」, 「노동하는 인간」, 「슬라브인들의 사도들」, 「생명을 주시는 주님」, 「구세주의 어머니」, 「사회적 관심」, 「여성의 존엄」, 「백주년」, 「교회의 선교 사명」, 「진리의 광채」 등이다. 이 밖에도 그의 교도권은 다음과 같은 교황 권고인 「화해와 참회」, 「가정 공동체」, 「평신도 그리스도인」, 「현대의 사제 양성」을 통해서도 이루어졌다. 또한, 엄밀한 의미에서 신학 분야에 속하는 것으로 신앙 교리성의 문헌 3개가 있다. 「자유의 전갈」, 「자유의 자각」, 「진

리의 선물」이 그러하다. 요한 바오로 2세는 1989년부터 새 복음화, 토착화, 사랑의 문명이라는 개념과 더불어 획기적으로 자신의 교황직을 수행했다.

ㄱ) 새 복음화: 요한 바오로 2세의 사상을 특징 짓는 첫 번째 주제는 '새로운 복음화'이다. 이는 이미 복음을 듣고 받아들였지만, 그 후 복음을 버린 사람들에 대한 '두 번째 복음화'를 의미한다. 이것은 특히 유럽에 해당되지만, 북아메리카와 남아메리카의 많은 나라에도 해당된다. 요한 바오로 2세가 이 주제를 가장 잘 다룬 것은 회칙「교회의 선교 사명」과 1992년 산토도밍고 라틴 아메리카 주교회의 개막 연설에서였다. 당시 교황은 새 복음화가 그리스도의 중심성을 비롯해 그분의 헤아릴 수 없는 풍요를 강조하는 것이라고 설명했다. 그러므로 새 복음화는 내용에 관한 것이 아니라 태도, 방식, 노력, 계획, 사도직의 방법, 언어들에 관한 것이다. 교황은 새 복음화의 목표가 첫 복음화의 목표와 본질적으로 같다고 말한다. 또한, 그는 인간과 사회를 재건하려고 할 때, 만민을 향한 새 복음화는 예수 그리스도임을 강조했다. 교황은 새 복음화를 시작할 새로운 공간으로 무엇보다도 매스미디어를 들었으며, 현대의 커뮤니케이션이 만든 '새로운 문화' 안에 그리스도교 메시지를 통합하도록 촉구했다.

ㄴ) 토착화: 요한 바오로 2세는 회칙「교회의 선교 사명」과 1992년 산토도밍고 라틴 아메리카 주교회의 개막 연설에서 토착화를 선교 활동에서 필수적인 요소로 제시했다. 그러나 교황은 이 작업이 어려운 과정

이라고 보았다. 왜냐하면, 그것이 어떤 식으로도 그리스도교 신앙의 고유성과 온전함을 손상시켜서는 안 되기 때문이다. 또한, 토착화의 결과는 상호적임을 부각시켰다. 토착화는 복음화를 행하는 교회와 복음화되는 백성인 공동체 모두에 깊은 영향을 미치기 때문이다. 교황은 회칙에서 토착화의 본성과 과제를 정의한 다음, 이를 위한 몇 가지 원칙들을 제시했다. 그에 따르면, 모든 토착화는 다음 두 가지 원리에 따라 이루어져야 한다. 첫째, 그것은 복음과 병립될 수 있어야 한다. 둘째, 그것은 보편 교회와 친교를 이루어야 한다.

ㄷ) 사랑의 문명: 또한, 교황은 현대적인 맥락에서 인류 가족에게 새로운 문명, 사랑에 기초한 문명을 선포했다. '사랑의 문명' 개념은 요한 바오로 2세에게서 구체적인 하나의 기획으로 드러났으며, 새 복음화와 토착화에 생명을 주는 원리가 되었다. 그가 말한 새 복음화와 토착화의 최종 목표는 사랑에 기초한 새로운 그리스도교 문명을 이룩하는 것이다. '사랑의 문명'이라는 주제는 그의 교황직 전체를 관통하며 특징짓는 주된 노선이다. 그는 이 문명이 직접적으로 교회로부터 기원한다고 말한다. 교회는 그리스도의 마음에서 솟아나는 사랑의 성사이며, 하느님은 본질적으로 사랑이시기 때문이다. 교황은 사랑의 문명에 대비되는 죽음의 문명에 대해서도 언급했다. 죽음의 문명은 소유와 권력에 몰두하고 물질적이고 경제적인 가치들을 건설하는 반면, 사랑의 문명은 존재와 증여에 전념하고 절대적이고 영원한 가치들인 진리, 정의, 자유, 평화를 받아들이려고 노력한다. 두 문명 사이의 경계선은 사랑과 생명 수호, 사랑과 모든 이들, 특히 약한 이들, 모태의 아기들, 병자, 가난한

이, 노인, 임종자들의 생명에 대한 수호 여부로 구분된다. 특히, 낙태는 반(反)사랑, 이기심, 죽음의 문명의 특징이다. 그래서 요한 바오로 2세는 매년 수천만 명의 무죄한 희생자들이 생겨나게 하는 이 무서운 재앙에 맞서 힘껏 싸웠다.

2. 급진주의 신학 또는 사신 신학

1) 20세기 말의 신학

제2차 바티칸 공의회가 끝난 1965년은 현대 가톨릭 신학을 그 이전과 이후로 가르는 해이다. 그러나 그 해는 또한 개신교 신학을 가르는 해이기도 했다. 바로 그 해에 새 세대 개신교 신학자들의 저서들이 출판되었고, 그 책들은 개신교 신학에서도 결정적인 전환점을 마련했기 때문이다. 1960년대 중반, 신학 세계 전체는 신학교와 대학들의 문 앞까지 밀려왔던 연이은 정치적, 종교적, 사회적, 문화적 사건들의 영향으로 뒤흔들렸다. 1960년대 말, 신학의 방향을 결정적으로 뒤바꾼 요인은 현대 문화의 깊고 획기적인 위기였다. 이 위기는 여러 세기 동안 서방 사회를 지탱해 온 윤리적 기초들을 위협하고 전복시켰다. 깊이 세속화된 1960년대의 사회는 신학자들의 대답에 별로 관심과 주의를 기울이지 않았다. 그래서 신학자들은 표현을 바꾸고, 또한 신학의 목적과 내용까지 변경했다. 1960년대 후반부터 확실한 철학적 도구를 갖추지 못했던 대부분의 신학자들은 현대인에게 인간적 학문과 정치의 언어로 말하기로 작정했다. 또한, 이들은 그리스도교 신앙에 대해 실천적인 성찰을 하고자 했으며, 인간의 필요들을 바라보는 신학을 하고자 했다. 이와 동시에 신학자들은 복음이 다양한 문화적 맥락에서 표현되어야 함을 인식했다. 그리하여 1965년에는 신학의 '토착화'를 향한 큰 전환을 시작했다. 실천과 토착화를 향한 지향은 1965-1995년까지 신학의 주된 특징이다.

30년간의 신학에서 또 한 가지 두드러진 특징은 그리스도교적 성찰이 교회 생활의 모든 차원으로 옮겨 갔고, 그래서 신학이 '성직자들'과 '학파'에서 벗어나게 되었다는 점이다. 신학자들이 사용하는 문학 유형도 깊은 변화를 겪었다. 체계적인 논술이나 '대전'의 작성은 매우 어려워졌으며, 일반적으로 특정한 계기에 그리고 교회의 특정 영역에서 발생한 문제들을 다루는 '소고' 형태의 작업이 선호되었다. 이 시기에 매우 활발하게 제기된 새로운 신학들은 소책자, 간략한 논고, 소고, 기획안 등으로 표현되었다. 또한, 공통된 중심이 사라지면서 이 시대의 신학에서는 강한 '단편성'이 나타났으며, 이러한 단편화는 객관적 내지 교리적 단일성과 주관적 내지 제도적 단일성 모두에 영향을 미쳤다. 공의회 이전에는 적어도 가톨릭 신학과 정교회 신학 사이에 본질적으로 내용, 언어, 방법에서 단일성이 있었다. 그러나 공의회 이후에는 이러한 단일성들이 사라지고 말았다. 근래 몇 십 년 동안 신학의 '객관적 단일성'은 사라졌다. 그 결과, 더 이상 제기된 문제들에 대해 충분히 일의적으로 표현하는 것이 불가능하게 되었으며, 그 문제들에 대해 주어진 서로 다른 대답들 사이에서 어느 정도 성과를 낼 수 있는 비교와 토론도 불가능하게 되었다. 이러한 의미에서 신학은 단편화되었고 서로를 알지 못하는 수천 개의 방향으로 분산되었다. 따라서 제반 학설들의 전개에 주의를 기울이는 신학적 추이에 대한 기술은 지극히 어려운 일이 되고 말았다.

또한, 신학이 '성직자들'과 '학파들'에서 벗어나게 되면서, 그 주관적 단일성도 사라졌다. 곳곳에서 평신도들이 지나친 욕심을 내지 않고 학문적으로 비교적 덜 엄밀한 프로그램들로 신학을 공부하기 시작했다. 그리고 독학으로 공부한 신학자들이 여러 곳에서 생겨나기도 했다. 이들은 소설이나 시를 쓰듯이 신학 작품을 집필했다. 다른 한편, 전통적인 신학자들도 점점 더 자주 학문적 신학에 친숙하지 않은 평신도들을 상대하게 되었으며, 이 새로운 대화 상대로부터 자신의 연구 주제와 방법들에 근본적으로 변화를 겪게 되었다. 이들은 과거의 주제 및 방법과의 연결 고리들에 대해 크게 신경을 쓰지 않았다.

1960년대부터 1990년대 사이에 쇄신된 신학은 이전 시대보다 훨씬 자유롭고 개방적이며, 교회 일치적인 의미에서나 역사적인 의미에서 훨씬 개방적인 특징을 띤다. 이 시기에 신학에서 진정으로 '교회 일치적' 성격이 생겨났으며, 이 신학은 특정 교파에 속하는 것을 고려하지 않고, 공통된 문제들을 다룰 뿐만 아니라 공통된 해답을 찾으려 했다. 1990년대의 신학은 스스로 임시적이라는 것과 자신의 문제성을 의식하고, 점점 더 과거와 거리를 두고 미래를 향하여 개방되고 있다. 문학, 예술, 음악 등 다양한 영역에 눈길을 돌려 보면, 이 시기에는 진정으로 위대한 것이 이룩되지 않았고, 역사에 남을 것이 별로 없다. 1965년 이후 30년간의 주요 신학 조류는 4가지, 즉 급진주의 신학(사신 신학), 희망의 신학, 정치 신학, 해방 신학으로 나뉜다. 그러나 스힐레벡스, 판넨베르크, 라칭거, 한스 큉처럼 이 주류에서 벗어나는 주목할 만한 이들도 있다. 마지막으로, 신학의 토착화는 흑인 신학, 여성 신학, 아프리카 신학, 아시아 신학을 탄생시켰다.

2) 급진주의 신학

1965년부터 30년간 이어진 주된 '신학 혁명'은 유럽과 미국에서 거의 동시에 발생하여, 유럽에서는 희망의 신학, 미국에서는 급진주의 신학으로 이어졌다. 이 두 운동은 우리 시대 사람들의 언어와 사고방식을 사용하여 그리스도교 신앙을 새롭게 표현하려고 시도했다는 점 외에는 거의 공통된 점이 없다. 그러나 유럽 신학이 마르크스주의와 토론하고 희망의 언어를 사용한 데 반해, 미국 신학은 과학과 신실증주의와 토론하고 하느님을 언급하지 않는 '비종교적 언어'를 사용했다. 그래서 '사신 신학'이라고 불린다. 그러므로 급진주의 신학은 미국적인 현상이며, 인간 이성의 가능성에 관한, 특히 완전히 세속화된 현대인이 하느님에 대해 이해할 수 있는 담론을 할 수 있는가에 관한 유럽의 몇몇 신학자들의 주장을 극단으로 몰고 갔다.

깊은 변화를 가져온 사건은 미국 신학계에서 1965년 유명한 주간지 「뉴요커」에 의해 제기되었다. 당시 그 주간지의 한 기자가 영국 로빈슨 주교에 대해 기사를 준비하던 중, 우연히 미국의 급진주의 신학자들을 접하게 되고, 그들에 대한 글을 쓰기로 했다. 1년 정도 작업을 했을 당시, 그의 글이 발표되기에 앞서 「뉴욕 타임즈」의 종교 기사를 담당하는 기자가 나름대로 「그리스도인 학자」지에 발표된 윌리엄 해밀턴의 에세이를 읽고, 1965년 10월 17일 "새로운 신학자들은 하느님 없는 그리스도교를 생각한다"는 제목의 기사를 썼다. 그때부터 미국의 주요 잡지인 「뉴요커」와 「뉴욕 헤럴드」에서 매우 빠른 속도로 일련의 글이 발표되기 시작했다. 이것이 미국에서 급진주의 신학을 촉발시킨 단초들이었다. 이어서 모임, 강의, 라디오와 텔레비전 방송, 설교와 출판이 뒤따랐다.

이에 자신들이 계획한 적이 없는 운동의 중심에 뜻하지 않게 서게 된 신학자들은 그제야 이 신학의 대변자로 느끼게 된 것이다.

① 급진주의 신학의 이유들: 이 운동은 정확한 이유에서 비롯되었다. 신학 영역과 관련해서, 급진주의 신학은 이미 바르트, 불트만, 틸리히, 본회퍼의 여러 학설들을 통해 준비되었다. 특히, 바르트의 '절대 타자' 이론과 불트만의 '비신화화' 이론, 그리고 본회퍼의 세속화 신학이 그러했다. 그러나 무엇보다도 본격적인 발단은 철학 영역, 즉 논리 실증주의를 하느님 말씀을 해석하는 열쇠로 받아들인 데 있었다. 논리 실증주의에 따르면, 인식적, 논리적, 이론적으로 의미 있는 명제들은 오직 경험적이고 그래서 "경험적 검증 기준"을 통과하는 것들뿐이었다. 언어 실증주의 이론은 신학에 치명적인 결과를 촉발했다. 신학의 대상인 하느님은 경험적으로 검증될 수 없으므로, 신학은 이론적인 정보를 제시한다고 주장할 수 없다는 것이다. 급진주의 신학은 매우 일시적인 운동이고 곧 사라졌다. 그럼에도 불구하고 몇 년 동안은 아메리카와 유럽에서 광범위한 반응을 얻었다. 이 신학의 주요 주창자로는 콕스, 로빈슨, 반 뷰렌, 알타이저, 해밀턴이다.

② 하비 콕스
ㄱ) 생애의 작품: 콕스는 1929년 미국 펜실베이니아 주 멜버른에서 태어났다. 펜실베이니아 대학교에서 역사학을 전공했으며, 1962년 하버드 대학교에서 역사학과 종교 철학으로 박사 학위를 취득했다. 그는 1962-1963년에 동베를린의 그로스너 선교 센터에서 목회 활동을 했으

며, 1965년에 『세속 도시』를 출판하여 큰 성공을 거두었다. 1966년부터는 하버드 신학 대학교에서 교수로 활동했다. 그의 저서 첫 네 권은 서로 다른 네 가지 신학 방향들을 제시하고 있다. 『세속 도시』에서는 급진적인 세속적 신학의 기초를 놓았으며, 『뱀에게 떠넘기지 않기』에서는 희망의 신학을 제시했다. 『바보들의 축제』에서는 놀이의 신학을 전개했고, 『성령의 유혹: 종교의 사용과 오용』에서는 대중 종교의 신학을 조망했다. 그 후, 그의 집필 방향은 동양 종교와 해방 신학 분야로 옮겨 갔다.

ㄴ) 사상: 콕스는 세속화된 신학의 가장 대표적이고 유명한 주창자 가운데 한 사람이다. 그는 『세속 도시』에서 이 신학의 특징을 3가지로 제시했다. 첫째, 현대 세계에 대한 그리스도 신앙의 대답은 근대 사회에 영향을 미치면서 신성한 것의 수많은 표현들을 사라지게 한 세속화의 과정을 고려해야 한다. 둘째, 세속화는 경제적, 정치적, 사회적인 면에서도 도시의 얼굴을 바꾸어 놓았다. 셋째, 세속 도시의 인간을 괴롭히는 문제들에 대하여 교회와 신학은 새롭고 현명하며 적절한 대답을 제시해야 한다. 이에 따라, 콕스는 교회가 수행해야 할 3가지 역할에 대해 말했다. 우선, 교회는 '케리그마', 즉 선포의 역할을 수행해야 한다. 둘째, 교회는 '디아코니아', 즉 이웃에게 봉사하고 이웃을 돌보는 역할을 수행해야 한다. 셋째, 교회는 '코이노니아', 즉 자유, 평화, 사랑이 지배하는 종말론적 공동체의 가시적 표현으로서의 역할을 수행해야 한다.

콕스는 하느님에 대해 말하기 위해 실존주의적인 형이상학적 언어 대신, '정치학'의 언어를 사용하도록 제안했다. 즉, 그는 우리가 이웃에게 성숙하고 책임 있는 주체, 곧 하느님이 오늘날 인간에게 바라시는 대로 온전하게 탈부족적이고 탈시민적인 인간이 될 기회를 줄 때마다 정치적으로 하느님에 대해 말한다고 보았다. 그는 세속화가 성서적 신앙이 세상의 문명과 충돌하면서 생겨난 산물이라고 하며, 그것이 내포한 긍정적 가치를 강조했다. 그러나 동시에 거룩함의 차원을 파괴하지 못하고 종교를 제거하지 못한, 성공하지 못한 세속화와 관련해서 정치적, 사회적 측면을 간과하지 않으면서도 인간의 깊은 내적, 개인적 차원에 훨씬 더 관심을 기울이도록 권했다. 마지막으로, 그는 『바보들의 축제』에서 종교의 기쁘고 축제적인 차원을 강조하기 위해 '놀이의 신학'이라 불리는 특이한 유형의 신학을 주장했다.

③ 토마스 로빈슨

ㄱ) 생애와 작품: 로빈슨은 1919년 영국의 캔터베리에서 태어났다. 케임브리지 대학에서 공부했고, 1945년 영국 국교회의 사제로 서품되었다. 다음 해에는 박사 학위를 취득했고, 본당 사목 후에 1948년부터 웰스 신학교에서 가르쳤다. 3년 후에는 클레어 칼리지의 학장이 되었으며, 1953년에는 케임브리지 대학에서 교수로 활동했다. 1959년에는 울위치의 주교로 임명되었으며, 이 시기에 『신에게 솔직히』라는 문제작을 출간해서 큰 성공을 거두었다. 1969년에는 사목에서 물러나 케임브리지 대학에서 가르쳤다. 그의 주요 작품으로는 『신에게 솔직히』, 『하느님의 인간적 얼굴』, 『오늘의 그리스도교 윤리』 등이 있다.

ㄴ) 사상: 로빈슨 역시 그리스도교 교리를 우리 시대 인간의 언어, 사고방식, 문화, 필요에 연결해서 제시하고자 했다. 그가 제기한 근본적

인 질문은 "오늘의 인간에게 어떻게 구원의 메시지를 선포할 것인가"라는 점이다. 그래서 그의 사상은 끊임없이 그리스도와 우리 시대의 인간이라는 두 중심 사이에서 움직였다. 그는 『신에게 솔직히』에서 2가지 과제를 제시했다. 하나는 우리가 옹호하는 입장과 우리가 준수하는 규범들의 실제적인 가치가 무엇인지 자문해야 하며, 다른 하나는 현대 세계 안에서 사용될 수 있는 새로운 화폐를 찾아내야 한다는 것이다. 그는 우리가 몸담고 있는 이 세상의 가장 두드러진 특징은 그 세상이 '세속적'이라는 것이다. 이어서 그는 『하느님의 인간적 얼굴』에서 그리스도의 모습을 제시했다. 로빈슨은 복음을 우리 시대의 인간과 연결하려 시도했으며, 이 과정에서 현대인을 복음의 높이로 들어 올리기보다 복음을 지금의 인류의 위치로 내려오게 했다. 그가 바라본 현대인은 근본적으로 세속화된 인간, 완전히 비종교적이고 무신론적이며, 구체적이고 불안정한 인간이다. 그에게 하느님은 지적인 면에서 잉여적인 것이 되었다고 로빈슨은 말한다. 바로 그 인간에게 어떻게 하느님을 제시할 수 있는지가 그의 신학적 성찰의 주된 화두였다. 그래서 그는 하느님의 '인간적 얼굴'에 대해 성찰했고, 이를 『하느님의 인간적 얼굴』이란 작품에서 제시했다. 그는 이 책에서 매우 자유로운 그리스도론을 묘사했다. 그는 그리스도에게서 초자연적이거나 신적인 것을 모두 제거했다. 로빈슨에 따르면, 하느님 아들의 육화, 당신 아드님의 위격 안에서 이 땅을 찾아오시는 하느님이라는 개념은 분명 신화라고 일갈했다. 그러나 그는 동시에 예수가 하느님과 유일무이한 관계를 지녔다는 것과 그 유일무이한 관계가 그에 대한 우리의 신앙을 정당화한다는 점을 인정했다.

④ 윌리엄 해밀턴

ㄱ) 생애와 작품: 해밀턴은 1924년 미국 일리노이 주의 에반스턴에서 태어나 유니언 신학교와 성 안드레아 대학교에서 공부했고 그곳에서 1952년 신학 박사 학위를 취득했다. 해밀턴 칼리지, 로체스터 대학에서 교수로 활동했으며, 종교 고등교육 협회와 미국 신학 협회 회원으로도 활동했다. 그의 주요 작품에는 『세상을 이기는 승리』, 『그리스도교의 새로운 본질』, 『급진주의 신학과 신의 죽음』 등이 있다.

ㄴ) 사상: 해밀턴은 소위 '사신 신학'이라고도 불리는 '급진주의 신학'의 가장 대표적인 인물이다. 그러나 급진주의 신학을 대표하는 3명(토마스 알타이저, 폴 반 뷰렌, 해밀턴) 가운데 가장 덜 체계적인 사상을 제시한 인물이다. 이는 지금의 상황에서는 철학에서나 신학에서 체계적인 구조를 만들 만한 조건이 마련되어 있지 않다는 그의 신념에 따른 결과였다. 그는 오늘날의 신학이 구조적 주장들을 포기하고 단편 또는 표상들을 모아 놓는 데 만족해야 하는 시대를 살고 있다고 보았다. 이러한 상태에서 우리는 약함에 만족하는 것, 우리가 알고 있는 그 조금을 설명하는 것, 가능한 한 가장 솔직하게 말하는 것, 적어도 우리가 다른 이들에게 말하는 것과 같은 정도로 그들에게 귀를 기울이도록 제안했다. 이렇게 함으로써 그는 우리가 우리 시대에 용납될 수 있는 그리스도교의 본질에 도달할 수 있다고 보았다. 그는 이러한 원칙을 충실히 따르는 가운데 자신의 작품 어디에서도 체계적이고 전체적인 그리스도교적 전망을 제시하지 않았다.

반면, 해밀턴은 오늘날 진행되는 전통적인 하느님 상(像)의 붕괴를 바라보며, 우리 시대의 문화 안에서 하느님의 '죽음'으로부터 시작해서 그분에 대한 새로운 담론을 구상할 것을 제안했다. 그러나 '하느님의 죽음'을 필연적이고 최종적이며, 인류의 진보를 위한 필수적인 사건으로 보는 알타이저와 달리, 해밀턴은 이를 일시적인 사건으로 보았다. 그래서 그는 이것을 하느님의 '죽음'이 아니라 일시적으로 하느님이 가려지는 현상이자 그분의 일시적인 부재(不在)라고 언급했다. 이런 면에서 볼 때, 신앙인은 현재에 하느님을 '소유'하는 것을 포기하지만, 미래에 하느님을 기다리는 것을 포기해서는 안 된다고 강조했다.

또한, 그는 하느님에 대한 우리의 믿음을 위협하는 문제들, 특히 고통의 문제를 매우 면밀히 검토했다. 그는 고통의 문제가 전통적 하느님상을 받아들이는 데 주된 장애가 된다고 분석하는 가운데, 고통을 덜고 희망을 지탱해 주기 위해 이 문제를 다뤘다. 그는 이를 통해 인간으로 하여금 하느님 부재의 단계에서 세상 안에서 자신의 위치를 발견하게 하고, 인간적 사건들인 고통, 성, 죽음을 변모시켜 사람들 사이에서 형제애와 사랑의 상호 교환을 실현할 기회로 보는 자비로운 윤리의 가능성, 낙관적 전망을 제시했다. 한 마디로, 그는 그리스도를 본받는 것에 기초한 윤리를 제시했다. 그는 본회퍼나 반 뷰렌과 마찬가지로 그리스도를 인간적 연대성, 헌신, 관대함의 모범이며 상징으로 받아들였다.

⑤ 폴 반 뷰렌

ㄱ) 생애와 작품: 뷰렌은 1924년 미국 버지니아 주의 노퍽에서 태어났다. 하버드 칼리지에서 고전을 공부하고 1947년 문학사 학위를 취득했다. 그리고 메사추세츠 주의 케임브리지에 있는 감리교 신학교에서

신학 공부를 시작해서 스위스의 바젤에서 바르트의 지도를 받으며, 공부를 계속했다. 그 후 미국으로 돌아와 1954년 감리교 목사가 되었고 3년간 디트로이트에서 목회 활동을 했다. 1957년에는 텍사스 오스틴의 감리교 신학교 교수로, 1964년부터는 필라델피아의 템플 대학교에서 교수로 활동했다. 그의 주요 작품에는 『복음의 세속적 의미』, 『신학 탐구』, 『언어의 경계』 등이 있다.

ㄴ) 사상: 그는 종교의 언어 문제를 깊이 탐구했다. 그는 첫 시기에 논리 실증주의 입장에서 출발해서 '사신 신학'을 지지하고 의미론적 무신론을 주장했다. 그러나 후에는 '하느님의 죽음'이라는 가설을 버리고, 종교 언어의 한계를 연구하면서 그 본성, 역할, 가능성을 밝히는 데 기여했다. 그는 자신의 저서 『복음의 세속적 의미』에서 "스스로 세속적인 그리스도인이 세속적인 방식으로 어떻게 자신의 신앙을 해석할 수 있는가?"라는 본회퍼의 질문에 대답하려면 20세기의 논리 실증주의와 분석 철학의 시각을 취해야 한다고 보았다. 우선, 그는 신앙의 명제들은 '인지적' 의미를 갖고 있지 않다고 주장했다. 왜냐하면, 이들은 경험적인 검증 가능성이라는 인식론적 요구 조건을 채우지 못하기 때문이다. 그는 신학적 언어는 형이상학적 언어와 마찬가지로 단순히 언어의 남용을 통하여 구성된다고 보았다. 이로 인해 의미론적 무신론에 이르게 되고 '하느님'이라는 단어의 비(非)객관적 사용은 검증 불가하며, 따라서 의미가 없다고 말한다.

의미론적 무신론의 전제들을 기초로, 반 뷰렌은 우리가 만일 그리스도교의 메시지를 보존하고자 한다면, 복음에서 하느님과 내세에 대해 말하는 모든 것을 정화해야 한다고 주장했다. 그에 따르면, 그리스도교는 하느님이 아니라 예수 그리스도에 관한 것이며, 특히 하느님인 예수 그리스도가 아니라 인간인 예수 그리스도, 곧 희생과 포기와 사랑과 이웃을 위한 헌신, 그리고 율법과 증오와 정념으로부터 자유의 삶의 형태를 구현한 예수 그리스도에 관한 것이다. 이렇게 해서 반 뷰렌은 의미론적 무신론과 더불어 신학을 인간학으로 바꾸어 놓은 포이에르바하의 주장을 다시 제시했다. 특히, 그는 하느님을 배제한 채 오직 그리스도에게만 집중함으로써, 신앙을 삶을 바라보고 이해하는 하나의 시각, 새로운 방식으로 바꾸어 놓았다. 그는 이를 통해 인간이 자신의 세속적이고 현세적인 임무에 용감하게 대응하도록 촉구했다.

그러나 초기 비트겐슈타인의 논리 실증주의에서 후기 비트겐슈타인의 사상으로 넘어간 반 뷰렌은 자신의 후기 작품에서 종교적 언어의 본성, 역할, 한계에 관한 자신의 주장을 수정했다. 그는 하느님이 언어의 '밖'이 아니라 그 '경계'에 있다고 주장했다. 그에 따르면, 우리가 그 위에 서서 끊임없이 넓혀 가고 있는 언어학적 기반의 중심에는 우리가 잘 다룰 수 있는 언어, 곧 일상생활과 과학에 의해 통제되는 언어가 있다. 반면, 중심에서 벗어난 주변부에는 유비, 은유, 역설의 언어가 있다. 마지막으로, 중심과 주변부를 넘어 언어의 마지막 경계에, 형언할 수 없는 것의 경계에 신학적 언어가 있다. 신앙인은 이 신학적 언어로 일상적이고 과학적인 언어의 한계를 넘어 신비에 도달한다는 것이다. 반뷰렌은 종교적 언어의 특수한 의미에 관한 3가지 견해, 즉 신실증주의적 견해, 유신론적 견해, 유사-형이상학적 견해를 제시했다. 그리고 그 가운데 세 번째 견해를 지지하며, 인간은 이를 통해 하느님에 대해 말하기를 그치지 않으면서도 하느님의 형언 불가성을 보존할 수 있다고 주장했다.

⑥ 토마스 알타이저

ㄱ) 생애와 작품: 알타이저는 1927년 미국 매사추세츠 주의 케임브리지에서 태어났다. 시카고 대학교에서 문학 학사와 박사 학위를 취득한 그는 조지아의 에모리 대학교에서 성경과 종교학 교수로 활동했다. 그의 주요 작품에는 『동양 신비주의와 성서 종말론』, 『그리스도교 무신론의 복음』, 『급진주의 신학과 신의 죽음』 등이 있다.

ㄴ) 사상: 알타이저는 1960년대 사신 신학의 최고 주창자였다. 그는 이 신학의 '작은 전집'을 썼는데, 그것은 『그리스도교 무신론의 복음』이다. 그가 추구한 목표는 그리스도교 메시지를 우리 시대 사람들이 이해할 수 있는 언어로 다시 표현하고 그리스도교에 대한 현대 세계의 도전에 적절한 응답을 제시하는 데 있었다. 그는 이를 위해 과거 교회가 간직해 온 공식적인 교계 형태를 완전히 거부하는 급진적인 형태의 그리스도교만이 현대인의 위기에 효과적인 대답을 줄 수 있을 것이라고 보았다. 알타이저에 따르면, 세상을 향해 열린 신학은 그 결정적인 규범적 사항으로 신의 죽음을 전제하지 않을 수 없다. 그는 자신의 사신 신학을 근거로 헤겔을 따라 일종의 변증법적 추론을 제시했다. 그는 하느님이 사라지는 것은 인간이 완전한 성숙에 도달하기 위하여, 자신의 책임을 온전히 떠맡기 위하여, 그가 실제로 우주의 임금이 되기 위하여 필요하다고 주장했다. 그에 따르면, 인간에게 자리를 내어 주기 위하여, 하느님은 사라져야 하며, 그리스도의 수난과 십자가상에서 죽음으로 실제로

하느님은 사라졌다는 것이다. 그러므로 무신론은 정당한 것이 되었을 뿐만 아니라 그리스도의 본질이 되었다고 그는 주장했다. 이런 의미에서, 하느님의 육화는 바로 그리스도 안에서 당신 자신을 소멸시키기까지 세상을 사랑하신 하느님의 죽음이다. 그리스도 안에서 이루어진 하느님의 죽음을 표현하기 위해 알타이저는 바오로의 표현인 '케노시스'(자기 비움)라는 단어를 사용했다. 이러한 전제로부터 그는 2가지 중요한 결론을 도출했다. 첫째, 19세기와 20세기의 무신론자들은 진정한 그리스도교 신앙을 드러내는 가장 훌륭한 대변자들이다. 둘째, 하느님의 죽음을 명백히 인정하는 것만이 현대인과의 대화를 가능하게 한다.

알타이저의 그리스도교적 무신론은 범신론, 세속적 인본주의, 동양 신비주의를 교묘하게 종합한 것이다. 그러나 이는 그리스도교 메시지의 현대화라는 문제에 제대로 부응하지 못했다. 알타이저와 더불어 급진주의 신학 또는 사신 신학의 짧지만 열광적인 시기는 끝나고 말았다. 신학의 대상 자체를 파괴하면서 신학을 쇄신하고 현대화할 수는 없기 때문이다.

3. 희망의 신학

미국에서 급진주의 신학 운동이 생겨나던 시기에 독일에서는 희망의 신학 운동이 생겨났다. 앵글로색슨 국가들에서 무신론이 논리적 인식론적 신실증주의를 이념적 기반으로 한다면, 유럽에서는 역사적 및 변증법적 마르크스주의를 주된 기반으로 한다. 신실증주의와의 대화에서 급진주의 신학이 생겨난 데 반해, 마르크스주의와의 대화에서는 희망의 신학이 발전된 것이다. 희망의 신학이 생겨난 데는 또 다른 2가지 원인이 있다. 우선, 1960년대 유럽에 퍼졌던 낙관적 기류와 미래에 대한 신뢰를 들 수 있다. 우주 정복, 기술 및 경제 발전, 그리고 점점 더 커가는 번영 속에서 1960년대 서유럽 사람들은 실재에 대한 낙관적 전망을 갖게 되었으며, 평온한 희망으로 미래를 바라보는 신뢰의 전망을 지니게 되었다. 이러한 전망으로 인해 신학자들 사이에서는 그리스도교 메시지를 유토피아와 종말론의 언어로 옮겨야 할 필요성이 대두되었다. 또한, 이 시기에 성서학자들이 그리스도교의 중심 주제인 종말론 주제를 재발견했다. 즉, 희망의 신학이 발전하게 된 것은 그리스도교의 종말론적 차원이 재발견되었기 때문이다. 우선 쿨만이, 그리고 그 후에는 케제만, 판넨베르크, 몰트만이 종말론의 역사적 성격을 회복시켰다. 이어서 그들은 그리스도교가 본질적으로 약속과 기다림의 종교이며, 따라서 희망과 종말론은 신학에 얹혀 있는 것이 아니라 그 혼(魂)과 같은 것임을 지적했다. 쿨만은 "역사 안에서의 구원"이라는 전망으로, 케제만은 예수 생애의 역사적 핵심에 관한 전망으로, 그리고 판넨베르크는 "역사로서 계시"의 전망으로 성서적 종말론의 회복에, 그리고 그 종말론을 역사의 "폭발 지점"이 되게 하는 데 크게 기여했다. 그러나 희망의 교리와 희망의 실천으로 전개되는 역사적 종말론으로 이해된 종말론적 신학의 체계적인 기획을 제시한 것은 무엇보다도 몰트만의 공로이다.

1) 에른스트 블로흐

블로흐는 오랜 세월 동안 망각된 '희망'을 역사 안으로 끌어들였다. 무엇보다도 그는 마르크스의 사상을 그 철학의 2가지 핵심인 인간 이해와 종교 현상에 대한 상이한 평가를 제시함으로써 그리스도교 신학자들의 관심을 불러일으켰다. 우선, 그는 인간이 존재론적인 이유로 인해 본질적으로 소외되었다고 보았다. 블로흐에게 있어 만물의 최고 근원은 '가능성'이다. 그는 이 말을 "아직-아니", 완성될 수 있는 불완전한 것, "아직 완전히 충분하지 않고 그래서 어느 정도 부적합한 상태에서 나오는 결과인 개방성"으로 이해했다. 이 최고 근원으로부터 모든 실재가 전개되고, 그 전개는 2가지 요소, 곧 주관적 요소인 인간과 객관적 요소인 세계를 통하여 이루어진다는 것이다. 주관적이고 객관적인 존재의 "아직-아니", 곧 가능성이 희망과 유토피아의 궁극적 모체이다. 희망은 종말의 확실성을 나타내고, 유토피아는 종말을 형상들로, 상상적 표상들로 옮겨놓는다. 한편, 블로흐는 마르크스와 달리 종교를 인간적 희망의 유효한 바탕으로 보았다. 그에 따르면, 종교는 2가지 방식으로 바탕의 역할을 한다. 첫째, 종교는 유토피아적 형태로 인간의 최고 가능성들을 보여 준다. 둘째, 종교는 인간이 미래를 향해 나아가는 것을 방해하는 현재의 상황들에 항의하고 비판한다. 블로흐는 종교가 아직 불완전한 인간이 화해된 실존에 대한 그의 갈망을 투사하는 영역이라고 보았다. 종교에 있어 진정 본질적인 것은 초월에 대한 예배가 아니라 미래를 향한 인간의 투사라는 것이다.

2) 위르겐 몰트만

① 생애와 작품: 몰트만은 1926년 독일 함부르크에서 태어났다. 그는 고등학교를 마치고 16세에 독일군에 소집되어 제2차 세계 대전에 참전해야 했다. 그러나 6개월 만에 포로가 되어 영국 포로수용소에서

3년 반을 보내야 했다. 거기서 그는 신학에 관심을 가진 이들을 위해 강의를 하곤 했던 신학 교수들 덕분에 신학에 관심을 갖게 되었다. 전후, 그는 괴팅겐에 가서 신학을 공부하고 1952년에 박사 학위를 취득했다. 1958-1963년까지 몰트만은 부퍼탈의 교회 대학에서 가르쳤으며, 1964년 『희망의 신학』을 출간하면서 유명세를 타게 된다. 1963년부터 본 대학교의 교수로, 5년 후부터는 튀빙겐 대학의 교수로 활동하기 시작했다. 그는 새로운 문화적 요구와 전망에 신학을 적응시키기 위해 종말론적 열쇠(희망의 신학), 십자가적 열쇠(십자가 신학), 정치적 열쇠(혁명의 신학)라는 3가지 새로운 해석의 열쇠를 제시했다. 그뿐만 아니라 인류를 괴롭히는 새로운 문제들, 특히 생태 문제와 에너지 문제에 특별한 관심을 기울였다. 그의 주요 작품에는 『희망의 신학』, 『십자가에 달리신 하느님』, 『성령의 능력 안에 있는 교회』 등이 있다.

② 사상: 몰트만은 현재까지도 그 추종자들을 거느린 2가지 신학 운동, 즉 희망의 신학과 십자가 신학의 아버지로 평가받는다. 그는 『희망의 신학』에서 그리스도교 안에서 희망이 믿음과 사랑에 못지않은 역할을 한다는 것을 보여 주고, 철학자들과 신학자들이 망각해 온 희망을 구해 내려 했다. 그에 따르면, 신학의 첫 번째 과제는 신앙에 대해서가 아니라 희망에 대해 숙고하는 것이다. 그래서 신학은 "이해를 추구하는 희망"이 되어야 한다고 보았다. 이런 의미에서 보면, 신학은 '박학한 희망'이다. 몰트만은 희망을 중심에 두고 계시 개념에서부터 시작하여 신학의 모든 부분과 모든 개념을 재고했다. 이에 따라 계시는 더 이상 드러내 보임으로 이해되지 않고, 선취(先取)이자 예기(豫期)로 이해된다. 그는

중요한 구원 사건들도 종말론적 성격을 갖는다고 보았다. 몰트만은 종말론적이고 희망적인 관점을 바탕으로 하느님, 그리스도, 교회를 새롭게 정의했다. 그에 따르면, 하느님은 '미래의 능력', 그리스도는 "우리 희망의 확실한 보증", 교회는 "하느님 나라의 종"으로 정의된다. 교회는 하느님 나라 자체가 아니며, 그 나라를 준비하는 역할을 한다.

그는 자신의 두 번째 대작인 『십자가에 달리신 하느님』에서 종말론적이고 희망적인 전망을 버리지 않으면서, 자신의 그리스도론을 풍요롭게 하는 중요한 통합을 이룩했다. 특히 그는 십자가의 신비를 상당히 부각시킴으로써 그리스도교 신앙 자체에 더 적절한 기초를 마련했다. 이러한 통합이 필요한 것은 부활이 십자가에서 죽은 인간, 나자렛의 예수에게 해당되기 때문이다. 무엇보다도 몰트만은 이 작품에서 그리스도의 신비보다 하느님의 신비를 깊이 이해하고자 했다. 즉, 십자가의 사건을 통해 드러나는 하느님이 그 신비이다. 몰트만에 따르면 십자가 사건은 우리에게 삼위일체의 신비를 더 잘 이해하게 해 준다. 그는 십자가에서 수난한 분은 세 신적 위격이라고 보았다. 특히, 그는 성자의 죽음을 단순히 '하느님의 죽음'이 아니라 오히려 성자의 죽음으로부터 그리고 성부의 고통으로부터 생명을 주는 사랑의 성령이 흘러나오는 신적 사건의 시작이라고 말했다. 이렇게 하여 '십자가'는 몰트만의 신학에서 근본적인 인식론적 역할을 하게 되었다. 십자가는 우리에게 하느님의 세 위격인 성부, 성자, 성령을 알게 해 준다. 물론 그는 전통 신학 전체와 더불어 십자가를 우리 구원의 실제적 원리로 인정했다. 십자가에 달리신 하느님은 십자가 위에서 우리를 구원하고 해방하셨다는 것이다. 몰트만은 삼위일체의 계시를 배타적으로 십자가 사건에 결부시켰다.

또한, 몰트만은 자신의 세 번째 주저인 『성령의 능력 안에 있는 교회』를 통해 '교회론'을 제시했다. 그는 교회를 성령론적 관점에서 바라보았다. 몰트만은 이것만이 교회의 가장 깊은 신비를 비추기에 가장 적합한 전망이라고 강조했다. 그에 따르면, 교회는 근본적으로 다음 4가지 차원을 갖고 있다. 그리스도론적 차원, 선교적 차원, 교회 일치적 차원, 정치적 차원이 그것이다. 또한, 그는 성사들에 관한 자신의 학설을 온전히 성령론적 관점에서 전개했다. 그의 교회관에 따르면, 성사는 3가지, 즉 하느님의 말씀, 세례, 만찬이다. 이 분야에서 흥미로우면서도 논의의 여지가 있는 주제는 세례였다. 몰트만은 세례 관습의 쇄신을 강력하게 주장했다. 그에 따르면, 그리스도의 해방 안에서 살고자 하며, 온 세상의 화해와 해방에 봉사하려 한다는 의지를 표명하는 '부르심에 의한 세례'를 줘야 한다는 것이다. 한편, 그는 성령론적 관점에서 교역과 직무에 대해서도 성찰했다. 그는 메시아적 공동체의 모든 구성원은 성령의 은사를 받았고, 따라서 교역의 책임자라고 단언했다. 그리고 교회 공동체 안에는 다음과 같은 4가지 임무 또는 교역이 필수적이라고 보았다. 복음 선포의 임무, 세례를 주고 주님의 만찬을 거행하는 임무, 공동체 회중을 주재하는 임무, 봉사 활동을 수행하는 임무가 그것이다.

마지막으로, 그는 『창조의 미래』와 『창조 안에 계신 하느님』에서 생태 문제를 다루며, 이를 해결하기 위한 신학적 기준들을 제시하려 했다. 이 문제에 대해서도 그는 성령론적 전망에서 접근했으며, 피조물을 돌보는 일을 첫째로 성령께 돌렸다. 또한, 그는 지상에서 하느님의 모상이며 현현인 인간이 근본적인 3가지 과제를 갖는다고 지적했다. 이는 하느님의 대리자로서 그분의 이름으로 지상의 다른 모든 피조물을 지배하는 일, 지상에서 하느님의 '짝'으로서 하느님께 응답하는 일, 지상에서 하느님께 영광을 드리는 일이 그것이다. 몰트만은 이런 소명을 지닌 인간이 과학 기술의 정복으로 인하여 하느님의 대리자에서 찬탈자로 변했다고 일갈했다. 그는 이러한 상황에서 '세상의 생태학적 표상'을 회복하는 것이 절실하다고 주장했다.

몰트만이 제시한 희망의 신학은 그것이 제시한 아름다운 약속들에도 불구하고 일시적인 현상에 그치고 말았다. 인간의 현세적 미래에 대한 너무 낙관적 시각과 연결시킨 것이 몰토만의 제안을 곧 쇠퇴하게 한 것이다. 여하튼, 처음에는 이 신학을 추종하는 신학자들이 제법 있었다. 판넨베르크, 메츠, 라너, 베르코프, 스힐레벡스, 로랑탱, 알베스, 알파로 등이 그러했다. 그러나 이들은 몰트만이 이 학설을 포기하고 덜 모험적인 신학, 즉 십자가 신학, 성령 신학 등으로 옮아 가자 이 신학 조류를 떠나고 말았다.

4. 정치 신학

1960년대에는 급진주의 신학, 희망의 신학 이외에도 많은 신학들이 꽃피웠는데, 이는 주로 '실천 신학들'이다. 여기에는 세상의 정치(셰뉘, 메츠, 스호넨베르크, 마이클슨), 노동 신학(셰뉘, 롱데, 트룰리), 평화 신학(콤블린, 골비처, 보스크), 발전 신학(알파로, 프로시니, 로랭탱), 정치 신학(메츠, 몰트만, 콤블린), 혁명 신학(샤울, 콕스, 골비처, 프라고스), 해방 신학(구티에레스, 보프), 유희 신학(콕스, 몰트만, 라너), 문화 신학(틸스, 틸리히, 니버)이 속한다. 실천 신학의 다양성은 그 질료적 대상의 다수성에 기인한다. 그러나 이 시기에 생겨난 여러 실천 신학들을 특징짓는 것은 이것들이 무엇보다도 '기초 신학'으로 이해되었다는 점이다. 다시 말해, 정치, 노동, 놀이 등 특정한 인간 활동이 전통적인 해석학적 도구인 철학을 대체하면서 계시된 진리를 이해하고 표현하기 위한 해석학적 도구로 받아들여졌다는 것이다. 이런 새로운 종류의 기초 신학에 속하는 것으로는 정치 신학과 해방 신학이 있다. 이 두 신학이 실천 신학들 가운데 가장 큰 관심을 불러일으켰다. 정치 신학은 유럽에서, 해방 신학은 라틴 아메리카에서 다양한 신학 운동의 기원이 되었다.

1) 신학의 정치적 관심의 기원

1960년대에 신학자들 사이에 정치를 신학 전체의 최고 해석학적 원리로 받아들이게 한 동기들은 많았다. 무엇보다도 먼저 유다인들에 대한 대학살, 핵 문제, 베트남 분쟁, 인종 분리와 같은 불의한 상황들, 사회적 불평등, 군사 독재, 제도화된 불의와 같은 비극적 사건들과 그 밖에 우리 시대의 인류를 괴롭히는 다양한 악들이 인간의 악함에서 나올 뿐만 아니라, 교회와 그리스도인들이 행사하는 정치적 비중이 약하다는 데에 그 원인이 있다. 만일 그리스도인들이 정치에 더 참여했더라면 그 비극적 사건들 가운데 적어도 일부는 피할 수 있었을 것이다. 정치는 모든 이들의 일이고, 교회 안에서는 특히 그 지식층에 속하는 신학자들의 일이다. 정치 신학이 일어나게 된 또 다른 동기는 현대 사상의 방향이 사변적이기보다는 실제적이고, 형이상학적이기보다는 윤리적이라는 데 있었다. 철학자들은 형이상학에 등을 돌리고 윤리와 정치의 실천적 문제에 관심을 기울였다. 신학자들 역시 이러한 상황에 직면해서 실천, 특히 정치적 실천을 향해 나아갔다. 신학이 그리스도교 메시지를 해석하는 데 사용할 수 있는 믿을 만한 시녀인 철학이 없었다는 점도 하느님 말씀을 정치적 관점에서 해석하는 것을 촉진했다. 이 시기에 가톨릭 신학, 특히 교의 신학과 기초 신학에는 출발점이 되는 공통된 철학적 기초가 없었다. 이로 인해, 많은 신학자들은 구원의 메시지를 그리스도인들이 지금 직면한 다양한 사회적, 정치적 상황에 상응해서 전할 수 있는 다리를 찾게 되었다. 정치 신학의 발전에 있어 결정적인 요소는 그리스도교 메시지가 사적인 것이 아니라 공적이고 사회적이며, 대인 관계에 관련된 것이며, 지극히 실제적이고 구체적인 것임을 의식하게 된 데에 있다. 이 모든 이유로 인해 1960년대 말 무렵부터 정치 신학이 생겨났다. 그 주요 목표는 하느님 말씀과 그리스도교 구원의 실천적, 사회적, 정치적, 대인 관계적 측면을 밝혀 내는 것이었다. 정치 신학의 아버지는 메츠였다. 그의 독창적 주장들은 유럽의 여러 신학자, 예컨대 몰트만, 라너, 콩가르, 스힐레벡스, 만치니에게서 폭넓은 관심을 불러일으켰고, 정치 신학의 매우 중요한 한 부류인 해방 신학의 탄생에 결정적으로 기여했다.

2) 요하네스 밥티스트 메츠: 정치 신학의 창시자

① 생애와 작품: 메츠는 1928년 독일 아우어바흐의 벨룩에서 태어났다. 인스부르크 대학에서 철학을 공부하고 1952년에 철학 박사 학위를 취득했다. 1954년에 사제품을 받았으며, 1961년에 신학 박사 학위를 취득했다. 1963년부터 뮌스터 대학에서 교수로 활동하기 시작했다. 그의 주요 작품에는 『영의 가난』, 『세상의 신학』, 『오늘의 개혁과 반개혁』 등

이 있다.

② 사상: 그는 대화 방법을 통해 그간 비교적 소홀히 여겨진 대상들(지상적 실재들, 신앙의 정치적 차원)과의 대화를 시도했다. 그의 대화 상대에는 다양한 신학자들과 전문가들뿐만 아니라 신마르크스주의 철학의 대표자들도 있었다. 그의 사상적 특징은 창조적인 숙고에 있었다. 그에게는 완성된 본문을 만드는 것보다 변증법적 자기 성찰과 비판적 담론을 통한 자기 교정이 지배적으로 드러난다. 그는 논문보다는 소고를 더 즐겨 썼고, 순전한 철학적 사변과 대조되는 문학의 진단적, 인식적 가치를 확신하고 인정했다.

가장 널리 알려진 작품은 『세상의 신학』이다. 그는 여기서 오늘의 세상은 세속적이 되었으며 이로 인해 신앙이 의문에 부쳐지고 있다고 진단했다. 그는 유감스럽게도 이러한 과정 앞에서 많은 신자들이 '정면 거부'에 머물고 있다고 보았다. 그가 보기에 이 시점에서 가장 절박한 과제는 점점 증대되는 이 세상의 세속성을 가톨릭 신학에 비추어 해석하는 것이다. 그럼으로써, 이 세속성이 근본에 있어서는 그리스도교에 반대해서 생겨난 것이 아니라 그리스도교 덕분에 생겨난 것임을 보여 주고자 했다. 그는 세상의 탈신성화가 오히려 인간이 세상을 사용할 수 있음을 내포한다고 보았다. 이러한 선상에서 그는 현대의 두드러진 특징인 세상의 전적인 인간화의 근거를 신앙으로 보았다. 메츠는 이러한 인간화가 반드시 무신론과 비(非)그리스도교화를 가져오는 것은 아니라고 주장했다. 실상, 인간화가 그 자체로 반(反)그리스도교적인 것이 아니기 때문이다. 그러나 인간화가 비인간화의 엄청난 위험과 더불어 그 자체 안에 인간 삶의 더 깊은 인간화의 기회를 감추고 있기에, 신앙의 책임이 한없이 커지게 된다. 그래서 그는 교회가 교회론적인 자기도취를 버리고 용감하고 실제적으로 세상과 겨뤄야 한다고 보았다. 이런 의미에서 세상의 신학은 비편적-창조적인 종말론이 되어야 한다고 주장했다. 즉, 효과적인 세상과 희망의 신학의 논리적 귀결은 정치 신학이라는 것이다.

메츠는 1967년 8월 20-24일 토론토의 국제 신학 학회에서 강연을 통해 정치 신학의 강령(綱領)을 제시했다. 그는 정치 신학을 다음과 같이 정의했다. "나는 정치 신학을 무엇보다도 근래의 신학에서 나타나는 지나친 '사사화'(私事化) 경향에 대한 비판적 수정이라고 이해한다. 동시에 긍정적 측면으로는 '우리의 현대 사회의 조건 안에서 종말론적 메시지를 표현하려는 시도'로도 이해한다." 메츠는 정치 신학을 초월론적, 실존주의적, 인격주의적 성격일 띤 근래의 신학 조류들에 대한, 필요한 반작용으로 보았다. 그는 교회가 선포하는 희망은 단순히 협소한 교회에 대한 희망이 아니라 하느님 나라에 대한 희망이라고 주장했다. 이렇게 해서 그는 그리스도교 메시지가 정치적, 공적, 사회적 성격을 띤 종말론적 의미를 담고 있음을 보여 주었다. 메츠는 정치 신학이 교회와 그리스도인에게 세상에 대해 2가지 역할, 즉 비판적 역할과 건설적 역할을 할 당한다고 보았다.

메츠가 1967년에 선언한 이 정치 신학 계획은 즉시 열렬한 논쟁을 불러 일으켰다. 논쟁의 첫 단계는 독일에서 1967-1968년에 전개되었으며 『정치 신학'에 대한 논의』의 출판으로 종결되었다. 여기서 그는 자신을 비판한 이들에게 '신앙'이 세상을 뒤집고 변모시키도록 부름받은 '전복적 기억'임을 제시했다. 그리고 교회가 그리스도의 전복적 기억을 최고도로 육화해야 한다고 주장했다. 그러나 그 후, 그는 『역사와 사회 안의 신앙』에서 정치 신학을 마르크스주의와 연결하려는 이들에게 맞서, 그러한 결합은 불가하다는 점을 보여 주었다. 결국, 그는 정치 신학을 통해 '희망의 호교론', 더 정확히는 그리스도교적 희망의 호교론을 제시하고자 했다. 그런 의미에서 메츠의 정치 신학이 지향한 목표는 몰트만의 희망의 신학이 지향한 목표와 일치한다.

1970년 들어 메츠의 정치 신학은 약간의 변화를 맞게 된다. 그는 『계몽의 과정에 있는 교회』에서 교회를 종파적인 사고방식에서 지켜 내는 것을 정치 신학의 과제 가운데 하나로 제시했다. 그에 따르면, 교회의 설립은 유다인과 이방인을 갈라놓는 장벽이 무너졌을 때, 사람들을 위해 있는 교회가 되었을 때 시작되었다. 그러므로 정치 신학은 정체성과 관계성을 결합하고, 그럼으로써 사회 안에서 그리스도교적 희망이 활동하고 작용하게 해야 한다고 말한다. 몰트만은 『'정치 신학'에 대한 논의』에서 정치 신학의 목적들을 제시했다. 그에 따르면, 그리스도교 신학자가 해야 하는 것은 비판적인 정치 신학이다. 그리고 이는 권력과 그 이념들에 대한 비판적 기능, 억압받는 이들과 소외된 이들을 위한 해방의 정치를 지향해야 한다. 비판적인 정치 신학자는 개별적인 정치적 아젠다를 보여 줄 수 없다. 이런 임무는 신학자가 아니라 정치인들의 몫이다. 이 점에서 유럽의 정치 신학은 해방 신학과 분명히 구별된다.

5. 해방 신학

1) 해방 신학의 기원

라틴 아메리카 신학은 오랫동안 유럽의 신학으로 양육되었다. 그러나 제2차 바티칸 공의회 이후에 터져 나온 현대화와 신학적 쇄신을 통해 비로소 신학적 식민주의에서 벗어나 신학의 기초를 놓을 수 있게 되었다. 그리고 이것이 해방 신학의 창출로 이어지게 되었다. 해방 신학의 먼 기원은 정복 시대 몇몇 용감한 선교사들의 글로 소급된다. 그러나 실제적으로 해방 신학의 기원으로 확정할 수 있는 시기는 1960년대 중반이다. 이는 라틴 아메리카 교회가 1968년 메데인 회의에서 제2차 바티칸 공의회를 사목적, 신학적으로 수용한 때와 일치한다. 해방 신학의 형성과 발전에 기여한 주요 원인은 4가지이다.

① 정치적 원인: 해방 신학을 태동하게 한 일차적 조건은 라틴 아메리카 대륙의 사회정치적 배경이다. 여기에는 2가지 특징이 있다. 첫째, 백성의 극심한 가난, 광범위한 무지(無知)이며, 둘째, 지배층의 억압, 불의의 제도화된 폭력이다.

② 문화적 원인: 문화적 차원에서 혁명적 실천은 의식이 성숙하기 위한 누룩이 되었다. 특히, 사회주의를 지지하는 그리스도인들의 활동을 통해 라틴 아메리카 대륙 전체가 겪고 있던 예속과 억압의 상태가 불의하고 용납할 수 없는 것임을 의식하게 되었다.

③ 교회적 원인: 해방 신학 발전에 결정적 역할을 한 것은 1968년 메데인에서 열린 주교회의였다. 여기서 무엇보다도 먼저 저개발, 불의, 불평등의 상황을 '죄의 상황'으로, 그리스도께서 물리치고 몰아내기 위해 오신 적들로 고발했다. 둘째, 그리스도의 업적 자체를 해방 업적으로 제시했다. 셋째, 인간적 구원과 신적 구원, 지상적 구원과 영원한 구원의 상호 의존을 강조했다. 진정한 발전은 덜 인간적인 삶의 조건에서 더 인간적인 조건으로 옮아가는 것으로 제시되었다.

④ 신학적 원인: 해방 신학은 1960년대 말에 메츠와 몰트만이 유럽을 위해 만든 정치 신학을 라틴 아메리카의 사회정치적 조건에 적용한 것이다. 구티에레스, 아스만, 보프와 같이 본질적으로 유럽 신학을 교육받은 신학자들은 그 시기에 가장 널리 알려지고 영향력 있던 정치 신학의 영향을 받지 않을 수 없었다.

2) 해방 신학의 세 단계

해방 신학이 공식적으로 탄생한 때는 구티에레스의 저서 『해방 신학』이 출판된 1971년으로 간주된다. 이 책은 해방 신학 운동의 복음서로 여겨진다. 그때부터 몇 년 사이에 라틴 아메리카의 해방 신학은 눈에 띄게 성장했으며, 어디서나 많은 추종자를 거느리게 되었다. 그래서 해방 신학은 라틴 아메리카 신학과 동일시되기에 이르렀다. 해방 신학의 역사는 3단계로 구별될 수 있다.

먼저, 메데인 회의(1968년)는 해방 신학의 태동 단계이다. 다음으로 푸에블라 회의(1980년)는 견고화 단계의 시작으로, 이때 교황청은 훈령

「자유의 전갈」(1984년)과 「자유의 자각」(1986년)을 통해 개입했다. 그다음으로 산토도밍고 회의(1992년)에서는 마르크스주의를 토대로 만들어진 해방 신학은 마르크스주의가 붕괴된 후로 완전히 극복되었다.

3) 해방 신학의 주된 방향

해방 신학은 3가지 주된 노선, 즉 사목적 노선(피로니오), 정치적 혁명적 노선(아스만, 구티에레스), 평화주의적 노선(카마라)으로 나뉜다. 알칼라 같은 경우는 『해방 신학들』에서 해방 신학의 형태를 다음의 9가지로 나눈 바 있다. 영성적 사목적 조류(피로니오, 카마라, 세군도), 방법론적 조류(에야쿠리아, C. 보프와 L. 보프), 사회학적 조류(아스만), 역사적 조류(두셀, 리차드), 정치적 조류(사회주의를 지지하는 그리스도인들), 교회론적 대중적 조류(갈릴레아), 그리스도론적 조류(보프, 소브리노), 교육학적 조류(프레이레), 자기 비판적 조류(클로펜버그, 콤블린) 등이 그러하다.

4) 해방 신학의 근본 논지

해방 신학자들은 일반적으로 다음과 같은 기본 요소들을 공유한다.

첫째, 건축학적 원리로, 해방 신학은 가난의 신비를 핵심 신비로 취했다.

둘째, 해방 신학이 취한 해석학적 원리는 가난의 상황과 그 책임, 그리고 그에 대한 대책을 밝히기 위한 사회 정치적 분석이다. 해방 신학자들은 기본적으로 마르크스주의를 해석학적 원리로 삼았다.

셋째, 해방 신학에서 신학 학설의 올바름을 확인하는 기준은 바른 실천에 있다. 해방 신학은 실제적으로 가난한 이와 억압받는 이의 해방을 이룩하는 그만큼 바른 교리가 된다.

넷째, 해방 신학이 지향하는 대상은 가난한 이, 억눌린 이, 소외된 이, 즉 십자가에 못 박힌 백성이다.

다섯째, 신앙의 정치적 차원은 언제 어디서나 교회 공동체와 또한 그 공동체를 구성하는 모든 이들과 함께하는 본질적이고 근본적인 측면이다.

여섯째, 해방 신학이 지향하는 실질적인 구원은 비참과 착취의 상황에 맞서 싸우고 정의로운 사회를 건설하는 가운데 실현된다.

일곱째, 해방 신학자들은 그리스도가 죄와 죽음을 제거하기 위해서만이 아니라 온갖 종류의 억압, 불의, 차별, 폭력을 없애기 위해 오셨다고 보았다(인간의 구원자이며 해방자이신 그리스도).

여덟째, 해방 신학자들은 교회가 인간의 영적인 구원만이 아니라 인간의 전적인 해방을 촉진해야 한다고 보았다. 즉, 가난한 이들을 위한 선택은 교회의 일차적이고 주된 임무인 것이다(구원의 성사인 교회).

아홉째, 사회적, 경제적, 정치적 영역에서 가난한 이들과 억압받는 이들의 해방을 실현하기 위해서는 기존의 구조와 체제를 무너뜨리고 사회주의적 질서와 동일시되는 새로운 질서로 대체해야 한다. 해방 신학은 이를 위해 가장 효과적인 수단으로 '계급 투쟁'을 제시했다.

5) 해방 신학의 특징

해방 신학의 특징은 늘 한결같이 드러난 건축 원리인 '가난의 신비'와 관련된다. 구티에레스는 해방 신학의 대상은 처음부터 가난의 문제, 신학에서 가난한 이의 의미였다고 언급한 바 있다. 소브리노 역시 이렇게 말한다. "가난한 이들은 그리스도교적 진리와 실천을 이해하기 위한 진정한 '신학의 자리'이다." 또한, 에야쿠리아에 따르면, 하느님 말씀을 수용하는 유일한 문화는 가난한 이, 단순한 이, 겸손한 이, 마음이 깨끗한 이의 문화라고 말한다. 그러나 가난에 대해 말할 때에는, 지나친 일반화를 하지 않도록 몇 가지 구별이 필요하다. 근본적인 구별은 인간학적 가난과 신학적 가난이다. '인간학적 가난'은 '비인간'의 가난이고, 여기에는 물질적 가난, 문화적 가난, 영적 또는 도덕적 가난과 같은 여러 층이 있을 수 있다. '신학적 가난'은 하느님의 '아들이 아님'의 가난이다. 그것은 은총의 결여이고 죄의 상태를 말한다. 전통적으로 그리스도교적 해방은 주로 신학적 가난에 대한 것과 관련된다. 그러나 해방 신학자들은 가난을 죄와 그리고 죄를 가난과 동일시하는 경향이 있다. 그러나 이 둘은 균등한 것이 아니다. 죄의 범주는 가난의 범주보다 훨씬 넓다. 그리스도교 신학에서 근본적인 범주는 가난-부유함이 아니라 죄-은총이다. 가난은 비참을, 하느님과 이웃과 자신으로부터의 소외를 나타내는 명칭일 수 있다. 그 때에 가난은 죄의 영역에 속한다. 그러나 가난은 하느님, 그리스도, 자신의 형제들과 가까이 있음을 나타낼 수도 있다. 그것은 그리스도의 모범을 따라 가난한 이들과 함께 가난하게 되는 것이다. 이 가난은 죄에 반대되며, 하느님 은총의 열매이고 해방의 주요한 열매들 가운데 하나이다.

6) 해방 신학의 주역들

① 구스타보 구티에레스

ㄱ) 생애와 작품: 그는 1928년 페루의 리마에서 태어나 5년간 리마

의 국립 대학교 의학부를 다녔다. 그 후 사제 성소의 길을 걸었다. 그는 1951-1955년 루뱅에서 철학을 공부하고, 1955-1959년 리옹에서 신학을 공부했다. 1959년 사제품을 받았고 리마 교구 사제로 활동했다. 1960년부터 리마 가톨릭 대학교의 교수로 활동을 시작한 그는, 1968년 메데인 회의에 참석해서 문헌들의 작성에 크게 기여했다. 1971년에는 주저인 『해방 신학』을 출판했다. 이로 인해 그는 세계적인 명사가 되었고, 라틴 아메리카의 새로운 신학을 위한 방법과 목표를 설명하기 위해 많은 학회, 토론, 대화에 참석해야 했다. 그러나 그는 자신이 제시한 해방 신학으로 인해 거센 논쟁에 휩싸이고 말았다. 이에 1983년 신앙교리성은 페루 주교회의에 그의 두 저서와 관련된 10가지 지적 사항을 보낸 바 있다. 결국, 그 이후로 그는 해방 신학을 다루는 것을 포기하고 영성과 해방 신학의 역사에 관심을 집중했다. 그의 주요 작품으로는 『해방 신학』과 『가난한 이들의 역사적 위력』 등이 있다.

ㄴ) 사상: 구티에레스는 해방 신학을 만든 인물이다. 그는 2가지 근본 원리 위에 자신의 신학을 구축했다. 그것은 건축학적 원리인 "가난한 이들을 위한 선택"과 해석학적 원리인 "사회 정치적 분석"이다. 이 두 원리로부터 그의 사상을 구성하는 다음과 같은 논지들이 나온다. 그리스도교 신앙의 정치적 차원, 구원의 정치적 차원, 구원의 성사이며, 그리스도에 의해 시작된 해방 업적을 지속하는 교회, 사회적 경제적 정치적 해방을 무너뜨리기 위한 효과적 수단인 '계급 투쟁', 필수적 방법론인 사회 정치 분석, 두 개의 역사, 하느님 해방 행위의 본질, 해방의 관점에서 본 영성 등이 그러하다.

언급한 바와 같이, 해방 신학은 뜨거운 논쟁의 대상이 되었으며, 결국 이 사안은 1980년대 초에 로마로 옮겨졌고, 교황청은 이 사안에 온건하게 개입했다. 당시 신앙교리성이 지적한 그의 해방 신학이 내포한 문제들은 다음과 같다. 마르크스주의 해석에 기반을 둔 사회 상황에 대한 왜곡된 분석, 성경의 가난한 이와 자본주의로 인해 착취된 희생자 간의 혼동, 일부 성경 본문들에 대한 배타적인 정치적 의미 부여, 현세적 메시아주의, 죄의 차원에 대한 일면적 강조, 바른 교리보다는 바른 실천을 강조, 마르크스주의에 영감을 받은 계획의 무비판적 수용 등이다.

이에 구티에레스는 공개적으로 『열려 있는 사명』을 통해 응답하며, 자신의 작품에 담긴 오류나 애매모호한 표현들을 인정했다. 하지만, 근본적인 점들에 있어서는 자신의 입장이 옳았음을 주장했다. 그러나 교황청과의 충돌 후, 구티에레스는 사변 신학의 영역을 떠나 영성과 해방 신학의 역사에만 관심을 집중했으며, 이는 상당히 성공적이었다.

② 우고 아스만

ㄱ) 생애와 작품: 그는 1933년 브라질의 바이아에서 태어났다. 브라질에서 철학과 사회학을, 로마에서 신학을 공부하고 사회학 석사, 신학 박사 학위를 취득했다. 1962-1969년 브라질의 여러 대학교에서 신학을 강의했다. 1969년에는 독일 뮌스터 대학교의 신학부 객원 교수로 있기도 했다. 1974년부터 코스타리카의 산 호세에 거주하며, 코스타리카 대학교의 언론 학교의 교수로 활동했다. 그의 주요 작품에는 『억압과 해방. 그리스도인들에 대한 도전』, 『그리스도 능력의 역사적 실현』 등이 있다.

ㄴ) 사상: 아스만은 해방 신학의 창설자 가운데 한 사람으로, 『억압과 해방. 그리스도인들에 대한 도전』을 통해 새로운 신학 언어를 창안하고 그 방법을 구상하며, 과제를 확정하는 데 기여했다. 우선, 아스만은 '해방'에서 3가지 의미를 구별했다. 정치적 의미, 철학적 의미, 신학적 의미가 그것이다. 그는 이 가운데 정치적 의미를 우선해야 한다고 주장했다. 그에 따르면, 이 단어의 의미론적 근원은 지배에 대한 고발, 발전에 대한 비판, 자본주의적 경제 체제에 대한 반대, 제도화된 무질서에 대한 단절이다. 그는 이를 바탕으로, 교회가 촉진해야 할 정치적 계획이 분명하게 혁명적인 계획으로서, 계급 투쟁, 자본주의적 지배의 붕괴, 사회주의 체제의 수립을 지향해야 한다고 주장했다. 해방 신학에서 가장 급진적인 노선들 가운데 하나였던 아스만의 노선에 따르면, 해방 신학은 그리스도교 신앙의 정치적 집약을 실행해야 한다. 착취와 억압이 만연한 라틴 아메리카에서 이것은 기존 권력에 맞선 공공연한 투쟁, 사회적 및 정치적 혁명, 구조들의 철저한 변화를 요구한다.

③ 레오나르도 보프

ㄱ) 생애와 작품: 보프는 1938년 브라질의 콩코르디아에서 태어났다. 젊어서 작은 형제회에 입회했으며, 쿠리치바와 페트로폴리스에서 철학과 신학을 공부했으며, 그 후 여러 해 동안 독일의 뮌헨에서 라너와 프리스의 지도하에 교의 신학을 전공했다. 그 후, 브라질로 돌아온 그는 페트로폴리스의 철학 신학 연구소에서 교의 신학 교수로 활동했다. 1973년에는 자신의 첫 저서인 『해방자 예수 그리스도』를 출판했는데, 이는 해방 신학의 새로운 방법론적, 해석학적 기준들에 따라 작성된

그리스도론으로, 그를 해방 신학의 주요 주창자로 자리매김하게 해 주었다. 1984년에는 『교회의 권력과 은총』에 표현된 주장, 곧 가톨릭 교회 편에서 이루어지는 권력 행사에 공공연히 이의를 제기한 주장으로 인해 신앙교리성 장관인 라칭거 추기경에 의해 로마로 소환되었다. 그의 작품은 공식적으로 제재를 받았으며, 그에게는 1년 동안 '보속의 침묵'이 의무로 부과되었다. 그러나 그 기간이 끝나자 논쟁은 다시 시작되었다. 1995년, 보프는 자신의 비서와 오랫동안 동거한 후, 사제직과 수도자 신분을 떠나 평신도 신분으로 돌아가기로 결정하고 리우데자네이루로 거처를 옮겼다. 그의 주요 작품에는 『해방자 예수 그리스도』, 『교회의 발생』, 『속박과 해방의 신학』 등이 있다.

ㄴ) 사상: 그는 자신의 동생인 클로도비스 보프와 함께 쓴 『해방 신학의 방법』에서 해방 신학의 목표와 방법을 분명하게 규정했다. 그에 따르면, 해방 신학은 가난한 이들에게 구원을 전해야 하며, 그와 동시에 가난한 이들을 바탕으로 구원을 이해해야 한다. 이 신학은 가난, 불의, 비참, 억압이 깊이 새겨진 라틴 아메리카의 사회정치적 상황을 배경으로 한다. 그는 전적인 해방(=구원)이 부분적 해방(경제적, 정치적, 사회적 차원)과 어떤 관계에 있는지에 관하여 4가지 모델을 제시했다. 칼케돈 모델, 성사적 모델, 아가페 모델, 인간학적 모델이 그러하다.

그는 『해방자 예수 그리스도』에서 일종의 구원론을 전개했다. 그에 따르면, 그리스도의 구원 행위는 2가지 주요 사건, 즉 죽음과 부활에 집중된다. 그는 그리스도의 죽음에서 인간에 대한 하느님의 무한한 사랑의 만질 수 없는 증거를 보았다. 그는 그리스도의 부활로 인간의 완전한 해방이 시작되었다고 말한다. 보프에 따르면, 그리스도에 의한 해방의 주된 결과들은 다음과 같다. 인간 자만의 상대화, 사람들 사이의 새로운 연대성의 창조, 죽음보다 더 큰 무엇을 향한 개방성이다. 보프는 예수께서 시작하러 오신 하느님 나라에 관하여 그 나라가 보편적이고 근본적인 가치를 지닌다고 보았다.

보프 자신도 언급하듯이, 그의 해방 신학 초기에는 억압과 해방에 관련된 문제들의 정치적 측면이 과장되었고 우정, 용서, 휴식과 축제의 의미, 모든 사람들과 열린 대화, 예술과 영적 풍요로움에 대한 감수성과 같은 더 무상적이고 더 깊은 인간적이고 복음적인 다른 차원들은 간과되었다. 보프가 범한 가장 큰 오류는 초기에 모든 것을 포괄하고 설명하는 새로운 조직 신학을 만들려고 했던 데 있다. 실제에 있어서 아래로부터 시작하는 방법론과 '바른 실천'이라는 기준은 오직 응용 신학, 실천 신학, 곧 정치 신학만을 가능하게 했을 뿐이다.

7) 해방 신학에 대한 교회 교도권의 개입

해방 신학의 주요 대변자들의 사상에는 모호한 부분을 비롯해 위험하거나 정통 교리를 벗어난 주장, 그리고 중대한 방법론적 오류들이 있다. 이로 인해 라틴 아메리카의 여러 주교회의는 개입해서 교정을 요구했으며, 마침내 교황청이 유권적으로 개입했다. 이 과정에서 신앙교리성은 훈령 「자유의 전갈」(1984년)과 「자유의 자각」(1986년)을 발표했다.

① 「자유의 전갈」은 해방 신학자들의 오류를 경계하면서 다음과 같은 오류를 지적했다. 이는 사회에 대한 마르크스주의의 분석 사용, 성경

과 구원 역사를 계몽주의적이고 이성주의적인 해석학적 기준에 따라 해석함이다.

② 「자유의 자각」은 "자유와 해방에 관한 그리스도교 교리의 요점들"을 부각시키고자 '자유'라는 주제를 다뤘다. 이 훈령은 특히 "~으로부터 자유", 곧 죄, 율법, 악마, 죽음으로부터의 자유와 "~을 위한 자유", 곧 하느님과 이웃을 사랑하기 위한 자유를 제시했다.

1988년 소련의 몰락과 더불어 마르크스주의 이념도 무너졌으며, 이는 해방 신학자들에게 치명타가 되었다. 그 후, 라틴 아메리카의 신학자들은 자신들의 뿌리에 더 부합하고 라틴 아메리카 대륙의 영광스러운 고대 문화의 풍요로운 가치에 더 깊이있게 토착화한 신학을 모색하고 있다.

6. 가톨릭의 신학적 쇄신

1) 요제프 라칭거: 교도권의 신학

① 생애와 작품: 라칭거는 1927년 독일 바이에른의 마르크틀암인에서 태어났다. 제2차 세계 대전 당시 1년 반 동안 군 복무를 했으며, 그 후 프라이징에서 신학을 공부했다. 1951년 사제품을 받았고, 1953년 박사 학위를 취득했다. 1958년부터 프라이징을 비롯해 본, 뮌스터, 튀빙겐, 라티스본 대학교에서 가르쳤다. 1977년에는 뮌헨 대주교로 서임되었다. 1977년 그는 바오로 6세 교황에 의하여 추기경에 임명되었다. 그

리고 1981년 요한 바오로 2세 교황은 그를 로마로 불러 신앙교리성 장관직을 맡겼다. 그는 이 직무뿐만 아니라 성서위원회 위원장, 국제신학위원회 위원장, 추기경단 단장 등을 역임했다. 그리고 2005년 콘클라베를 통해 265대 교황으로 선출되었으며, 그 이름을 베네딕토 16세로 정했다. 그는 2013년까지 교황직을 수행했다. 그러나 말년에 여러 가지 건강 문제로 인해 2013년 2월 27일 생전에 교황직을 사임했다. 교황의 중도 사퇴는 그레고리오 12세 교황 이후 598년 만의 일이다. 그는 신학자로서 많은 작품을 집필했다. 그 가운데 주요 작품으로는 『주교직과 수위권』, 『그리스도 신앙 어제와 오늘』, 『신앙과 미래』, 『나자렛 예수』 등이 있다. 교황직에 착좌한 후에는 다음과 같은 회칙과 자의 교서를 반포했다. 「하느님은 사랑이시다」, 「희망으로 구원을」, 「진리 안의 사랑」, 「교황들」, 「모든 이의 관심」, 「믿음의 문」 등이 그러하다.

② 사상: 라칭거는 신학의 교리 교육적 역할에 많은 관심을 가졌다. 그가 신학을 통해 늘 목표로 했던 것은 단순하고 분명하며, 이해할 수 있는 방식으로 우리 시대의 그리스도인에게 신앙을 제시하는 것이었다. 이런 교리 교육적 의미와 그 비중으로 인해 그는 공의회에 전문 신학자 자격으로 참석해서 활동했으며, 그 이후의 신학자들 가운데에서 두드러진 자리를 차지할 수 있었다.

신앙과 이성, 신앙과 지식의 문제는 20세기에 특히 첨예하게 제기되었다. 여기에는 무신론을 비롯해 비신화화가 급속히 전개되었기 때문이다. 신앙의 합리성 문제에 대하여 라칭거는 신앙과 지식 사이의 대조가 신앙인들 사이에 큰 어려움을 만들어 냈다고 지적했다. 그는 그리스도교와 신앙의 진리들을 실존적이고 인격주의적이며 역동적이고 공동체적인 표현으로 제시했다. 또한 신앙이 표현되는 성경 또는 교의의 여러 진술들의 깊은 의미를 설명함으로써, 이러한 어려움을 제거하는 가운데 신앙과 지식 사이의 대조를 해소하고자 했다. 그는 신앙의 합리성을 신앙의 대상인 진리가 지닌 실존적이고 인격주의적인 가치에 연결시켰다. 그는 『그리스도 신앙 어제와 오늘』에서 믿는 데에서 문제가 되는 것은 바로 "나", 나의 개인적 체험과 근본 선택에 있다고 지적했다. 믿는 데에서 드러나는 이러한 입장 표명은 구체적으로 역사의 의미에 대하여 입장을 취하는 것으로 실현되고, 더 구체적으로는 그 역사를 지배하고 의미를 부여하는 그리스도 사건의 의미에 대해 입장을 취하는 것으로 실현된다고 그는 보았다. 결국, 그는 인간이 하게 되는 신앙의 모험이 지닌 인격적 의미가 나자렛 예수 안에서 밝히 드러난다고 말한다. 라칭거는 그리스도교 신앙이 그에 수반되는 걸림돌을 제거하고 중립적인 방식으로 주어질 수 없다고 지적했다.

라칭거는 오늘의 그리스도인은 수많은 변화와 전환 속에 서서 그저 아직도 누구하고도 충돌하지 않는 그리스도교의 해석을 찾아낼 방법을 발견할 수 있다는 것에 만족해서는 안 된다고 일갈했다. 그에 따르면, 참되고 진정한 신앙은 깊이 있게 산 "인간적인 영적 체험"을 거쳐야 한다. "생각에 대한 말의 우위"라는 라칭거의 말은 그러한 의미로 이해해야 한다. 그는 신앙의 합리성, 해석, 이해 가능성에 분명한 한계를 지었다. 신앙은 결코 인간적 지식의 한 형태로 변형될 수 없다는 것이다.

한편, 그는 교도권과 신학의 관계에 대해서도 깊은 성찰을 제시했다. 공의회 이후 여러 차례 신학자들은 교도권에 대하여 자신들의 작업에 온전한 자유를 달라고 주장했다. 이에 라칭거는 신앙교리성 장관으로서 훈령 「진리의 선물」(1990년)을 통해 두 조직 사이에 있어야 하는 관계의 본성에 대해 다뤘다. 그에 따르면, 이 두 측면은 비록 본성이 다르지만 서로 결합된다. 그러나 동시에 그는 두 은사 사이에 깊은 실질적 차이가 있음을 지적했다. 그는 충실하게 진리를 전수하는 것을 목적으로 하는 교도권의 은사만이 무류성을 지니며, 신학은 그렇지 않다고 보았다. 실상, 보통 신학적 논고들은 성령의 행위라기보다 신학자의 어느 정도 특이한 독창성의 결과일 뿐이라고 그는 말한다.

신학에 대한 라칭거의 가장 중요한 공헌은 교회론에 관한 것이다. 교회를 성찬 공동체로 보는 그의 제안은 가톨릭 신자들뿐만 아니라 정교회 신자들 사이에서도 상당한 관심을 불러일으켰다. '성찬' 자체는 교회를 하나로 결합하는 원리가 된다. 새로운 하느님의 백성은 이 새 만찬 안에서 훨씬 더 깊은 내면적 일치를 발견한다. 이 만찬에서 하느님 백성 한가운데 유일한 주님이 계신다. 그리스도는 당신의 성사적 몸을 교회를 형성하는 중심으로 삼으셨고, 성찬을 이 교회의 참되고 고유한 자기실현으로 들어 높이셨다. 라칭거는 그리스도의 뜻에 따라, 그분을 믿는 이들의 공동체가 성찬 거행에서 언제나 새롭게 그리스도의 몸에 힘입어 하느님의 백성이 되어야 한다고 설명했다. 또한, 그는 그리스도의 제자들 사이에 성찬에 의해 세워지는 깊은 일치는 성사적 차원에서 멈추지 말고 윤리적이고 사회적인 차원까지 확장되어야 한다고 보았다.

공의회 이후 매우 논란이 되었던, 가시적으로 교회 안에 있지 않은 이들의 구원이라는 문제에 대해 라칭거는 중도적인 입장을 취했다. 구원은 모든 사람을 대상으로 하지만, 교회를 통하여 이루어지고, 세례를 받은 이들만이 모든 이들을 대신하여 가시적으로 교회에 속한다는 것이다. 그러므로 라칭거에 따르면, 교회에 속하는 것과 구원의 문제, 교회의 구성원들과 구원된 이들 사이에는 분명한 구별이 있다. 그는 하느님의 계획이 소수의 대리인을 통하여 많은 이들의 구원을 얻게 하는 데 있다고 말한다. 즉, 하느님은 많은 이들을 당신께로 이끌기 위하여 적은 이들을 사용하신다는 것이다. 특히, 라칭거는 그리스도 외에는 아무도 실제로 구원받을 만한 사람이 없다고 하며, 그리스도와 우리 사이에 일어나는 '거룩한 교환'을 통해 그분 홀로 모든 악을 떠맡으시고 그럼으로써 우리 모두에게 구원의 자리를 비워 주신다고 보았다. 한편, 라칭거는 구원의 길들과 관련해서 비그리스도교 종교들이 구원적 가치를 지닌다는 이론을 매우 단호하게 거부했다.

2) 한스 큉: 보편적인 교회 일치 신학

① 생애와 작품: 한스 큉은 1928년 스위스 루체른의 수르체에서 태어났다. 1948년 로마의 독일-헝가리 신학원에 들어가 사제직을 준비했다. 그는 그레고리오 대학교에서 공부하고 1951년 철학 석사 학위를, 1955년에 신학 석사 학위를 받았다. 1954년에 사제품을 받았으며, 1955년 파리로 가서 가톨릭 대학과 소르본 대학에서 공부를 했다. 1957년 바르트의 의화론으로 박사 학위를 취득했다. 그 후, 뮌스터 대학교에서 가르쳤고, 1960년 튀빙겐 대학교에서 교의 신학 교수로 활동을 시작했다. 또한, 신학 전문가로서 제2차 바티칸 공의회에 참여해서 적극 활동했다. 그러나 공의회 이후 1967년에 『교회』를 출간하면서 교황청과의 관계가 어려워졌으며, 1970년 『무류성? 질문』의 출간으로 상

황은 악화되고 말았다. 결국, 신앙교리성은 1979년 그의 튀빙겐 대학교 교수직을 박탈하고, 더 이상 '가톨릭 신학자'라는 명칭을 인정하지 않는다는 것을 선언했다. 그의 주요 작품에는 앞서 언급한 작품들 이외에도 『왜 그리스도인인가』, 『신은 존재하는가』, 『세계 윤리 구상』 등이 있다.

② 사상: 한스 큉의 신학 활동은 두 방향으로 이루어졌다. 하나는 내부를 향한 방향으로, 이는 교회의 신비, 본성, 속성, 기능과 제도에 대한 연구로 이어졌다. 이 연구는 로마 신학과 교도권에 대한 매우 논쟁적인 어조를 띠었다. 다른 하나는 외부를 향한 방향으로, 우리 시대의 사람들과 대화하는 작업, 교회의 주변부 또는 교회 밖에 사는 이들을 향한 관심으로 이어졌다. 그리고 이는 보편적인 교회 일치 운동으로 발전했다. 우선, 한스 큉은 교회를 그 역사적 기원으로부터 출발해서 연구했다. 그는 교회의 본질과 그 역사적 형태들 사이의 관계에 대한 다양한 고찰을 제시했다. 그에 따르면, 교회의 본질을 완전하게 반영하는 교회의 형태는 어디에도 존재하지 않는다. 그는 고대 그리스도교 문헌, 특히 코린토 1서와 테살로니카 1, 2서를 바탕으로 교회의 본래 형태가 제도적이 아닌 카리스마적이라고 결론 지었다. 그리고 이를 바탕으로 교황의 통치권이 본래 수위권을 지니지 않았다고 일갈했다. 또한, 그는 베드로가 교회의 유일한 권위를 보유했다는 것에 대해서 역사적인 의문을 제기했다. 결론적으로, 그는 교황직이 다시 합법적인 것이 되고 분열의 원리가 아닌 일치의 원리가 되기 위해 '고대의 봉사의 수위권'으로 돌아가야 한다고 주장했다. 그는 교도권이 권력을 포기하지 않는다면, 우리가 바라는 교회들의 재통합이나 가톨릭 교회의 철저한 쇄신은 불가능하다고 보

았다. 한스 큉의 교회론 연구는 교회의 카리스마적이고 영적인 측면을 강조했다는 데에 그 장점이 있다. 그러나 그의 교회론은 중대한 한계를 갖는다. 그의 교회론은 정당한 근거가 없고 임의적인 두 가지 대립에 기초한다. 그것은 교회의 본질과 그 역사적 형태들 사이의 대립과, 카리스마적 차원과 제도적 차원 사이의 대립을 말한다.

또한, 한스 큉은 교회 일치 운동에 대한 과도한 열정으로 인해 『무류성? 질문』에서 무류권 문제를 검토하면서 루터와 칼뱅의 주장을 넘어서는 급진적 결론에 도달했다. 그에 따르면, 오직 하느님만이 오류가 없으시다. 따라서 무류권은 교황도 공의회도 성경도 지닐 수 없는 특권으로 보았다. 그는 이 주장을 뒷받침하기 위해 2가지 근거를 들었다. 하나는 역사적 논거이고 다른 하나는 이론적 논거이다. 역사적 논거로는 교황, 공의회, 성경이 범했다고 하는 오류들의 목록이 제시된다. 두 번째 논거인 이론적 논거는, 인간의 언어로 무류적인 명제를 말할 수 없다는 데 있다. 그러나 라너, 콩가르, 라칭거 등 당대 최고의 신학자들은 전승과 이성의 이름으로 한스 큉이 무류권에 반대하여 제시한 모든 논거를 거부했다. 『무류성? 질문』에서는 영지주의자들이 이미 범했던 헤겔주의의 전형적인 오류가 나타난다. 그것은 신앙을 이성의 요구에 굴복시키며, 이성에 걸러진 신앙만을 받아들이는 오류이다. 그의 모든 저서, 특히 이 작품에서 드러나는 그의 사상은 자유주의 개신교의 마지막 아류(亞流)로 드러나고 있다.

한스 큉은 종교 간 대화와 관련해서 비그리스도교 종교들의 역사와 신학 모두를 폭넓게 다뤘으며, '평화의 보편 신학'을 위하여 종교들에 대한 비판적이고 보편적인 신학으로서의 '종교 신학'을 구상했다. 그가 말하는 종교 신학은 배타주의와 다른 종교들을 자신의 종교에 종속시키는 포괄주의를 배제한다. 그러나 진리의 문제를 포기하지 않으며, 복합적인 진리의 기준을 사용한다. 그는 이를 위해 윤리적, 종교적, 그리고 특수한 그리스도교적 기준들을 제시했다. 이러한 그의 전망에 따르면, 윤리적 및 종교적 측면에서는 참된 종교들이 여럿 있을 수 있게 된다. 그러나 신학적 부분인 '실존적' 측면에서는 오직 하나의 종교만이 참되며, 그리스도인에게는 그리스도교만이 참되다고 그는 말한다.

3) 에두아르트 스힐레벡스: 그리스도교적 실천의 신학

① 생애와 작품: 제2차 바티칸 공의회 이후의 신학적 흐름은 주로 실천 신학으로 발전했다. 스힐레벡스 역시 실천 신학자로서 활동했다. 그러나 그는 어떤 특정한 인간 활동에 대한 신학이 아니라 경험된 그리스도교 신앙 체험의 신학을 하고자 했다. 그리고 이를 바탕으로 신자들에게 새로운 활력을 불어넣으려 했다. 스힐레벡스는 1914년 안트베르펜에서 태어났다. 1934년 도미니코회에 입회했으며, 강(Gand)과 루뱅에서 토미즘적 노선에 따라 공부했다. 그는 열정적인 토미스트가 되었고 1941년 사제품을 받았다. 1951년에는 솔수아르 신학 대학에서 신학 박사 학위를 취득했다. 1956년부터는 루뱅 대학에서, 1957년부턴 네이메헨 가톨릭 대학교에서 교수로 학문 활동을 시작했다. 제2차 바티칸 공의회에는 전문 신학자로 초대받아 참석했다. 공의회 이후, 그는 네이메헨의 고등 교리학교 책임을 맡았다. 또한, 그는 스호넨베르크와 함께 『화란 교리서』를 집필했다. 그는 1974년과 1977년에 방대한 그리스도론 작품인 『예수, 살아 계신 분의 이야기』, 『정의와 사랑, 은총과 해방』

을 출간했는데, 이는 신학자들 사이에서 큰 비판을 불러일으켰다. 결국, 1978년 바오로 6세 교황은 그를 소환해서 해명하도록 요청했다. 그러나 그는 소환에 응하지 않았다. 1979년 후임자인 요한 바오로 2세 교황은 그를 다시 소환했으며, 가톨릭 교회의 공식적인 입장을 따르도록 요구했다. 그는 결국 그에 순명했다. 그의 주요 작품에는 위에 언급한 문제작들 이외에 『성사적인 구원』, 『계시와 신학』 등이 있다.

② 사상: 그의 사상은 두 단계로 구분된다. 초기에 그는 신토마스주의를 따르는 셰뉘와 데 페터의 충실한 제자로 토미즘을 따랐다. 반면, 두 번째 단계에서 그는 토마스주의에 거리를 두고, 점차 '새로운 해석학'의 전망에 접근하여, 모든 것을 해석학으로 설명했다. 그가 말한 새로운 해석학은 본질적으로 '비판적 해석학'으로, 인간 인식에 대한 칸트의 견해를 받아들이고, 인식에서 객관적 자료보다 주관적인 조건에 우위를 둔다. 이 단계의 스힐레벡스는 1970년대부터 비판적 해석학의 전망을 온전히 따랐다. 그는 성경의 자료에 대한 재해석을 통해 본문에 대한 본질적인 이해에 이르러야 한다고 주장했다. 그에 따르면, 신앙의 경청은 하느님과 직접 만나는 데에서 바로 얻어지는 "있는 그대로의 하느님의 목소리"를 듣는 것과 결코 동일시될 수 없다. 믿어진 진리는 언제나 특정한 역사적 "여기에서 지금 다시 체험되고 다시 해석된 진리"이기 때문이다. 스힐레벡스는 우리가 거룩한 본문 그 자체에 다가갈 수는 없고, 오직 역사 안에서 그리고 역사를 통해 그 본문에 다가간다고 주장했다. 그는 마르크스주의 이론과 가다머 해석학에 대한 프랑크푸르트 학파(하버마스)의 비판에 자극을 받아, 참된 성경 해석학은 단순히 역사적이고

언어학적인 분석에 국한될 수 없고, 바른 교리는 바른 실천이라는 개념에 기초한 '실천의 해석학'의 용어들로 구성되어야 한다고 여겼다. 이러한 선상에서 스힐레벡스는 교회의 올바른 실천만이 새로운 해석에 신빙성을 부여할 수 있고, 그것을 교회 자체의 실제적 실천에서 이론적 요소가 되게 할 수 있다고 보았다. 결론적으로, 참으로 학문이 되고자 하는 신학은 자기 자신과 자신의 타당성을 실천 안에서 검증하도록 노력해야 한다고 그는 주장했다.

그리스도론과 관련해서, 그는 우리 시대의 사람들에게 설득력 있게 그리스도에 대해 말하기 위해 고전 형이상학의 언어를 버리고, 이를 현대인의 사고방식과 문화에 부합하는 언어로 대체해야 한다고 보았다. 그에 따르면, 현대인의 특징은, 인간이 자신의 미래를 자율적으로 선택하고 시간 안에서 자유롭게 행동한다는 점에서 인격이 본질적으로 역사적 성격을 지니고 있음을 발견한다는 것이다. 그는 이것이 그리스도교 계시의 '역사적 성격'을 과거보다 더 깊이 있게 파악할 수 있게 해 준다고 보았다. 스힐레벡스는 칼케돈 공의회의 그리스도에 대한 정의가 그리스도의 실재를 설명하기 위해 합당하지만, 그와 동시에 이 정의가 이미 지나간 시대의 것이라고 보았다. 그래서 그리스도의 신비를 현대인들의 사고방식에 맞게 새로 표현해야 한다고 언급했다. 이를 위해 그는 라너처럼 '자기 초월' 범주를 사용했다. 그래서 그는 예수 그리스도를 "그 인간적 존재에서 본질적으로 '하느님'을, 그리고 하느님 나라의 도래를 가리켜 보이는 이"로 정의했다. 하느님과의 이런 특별한 관계에 힘입어 예수는 하느님이 우리를 향하시는 얼굴이고 방법이 된다. 그런 의미에서 예수는 하느님의 계시이고, 하느님의 본질과 실체적으로 연관된다. 그러나 여기서 예수를 이렇게 정의하는 것은 그분이 '하느님'이라고 말하기에는 전혀 충분치 않음이 드러난다. 그 결과, 예수와 하느님 사이에는 실제적이고 본질적인 동일성이 없다. 그의 그리스도론에서 인간으로서 예수가 하느님과 갖는 관계는 본질적-실체적인 것이 아니라 우연적이고 우유적인 것으로 드러난다.

스힐레벡스의 신학적 관심은 그리스도론보다는 구원론에 있었다. 그가 관심을 가졌던 것은 인류 구원, 그리고 이를 위한 그리스도의 실천에 있다. 그는 이러한 목적을 위해 "그 안에서 인간이 실제로 인간이 될 수 있는 좌표 체계 전체"라는 기준을 설정했다. 그 좌표들은 이렇다. 인간학적 상수, 다른 사람들과 함께 있는 존재로서 '공동-인간성'의 상수, 사회적 상수, 문화적 상수, 이론과 실천 사이의 관계의 상수, 유토피아적이고 종교적인 상수 등이다. 스힐레벡스는 구원이 다차원적이라고 보았다. 특히, 그는 메츠와 몰트만처럼 그리스도교적 구원 개념을 비역사적, 내면주의적으로 해석하여 사사화(私事化)하는 왜곡들을 비판했다.

7. 신학의 새로운 토착화

20세기의 마지막 몇 십 년 동안 전적으로 새로운 신학들이 생겨나고 발전했다. 이 신학은 복음이 이질적이던 사회적, 교회적 배경 복음을 적절하게 자리 잡게 하고 그 문화 안에 복음을 이식하려는 요구에서 생겨났다. 1960년대와 1970년대에는 세속화, 1980년대에는 해방이라는 주제가 지배적이었다면, 1990년대에 교회와 신학자들의 관심은 토착화에 점점 더 집중되었다. 19세기에 이미 시작되고 20세기 전반에 개신교 신학과 가톨릭 신학 모두에서 단호하게 추진된 신학적 쇄신 작업은 모두 복음을 현대 문화 안으로 들어가게 하려는 큰 시도였다. 복음의 새로운 토착화들 가운데 가장 중요한 4가지 시도는 흑인 신학, 여성 신학, 아프리카 신학, 아시아 신학이다.

1) 흑인 신학

'흑인 신학'이라는 표현은 특히 미국에서 백인 인종주의 사회에 대하여 분리와 소외의 상태에서 사는 흑인들의 신학을 가리킨다. 실제로 이 신학은 미국 흑인 신학자들의 창조물로 드러난다. 흑인 신학은 시민권 운동과 흑인의 문화적 정체성을 지지하는 운동에서 발전했는데, 이 운동은 1960년대에 발생했으며 마틴 루터 킹 목사가 이 운동의 대표적인 카리스마적 지도자이자 순교자이다. 흑인 신학의 첫 문헌은 1969년 6월 13일 흑인 성직자 위원회에 의해 애틀랜타의 초교파 신학 연구소에 소집된 흑인 신학자와 설교자 회의에 의해 발표된「흑인 신학 선언」이다.

흑인 신학의 주된 이론가이며, 대표자로서 이 신학에 분명하고 정확한 노선을 부여한 사람은 제임스 콘이다. 그는 자신의 첫 작품『흑인 신학과 흑인의 힘』을 통해 흑인 신학의 출현을 알렸다. 그는 두 번째 작품인『흑인 해방 신학』을 통해 새로운 신학적 현실 내용을 모색했다. 그는 이 두 작품을 통해 흑인 신학의 정당성과 타당성을 옹호하며, 그 본성, 방법, 과제를 정의했다. 흑인 신학은 중립적인 관점에서 전개되지 않고, 갈등 상황으로 강하게 특징지어진 관점에서 전개된다. 이러한 신학적 선택을 정당화하기 위하여 콘은 다음 동기들을 제시했다. 첫째, 하나의 신학은 언제나 특정 집단과 동일시된다. 그것은 억압하는 이들과 동일시되거나 억압받는 이들과 동일시될 수밖에 없다. 둘째, 인종주의 사회에서 하느님은 피부색에 무관심하지 않으시다. 셋째, '흑인성'은 단순히 색채상의 생리학적 사실이 아니라 모든 억압과 모든 억압받는 이들의 '존재론적 표상'이다. 신학적 정당화로서 콘은 '흑인 신학'의 그리스도론적 기초를 강조하며, 이를 복음의 핵심인 예수 그리스도, 구체적으로는 십자가에 못 박히고 부활하신 그리스도와 연결시켰다. 하느님의 긍정이 그분의 사랑의 표현이듯이, 콘은 백인 인종주의 사회에 대한 하느님의 거부를 그분의 분노로 보았다. 하느님의 사랑과 분노는 인종주의 사회 안에서 하느님에 대한 담론의 두 양상이다.

흑인 신학의 또 다른 주요 인물로 디오티스 로버츠를 들 수 있다. 그는 여러 해 동안 침례교 신학교에서 신학을 강의했다. 그는 라틴 아메리카 해방 신학의 가치와 중요성을 감지했고, 이를 자신의 종족의 요청과 전망에 접합했다. 그는 자신의 신학에서 특히 '화해'를 강조했다. 그는 그리스도교가 무엇보다도 평화, 화해, 사랑의 메시지라고 보기 때문이다. 로버츠는 현재 상황에서 흑인 신학이 해방 신학이라는 것을 인정했다. 그는 오늘날의 신학이 정치적 성격을 띠고 정치에 참여해야 한다는 점에 대해서 다른 흑인 신학자들과 라틴 아메리카의 해방 신학자들에 동의했다. 흑인 신학이 정치적이어야 하는 이유는 인종주의의 심각성과 위험성을 의식하는 흑인에게, 개인 대 개인으로 접근하는 것은 부적절하고 불가능하기 때문이다. 그러나 로버츠는 정치적 흑인 신학 운동의 목표가 언제나 '화해를 통한 해방'이라고 강조했다. 이것이 흑인 정치 신학의 관심사이며, 그 메시지는 그리스도의 교회 전체를 향한다고 그는 보았다.

2) 여성 신학

여성 신학은 미국에서 시작되었지만, 곧 세계적으로 전파되었다. 통상 그 기원은 미국의 자유로운 교회들, 특히 1895년 엘리자베스 캐디 스탠턴이 시작한 여성으로서 성경 해석의 시도인 『여성의 성경』으로 본다. 여기서는 성경에서 여성에 관련된 단락들을 읽으면서, 그 성경이 여성들에게 어떻게 말을 하는지 보고 여성들이 어떻게 성경을 다시 해석할 수 있는지를 살폈다. 그러나 실제적으로 여성 신학은 1970년대에 이르러 비로소 해방 신학의 자극을 받아 응용함으로써 발전했다. 여성 신학은 무엇보다도 억압, 차별, 소외, 가난의 대상인 여성을 위한 선택을 특징으로 한다. 여성 신학에서 '여성'은 형상적 주체가 된다. 즉, 여성을 신학에서 해석학적 도구로 보는 것이다. 하느님 말씀과 구원 역사가 여성의 관점에서 해석되는 것이다. 이 신학은 그리스도교 신학을 근본적으로 문제 삼는다. 남성적인, 곧 전통적인 관점과 다른 관점에서 숙고하기 때문이다. 그러나 여성 신학은 남녀 모두에게 유의미한 관점을 강조한다. 전형적인 틀을 넘어서 새로운 방식으로 숙고해야 할 필요성을 말한다. 이 신학은 주로 의혹과 의심의 신학으로 특징지어진다. 계시에 대한 전통적 해석을, 더 일반적으로는 종교의 해석 전체를 위기에 처하게 하기 때문이다. 다시 말해, 길을 내기 위해 페미니즘, 분리, 차이, 대조, 요구, 그리고 기억할 수 없을 만큼 오래된 가부장적 전통에 기초한 남성적인 것에 대한 대립을 부각시킨다. 간단히 말해, 여성 신학은 새로운 학파나 조류가 아니라 질적으로 다른 신학하는 방식을 말한다.

여성 신학에는 두 단계가 있다. 그것은 비판적 단계와 건설적 단계이다. 비판적 단계에서 여성 신학은 성경, 성경 주석, 교회사, 하느님 개념에서 탈(脫)남성화를 행하며, 남성 우월주의적이고 남성 중심적인 해석에 대응한다. 여성 신학은 구약 성경에서 여성으로 나타나는 '하느님의 영'과 그리스도교 전통에서 마리아의 중요한 역할을 상기시킨다. 그리고 갈라티아서 3장 28절을 근거로 특히 서품에 의한 성직과 교계에 접근하는 데에서 지금도 교회 안에 남아 있는 여성 차별을 제거하고자 한다. 여성 신학의 주요 주창자들과 그 대표작에는 베티 프리댄의 『여성 신비주의』, 메리 데일리의 『교회와 제2의 성』, 엘리자베스 쉬슬러 피오렌자의 『그녀를 기념하여』, 레티 러셀의 『여성주의 관점에서 본 인간 해방』, 아드리아나 자리의 『아담의 성급함』, 아드리아나 발레리오의 『여성의 그리스도교』 등이 있다.

3) 아프리카 신학

훌륭한 토착화를 위해서는 훌륭한 신학자들이 있는 것으로 충분하지 않고, 높은 수준의 그리스도교 문명에 도달한 견고한 문화가 있어야 한다. 구세계에서는 근대 문화가 무너짐으로 인하여, 신세계에서는 철저한 세속화로 인하여, 제3세계에서는 많은 나라에서 교회가 여전히 소수이기 때문에 또는 전통 문화의 급속한 해체로 인해 토착화가 어려웠다. 그래서 아프리카와 아시아의 새로운 토착화에 대해서는 많이 다루기 어렵다. 아프리카와 아시아의 토착화는 많은 부분이 아직까지 백지상태에 있기 때문이다.

아프리카 신학은 아프리카 대륙의 중심, 특히 사하라와 남아프리카 사이에서 이루어졌고 주로 그리스도교 공동체들이 번성하는 곳들에서 이루어졌다. 베네딕토 16세 교황에 따르면, 아프리카 신학은 오늘날까지도 현실이라기보다 계획이다. 아프리카 신학의 첫 번째 사례는 유럽에서 공부하던 젊은 아프리카 신부들이 1956년에 공저로 출간한 『흑인 신부들의 질문』을 통해 제시되었다. 거기에 담긴 그들의 생각은 "아프리카에 있는 교회는 아프리카 교회가 되거나 아니면 존재하지 않을 것이다."라는 것이다. 더 분명하고 크게 울렸던 소리는 1968년 아프리카 신학에 관한 킨샤사(콩고)의 제4차 신학 주간에서 나왔다. 여기서는 아프리카 신학을 위해 가능한 두 가지 길이 제시되었다. 그것은 뱅상 뮐라고의 '다원주의적 길'과 알프레드 반넨트의 '보편주의적 길'이다. 한편, 1993년 아프리카의 주교들은 주교 대의원회의에서 자신의 신학자들에게 "하느님을 보는 아프리카적 방법에 관한 깊은 숙고를 통하여" 아프리카 신학을 만들도록 격려했다. 아프리카 신학자들은 자신의 정체성과 문화의 풍요로움을 의식하면서 더 이상 "대리로", 즉 "검은 피부의 유럽인으로" 생각하지 않으려 하며, 모방주의나 서양의 위대한 신학자들에 의한 마법에서 벗어나려 했다. 그들은 그리스도교 메시지를 자신의 문화적 감수성으로 이해하려 하고, 그리스도교 진리를 자신의 문화적 언어로 표현하려 했다.

아프리카 신학에서 우선적인 주제는 '토착화' 작업이다. 이에 대해 콩고의 신학자 몬셍고 파시냐는 다음 내용을 토착화의 신학적 기초로 제시한 바 있다. 첫째, 토착화는 말씀의 육화의 직접적 결과이다. 둘째, 토착화는 교회의 보편성과 단일성의 요구이다. 셋째, 토착화는 계시의 요구이다. 넷째, 토착화는 메시지의 인식론적 요구이다. 다섯째, 토착화는 메시지의 종말론적 성격의 요구이다. 한편, 아프리카 신학의 가능성에 관한 가장 뛰어난 연구는 콩고의 또 다른 신학자인 오스카 빔웨니-

크웨쉬가 출간한 『흑아프리카 신학 담론』을 통해 제시되었다. 빔웨니의 고찰들은 신학의 신-인적인 이중 구조에서 출발한다. 그에 따르면, 아프리카 신학을 하기 위해서는 신적인 극과 인간적인 극 모두를 아프리카화 해야 한다. 빔웨니의 연구는 주로 아프리카의 종교성 안에서 하느님, 인간, 우주에 대한 교리를 수집하는 것으로 이루어졌다. 그 가운데 아프리카 신학의 기초를 놓기 위하여 다음과 같은 3가지 결과들이 제시되었다. 첫째, 하느님은 세상을 진동하게 하는 원천적 말씀의 주인이시다(그래서 아프리카 교회에서는 북과 춤이 중요하다). 둘째, 인간은 하느님을 향한 존재이다. 셋째, 인간은 관계들이 엮어진 것으로 간주된다. 하느님을 향한, 공동체를 향한, 우주를 향한 관계들이 엮어지는 것이다.

카메룬의 신학자 장 마르크 엘라는 『아프리카인의 부르짖음』에서 토착화의 정치적 측면을 더 잘 발전시켰다. 그는 빼앗긴 농민들, 일자리가 없는 젊은이들, 빈민굴의 주민들, 중화되고 침묵에 부쳐진 사회적 세력들을 위한 교회의 노력만이 오늘날의 복음이 참으로 해방적이며, 새로운 미래를 선포한다는 것을 보여 줄 수 있다고 강조했다. 따라서 교회는 바로 이를 위한 사명을 수행해야 한다고 그는 말한다. 그것은 구체적으로 매일 복음의 이름으로 억압받는 이들의 실제적 해방의 역사를 쓰는 것을 의미한다. 엘라는 "나무 아래 있는 신학", 곧 빈곤한 이들과 나란히 십자가 나무 아래 자리한 신학을 제시했다. 그는 신학자가 지배와 곤궁에 저항하기 위해 스스로를 조직하며, 자신들의 상황으로부터 창조적으로 성경을 재해석하는 공동체들과 함께 해야 한다고 주장했다.

한편, 카메룬의 예수회 신학자 엔젤베르 음벵은 자신의 저서 『교회 안의 아프리카. 한 신앙인의 말』에서 라틴 아메리카 해방 신학자들에게 더 직접적으로 동조하며 자신의 아프리카 신학의 기획을 작성했다. 그 역시 '가난'을 신학적 성찰의 중심에 두었다. 이 가난은 인간학적 가난, 내지 식민주의의 결과인 문화적 정체성의 상실로 인한 문화적 가난을 뜻한다. 그에 따르면, 아프리카인은 문화 말살을, 자신의 정체성에 대한 부정을 경험했고 지금도 계속 경험한다. 이러한 상황은 아프리카인에게 자신의 온전한 인간 존엄성을, 역사적 주도권을, 역사와 문화의 본래적 주체의 창조성을 되돌려 주는 아프리카 해방의 첫 지렛대가 되어야 한다고 그는 주장했다.

마지막으로, 교의 신학 분야에서 그리스도론을 아프리카화 하려는 몇 가지 시도들이 있었다. 여기에서는 아프리카 문화와 사고방식에 더 적합한 메시아 호칭들을 찾았는데, '조상 그리스도', '족장 그리스도', '입문자 그리스도', '치유자 그리스도' 등이 제시되었다. 그러나 아직은 모두 제안에 머무는 가운데 아무도 여기에 깊은 사변과 엄밀한 체계를 부여하지 못했다.

4) 아시아 신학

아시아에서 그리스도교는 상징, 예식, 교리, 전통들이 매우 풍부한 종교, 예컨대 힌두교, 불교, 도교, 유교가 지배적인 세계를 만났다. 이 세계 속으로 뚫고 들어가 어떤 나라 전체를 신자로 얻어 낸 유일한 서방 종교는 이슬람뿐(파키스탄, 인도네시아)이다. 반면, 그리스도교는 필리핀과 한국에서만 확고하게 자리를 잡고 있다. 이러한 상황에서 아시아 가톨릭 신학을 계획하는 것은 시기상조이다. 아시아에서 교회는 매우 풍부하고 강렬한 아시아 종교의 '물'속으로 내려가야 하며, 아시아의 엄청난 빈곤의 수난과 죽음을 알아야 한다.

현재 아시아 신학은 두 극으로부터 출발하여 움직인다. 첫째, 제3세계라는 극에서 출발하는 것으로, 이는 아시아가 경험하는 빈곤의 상황을 지칭한다. 둘째, '아시아'라는 극으로, 다른 신학들과 차별화되는 아시아 신학을 특징짓는 특수한 문화적, 종교적 맥락으로부터 출발하는 것이다. 이 둘은 분리될 수 없다. 스리랑카의 가톨릭 신학자인 티사 발라수리야는 『세계 신학』에서 세계적 규모의 문제들에 대한 고찰을 기초로 전반적으로 신학을 새롭게 방향 짓도록 제안했다. 그는 해방 신학의 고유한 방법론을 따랐는데, 이는 사회 정치 상황에 대한 폭넓은 분석에서 출발하여 그다음 단계에서 신학적 고찰을 표명하는 것이다. 그는 이를 위해 새로운 세계 질서와 그리스도교의 정화 과정이 필요하다고 강조했다.

① 그리스도와 비그리스도교 종교

아시아 신학자들이 현재 꾸준히 주장하는 주제들은 2가지, 곧 종교 신학과 인류 구원에서 그리스도의 역할 문제이다. 여러 종교 신학들 간의 차이는 이들이 인류 구원에서 그리스도의 역할을 어떻게 보는지에 달려 있다. 그리스도와 비그리스도교 종교들 사이의 관계 문제에 관해서, 아시아 신학자들은 라너와 한스 큉에게서 영감을 받는다. 그들 가운데 주된 관심을 불러일으킨 대답은 2가지로, 첫째는 그리스도가 다른 종교들 안에 계시다고 보는 것이고, 둘째는 그리스도가 다른 종교들과 함께 계신다고 보는 것이다.

ㄱ) 다른 종교들 안에 계시는 그리스도: 이 가설은 1971년 인도 나그푸르에서 있었던 비그리스도교 종교들의 구원적 가치에 관한 회의에서 공적으로 제기되었다. 이에 따르면, 계시와 인류에 대한 하느님의 보편적 구원 계획의 실현은 교회보다 더 오래된 것이며, 유다-그리스도교의 좁고 직선적이며, 제한된 4천 년 역사보다 더 넓다고 강조되었다. 이런 맥락에서, 아시아 종교들은 그리스도교 이전의 것이라고 말할 수 없고 비그리스도교적이라고는 더욱 말할 수 없다. 당시 참석한 신학자들은 이 종교들이 어떤 식으로든 '그리스도교적'이라고 언급했다. 즉, 이 종교들을 중립적으로 '세계 종교들' 또는 '인류의 종교 전통들'이라고 부르는 편이 더 낫다고 그들은 제안했다. 이러한 나그푸르 회의의 주장은 많은 아시아 신학자들에게 받아들여졌고, 그들은 교회의 개입 없이 "세계 종교들 안에 그리스도께서 현존하심"을 주장했다. 그들은 알렉산드리아의 클레멘스가 그리스 철학에 인정했던 것을 다른 종교들에 적용했다고 할 수 있다.

ㄴ) 다른 종교들과 함께 계시는 그리스도: 몇몇 신학자들, 곧 파니카르, 사마르타는 이보다 더 나아간 대답을 제시했다. 즉, 이들은 교회 일치 대화에서 모든 대화자들이 동등한 조건에 있어야 한다는 전제에서 출발했다. 파니카르에 따르면, '역사적' 그리스도와 '우주적' 그리스도를 분명히 구별해야 하고, 따라서 나자렛 예수와 로고스를 구별해야 한다. 그리스도는 오직 한 분, 온 세상을 비추고 감도하는 우주적 사제 한 분이시지만, 로고스의 육화는 단 하나가 아니라고 그는 말한다. 이는 예수는 그리스도이지만, 그리스도가 예수만은 아니라는 것을 의미한다. 즉,

역사 안에서 그리스도는 라마, 크리슈나, 이스바라, 푸루샤 등 다른 이름들로도 인식될 수 있다는 것이다. 인도의 개신교 신학자인 스탠리 J. 사마르타는 실제적으로 파니카르와 동일한 견해를 주장했다. 그러나 그는 주로 신비로운 타자(他者)인 하느님의 본성을 강조했다. 이 종교 신학들과 그 해당 그리스도론들의 공통점은 '그리스도 중심주의'에서 벗어나 '신 중심주의'로 간다는 것이다. 이는 교회 일치 대화의 요구로 정당화된다. 그러나 그리스도인에게 그리스도 중심주의는 포기할 수 없는 것이다. 하느님의 역사적 계시는 오직 하나, 예수 그리스도 안에서 이루어진 계시이다.

② 라이문도 파니카르

ㄱ) 생애와 작품: 파니카르는 1918년 스페인 바르셀로니아에서 카탈루냐인 어머니와 인도인 아버지에게서 태어났다. 파니카르는 부모로부터 다원주의적 교육을 받았으며, 어릴 적부터 가톨릭과 스페인 문화의 가치들 외에도 인도 문화와 종교의 요소들도 받아들였다. 1946년 사제품을 받은 그는 처음에는 화학, 그 후에는 신학, 철학 박사 학위를 취득했다. 그 후, 그는 미국으로 옮겨가 미국 국적을 얻었고, 오랫동안 캘리포니아 대학교의 비교 종교 철학 교수로 활동했다. 그는 매년 한 학기는 미국에서 머물고 한 학기는 인도에 가서 베나레스 힌두 대학교에서 그리스도교 과목을 강의했다. 그는 20여 권의 책과 수많은 논문을 썼다. 그의 주요 작품에는 『힌두교의 미지의 그리스도』, 『하느님의 침묵』, 『종교 간 대화』가 있다.

ㄴ) 사상: 파니카르는 아시아 세계 전체를 대표하는 신학자로 평가받는다. 그의 활동은 늘 힌두-그리스도교 신학을 실현하는 것을 목표로 했다. 이를 위해 그는 문화, 역사, 종교 전통들에 대한 자신의 해석학을 구성했다. 그가 세운 인간학은 인간을 실재의 모든 차원, 곧 인간 자신, 세상, 하느님이 만나고 종합되는 지점으로 보는 것이다. 그의 인간 개념은 우주-신인적 개념이다. 또한, 그는 그리스도론과 교회론에서도 그리스도 사건의 배타성과 온전성을 다른 종교 체험들과의 통합 가능성과 함께 유지하려 했다. 이것이 그리스도 현현과 교회의 유기체성 이론이다. 이렇게 그는 종교 간 대화에 새로운 전망들을 열었다.

그가 열정적으로 다룬 신학 분야는 그리스도론과 문화 및 종교 신학이다. 그는 그리스도 현현의 다수성을 분명히 주장했다. 그는 그리스도적 자의식을 3단계로 구별했다. 그것은 히브리적 의식, 그리스도교적 의식, 힌두적 의식이다. 그에 따르면, 로고스(그리스도)와 나자렛 예수를 구별해야 한다. 로고스는 유일하고 보편적이지만, 나자렛 예수는 여러 세기를 거치면서 있어 온 여러 그리스도 현현 가운데 하나이다. 파니카르는 이 이론을 통해 그리스도를 여러 종교들의 지평 안에 두려 했다. 이 지평은 전통적 지평보다 훨씬 넓으며, 다른 종교 추종자들이 그리스도에 대해 갖는 오해를 불식시킬 수 있다고 말한다. 이런 의미에서, 그는 그리스도 현현의 이론을 호교론이라기보다는 그리스도에 대한 예비학문으로 보았다.

그는 자신의 문화 및 종교 신학에서 틸리히의 뒤를 따라 모든 문화가 본질적으로 종교적 성격을 띠고 있다는 점과 모든 종교들의 구원적 가치를 강조했다. 그는 종교와 문화 사이의 관계가 어떻게 형성되는지 설명하기 위해 '베틀'의 비유를 활용했다. 문화와 종교의 신학에서도 파니카르는 그리스도 중심주의와 교회 중심주의의 모든 형태를 뛰어넘는 보편주의적 시각을 따랐다. 모든 문화와 모든 종교가 인류를 위하여 구원의 길이 될 수 있다고 보는 것이다.